中央銀行

セントラルバンカーの経験した39年

白川方明

東洋経済新報社

目次

中央銀行

第5章　ゼロ金利政策と量的緩和政策　142

第6章　「大いなる安定」の幻想　184

第2部　総裁時代

第7章　日本銀行総裁に就任　215

第8章　リーマン破綻　235

第15章　財政の持続可能性　463

第16章　金融システムの安定を目指して　496

第3部 中央銀行の使命

＊外国語の文献からの引用は、特に注記したものを除き、すべて原書から訳出した。
＊引用文中の補足は〔　〕で示した。
＊人物の所属・肩書きは、特に注記したものを除き、当時のものとした。また、敬称は省略した。

序章　激動の5年間

総裁退任翌日の出来事

２０１３年3月21日の午後、例年よりも早く咲き始めた桜を観たくて、私は妻とともに陽光の射す小石川植物園に出かけた。この植物園は東京の都心部には珍しく広大な敷地の中に多くの自然が残されており、自宅のあるマンションに隣接していることもあって、頻繁に散歩を楽しむ場所である。咲き初めの桜をひとしきり楽しんだ後、園内にある売店に入り、２５０円のソフトクリームを2つ注文し、５００円硬貨を差し出した。すると、売店にいたほぼ同年代の女性が「白川総裁ですね。5年間、本当にお疲れ様でした。今日は代金はいりませんよ」と言って、さらに温かいコーヒーも差し出してくれた。総裁時代は誤解を招きやすい行為はいっさい控える意から、人にご馳走になることはお断りしていた。この時も遠慮したが、最終的にはご厚意をありがたく受けることにした。前日は日本銀行総裁としての最後の日であり、衆議院財務金融委員会での答弁、退任にあたっての行内巡回、職員向け挨拶、記者会見等の行事を目まぐるしくこなしたが、この日は前日の慌ただしさが嘘のように、いただいたソフトクリームとコーヒーを味わいながら、日本銀行総裁の職務を終えた解放感にひたった。総裁在任中の5年間は文字どおり激動の日々であり、私としては毎日全力を傾けて仕事に取り組んでいるうちに5年間が過ぎた、という気持ちであった。走り続ける生活が終わったこの日、小石川植物園の売店の女性から受けた親切が殊のほか嬉しかった。

日本銀行総裁に

この時から5年前の2008年3月11日午前9時、私は国会議事堂の中にいた。自民党の福田康夫内閣のもとで、私は日本銀行副総裁の候補として指名を受け、任命に必要な国会での同意を得るため、衆議院と参議院の議院運営委員会で所信表明演説を行うよう求められていたからである。委員会室では、総裁候補に指名された武藤敏郎日本銀行副総裁に続いて所信表明を行った。私は事前に用意した原稿を読み上げるかたちで約8分の所信表明を行い、「日本の経済、金融が大きな変化に直面している中で、私が日本銀行で仕事をする機会が与えられることになるとすれば、全身全霊を傾け職務に誠実に取り組みたいと考えています」という言葉で締めくくった(1)。

委員会での審議の結論は、当時の与野党ねじれの複雑な政治情勢を反映した異例のものとなった。武藤副総裁の総裁昇任ともう一人の副総裁候補の就任は衆議院では可決されたが、参議院では否決され、承認されたのは私だけであった。すでにその少し前から、武藤副総裁の総裁昇任は否決されるかもしれない、その場合は副総裁が総裁代行を務めるというマスコミの観測報道を目にすることはあったが、総裁のポストが空席になるという異例の事態が実際に起こるとは想像していなかった。その後、福井俊彦総裁の任期満了が翌日に迫った3月18日には、新たに財務省ＯＢが総裁候補に、また日本銀行の西村清彦審議委員が副総裁候補に指名された。西村については国会で承認されたが、新たな総裁候補も武藤に続いて否決される事態となった。私が副総裁として総裁代行を務めることを現実のものとして真に意識したのは、副総裁就任のほんの数日前であった。

就任の2日前、二人の元日本銀行総裁から言葉をいただいた。一人は第26代総裁の三重野康で、「淡々と堂々とやって下さい」という激励の電話であった。もう一人は退任直前の福井俊彦総裁で、鮮明に覚えているのは、「絶対に風邪を引かないように」というきわめて実際的、かつ有益な引き継ぎの言葉であった。お陰で総裁在任中の5年間は風邪らしい風邪は引かなかった。

3月21日、国会議事堂内で福田総理より日本銀行副総裁の辞令を受け取った。辞令交付には町村信孝官房長官、額賀福志郎財務大臣が同席した。国会議事堂内で与野党の主要なメンバーに対する挨拶を慌ただしく終えた後、日本銀行の建物に足を踏み入れた。日本銀行には1972年に入行し、その後、2006年に4年間の理事としての任期を終えて退任するまで34年間勤務したが、自分が総裁代行として、そしてやがて総裁として日本銀行で仕事をするという事態はおよそ想像することはなかった。私の総裁代行就任時点では、総裁は空席、審議委員も1名欠員、定員9名で構成される政策委員会メンバーのうち、2名が欠けているという異例の状態であった。午後6時から西村副総裁とともに就任記者会見に臨み、冒頭、「役職員と力を合わせて、適切な政策運営と業務の遂行に邁進してまいりたい」と挨拶した。

その後、目まぐるしく2週間程度が経過した4月2日の夜、額賀財務大臣からの総裁就任を打診する電話を自宅で受け取った。そして、6日の夜、福田総理より正式の就任要請をいただいた。空席の総裁ポストをめぐって政府内でどのような議論が行われたのかは知る由もないが、当時の厳しい国際金融情勢や複雑な政治情勢が大きく影響したことは想像に難くない。この年は、3月16日に米国でベアー・スターンズ社を救済するＪＰモルガン・チェースに対しニューヨーク連邦準備銀行の緊急融資が行われた直後であり、金融市場は小康状態を取り戻していたとはいえ、先行きに対する不安が払拭された状態とは到底いえなかった。すでに、４月11日にワシントンでＧ７蔵相・中央銀行総裁会議が開催されることが決まっており、世界の金融システムが不安定な中で、日本の中央銀行総裁が空席のままＧ７に臨むことは不適当との意見が多くの識者から表明されていた。そうした声が私の総裁任命につながったのだろうと想像している。数週間前に衆議院と参議院の議院運営委員会で副総裁候補としての所信表明演説を行ったが、その同じ場所で、４月８日に今度は総裁候補としての所信表明演説を行うことになった。翌９日には衆議院と参議院の本会議で総裁昇任が承認されたが、新たに副総裁候補に指名された候補者の任命は否決された。

９日は多忙をきわめた一日であった。まず、総裁代行に就任して最初となる金融政策決定会合に出席して議長を務め、会合終了後、決定内容を説明する記者会見に臨んだ。それからただちに総理官邸に赴いて総裁任命の辞令を受け取り、第30代日本銀行総裁となった。当時、私の年齢は58歳で、日本銀行総裁の就任時の年齢としては戦後ではかなり若い方であった[2]。当日は夜７時半から総裁就任の記者会見に臨んだ。

翌10日はＧ７会合に出席するため、午前中に成田空港発の飛行機に乗り込んだ。この時は事前にＧ７会合に関する説明をスタッフから聞いたり資料を読む時間はまったくなく、飛行機の中では主要な資料を読むのにかなりの時間を費やした。米国財務省内で開かれたヘンリー・ポールソン財務長官が議長を務めるＧ７会合は、グローバル金融危機への対応を主要テーマとしていた。ＦＲＢのベン・バーナンキ議長、ＥＣＢのジャン＝クロード・トリシェ総裁、イングランド銀行のマービン・キング総裁とはそれ以前にも言葉を交わしたことはあったが、ドイツ連邦銀行（以下、ブンデスバンク）のアクセル・ウェーバー総裁、フランス銀行のクリスチャン・ノワイエ総裁、カナダ銀行のマーク・カーニー総裁に会うのははじめてだった。この時が、その後長く続く私と中央銀行の総裁仲間との意見交換の始まりだった。

5年間の出来事

総裁退任時の記者会見で在任期間中の感想を問われた際、「激動の5年間」と表現したが、まさにこの言葉どおりであった。総裁代行就任の7カ月前の２００７年8月に、サブプライムローン問題というかたちで表面化した米国の金融危機は、08年9月のリーマン・ブラザーズの破綻を機に、グローバル金融危機へと拡大していった。その後09年春頃になって、グローバル金融危機は徐々に鎮静化していったが、10年からは欧州債務危機が次第に深刻化していった。当初はギリシャ危機から始まったが、ほどなく、アイルランド、ポルトガルを巻き込み、さらにスペイン、イタリアにも波及する事態となった。そして、２０１１年3月11日には、あの東日本大震災が発生した。地震に加え、津波、そして福島第一原子力発電所のメルトダウン事故は日本の社会と経済に強い衝撃を与えた。

上記３つの出来事とは進行速度がまったく異なるが、人口動態の面でも確実に変化が加速していった時期であった。日本の総人口は２０１０年にピークに達し、翌年から減少が始まった。生産年齢人口はすでに１９９５年をピークに減少に転じていたが、私の在任中はちょうど戦後のベビーブーマー世代が定年を迎え始めた頃と重なり、減少が加速化していた。

政治の世界では大きな混乱が続いた。２００９年8月30日に行われた衆議院の総選挙で自民党が歴史的な大敗を喫し、１９５５年の結党以来ごく短期間を除きほぼ一貫して政権運営を担ってきた自民党政権が民主党政権へと交代した。そして、12年12月の衆議院総選挙では今度は民主党が歴史的な大敗を喫し、民主党から自民党へと政権は再び交代した。このような短期間の政権交代が続いたため、私の総裁在任中、総理や財務大臣は頻繁に入れ替わり、Ｇ20等の国際会議では毎回異なる財務大臣が出席するという事態も生じた。先進国ではおよそ考えられないことである。

この間、新興国経済は高い成長を遂げた。特に中国の高成長は目覚ましかった。市場の為替レートで換算した中国の名目ＧＤＰを見ると、２０００年には日本の25％の水準であったが、10年には逆転し、17年には2・5倍にまで拡大した。また、エネルギー消費量の大きい新興国経済の高成長を反映し、国際商品市況は数年前には考えられなかったようなテンポで急激に上昇した。

こうした大きな出来事や変化、あるいはその意味を、私が総裁就任時点でどの程度認識していたかといえば、グローバル金融危機の深刻な影響については、日本のバブル崩壊以降の経験から、ある程度は予想していた。しかし、その後のグローバル金融危機の規模と拡大は私の予想を超えていた。欧州債務危機についても、漠然とユーロという通貨の維持可能性を議論することはあっても、あのように深刻な債務危機の発生はまったく予測していなかった。東日本大震災についていえば、災害時の対応の重要性については明確な自覚があった。しかし、多くの人と同様、地震の後の津波による被害や福島第一原発の事故は想像を絶するものだった。急速な高齢化や人口減少については、重要との認識はあったが、のちに感じるほどの強い危機感はこの時点では持っていなかった。

激動の時代であった。しかし、どんなに混乱し不確実性に満ちていても、それが現実である以上、その中で最善の対応を模索し決定して、これを実行していかなければならない。この点では、企業や個人等の民間部門の経済主体も、政府や中央銀行という公的な政策当局も同じである。民間部門にとって所与の環境を左右するひとつの大きな要素は政策であるから、それを決定する政府や中央銀行といった公的当局の責任は重い。しかし同時に、政府や中央銀行の決定する政策もまた、その時点の社会の大きな動きと無縁ではありえず、時として翻弄されることもある。

政策を決定する困難

中央銀行の総裁として政策を決定するということは、非常に大きな責任を伴う難しい仕事であるが、やりがいのある仕事である。

難しさの第1は、経済の先行きに関する不確実性が非常に大きいことを反映している。これは中央銀行、あるいは金融政策が議論される時に最も頻繁に取り上げられるテーマである。後から振り返ると必然的であるかのように見える経済の経路も、その時点では多くの可能性のひとつにすぎない。金融政策の仕事は、前方のガラスが曇り速度計もうまく働かず、さらにアクセルやブレーキの利き方もよくわからない自動車を運転することに喩えられるが、まさにそのとおりである。さらに、政策の効果は必ずしも1年、2年という短い時間で実現するわけではなく、時として5年、10年という長い時間がかかる場合もある。それでも、誰かがリアルタイムで金融政策を決定しなければならない。

第2は、中央銀行と政治や社会との関係の複雑さを反映している。中央銀行の政策運営をめぐる議論はかつてとは様変わりしている。これには、金融市場の拡大、グローバル化、情報通信技術の発展、社会の分断化現象等、さまざまな要因がかかわっている。そのような状況で、中央銀行の独立性という考え方は試練に直面している。多くの先進国の中央銀行は独立性を有しているが、だからといって、望むことをそのまま実行できるわけではない。中央銀行の決定した政策が国民全員から支持されることはありえないし、また、そうしたことを期待すべきでもない。しかし同時に、「中央銀行は頑固だが、それはそれで長い目で見て経済の安定に必要なことをしてくれているのだろう」、「中央銀行はずいぶん大胆なことをやっているが、予想されるリスクにも周到に配慮しながら政策を遂行しているのだろう」という信頼を得ていなければ、民主主義社会の中で存立することは難しい。つまり、中央銀行という組織も、それを代表する総裁も、社会からの「共感」を得ることが不可欠である。

第3は、中央銀行の意思決定の方法を反映している。海外の多くの中央銀行と同様、日本銀行の政策も委員会という合議体で決定され、総裁は9名の委員会のメンバーの一員にすぎない。もちろん、このことは、総裁は9分の1の影響力しか持たないということを意味するものではないし、世の中もそのようには理解していないと思う。米国にしても日本にしても過去の金融政策の果たした役割や中央銀行の責任が論じられる際、その時の委員会メンバー一人ひとりが取り上げられることは少なく、多くの場合、総裁の責任が議論される。総裁にはリーダーシップが期待されているが、同時に、総裁は独裁者ではないし、またそうであってはならない。総裁には金融政策決定会合の議長として政策委員会メンバーが有する多様な知識を最大限活用して最善の結論を引き出すことが期待されている。

自らの行動の拠り所

２００8年3月21日以降、私は以上のような難しい判断を行う立場に身を置くことになった。毎朝出勤し総裁室に入る度に不思議な感覚に襲われた。もちろん、総裁室には以前から何度も入室している。最初は入行15年後のことである。その時の案件が何であったかはもはや記憶していないが、上司に連れられて総裁室に入り、技術的な説明をしたことだけは覚えている。課長になった１９９０年以降は、総裁室に行く機会は徐々に増えていった。特に、企画局の審議役、金融政策・金融市場担当の理事の頃は、頻繁に総裁室を訪ねた。そのときの私にとっての総裁室は、当時の速水優総裁や福井俊彦総裁の求めに応じて説明や意見具申を行ったり指示を仰いだりするために訪ねる場所であり、自分がその部屋の主《あるじ》ではなかった。しかし、今の自分はこの部屋の主である。将来はどんなに不透明でも、日本銀行は何らかの決定をしなければならないし、その理由も説明しなければならない。その役割を今度は自分が果たさなければならない。

総裁は信念にもとづいて必要なリーダーシップを発揮しなければならない。不確実な状況において決定する際に、最終的な拠り所となるのは、広い意味での経験から生まれる判断である。経験には、自分が直接経験したさまざまな経済・金融上の出来事はもとより、間接的な経験も含まれる。自分が日本銀行で仕事をするようになって以来の内外経済の動きは大きな直接的な経験である。日本銀行の政策をめぐる時々の政治や社会の反応に関する記憶も経験の一部を構成している。自分が学んできた経済理論もそのひとつである。ある時期に学界で支配的であった考え方がその後、他の理論に置き換わった事例も数多く見てきたが、そうした経済理論の限界や射程について習得した感覚も貴重な経験である。問題を発見し、その問題にどのようにアプローチするかという方法論を学んだのも、大学卒業後のさまざまな経験を通してである。経済理論と並んで、企業や金融機関で働く人の話の中から情報をつかむことも、過去の歴史を繙くことによってヒントを得ることも、日本銀行に入ってからの重要な経験の一部を成している。いずれにせよ、日本銀行での34年間の経験が総裁時代のさまざまな決定に大きく寄与していることは間違いない。

本書執筆の経緯

日本銀行総裁を退任した後、少なからぬ政治家、学者、エコノミスト、日本銀行時代の先輩・同僚・後輩、海外の中央銀行の仲間から、総裁時代の記録を残すことを勧められた。確かに、近年海外の政策当局者による回顧録が少なからず出版されている。米国のヘンリー・ポールソン財務長官の著書は、ゴールドマン・サックスという影響力の大きい投資銀行での経験が他の政策当局者の著書にはない味わいを生んでいる。ティモシー・ガイトナー財務長官の著書は、ニューヨーク連邦準備銀行総裁時代の経験も含めて、経営の悪化した金融機関への対応という不人気ではあるがきわめて重要な課題を扱っており、「実務」を直視したその率直な語り口から学ぶことは多い。ＦＲＢのバーナンキ議長の著書は、大恐慌に関するマクロ経済学の専門的な業績を踏まえた、経済的にも政治的にも困難な時期の中央銀行の政策運営に関する著書であり、明晰な記述が強く印象に残る。総裁の回顧録という範疇には属さないかもしれないが、イングランド銀行のキング総裁の著書は、通貨に関する内外の歴史や偉大な知識人の思索を踏まえて、グローバル金融危機をもたらした知的枠組みに対して深い批判を展開しており、視野の広さに圧倒される。インド準備銀行のドゥブリ・スバラオ総裁の著書は新興国の中央銀行という立場からの観察であり、思慮深く率直な書きぶりに親近感を覚える[3]。このほかにも、ともに仕事をした海外の中央銀行や金融規制・監督当局の幹部による回顧録や回想的な講演は多い。

総裁時代の記録執筆の勧めに心を動かされる面がまったくなかったわけではないが、当初はそのつもりはなかった。逡巡の理由はいくつかあったが、最も気になったのは、自己弁護とか他人への批判と誤解されることであった。日本では海外、特に米国と異なり、中央銀行の総裁経験者が在任中の記録を残すことは稀である。[4]日本には多くを語らないことを美徳とする観念が根強くあることが理由かもしれない。

私は中央銀行や金融政策をめぐる既存の議論に不満を感じることが多かった。私にはそうした議論が現実の中央銀行の置かれた状況を踏まえているようには思えなかった。私は、「これが自分たちの直面している状況です。これを踏まえて、民主主義社会の中で中央銀行はどのように行動するべきでしょうか」と問題提起をし、世の中の多くの知恵を集めて少しでも正しい答えに近づきたいという気持ちを持っていた。中央銀行や金融政策の重要性を考えると、少しでも正解に近づこうと努力をすることは必要である。そのためには、まずは議論に必要な材料を提供することがすべての出発点であると思った。そう考えると、激動の5年間にたまたま日本銀行総裁の任にあった人間が考えていたことを記録として残すことには、何がしかの意味があるかもしれないと思うようになった。かつて1990年代の初頭に、バブル崩壊後の政策対応のあり方に関するヒントを求めて、第一次世界大戦後のバブルと反動恐慌に関する記録をいくつか読んだ経験があるが、日本銀行の井上準之助総裁が退任後に当時の東京商科大学（現・一橋大学）で行った連続講義を読み、大いに参考になったことも思い出した。[5]

本書の性格

そのような思考経路を経て、最終的に本書の執筆を決めた。問題はどのような本を書くかである。上述した海外の政策当局者OBの著書はいずれも知的刺激に満ちたものである。多くの学者や政策当局者OBが通貨や中央銀行に関する書物を出版している中で、私の執筆する本に何らかの意味があるとすれば、自分の経験のうち、できるだけユニークな部分を取り上げて展開する以外にないと考えた。そのような思いから、本書の執筆にあたっては、特に以下の4つのことを意識した。

①日本経済の現実の展開や日本の金融政策をめぐる議論をできるだけグローバルな文脈の中で考察すること。中央銀行や金融政策に関する多くの議論は圧倒的に米国の学界の議論に影響されている。経済理論も米国の経済や社会を前提として組み立てられていることが多い。しかし、世界には多くの国が存在する。日本は、1980年代後半のバブル、90年代以降のバブル崩壊とその後の金融危機、90年代後半以降の緩やかな物価下落、そして急速な高齢化と人口減少を他国に先行して経験した。かつては日本に固有の現象と思われていたことが今や世界的に観察される現象となっている。日本経済や日本の金融政策をできるだけグローバルな文脈において考察することは、日本にとっても海外諸国にとっても意味があると思う。

②職業人生活のほとんどすべての期間を中央銀行で過ごした経験を活かし、金融政策だけでなく、セントラル・バンキング全般をカバーすること。中央銀行の行っている仕事は金融政策だけでなく、決済システムの運営や金融機関に対する規制・監督をはじめ多岐にわたっている。幸い、私は日本銀

行に在職中、中央銀行の多くの分野の仕事を経験する機会に恵まれた。中央銀行は金融政策以外の分野でも経済の発展に重要な役割を果たしているにもかかわらず、中央銀行をめぐる議論では一面しか捉えられていない。そうした現状を踏まえて、バランスよく中央銀行を論じることを心がけた。

③中央銀行の総裁という組織のトップの立場から中央銀行論を語ること。組織は人から構成される組織である以上、構成員のモティベーションや組織内の壁、組織に支配的な文化等、さまざまな要素が組織の決定に影響を与える。総裁に就任後は、総裁と他の政策委員会メンバーとの関係、スタッフのモラル、組織文化の継承等、組織の問題をよりいっそう強く意識するようになった。さらに、政府や政治との関係、マスコミとの関係、学界との関係、海外中央銀行との関係においても、就任前には十分に認識できていなかった多くの重要な論点に気づくようになった。それらの点も明示的に取り入れるようにした。

④「時代」を再現すること。不確実な状況においてもリアルタイムで「決定」をしなければならない。何かを決定しないということも、それ自体がひとつの決定である。後知恵にもとづく議論とリアルタイムの決定は大きく異なる。しかも、時として「時代の空気」が政策をめぐる世論を大きく左右する。しかし、時間がたつと「時代の空気」は忘れられる。「時代」はマクロの経済数字だけでは到底再現できないものである。時々の状況を思い起こしながら、中央銀行がどのような環境のもとで金融政策の決定を迫られるのかを実感してほしいという思いから、新聞、書籍などの記述も用いて「時代」の再現に努めた。

想定する読者

総裁時代の判断には当然、就任前の経済・金融上の出来事やその当時の日本銀行の政策に対する議論も影響している。したがって、本書は私が日本銀行に入行した1972年から現在までの50年弱の日本経済や日本銀行の政策の歴史を論じているという側面もある。また、歴史を記述する過程では、日本銀行での個人的体験にも若干触れている。経済の歴史を、その時点での個人的体験を交えながら記述することの説得力を私は野口悠紀雄の名著『戦後経済史』[6]から学び、本書の執筆にあたって少しでもそれに近づきたいと思った。

以上のように、本書は回顧録の要素はあるが、「総裁時代」の回顧録ではない。少なくとも、バーナンキやガイトナーのそれとは違っている。回顧録にふさわしい書物にするためには、総裁時代の出来事に関してもっと個人的・具体的な体験を盛り込む必要があるかもしれないが、そのようにはなっていない。日本の情報公開法等を前提にすると、米国の当事者と同様のものを書くことはほとんど不可能である。日本銀行の役員は退任後も日本銀行法の制約があり、役員の守秘義務に関する規定に従わなければならない。情報公開法上の扱いも米国に比べ厳格である。

私は本書が多くの読者に読んでいただけることを願っているが、特に以下のような読者を念頭に置いている。

第1は、民主主義下における中央銀行のあり方に関心を持つ一般の市民である。経済の発展の源泉は民間部門の創意工夫の努力であることは言うまでもないが、それと並んで公的当局の適切な政策が不可欠である。それだけに、できるだけ多くの人に中央銀行にも関心を持ってもらいたいと思っている。本書はやや専門的な内容も含むが、できるだけわかりやすい叙述を心がけたつもりである。中央銀行のみならず、公共政策の形成メカニズムのあり方、官僚の役割などへも関心が高まるきっかけとなれば、望外の喜びである。

第2は、金融政策や金融システムに関心を持つエコノミストや、金融機関、一般企業で働く実務家である。中央銀行の政策は経済、金融に大きな影響を与える以上、彼らが中央銀行に対して実際的な関心を有するのは当然であるが、彼らの声が中央銀行の政策についての世論を形成する面もあることを考えると、中央銀行に対する彼らの理解が深まることは、中央銀行にとっても経済にとっても大事なことである。

第3は、マクロ経済学者である。グローバル金融危機は、現在支配的なマクロ経済学の考え方をいくつかの点で見直す必要があることを強く示唆している。私はあくまでも実務家であり、新たな理論を生み出す能力は持ち合わせていないが、既存の理論ではうまく説明できないこと、十分には取り上げられていないと感じることを語ることはできる。それによって、日本だけでなく広く海外の経済学者に、金融政策や中央銀行に関する新たな知的枠組みを提供してもらえることを期待している。

第4は、公共政策に現実に携わっている実務家、あるいは、これから公共政策の一翼を担おうと思っている学生である。その中でも特に、中央銀行や金融の規制・監督当局で仕事をしている実務家である。政策の実行には専門的知識と公的な政策当局者としての責任意識が不可欠である。一人でも多くの人が公共政策の仕事のやりがいや意義を認識し、より良い政策の実現に貢献してくれることを願っている。

以上のような多様な読者を想定していることから、本書は中央銀行を多面的に論じている。扱うテーマの中で、金融政策はもちろん重要な部分を構成している。しかし、本書は決して金融政策に関する書物ではない。金融機関の規制・監督、決済システム、国際通貨制度にもかなりの分量を割いている。また、金融政策を議論する際は、マクロ経済学や金融政策理論について語る必要があるが、それだけでは不十分であり、中央銀行と政治や社会との関係、中央銀行と金融市場、メディアとの相互作用という視点も必要となる。さらに、中央銀行という組織のガバナンスや組織を構成する役職員のモティベーションや士気についての考察も不可欠である。これらすべてを体系的に論じることは私の能力には余るが、できる範囲内でそれらをカバーしようと努めた。そのため、やや欲張り過ぎの感があり、1本の筋を追うように本書を読むことは難しいかもしれない。その点はご海容願いたい。

本書の構成

本書は3部構成となっている。

第1部「日本銀行でのキャリア形成期」は1972年の日本銀行入行以降、2008年の総裁就任前までを扱っている。特に大きな出来事は、バブル経済、バブル崩壊と金融危機、日本銀行法改正、ゼロ金利政策と量的緩和政策の採用、「大いなる安定」という言葉で表現される2004〜07年の世界経済である。この時期の多くの経験やそこで得た教訓は、私の中央銀行員としてのバックボーンを形成している。

第2部「総裁時代」は、総裁就任後に経済・金融の面でどのようなことが起こり、日本銀行としてどのような政策決定を行い、その背後にはどのような判断があったか、何が真の論点であったのか、自分自身の思いはどうであったのかを説明している。私としては、日本銀行法に照らして、自らが正しいと判断する政策を実行するように努めた。その時々の判断やその根拠を記録として残すことは、その政策が正しいか間違っているかにかかわらず、公的当局のトップにいた人間としての責務である。そして、その政策がもたらす結果を評価するにはかなり長い時間を要するが、結果に対する責任は、決定を下した人間が負うものだと思っている。

第3部「中央銀行の使命」は、中央銀行のあり方を中心に、望ましい通貨管理制度をいくつかの側面から考察している。第1部、第2部の各章と深くかかわっているが、内外の金融経済の出来事を振り返ると、細部は異なるものの本質的に同じようなことが繰り返し起こっている。それを防ぐために先人は通貨管理の仕組みや中央銀行のあり方についてさまざまな工夫を行ってきた。それは不断の努力の積み重ねといえるものであり、中央銀行の果たすべき役割は大きい。

本書は私が日本銀行を離れてから5年以上経過して出版されることになる。それは、できるだけ冷静な環境の中で読んでもらいたいという私の希望でもあったし、構想を練ってから、さまざまな問題についてじっくりと考える余裕ともなった。また、時間の経過とともに、さまざまな政策の効果やコストを検証するのに必要な事実の蓄積が進んできた。さらに、中央銀行や学界での研究も深まってきた結果、中央銀行サークルのかつての同僚の著書や講演、学者やエコノミストの論文を含め、多くのことを学ぶ機会を得た。それらが本書の内容を豊かにしてくれたことは、間違いない。

（1）第169回国会「衆議院議院運営委員会議録」第10号、「参議院議院運営委員会会議録」第5号参照。
（2）第18代の一萬田尚登総裁は52歳で総裁に就任している。
（3）Paulson (2010), Geithner (2014), Bernanke (2015), King (2016), Subbarao (2016).
（4）深井英五総裁は『通貨調節論』『回顧七十年』、三重野康総裁は『利を見て義を思う』『赤い夕陽のあとに』を残している。
（5）井上（1935）。
（6）野口（2015）参照。

第1部　日本銀行でのキャリア形成期

第1章　日本銀行でのキャリアのスタート

1972年に私は日本銀行に入行した。以来、39年という職業人生活の大半の期間をここで過ごし、多くの良き先輩、同僚、後輩に恵まれた。どの組織でも同様だろうが、キャリアの早い段階で仕事の進め方を学ぶことは重要である。私の場合、経済理論を重視する、実務家とのコンタクトを重視する、銀行の実務を出発点に考える、グローバルな関係を大事にすることなどの重要性を学んだ。若い頃に学んだこれらのことは、私がのちに理事や総裁として仕事をする際の指針ともなった。

経済学との出会い

1972年3月、私は東京大学経済学部を卒業し、4月1日に日本銀行に入行した。この年、大学を卒業して日本銀行に入行した同期生は総勢30名。就職先として日本銀行を選んだ理由のひとつは、大学で学んだ経済学を何らかのかたちで活かせる公共的な仕事に就きたいという漠然とした思いからであった。

経済学との出会いはまったくの偶然である。68年4月に東京大学に入学した時は、法学部に進学するコースである文科一類に入ったが、入学後間もない6月に全学学生ストライキが始まり、翌年2月までの長期間にわたり授業がまったく行われない状態が続いた。そうした時、クラスの友人であった黒田康夫（故人。大蔵省に入省）にサムエルソンの『経済学』を読む読書会への参加を誘われた。サムエルソンは70年に第2回ノーベル経済学賞を受賞した世界的に著名な経済学者であり、この本は何十年にもわたって世界中の多くの国で読まれた標準的な経済学の教科書である。読書会には、東京大学教養学部の村上泰亮助教授（故人）という、新入生にはもったいない立派な先生がほぼ毎回指導に来てくださった。その読書会に参加して経済学の一端に触れるうちに、次第に経済学に興味を持つようになった一方、本来専攻するはずだった法律学には一向に興味が湧かなかった。進学すべき専門課程を決めなければならない直前に、思い切って村上助教授の研究室を訪ねコース変更について相談したところ、「ヒックスの『価値と資本』[1]を読んでおもしろいと思ったら経済学部に進んではどうか」という助言をいただいた。ジョン・ヒックス（72年にノーベル経済学賞を受賞した英国の経済学者）の本は初学者がすべてを理解するには難しい内容であり、実際、全部を読み通せたわけではなかったが、論理の展開を美しいと感じた。その結果、専門課程では経済学部に進むことを決断した。

東京大学の経済学部では、伝統的にゼミナールが大きな役割を果たしている。私は3年生の時は米国から帰国して間もない浜田宏一助教授のゼミに参加したが、4年生の時は先生がＭＩＴ（マサチューセッツ工科大学）での研究のために渡米されたことから、小宮隆太郎教授のゼミに参加した。お二人には学生時代に大変お世話になったが、特に小宮教授からは卒業後も圧倒的に大きな影響を受けた。当時の日本ではマルクス経済学の影響が強く、近代経済学（今では死語に近い用語であるが）による現実の経済の分析や政策提言は少なかった。そのような状況にあって、小宮は標準的な経済理論を使って日本が直面する現実のさまざまな経済問題を鋭く鮮やかに分析し、政策提言も行っていた。「通念の破壊者」とも呼ばれ、その論理展開は非常に明快であり、現実の経済におけるさまざまな事実を細部まで踏まえたものであった。学生時代に小宮の多くの著作を読んだが、経済学とはこんなに切れ味が鋭いものかと興奮した。最も興味を覚えたのは国際金融である。ブレトンウッズ体制崩壊直前という当時の時代環境もあって、小宮のこの面での一連の論文は特に強く印象に残っている(2)。当時は、日本国内では貿易黒字が拡大する中で1ドル360円の固定為替レートの切り上げの是非が論じられ、また、世界に目を転じると、望ましい為替レート制度のあり方が活発に議論されていた時期であった。

教師としての小宮は近寄り難い「恐い先生」であり、ゼミでは他の多くの学生と同様、しばしば厳しいコメントをいただいた。学生時代に小宮から学んだことは数多くあるが、経済理論にもとづいて論理的に考えること、事実を細部に至るまできちんと調べること、明晰な文章を書くこと、この3つを徹底的に叩き込まれた。

日本銀行入行

日本銀行に就職することを決めたもうひとつの理由は、採用面接で最初に会った日本銀行の担当者が魅力のある方だったことである。もし別の人に出会っていたら、日本銀行には入行せず、私の人生はまったく違ったものになっていたかもしれない。

日本銀行での最初の配属先は外国局（現・国際局）総務課調査係という部署であった。この部署の最も重要な任務のひとつは、ＩＭＦ理事会の議論をフォローすることであった。ＩＭＦ（International

Monetary Fund: 国際通貨基金）は1944年に米国ニューハンプシャー州のブレトンウッズで開かれた会議で創設され、日本も52年に加盟した。日本は大蔵大臣（現・財務大臣）が総務として、日本銀行総裁が総務代理として参加している。日常的な決定はワシントンの本部での理事会で行われており、その理事会に提出される膨大な資料が日本銀行にも送られてくる。

当時の重要なテーマは国際通貨制度の改革であった。国際通貨制度自体は大蔵省の管轄であったが、日本銀行も中央銀行の立場から議論をフォローしていた。国際通貨制度に関しては、私が日本銀行に入行する前年の71年8月に世界中に激震が走った。いわゆるニクソン・ショックである。これにより、ブレトンウッズ体制が崩壊し、円を含め主要国通貨は変動相場制に移行した。同年12月には多角的な為替平価の調整を目的とした、いわゆるスミソニアン合意が成立し、円の対ドル為替レート平価は戦後長く続いた360円から308円へと、16.88％の切り上げが行われた。

私が日本銀行に入行し、よちよち歩きながら仕事を始めたのは、そうした決定が行われた数カ月後のことであった。もっとも、仕事といっても新人に割り振られるのは補助的な作業であり、朝一番の仕事は前日の主要通貨の為替レートの変化を表にするという単純なものであった。当時の記憶で鮮明なのは、西ドイツ、フランス、イタリア等、欧州6カ国の為替レートの変動を一定範囲に収める、いわゆる「スネーク」が72年6月に始まった時のことである。大学で国際経済学を学んだばかりの人間にとっては、各国の物価上昇率に格差が存在する中で、固定為替レートの枠組みにトライすることは無謀なことのように思えた。事実、「スネーク」は失敗し、その後も同種の仕組みに何度もトライしては失敗するというプロセスを繰り返した。しかしそのような紆余曲折がありながらも、92年には欧州通貨統合に向けたマーストリヒト条約が調印され、99年にはユーロが発足する。発足後10年近くは当初の予想に反してユーロは成功するが、２０１０年以降、欧州債務危機が深刻化する（詳しくは第11章「欧州債務危機」を参照）。しかし、１９７２年の時点では、その後の曲折は知る由もなかった。

外国局調査係で約半年を過ごした後、今度は、同じ外国局の中で日本の外貨準備の運用にかかわる事務を担当する業務課運用係へ異動した。当時の日本の外貨準備は急増していたとはいえ、72年3月末で１６７億ドルにすぎず、１兆ドルを超える今日の外貨準備高から見ると、じつに少額であった(3)。70年代初頭までの国際通貨制度は、金に交換できる米ドルに対し固定為替レートを設定し、国際収支の「基礎的不均衡」が大きくなった場合に固定為替レートを調整するという枠組みであり、管理通貨制度としてはまだ中途半端であった。今日の目で振り返ってみると、私が日本銀行に入行した時は、まさに先進国が望ましい通貨のコントロールを人智に委ねる管理通貨制度に全面的に乗り出し始めた時期にあたっていた。この方面ではその後、マネーサプライ・ターゲティング、インフレーション・ターゲティング等、さまざまなアイデアが生まれ実際の政策にも反映されることになる(4)。

１９７３年5月に岡山支店に転勤になるまで、外国局には1年強の期間、勤務した。この期間は中央銀行員としての広い意味での研修期間であり、何か「仕事をした」ということではなかったが、若い時に国際通貨制度や国際金融市場とかかわりのある仕事を垣間見ることができたのは非常に幸運であったと思う。

中央銀行育ち

日本銀行には結局、34年間勤務した。このうち、最初の30年は職員として、残りの４年は役員である理事としてである。最も長く勤務した部署は金融政策を担当する企画局（何度も組織改革があったため名称は時期によって異なる）で合計9年、次いで金融市場を担当する金融市場局（前身の営業局を含む）に7年勤務した。以下、金融システムを担当する信用機構局（現・金融機構局）に3年、リサーチ関係の部署としては、金融研究所で2年半、調査統計局で1年半過ごした。このように職員がさまざまな分野の仕事を経験するというのは、他の主要国中央銀行と比べた日本銀行の人事の大きな特色である。

理事に任命されたのは2002年7月である。企画局、金融市場局を主として担当した。理事は政策委員会の推薦を経て財務大臣によって任命される職務であり、民間企業でいえば執行役員に相当する。06年7月に理事としての4年の任期を終え、京都大学の創設間もない公共政策大学院の教授として教鞭を執ることになり、中央銀行論や金融政策を講義した。その後、08年3月に日本銀行副総裁に、4月に総裁に就任し、5年後の13年3月に日本銀行を離れた。

結局、私は職業人生活の大半を日本銀行で過ごしたことになる。総裁時代の決定や判断には、日本銀行での長い仕事の経験が、良い意味でも悪い意味でも影響を与えていることは間違いない。私が総裁在任中に海外中央銀行の総裁や副総裁であった人物の、総裁就任以前のキャリアを見ると、イタリア銀行のイグナチオ・ビスコ総裁、オーストラリア準備銀行のグレン・スティーブンス総裁、マレーシア中央銀行のゼティ・アクタル・アジズ総裁、タイ銀行のタリサ・ワタナゲス総裁、シンガポール通貨金融庁のラヴィ・メノン専務理事、メキシコ銀行のアグスティン・カルステンス総裁（現・BIS総支配人）らは、いずれも中央銀行での長いキャリアを有していた。中央銀行の仲間の間で尊敬を集めていた米国連邦準備制度理事会（Federal Reserve Board: 以下、FRB）のドナルド・コーン副議長やイングランド銀行のポール・タッカー副総裁も中央銀行出身者であった。「中央銀行出身者」とは言えないかもしれないが、欧州中央銀行（European Central Bank：以下、ＥＣＢ）のジャン＝クロード・トリシェ総裁、イングランド銀行のマービン・キング総裁をはじめ、中央銀行総裁に就任する前に比較的長い期間中央銀行で仕事をしたという人は非常に多い。学者出身であるベン・バーナンキ、ジャネット・イエレンの両ＦＲＢ議長も、議長に就任する前に理事や地区連銀総裁として仕事をしており、中央銀行で仕事の経験を積んでから総裁になるケースが圧倒的に多い。

自らの職業人生活を振り返ると、日本銀行に入行後、さまざまなことを経験することでセントラル・バンキングを学び、セントラルバンカーとしてのバックボーンが形成されていったことを感じる。バックボーンという言葉が意味していることは２つある。ひとつは、具体的な経済・金融上の出来事やそれへの組織および自分自身の対応の経験を通じて身につけていった中央銀行の果たすべき役割に関する考え方である。特に日本のバブルやバブルの崩壊とその後の金融危機、量的緩和政策等の経験は私の考え方に大きな影響を与えた。もうひとつは、中央銀行での仕事の仕方、アプローチの方法である。どの職業もそうだと思うが、職業人として比較的早い段階で学んだ仕事の方法論は、その後の職業人生活を大きく左右する。また、若い時にどのような上司にめぐりあうかも重要である。この点では、私は尊敬できる多くの先輩や同僚、後輩に出会うことができ、非常に恵まれていたと思う。

こうして、私は中央銀行で仕事をしていく中で以下のことを学んだ。①経済理論にもとづいて考えることの重要性、②実務家との会話を通じてさまざまなヒントを得ることの大切さ、③中央銀行の実務に即して政策を考える必要性、④中央銀行間の国際的な交流の経験の重要性である。以下、順を追って述べよう。

経済理論にもとづいて考える

日本銀行に入行して3年ほど経った時点で、私は米国のシカゴ大学の大学院経済学部に留学する機会を与えられた。留学先は人事部が指定したものであり、私自身の選択ではなかった。1975年7月に渡米し、最初の1カ月はコロラド大学のサマースクールで研修プログラムを受けた。ここで、伊藤元重（東京大学大学院生）、伊藤隆敏（一橋大学大学院生）、浅子和美（東京大学大学院生）、吉野直行（東北大学大学院生）、本多佑三（日本開発銀行）をはじめ、のちに日本の経済学界をリードすることになる同世代の多くの友人と知り合うことになった。

シカゴ大学での授業は75年9月末から始まった。シカゴ大学に行く前は、「シカゴ大学経済学部の黄金時代はすでに過ぎ去った」という評価を耳にしていたが、振り返ってみると、私が在学していた頃はまさにシカゴ大学経済学部の黄金時代であったと思う。ビジネス・スクールに所属して経済学部でも教えていた教授も含め、ノーベル経済学賞の受賞者は、ミルトン・フリードマン、ジョージ・スティグラー、ゲーリー・ベッカー、ロバート・ルーカス、ロナルド・コース、セオドア・シュルツ、ジェームズ・ヘックマンほか多数にのぼっており、じつに豪華な教授陣であった。基本科目であるミクロ理論とマクロ理論（シカゴではそれぞれ、価格理論、マネーと呼ばれていた）についてはそれぞれ2つのコースが併行して開講されており、学生はそのうちのひとつは単位取得を前提とした授業として、もうひとつは単位取得を前提としない授業として聴講することが求められていた。私は価格理論については、ベッカーの授業を単位取得の授業として登録し、フリードマンの授業を聴講した。私がシカゴ大学で最も影響を受けた教授はベッカーであった。ベッカーの最大の業績である人的資本論は価格理論の切れ味を見事に示すものであり、シンプルな理論から導き出される豊かなインプリケーションの説明に魅了された。彼は経済学が伝統的に対象としてきた領域だけでなく、出産や結婚をはじめ、差別等、さまざまな事象を分析の対象としていた。当時はそうした分析を知的にはおもしろいと感じつつも、なぜ、そうした問題を取り上げるのかまでは理解できていなかった。数十年経過し、現実に少子化や人口減少が大きな問題となっている日本経済の現状を見るにつけ、ベッカーの先見性に改めて敬服するとともに、研究すべき課題を正しく設定することの重要性を感じる。

シカゴ大学で学んだことは大きく分けて3つある。第1は、ベッカーに代表されるように、人々の行動をインセンティブにもとづいてどこまで合理的に説明できるかを追究する姿勢である。インセンティブには金銭的なものも非金銭的なものもあるが、「予算、資源、情報、時間といった制約とその制約下での最適化行動」という経済学の基本的なロジックを使って、人間の行動を説明しようということである。いったん、そうした思考様式に慣れると、インセンティブにもとづく説明を欠いた議論、特に、「文化の違い」や「構造」を持ち出す説明の曖昧さに違和感を覚えることが多くなっていった。

第2は、データを用いて実証的に検証することの重要性である。この点ではロバート・ルーカスのマクロ経済学の授業を思い出す。ルーカスはすでに「合理的期待」(rational expectation) でマクロ経済学を革命的に変えつつあり、彼の書いた論文から判断して数学に依拠した授業になるだろうと予想していた。しかし実際には、最初の数回の授業はウェズリー・ミッチェル等が全米経済研究所 (National Bureau of Economic Research: ＮＢＥＲ) で行った有名な景気循環に関する研究にもとづき、生産や在庫の変動をはじめ、景気循環に関する「定型的事実」(stylized facts) について学生がグラフを書いて確認することから始まった。このことによって、経済問題を考える時に、事実をしっかりと捉えることの重要性を叩き込まれた。

第３は、直観的にわかりやすく説明することの重要性である。これに関して忘れられない光景がある。フリードマンは毎回、教室で学生に質問を発し、学生はその場で答えなければならなかった。ある時、優秀な学生が数学の用語を使って答え始めようとしたところ、「数学用語で答えるな。直観的にわかるように説明しなさい」と言って学生を正したことがあった。直観的説明の訓練という点では、試験問題も変わっていた。博士号（Ph.D.）を取得するための「コア」と呼ばれる資格試験では、「真か、偽か、それともどちらとも言えないか？　そして、その理由は？」と尋ねられる問題が大量に出されていた。この試験もロジックをわかりやすく明快に説明する訓練であった。

シカゴ大学の経済学部はハーバード大学やＭＩＴと異なり、比較的多くの学生を受け入れ、厳しい試験でふるい落としていくというシステムを採用していた。Ph.D.を取得するための最初の関門は、１年目の終わりに前述の「コア」と呼ばれる試験に通ることであるが、幸い合格することができた。日本銀行から与えられていた留学期間は2年であったが、Ph.D. 取得の要件である論文作成にはもう少し時間が必要であるため、日本銀行の人事部に対して留学期間の1年延長を申請した。合計３回申請をしたが、その都度却下された。そのため、日本銀行を辞めてシカゴ大学で勉強を続けるか、予定どおり日本銀行に戻るかの選択に直面した。当時、すでに結婚もしており2歳に近い子供もいる中で、無収入のまま勉強を続けることは困難と判断し、結局、日本銀行に戻ることを決断した。シカゴ大学には77年6月まで在籍しM.A.（Master of Arts）の学位を取得した。

Ph.D. は取得できなかったが、26歳から27歳にかけての2年間を経済学研究のセンターのひとつであるシカゴ大学で過ごすことができたのは誠に幸運であり、そうした機会を提供してくれた日本銀行に感謝している。当時のシカゴ大学といえば、何といっても有名なのはマネタリズムと合理的期待仮説であり、私もごく自然にその影響を受けた。実際、日本銀行に戻ってからの2年間の特別研究室（現・金融研究所）時代には、マネタリズムや合理的期待仮説に影響を受けた論文も書いた。その後、当時書いた論文を読み返すことはないが、さまざまな経験を重ねる中で、自分の考え方が大きく変わったところもあるし、基本的に今でも変わらないところもある。

そうした自分自身の考え方の変遷を振り返ってみて改めて感じることは、政策を遂行するにあたっての理論モデルの位置づけについてである。詳しくは後の章で述べるが、理論モデルは、当然のことながら現実そのものではなく、複雑な現実を単純化することによって作られる。実務家の中には理論モデルに批判的な人も多いが、本質的な部分に光を当てるためには必要な道具である。一方で、理論モデルにもとづいて政策提言を行う際には、その理論モデルが複雑な現実のどの部分を捨象しているかをしっかりと理解することが大切である。いったんある特定の理論モデルに肩入れすると、その理論のレンズを通してしか現実が見えなくなる危険もある。重要なことは、問題に応じて理論モデルをセンス良く使い分けることであるが、実際にはこれは容易なことではない。理論モデルを適切に選択するためには、現実の経済や社会の動きをよく観察することが不可欠となる。こうしたことが少しずつわかり始めたのは、日本銀行で実際の仕事の経験を重ねるようになってからである。

実務家とのコンタクトを通じてさまざまなヒントを得るように努める

実務家や専門家とのコンタクトの中からさまざまなヒントを得ることの重要性を最初に学んだのは、入行翌年の1973年5月に配属になった岡山支店勤務の時である。当時、大学卒業の新入行員は全員、支店に配属された。現在の岡山支店の職員数は40名程度だと思うが、当時は今のように機械化も進んでおらず、90名ほどの職員がいたと思う。欧米の中央銀行では大学を卒業したばかりの職員が支店を経験するというのは珍しいことではないだろうか。

岡山支店に配属されて半年ほど経過した時点で、私は地元の経済動向を調査する部署に配属された。最近の業況や先行きの見通しを聞くために、多くの企業を訪ねた。水島コンビナートにある鉄鋼、石油化学といった大企業の工場も訪ねたが、主たる調査先は地元の企業である。その規模は、東京の基準で言うと中小企業、零細企業の範疇に属する企業が多かった。最初は相手と向かい合っても何を質問すればいいのかわからない状態であった。用意していた質問をするのが精一杯で、先方からの答えに反応して気の利いた第2、第3の質問を発することは難しかった。私が担当した業種のひとつは当時の岡山県の主力産業であった耐火煉瓦であったが、折柄の第一次石油ショックとインフレ抑制の金融引き締めの結果、景気は大きく落ち込み、耐火煉瓦の生産は急激に落ち込んでいた。地元の農協もよく訪ねた。日本銀行による民間銀行への強力な貸出抑制策である「窓口規制」の結果、（今では考えられないことであるが）規制対象外の農協や、農協の上部組織である県の信用農業協同組合連合会に大企業からの借り入れ需要が流れ込んでいた。そういった金融の現場で起きていることを調査し本店に報告書を提出するのが私の仕事であった。私の書いた報告書が本部の金融政策の判断の役に立ったとは思わないが、私にとっては経済や金融の現場で起きていることを知る貴重な機会であった。また、それと並んで貴重だったのは、現場で仕事をしている実務家や専門家から話を聞くことによってさまざまなヒントが得られることを知ったことである。

もちろん、実務家や専門家から話を聞くだけで経済動向のすべてがわかるとは思わない。ミクロの現場こそ重要という議論が聞かれることもあるが、それだけでは「悪しき現場主義」に陥ることが多いと思っている。[5] しかし、最前線で仕事をしている人がどのようなことを感じているかを聞くことによって、多くの洞察が得られることは確かである。このことを最初に感じたのは前述した支店の経済調査担当の時であったが、その後、本店で仕事をするようになり、いろいろな分野のさまざまな人と話をする機会が増えるにつれ、そのことをますます強く感じるようになった。入行10年目に鉄鋼メーカーや商社をはじめ、本店管下の大企業と定期的にコンタクトする係の責任者を務めたが、面談先の経営者の話は非常に興味深かった。入行11年から13年目にかけては営業局で金融機関から日常的に話を聞く、[6] 十数名の係の責任者となり、ここでは金融機関の資金繰りや融資の企画部門で仕事をしている中堅スタッフから定期的に話を聞いたが、これも大変貴重であった。このことを特に強く感じたのは日本のバブル崩壊後の時期である。現場の話を聞くことが有用であることをいったん理解すると、どの職場に移っても、これを実践するのが自然な仕事の方法の一部となっていった。

中央銀行の実務に即して政策を考える

「本質は細部に宿る」というように、日本銀行での経験を重ねるごとに中央銀行の日常業務の重要性を実感した。小切手や手形の存在は法律の本の中の知識として知っていたが、それらをはじめて見たのは岡山支店の時であった。日本銀行が商業手形を割り引くためには振出人の信用度を審査しなければならない。貸借対照表や損益計算書だけで企業の実態がわかるわけではないが、その知識がない限り、企業の実態はつかめない。

資金の流れをはじめて意識したのは岡山支店の国庫課に配属された時である。政府の税収等の歳入、公共事業や公的年金の支払いはすべて日本銀行にある政府の当座預金を通じて行われる。「政府の銀行」と呼ばれる所以である。国庫課での仕事のひとつは歳入金の経理であった。法人税は月末、個人の源泉所得税は10日というように、税金はその種類によって納入期限が異なる。現在は業務処理の仕方は大きく変化したが、当時は民間金融機関を通じて証票がすべて日本銀行に上がってくるので、国庫金の流れが自然に頭に入ってくる。源泉所得税は1件当たりの金額は大きくはないが、件数は膨大である。法人税は大宗を占める3月決算法人の税収の納入期限である5月末の受け入れ金額が巨額になる。それらの資金は受け入れ2営業日後の午前中に日本銀行にある政府預金に吸い上げられる。金融市場には季節、月の中、さらには一日の中でも繁閑がある、という感覚を最初に身につけたのも岡山支店時代であった。

現在は変わりつつあるが、少し前までのマクロ経済学の教科書では金融政策に関する説明がマネーサプライの増減からスタートすることは、中央銀行の実務家から見ると非常に違和感があった。また、今でも教科書には信用乗数理論が説明されている。これによると、中央銀行は中央銀行通貨（マネタリーベース、ハイパワード・マネーとも呼ばれる）をコントロールし、その結果、一定の倍率のマネーサプライを生み出すことになる。しかし、マネーサプライ、すなわち、企業や個人が保有する現預金の総量は、金融機関や企業・個人の意思決定の結果として決まるものであるが、信用乗数論ではロボットのような金融機関行動が想定されている。現実の金融機関はロボットではなく、それが利益の拡大につながると判断してはじめて行動を変化させる。たとえば、中央銀行の金利引き下げが金融機関の貸出増加につながる際の重要なメカニズムは、利鞘の拡大である。金融機関の負債サイドを見ると、主要な資金調達手段は預金や他の金融機関からの借り入れであり、その期間は短期である。他方、資産サイドを見ると、主要な運用手段は貸出や有価証券への投資であり、期間は負債よりも長い。その結果、中央銀行が短期金利を引き下げると利鞘が拡大し、金融機関は貸出や有価証券投資を拡大する。この過程で起こることは資産と負債の期間ミスマッチの拡大である。

マネーサプライのコントロールといっても、実際の出発点はインターバンク市場（日本で言うコール市場）のオーバーナイト金利をコントロールすることである。インターバンク市場とは銀行や証券会社等の金融機関が無担保で大量の資金を借りたり貸したりする市場であり、最も取引が多いのがオーバーナイト物、すなわち、取引の翌営業日に満期が到来するものである。中央銀行は、中央銀行当座預金の供給量を変化させることによって、中央銀行当座預金の需要と供給のバランスに影響を与え、その結果、オーバーナイト金利がコントロール可能となる。中央銀行は毎日、その日の中央銀行当座預金の需要を予測し、望ましい金利水準を実現するために必要な当座預金を供給したり、吸収したりしている。こうした操作のことは、金融政策と区別して、金融調節と呼ばれている。

金融政策は望ましい物価上昇率等の目的を実現するために目標金利水準を設定する行為であり、金融調節は、金融政策に関する判断の結果決まってくる目標金利を実現するためのプロセスである。日本銀行が行っていた金融調節も他の多くの先進国とまったく同じであったにもかかわらず、不幸なことに、日本銀行の金融調節は「日銀流理論」と揶揄されることが多かった。さらに、日本銀行が金融調節の技術的説明をすればするほど、日本銀行がマネーサプライ、ひいては経済に影響を与えることができないと主張していると誤解された。

もっとも、金融調節についてはあまり理解されていないという点では他の国も同様であり、後年のことになるが、リーマンショック後の中央銀行間の国際会議で、他国の中央銀行でもしばしば金融調節に関する誤解が話題になっていた。振り返ってみると、私自身、入行当初は金融調節については何も知らなかったし、マネーサプライを自在に動かせるかのような金融政策観を持っていた。また、入行当初は金融調節に関する説明をいくら聞いてもよく理解できなかったことを記憶している。これには金融調節という実務について、需要と供給のバランスにもとづいて価格（金利）の変動を説明するという姿勢が日本銀行サイドに乏しかったことも影響していたと思う。[7] そうした原体験を通じて、実務と理論の橋渡しとなる説明が重要だということを学んだ。

中央銀行の実務の中では、短期間であるが決済システムの仕事に従事したことは私にとって非常に大きな経験だった。金融論の教科書を見ると、まず貨幣の役割として、交換手段、価値尺度、価値の保蔵手段の3つの説明があるが、記述分量では圧倒的に後の二者、特に価値尺度の話に集中している。しかし、中央銀行で仕事をすると、中央銀行が提供する大きなサービスが決済手段（交換手段）の提供であることは自然に身につく感覚である。そうした実務だけでなく、決済システムの問題に私が政策面で関与し始めたのは、入行後15年ほど経った頃、総務局（現・企画局）にいた時である。1987年1月、ニューヨーク連邦準備銀行（以下、ニューヨーク連銀）からジェラルド・コリガン総裁以下、幹部が揃って日本を訪問し、日本銀行の建物の中で両者の会議が開かれたことがあった。この時、コリガン総裁は2つの問題を提起した。ひとつは銀行に対する最低自己資本比率の設定に関して米国、英国、日本の間で実質的な合意を行うことを呼びかけるものであり、もうひとつは決済システムにかかわるものであった。当時、日本の銀行は外国為替取引の決済のうち、ドルについてはチェースマンハッタン銀行の東京支店に開いたドル口座で決済していたが、この方式では決済リスクが大きいとして、その見直しを図ることをニューヨーク連銀が提案してきた。その後、決済システムに関するニューヨーク連銀、イングランド銀行との三国中央銀行決済会議が開かれるようになり、私は最も若いメンバーとして会議に参加するようになった。

当時は決済システムの問題を「政策」として考える発想は世界的にもあまり見られなかったが、その少し前から米国では決済リスク削減が明確に意識され始めていた。日本銀行内では決済に関する政策を担当する部署が明示的には存在しないこともあって、私は金融政策を担当する企画局に所属しながら、この問題も担当するように指示を受けた。具体的には、民間金融機関に対しては、国債の約定から決済までの期間短縮、コマーシャル・ペーパー（短期資金を調達するために発行する無担保の社債。以下、CP）のブックエントリー・システム（振替決済制度）の構築、資金と国債の同時決済の実現を働きかけた。当時、日本の民間金融機関は決済システムの安全性向上という課題には概して後ろ向きであった。もちろん、民間金融機関も決済システム改革の必要性については一般論としては理解していたと思うが、日本では金融機関がつぶれない以上、現実的必要性には乏しいというのが大方の反応であった。そうした金融機関を説得するためには、決済システムの安全性・効率性を高めることが長期的には民間金融機関の利益につながることを説得的に説明する必要があった。

決済システムの改善に関しては、大蔵省の理解も必要であった。日本銀行は１９８０年代の初めから日本銀行と民間金融機関とを結ぶオンラインのシステムである日銀ネットの開発を進めていた。今では信じられないことであるが、大蔵省は日本銀行が日銀ネットを武器に民間金融機関に対する影響力を強めるのではないかという警戒感を抱くに至り、88年には多額の予算を使って開発を進めていた日銀ネットを予定どおり稼働させることが危ぶまれる状況に一時直面した。そのため、そもそもなぜ日銀ネットが必要であるのか、決済リスクの削減に日銀ネットがどのように貢献するのかを大蔵省に説明することが必要になった。私はそうした対大蔵省の説明チームの一員として、将来的には日銀ネットを使って即時グロス決済（Real Time Gross Settlement：ＲＴＧＳ）[8]を行うことが金融システムの安定にきわめて有益であることを説明した。

私が決済システムの仕事にスタッフとして直接関与した期間はそう長くはなかったが、この時期の経験は非常に鮮烈であり、中央銀行の果たすべき役割に関する私の基本的な考え方に大きく影響を与えた。

中央銀行間の国際的な交流

当然のことながら、中央銀行には国内の同業者はないが、海外にはある。海外の中央銀行員と話すと、国や言葉の違いを超えて、問題意識や悩みを共有することが多い。私が中央銀行間の国際会議にはじめて出席したのは、上述のニューヨーク連銀、イングランド銀行との決済システムに関する会議であったが、本格的に国際会議への出席が増えたのは、１９９７年、私が47歳の時以降である。特に、国際決済銀行（Bank for International Settlements：以下、ＢＩＳ）でのさまざまな会議に関与するようになったことは、中央銀行員としてのバックボーンをつくるうえで大きなプラスになったと思う。

ＢＩＳの主要な役割のひとつは、中央銀行に対して議論のためのフォーラムを提供することである。そうしたフォーラムとしては、2カ月に1度、スイスのバーゼルで開かれる中央銀行総裁会議が最も有名である。バーゼルに集まるのは総裁だけではない。さまざまな分野で仕事をしている各国中央銀行の幹部職員や中堅職員が委員会に参加している。主要な委員会としては、バーゼル銀行監督委員会（Basel Committee on Banking Supervision：ＢＣＢＳ）、グローバル金融システム委員会[9]（Committee on the Global Financial System：ＣＧＦＳ）、決済・市場インフラストラクチャー委員会（Committee on Payments

and Market Infrastructures: ＣＰＭＩ）が挙げられる。
日本銀行を含めた多くの日本の公的当局では、海外との関係で生じる仕事は、国際関係、国際交渉を専門にする部署やそこでの経験の長い幹部に委ねるというのが一般的であった。そのため、組織内が「国内派」と「国際派」と呼ばれるグループに分かれることになり、やや誇張して言うと、政策は国内派が決め、国際派はそれを国際会議で説明するという様相を呈しがちであった。私自身は「国内派」と見られることの多い企画局に長くいたが、90年代後半から国際会議に多く出席するようになっていった。

国際会議に関与するようになって得たものは非常に大きかった。プラスのひとつは人的ネットワークである。私が国際会議に出席し始めた頃、最も多く関与したのはグローバル金融システム委員会であった。１９９７年に福井俊彦副総裁がこの委員会の議長となり、98年以降２００３年までは山口泰副総裁が議長を務めたが、その関係で、私はこの委員会の事務局と頻繁に連絡を取り合っていた。当時の事務局長は、その後ＢＩＳにおける調査部門の支柱となるクラウディオ・ボリオであり、彼との交流によって私は大きな影響を受けた。彼以外にも、ＢＩＳのさまざまな活動を通じて多くの知己を得た。私が総裁に就任した後、カウンターパートの中央銀行の総裁、副総裁として一緒に仕事をするようになった人も数多い。

もうひとつのプラスは、グローバルな視点を身につけられたことである。具体的に言うと、海外の動向が自国の経済・金融にどのような影響を及ぼすかという視点だけでなく、各国の中央銀行や金融機関、企業の行動の結果、世界の経済・金融がどのように変化するかということを考える視点を持つようになったことである。前述の国内派、国際派という分業体制のもとでは、どうしても後者の視点は生まれにくい。国内派には、世界にどう貢献するか、どう影響を与えるかという視点は乏しく、海外の動きにどう対応するかという受動的なものになりやすい。国際派もまた、国内の金融政策には関与することが少なく、国内派が決めた政策を海外の会議で説明することに特化した立場にあるため、世界に働きかけることがどうしても難しい。私自身がどこまで国際会議で貢献できたかはわからないが、ある時期から国際会議への出席が増えたことは、中央銀行員としてのバックボーンを形成するうえで誠に幸運であったと思っている。

（1）ヒックス（1951）。
（2）小宮（1988）所収。他の論文については、小宮（1975）参照。
（3）前年の71年3月末は55億ドルであった。
（4）白川（2015）参照。
（5）白川（2011e）参照。
（6）当時の営業局の機能は、現在は金融市場局と金融機構局に移管しており、当該機能は金融機構局が担っている。
（7）小宮（1988）第1章参照。
（8）時点ネット決済と並ぶ中央銀行における金融機関間の口座振替の手法。時点ネット決済では、金融機関が中央銀行に持ち込んだ振替指図が一定時点まで蓄えられ、当該時点で各金融機関の受払差額が決済される一方、RTGSでは、振替の指図が中央銀行に持ち込まれ次第、一つひとつただちに実行される。
（9）1999年にユーロカレンシー委員会からグローバル金融システム委員会に名称が変更された。

第2章　バブル経済

どの国にも後々まで人々の意識に大きな影を落とす出来事が存在する。米国では１９３０年代の大恐慌が、ドイツでは第一次世界大戦後のハイパーインフレーションの経験がそれに相当する。そうした過去の出来事は集団的記憶として引き継がれ、その国の経済政策の運営にも大きな影響を与える。戦後の日本においてそうした出来事を挙げるとすれば、間違いなく80年代後半に発生したバブル経済とその後のバブル崩壊、金融危機がそれにあたる。バブル期以降のさまざまな出来事からどのような教訓を引き出すかは人によって異なるだろうが、この時期に社会で仕事をした人々の多くの意識や行動を左右したと言ってよい。私もその例外ではなかった。

未曾有の規模のバブル

私は１９８５年9月から88年11月半ばまでは金融政策を担当する総務局（現・企画局）で、また90年5月初めまでは金融政策運営の判断材料となる経済状況の調査を行う調査統計局で仕事をしており、バブル期の大半は金融政策に関連した部署で過ごした。バブル期の経験は強烈であり、マクロ経済や金融政策運営に対する私の考え方にきわめて大きな影響を与えた。

世界の経済史を見ると、バブルは何度となく発生しているが、80年代後半に発生した日本のバブルは世界史的に見ても未曾有の規模であった。日本のバブル期を便宜的に86〜90年と定義すると、この期間の日本経済の平均成長率は5・0％であり、最も高い成長率を記録した88年は6・4％にものぼった。現実のGDPと潜在GDPの差をあらわす需給ギャップを見ると、80年代末には6％の需要超過という異常な高水準に達していた(1)。全国企業短期経済観測調査（以下、日銀短観）の業況判断DI(2)（「良い（％）」から「悪い（％）」を引く。以下、業況判断）では、86年12月と87年3月に記録したマイナス17を底に、ピークの89年6月にはプラス41となった(3)。わずか2年半の間に業況判断が60近くも改善したのはこの時以外にない。業況判断の数字の水準を見ても、その後のピークは18年3月に記録したプラス17にすぎず、この時の景況感の高さがいかに異常であったかわかる。

銀行貸出はバブル期以前も10％強という高い伸びであったが、86年頃から伸び率を高め87年には14％にまで上昇した。その後、伸び率はいったん低下したが、90年にかけて再び増勢に転じ、14％という高い伸び率を再び記録するに至った(4)（図2－1）。日経平均株価は、プラザ合意前日の85年9月20日は1万2666円であったが、87年2月初めには2万円台に乗り、同年8月末には2万6000円台を記録した。株価は同年10月のブラックマンデーと呼ばれる世界的な株価暴落でいったん下落するが、88年1月初めを底に再び上昇に転じ、12月には3万円台に乗せ、そして1年後の89年末には3万8915円の過去最高を記録した。プラザ合意時と比較すると、わずか4年強の間に3・1倍もの水準に上昇した。不動産価格は東京都心ではすでに83年頃から上昇が始まっていたが、87年あたりから騰勢を強め、91年初めまで上昇を続けた。上昇は首都圏から始まったが、やがて大阪圏や名古屋圏にも

図2−1　金融機関の貸出

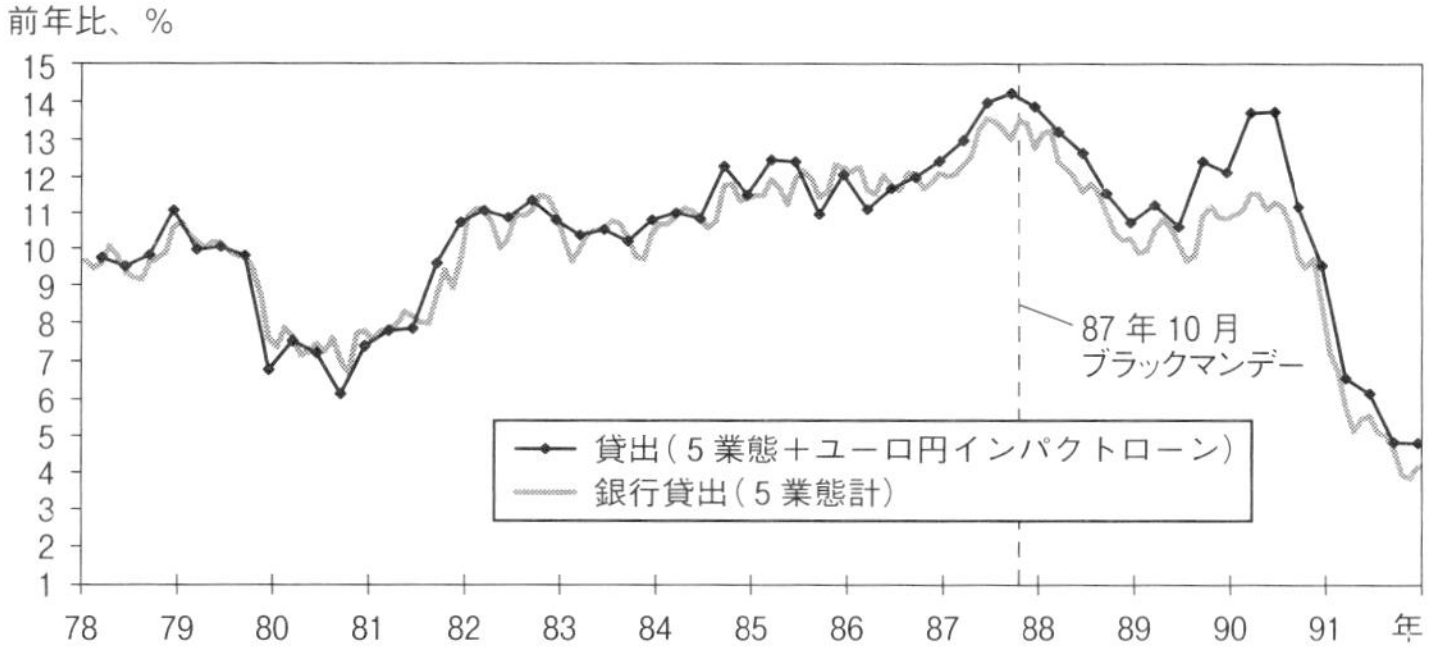

注：銀行貸出（5 業態計）は銀行勘定。各月の前年比は、前月末値と当月末値の平均を用い算出。国内店貸出（居・非居住者向け円貨／外貨貸、オフショア）は含む。海外店貸出は含まない。ユーロ円インパクトローンは為銀海外店の国内向け貸出、3 月末・9 月末値。6 月末・12 月末値は線形補完した。5 業態は、都市銀行、長期信用銀行、信託銀行、地方銀行、第二地方銀行（88 年以前は相互銀行）
出所：伊藤・小池・鎮目（2014）図表 5

広がった（図２－２）。

不動産の価格上昇率を正確に国際比較することは難しいが、株価上昇率で比較する場合には、収益に対する株価の比率、すなわち、ＰＥＲ（Price Earnings Ratio）が有効な指標となる。経済学者のロバート・シラーの開発した手法に従い、景気循環や物価上昇率の差を調整したベースでＰＥＲを見ると、日本のバブル期の水準は約90倍で、米国のＩＴバブル期に記録した約45倍の2倍の水準となっている[5]。途方もないバブルであったことがわかる。株式と不動産のキャピタル・ゲインの対ＧＤＰ比率を見ると、86年から90年にかけて発生した日本のキャピタル・ゲインは、じつにＧＤＰの４・５倍の規模に達した。この比率は、２００３年から07年にかけて発生した米国のキャピタル・ゲインの対ＧＤＰ比率の約3・0倍を大きく上回っている。発生したバブルの大きさの裏返しの現象として、バブル崩壊後のキャピタル・ロスも巨額にのぼり、内閣府の統計によると、91年から２００

図2−2　地価上昇率

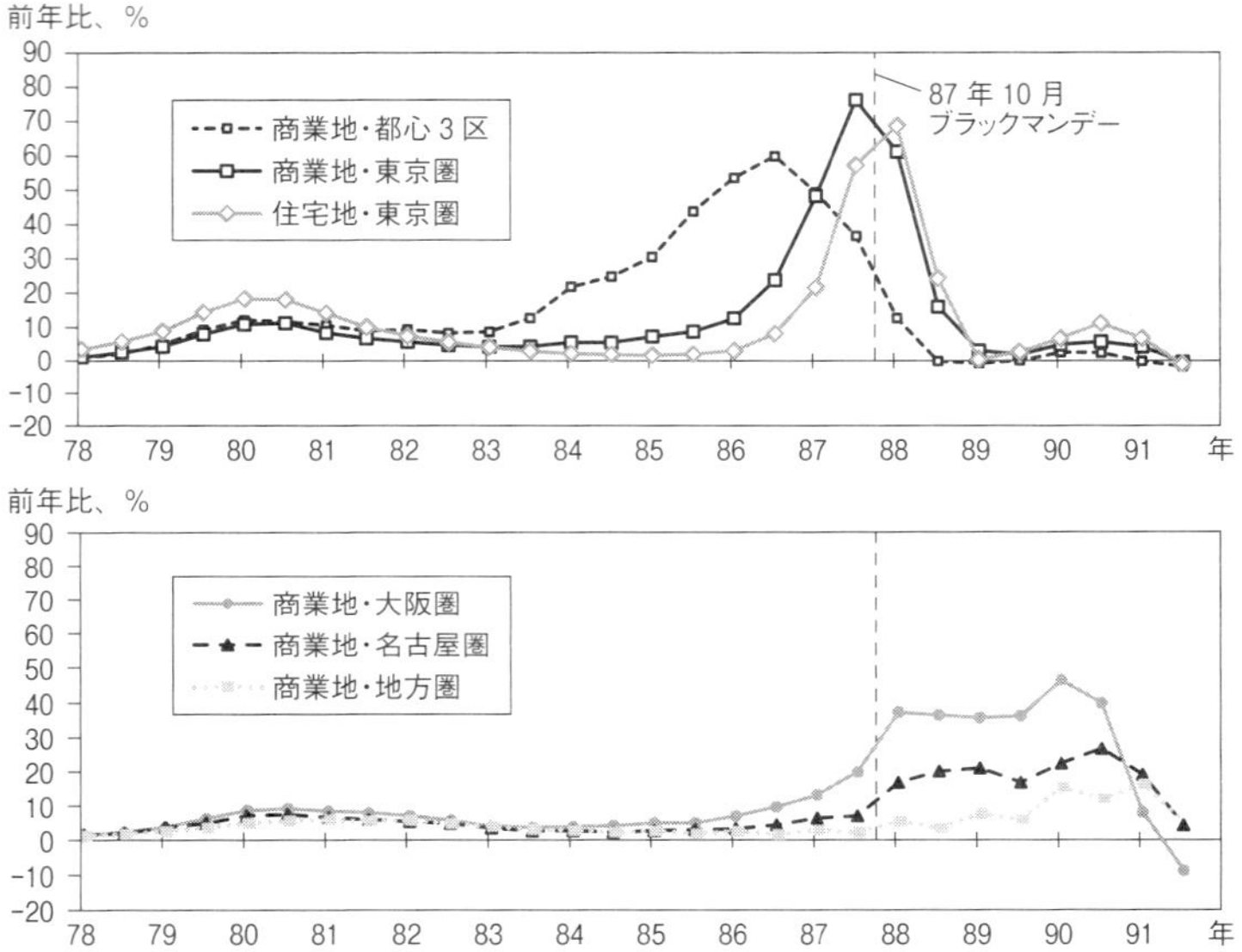

注：1月初めと7月初めの前年比（1月は国土庁公示地価、7月は都道府県地価調査による）
出所：伊藤・小池・鎮目（2014）図表6

0年にかけての日本のキャピタル・ロスはGDPの2・3倍となった[6]。ミクロ・レベルでは、日本のバブル期には多くの企業が「財テク」と呼ばれるさまざまな金融取引を拡大させた。そうした動きを象徴的に示していたのが信託銀行の扱う「特定金銭信託」や「ファンドトラスト」、証券会社への一任運用である「営業特金」と呼ばれる商品であった。これはバブル崩壊後、損失補填問題を惹起することになる[7]。

バブルの発生要因

異常なバブル経済はどのようにして発生したのだろうか。１９８０年代後半の日本のバブルについては、日本銀行の同僚であった翁邦雄（のちに金融研究所長）と白塚重典（現・金融研究所長）とともに、かなり詳細な論文を執筆したことがある。きっかけは、１９９６年秋に山口泰理事（のちに副総裁）から受けた依頼であった。山口はかねてより、日本で未曾有の規模のバブルが発生したメカニズムや、その中で金融政策の果たした役割について日本銀行として何らかの総括的見解を発表する必要があるという問題意識を持っていた。それで私は翁、白塚に協力を仰ぎ、三人で集中的な討議を行いながら執筆を開始し、97年春に初稿の執筆を終えた。その後、深刻な金融危機の発生等により公表に向けた作業はしばらく中断していたが、２０００年5月に金融研究所のワーキング・ペーパーとして公表され[8]、01年12月には同論文に若干の修正を加えた論文を収めた書籍を公刊した[9]。

バブルの発生や拡大の要因に関する私の考え方は、上記論文作成から20年近くが経過した現在でも、基本的には変わっていない。執筆当時、先進国で大規模なバブルを経験していたのはスウェーデン等の北欧諸国と日本だけであり、その北欧諸国が比較的速やかに金融危機を乗り切ることに成功したこともあって、日本のバブルは特殊な事例として議論されることが多かった。そうした見方がいくぶん修正されるのは、２０００年代半ばにかけて米国で大規模な住宅バブルが発生し、07年にグローバル金融危機が発生して以降のことである。私にとっても、２０００年代の海外のバブルとグローバル金融危機を観察することによって、それまではあまり意識していなかった要因の重要性にも気づかされ、日本のバブルだけでなく、バブル現象一般についての理解が深まった面もあった。これらの点については本書の各章で順次取り扱うが、本章ではまず、日本のバブルの発生要因を考えてみたい。

バブルの発生要因という場合、これが引き金になってバブルが発生するというような意味での原因を見つけたくなるが、そのような意味での一元論的な原因は存在しない。バブルは複雑な化学反応のような現象である。しかし、そう言ってしまうと、バブル現象の解明を放棄したことになる。私が同僚とともに執筆した論文では、バブルの発生・拡大のメカニズムを、バブルを発生させた初期要因と、発生したバブルを加速させる要因に分けて考察した。初期要因としては、バブルを発生させた初期要因、すなわち、期待の著しい積極化と信用の著しい増加が大きな役割を果たしたことを指摘した。発生したバブルを加速させる要因としては、長期にわたる金融緩和の持続、金融と経済活動との間で作り出される景気増幅的な作用、地価の上昇を加速させやすい税制の3点を挙げた。そして最後に、バブルの拡大をチェックするガバナンスのメカニズムの弱さを論じた。

期待の著しい積極化

今では信じ難いことであるが、80年代後半の日本では、「期待の著しい積極化」とでも言うべき現象が広がっていた。その原因をたどっていくと、日本経済のマクロ的なパフォーマンスが国際的に見て非常に良好であったことがまず挙げられる。成長率を見ると、80年代は3・8％と先進国の中で最も高く[10]、物価上昇率は80年代後半には1・0％と、他の先進国と比べてかなり低かった[11]。当時はインフレと成長はトレードオフの関係にあるという見方も根強く、そうした見方からすると、日本はマクロ経済のパフォーマンスという点では最優等生であった。まさに後年ベン・バーナンキが使った「大いなる安定」という言葉がふさわしい良好なマクロ経済情勢であった。ミルトン・フリードマンは82年の論文で、日本のインフレ抑制の成功に触れ、「世界の先進国の中で、優れた事例は日本である」と、この時期の日本経済や日本銀行の金融政策運営を賞賛していた[12]。

企業、産業レベルで見ても、日本人が自信を深めるさまざまな動きがあった。自動車、半導体を中心に輸出競争力が高まり、その生産高は70年代の終わりから80年代の初めにかけて米国を上回るに至った[13]。日本の企業経営者たちは、次第に「日本的経営」に対する自信を強めた。米国の学界でも日本企業の経営の強みを探る研究が行われ、日本的経営を礼賛する議論が盛んになった。一方、輸出競争力の高まりは米国との間で激しい貿易摩擦も生み出し、米国議会では保護主義的な動きが強まっていった。当時の米国の苛立ちを象徴するのが、デトロイトで上院議員がハンマーを打ち下ろして日本車を壊す有名な写真である。日本の経常収支は１９８６年にはＧＤＰ比４・１％の大幅な黒字を計上し、対外純資産残高は世界最大の規模となった。

国際金融市場では日本の銀行が貸出を積極的に拡大させており、貿易面だけでなく、「邦銀のオーバープレゼンス」も摩擦の種になっていた。１９８９年６月に公表されたＢＩＳ年報は、88年中の国際金融市場における最大の特徴として「邦銀の圧倒的な存在」を挙げている。国際銀行資産のうち、88年中の日本の銀行の増加額は世界全体の増加額のじつに90％を占め、残高のシェアは世界第１位で38％にも達していた（第2位は米国の銀行の15％）[14]。

以上のようなマクロ経済の良好なパフォーマンス、企業の競争力の向上、経常収支の黒字、日本の銀行のプレゼンスの拡大——これらすべてが日本の企業や国民の著しい自信につながっていった。

信用の著しい増加

バブル発生のもうひとつの初期要因は、金融機関行動の積極化による「信用の著しい増加」である。もっとも金融機関行動の積極化は経済状況の好転によるものというより、当初は金融機関の焦りを背景とするものであった。金融機関の当時の収益率は現在から見ると高水準であるが、基調的には徐々に低下方向にあった。少なくとも、そうした方向に向かうと予想されていた。金融機関の与信面では、潜在成長率の低下、すなわち、高度成長から安定成長への移行というマクロ的な要因に加え、金融自由化措置を背景に大企業は資本市場で直接資金を調達することが可能になっていったことから、採算の良い貸出機会の減少に直面していた。他方、資金調達面では、預金金利の自由化が徐々に進められており、先行きの調達コスト上昇に対する危惧を強めていた。このような状況で、都市銀行は一斉に中小企業向け貸出や個人向けの住宅ローンに注力するようになったが、審査能力が十分ではなかったため、結局、最も手っ取り早く多額の貸出を増やすことができたのは不動産業や建設、ノンバンク関連向けの貸出であった（いわゆる「三業種向け貸出」）。国内銀行の不動産向け貸出は、85年度末の20・1兆円から89年度末には48・8兆円まで増加し、増加率は年率25％にものぼった（87年度は33％もの高い伸びとなった）。

バブルの加速要因

「期待の強気化」と信用の増加という初期要因によって発生したバブルは、以下に述べるいくつかの要因によって加速していった。

第1は、長期にわたる金融緩和の持続である。バブル期の金融政策を振り返ると、1986年1月に公定歩合が4・5%に引き下げられた後、87年2月に当時としての過去最低の金利水準である2・5%に引き下げられるまで、合計5回の引き下げが行われ、以後、89年5月まで2年半、この金利水準が維持された。このような中で、低インフレや後述する「政策協調」をはじめとする政策思想を背景に、低金利が将来も長く続くという予想が生まれ、必要な資金はいつでも容易に借り入れることができるという安心感が広がった。この低金利の持続予想が金融面からバブルを加速させる要因のひとつとなった。

第2は、金融機関の行動や金融市場の動きが経済活動との間で作り出す景気増幅的（pro-cyclical）な作用である。金融のユニークなところは、信用供与によって不動産価格が上昇すると、不動産関連のプロジェクトはもとより、それ以外の貸出も全体に採算が改善するため、信用供与がさらに増加することである。また、借り手の資本ポジションの改善や担保価値の上昇から、金融機関は信用供与にいっそう積極的になる。このようなメカニズムを指して、「金融は弾力的である」と言われることがあるが、まさにそうした現象が生じたと言える。皮肉なことに、こうした動きは国際的に活動する銀行に対して導入されることになった自己資本比率規制によっても促進された。この規制は日本の銀行のオーバープレゼンスに対する警戒感もひとつの動機となって始まったものであるが、日本が求めた銀行の保有する株式の含み益の45%を自己資本としてカウントする扱いは、株価が上昇を続ける中で、結果として銀行の積極的な与信行動を促進することになった。(15)

第3は、不動産価格の上昇を加速させやすい税制である。当時の日本の税制は、土地の保有にかかわる税率は相対的に低く、他方、売買益にかかわる税率は相対的に高かった。さらに、売買益については、売買までの期間が長いほどキャピタル・ゲイン税率が低くなる扱いであった。その結果、何らかの要因で地価上昇が予想される場合、地価が上昇しても保有コストが低いため供給は増えず、むしろ将来のいっそうの地価上昇を見越して、ぎりぎりまで土地を売却するタイミングを繰り延べるインセンティブが生まれた。要するに、日本の高い地価水準は、将来の経済成長を前提にした税制上のメリットの割引現在価値も上乗せされていたものと言える。

バブル拡大をチェックするメカニズムの弱さ

バブルの発生・拡大のメカニズムを総括するためには、そうした現象がなぜ生じたかという切り口だけでなく、バブルの拡大をチェックするメカニズムがなぜ働かなかったのかという切り口で整理することも必要である。バブルが拡大する過程では、将来に対して期待がいくら強気化したといっても、企業、個人、金融機関いずれの経済主体も、資産価格の反転下落によって生じる最悪の可能性をまったく考えなかったとは思えない。行き過ぎにブレーキをかけるコーポレート・ガバナンス（企業統治）のメカニズムが弱かったことも、バブルの拡大に寄与した。

高度成長期における日本企業のガバナンスのメカニズムとしては、メインバンクによるモニタリングが挙げられる。しかし1980年代の後半には、大企業は資本市場で資金調達を行うことが一般化しており、メインバンク・システムはすでにその有効性を失っていた。銀行借入に代わって資金の出し手となった株主や社債の投資家がメインバンクに代わるガバナンス機能を果たしていたかというと、そうしたメカニズムは働いていなかった。事業会社間、銀行と事業会社間で株式の持ち合いが広範に行われており、危機的状況になるまでは、株主は「サイレントな株主」にとどまっていた。また、投資家が企業の抱えているリスクを判断しようと思っても、必要な会計情報は十分には開示されていなかった。取締役会メンバーも大半は社内取締役であった。それでも一般事業会社の場合は、倒産が現実に発生していることから、倒産の可能性を意識することが行き過ぎた行動に対する一定のブレーキ役を果たしていた。しかし、金融機関は、一般事業会社と異なり戦後は倒産の事例がなかったことから、同様のメカニズムは働きにくかった。

それでは、金融機関に対する規制や監督を行っていた当局は行き過ぎた行動をなぜチェックしなかったのだろうか。日本の場合、行政上の規制当局は大蔵省銀行局であるが、彼らがどのように考えていたかは部外者である私にはわからない。日本銀行は取引先金融機関に対して考査を行っているが、個々の金融機関に対する考査で得られた情報は、機密保持の理由から厳重に管理され、当時、部外者の私が報告書を目にすることはなかった。ただ、考査に参加した職員との会話を通じて、彼らの問題意識を知る機会は少なくなかった。さらに、営業局の日常的なヒアリングを通じた金融機関の情報には常時接していた(16)。当時のことを思い出すと、金融機関の行き過ぎに危うさを感じない職員は少なかったと思う(17)。大蔵省銀行局も金融機関の行き過ぎた行動に対して警戒感は持っていたと想像する。問題は、検査や考査を行う当局が警戒感を持ち、そのことを指摘しても、金融機関自身が不動産価格は上昇し続けるという判断にたっている場合は、それを覆してまで不動産融資の是正を求めることはできないことであった。

地価論文の執筆と公表

このような状況で、日本銀行はバブルが後々の日本経済に悪影響を及ぼす危険を対外的に発信することを目的として、１９９０年４月号の『調査月報』で「わが国における近年の地価上昇の背景と影響について」と題する論文を公表した。この時期の情勢を振り返ってみると、株価は数カ月前にピークに達していたが、地価はまだ上昇を続けており、ピークを迎えるのはその1年半後のことであった。当時の『調査月報』の他の論文と同様、執筆者名は書かれていないが、私は本論文の執筆責任者であり、早川英男（のちに理事）や長野聡（のちに金融機構局審議役）らのスタッフが分析に多大な貢献をした。私が所属していた調査統計局内には、世間との関係で多少軋轢を生むことがあっても、日本銀行として地価上昇に関する分析を公表することによって問題提起をすべきだという意識が強かった。この論文の冒頭の「要旨」のいくつかの箇所を引用すると、以下のとおりである[18]。

各経済主体の行動をみると、地価は上昇を続ける、ないし下落しないという「土地神話」が暗々裡に想定されているケースが多いように思われる。しかし比較的近年における海外諸国の経験をみても、英国・米国等では、地価の急落が引き金となって金融機関の経営悪化が発生している事例があり、こうした海外の経験に共通する教訓として、①地価が短期間に急上昇すれば、その後反転する可能性がある、②その場合には個別金融機関の経営不安定化にとどまらず、場合によっては金融システム全体の動揺にもつながりかねない、③不動産関連貸出の焦付きは中小金融機関やノンバンクにおいて発生しやすい、という3点を指摘できるように思われる。
〔中略〕
通貨価値の安定という観点からみると、地価の急激な上昇は一般物価の動向と無関係ではない。また、前述の海外諸国の経験に照らしてみても、信用秩序維持という観点から、急激な地価変動に伴う混乱を未然に回避することも重要である。
　最後に金融機関が不動産関連の貸出を実行する際、十分な審査を行い、リスク管理の徹底を図ることも重要である。言うまでもなく、金融機関のリスク管理は不動産関連貸出に限らず、銀行業務全般にわたって重要であるが、不動産関連のエクスポージャーが不相応に大きければ、地価変動の影響を受け易くなる。日本銀行もこのような観点から、本支店における金融機関との日々のコンタクトや実地考査等の機会を通じてそうしたリスク管理の重要性を強調している。

　当時、地価や株価の急激な上昇、銀行貸出の異常な増加等の現象に対し、金融機関への規制・監督や金融政策等の手段を使ってただちに何らかの措置を講じるべきだという主張は少数派であったが、かといって、金融や経済にはさまざまな行き過ぎが生じているという感覚を持つ人がいないわけではなかった。むしろ、漠然とではあるが現状を異常と捉える感覚はかなり広範に存在していた。特に、都内では住宅価格の上昇からマイホームの取得が困難になっていたため、分配の社会的公正性といった観点からの議論は活発であった。
　そうした漠然とした懸念や感覚を表明すること自体は必ずしも難しくはなかった。しかし、それを越えて、実効性のある政策的な措置を講じようとすると、格段に高いハードルが立ちはだかっていたというのが私の実感である。政策決定には関与することのない若手スタッフだった私のような立場でもそのような感想を持つのだから、実際に政策決定の衝にあった幹部らは、ハードルの高さをより切実に感じていたと思う。本書の後の章でも繰り返し述べるように、金融政策であれ、金融機関に対する規制・監督の強化であれ、法制・税制の見直しであれ、具体的な政策措置をとるためには、これを説明するロジックに対して世の中からある程度の支持を得ることが必要不可欠である。金融政策について言えば、圧倒的に多くのエコノミストや経済学者は、金融緩和政策の修正に反対していた。この点は国際機関も同様であり、IMFによる毎年1回の加盟国の経済審査（いわゆる「4条コンサルテーション」）でも、金融緩和政策の修正が必要であるという日本銀行の考えは理解されなかった。

金融緩和政策の修正の必要性

金融緩和政策の修正が必要であることを主張する場合、最も馴染みやすいロジックは、現状を放置するとやがてインフレが起こるというものである。しかし、現実の物価がきわめて安定している中で、このロジックは説得力を持たなかった。現実の消費者物価上昇率（生鮮食品を除く）を見ると、プラザ合意後の大幅な円高や原油価格の急落（「逆オイル・ショック」）の影響もあって、86年は0・8%、87年は0・3%、88年は0・4%にすぎなかった（図2-3）。インフレーション・ターゲティング論が盛んになった2000年代以降の基準に照らすと、逆に低インフレが問題視されるような数字であった。この点で興味深いのは、学者時代のバーナンキが1999年のジャクソンホール・コンファレンスで発表した「金融政策と資産価格の変動」と題する共著論文である。[19] この論文では、需給ギャップと予

図2−3　マネーサプライと消費者物価の上昇率（前年比）

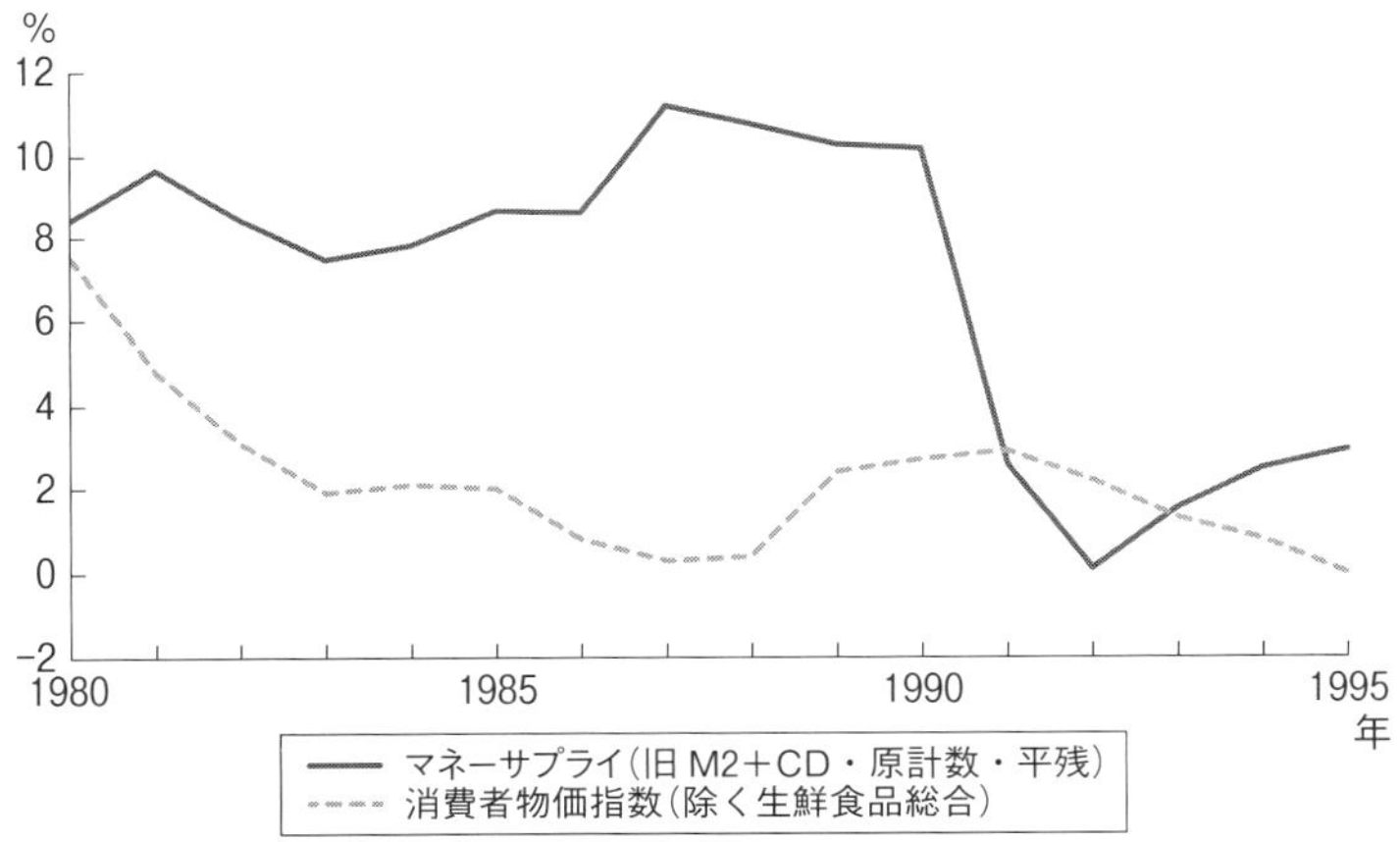

出所：日本銀行（マネーサプライ）、総務省（消費者物価）

想インフレ率にもとづく政策金利の変更ルールを使って短期金利が10％前後まで引き上げられたケースのシミュレーションを行い、日本銀行の金融緩和が87～89年の株価の上昇を加速したと述べている。この論文に対する討論者であった日本銀行副総裁の山口泰は、彼らがそうした主張の根拠にしているシミュレーションの結果を示したグラフを念頭に置きながら、「インフレがまったく見られない時に、中央銀行が金利を8％から10％にまで引き上げることができるとは思わない」と述べている。[20] 私も山口に同感である。

インフレ懸念と並んで用いられたロジックは、年率10％を超えるマネーサプライの高い伸びへの警戒である。しかし、当時のマネーサプライ重視の議論は、もっぱらインフレの抑制を意識して組み立てられており、前述のように物価安定が続く中では説得力がなく、マネーサプライの高い伸びを警戒する論者は「狼少年」の扱いを受けていた。結局、どのような問題を引き起こすのかを説得的に説明できない限り、警告を発するだけでは効果はなかった。

資産価格上昇による社会的不公平感の高まりを指摘する論者も多かった。確かに、土地を保有する家計と保有しない家計との資産格差は拡大していた。また、若年層の持家取得比率も低下していた(21)。これらを背景に、国民の不満が高まっていることは明らかであり、国会でもしばしば取り上げられていた。しかし、経済学のオーソドックスな考え方では、金融政策は所得や資産分配の不平等に対処して発動するべきものではなく、社会的不公平論にもとづいて金融緩和の修正を正当化することは、当然のことながらご都合主義的な議論だと見られていた。

今日の目で振り返ってみると、問題の核心は過大な債務の増加と、過大なリスクテイクであった。当時のマネーサプライの高い伸びを警戒する議論、あるいはそれと関係の深いマネタリストの議論は、銀行の負債サイドである預金に着目し、その預金が財・サービスへの支出に向かうというルートに焦点を絞っている。しかし、銀行のバランスシートの資産サイドに着目すると違った認識が生まれる。銀行の資産の中心は貸出であり、企業からすれば債務である。企業は借入で調達した資金を財・サービスへの支出に振り向けることもできるが、不動産や株式等の既存資産に振り向けることもできる。そうした不動産や株式の購入が増えれば資産価格は上昇し、自己資本の増加や担保価値の上昇を通じて、借り手も貸し手も行動がさらに積極化する。問題は何らかの理由によってバブルが崩壊し資産価格が下落した場合である。借入の金額は減少せず、銀行の貸出は不良債権化する。中央銀行や規制・監督当局の政策対応という観点では、債務の著しい増加、言い換えれば信用（クレジット）の著しい増加によって、金融システムが不安定化し持続的な経済成長が阻害されることが問題の核心であった。

一見すると、マネーサプライの高い伸びを懸念する議論も債務や信用の高い伸びを懸念する議論も大差はないように見えるが、経済や金融の捉え方は大きく異なっていた。ケインズ経済学のＩＳ－ＬＭ分析が典型であるが、金融政策の効果波及メカニズムにおいては「預金チャネル」に力点が置かれ、「信用チャネル」の重要性は理解されていなかった。第3章「バブル崩壊と金融危機」で詳しく述べるが、不良債権の発生が経済を下押すという観点から経済や金融を議論するという姿勢は、当時は非常に乏しかった。私自身も、1987年頃までは問題の核心をこのように捉えられていなかったように思う。

当時私は、インフレ懸念を持ち出して金融引き締めを行う議論は説得的でないことは認識していた。代わりに依拠していたのは、設備投資が行き過ぎればその後のストック調整が大きくなるので、そうした経済活動の過度な振幅は未然に防いだ方がいいという議論である。こうした議論は持続性に注目するという点で本質的に間違いではないが、過剰な債務が金融システムを通じて実体経済に影響を及ぼすルートの重要性については十分に意識したものではなかった。

私がそうした考えから明確に変わっていったのは、88年11月に調査統計局に異動した後であった。当時の調査統計局長の南原晃（故人）はインフレ圧力の高まりという議論には終始懐疑的であり、局内の会議ではいつも金融機関行動の行き過ぎに対する警戒感を強く述べていた。振り返ってみれば、南原局長の直感的判断は正しかった。私はこの頃から徐々に、地価上昇、銀行貸出の増加のもたらす問題を、金融機関行動の側面から捉えることの重要性を理解するようになっていった。[22] 前述の「地価論文」の大きなメッセージのひとつは、現在起きている地価上昇はバブルであり、バブルが崩壊した後の金融システムを通じた実体経済への影響は大きいことを世間に訴えることであった。しかし、当時の時代環境を考えると、これらは中央銀行が対外的に打ち出すメッセージとしては異例であったため、対外公表に向けての準備は周到に行われた。まず、地価論文と連動するかたちで、日本銀行の１

990年1月号の『調査月報』で、調査統計局の外国調査課が「1970年代初頭における英国中小金融機関の経営危機（Secondary Banking Crisis）について――不動産融資と中小金融機関の経営破綻」と題する論文を公表した。[23] 同論文は英国の地価下落による銀行危機の問題を分析しながら、日本への教訓を強く意識させる内容となっている。そのうえで、同年4月号で地価論文を公表した。対外公表版は金融システムに関する表現を行内版に比べ若干トーンダウンさせたが、それでも公的当局の公表する論文としては強いメッセージ性を持つものであったと思う。総裁以下の役員が出席する会議で論文の報告を行った際、三重野康総裁は行内の一部にあった慎重論を抑えて公表にゴーサインを出してくれた。当時の「時代の空気」を考えると、勇気のいる決定であったと思う。

金融緩和政策の果たした役割

バブルと金融政策の関係については活発な議論が続いており、グローバル金融危機発生後の今日でもコンセンサスは形成されていない。80年代後半の日本のバブルは複雑な化学反応のような現象であり、もっぱら金融緩和政策によって発生したとは思わないが、長期にわたる金融緩和がバブルの加速要因となったことは間違いないと思っている。

バブルと金融政策の関係についてのこのような理解は、金融政策の影響を限定的に捉える米国の主流派経済学者やFRBの見解とはかなり異なる。[24][25] そうした見解の違いがなぜ生まれるのだろうか。彼らは金融政策の影響について議論する際、資産価格の上昇をバブルとして認識できるかどうか、仮に認識できたとして、資産価格の上昇に対して金融政策の引き締めで対応することがマクロ経済にどのような影響を与えるか、という議論をする。確かに、ファンダメンタルズに対応した資産価格の理論的な均衡値は誰にもわからないし、仮にわかったとしても、金融政策の変更に対する資産価格の反応の程度を正確に予測することはきわめて難しい。金利の引き上げだけで対応しようとすると、大幅な引き上げが必要となり、実体経済は大きく落ち込む。

私はこのような議論の仕方は、以下の理由から適切ではないと思う[26]。第1に、重要なのは資産価格の上昇自体ではなく、債務の増加である。バブル期には資産価格の急激な上昇と併行して債務が大幅に増加し、バブル崩壊後には資産価格の下落とともに債務はそのまま残り、過剰となった債務の返済負担がのしかかってくる。バブル崩壊後の経済の低迷をもたらすのは、この過剰債務である。問題はバブル期の債務の増加が持続不可能なものであり、将来過剰債務となるおそれがあるという判断ができるかどうかである。もちろん、決して容易ではないが、先行きの予測の難しさは物価上昇率にも言えることである。第2に、金利が先行きどのような推移をたどるかということは債務の増加スピードに大きく影響する要因である。したがって、ある時点での金利の限界的な変化と資産価格の変化の相関関係にもとづいてバブルと金融政策の関係を判断することは、適切なアプローチとは言えない。この点については、第18章「中央銀行の役割」で詳しく述べる。

金利の引き上げはなぜ遅れたか

バブル期の金融政策については、金利の大幅な引き下げがバブルをもたらしたと批判されることが多い。この時期の合計5回の金利引き下げのうち最後の2回は、後述のように先進国の金融政策の決定の仕方としてはさまざまな意味で異例であったが、この引き下げ自体がバブルを生み出したとは思わない。プラザ合意以降、急速に円高が進展し景気が後退する局面で、金利引き下げを行うことは適切かつ自然な判断である。問題は金利引き下げではなく、引き下げられた低金利水準が長期にわたって維持されたことである。

それではなぜ、長期にわたって金融緩和は継続されたのだろうか。1989年5月に最初の金利引き上げが行われるが、それ以前も、さまざまなかたちで引き上げは模索されていた。当時の日本銀行副総裁の三重野康は、オフレコの記者会見等の席で「乾いた薪の上に座っているようだ」という表現で金融緩和の修正の必要性をたびたび示唆していた[27]。実際に日本銀行は87年8月末から短期市場金利の高め誘導を徐々に開始し、その後、市場実勢に追随するかたちで公定歩合を引き上げることを展望していた[28]。しかし、そうした動きは87年10月19日の「ブラックマンデー」による世界的な株価急落で中断を余儀なくされた。翌日の東京市場では、日経平均株価の下落幅は3836円、14.9％にも及んだ。最終的に株価が底値を記録したのは88年1月4日で、ブラックマンデー前日の水準と比較すると17.6％も下落した。為替市場でも円高が進んだ。円の為替レートはしばらくは140円台前半で推移し変化はなかったが、その後急激に円高が進行し、株価同様1月4日に121円を記録するに至った。

しかし、国際金融市場が不安定な地合いであったのは88年初めまでであった。その後は次第に落ち着きを取り戻し、同年春以降、米国も西ドイツも相次いで政策金利の引き上げに転じた。このような中で、日本も金利引き上げに転じることが考えられたが、国内では慎重論が支配的だった。その理由としては、国際金融市場の動揺を招きかねないことが常に挙げられたが、実態としては金利引き上げが円高を招くことに対する政府や経済界の恐怖感であったと思う。こうして日本の金融政策の転換は遅れた。このことについて三重野副総裁は、２０００年に公刊された自著において、「政策は結果で評価される。したがって長期の金融緩和は批判の対象から免れることはできない。悔いも残る」と記している[29]。

この点に関連して、日本銀行に対する政府や政治の圧力の影響や旧日本銀行法下における日本銀行の法的独立性の低さもしばしば取り上げられるが、それがすべてだとは思わない。当時の経済情勢を見ると、物価上昇率はきわめて低く、このことも金利引き上げに対する大きな障害となっていた。実際、88年夏の時点でも消費者物価上昇率は前年比0・2％であり、89年3月の消費税導入直前でも1・1％にすぎなかった。また、上述のように企業経営者を中心に円高恐怖症が強く、円高再燃への警戒感も強かった。さらに、日本経済の潜在成長率は上昇したという、後年の言葉で言う「ニューエコノミー」論も支持を集めていた。２０００年代半ばの米国の「大いなる安定」の時期に行われた議論とまったく同じであった。これに加えて、89年4月からの消費税導入を円滑に実施したいという財政当局の意向も強く働いたように思う。この点で今でも脳裏に強く焼きついているのは、当時の経済企画庁と調査統計局の定例の意見交換に末席メンバーとして出席した会議での議論である。今日では理解されないかもしれないが、当時は消費税の導入は（デフレではなく）「便乗インフレ」をもたらすという議論が大勢であった。そうした世論を背景に、経済企画庁の幹部は金利引き上げに、こう反対した。「金利の引き上げを行うと政府・日本銀行が先行きの物価上昇を懸念していると受け止められ、消費税導入によってインフレになるという議論に勢いをつけることになる」。つまり、消費税導入という、いわばナショナル・プロジェクトの円滑な遂行を難しくすることは控えてほしいという議論である。

当時、私は金融政策の決定に責任のある立場で関与していたわけではないので、日本銀行に対して政治的な圧力があったかどうか、また、あったとすればどの程度影響したのかはわからない。おそらく、そうした政治的圧力は存在していただろう[30]。86年10月および87年2月の公定歩合引き下げが唐突に行われる事態を経験し、金融政策を決定する中央銀行の職員としては、無力感を覚えていた。88年1月の竹下登総理と米国ロナルド・レーガン大統領の首脳会談後の共同発表には、次のような一節がある[31]。

日本銀行は、経済の持続的成長を達成し、為替相場の安定を図るため、現在の安定した物価状況の下において、現行の政策スタンスを維持するとともに、低下しつつある短期金利が実現されるよう努力を続けることに同意している。

中央銀行の当面の金融調節が一国の最高首脳間の公表文書で言及されるというのは異常な事態である。しかし、だからといって、長期にわたる金融緩和の継続をそうした政治的圧力だけに求める議論にも違和感を覚える。そうした政治的圧力もさることながら、以下で述べる「政策思想」、「時代の空気」もしくは「政策レジーム」と言うべき要因が果たした役割が大きかったと私は考えている。1980年代後半の金融緩和のプロセスは、①国際政策協調、②円高阻止、③内需拡大を通じた経常収支黒字の圧縮、という互いに関連する3つの大きな特色を有していた。金融政策運営の観点からは、これらの考え方のどれもが、その後の金融引き締め政策への転換を困難にする方向で作用した。まさに、「政策思想の呪縛」と言うべき状況であった。以下、順に説明しよう。

金融緩和の政策思想

①国際政策協調について見ると、1985年9月22日（米国時間）にG5諸国によるプラザ合意が成立した。[32]それにより、米国の経常収支赤字、日本と西ドイツの経常収支黒字の是正の必要性が確認され、そのために必要な為替レートの調整を各国が協調して進めることが合意された。日本は経常収支黒字国として内需の拡大にコミットした。多くの国で金融政策の目標が物価安定とされている今日の常識からすると考えられないことであるが、日本だけが「コミット」という表現を使って、金融政策についても為替レートを意識して柔軟な運営を行うことを表明した。西ドイツは日本と同様に経常収支黒字国であったが、このような記述はない。当時の米国公使であった内海孚は「日本は喜んで〔willingly〕参加した」と述べている。[33]プラザ合意30周年を記念して、ジェイムズ・ベーカー元財務長官をはじめ当時の米国の関係者が参加して開かれたコンファレンスの記録によると、米国の当局者が当時最も懸念していたのは、議会における保護主義の台頭であった。[34]ベーカーの「彼ら〔米国以外のG5諸国〕に対する我々の影響力は、もし我々が最初に行動しなければ、米国議会の保護主義者が貿易障壁をただちにこしらえてしまうだろう」という発言は、このことを端的に語っている。

為替市場ではプラザ合意によってはじめてドル高是正が始まったわけではなく、85年2月をピークに徐々にドル高の是正は始まっていたが、プラザ合意によって明確にドル安の勢いが生まれた。円・ドル為替レートはプラザ合意直前の1ドル242円から、翌86年1月末には200円を割り込み、7月には150円台を記録するに至った。さらに87年3月末には140円台に突入した。最初の頃こそドル高是正は歓迎されたが、急速な円高の進行を背景に、国内で不況を懸念する声が高まるのに時間はかからなかった。その結果、今度は円高阻止が国是とされる状況になり、87年2月に成立したルーブル合意では、G7としてこれ以上の円高は許容しないという声明を盛り込むことに最大の精力が注ぎ込まれた。米国をこの合意に引き入れるために、日本政府は「内需の拡大を助け、それにより対外黒字の縮小に寄与するような財政金融政策をとる[35]」ことを約束するとともに、日本銀行の公定歩合引き下げをそうした合意を引き出すための、いわば触媒として用いた。

②円高阻止という考え方にたつと、一般的に金融引き締め政策への転換は難しくなる。加えて、これ以上の円高は許容しないというコミットメントを引き出したルーブル合意を重視する立場にたつと、日本の金利引き上げは協調体制を崩すものとして反対された。

そして、長期にわたる金融緩和に最も影響を及ぼしたのは、③の内需拡大を通じて経常収支黒字を圧縮するという考え方であった。内需が拡大すれば輸入の増加によって確かに経常収支の黒字は縮小する。しかし、経済が完全雇用状態に到達しても、日本の経常収支の黒字が大幅に減少することは期待できないことであった。このことを理解するためには、貯蓄・投資のバランスに注目する必要がある。経常収支は財・サービスの輸出入の差であるが、同時に一国経済全体の貯蓄と投資の差でもあるので、両者の趨勢的な動きを考察することによって、経常収支の動向を分析することができる。同じことは外国の経常収支についても言える。実質金利水準は世界全体の貯蓄・投資のバランスの中で決まり、資本は貯蓄の余っている国から不足する国へと移動する。これを財・サービスの世界から見たものが経常収支の黒字や赤字である。資本の流出や流入、経常収支の黒字や赤字は、このような世界経済全体の中で理解すべきことである。大事なことは、経常収支の基調は国内の投資機会や貯蓄の利用可能性の趨勢に依存すること、そしてこれらを左右するのは各国の技術革新や人口動態等の実体的要因であり、金融政策を含めたマクロ経済政策によってコントロールできるものではないという基本認識である。当時の日本はちょうど、生産年齢人口比率がピークを迎えていた時期で、引退後に備えて貯蓄が最も増加する時期にあたり、趨勢的な経常収支がかなり高水準の黒字を計上することは不可避であった。それにもかかわらず、内需拡大を通じて経常収支黒字を圧縮しようとすることは、金融緩和を長期間にわたって続けることに同意したにほぼ等しい。

プラザ合意とルーブル合意

プラザ合意とルーブル合意をどのように評価するべきだろうか。米国では、前述のプラザ合意30周年記念のコンファレンスにおいて、多くの参加者が米国議会における保護主義圧力が後退したことを理由に、プラザ合意を成功と評価している[36]。米国の当局者にとっては、2つの合意、特にプラザ合意は議会の保護主義の台頭を抑えるという実利的な目的のためのものであった。日本国内では政策協調を盾に利上げに反対する議論が有力であり日本銀行の金融政策運営を縛ったが、彼らからすると、そうした日本国内の議論は自分たちの関知するところではなく、それは日本が勝手に行ったものにすぎないという認識である。

日本では、2つの合意によって日本国内で作り出された上述の3つの政策思想のために、金融政策の修正が難しくなるという負の遺産がもたらされ、日本銀行はこれに苦しめられた。日本政府が米国との貿易摩擦を何とか鎮静化させたいと考えたことは、安全保障の問題を含め、日本の置かれたさまざまな事情を考えると、政治的な意思決定の背景としては理解できないことではないが、そのことがもたらすマクロ経済的な帰結に関する検討はなされたのだろうかと思うと、私はやり切れない気持ちになる。

プラザ合意後20年以上経過した時のことになるが、ＢＩＳ総裁会議の際の昼食時に、ドイツ連邦銀行の元総裁のハンス・ティートマイヤー（故人。当時はＢＩＳ理事会副議長）と隣り合わせた時の会話が思い出される。彼はプラザ合意当時、西ドイツの大蔵次官で一連の交渉に参加していたが、新米の日本銀行総裁に対する助言の気持ちを込めてか、米国の圧力に屈したことがその後の日本のバブルにつながったことを熱心に語ってくれた。プラザ合意やルーブル合意の舞台裏に関する彼の説明がどの程度事実であるのかを検証することはできないが、一国のマクロ経済政策当局者の責任の重さに粛然とする思いであった。

「前川レポート」

バブル期当時、内需拡大を通じた経常収支黒字の圧縮という考え方は、政府、学者、エコノミストの多数説であった。もちろん、そのひとつの大きな理由は、対日貿易赤字の拡大に苛立つ米国からの強い圧力であったが、別の理由から日本国内でも内需拡大が強く支持されたのである。当時の議論を端的にあらわしているのが、１９８６年４月に中曽根康弘総理大臣の私的諮問機関である「国際協調のための経済構造調整研究会」がまとめた報告書、いわゆる「前川レポート」である[37]。少し長くなるが、関連する箇所を以下に引用する。

今後、経常収支不均衡を国際的に調和のとれるよう着実に縮小させることを中期的な国民的政策目標として設定し、この目標実現の決意を政府は内外に表明すべきである。

経常収支の大幅黒字は、基本的には、我が国経済の輸出指向等経済構造に根ざすものであり、今後、我が国の構造調整という画期的な施策を実施し、国際協調型経済構造への変革を図ることが急務である。

この目標を実現していく過程を通じ、国民生活の質の向上を目指すべきであり、また、この変革の成否は、世界の中の我が国の将来を左右するとの認識が必要である。

これらを通じ、我が国の経済的地位にふさわしい責務を果たし、世界経済との調和ある共存を図るとともに経済のみならず科学技術、文化、学術面で世界に貢献すべきである。

〔中略〕

以上の提言の実施に当たり、財政・金融政策の果たすべき役割は重要である。

〔中略〕

金融政策の運営に当たっては内外通貨価値の安定を確保しつつ、内需主導型経済の実現に向け、機動的に運営することが必要である。


このレポートに流れる内需主導型経済という基本思想は正しいし、その実現のためには規制緩和が必要であるとの主張にもまったく同意する。問題はそこにあったわけではなく、内需拡大と経常収支黒字の圧縮という考え方をリンクしたことであった。しかし、前述のように、日本の基調的な経常収支黒字は人口動態や技術革新等の影響による趨勢的な貯蓄・投資バランスを反映したものであった。同様に、米国の経常収支赤字も同国自身の趨勢的な貯蓄・投資バランスによって決まり、日本の内需拡大によって縮小するものではない。それにもかかわらず、国として内需拡大を通じて経常収支黒字を圧縮するという政策にコミットすれば、その帰結は過度の景気刺激策の長期化である。このコミットメントの代償はあまりにも大きかった。当時、この問題点をリアルタイムで明確に主張した学者、エコノミストは、私の知る限り、小宮隆太郎だけだった[38]。

バブル経済が私に与えた教訓

結局、日本銀行がようやく金利引き上げに転じることができたのは、米国の金利引き上げ（88年8月）や西ドイツの金利引き上げ（88年6月）から9カ月以上遅れた、89年5月30日である[39]。この時、日本の景気はすでに超過熱状態にあった。もっとも、この遅すぎた金融緩和の修正についても、翌日の新聞の社説では、日本の金利引き上げがルーブル合意の国際政策協調体制にひびを入れることを理由とする強い警戒感が表明されるような状況であった[40]。

80年代後半のバブルの経験から、私は以下のような教訓を得た。

第1に、バブルのような現象が現に起こりうるということ、そしていったん起こった場合は、その経済的な代償は非常に大きいという認識である。それ以前も、知識としてはバブルという現象が存在することは知っていたが、我々が現に活動している社会でバブルが発生しうるという意識はほとんどなかった。前述の89年に公表した地価論文では現在の地価の水準がバブルであるという判断を明示したが、その2年前の87年の時点では、市場で形成された価格がファンダメンタルズを反映していないと言い切ることに私は知的なためらいを感じていた。

第2に、バブルは中央銀行の努力だけで発生を防止できるわけではないが、それでもバブルの発生を防ぐために中央銀行は努力をしなければならないという認識を得た。多くの中央銀行は金融政策だけでなく、金融機関に対する規制・監督の権限も有している。金融緩和政策の果たした役割については現在なお意見の一致は見られないが、少なくとも、甘過ぎた規制・監督の影響を否定する議論はない。日本の場合、金融機関への規制・監督権限は大蔵省（現・財務省）が有していたが、日本銀行も考査を行っており、国民の認識からすると、日本銀行も監督当局の一員である。金融機関の行き過ぎた行動に有効なブレーキをかけなかったことに責任がないとは言えない。金融政策については、金融緩和だけでバブルが発生したとは思わないが、長期にわたる金融緩和なしにはあれほどのバブルは発生しなかっただろう。その意味では、金融政策についても責任はあると思う。さらに、世の中の議論は移ろいやすいということも実感した。バブル期には金融緩和の修正にあれだけ反対の声が大きかったにもかかわらず、バブルが崩壊した後は、金融政策の失敗はすべて日本銀行の責任となる。当時の議論を覚えている人間からすると、理不尽にも思えるが、金融政策の決定主体が日本銀行であると法律に規定されている以上、そうした批判の対象となるのは避け難い。それだけに、「時代の空気」に流されることなく中央銀行として判断し行動することの重要性を感じる。

第3に、適切な金融政策運営を行ううえで、政策思想の果たす役割はきわめて大きいという認識である。金融政策の究極の目標と相容れない政策思想やロジック、レジームをいったん受け入れてしまうと、個々の局面で限界的な金融政策の変更の適否を議論しても、それは所詮、「局地戦」にすぎず、金融政策の基本的な運営スタンスを現実に変えることは至難である。また、そのような政策思想がどのように形成されるかにも注意する必要がある。少数の政治家や政策当局者、いわばエリートが決定しているわけではない。彼らは政策思想の形成にかかわっているが、学者やメディア、企業経営者、国民の意識にも大きな影響を受けているからである。その意味で、バブルの責任は政策当局者にあり、国民は被害者だという考え方は一面的である。私は「エリートが失敗した」というエリート挫折説にも、また、「皆が悪かった」とする「一億総懺悔」の議論にも、違和感を抱いている。「時代の空気」はあまりにも強力であったが、政策当局者は自らの立場で最大限の務めを果たすべきであり、そこにこそ政策当局者の存在意義があると私は信じている。

（1）たとえば、２０１７年10月の日本銀行「展望レポート」参照。以下、「展望レポート」は日本銀行ホームページ（「金融政策」「経済・物価情勢の展望」）を参照されたい。
（2）ＤＩとはディフュージョン・インデックスの略。
（3）全規模・全産業をベースとした数値。
（4）日本の銀行の海外支店における日本国内の居住者向け貸出を含むベース。
（5）BIS (2017) p.11, Graph 8 参照。企業収益も株価も物価上昇率の差を調整。企業収益は10年平均。
（6）白川（２０１２c）参照。
（7）永野（２０１６）参照。
（8）翁・白川・白塚（２０００）。
（9）香西・白川・翁（２００１）。
（10）白塚・田口・森（２０００）表１参照。

(11) 米国は４・３％、英国は４・１％、ドイツは１・３％、スイスは２・１％、スウェーデンは５・６％、カナダは４・３％。以上は「「物価の安定」についての考え方」（２００６年３月）の図表17を参照（日本銀行ホームページ）。
(12) Friedman (1982).
(13) 野口（２０１５）第４章参照。
(14) BIS (1989) p.117.
(15) 軽部（２０１５）参照。
(16) 植村（２０１７）は、自身の経験にもとづいて、日本銀行の営業局がバブル期の日本の金融機関の行動をどのような目で見ていたかを述べている。
(17) 当時考査局長を務めていた舟山正克は90年４月に発行された金融専門誌へ長い文章を寄せ、日本の銀行の経営を「株と土地に依存」していると分析し、「伸びきった銀行経営」という言葉で表現している。そして、「補給線が伸びきった戦いが敗北につながることは、ガダルカナルやインパールの戦史が如実に物語る」という、現役の考査局長としては異例の表現を使って警告を発している。舟山（１９９０）参照。
(18) 日本銀行調査統計局（１９９０ｂ）35～36頁。
(19) Bernanke and Gertler (1999) 参照。
(20) Yamaguchi (1999) 参照。
(21) 日本銀行調査統計局（１９９０ｂ）60～61頁。
(22) 当時、日本銀行は調査統計局の名前で年間の経済回顧の論文を公表していた。私が執筆を担当した１９８９年５月公表の論文（日本銀行調査統計局（１９８９））では「今後の資産価格の動向が金融機関の収益や資産内容に与える影響については、十分警戒的にみておく必要があろう」（2頁）と述べている。
(23) 日本銀行調査統計局（１９９０ａ）参照。
(24) Blanchard and Summers (2017) 参照。
(25) 「２０００年代初の金融政策は、我々の雇用、物価の目標を達成するのに十分緩和的であり、同時に住宅ブームを有意に鎮めるほど引き締め的であることができただろうか。そんなことはとてもありえないように思える。

テイラー・ルールから示唆されるような適度に高い金利は住宅価格にはごくわずかの影響しか及ぼさない一方、景気回復の方は弱めただろう」。Bernanke (2015) p.91.

(26) 詳細は、Shirakawa (2015) 参照。

(27) 三重野（2000）195頁参照。また、1986年5月20日付『日本経済新聞』には、「マネーサプライ増加への懸念」を示す「ある日銀幹部」の「乾いた薪の上に座っているようで居心地が悪い」との発言が紹介されている（伊藤・小池・鎮目（2014）43頁参照）。

(28) 軽部（2015）208~210頁参照。

(29) 三重野（2000）207頁参照。

(30) 船橋（1993）、軽部（2015）参照。

(31) 『朝日新聞』1988年1月14日夕刊。

(32) 当時はG7ではなく、G5（フランス、米国、英国、西ドイツ、日本）が主要な国際フォーラムであった。

(33) Utsumi (2016).

(34) Bergsten and Green (2016) 参照。

(35) 「ルーブル合意声明文」財務省ホームページ参照。

(36) Bergsten and Green (2016), Overview を参照。

(37) 国際協調のための経済構造調整研究会（1986）参照。

(38) 「米国の経常収支の基本的な原因は米国経済そのものの中にあり、その改善は米国自身のマクロ経済政策の改善によらなければならないことは、多少とも経済学を理解する人にとっては明白なことである。それにもかかわらず、もっぱら日本側のみが「行動計画」を定めたり経済構造の調整を約束したりして、米国側は何らの積極的改善策にもコミットしていない。このような現状は、それこそ甚だしい「不均衡」といわねばならない」。小宮（1986）(上) 59頁。

(39) 米国のフェデラルファンド・レートは、ブラックマンデー後1%近く低下し、1988年には6%台半ばとなったが、その後はいち早く上昇に転じ、89年初めには10%近くまで上昇した。

(40)　1989年5月31日付『日本経済新聞』の社説には以下のように記されている。「欧米の相次ぐ利上げを横目にずっとアンカー役に徹してきた日銀が利上げに動いたその波紋は小さくない。とくに世界の金融・資本市場がG7の協調体制に疑問をもっている時だけに、市場に波乱の芽を残す心配もある」。

第3章　バブル崩壊と金融危機

１９９０年代の初頭、日本のバブルは崩壊した。直後はそのインパクトの大きさは十分には認識されなかったが、やがて、経済や社会にきわめて大きな影響を与えるようになった。90年代後半には金融危機が深刻化し、実体経済の停滞を招いた。この頃から、日本銀行の金融政策に対して海外の学者を中心に、厳しい批判が展開されるようになった。この間、私は90年5月に新たに設立された信用機構局の信用機構課長に任命され、90年代初頭の３年間をバブル崩壊後の不良債権問題に取り組んだ。この時の経験は私の後々の思考に深い影響を与えることとなった。

バブル崩壊の始まり

バブル崩壊の時期を正確に特定することは難しいが、１９９０年代に入り、バブルが崩壊したことを人々は徐々に意識するようになっていった。日経平均株価は89年12月末に３万８９１５円のピークを記録した後、急速な下落に転じ、半年後には３万２８１７円、１年後には２万３８４８円まで下落した。そして、92年８月18日には１万４３０９円を記録し、ピーク比ではじつに60％以上も下落した。

図3－1　東京圏および大阪圏の不動産価格の変動

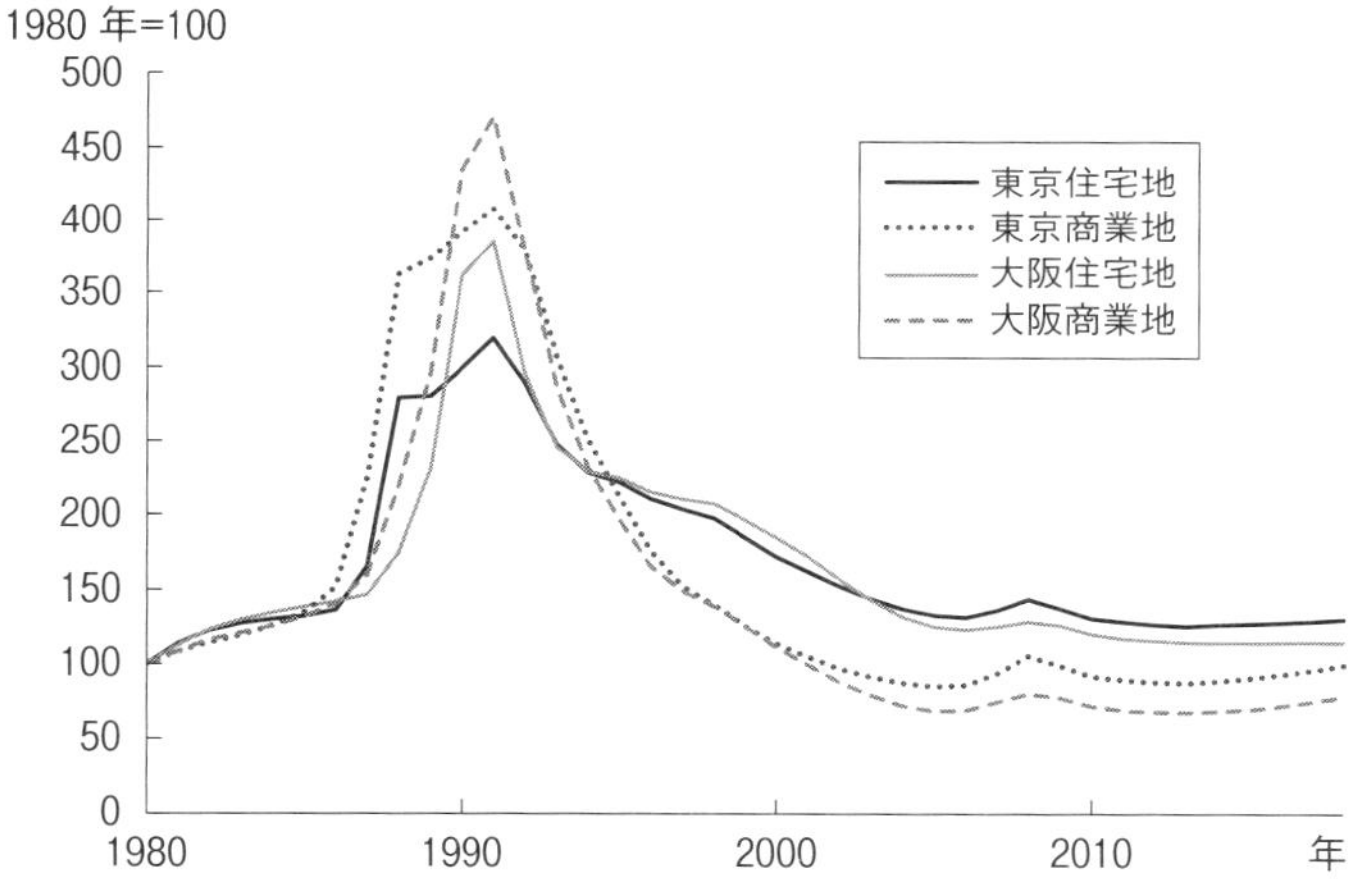

出所：国土交通省「地価公示」

89年末に株価がピークをつけたことの記憶が鮮明なので印象が薄れがちであるが、地価の下落は株価の下落にかなり遅れて始まった[1]。下落に転じた時期を正確に捉えることは難しいが、半年ごとに公表される日本不動産研究所の市街地価格指数によると、ピークは91年9月時点、建設省（現・国土交通省）の公表する年次の公示地価によると、91年1月時点であった。詳細なデータの公表されている「地価公示」で見ると、最も上昇した大阪圏の商業地の価格は、2000年代央にはピーク時のじつに10％程度の水準にまで下落した（図3－1）。凄まじい勢いとしか言いようがない。私は地価論文（第2章「バブル経済」参照）において地価のバブルの存在を指摘していたものの、これほどまでの大幅な下落は予測していなかった。90年夏以降、日本銀行を訪ねてくる海外の政策当局者やエコノミストが先行きの大幅な地価下落への懸念を口にし始めた頃、私も最初は彼らの懸念を否定する回答をしていた。

景気のピークは株価と地価のピークの中間に位置しており、政府の景気循環日付で見ると91年2月であった。実質GDP成長率は90年の5・1％から91年には3・8％、92年には1・0％、93年には0・3％と急速に低下した。バブル崩壊の原因として、90年3月に大蔵省銀行局（当時）が金融機関に発出した、いわゆる「総量規制」の影響がしばしば指摘される。総量規制は不動産業向け貸出の伸びを総貸出の伸び以下に抑えるとともに、不動産、建設、ノンバンクの三業種向け融資の実行状況について報告を求めたものである。(2) 確かに総量規制が地価下落のきっかけとなったことは間違いないが、これをバブル崩壊の原因と考えるのは適当ではない。あれほどまでの不動産関連融資の増加と地価の上昇を考えると、遅かれ早かれ、下落することは必至であった。不動産価格の下落は大きく捉えるとバブル崩壊に伴う成長率低下の帰結であったが、ちょうどバブル期には税制上のメリットの割引現在価値分が価格に上乗せされていたので、そのメリットが消失したことも反映していた。

バブル崩壊の原因として、金融引き締めの影響もしばしば指摘される。公定歩合は89年5月に0・75％引き上げられた後、90年8月までに合計5回、累計3・5％の引き上げが行われた。金利引き上げをいつ開始し、どのようなスピードで行うべきであったかについてはさまざまな意見があるが、仮に89年5月以降の金利引き上げが行われなければ、あるいは、引き上げられても1回限りに終わると見なされていれば、バブルの規模はもっと大きく、したがってバブル崩壊後の爪痕ももっと大きくなっていたと思われる。前述の総量規制の是非も含め本質的論点は、経済が持続可能な軌道から外れている場合に政策当局はどう対応するべきかということである。

楽観的な景気見通し

80年代後半の日本経済に起きていたことは、持続不可能な経済成長と信用の拡大であった。景気に関する見通しはバブル崩壊後も、政府、日本銀行、民間エコノミスト、市場参加者、国際機関を問わず、かなりの期間にわたって楽観論が支配した。[3] 民間の企業経営者もまったく同様であった。企業経営者のマインドを日銀短観の業況判断で見ると、ピークは大企業・製造業で１９８９年６月（プラス53）、同・非製造業は90年６月、９月（プラス52）であったが、業況判断自体はピークを過ぎた後もかなりの高水準で推移し、２年後の91年６月でもそれぞれプラス33、プラス47であった。日本銀行の景気判断も同様に楽観的であった。91年７月に公表された「情勢判断資料」では、足もとの緩やかな減速を指摘しながらも、「わが国経済は、企業・家計の比較的良好な所得環境を背景に引続き拡大基調にある」という判断を示している。[4] また、先行きについても、「景気は減速しつつも底固く推移することが展望できる」という楽観的な見通しを示していた。

景気見通しと同様、不良債権についても最初は過小評価していた。しかし、バブルの崩壊は徐々に多額の不良債権をもたらし、やがて深刻な金融危機につながっていった。英国の『フィナンシャル・タイムズ』紙が日本の銀行の不良債権金額が42～53兆円にのぼるという記事を掲載した92年５月当時、この記事はセンセーショナルと受け取られていたが、最終的な不良債権の処理金額はこの数字をも大幅に上回り、１００兆円を超えることになった。金融機関の破綻は中小金融機関から顕在化した。預金保険機構の資金援助がはじめて発動されたのは、92年４月の伊予銀行による東邦相互銀行の救済合併のケースである。やがて大手金融機関にも破綻は広がり、97〜98年にかけて深刻な金融危機が発生した。

バブル崩壊後の日本経済の動きを理解するためには、経済的なメカニズムだけでなく、経済と政治、社会的要因との相互作用を理解することが不可欠である。また、経済的なメカニズムに限っても、マクロ経済学の教科書に記述されている比較的短期の分析だけでは不十分であり、戦後の日本経済の運営モデルや日本企業の経営モデルといった、より構造的な側面との関係についても深く考察することが必要となる[5]。バブルの崩壊と金融危機の全プロセスを理解するためには多面的な分析が必要であり容易ではないうえに、気の重い作業でもある。バブル崩壊と金融危機の過程で、少なからぬ人の運命が大きく変わっている。自ら命を絶った人、責任を一身に引き受けて辞職した人もいるし、民事・刑事の裁判の被告として長い年月を過ごした人もいる。金融システムの崩壊を防ぐために大変な努力をしたにもかかわらず、そうした努力が世間に広く知られることもなく他界した人も多い。日本銀行の内外を問わず、個人的に親しくしていた人もいるし、不良債権の問題について率直に説明してくれて、私の目を開かせてくれた金融機関の元幹部もいる。バブル崩壊後に企業や金融機関の経営、あるいは政策実行の現場で苦労をした当事者の多くは沈黙を守っている。

信用機構局の創設

1990年5月、日本銀行は大規模な組織改編を行い、その一環として信用機構局が設立された。信用機構局は、金融システムの安定にかかわる政策の企画機能を担う局として設立され、初代局長には本間忠世（故人。のちに理事、あおぞら銀行頭取）が任命された。この信用機構局には信用機構課と決済システム課という2つの課が置かれ、前者は金融の規制・監督や今日の言葉で言うマクロ・プルーデンス政策（第16章「金融システムの安定を目指して」）を担い、後者は決済システムにかかわる政策を担っていた。私は信用機構課の初代課長に任命され、93年5月までの3年間を務めた。私にとってははじめての課長職である。

信用機構局で仕事をした3年間はバブル崩壊直後の時期とほぼ重なっている。この時期は金融危機が最も深刻化した90年代後半と比べるとまだ平穏であったと言えなくもないが、それ以前の時期に比べると明らかに激動の時代であった。この時期の信用機構局での経験は、80年代後半のバブル期における経験と並んで、中央銀行の果たすべき役割に対する私の考えを形成するうえで重要であったと思う。もしこの時期に信用機構課の課長でなかったら、後の章で批判的に検討する主流派マクロ経済学者と同じような考え方をしていたかもしれない。

中央銀行はどの国でも法律の規定のいかんにかかわらず、金融システムの安定に大きな役割を果たしている。日本の場合、金融機関に対して規制・監督の法律的な権限を有する主体は、当時は大蔵省銀行局であった(6)。一方、日本銀行は大蔵省の行う検査とは別に、日本銀行に当座預金勘定を開いている金融機関に対して考査を行っていた。日本銀行の考査は、第一次世界大戦後の金融恐慌の経験を踏まえ、当時の大蔵省の金融制度調査会の答申を受けて始まった。考査は銀行だけを対象とするものではなく、証券会社にも行っている。考査局の行う考査とは別に、営業局（現在は金融市場局と金融機構局に機能が移行）は金融市場の有力な参加者である金融機関と日常的にコンタクトをし、金融市場や金融機関に関する情報を得ていた（オフサイト・モニタリング）。さらに、金融システムの安定を維持するために、必要な場合には「最後の貸し手」として金融機関に流動性を供給する役割も担っている。これが実際に発動されるケースは、典型的には、一時的な流動性不足をきたした金融機関の支払い不履行を放置すると、金融システム全体に連鎖的な影響を与えるシステミック・リスクが顕在化するような事態である。

信用機構局が発足した直後の90年6月、本間局長と私は三重野康総裁の部屋に呼ばれ、今後予想される金融機関の経営破綻に備え、日本銀行としての対応の処方箋を作るよう指示を受けた。当時と言えば、株価こそすでにピークをつけた後ではあったが、地価はまだ上昇を続けており、日本経済はバブル景気の拡大局面であった。この指示を出した時に三重野総裁がどのような事態を念頭に置いていたのかは正確にはわからない。バブル崩壊後の金融危機への対応というより、金利自由化後の競争激化に伴う金融機関の経営困難化への対応であったのかもしれない。いずれにせよ、その後数年して金融システム不安が表面化したことを考えると、先見の明があったと思う。

私はこの宿題にどのようにアプローチすればいいのかまったくわからず、当初は途方に暮れた。日本は昭和初期に大規模な金融危機を経験したが、第二次世界大戦後は金融機関の破綻はなく、私はそのような事態に対する想像力を欠いていたうえに、対処の仕方についての実務知識も乏しかった。総裁からの宿題に応えるためにまず行ったことは、海外の金融危機の事例研究であった。本間局長と私は6月下旬～7月初めに2週間かけて米国と欧州の４カ国を中心に訪問した(7)。これは本間局長に対する黒田巌信用機構局次長の進言によるものであるが、設立早々の局の局長と課長が揃って２週間も不在にするというのは異例の出来事であった。突飛な喩えかもしれないが、この時の海外調査は私にはまるで明治維新直後の岩倉使節団の日本銀行版のように思えた。

米国ではＦＲＢ、ニューヨーク連銀、連邦預金保険公社（Federal Deposit Insurance Corporation：ＦＤＩＣ）、整理信託公社（Resolution Trust Corporation：ＲＴＣ）の多くの専門家から懇切丁寧な教示を受けた。欧州ではイングランド銀行、フランス銀行、オランダ銀行、ＢＩＳ等を歴訪した。最後の訪問地アムステルダムにおいて、バーゼル銀行監督委員会の議長であったオランダ銀行の理事との面談を終えた後、本間局長と二人で運河沿いのベンチに腰かけて雑談をしたが、この時、本間が「自分たちがこれからやるべきことがわかったような気がする」と発言したことを思い出す。それは私自身の感想でもあった。

この海外出張では、システミック・リスクが顕在化することを防ぎ、金融システムの安定を確保することの重要性を学んだ。そして金融機関の破綻処理の実務を具体的に学ぶことができた。金融機関の倒産というと、当時多くの人がイメージしたのは、いわゆる「ペイオフ」である。この方式は預金保険機構がカバーする限度（当時は１０００万円）まで預金を保護するというものであり、その後は通常の倒産手続きに移行する。ただ、米国でも当時そうした処理方式が適用されていたのは、日本で言えば農協の支店のような小規模の金融機関であった。米国の金融機関の破綻処理の主要な形態は、資産・負債承継方式（Purchase and Assumption：Ｐ＆Ａ）であった。Ｐ＆Ａ方式とは、救済金融機関が破綻金融機関の健全資産と負債を承継し、不足する部分をＦＤＩＣが資金援助する方式である。この場合、経営者は職を失い、株主は持ち分を失っているという点で、関係者はペナルティを負っている。その意味で、金融機関は「つぶれている」が、金融機関の預金債務は保護され、金融システムの安定は維持される。これが米国の金融機関の破綻処理で圧倒的に多く採用されている方式であった。

破綻金融機関の処理に関する原則の策定

帰国後、信用機構局が中心となって、先行き予想される金融機関の破綻への対処方法について議論を重ねた。日本では金融機関の破綻への対応には３つの公的当局があたる。主たる当局者は大蔵省銀行局、これに加えて、日本銀行と預金保険機構がかかわる(8)。当時、預金保険機構の理事長は日本銀行副総裁が務めると法律に定められており、吉本宏副総裁が同機構の理事長であった。預金保険機構の事務局は日本銀行本店の建物中にあり、職員は総勢10名強にすぎず、日本銀行からの出向者もしくはＯＢが多かった。当時の土田正顕銀行局長の先見性とリーダーシップにより、１９９０年夏から大蔵省銀行局（中小金融課）、日本銀行信用機構局、預金保険機構の三者による勉強会が設けられ、同機構の機能を実際に活用する事態に備えた実務の検討が始まった。これと併行して、日本銀行の中では、三重野総裁の宿題に応えるため、企画局、信用機構局、営業局（当時）、考査局（同）の四局間での議論が始まった。メンバーは四局の担当理事、局長と私であり、毎回、信用機構局がペーパーを作成のうえ議論を重ねた。その結果まとまった基本方針は、翌91年１月に総裁、副総裁に了承された。その基本的な考え方は以下の４点であった。

第１は、実質的に債務超過になっている金融機関は「処理」を行うという原則である。「実質的に」というのは、会計上は債務超過ではなくても、適切に償却・引当を行うと債務超過に陥っている場合、ということである。この原則は今日からすると当たり前のことを言っているように聞こえるかもしれないが、当時では急進的な考え方であり、慎重論も多かった。というのも、これは検査・考査で貸出内容を査定し、その結果次第で「つぶす」ことを意味していたからである。誰の目にも明らかな不良貸出はあるが、グレーゾーンの貸出も多い。それにもかかわらず、当局が実質的に債務超過であるかどうかを判断し金融機関を「つぶす」となると、経営者、株主、預金者、政治家、地域住民から当然強い反対が予想されるからだ。

第2は、「処理」の方法に関するものである。実質債務超過ということは、金融機関に債務を返済する原資がないことを意味する。当時、破綻金融機関の処理に関する学者やマスコミの論調は、ペイオフを発動し、その後は、一般企業の破綻処理と同様に清算を行うべきというのが主流であった。こうした議論が「正論」とされ、何らかのかたちで「救済」するのはモラル・ハザードをもたらすという主張である。信用機構局が中心となってまとめた「基本方針」では、ペイオフによる清算という方式は例外的な措置とし、原則は預金債務を保護するという考え方にたっていた。

清算論を不適当と判断したことには2つの理由があった。ひとつは、金融機関の破綻が多いと言われている米国でも、前述のように主要な破綻処理法はP&A方式で行われているからであった。もうひとつは、後述するように、日本の金融機関の不良債権の金額が非常に大きく、仮に清算を行うと、金融システムが崩壊する危険が大きいことを認識していたからである。したがって、実質債務超過の金融機関に対しては、リストラ計画を策定し、自己資本調達を行ったうえで、なお対応が困難な場合には、預金保険機構の資金援助を得て他の金融機関との救済合併を模索する、ということにした。

第3は、モラル・ハザードを防ぐために、関係者の責任を追及するというものである。具体的には経営者の交代を求めることと、株主が株式価値の下落というかたちでペナルティを負うことである。

第4は、破綻処理に必要な場合には、日本銀行は貸出を行うというものである。この原則については、中央銀行は「最後の貸し手」なのだから当然のことを述べているにすぎないのではないかという反応もあるかもしれない。しかし当時は、金融機関の破綻処理への日本銀行の関与がモラル・ハザードを生み出すことに対する警戒感があった。扱いがさらに難しかったのは、収益支援的な貸出の位置づけである。当時、日本銀行の貸出金利、すなわち、公定歩合は市場金利よりも低く、公定歩合で貸出を行うことは貸出先に対する収益支援の要素を持っていた。教科書的な「最後の貸し手」論では、中央銀行の役割は純粋に流動性の供給であり資本の供給ではないが、もし日本銀行がこの考え方に固執した場合は、破綻処理が進まないという現実的判断があった。この原則は、日本銀行が金融機関の破綻処理を促進するために真に必要と判断する場合には、そうした貸出を最初から排除はしないという決断をしたことを意味する。

以上の４原則が行内で了承された直後、本間局長、黒田次長と私は大蔵省銀行局を訪ね、これを日本銀行の基本的考えとして説明した。預金保険制度を活用するという方向については共有されたが、第１の原則である実質債務超過の金融機関を早期に処理するという考え方に対しては、大蔵省は非常に慎重というか警戒的であった。そのことは残念であったが、景気はまだ本格的に悪化していたわけではなく、まだ資産バブルの記憶が強烈な中で、政治的、社会的な状況を考えると、慎重論が出るのは賛否は別にして理解できないことではなかった。したがってその後は、「原則」を受け入れるかどうかという入り口段階での理念論ではなく、個々の金融機関の破綻のケースに即して現実的に物事を前に進めるという実践的アプローチで日本銀行は臨むことになった。

現実となった金融機関の破綻

それから間もなく、金融機関をめぐる状況は急速に悪化していった。「不良債権」「不良資産」をキーワードとして主要四紙の記事検索をしてみると、金融危機が深刻化する90年代後半と比べれば格段に少ないとはいえ、91、92年頃から明らかに増え始めたことがわかる（図３－２）。信用機構局には営業局と考査局から金融機関の不良債権の実態に関する詳細な情報が集まってきていた。このような状況下、信用機構局は破綻金融機関への対応のあり方に関する議論を進める一方で、個別の金融機関の破綻処理への関与を深めるようになり、次第に「戦場」のような観を呈していった。

私が在籍した時期は90年代後半と比較すると本格的な「野戦病院」ではまだなかったが、それでも金融機関の破綻がなかった平穏な時代は過ぎ去り、数多くの案件が持ち込まれるようになっていた。当初は、中小・零細企業向けの金融機関のうち、東邦相互銀行、大阪府民信用組合、釜石信用金庫等の比較的小規模の少数の金融機関を、いわば「特設ポスト入り」した問題先としてフォローしていたにすぎなかったが、やがて、兵庫銀行、太平洋銀行をはじめとするやや規模の大きい金融機関を広範に対象とするようになっていった。

しかし、最初の預金取扱金融機関の破綻は、91年7月、まったく予想外のところで起きた。ＢＣＣＩ（Bank of Credit and Commerce International）の東京支店である。ＢＣＣＩはルクセンブルクを拠点として世界中で営業をしていた銀行である。外国銀行の日本国内支店は預金保険制度非加盟であったため、同支店の破綻処理は預金保険制度の外で行われた。日本銀行にとっても、破綻金融機関を決済

図3-2　主要四紙の「不良債権」「不良資産」の掲載件数

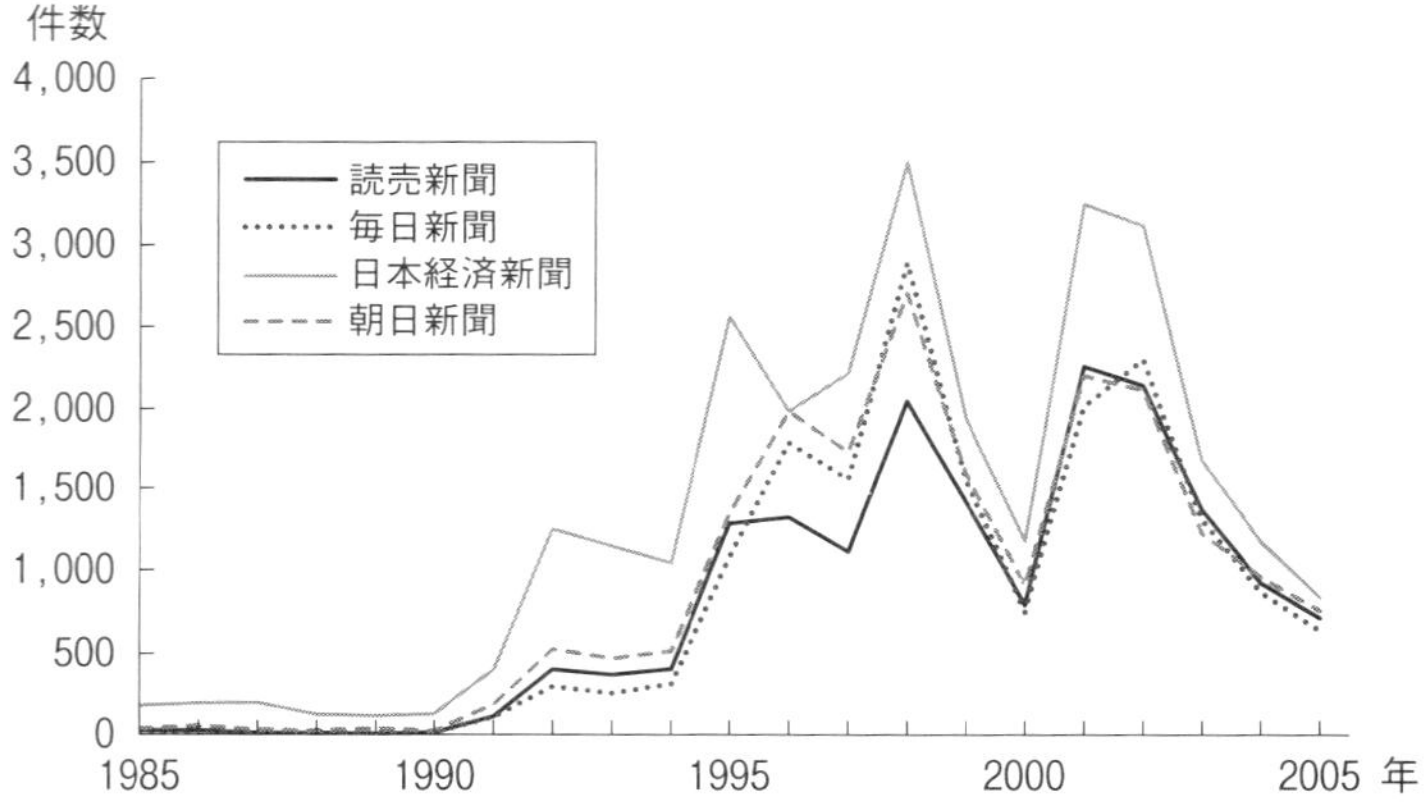

出所：読売「ヨミダス歴史館」、毎日「毎策」、日経「日経テレコン」、朝日「聞蔵Ⅱ」

システムから円滑に離脱させ金融システムの安定を維持するという重要な任務をはじめて経験することになった。翌8月には大阪の東洋信金の巨額の架空預金証書事件が表面化した。いずれについても大蔵省と日本銀行が連携して作業を行い、7月、8月は両金融機関の問題に忙殺された[9]。預金保険機構が介在した最初のケースは、92年4月の東邦相互銀行の破綻である。このケースでは、伊予銀行が東邦相互の救済合併を行った。2件目は同年10月の東洋信用金庫、3件目は93年5月の釜石信用金庫であった。

バブル崩壊直後、最初の数年間は比較的小規模の金融機関の破綻への対応が中心であったが、景気の悪化や地価・株価の下落が進むとともに、次第に問題の核心は大手金融機関であることが明らかになってきた。考査局は実地考査を通じて、営業局は日常的なモニタリングや計数の収集を通じて、金融機関の資産内容を把握するように努めたが、その結果判明した資産内容の悪化は驚くべきものであった。都市銀行、長期信用銀行、信託銀行など大手金融機関はバブル期に貸出を大幅に増やしたが、特に、建設、不動産、ノンバンク向けの融資が大きく増加した。ノンバンク向けの融資は自行系列と独立系に分かれるが、そこから最終的には建設や不動産関連の借り手に資金が回っていた。特に問題となったのは後述する住宅金融専門会社、いわゆる「住専」である。バブル崩壊とともに、これらの貸出の多くは不良債権となった。１９９２年頃のことであったか、千葉銀行の玉置孝頭取（故人。元日本銀行理事）から「君たちの仕事は中小金融機関の処理ではなく、大手金融機関、ノンバンク、住専の処理だ」と大変な迫力で発破をかけられたことを鮮明に覚えている。

問題を抱えた大手金融機関の処理を議論する際、しばしば「大きすぎてつぶせない」と言われる。これは、「規模の大きな金融機関が破綻した場合には健全な他の金融機関にも悪影響が連鎖的に及ぶのでつぶせない」という意味で使われるが、現実には、日本の大手金融機関のほとんどすべてが多額の不良債権を抱え、不動産価格の下落によって大打撃を受けていた。つまり、連鎖的な波及が懸念されるという域をはるかに越え、すべての大手金融機関が深刻な問題を共通に抱えているという事態になっていたのである。

「武器・弾薬」の絶対的不足

当時、大蔵省、日本銀行の当局者にとっての課題は、法律が未整備な中で、金融システムの安定を維持しながら不良債権の円滑な処理を進めることであった。しかしこれを進めようにも損失額はあまりにも巨額であり、倒産する金融機関が相次いでしまう。それを避けようとすれば、「弾薬」（損失を吸収する資本）と「武器」（円滑な破綻処理を可能にする法的、実務的な枠組み）が不可欠であるが、その両方が絶対的に不足していることを私は痛感するようになった。

この状況を改善するためには、まずその必要性を認識してもらわなければならないが、当時はバブル崩壊から時間が経っていないこともあり、経営の悪化した金融機関は清算処理すればいいという議論がマスコミや政治家だけでなく、経済学者の間でも「正論」のように語られることが多かった。その場合、前述のように預金者は預金保険機構によって１０００万円までは預金が保護され、残りは債権金額に応じて残余財産から回収されるという扱いになる。しかし、清算処理はおよそ現実的な選択肢ではなかった。前述のように、不良債権の金額があまりにも大きく、経営の悪化した金融機関が多い中では、ひとつの金融機関を清算処理すればただちに他の金融機関の経営破綻の引き金を引くことになり、システミック・リスクが顕在化することがほぼ確実であったからである。[10] 米国の財務長官を務めたティモシー・ガイトナーの回顧録には、米国でも、彼が「旧約聖書理論」（Old Testament Theory）と名づけた考え方、すなわち、モラル・ハザード発生を理由として清算処理を求める声が大きかったことと、それに対して彼が苛立ったこととが率直に述べられている。時期の違いはあるが、バブル崩壊後の社会の反応は日本もまったく同じであった。

必要な「武器」と「弾薬」は、円滑な破綻処理を実現する法的、実務的枠組みと財源・資本（公的資金）である。日本銀行は信用機構局が中心となって、営業局や考査局から提供される情報も活用しながら、必要な施策についての実務的検討を精力的に進めた。資本としては、まず預金保険機構に積み立てられた基金を活用できるが、１９９２年度末時点でこの金額は７０７５億円とわずかであった。破綻した民間金融機関を健全な民間金融機関が合併等の方法で救済する場合を考えると、民間金融機関全体の自己資本の一部は「財源」としてカウントすることはできるが、問題は日本の金融システム全体として、十分な自己資本を有しているかどうかであった。この答えは、ある時点での個々の金融機関のバランスシートを精査する作業からだけでは得られない。なぜなら、起きていることは、ほとんどすべての金融機関が資産価格下落の影響を受けており、個々の金融機関の倒産回避の努力が経済全体に影響を与えているからであった。そのような状況では、自己資本は静態的な概念ではなく、動態的な概念で捉えなければならない。グローバル金融危機後に多用される言葉を使えば、必要なことはマクロ・プルーデンスの視点であった（第16章「金融システムの安定を目指して」参照）。残念ながら、そうした視点は不十分であった。このことをもう少し説明しよう。

公的資金投入に対する反対論

公的資金投入に対する反対論は、前述したモラル・ハザード論だけではなかった。貸出の伸びが低いのは銀行の融資姿勢が資本不足によって消極化しているのではなく、借入需要が乏しいからだという議論が有力であった。こうした議論は銀行経営者だけでなく、有力なマクロ経済学者からも聞かれた。金融機関系のシンクタンクも同様の議論を展開していた。当時の言葉で言う「貸し渋り」対「借り渋り」の論争である。しかし、問題の本質は、資産価格が大幅に下落する中で、バブル期に積み上がった高水準の債務が残っていることにあり、マクロ的な資本の不足である。民間企業の資本不足は、投資の慎重化をもたらすか、倒産リスクのおそれを銀行に抱かせるため貸出の減少につながる。したがって、貸出の減少が需要要因、供給要因のいずれであるかを議論しても、両者はコインの裏表の関係にある以上、あまり生産的ではなかった。

金融機関の状況が深刻であることについてはある程度認識が共有されるようになったが、問題が単に金融機関の経営困難というレベルにとどまっている限りは、バブルに踊った金融機関は倒産して当然という世論を変えることは難しく、公的資金の投入論は出てこない。不良債権の問題がマクロ経済を通じて一人ひとりの国民の問題として跳ね返るという認識は専門家の間でも当初は乏しかった[11]。

公的資金投入が明示的に議論された最初は、1992年8月の軽井沢での財界人セミナーであった。この席で宮澤喜一総理大臣が公的資金投入の必要性を打ち出したが、民間企業が公的資金に頼ることは自由主義経済の原則に反するという理由から、財界人、マスコミが強く反対し、結局、この構想は潰えた。この時、反対論を唱えた経団連会長の平岩外四が会長を務めていた東京電力は、民間企業の中で日本開発銀行（当時）からの借入金額が最も多く、その意味では最も公的資金依存比率が高かったことを考えると、じつに皮肉な構図であった。

不良債権とマクロ経済の関係

「武器」と「弾薬」の必要性について認識が得られなかったもうひとつの理由は、これまで何度か触れたモラル・ハザード論にあったが、より本質的で重要であったのは、不良債権が巨額にのぼったまま これを放置すると、経済の低成長を余儀なくされるというマクロ経済的な認識が共有されなかったことであろう。そうした認識は学界にもなかったが、これには十分な理論的枠組みがなかったことも大きく影響していると思う。私自身にも当初はそうしたマクロ経済的な認識はなく、「貸し渋り論」に懐疑的であった。しかし、91年夏頃から徐々に私は自分の認識が間違っているのではないか、景気から金融という因果関係だけでなく、金融から景気という因果関係も考える必要があるのではないかと思うに至った。というのも、そう考えなければ、不良債権の累増、金融機関経営者の認識の深刻さ、マクロ経済の弱さ等を整合的に理解できないからである。それで、日本の第一次世界大戦後のバブルとその反動の経験、１９２９年以降の米国の金融恐慌、80年代後半の米国のニューイングランド地方の商業不動産価格下落等、内外の事例を研究した。当時読んだ文献の中で、今でも記憶に残っている一節がある。井上準之助が1度目の日本銀行総裁の任を終えた後、大正14年に当時の東京商科大学で行った「戦後に於ける我国の経済及び金融」と題する講義の記録である。井上は第一次世界大戦後のバブルとその崩壊の過程を富士登山に喩え、以下のように述べた[12]。

欧羅巴の戦争が始まつた時には丁度箱根の湯本に居りました。さうして大正七年には乙女峠に登つた。即ち大正三年に湯本から段段箱根を登つて、五箇年後の大正七年に乙女峠に登つたのが、欧羅巴の戦争が済みますと、それがどんと御殿場まで落ちてしまひました。落ちたかと思ふと、大正八年に、僅か十箇月の間に富士の山の頂上まで馳せ登つてしまひまして、十箇月目の大正九年三月には、富士の山の頂上から非常な速力で墜落して、富士川の川底どころではない、恐らくは琵琶湖の湖底まで落ちたやうな事実であります。

井上の講演録を読みながら、不良債権の問題は今も十分に深刻に見えるが、この先に待ち受けているのはもっと深刻な事態ではないか、そのイメージは「急流」なのかもしれないと思った。

内外の事例研究と併行して、信用機構局の若手スタッフに依頼し、日本の金融機関の不良債権や保有株式等のデータをもとにして、将来の不動産価格に関する前提をさまざまに変えた多くのシミュレーションを行った。すでに発生している自己資本の毀損に加え、予想される損失の発生額、金融機関の融資能力の低下による悪影響等を勘案すると、将来の不動産価格の回復に楽観的な前提を置いても、向こう10年間銀行の総資産はほとんど増えないという姿しか描けなかった。その結果、金融から実体経済への因果関係をもっと重視する必要があることを確信するようになった。最大の鍵を握っているのは、マクロ経済の先行きに関する基本的な感覚を共有できるかどうかであった。いったん、そうした感覚を共有すると、公的資金の投入がいかに政治的に不人気であっても、これなしには問題は解決しないことが理解される。しかし残念ながら当時、そうした感覚を持っていたのは日本国内では圧倒的に少数派であった。信用機構局が大蔵省に公的資金の投入を働きかけていた93年4月、大蔵省の財政金融研究所（現・財務総合政策研究所）からの委嘱を受けて、当時の有力経済学者やエコノミストから成る研究会が「資産価格変動のメカニズムとその経済効果」と題する報告書を作成している[13]。その「要約」には以下のように書かれており、信用機構局の分析とはまったく異なっていた。

これまで日本経済を支えてきた高い技術力、高い教育水準、勤勉な労働者、高い貯蓄率と投資率などが今回のプロセスを経て大きく損なわれたわけではない。

〔中略〕

わが国経済は、91年以降かなり急速なテンポで資産価格の下落を含む景気の後退に見舞われている。しかしこれは、基本的には80年代後半における活況の反動であるとともに、また資産価格の

急激な上昇に対する正常化への過程でもあり〔後略〕

金融機関の円滑な破綻処理に必要な枠組み

再度繰り返すが、必要なのは円滑な破綻処理を可能とする法的、実務的枠組みと公的資金である。システミック・リスクを防ぎつつ破綻処理を行う最も標準的な方法は、前述の資産・負債承継方式（P＆A方式）である。[14] これが機能するためには、合併等により破綻金融機関の資産と負債を承継する救済金融機関が存在すること、救済金融機関がそうした承継に応じる金銭的インセンティブが存在することである。そうした救済金融機関を見つけることも容易でなかったが、法的枠組みについても困難が大きかった。預金保険法により資金援助の上限は、保険金支払いに要すると見込まれる費用（ペイオフコスト）の範囲内とされており、これを超える資金援助を行うことはできない。仮に上限金額に関する制約が撤廃されても、預金保険機構の財源は絶対的に不足していた。

こうした財源の不足を解消するためには、預金保険法を改正し保険料率を引き上げることも必要であったが、金融機関全体が自己資本不足に直面している状況では、引き上げだけで解決することはできず、大規模な公的資金の投入が不可欠であった。しかし、ここでジレンマが生じた。必要性を政治家、国民に理解してもらうためには、金融システムの現状が非常に深刻であることを説明しなければならないが、一方で円滑な破綻処理を可能にする財源がない中で、金融システムの悪い状況だけを説明すると、その時点でただちにシステミック・リスクが顕在化し、実体経済は大きく落ち込む。どうもがいても解決策が見つからない、そうした状況にあった。

財源不足は深刻な問題であったが、金融機関の円滑な破綻処理を可能にする法的、実務的枠組みも絶対的に欠けていた。当時は、金融機関の破綻処理の法的枠組みは一般の事業会社と同じであり、とても実用に足るものではなかった。破綻した中小金融機関の処理に関与するにつれさまざまな実務的な問題に遭遇し、そうした経験も参考にしながら、日本銀行では信用機構局と金融研究所が中心となって、92年初めから金融機関の倒産手続きについての検討を始めた。当時学習院大学法学部に所属していた松下淳一助教授（現・東京大学教授）と長島・大野法律事務所の藤縄憲一弁護士に参加を依頼して実務的な検討作業を行い、同年7月には日本銀行内部での作業を終えた。

大蔵省銀行局への働きかけ

日本銀行内での実務を含めた詳細な検討を経て、大蔵省銀行局のカウンターパートに詳細なペーパーを渡し、包括的な提案を行ったのは１９９３年春のことであった。現状を放置すると、長期にわたって銀行の信用供与能力が大きく損なわれることを前述のシミュレーションを使って説明した後、基本的な対応の「方向性」として３つの提案をした。第1は、民間ベースでのリストラや自己資本調達の自助努力である。第2は、自力再建が困難な場合は預金保険機構で資金援助を行うが、それでも自己資本が不足する場合には、公的な資本注入の道を開くことである。第3は、合併・営業譲渡型の処理・整理を進めていくとともに、不良債権の管理、回収を円滑に行っていくため、受け皿金融機関（破綻金融機関の資産・負債を承継する特別の銀行）を設立することである。そして、日本銀行は金融機関への公的資金注入や受け皿金融機関への直接出資を行う用意があることも明示した。

これらのアイデアは95年、東京共同銀行、整理回収機構等のかたちで徐々に現実の施策に反映され、最終的にはその多くが実現したが、93年春の時点では大蔵省銀行局の賛同は得られなかった。日本銀行の働きかけは課長レベルだけでなく、局長や理事のレベルでも行われたし、三重野総裁も宮澤大蔵大臣に働きかけたが、この時は日本銀行の構想は実現しなかった[15]。また、三重野は講演等で不良債権の早期処理に向けた環境整備の必要性をたびたび訴えたが、直截に公的資金投入を打ち出すことはできなかった[16]。

大蔵省が賛同しなかった最大の理由は、直接的には公的資金の投入について国民の理解が得られないという政治的判断であったと思う。その判断自体は客観的に見て間違いではなかった。何よりもその3年後の96年に起きた「住専国会」はそのことを如実に示している。住専の不良債権処理をめぐって６８５０億円の税金を投入する法案に対し、野党やマスコミは強硬に反対した。最終的に法案は成立したが、この時の反対があまりにも強かったために、以後、公的資金投入は政府、政治家の強いトラウマになり、大手金融機関に多額の公的資金を投入する構想はとても実現できるような状況ではないと判断された。

後日談になるが、本間が日本銀行理事を退任する直前の98年4月末に、二人だけで会食をしながら信用機構局時代の思い出話をしたことがある。この時、「振り返ってみてどの時期が日本の金融システム問題の分岐点であったと思いますか」と私が質問したのに対し、本間は即座に92年末から93年春にかけての対大蔵省交渉を挙げた。本間は信用機構局長を務めた後に理事に昇任し、金融危機が最も深刻化した時期までほぼ一貫してこの困難な仕事を担当したが、その本間の認識は私の認識とまったく同じであったことが、今も強烈に印象に残っている。それほど重大な意味を持つ大蔵省への申し入れであった。

金融危機の深刻化

この間、金融危機はさらに深刻化していった。私はすでに金融機関の破綻処理の仕事から離れていたが、94年12月には東京協和信用組合と安全信用組合の処理策が発表され、95年1月にはこの二信組の処理を目的として東京共同銀行が設立された。同年7月にはコスモ信用組合、8月には木津信用組合に対する大蔵省の業務改善命令が発出された。同月、兵庫銀行に対する処理策も発表された。さらに、96年6月には住専に対する公的資金投入を可能にする住専処理法（特定住宅金融専門会社の債権債務の処理の促進等に関する特別措置法）が成立した。

住専は、もともとは住宅ローンの提供を目的として1971年以降、銀行が母体となって設立された住宅ローン専門会社であったが、企業の資金需要の減少を反映し銀行が直接住宅ローンを提供するようになるにつれ、不動産会社への貸付を増やしていった。バブル崩壊後はこれが巨額の不良債権となり、住専各社は債務超過に陥っていた。問題は債権者間の損失負担であったが、倒産法の大原則である債権者平等の原則にたてば、体力のない農林系統金融機関の破綻は必至であった（「貸し手責任」）。一方、住専設立の母体行の「紹介責任」を重視する立場からは「母体行責任」が強く主張された。この立場にたてば大手銀行の損失負担割合が大きくなる。しかし、母体行が農林系統金融機関の損失を肩代わりすると、母体行の経営者は株主から責任を追及されることになる。住専に対する公的資金の投入には政治家、マスコミからの強い反対があり、激しい国会での議論を経て、最終的には大手銀行の損失負担を大きくしたうえで、６８５０億円の公的資金の投入を可能とする法案が成立したのは、前述のとおりである。この公的資金の投入は実態的には「農協救済」の意味合いが大きかったが、世間はそのようには受け止めず、批判の矛先は主として大蔵省・日本銀行、大手銀行に向かった。国会では野党の激しい反対運動が展開され、マスコミも連日のように批判報道を行った。その結果、不良債権問題の本丸である大手金融機関への公的資金投入論は、その後2年以上の間、封印されることになった。

金融危機がピークに達したのは97年11月後半から12月にかけてであった。この時期、日本の金融システムは崩壊の危機に瀕していた。危機の直接のきっかけは11月3日の三洋証券の会社更生法適用申請であった。翌4日にはインターバンク資金市場でコールローンの回収不能（デフォルト）という事態が戦後はじめて発生した。この影響は甚大だった。90年代の日本の金融危機で最も決定的な瞬間は何かと問われれば、私はこの三洋証券のコールローンのデフォルトだと答えるだろう。２００７年以降のグローバル金融危機で言えば、定性的にはリーマン破綻に対応する出来事であった。

これを契機に、インターバンク資金市場では信用の収縮が起こり、問題のある金融機関からの預金引き出しも急増した。その結果、北海道拓殖銀行はただちに資金繰りの困難に直面した。11月24日には山一證券の巨額の簿外債務が発覚し、自主廃業が決定された（後述）。同26日には徳陽シティ銀行も破綻した。この間、邦銀のドル資金調達コストも上昇し、日本の銀行が支払わなければならない追加的な金利上乗せ幅（ジャパン・プレミアム）は、97年11月には１００ベーシス・ポイント（１・０％）にも達した。

破綻処理の枠組みの整備

金融機関の破綻処理の枠組みは、金融危機の深刻化という大きなコストを支払うことによって徐々にではあるが整備されていった[17]。最初の重要な決定は、95年12月、金融制度調査会がペイオフの今後5年間の凍結を決定し、預金の全額保護の方針を発表したことである。これを受けた預金保険法の改正によって、96年6月以降、預金保険機構に従来からの一般勘定に加え、特別勘定が設けられ、ペイオフコストを超える資金援助を可能とする枠組みが整備された。具体的には、これまでの預金保険料（一般保険料）に加えて特別保険料を徴収するとともに、財源が不足する場合には政府保証による資金調達が認められた。ただし、このようなかたちで公的資金が投入されるのは信用組合の破綻処理に限られ、銀行については認められなかった。

次に重要な決定は、98年2月の預金保険法のさらなる改正と金融機能の再生のための緊急措置に関する法律（以下、金融再生法）の成立であった。これにより総額30兆円の公的資金投入が可能となっただけでなく、ペイオフコストを上回る資金援助を銀行に対しても行えるようになった。これを受けて、同年3月には1兆8156億円の資本注入が大手金融機関21行に対し実施された。ただし、この時の資本注入は風評を恐れた金融機関の申請が過小であったことなどを反映し、きわめて中途半端なものにとどまったため、日本の金融機関の過小資本の状態は解消されないままであった。そのことは日本長期信用銀行の経営悪化の表面化により白日のもとにさらされた。このため、98年秋の国会で金融システム安定のための枠組みの議論が再度行われ、10月に総額60兆円の公的資金の投入を含む破綻処理スキームが整備された。これが3番目の重要な決定である。この破綻処理スキームは、金融再生法と金融機能の早期健全化のための緊急措置に関する法律（金融早期健全化法）から成っており、前者によって破綻処理のための金融整理管財人と承継銀行（ブリッジバンク）、および特別公的管理（一時国有化）の制度が導入され、後者によって金融機関の発行する優先株等による資本増強の仕組みが創設された。翌99年3月には、大手15行に対する総額7・5兆円の資本注入が行われた。

日本銀行の対応

このような法的な枠組みの整備と並んで、日本銀行は大蔵省銀行局と協力して日本の金融システムの崩壊を防ぐために懸命に努力した。この点で最も重要であったのは「最後の貸し手」[18]として潤沢な資金供給を行ったことである。日本銀行の行った特別融資（いわゆる「特融」）の残高は98年には40兆円近くにも達した。

最後の貸し手の重要性を最も象徴的にあらわしているのは、97年11月24日に破綻した山一證券に対する特別融資である。同社の資産規模は3・7兆円、国内では第4位の証券会社であった。同社は証券会社でありながら欧州に銀行子会社も有しており、すでに日本の銀行に対する信認が大幅に低下している中で、同社が破綻した場合の金融システムへの打撃が強く懸念された。当時、銀行のみならず、証券会社の破綻を秩序立てて処理することを可能にする法律は存在しなかった。同社を買収する用意のある金融機関も現れなかった。円滑な破綻処理に必要な公的資本注入のスキームもなかった。さらに、同社が資産超過なのか債務超過なのかもわからない状況であった。仮に債務超過の状態で日本銀行が融資を行うと、日本銀行は損失を被り、政府に対する納付金の減少を通じて、最終的には国民の負担となる。[19] 加えて、繰り返し述べたように公的資金の投入は政治的に非常に抵抗が強い。このような困難な状況で、日本銀行は当時の日本銀行法第25条にもとづいて山一證券に対する無制限の流動性供給（「特融」）を行うことを決断した。改正前のこの日本銀行法第25条は、「日本銀行ハ主務大臣ノ認可ヲ受ケ信用制度ノ保持育成ノ為必要ナル業務ヲ行フコトヲ得」ると規定していた。これにより、海外を含め市場参加者の同社に対する与信はすべて日本銀行に対する与信に置き換えられることになった。こうして、同社の秩序立った破綻処理が可能になり、システミック・リスクの顕在化は免れた。[20]

私自身は本件の決定にはかかわっていないが、日本銀行にとってじつに重い決断であったと思う。同社は2005年1月の破産手続きの終結によって債務超過であったことが確定し、日本銀行は最終的に1111億円の損失を被ったが、[21] それでもシステミック・リスクの顕在化を防止したというメリットの方が大きかったと思う。日本が原因となって世界の経済や金融に打撃を与えることはなかったし、のちのリーマン破綻後と比べると、国内の経済活動の落ち込みははるかに小さかった（第8章「リーマン破綻」参照）。

日本銀行は1990年代の金融危機において、上述の流動性の供給だけでなく、東京共同銀行に対する出資、みどり銀行に対する劣後ローンの供与、住専処理基金に対する資金拠出（1000億円）等、[22] 資本性の資金の供給も行った。[23] これらは中央銀行としてはきわめて異例の措置であるが、金融システムの崩壊を防ぐためには、既存の法律の許す範囲内でそうした「革新的」な措置を考え出し実行するしかない。それから約10年後、リーマンショックの際にFRBも、米国の金融システムの崩壊を防ぐためにさまざまな異例の措置をとり、それらは後に「QE1」と呼ばれるようになった。危機に直面した中央銀行のとる対応はどこも驚くほど似通っていることを感じる。後年、当時FRB議長だったベン・バーナンキが *The Courage to Act*（行動する勇気）と題する回顧録を出版したが[24]、この言葉は米国と同様の深刻な金融危機に直面した90年代の日本銀行にも当てはまるように思う。日本の場合、体系的な情報発信が少ないこと、殊に英語での情報発信が少ないこともあって、日本の当局者の示した「行動する勇気」があまり認識されていないことは残念である。

金融危機の終息

日本のバブル崩壊後の不良債権問題がいつ解決したか、正確に特定することは難しいが、大手行の不良債権比率は2001年度の8・7％をピークに、信用コスト率[25]は同年の2・5％をピークに低下に向かった[26]。格付け会社による銀行の格付けは03年までは低下を続けたが、04年からは格上げ件数が格下げ件数を上回るようになった。銀行株価も03年上半期を底に上昇に転じた。結果的に、バブルの崩壊から10年以上の長い時間を要したことになる[27]。不良債権問題が終息するに至った要因は大別すると、以下の3つが挙げられる。

第1は、単純に時間の経過である。経済が正常な軌道に復帰するためには、「人、モノ、カネ」の「3つの過剰」が解消しなければならない。すなわち、過剰人員、過剰設備、過剰債務である。とりわけ「人」については、日本の場合、特に大企業では終身雇用、年功序列、企業型組合で特色づけられる日本的雇用慣行が支配的であり、労働者は固定的な生産要素の色彩が強いからである。バブルによって生じたこれらの過剰は非常に大きかったため、解消には相当の時間を要するのは必然であった。

第2は、2000年代半ばの世界的な高成長の持続とこれを反映した日本の景気回復である（第6章「「大いなる安定」の幻想」参照）。第3は、前述のように公的資金の投入と法的枠組みの整備が寄与した。後のことになるが、02年には、竹中平蔵金融担当大臣が就任からわずか1カ月後の10月末にいわゆる「金融再生プログラム」を打ち出した。このプログラムでは、05年3月までの2年半の間に、主要銀行の不良債権比率を半減させるという明確な目標を掲げ、民間金融機関に対し不良債権の早期処理を促した[28]。このプログラムは有効であったと評価しているが、それに先立つ公的資金の投入と法的枠組みの整備があってはじめて効果を発揮しえたと思う。

「問題先送り」だったのか

不良債権問題への対応は、マスコミ、評論家、内外の学者によってしばしば「問題先送り」「猶予政策」であったと批判される。私は1993年5月に信用機構局から企画局に移って金融政策の仕事に従事することになり、日本が最も深刻な金融危機に直面した90年代後半には金融システム安定の仕事には関与していない。このため、自分の実体験からそうした議論を評価することはできないが、「問題先送り」という言葉を聞く度に複雑な気持ちになる。私自身は、破綻金融機関の円滑な処理に向けてさまざまな施策を打ち出すべきであるという立場であったし、そのために日本銀行は必要な具体策を実務的に検討することに全力をあげた。当時の職場の仲間も同様だと思うが、そのことに静かな誇りを持っている。だが一方で、そうした施策が具体的に進まないことに大きな苛立ちを感じていたことも事実である。当時、当局者が直面していた問題は、ファーストベストが実現できない時に、どのようにしてセカンドベスト、サードベストを実現するかということであり、専門家としてこのことに全力を傾けていたと思う。

その意味で、一連のプロセスを単純に「問題先送り」と言い切るのは不適当であると思う。とはいえ、必要な施策、特に公的資金の投入が遅れたことは紛れもない事実であり、私には悔悟の念が残る。改めて整理すると、私はこれには4つの理由があると思っている。

第1は不良債権の会計的な認識が遅れたことである。その大きな要因は、日本の場合、2000年代の欧米の金融危機と異なり、不良債権は市場性資産ではなく非市場性資産である貸出債権で発生したことを反映し、時価評価による損失認識が遅れたことであった。[29]貸出の元本や利息の返済が遅れた場合、当該貸出について引当や償却を行うことが必要となるが、日本の場合、金融機関の引当や償却に関する自由度は低かった。無税償却を行うためには金融機関の検査官による償却証明が必要であったが、無税償却に慎重な税務当局の意向が反映していると言われていた。不良債権のディスクロージャー（情報開示）制度も不備であった。要するに、不良債権処理のための情報インフラが制度的に未整備であった。

第2は、前述したように、不良債権が巨額にのぼったままこれを放置すると、低成長低経済を余儀なくされるというマクロ経済的な認識が共有されなかったことである。

第3は、政治家や世論が公的資金の投入をやむなしと考えるようになるきっかけがなかったことである。多くの国民や政治家が公的資金の投入はやむをえないと認識するのは、リーマン破綻後の米国のケースが示すように、金融システムが崩壊寸前にまで至り、問題が先鋭化した後である。それまでは公的資金の投入を国民が支持することはない。この点、後述するように、日本の場合、大規模な危機を防ぐことに成功したということが事態の深刻さに対する人々の認識を遅らせ、結果的に公的資金の投入を遅らせるという副作用を伴った。

第4は、大規模金融機関の破綻処理方式についてコンセンサスがなかなか得られなかったことである。すなわち、ハード・ランディング路線、ソフト・ランディング路線のいずれのアプローチをとるのかという論争である。ハード・ランディング路線とは、既存株主の持ち分をゼロとするアプローチで、破綻金融機関の国有化がその典型である。ソフト・ランディング路線とは、破綻金融機関に対して十分な資本注入を行い、民間金融機関としての営業価値を最大限活かしながら再建を図るアプローチである。破綻金融機関が小規模である場合や少数である場合は前者のアプローチも有効であったかもしれない。しかし、大規模金融機関のほとんどすべてが多額の不良債権を抱えている時は、このアプローチでは金融システムと経済の間で負の相乗作用が働き、事態はさらに悪化する。

経済学者の池尾和人は不良債権処理が終わってからかなり時間の経った2009年の時点で、日本の不良債権処理の遅れを振り返り、以下のような感想を述べている[30]。池尾の観察は私自身の感想に非常に近いので、少し長くなるが引用したい。

問題の先送りを批判することはある意味で容易だが、問題を解決する能力がなければ、先送りするしかないというのが冷厳な現実である。〔中略〕結局、銀行システムが総体としても深刻な問題を抱えるような状況に至ることを事前に回避する（適切なマクロ経済運営を行う）ことが最善であるが、いったんそうした状況に陥ってしまったならば、いかに政治的に不人気であってもＴＭＴＦ〔Too Many to Fail〕を完全に排除することは不可能であるし、そうすることが経済的に望ましいわけでもない。これが、本稿の１つの結論である。
加えて、わが国の監督当局は、〔中略〕それにしてもまったく無防備であった。制度（法的枠組み）もなく、組織や人員もきわめて限られたものでしかなかった。そのなかで日本の監督当局は、現実の金融機関の破綻を処理するとともに、破綻処理に関わる制度を整備し、体制を構築していくという二重の課題に取り組まなければならなかった。〔中略〕この過程において、監督当局の一部では無作為や自己保身的な行動が見られたことも否定しがたい。しかし、総じていうと、与えられた制約条件のもとで懸命な努力がなされ、10年程度の時間を要したものの、わが国も恒久的な破綻処理制度を擁するところまで到達した。

政治家のリーダーシップと専門家の判断

１９９０年代前半において、どうすれば「問題先送り」は回避できただろうか。この点で興味深いのは、公的資金投入構想を打ち上げた宮澤総理の次の感想である。これは東京大学の御厨貴教授らによって２００１年12月～02年11月に行われたオーラル・ヒストリーのインタビューでの一節である。(31)

あの時に何かやりようがあったかということを、これもあとになって聞かれるんですが、しかし考えてみると、それだけの状況が整っていないんです。私が気がついて問題を指摘はしているものの、そうだ、そうだと言って、みんなでやろうというようなことにはならないというのが実情でございました。

この宮澤総理の冷めた感想に対し、総理大臣がもっと強いリーダーシップを発揮すべきだったという批判も聞かれるが、この批判はやや酷かもしれない。というのは、公的資金投入に対し、専門家の意見が賛否二分している状況であれば別だが、専門家であるはずの大蔵省の事務方は公的資金投入に反対だったからである。

官僚は自らの専門的な知識にもとづいて政策のオプションを提示し、大臣は政治的な判断を行うというのが基本的な分業関係である。当時、多くの経済学者も公的資金投入に前向きではなかった。92年頃、私は信用機構局内での議論を踏まえ、私とほぼ同年輩のマクロ経済学者数人に対し、金融機関の直面している深刻な不良債権の問題の現状や今後の対応のあり方を説明したことがあったが、現在日本を代表するようなマクロ経済学者である彼らでさえ、預金保険機構のペイオフを発動して金融機関を清算処理すればいいという議論を展開していたことを思い出す。総理大臣が自身を支える立場にある官僚の助言や、さらに多くの経済学者の意見を無視して自分の直観だけで政策を決定することは、民主主義社会においては時として危険でもある。総理大臣のリーダーシップは政府や中央銀行の専門家、学者が政策オプションを適切に助言することが前提になっている。その意味では、多くの専門家の認識が、なぜあれほどまでに間違っていたのかという問いの方が、より切実ではないかと私は思う。公的資金の投入が大幅に遅れたのは、政治的果断と専門家による正しい分析・助言の両方が揃わなかったことにあると思う。

バブル崩壊後の金融緩和政策

バブル崩壊後、金融政策はどのように変わったかに話を移そう。日本銀行が金融緩和政策に転換したのは91年7月である。政策金利である公定歩合は6・0％から5・5％に引き下げられた。この当時、私は信用機構局で仕事をしていたので、金融政策について関連部署の内部でどのような議論が行われていたのかまったくわからない。自分の担当する仕事に忙殺され、金融政策に関する世の中の議論もあまり丹念にはフォローしていなかった。ただ、この頃はまだバブル経済の余韻が残っていたので、早すぎる金融緩和への転換という観点からの批判も多かったことを記憶している。ちなみに、公定歩合引き下げに転じた直後の新聞各社の社説を見ると、全体としては「適切な選択」という評価が多いが、バブル復活への警戒感も示されているほか、「いざなぎ景気」を抜く景気見通しにあることへの言及など、景気減速への強い警戒感は感じられない。

私は93年5月末の人事異動で企画局企画課長のポストに移り、金融政策の仕事にかかわるようになった。公定歩合は、上述の91年7月の引き下げ以降、同年11月、12月、92年4月、7月、93年2月と引き下げられ、私が企画局に異動した時点では2・5％という水準であった。異動直後に山口泰企画局長の部屋に呼ばれ、経済情勢の見方や金融政策運営についての考えを聞かれた。経済情勢に対する私の見方には直前の信用機構局での経験が色濃く反映していたと思うが、景気はバランスシート調整の影響を受けて弱いため、ただちに金利を引き下げることが必要という考えを述べた。山口局長もまったく同じ判断であった。三重野総裁は公定歩合の大幅引き下げが必要という企画局ラインの考え

図3−3　公定歩合、コールレートの推移

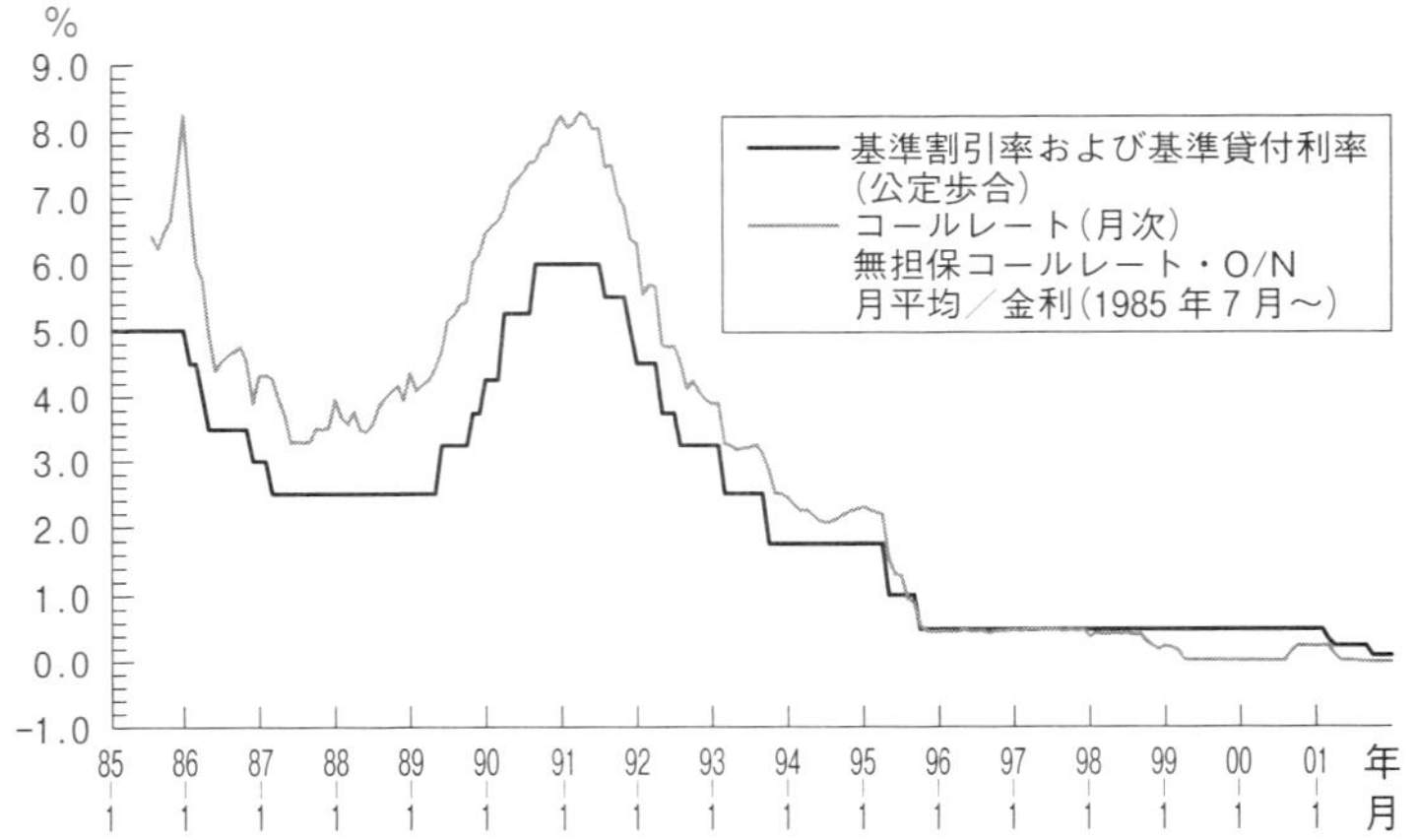

出所：日本銀行

に対し、熟慮の末これに同意し、93年9月に公定歩合は1・75％まで引き下げられた。その後、95年4月には0・75％に、さらに同年9月には0・5％に引き下げられた。そして99年2月、いわゆる「ゼロ金利政策」が採用されることになった（図3−3）。

先にも述べたように、バブル崩壊後の低成長の原因として「金融緩和の遅れ」が主張される。利用可能な当時の景気や物価上昇率に照らして、利下げのスピードが速かったかどうかについてはいくつかの研究が行われている[32]。金融政策に関する標準的なテイラー・ルールに照らすと、日本銀行の利下げはおおむねこれに沿っているが[33]、仮に金利引き下げがもっと早く、アグレッシブに行われたとしても、現実の成長率はあまり変わっていなかっただろうと思う。米国の政策金利は住宅バブル崩壊後、テイラー・ルール以上に引き下げられたが、バブル崩壊後のGDPの推移は1990年代当時の日本と比べて有意な差異は観察されなかった（この点については、第19章「非伝統的金融政策」で詳しく述べる）。

このように、バブル崩壊後の積極的な金融政策が景気の落ち込みを防ぐにあたって有効かどうかは、バブル形成期の中央銀行の対応のあり方を考えるうえでの重要な論点である。この点に関して、ＦＲＢのエコノミストが、バブル崩壊以降の日本経済に関する詳細なリサーチを連邦公開市場委員会(Federal Open Market Committee: 以下、ＦＯＭＣ）に報告し討議を行ったうえで、２００２年に論文として公表した。同論文は次のように記述している[34]。

我々の感覚では、金融緩和が資産価格を支え経済を刺激できなかったことの大半は、金融政策の効果波及メカニズムが真に崩壊したからではなく、金融政策の効果を相殺するショックが発生したことによるものである。資産価格の崩壊に伴う「金融的な逆風」は、金融政策が経済活動を刺激する能力をある程度阻害した。さらに、特に１９９５年以降、日本は「流動性の罠」に陥ったことを示唆する兆候を示していた。それでも、１９９１～95年の期間に、より迅速で強力な金融緩和政策の便益を失わせるほど、金融政策の効果波及チャネルが小さくなったという証拠はほとんどない。

バブル崩壊後の景気の悪化に対処して金利を早期に大幅に引き下げることができればそれに越したことはないと私も思う。ただ、日本のバブル崩壊後や第8章で扱うグローバル金融危機を含め各国の経験を振り返ると、残念ながらほぼ例外なく認識も対応も遅れている。仮に中央銀行が千里眼的に景気の悪化を認識しえたとしても、その時点で大幅な利下げを実行することはかなり難しいだろう。いずれにせよ、現実のバブル崩壊後の「金融的な逆風」の影響はこの論文の著者たちの評価よりもずっと大きく、金利を早期に大幅に引き下げることで経済活動の水準が有意に変わったとは思えない。

日本銀行の金融政策に対する海外からの批判

日本銀行の金融政策運営は、90年代半ば以降、欧米の経済学者を中心に厳しく批判されるようになっていた。中でもポール・クルーグマンと並んで激しい言葉で批判を行った学者は、後にFRB議長となるプリンストン大学教授のバーナンキであった。バーナンキがFRB議長退任後に出版した前述の回顧録には、２０００年に彼が行った日本の政策への批判についての述懐がある(35)。

２０００年１月のボストンでのコンファレンスにおいて、私は、日本の当局者は「自作自演の麻痺状態」に陥っているのかと問いを発することによって、「必要な行動をとるのを回避するため、些細な制度的、ないし技術的困難の陰に隠れている」と彼らを告発し、私も含め学界からの有益な示唆に対する「混乱した、ないし首尾一貫しない」反応を批判した。最後は、実験を行うことに対する消極姿勢を非難することで締めくくり、「おそらく、日本はルーズベルト大統領的な決断を必要としている」と尊大な態度で話した。

そうした海外の経済学者やマスコミの批判を引用するかたちで、同じ頃より日本のエコノミストからも、日本銀行はもっと大胆に積極的な金融政策を行うべきだという批判が高まっていった。ただし、グローバル金融危機後は日本の金融政策に対する議論も微妙に変化したように見える。たとえば、バーナンキは上の文章に続けて、以下のように述べている。

何年か後、政治家、新聞の論説欄、さらには仲間のエコノミストからの馬鹿にしたような不本意な批判に耐えるという経験をしたことによって、私は自分の以前のレトリックを取り消したいと思うようになっていた。２０１１年には、日本の新聞特派員の質問に答えて、私は「10年前よりも今は中央銀行に少し同情している」と告白した。

バーナンキが「取り消したい」と思ったのは以前の発言のどの部分なのか、また、どのような理由によるものかは本当のところはわからないが、いずれにせよ、いったんできあがった日本経済や日本銀行に対するネガティブな認識はその後長く尾を引き、日本銀行を苦しめた。

バブル崩壊後の日本経済の低成長

バブル崩壊後の日本経済は、しばしば「失われた10年」(Lost Decade)という言葉で表現される。もちろん、全体として低成長の中にあっても、景気の後退と回復という循環現象がなくなったわけではない。最初の景気の山は91年2月、谷は93年10月、その次の山は97年5月、谷は99年1月というぐあいである。景気が回復方向に向かうと、楽観論が台頭し、抜本的な施策への取り組みが遅れる傾向が生まれた。90年代前半の景気後退についてはすでに述べたが、97年5月から始まった景気後退の原因をめぐってはさまざまな議論があるので、ここで簡単に言及したい。一般的には3つの理由が指摘されている。97年秋に頂点に達した日本の金融危機、97年7月に勃発したアジア金融危機の影響、加えて97年4月の消費税率の5％への引き上げである。私は前二者の影響が大きいと思っているが、消費税率引き上げの影響を強調する議論もある。もし財政面からの景気後退を指摘するのであれば、消費税率引き上げもさることながら、同時に行われた社会保障負担の引き上げの影響の方が大きかっただろう（財政要因の影響については、第15章「財政の持続可能性」参照）。

90年代初頭の日本のバブル崩壊後のGDPの推移を、2000年代の欧米のバブル崩壊後と比較した時、ひとつの大きな違いは、日本の場合、GDPが直前のバブル期のピーク水準を下回ることはなかったことである(36)。これは前述のように、いわゆる「問題先送り」政策がとられたこともあって、金融危機の深刻さがただちには顕在化しなかったことによる。ただし、金融システムが大きく動揺したことには変わりはなく、97～98年の日本の実質GDPは前年の水準を下回った。

日本で雇用調整が本格化したのは金融危機が深刻化した97年からである。日本の多くの大企業は正社員の削減を最後の調整弁と位置づけていたため、金融危機による大きな需要ショックに対し、新卒採用の削減や非正規雇用の増加でまず対応した。いわゆる「就職氷河期」であり、若年層が雇用調整のあおりを受けた。この時期に就職期を迎えた大学卒業生は、いわゆる第二次ベビーブーム世代であるが、若い時に十分なスキルを蓄積することが難しかったため、所得水準の低下による非婚率の上昇と、その結果としての出生数の減少など、社会的な問題へと広がり、後々まで影響を及ぼすことになった(37)。ある時期に生じたショックが後々までその影響を残すことを経済学では「履歴効果」と呼ぶが、日本のバブル崩壊後も履歴効果は大きかった（この問題は、第10章「日本経済の真の課題」で取り上げる)。

バブル崩壊直後の10年間の成長率低下の原因をどのように理解するべきだろうか(38)。

第1の原因はバブルの直接的な後遺症である。その典型は、先にも触れたが、バブル期に蓄積された「人、モノ、カネ」の「3つの過剰」の調整である。これらの過剰を解消する過程では、企業や家計の支出は抑制され、成長率は低下する。さらに、バブル期には当時の楽観的な期待の継続を前提にしたさまざまなプロジェクトが行われたが、それらは事後的には生産性の低い資本ストックとして残り、経済成長の低下要因となった(39)。

第2の原因は、90年代にかけて世界経済で起こった大きな変化に対して、日本企業がうまく適合できなかったことによる。89年11月にベルリンの壁が崩壊し、90年代初頭に旧社会主義経済諸国が市場経済に組み込まれるようになった。このことは、国際貿易を通じて膨大な労働力が世界経済に供給されたことを意味する。さらに、90年代は情報通信技術革命が急速に進展した時期でもあった。このようなグローバリゼーション、情報通信技術革命の大きなうねりの中で、世界の市場は統合の度合いを強め、生産工程の世界的規模での分業が拡大した。海外の企業は生産拠点や販売チャネルを最適に配置して付加価値を生み出す一方、アウトソーシングをコスト削減に効果的に活用した。また、情報通信技術の進展を背景にさまざまなイノベーションが生まれた。こうした大きな変化に対して日本企業の対応は遅れた。ひとつの理由としては、加工組み立て型産業の生産現場における効率改善を得意とする日本企業の伝統的なビジネスモデルは、そうした変化にもともと適合していなかったことが挙げられる(40)。さらに、変化に適合しようとしても、終身雇用制度のもとでは労働資源を柔軟に再配置することは難しかった。そして、バブル崩壊によって企業の体力が低下する中で、何よりも企業自体の存続が優先され、新たなリスクへの挑戦には慎重であった。私自身も、旧社会主義諸国の崩壊や情報通信革命がその後の世界をあれほど大きく変容させようとは当時は認識できていなかった。今振り返ってみると、当時は不良債権問題に私はほとんどのエネルギーを使い、同時に起きていたもうひとつの大きな経済の潮流変化に気づいていなかったと言わざるをえない。

第３の原因は、景気低迷の中でとられた政策によって経済の効率性がむしろ低下したことである。前述のような意味で「問題先送り」策がとられた結果として、既存の非効率な企業が温存され、短期的なＧＤＰの急激な落ち込みは回避されたものの、やや長い目で見ると、生産性の伸びは低下した。さらに、金融危機後、「検査不況」という言葉が示すように、金融規制・監督当局の検査が強化され、新規の中小企業向け貸出が行いにくくなったとの批判も聞かれる。

これらの要因の中で、時の経過とともに、私がより深く掘り下げて考えなければならないと思うようになったのは、第2の原因である。企業の変革能力はどの時代にあっても生産性を規定する重要な要素である。バブル崩壊はさまざまなルートを通じて低成長をもたらしたが、10年あるいは20年という期間で経済成長の基調を理解するためには、実体経済の要因や、それに影響する民間経済主体のインセンティブ、さらにそれを左右する制度的要因に注意を払わなければならない[41]。どの国も歴史的経緯を反映して、それぞれの国に固有の経済運営モデルを有している。しかも、さまざまな制度はすべて相互に連関している。青木昌彦教授（故人）が強調する戦略的補完性である。青木はバブル崩壊後を「失われた20年」ではなく、「移りゆく30年」と表現している[42]。私も、90年代以降の日本は経済や社会を取り巻く大きな環境変化に対応するための「制度の変革過程」にあると言えると思う。

バブル崩壊直後の時点で私は制度の適合の遅れについてはある程度認識していたが、ほとんどと言っていいほど意識していなかったのは、高齢化による生産年齢人口の減少の影響である。日本の生産年齢人口のピークは1990年代半ばであり、人口動態の変化は日本経済に徐々に影を落とし始めていた。

バブル崩壊と金融危機の教訓

バブル崩壊と金融危機の経験は、バブルの発生・拡大と同様に強烈な体験であった。

私にとっての第1の教訓は、バブル崩壊後、経済はかなり長い期間にわたって低成長を余儀なくされるということである。バブル崩壊後の低成長の原因に関する解釈については、私が当初考えていた以上に複雑であることを後に学ぶようになるが、日本銀行総裁に就任した時点でも、また、リーマン破綻後の危機が一段落した後の時点でも、世界経済の先行き見通しについて一貫して慎重な見方をしていたのは、この教訓が私の頭に強く刻み込まれていたためであった。この「先行き見通し」というのは、必ずしも通常の景気見通しで想定される1～3年程度先の短期見通しではない。そうした短期の見通しで言えば、バブル崩壊後も1993年10月に谷を迎えた後、97年5月までは拡大局面にあり、決して90年代を通して景気が後退していたわけではない。問題は、そうした短期の景気循環を超えて経済の趨勢的な成長率は徐々に低下していたことと、金融危機というショックに対して脆弱になっていたことであった。しかし、短期の景気論議ではそうした視点は抜け落ちがちである。このことは、金融政策の決定プロセスにおいて、意識的に中長期的な点検を行う必要があることを意味している。

第2の教訓は、金融システムの安定を維持することの重要性である。バブル崩壊後の経済の軌道は不満足なものとならざるをえないが、金融システムの安定が損なわれると、経済は不満足という域を超えて一挙に大混乱に陥り、経済だけでなく社会に大きな悪影響を与える。そして、「履歴効果」の議論が示すようにその悪影響は長く尾を引く。そうした事態を防ぐために、政府・中央銀行はどんなことをしてでも金融システムの安定を維持しなければならない。

第3の教訓は、中央銀行は自国の経済が直面する本質的な問題を的確に認識し、これを対外的に説明し理解を得るように努力しなければならないということである。バブル崩壊から金融危機に至るプロセスにおいて最も私に悔恨の思いが残るのは、多額の不良債権問題の持つ意味について早い段階で理解が得られなかったことである。一国の経済運営の失敗は直近の景気予測の失敗によって生じるものではなく、経済の直面する本質的問題の診断を誤ることによって生じるものであることを痛感する。中央銀行の努力だけで世の中全体の認識が変わるわけではないが、中央銀行はマクロの視点を有すること、金融機関や金融市場と接していること、優れたエコノミストを多く抱えていることから、少なくともリサーチという点では一国で最も専門性を備えた組織である。それだけに中央銀行はリサーチを奨励し、その成果を自らの政策運営や広く政策提言に活かす努力をする必要がある。もちろん、リサーチやそれにもとづく政策提言は中央銀行に限られるものではない。この点で日本にとって不幸だったことは、金融機関から独立したシンクタンクが少なかったことである。こうした状況は徐々に改善されているが、「時代の空気」に染まらない独立したシンクタンクの存在やリサーチにもとづくオープンな政策論議の重要性を感じる。

以上の3つの教訓を、私は総裁に就任した後のさまざまな重要な決定をする際に常に意識していた。

（1）２０００年代の米国の住宅バブルの場合は、まず不動産価格が下落し、それから2年ほどして株価が下落しており、日本の場合と逆転している。

（2）総量規制の導入および解除については、軽部（２０１５）第7章、植村（２０１７）第2章および第3章参照。

（3）見通しの修正状況に関しては、Ahearne et al.（2002）参照。日本銀行の物価見通しの修正状況については、木村・藤原・原・平形・渡邊（２００６）参照。

（4）「わが国金融経済の分析と展望――情勢判断資料（平成3年夏）」。日本銀行ホームページ。

（5）野口（２０１５）参照。

（6）信用組合については都道府県が、農林系統金融機関については農林水産省が監督権限を有していた。

（7）この時の海外出張で学んだことについては、白川（２００９ａ）参照。

（8）このほか、信用組合については都道府県が、農林系統金融機関については農林水産省も関与していた。

（9）日本経済新聞社（２０００）参照。

（10）池尾（２００９）は、ひとつの銀行なら破綻させられても、銀行システムを構成する大半の銀行を同時に破綻させるわけにはいかない状況を「Too Many to Fail」（ＴＭＴＦ）という言葉で表現している（１０６頁）。

（11）数少ない例外の一人はエコノミストの高尾義一であった。高尾（１９９４）参照。

（12）井上（１９３５）6～7頁。

（13）大蔵省財政金融研究所（１９９３）。「資産価格変動のメカニズムとその経済効果に関する研究会」のメンバーは以下のとおりである（所属は当時）。館龍一郎（座長、東京大学名誉教授）、石弘光（一橋大学教授）、貝塚啓明（東京大学教授）、香西泰（日本経済研究センター理事長）、鈴木淑夫（野村総合研究所理事長）、中谷巌（一橋大学教授）、野口悠紀雄（一橋大学教授）、堀内昭義（東京大学教授）、蠟山昌一（大阪大学教授）。

（14）日本銀行（１９９５）は、当時の米国の破綻金融機関の処理方式に関するわかりやすい解説をしている。

（15）三重野が亡くなる2年前に配布した私家版の回顧録を読むと、働きかけが実現しなかったことに対する三重野の思いが感じられる。

(16) たとえば、1993年2月の「最近の内外金融経済情勢と金融システムの課題」と題する講演（三重野（1995）所収）を参照。

(17) 制度の変更に関する以下の記述は、池尾（2009）にもとづいている。

(18) 日本銀行特融については、第7章注（1）参照。

(19) 1997年11月24日、三塚博大蔵大臣は、「本件の最終処理も含め、証券会社の破綻処理のあり方に関しては、寄託証券補償基金制度の法制化、同基金の財務基盤の充実、機能強化等を図り、十全の処理体制を整備すべく適切に対処いたしたい」という談話を発表している。これを受け、日本銀行は山一特融の対外公表文において、「日本銀行資金の最終的な回収には懸念はないものと考えている。政府におかれては、大蔵大臣談話の趣旨に沿って、本件の最終処理を適切に実現されるよう、日本銀行として強く期待するものである」と述べた。その後、宮澤喜一は大蔵大臣在任時に、やや曖昧な表現ながら「政府が責任をとる必要がある」という趣旨の発言を国会等で行っていた。

(20) 山一證券への日本銀行の対応については、白川（2012a）を参照。

(21) 日本銀行金融機構局（2005）3～4頁参照。

(22) 前述の兵庫銀行の経営破綻の際の受け皿銀行である。1999年4月に阪神銀行に吸収合併され、みなと銀行となった。

(23) 金融危機における日本銀行の活動については、Nakaso (2001) 参照。

(24) Bernanke (2015).

(25) 信用コスト率とは、貸出金の償却や貸倒引当金の純繰入額等の貸出残高に対する比率である。

(26) 日本銀行金融機構局（2005）参照。

(27) 不良貸出残高の対GDP比は、2001年にピークとなり、8%台半ばをつけた。預金保険機構の資金援助を受けて処理が行われた預金取扱金融機関の破綻数は、2001年の56件がピークであり、翌年以降はゼロとなった。

(28) 当時の状況については、五味（２０１２）参照。
(29) ここで「時価評価」と言う場合、後年議論されるＤＣＦ（ディスカウント・キャッシュ・フロー）法の採用の是非といった厳密な測定方法の問題ではなく、当時の償却・引当制度の運営実務の意味である。
(30) 池尾（２００９）１０７～１０８頁参照。
(31) 御厨・中村（２００５）２８５頁。
(32) スタンフォード大学のジョン・テイラー教授が提案した金融政策ルールで、目標物価上昇率からの現実の物価上昇率のギャップと需給ギャップに応じて政策金利を変更する。両方のギャップがゼロの時は、政策金利は目標物価上昇率と均衡金利の合計に一致する。
(33) 白塚・田口・森（２０００）20頁参照。
(34) Ahearne et al.（2002）参照。
(35) Bernanke（2015）p.41.
(36) バブル崩壊後10年間の日本経済については、白塚・田口・森（２０００）参照。
(37) 山崎（２０１７）59～60頁参照。
(38) 白川（２００９ａ）参照。
(39) 翁・白川・白塚（２０００）、Borio（2018）参照。
(40) このような観点からの戦後日本経済の分析については、野口（２０１５）参照。
(41) このような観点からの日本企業の分析については、野口（２０１５）参照。
(42) 青木（２０１４）２２８頁参照。

第4章　日本銀行法の改正

１９４２年に制定された旧日本銀行法は国家統制色の強い法律であり、その改正は日本銀行にとって永年の悲願であったが、瓢箪から駒のようなかたちでこれが実現し、金融危機のさなかの１９９８年4月、改正日本銀行法が施行された。法改正の原動力は、80年代のバブル経済発生に対する反省、中央銀行の独立性を重視する世界的な潮流、それに何よりも大蔵省への権力の集中に対する反感であったと言える。この改正日本銀行法は金融政策の適切な運営を確保するうえで重要な制度改革のひとつであった。ただし、海外諸国における中央銀行の独立性獲得のケースと異なり、日本の場合は、法律改正時点ですでにインフレ抑制に成功していたこと、また、政策金利の引き下げ余地がなかったことなどから、改正日本銀行法は困難を抱えてスタートした。

日本銀行法の歴史

１９９８年は前年から引き続いて金融危機のさなかにあり日本にとって激動の年であったが、日本銀行という組織にとっても激動の年であった。４月に改正日本銀行法（以下、新日本銀行法）が施行され、日本銀行は金融政策運営の独立性を与えられた。この年は、日本銀行法の改正と並んで、大蔵省からの金融の規制・監督機能の分離という大きな制度改正も行われ，６月には新たに金融監督庁が発足した。金融監督庁はその後２０００年７月には金融庁となり，さらに01年１月の中央省庁の再編で内閣府の外局と位置づけられ，現在に至っている。

日本銀行は１８８２年の創立後，その法的な枠組みは３度見直されている。１度目は１９４２年，ナチス政権下の39年に成立したドイツのライヒスバンク法を模倣して，日本銀行に対する政府のコントロールが強化された。２度目は49年，連合国最高司令官総司令部（ＧＨＱ）の指示により，日本銀行の民主化が企図され，日本銀行法の改正が図られた。この時の改正でＦＲＢに倣い政策委員会制度が導入され，公定歩合の決定・変更は政策委員会の専決事項となったが，日本銀行に対する大蔵省の監督権・業務命令権や予算・決算の承認権，役員解任権など，政府による広範な介入主義的な規定はそのまま温存された。その後，59年と64年の２度にわたって改正に向けた動きはあったが，最終的にはそれに至らなかった。そして３度目が97年６月に成立，98年４月に施行された現在の日本銀行法への改正である。

旧日本銀行法第１条は「日本銀行ハ国家経済総力ノ適切ナル発揮ヲ図ル為国家ノ政策ニ即シ通貨ノ調節，金融ノ調整及信用制度ノ保持育成ニ任ズルヲ以テ目的トス」と国家統制色の強い規定となっていた。さらに，上述のように政府に対し広範な業務命令権（同法43条）や役員の解任権（同法47条）も認めていた。第二次世界大戦後は時代にまったくそぐわない内容となっていたため，環境の変化に合わせて実際の法律の運用はある程度弾力的になされるようになってはいたが，それでも多くの点で，いずれ抜本的な見直しが必要なことは以前から明白であった。旧日本銀行法時代に総裁を務めた三重野康は旧日本銀行法について以下のように述べている(1)。

改正前日銀法（旧法）は、〔中略〕中央銀行法としては極めて不備であり、運用により辛うじてそれを補ってきたものであった。

従って私としては、いつかチャンスがあれば、現状にふさわしい法律に変えるべきだというのが悲願であり、後任の総裁への引き継ぎ事項の最大の眼目であった〔中略〕まさにひょうたんから駒が出たような感じで、日銀法改正が議に上ってきた。

日本銀行法改正の背景

旧日本銀行法は先進国の一般的な中央銀行法と比較すると、「屈辱的」という表現がふさわしいような言葉が並んでおり、私も他の日本銀行の役職員と同様、日本銀行法が改正されることを待ち望んでいた。しかし、日本の政治状況を冷静に観察すると、それがすぐに実現するとも思っていなかった。それが突然、法律改正に向けた議論が始まった。その一報を聞いたのは、日本銀行のニューヨーク駐在参事時代であった。ついに法律改正の機が到来するかもしれないという事態の急展開に驚くとともに、期待感が高まった。

私はこの時の日本銀行法改正の作業にはかかわっていないため、改正に至る詳細な経緯について責任を持って記述することはできないが、今振り返ってみて、97年より早くても遅くても法律改正は実現しなかったように思う。この時期に日本銀行法改正が実現した理由としては、第１に、80年代後半に生じた未曾有のバブルに対する反省が挙げられる。長期にわたる金融緩和の継続はバブル発生の唯一の原因ではなかったが、大きな原因のひとつであるという認識はかなり共有されていた。そうした事態の再発を防ぐためには、金融政策に対する政府の強い影響力を排除し、日本銀行に金融政策の独立性を与える必要があるという認識が高まっていった。

第2に、中央銀行の独立性強化に向けた世界的な潮流である。すなわち、70年代以降のインフレの高進がマクロ経済の安定を損なった経験、いわゆるスタグフレーションの経験から、中央銀行に独立性を与え、中長期的な視点にたった物価安定を目的とする金融政策運営が必要であるという認識が高まったことが挙げられる。そうした考えはまず経済学者の間で広まったが、やがて政治家の間にも共有されるようになっていった。実際、新日本銀行法が施行された98年前後、海外でも中央銀行制度の改革が相次いで行われている。欧州では92年にＥＣＢに関する規定を含むマーストリヒト条約が成立し、98年にはＥＣＢが発足した。英国でも新たに政権についた労働党政府のもとで、97年にはイングランド銀行に金融政策運営の独立性が与えられ、98年の法改正で同行の責任が明確化された。これらの独立性付与の動きは、いずれもインフレ抑制が最大の動機であった。

上述の2つの理由は重要であるが、これだけで日本銀行法改正が実現したとは思えない。中央銀行法のような経済・金融の基本的な法的枠組みの変更は、通常は大きな政治的エネルギーの噴出なしには実現しない。日本銀行法の改正が実現した第3の理由として、バブルや金融危機の発生を契機に、強力な権限を有していた大蔵省への不信や反感が一挙に高まったことが挙げられると思う。そうした動きは、90年代半ばにかけて起きた大蔵省の一連の不祥事によってさらに加速した。

これらが端緒となったが、日本銀行法改正の作業が始まる直接のきっかけは、96年2月自由民主党・社会民主党・新党さきがけの連立与党による「金融行政をはじめとする大蔵省改革プロジェクトチーム」の発足であった。同チームは6月に「新しい金融行政・金融政策の構築に向けて」と題する報告書を公表し、日本銀行法改正について「政府において透明かつ公正な検討の場を設けることを検討すべきである」ことを提言した。これを受けて、7月に橋本龍太郎首相の私的研究会として鳥居泰彦慶應義塾大学塾長を座長とする「中央銀行研究会」が発足し、11月には「中央銀行制度の改革――開かれた独立性を求めて」と題する報告書が公表された[2]。その後、舘龍一郎東京大学名誉教授を会長とする金融制度調査会の「日銀法改正小委員会」での検討を経て[3]、改正法案が国会に提出され、97年6月に可決成立、翌98年4月に施行された。

以上のような経緯が示すように、改正作業における最大の論点は日本銀行の独立性であった。法改正作業にあたって、日本銀行に独立性を与えるという大きな方向には合意があったが、具体的にどのような独立性を与えるかについては意見が分かれていた。

日本銀行の目的

独立性の設計にあたり最も重要な論点のひとつは、中央銀行の目的、あるいは金融政策の目的の規定の仕方である。日本銀行の目的は新日本銀行法第1条に規定されている。第1に銀行券の発行、第2に通貨および金融の調節、すなわち金融政策運営、第3に決済システムの安定を通じて金融システムの安定を図ることである。新日本銀行法第2条は金融政策の目的について述べており、「物価の安定を図ることを通じて国民経済の健全な発展に資することをもって、その理念とする」と規定している。物価安定が金融政策の目的であることをここで定めている。

第1条　日本銀行は、我が国の中央銀行として、銀行券を発行するとともに、通貨及び金融の調節を行うことを目的とする。

2　日本銀行は、前項に規定するもののほか、銀行その他の金融機関の間で行われる資金決済の円滑の確保を図り、もって信用秩序の維持に資することを目的とする。

第2条　日本銀行は、通貨及び金融の調節を行うに当たっては、物価の安定を図ることを通じて国民経済の健全な発展に資することをもって、その理念とする。

第1条と第2条は、以下の2点で画期的であった。第1に、日本銀行は金融政策を行うと同時に、金融システムを安定させる役割を果たすことが明確に規定されていることである。中央銀行を、物価安定を実現するための組織と考えるのか、それとも金融システムの安定を実現するための組織と考えるのか、さらにはその両方と考えるのかは現在も議論が続いている点であるが、少なくとも90年代は目的を物価安定の達成に純化する中央銀行観が勢いを増しつつある中で、新日本銀行法の規定は時代を先取りした先進的なものであった。

第2に、金融政策の目的を述べるにあたり、「物価の安定を図ること」にとどめるのではなく、「物価の安定を図ることを通じて国民経済の健全な発展に資すること」と規定していることである。日本のバブル期のように、表面的に物価が安定している時、あるいは物価上昇率が非常に低い時でも、金融的な不均衡が蓄積していると判断される場合には、金融緩和政策の修正が必要とされることもある。この規定についてはさまざまな解釈の余地があると思うが、私は、物価の安定が最終的に経済の持続的な成長に貢献するものとなることを意識しながら金融政策を運営することを求めたものと理解している。

憲法65条との関係

新日本銀行法は日本銀行の行う金融政策運営に独立性を付与している。どの程度の独立性を付与するかをめぐっては昔から論争があり、改正案の検討の際も経済学者やエコノミストによって活発な議論が行われたが、根源的に最も重要な論点は、中央銀行の独立性を日本の統治組織の中でどのように位置づけるかという法律論であった。端的に言うと、誰からの独立性かという問題である。もちろん、中央銀行が誰からも独立するということは民主主義のもとではありえない。米国の場合も、1930年代に独立行政委員会的な組織が多く作られた後、その憲法上の位置づけをめぐって論争があった。FRBの独立性の意味についても、特に戦後に多くの議論が行われた歴史がある。そうした論争を経て、FRBの場合は現在では「政府の中での独立」(independence within government) という理解が定着している。[4] FRBが公刊している解説書には、連邦準備制度理事会のことを連邦政府の「独立機関」(independent agency) と記述し、「議会に対し直接報告し説明責任を有する」と説明している。[5] そして、議会は連邦準備法を規定し連邦準備制度を監視 (oversee) する。FRBはこの法律の範囲内で独立した決定を行っている。詳細な説明は省くが、ECB、イングランド銀行等、各中央銀行はそれぞれ異なったガバナンスのメカニズムを有しており、これをどのように設計するかは大きな論点である。

日本の場合、具体的には、戦後の2度にわたる旧日本銀行法改正の議論の時と同様、憲法65条の「行政権は、内閣に属する」という規定との関係をどう整理すべきかが大きな論点であった。[6] この点に関する政府（内閣法制局）見解は、日本銀行の独立性の合憲性を確保するためには、政府による予算権と人事任命権の掌握が必要であるという立場であった。他方、中央銀行研究会の報告書では、政府による予算権の掌握の必要性は明示的には挙げられていない[7]。金融制度調査会の答申では、必ずしも予算のコントロールまでは必要ないとの考え方も存在することを指摘したうえで、「今後、中央銀行に対する民主的コントロールのあり方という重要な問題について中央銀行の独立性の憲法上の位置付けを含め、国民的合意が形成されることが望まれる」としている。最終的な法改正では、人事任命権については、総裁、副総裁、審議委員は両院の同意を得たうえで内閣が任命することで決着した。

予算については、金融政策関係を除き、財務大臣の承認を必要とすることとなった。将来の損失発生に備えた引当金の積み立て等も現状は財務大臣の認可が必要とされている。これは海外先進国とは大きく異なる。日本銀行法改正の具体的論議が高まっていた１９９６年11月にアラン・グリーンスパンＦＲＢ議長が来日した際、記者会見で「われわれとしては１００％予算権限を握らない限り、独立性は１００％維持できないという考えである」と述べたことがある[8]。海外先進国の中央銀行は例外なく予算の独立性を有しているが、日本銀行は金融政策運営に関連した予算以外は独立性を有していない[9]。98年の独立性の議論は、全体として金融政策の決定のプロセスという「上部構造」をめぐる議論に集中し、組織の独立性など「下部構造」に関する議論がやや不足していた面は否めないように思う。

金融政策決定における政府との関係

次に、金融政策運営の独立性とは具体的に何を意味するのだろうか。一般に、金融政策を決定する委員会で政府の代表が投票権を有するとか、金融政策の決定にあたり政府の承認が必要であるとか、中央銀行がいったん行った決定を政府が後から覆えすことができるような場合は、中央銀行に独立性がないことは明らかである。新日本銀行法の規定では、金融政策は総裁、2名の副総裁、6名の審議委員から成る9名の政策委員会委員が決定する。この点、旧日本銀行法のもとでは政府は広範な業務命令権や総裁の解任の権限を有していたので、法改正により日本銀行の金融政策運営の独立性はかなり高まった。さらに、新日本銀行法第3条第1項では「日本銀行の通貨及び金融の調節における自主性は、尊重されなければならない」と規定されている[10]。

独立性との関係で特に論議を呼んだ点は2つあった。ひとつは政府の経済政策と金融政策との関係であった。政府との関係については第4条に以下のような規定が置かれた。

日本銀行は、その行う通貨及び金融の調節が経済政策の一環をなすものであることを踏まえ、それが政府の経済政策の基本方針と整合的なものとなるよう、常に政府と連絡を密にし、十分な意思疎通を図らなければならない。

一般論として「常に政府と連絡を密にし、十分な意思疎通を図らなければならない」ことは当然である。しかし、日本銀行には「物価の安定を図ることを通じて国民経済の健全な発展に資すること」が求められている以上、それから逸脱して金融政策を遂行することは法律に違反することになる。その意味で、この規定はあくまでも政府との十分な意思疎通を求めたものと解されるが、全員がそのように解釈しているわけではなかった。実際、与野党の政治家が日本銀行に特定の政策を要請する際、この規定がしばしば引用された（第17章「政府・日本銀行の共同声明」参照）。

政府との十分な意思疎通を担保するための制度的な枠組みとしては、金融政策決定会合への政府からの出席や議案提出権、議決延期請求権が認められた。海外先進国の事例を見ると、ＦＲＢの場合、金融政策を決定するＦＯＭＣに政府からの出席者はいない。ＥＣＢやイングランド銀行の場合、政府から出席はしているが、発言は財政運営等、マクロ経済に直接影響する事項の説明に限られているのに対し、日本の場合は金融政策運営についても毎回、発言が行われている。２０００年代初め、ＦＯＭＣの運営に関する実態調査を行うためＦＲＢを訪ね多くの役職員と面談した際、ある有力幹部から、日本銀行の金融政策決定会合について、「政府からの出席者が常時いる中で、先々の金融政策運営について委員が率直に議論することは本当に可能なのか」という疑問を投げかけられたことを思い出す。議案提出権や議決延期請求権は新日本銀行法独自の規定であり、ＦＲＢやＥＣＢには存在しない。

独立性は高まったか

各国の中央銀行の独立性の程度を客観的に比較することは難しい。法的な独立性の程度をあらわすと考えられる要素にもとづいて計算される「中央銀行独立性指数」で比較すると、日本銀行の独立性の程度は、改正後の新法で見ても国際的には高い方ではない(11)。しかし、高い独立性が法律に規定されている場合でも、実際には独立性が尊重されていないケースもあるし、逆に、法的な独立性が低い場合でも、実際にはある程度の独立性が尊重されているケースも考えられる。法改正前は日本銀行の法的独立性は圧倒的に低かったが、物価上昇率は先進国の中ではむしろ最も低いグループに属していた(12)。

その意味では、中央銀行に独立性を付与することで達成しようとしていることがすでに実現していたとも言える。

私は旧法時代の金融政策運営も経験しているが、課長もしくは課長以前の時期の経験であるため、金融政策が実態としてどのように決まっていたのかを責任を持って語るだけの判断材料は有していない。敢えて私の推測を述べると、日本銀行と大蔵省の双方が拒否権を持つシステムであった。日本銀行が自らの意思だけで金融引き締め政策を決定できたとは思えないし、政府（大蔵省）の意思だけで金融緩和政策を決定できたとも思えない。しかし、日本銀行が強く金融引き締めの必要性を主張した場合、通常は政府がいつまでも反対することは難しいだろう。そのため多少時間はかかっても、最終的には日本銀行の主張は実現したのではないだろうか。つまり、法律上の独立性は低かったが、事実上の独立性は法律の規定よりは、多少は高かったと言える。

しかし、過去に経験したことのないような事態が生じたり、きわめて強力な個性をもった政治家が総理や大蔵大臣になった場合は、上述のシステムは機能せず、金融引き締めへの転換が遅れることになる。それが73、74年の、いわゆる「狂乱インフレ」や80年代後半のバブルの経験であったと思う。したがって、法律上の独立性は低くても運用の工夫によって事実上の独立性を得るという方法は潜在的に脆弱であり、やはり法的な独立性が必要なのは間違いない。

アカウンタビリティ

中央銀行にどのような独立性を与えるにせよ、中央銀行は民主主義にもとづいた何らかのコントロールに服さなければならない。そうでなければ、中央銀行は独善的な存在となり、自身が経済問題の根源となる可能性もある。中央銀行をめぐるガバナンスは、社会が中央銀行をどうコントロールするかという問題である。政治家の場合は、最終的に国民による選挙というコントロール手段がある。株式会社の経営者の場合、経営の成果は最終的には収益や株価によって判定される。そして、パフォーマンスが悪ければ辞任を余儀なくされるし、さらには解職という手段も用意されている。

これに比べると、中央銀行のガバナンスのメカニズムの設計は簡単ではない。その最大の理由は、通貨のコントロールという仕事の性格上、成果の判定が難しいからである（第18章「中央銀行の役割」参照）。経済の大変動をもたらしたバブルやバブルの崩壊という出来事ひとつをとっても、未だに金融政策や中央銀行の果たした役割について意見が分かれている。また、経済の動きは中央銀行のコントロール外のさまざまな実物要因にも大きく左右されている。さらに、金融政策の影響が十分に顕在化するまでにはかなりの時間がかかるため、短期的な評価と中長期的な評価が異なることはしばしば生じる。加えて、金融政策は総裁一人が決定しているわけではなく、政策委員会という合議体で決定しており、その顔ぶれも一定期間ごとに入れ替わる。

現在、多くの国で採用されている方法は、独立した中央銀行に「アカウンタビリティ」を求めるという方法である。「アカウンタビリティ」を辞書で引くと、次のように書かれている。「企業・行政などが自らの諸活動について公衆や利害関係者に説明する社会的責務。説明責任」（『広辞苑』第7版）。

中央銀行がアカウンタビリティを果たすということは、自ら下した判断や決定の理由を国民に丹念に説明するということである。そのために、日本銀行には国会での説明義務が課せられている。半年に1回の金融政策報告書の提出とそれにもとづく国会での集中審議のほか、議員の要請に応じて委員会に出席し、質問に答える。また、記者会見、講演、論文の公表等の手段で説明に努めなければならない。アカウンタビリティを果たすうえで重視されているのは透明性であり、決定のプロセスそのものを情報公開することが求められている。そのため、金融政策決定会合の議事要旨や議事録の公表が法律で規定されている。

金融政策をめぐる規定

各国の中央銀行法に規定されている金融政策の目的は、中央銀行法制定時の時代環境を反映してそれぞれ異なっている。かなり以前に制定された中央銀行法は、概して多くの目的を掲げているが、90年代以降に制定された中央銀行法を見ると、ＥＣＢやイングランド銀行の例が示すように、物価安定を掲げているケースが多い。新日本銀行法は、物価安定を通じて国民経済の健全な発展に資するという規定の仕方になっている。この規定には、80年代後半のバブルの経験、すなわち、物価が安定していても資産価格の上昇と信用の著しい膨張を通じて、その後の経済が大きく変動したという経験が反映している。私は新日本銀行法における金融政策の目的のこの規定の仕方は、大変優れていると思っている。

金融政策の目的については、物価の安定に加えて景気や雇用といった経済活動の安定を含めるべきかどうかも議論される。これは、しばしば単一目標（シングル・マンデート）と複数目標（デュアル・マンデート）のいずれが望ましいかというかたちで議論される。前者はＥＣＢやイングランド銀行のように、金融政策の目的として物価安定だけを掲げるのに対し、後者はＦＲＢのように物価安定と雇用の最大化の両方を掲げている。日本でも私の総裁時代には、金融政策の目的に雇用の最大化を含めるように日本銀行法を改正すべきであるとの議論が活発に行われたが、各国中央銀行の実際の金融政策の運営を見てみると、単一目標か複数目標かの違いはそれほど大きくはない。私の知る限り、景気動向を無視して単純に物価安定だけを追求する中央銀行は、現実には存在しない。米国で雇用安定が強く意識されるのは、1930年代の大恐慌の経験が、ドイツで物価安定が強く意識されるのは、第一次世界大戦後のハイパーインフレが最終的にナチズムの台頭につながったという経験が、それぞれ大きく影響していると言われるように、金融政策の運営という点で微妙な差異があるとすれば、中央銀行法における目的規定の仕方の違いではなく、歴史的な経験を反映した国民の意識の違いではなかろうか。

金融政策は金融機関に対する貸出や金融資産の売買を通じて実施に移されるため、金融政策に関する上述のような目的規定と並んで、金融政策の手段に関する規定も重要である。日本銀行が売買できる資産の範囲は新日本銀行法に規定されており、FRBに比べるとやや広い。たとえば、日本銀行は、2003年にはABCP（資産担保コマーシャル・ペーパー）を、2009年にはCPや社債を買い入れたが、これらの購入は法律で認められている。また、法律に列挙されていない有価証券であっても、日本銀行の目的遂行に必要と判断される場合には、財務大臣の認可を得れば買い入れは可能である。実際、この柔軟性のある規定にもとづいて、2010年以降、株式、REIT（不動産投資信託）、ETF（上場投資信託）を買い入れることになる（第5章「ゼロ金利政策と量的緩和政策」、第12章「「包括緩和政策」」参照）。

金融システムの安定

前述のように、新日本銀行法では金融システムの安定における日本銀行の役割が明確に規定されたことは大きな進歩であった。具体的には、第1に、日本銀行は決済システムの安定を通じて金融システムの安定に貢献することが明記された（第1条）。第2に、当座預金口座を開いている金融機関に対し考査を行う契約を締結することが認められた（第44条）。第3に、金融システムの安定を維持するために日本銀行が「最後の貸し手」として行う流動性供給について、法的な枠組みが明確化された[13]。新しい枠組みでは、政府の要請と日本銀行の判断の両方が必要となる。すなわち、政府は金融システム安定の維持のために必要と判断する場合は、日本銀行に対して必要な業務を要請することができる。一方、日本銀行は政策委員会においてそうした業務の是非を決定する。日本銀行の行う考査は「最後の貸し手」として流動性を供給するために必要な業務として明確に位置づけられた。

旧法時代、日本銀行は金融機関と契約を締結したうえで考査を行っていたが、大蔵省銀行局の検査に加えて日本銀行が考査を行うのは金融機関に対する負担が大きいという批判も聞かれていた。また、考査の法的根拠を疑問視する議論もあった。さらに、中央銀行は物価安定を目的とした金融政策に特化すべきであり、金融監督の仕事には中央銀行は関与すべきではないという議論もかなり有力であった。日本銀行法の改正とほぼ同時期に、イングランド銀行は金融政策運営の独立性を得た。それと同時に、長年行ってきた金融規制・監督の業務が新設の金融サービス機構（Financial Services Authority: FSA）に移管された。

こうした物価安定と金融システム安定を相互に独立した目的と捉える考え方は、90年代において学界や一部の中央銀行当局者の間でかなり有力であった。日本銀行は両者が分かち難くつながっており、金融政策を運営するうえでも考査は不可欠という考えを主張し、最終的に新日本銀行法では日本銀行が金融機関との間で考査を行う契約を締結できることが明確に規定された。グローバル金融危機後、イングランド銀行に金融規制・監督の権限が再び戻されたことに象徴されるように、金融政策当局が金融システム安定の仕事に関与することの重要性が理解されるようになり、中央銀行はこの面で大きな役割を果たすようになっている（第16章「金融システムの安定を目指して」参照）。

為替市場介入の権限

日本銀行法改正にあたっては、為替レートについても議論が行われた。ひとつの論点は為替レートの安定を金融政策の目的に含めるかどうかであった。この点について金融制度調査会は以下のように結論づけた(14)。

金融政策の目標を、物価の安定ではなく、通貨価値の安定とする考え方もある。しかし、通貨価値には、対内的価値である物価と対外的価値である為替レートの2つの側面があり、こうした2つの目標を、金融政策という1つの経済手段で追求する場合、利益相反が生じうることは、理論や過去の経験が示すところである。従って、金融政策の目標は、通貨価値の安定とせず、物価の安定とすることが適当と判断したところである。

これに従って、前述のように金融政策の目的は物価の安定とされた。もうひとつの論点は為替レート政策の主体をめぐる議論であった。どの国でも、固定為替レート制度を採用するか変動為替レート制度を採用するかといった、一国の為替レート制度を決定する権限は政府が有している。論点となったのは、為替レートに影響を与えることを目的として外貨を売買する権限、すなわち、為替市場に対する介入権限を誰が有するかという点であった。この問題は、グローバル化が進展する中での金融政策運営を考えるうえで非常に重要な論点を提起しているが、特にゼロ金利制約に直面する状況ではいっそう重要である。

日本では為替市場介入の権限は政府（当時は大蔵大臣、現在は財務大臣）に属している。国会の委員会審議では、外国為替市場介入の問題はたびたび取り上げられたが、政府（大蔵省）は2つの理由から、為替市場介入は政府が一元的に行うべきと主張した。第1の理由は、中央銀行が物価の安定と為替レートの安定の両方の目的を追求すると整合性がとれないケースが生じうるので、中央銀行は為替市場介入の権限を持つべきではないというものである。第2の理由は、米国の例を挙げながら、海外の為替市場介入主体は政府であり、政府が一元的に責任を持つべきであるというものである[15]。結局、為替市場介入の権限は従来同様、大蔵省に属することになり、その結果、日本銀行法第40条第2項によって、為替レートの安定を目的とする外貨資産の売買については、日本銀行は財務省の代理人としてしか行えないことが明示的に規定された。なお、海外の例を見ると、米国では外国為替市場介入の決定権は財務省にあるが、それ以外の国では中央銀行が為替市場介入の権限を有しているケースが多い。たとえば、欧州ではＥＣＢ、スイス国民銀行、アジアでも大半の国で、中央銀行が為替市場介入の権限を有している[16]。

中央銀行が為替市場介入の権限を持たないという規定は世界的に見ると必ずしも一般的ではないが、為替レートをめぐる議論が常に政治的な議論の対象となりやすい日本の状況を考えると、ひとつの現実的な解決方法であったかもしれない。ただ問題は、法律で日本銀行は為替市場介入を行えないことが規定されたにもかかわらず、海外の投資家は必ずしもそうした制度の違いを理解しているわけではないことであった（この点は、第14章「「六重苦」と「通貨戦争」」で改めて取り上げる）。

新日本銀行法のスタート

日本銀行法の改正作業は比較的短期間のうちに完了した。前述の連立与党のプロジェクトチーム発足から法律の成立までわずか1年半である。法改正に向けての議論に時間をかけ過ぎていれば、改正の勢いは維持されず、結果的に実現していなかったかもしれない。ただ、逆にこのことは、中央銀行の独立性はなぜ必要とされるか、そのために具体的にどのような制度設計が必要か、独立性を真に機能させるために必要な条件は何か、といった深い議論は残念ながら十分には行われなかったということも意味している。

新日本銀行法施行の4月1日を、日本銀行は非常に重苦しい空気の中で迎えた。1月に日本銀行は職員の接待汚職疑惑から検察の捜査を受け、3月には1名の逮捕者を出し、松下康雄総裁と福井俊彦副総裁はその責任をとって同月辞任をした。後任の総裁には速水優が、副総裁には藤原作弥と山口泰が任命され、この体制のもとで新日本銀行法はスタートした。

表4－1　1980年代の主要国の前年比物価上昇率

	80	81	82	83	84	85	86	87	88	89	年率
日本	4.9	2.7	1.9	2.3	2.0	0.6	0.1	0.7	2.3	3.1	2.5
米国	10.4	6.2	3.2	4.4	3.5	1.9	3.6	4.1	4.8	5.4	5.4
西独	6.3	5.3	3.3	2.4	2.1	-0.1	0.2	1.3	2.8	2.7	2.9
英国	12.2	8.5	5.2	4.4	5.2	3.6	4.1	4.6	5.2	7.0	6.4

注：下線は物価上昇率が最も低い国。日本の89年は消費税率上昇分も反映
出所：BISホームページ（Consumer Price Statistics）

この時点で、日本銀行はいくつかの大きな課題に直面していた。第1は、中央銀行の独立性を尊重したうえで、政府と日本銀行が円滑な意思疎通を図る慣行をどのように作り上げていくかという課題である。第二次世界大戦後、FRBが金融政策の独立性を回復したのは、長期国債の金利ペッグを廃止した1951年の「アコード」による。しかし、これによってFRBはただちに金融政策運営の独立性を得たわけではなく、その後も、時として大統領や財務長官による介入に悩まされた[17]。FRBが真に独立性を得るうえで画期的だったのは、79年にポール・ボルカーFRB議長が採用したインフレ抑制の新金融調節方式であった。強力な金融引き締めの結果、高失業率を余儀なくされたが、最終的にインフレが抑制され、それがその後の持続的成長の基盤を築いたという認識が広まるにつれて、FRBの独立性が徐々に尊重されるようになっていった。

第2は、日本銀行が独立性を得た時点で、すでに物価安定が実現していたことに由来する困難である。独立性の具体的果実は多くの場合、物価安定で測られる。しかし、日本の80年代の消費者物価上昇率（年率2・5％）は、中央銀行の独立性が最も高かった西ドイツの2・9％よりも低く、他の先進国と比べるとなおさら低かった（表4－1）。つまり、他の多くの中央銀行が独立性を得ることやイ

ンフレーション・ターゲティングを採用することによって達成したいと思っていた物価安定の状況を、日本は80年代という、日本銀行が法的独立性を得ていない時点ですでに実現していた。その意味で、独立性の「配当」は少なくとも短期的には見えにくい状況からスタートした。

第3は、景気後退時の政策手段が乏しいことであった。新日本銀行法がスタートした時点の日本銀行の公定歩合は0・5％、コールレートは0・46％、10年国債の金利は1・86％であった。文字どおりのゼロ金利制約に直面していたわけではなかったが、金利引き下げの余地は大きくはなかった。コールレートの水準は、事実上のゼロ金利制約に直面していたと言ってもいい状況にあった。他方、金融システムは97年秋に大きく動揺し、金融機関は過小資本状態にあった。喩えて言えば、FRBが1951年ではなく、2008年のリーマンショック直後に独立性を与えられたような状況であったと言える。もちろん、非伝統的金融政策を駆使することによって金融緩和効果をある程度生み出すことは可能であるが、平常時と比べると、効果は格段に限定的であった。

しかし、いかに困難な状況にあっても、中央銀行としてあらゆる知恵を総動員して、自らに課せられた責任を果たす必要があることは言うまでもないし、現実にもそうした気持ちで日本銀行の役職員は仕事に取り組んだと思う。1998年4月以降、日本銀行は新日本銀行法の世界に踏み出した。

（1）三重野（2000）100頁。
（2）中央銀行研究会（1996）参照。
（3）金融制度調査会（1997）参照。

（４）Meyer (2000), Bremner (2004) 参照。

（５）Federal Reserve System (2016) pp.2-3.

（６）独立性に関する法的議論については「公法的観点からみた中央銀行についての研究会」（座長は塩野宏東京大学名誉教授）報告書が有用である。本書の内容も本報告書に依っている。公法的観点からみた中央銀行についての研究会（１９９９）。

（７）中央銀行研究会（１９９６）は以下のように述べている。「日本銀行の独立性と憲法との関係については、物価の安定のための金融政策という専門的判断を要する分野においては、政府からの独立性を認める相当の理由があり、人事権等を通じた政府のコントロールが留保されていれば、日本銀行に内閣から独立した行政的色彩を有する機能を付与したとしても、憲法65条等との関係では、違憲とはいえない」。

（８）三重野（２０００）１０８頁。

（９）２０１３年度の日本銀行の予算を見ると、総額１８９５億円の経費のうち、財務大臣の認可対象分は１８１２億円であった。「平成24年度業務概況書」（日本銀行ホームページ）参照。

（10）「独立性」という言葉ではなく、「自主性」という文言が用いられていることについて、当時の大蔵省銀行局長は国会審議の場で以下のように述べている。「日本銀行の独立性という表現をとった場合、日本銀行が内閣や国会から完全に独立した存在との意味合いで受け取られることがあるということで、用語としては適切ではないのではないかということでございます。実質的に申し上げますと、「自主性」という文言を用いているものでございますが、日本銀行法案全体において貫かれている考え方は、日本銀行の金融政策における独立性をより高めるという趣旨でございますので、用語の問題としてとらえていただければと思う次第でございます」（１９９７年４月25日、衆議院大蔵委員会）。第１４０回国会「衆議院大蔵委員会議録」第17号。

（11）白川（２００８ａ）参照。同書第5章で引用されているＩＭＦエコノミストの研究 Arnone et al. (2006) によると、political autonomy 指数はＯＥＣＤ加盟国の中央銀行の中で最低にランクされている。

（12）「「物価の安定」についての考え方」（２００６年3月）の図表17参照（日本銀行ホームページ）。

（13）日本銀行による最後の貸し手としての資金の供与は、手形や国債等を担保として実行される（日本銀行法第33

条）。また、システム障害など金融機関等の偶発的かつ一時的な支払資金の不足に対して貸付を行う場合（同第37条）や、信用秩序維持の観点から資金の貸付等を行う場合（同第38条）には、必ずしも担保を徴求せず、政策委員会の決定にもとづく適宜の金利や方法によって実行される。このうち、第38条にもとづき、内閣総理大臣（実際にはその委任を受けた金融庁長官）および財務大臣により、資金の貸付その他の信用秩序の維持のために必要と認められる「特融等」の業務の実施にかかわる要請を受けた場合には、日本銀行は、特融等に関する四原則と呼ぶ考え方にもとづいてその可否を判断することとしている。

(14) 金融制度調査会（１９９７）。

(15) たとえば、１９９７年5月21日の衆議院大蔵委員会における新進党の谷口隆義議員の質問とこれに対する政府委員の答弁参照。第１４０回国会「衆議院大蔵委員会議録」第21号。

(16) 米国は近年、外国為替市場介入をほとんど行っていないが、実行する場合は、通常は財務省とＦＲＢが勘定を折半して行われる。

(17) Kettl (1986) 参照。

第5章　ゼロ金利政策と量的緩和政策

日本の短期金利は1990年代半ばにはすでに事実上のゼロ％まで低下していたが、99年2月には文字どおりのゼロ金利政策を採用した。翌2000年8月には議論が大きく分かれる中で、ゼロ金利政策の解除が行われたが、ITバブル崩壊の影響を受けた世界的な景気後退から、日本銀行は01年3月に量的緩和政策の採用に踏み切った。その後、世界経済はITバブル崩壊による落ち込みから予想以上に早い回復を見せ、以後は「大いなる安定」と呼ばれる好景気を続ける。このような状況を背景に、日本銀行は06年3月に量的緩和政策を解除し、同年7月には政策金利を0.25％に引き上げた。この間、日本銀行の金融政策運営はさまざまな批判にさらされた。

新日本銀行法下の金融政策決定の枠組み

2000年6月、私は金融政策運営の事務方である企画室（現・企画局）の審議役（現在の職制で言えば、企画局長）に異動した。金融政策運営に直接関与するのは94年5月以来、6年ぶりであった。企画室の前身の部署に所属したことはそれ以前にも合計3回、通算7年あったが、いずれも旧日本銀行法のもとでの経験であり、法改正後の金融政策運営にかかわるのははじめてのことである。総裁は速水優、副総裁は藤原作弥と山口泰、担当理事は増渕稔、課長は雨宮正佳（現・副総裁）という布陣であった。その後、私は02年７月に理事に昇格し06年７月までその任にあった。理事としては、企画局のほか、金融政策の実行部隊である金融市場局、基礎的な調査研究を行う金融研究所を担当した。

金融政策の決定の仕組みは日本銀行法の改正によって大きく変化した。最大の変化は日本銀行に金融政策運営の独立性が与えられ、政策委員会が文字どおり政策決定の主体となったことである。法改正以前も金融政策は政策委員会で決定していたが、実質的には総裁が決めており、その総裁の判断をサポートするうえで、企画局の担当理事・企画局長・課長のラインが重要な役割を果たしていた。法改正後は金融政策の運営方針を決定する場として、金融政策決定会合が設けられた。メンバーは総裁、２名の副総裁、６名の審議委員の計９名で構成される。これらのメンバーに加え、政府から財務大臣と経済財政政策担当大臣、もしくはその代理者が出席することが法律上認められているが、投票権を有するのは総裁、副総裁、審議委員の９名だけである。政府の代表は議決延期請求権や議案提出権は有しているが、投票権はない。上記の出席者のほか、通常は企画局（金融政策）、金融市場局（金融調節、金融市場）、調査統計局（国内経済）、国際局（海外経済）を担当する理事・局長・課長、政策委員会室の局長などスタッフ十数名が出席している。

金融政策決定会合の運営

金融政策決定会合（以下、決定会合）の開催頻度は現在年８回であるが、１９９８年のスタート時は政令で「一月に二回、相当な間隔をおいて招集することを常例としなければならない」と規定されていたことから、開催数は年間20回弱と、海外の中央銀行に比べてかなりの高頻度だった。多くの海外中央銀行が月１回の開催である中では、日本の開催回数はいかにも多過ぎる感は否めなかった[1]。多くの重要な経済データの公表は月次であること、頻繁な開催は経済・金融の小さな動きに関心を奪われかえって本質的な議論に逆効果となること、さらには会合運営の事務負担も大きいことから、大多数のメンバーは海外と同様の月１回程度の開催が望ましいと考えていた。そのため、上記政令の許す範囲内で徐々に決定会合の開催数を減らし、私の総裁在任中は、原則月１回としたうえで、４月と10月にさらに１回開催する年14回体制が標準形になった[2]。そのうち12回については２日間行われ、残り２回は１日のみの開催であった。

決定会合では、日本銀行法の規定により、経済金融情勢についての判断を明らかにすると同時に、次回決定会合までの「金融調節方針」を決定することが求められている。「金融調節方針」とは、金融政策の実行部隊である金融市場局に対する具体的な運営方針の指示である。これが必要となるのは、金融政策は最終目的である物価の安定を実現するように運営されるものであるが、最終目的を告げられるだけでは現場はどう行動すればいいのかわからないからである。そこで、より直接的な操作目標を指示する必要が生まれる。操作目標は短期金利であることが多かったが、短期金利がゼロに接近するにつれて、後述するように、他の操作目標も使われるようになった。操作目標が何であれ、指示を受けた金融市場局は、銀行や証券会社等から金融資産を買い入れたり、担保を受け入れたうえで貸出を行うことによって、資金を供給している。ここで言う「資金」とは、上記の金融機関が日本銀行に保有する当座預金のことである。金融機関は中央銀行当座預金を引き出すことによって銀行券（紙幣）

を入手することができる。中央銀行の供給する通貨は、この中央銀行当座預金と銀行券を合わせたものであり、マネタリーベースとか、ハイパワードマネーという名前でも呼ばれる[3]。中央銀行はこの当座預金の量や供給する際の金利を調整することによって、中央銀行当座預金の需給バランスに影響を与え、それがさまざまな波及経路を通じて具体的な効果を発揮する。その意味で、金融政策の効果波及メカニズムの出発点は金融調節である。

決定会合の運営の仕方は時代とともに若干の変遷はあるが、基本はほとんど変わっていない。初日は午後2時から始まり、各局スタッフによる経済・金融情勢の説明と、それに対する質疑応答が行われる[4]。2日目は、政策委員会メンバーの間での討議が行われる。討議は2つのパートから成り立っており、前半のパートでは経済・金融情勢に関する委員の意見表明と討議、後半のパートでは金融政策運営に関する意見表明と討議、となる。最初の意見表明の発言の順番はあらかじめ決まっており、毎回順繰りにシフトするが、議長である総裁は各委員が発言したあとに意見表明を行う慣行となっている。これは総裁が最初に発言をすることによって他の委員による自由な発言が抑えられる可能性に配慮したものである。最初の意見表明後の自由討議では、発言の順番はもちろん決まっていない。議決権を有したメンバー間の議論が終わった後、政府からの代表者の意見が表明される。最後に、次回決定会合までの金融政策の運営方針について採決を行う。

決定会合における説明や討議の内容は、日本銀行法に定められた透明性の規定に従って公表される。まず、決定会合当日は終了直後に短い文書が公表され（以下、公表文）、午後3時半から議長による記者会見が行われる。記者会見の時間はおおむね1時間程度である。議事要旨の公表は次回の決定会合で承認された後に行われることになっているため、私の総裁在任時は約1カ月後の公表であった。逐語の議事録は10年後に公表される。こうした日本銀行の情報公開の体制は、全体として他の先進国に比べて充実している。ちなみに、すべての決定会合後に記者会見を行っているのは、本書執筆時点で主要国では日本銀行とＥＣＢのみであり、議事録を公開しているのは日本銀行とＦＲＢのみである。なお、ＦＲＢの議事録公開は5年後であり、これに比べると日本銀行の10年後は長いが、ＥＣＢの議事録公開は30年後、イングランド銀行の議事録は公開されていない。

ゼロ金利政策の採用と解除

私が企画室に移った時点では、すでにゼロ金利政策の解除（以下、ゼロ金利解除）の是非が大きな論点になっていた。ゼロ金利政策は前年の99年2月の決定会合で採用された。この時の決定会合ではコールレートを実質的にゼロとすることと、デフレ懸念が払拭されるまでこの政策を続けるという方針が決定された。これは、短期金利がゼロに直面した後も将来にわたるゼロ金利の継続を約束することにより長期金利を引き下げ、それによって金融緩和効果を生み出すことを目的とする政策であった。このような政策手法は、現在では「フォワードガイダンス」と呼ばれるようになっているが、当時は「時間軸政策」と呼ばれていた。短期金利の操作という伝統的政策手段を使い尽くした後の金融政策の手法は「非伝統的（金融）政策」と呼ばれるが、日本銀行は手探りの中で、世界で最初に非伝統的政策を採用した中央銀行である[5]。この時点では、10年後に先進国の中央銀行の多くがさまざまな非伝統的政策を採用しているという事態を私は予想していなかったが、おそらくほとんどの人がそうであったと思う。

２０００年の前半は循環的な景気回復局面にあり、４月に公表された日本銀行の基本的見解では、「わが国の景気は、持ち直しの動きが明確化している。民間需要面でも、設備投資の増加が続くなど、一部に回復の動きがみられる」とされていた。短観の大企業・製造業の業況判断を見ても、１９９８年12月のマイナス51を底に回復傾向をたどっており、２０００年６月にはプラス３にまで回復していた。日本銀行はゼロ金利政策をデフレ懸念が払拭されるまで続けることを約束していたことから、金融政策をめぐる議論では、当然のことながら「デフレ懸念」が払拭されたかどうかが大きな焦点になっており、エコノミストの間ではゼロ金利解除の是非をめぐって激しい議論が戦わされていた。政府はゼロ金利解除には慎重であった。

ゼロ金利政策は最終的に２０００年８月の決定会合において、賛成７票、反対２票で解除が決定され、政策金利はゼロから0.25％に引き上げられた(6)。この時の決定会合では、政府からゼロ金利解除の議決延期請求を求める議案が出されたが、賛成１票、反対８票で否決され、ゼロ金利解除が決定された。決定会合終了後の公表文には本措置の趣旨について以下のように述べられている。

今回の措置は、経済の改善に応じて金融緩和の程度を微調整する措置であり、長い目でみて経済の持続的な発展に資するという観点から行うものである。

今回の措置実施後も、コールレートは0.25％というきわめて低い水準にあり、金融が大幅に緩和された状態は維持される。日本銀行としては、物価の安定を確保するもとで、適切かつ機動的な金融政策運営を継続することにより、景気回復を支援していく方針である。

私はゼロ金利解除の仕事に複雑な思いで臨んでいた。企画室審議役という金融政策運営の事務方の主たる仕事は、決定権を有する決定会合のメンバーが示した判断にもとづいて、政策の実務を担い、対外的な説明を行うことである。私が企画室に移った時点ではすでに政策委員会内の議論の大筋はゼロ金利解除の方向で決まっており、私の仕事はこれを円滑に実施できるようにすることであった。しかし、私個人の経済見通しや金融政策運営に対する考え方からすると、この時点での解除には慎重にならざるをえなかった。その最大の理由は、90年代前半の信用機構局での経験から、金融機関の不良債権問題が解決しておらず、経済全体のバランスシートの調整が終了していないため、日本経済が持続的な成長軌道に復帰することはまだ難しいと判断していたからだ。

この時点でのゼロ金利解除については、今日、一般的には失敗であったという批判が多い。その理由として、批判論者は「ゼロ金利解除が日本の景気後退やデフレをもたらした」と主張しているが、私はその意見には同調しない。ゼロ金利解除は、「経済状況の改善に応じて金融緩和の程度を微調整する措置」にすぎず、日本銀行内には、ゼロ金利解除後も、政策金利を大幅に上げていくという考えはなかったし、金融市場の参加者もそのようには見ていなかった。事実、7月末時点で1・65％であった10年物国債金利は最も上昇した9月6日時点でも1・95％にすぎず、10月以降は1・5〜1・8％台で推移しており、きわめて緩和的な金融環境に変化はなかった。金融市場の反応がそのようなものであった以上、ゼロ金利解除がその後の景気や物価に大きな影響を与えたとは考えにくい。しかし、ゼロ金利解除がその後の日本の景気後退やデフレの原因を作ったという、日本銀行への批判の口実を与えたことは間違いない。政府の対応にも問題があったのだが、いずれにせよ、批判の結果生み出された日本銀行に対する内外のネガティブな評価は、その後の日本銀行の金融政策運営に関する円滑な

コミュニケーションを難しくした。(7)

物価安定に関する検討

ゼロ金利解除にあたって最大の論点はデフレ懸念が払拭されたかどうかであったが、この時の論争を契機に、日本銀行が金融政策の目的として追求する物価安定とはいったいどのようなものであるか、明確な説明を求める声が政治家やエコノミストから一段と強くなっていった。日本銀行はそうした声に半ば押されるかたちで物価安定に関する検討を行うことを２０００年３月に公表し、決定会合で議論のうえ、同年10月に物価の安定に関する総括的検討をまとめた報告書（「『物価の安定』についての考え方」）を公表した。(8) その報告書での結論を踏まえ、毎年４月と10月の２回、「経済・物価の将来展望とリスク評価」と題するレポートを公表し、経済・物価の先行き見通しを示すことになった。これが現在も続いている「展望レポート」であり、海外の中央銀行の公表しているインフレーション・レポートや金融政策レポートに相当するものである。(9)

この時の報告書では、物価安定の数値的表現についても突っ込んだ議論を行った。当時も２％の物価目標を採用すべきという議論がエコノミストや一部政治家から強力に展開されていた。しかし、この時は数値的な定義や目標を公表することはせず、物価安定とは「家計や企業等のさまざまな経済主体が、物価の変動に煩わされることなく、消費や投資などの経済活動にかかる意思決定を行うことができる状況」とする定性的な定義を採用し、公表することにした。この表現は、ポール・ボルカーやアラン・グリーンスパンがＦＲＢ議長であった時に採用していた物価安定の定義と基本的に同じである。(10)

数値表現を用いなかった理由としては、何よりも委員間の見解の差が大き過ぎて、ひとつの数字に収斂することが不可能であったという現実的な理由が挙げられる。より実質的な理由としては、2％という目標は短期的には達成困難と見られるにもかかわらず、いったんこれを掲げると、目標達成に向けたアグレッシブな金融緩和を機械的に拡大することが求められ、結果として、バブルの発生を含め、新たな問題を引き起こすことへの警戒感が強かったことが挙げられる。いずれにせよ、長い目で見た場合には、若干のプラスの数値が望ましいという感覚は委員の間でかなり共有されていた。上述の報告書は委員間の意見の相違に配慮して注意深く書かれており、物価安定に関する以下の記述が示すように、その後の議論の重要な論点をすべてカバーしている。

- 物価指数にはバイアスが存在し、その幅について信頼し得る推定値を得ることは容易ではない。しかも、バイアスの幅が変動する可能性も存在する。
- 名目金利はゼロを下回って低下し得ないことなどを考えると、金融政策は経済がデフレ・スパイラルに陥ることのないよう十分注意して運営されるべきである。この面からは、金融政策の運営上は物価指数の変化率でみて若干プラスの上昇率を目指すべきとの考え方は、検討に値する。
- 物価の変動が需要サイドの要因によるものか、それとも供給サイドの要因によるものかによって、金融政策の対応のあり方も変わってくる可能性がある。
- バブルの経験に照らすと、物価指数が安定していても、資産価格の変動が経済の大きな変動をもたらす可能性も存在する。

上述の４つのポイントのうち、最初の２つは目標物価上昇率の数字を検討する際に重要である。後の２つは、第２章「バブル経済」、第３章「バブル崩壊と金融危機」で触れたように、金融政策運営の中で物価をどのように位置づけるかを考える際に重要である。しかし残念ながら、この時点では以上の点は一般にはあまり認識されていなかった。その重要性が現実感をもって理解されるようになるためには、グローバル金融危機の経験を待たなければならなかった。これらの点については後の章で順次詳しく説明する。

経済財政諮問会議の発足

２００１年に入って、その後の日本銀行の金融政策運営に大きな影響を与える２つの決定が政府によってなされた。ひとつは１月の「経済財政諮問会議」の発足であり、もうひとつが３月の「デフレ宣言」である。

経済財政諮問会議は橋本龍太郎政権時代の１９９７年に設置が決まっていたものである。同会議は「内閣総理大臣の諮問に応じて経済全般の運営の基本方針、財政運営の基本、予算編成の基本方針その他の経済財政政策に関する重要事項について調査審議すること」を目的としていた。

同会議発足の際、日本銀行総裁がこれに出席するかどうかは、日本銀行として大きな判断の分かれ目であった。同会議は内閣総理大臣を議長とし、財務大臣、経済財政担当大臣など、経済政策に関係する有力閣僚のほか、民間有識者４名が参加して、「経済全般の運営の基本方針」等について調査審議や意見を述べることを目的とした会議である。経済財政諮問会議の設置にかかわる法律には、関係する機関の長を内閣総理大臣が任命することができる旨の規定（内閣府設置法第22条）があり、日本銀行総裁はその一員として想定されていた。同会議は政策決定の場ではないが、「経済全般の運営の基本方針」が議論される際、金融政策だけがその対象外となることは考えにくい。日本銀行法では決定会合に政府の代表が出席し政府として意見がある場合にはこの会合の場でそれを表明することによって、透明なかたちで金融政策運営を行うことを目指していたはずである。それにもかかわらず、それとは別の場で、決定会合メンバーである日本銀行総裁が、政府の閣僚とともに金融政策を議論するのは制度として不適切である。少なくとも、海外の先進国ではそのような会議は存在しない。

しかし、出席を拒否することは現実的には困難であった。特に、ゼロ金利解除時に政府と日本銀行が鋭く対立した経緯を踏まえると、なおさらであった。最終的に日本銀行政策委員会の了承を得たうえで、総裁がメンバーとなることを受け入れた。初回会合で、当時の速水総裁は「金融政策の運営は決定会合で決めることになっている」旨の牽制発言を行ったが、民間有識者である本間正明議員（当時は大阪大学教授）は、金融の問題についても「タブー視をせず議論する必要」があるという、その後の経済財政諮問会議の展開を予想させる発言をした[11]。私は同会議には第2回以降速水総裁に随行し、2012年7月に理事になるまで毎回陪席していた。その後、私の総裁就任後も自民党政権時代には同会議が開かれていたが、経済の難しい局面では、同会議は日本銀行の金融政策運営に有形、無形の影響や圧力をかける厄介な存在であった。政府首脳と中央銀行首脳との率直な意見交換は必要であるが、同会議のような場で金融政策が議論されるということは、少なくとも成熟した先進国では見られないことである。同会議の初代民間議員であった牛尾治朗は当初から、私との個人的会話の中で、日本銀行総裁は経済財政諮問会議に常時出席するべきではない旨、繰り返し述べていた。

政府の「デフレ宣言」

消費者物価指数が前年比でマイナスとなったのは1998年からであるが、それ以降も緩やかながらマイナスが続いた。ゼロ金利解除を行った時点で判明していた直近のデータである2000年6月の消費者物価上昇率（生鮮食品を除く）は、前年比マイナス0.3％であった。

それ以前もデフレについて議論はされてはいたが、デフレは単に物価が下落する状態ではなく、物価が下落するとともに景気も悪化する状態を指す言葉として理解されていた。物価下落は景気悪化の結果として起こるものであり、物価下落が原因となって景気悪化が生じるものではないという理解が背後にあったのではないかと想像している。

そうした理解を一挙に変えたのが、2001年3月の政府の「デフレ宣言」である。内閣府は月例経済報告に関する関係閣僚会議（以下、月例経済関係閣僚会議）に資料を提出し、景気の実態に関する判断とはかかわりなく、物価が継続的に下落する状態をデフレと定義したうえで、「日本経済は緩やかなデフレにある」と宣言した。この時点では、日本銀行は金融緩和政策に踏み切っていたことから、デフレ宣言が金融政策運営にただちに影響を与えるものではなかったが、物価下落が日本経済の抱える問題の原因であるという診断にたつと、上述のデフレの定義は先行きの日本銀行の金融政策の自由度を大きく縛ることになった。

政府が宣言を出して国民に問題意識を喚起するという観点から言えば、高齢化・少子化、財政危機の方がはるかに重要であっただろう。しかし、そうした危機について宣言が出されることはその後もなかった。第10章「日本経済の真の課題」で詳しく述べるように、私は物価下落の解消、デフレ脱却こそが日本経済の最大の課題であるという認識は正しくないと思っている。そうした認識を漠然と作り出したという点で、01年３月の政府のデフレ宣言ほど、後々の経済運営に大きな影響を残した判断はなかったと思う。

学界の論調

この間、デフレの危険を強く主張する経済学者も増えていった。日本を代表するマクロ経済学者であり、当時東京大学教授であった伊藤隆敏は同年11月に上梓した著書において、「日本はもうデフレ・スパイラルに突入している」という診断を下したうえで、インフレーション・ターゲティングの導入を強く促していた[12]。本提案では、目標物価上昇率としては「１〜３％」、期間としては「２年」が掲げられている。そこで強調されていることは同書の小見出しに示されているように、「日本銀行は決意を示せ」、「期待インフレ率を変えよ！」ということであった。そして、「インフレは必ず起こせる」という小見出しで始まる節では次のように述べられている[13]。

これまでのインフレの環境下では、やってはいけないといわれていた、「不適切」と呼ばれるような政策を金融当局がおこなえばよいのです。たとえば、大量の量的緩和や、長期債の買い切りオペの増額、さらに株式の購入などです。

伊藤が述べているようなこれらの主張は、海外の主流派経済学者の間では標準的な議論であった。したがって、そうした主張に同調しない日本銀行は、ベン・バーナンキをはじめ欧米の有力なマクロ経済学者には保守的な中央銀行と映り、絶えず批判を浴びることになった。

量的緩和政策の採用

この間、世界景気はＩＴバブルの崩壊によって急速に悪化していった。その悪化のスピードは、日本銀行を含め多くの中央銀行の見通しを上回るものであった。ＩＴバブル崩壊の震源地である米国のＦＯＭＣの金融政策運営に関する判断を見ると、２０００年11月までは景気後退リスクよりもインフレリスクの高まりの方を懸念していたのに対し、12月のＦＯＭＣでは前者のリスクをより意識するようになり、短期間に急激に変化した。

こうした世界経済の変化は日本経済にも波及した。日本銀行も景気判断を見直し、２０００年12月に輸出減速への警戒感を示した後、年明け1月には明確に下方修正を行った。このような景気情勢の変化を受け、日本銀行の金融政策運営スタンスは01年2月以降緩和方向に転じ、政策金利を０・25％から０・15％に引き下げた後、３月19日の決定会合では、いわゆる「量的緩和政策」を採用した。

「量的緩和政策」は以下の３つの柱から構成されていた。第１に、金融調節の操作目標をそれまでのコールレートから日本銀行当座預金残高に変更し、そのうえで、目標金額を5兆円とした。第２に、この量的緩和政策を消費者物価上昇率の前年比が安定的にゼロ％以上となるまで続けることを「約束」した。潤沢な日本銀行当座預金残高の供給はコールレートがゼロとなることを意味するので、この「約束」はゼロ金利継続の約束をも意味していた。いわゆる時間軸政策、ないしフォワードガイダンスである。第3に、日本銀行当座預金を円滑に供給するうえで必要と判断される場合には、長期国債の買い入れを増額することとした。その際、長期国債の買い入れが政府の財政資金調達を支援する目的ではないことを明らかにする観点から、買い入れ残高は日本銀行の銀行券の範囲内とする、いわゆる「銀行券ルール」が採用された。

本措置発表翌日20日の『読売新聞』の社説には「量的金融緩和　危機克服へ日銀の決断を生かせ」という見出しが掲げられ、「金融政策にデフレ阻止の「非常線」が張られた」という一文で始まっている。『日本経済新聞』の見出しも「金融緩和だけで解決できぬ日本問題」とあり、いずれも金融政策依存を戒めるトーンであったと言えるだろう。『朝日新聞』は「今度こそ日本経済の構造改革に取り組む。その過程で生じるショックを和らげるために金融が側面支援をする——。政府と経済界にその決意と覚悟がなければ、ゼロ金利は「食い逃げ」されてしまうだけだろう」と、その後の展開を予見したような意見を述べていた。高名なマクロ経済学者であり当時は米国財務省の次官であったスタンフォード大学教授のジョン・テイラーは回顧録において、「日本銀行の量的緩和採用の発表を聞いて興奮した」と述懐している[14]。

「量」の効果に関する決断

この時に採用した政策は一般には「量的緩和政策」と呼ばれるが、想定する金融政策の効果波及のメカニズムという観点からは、２つの異なる要素から成り立っていた。ひとつは当座預金量の拡大であり、「量的」という言葉に対応する部分である。もうひとつはゼロ金利政策継続の約束（時間軸）であり、こちらは「量的」という言葉のイメージには必ずしも対応しない。前者は当座預金量の拡大が貸出やマネーサプライの増加を通じて景気や物価に好影響を与えるメカニズムを想定しており、貨幣数量説的な理解を想起させる。後者は時間軸効果による中長期金利の低下が景気や物価に好影響を与えるメカニズムを想定していた。

後者のメカニズムについては、効果の大きさはともかくすでにゼロ金利政策採用時に先例があり、またその有効性について決定会合の委員間に合意があったことから、すんなり決定した。ゼロ金利時代との違いは、約束の仕方がより具体的（消費者物価上昇率の前年比が安定的にゼロ％以上となるまで続ける）になったことである。他方、量の拡大については最後まで議論が紛糾した。量を金融調節の操作目標にしたという点では、インフレ抑制を目的としてボルカーの率いるＦＲＢが１９７９年に採用した「新金融調節方式」という先例があるが、それとは逆方向の政策の採用は前例がない。「量的緩和政策」という言葉には、金利ではなく量の拡大によって効果を発揮するという響きがあるが、多くの政策委員会メンバーは、量の増加による効果には懐疑的であった。その中にあって、中原伸之委員だけは量の増加の効果を重視しており、ゼロ金利政策採用期にも当座預金残高の目標設定を提案していた。少なからぬ政策委員会メンバーは、量の増加に大きな意味があるかのような説明をすると、やがて金融政策に関するコミュニケーションが難しくなることを懸念していた。決定会合での山口泰副総裁の以下の発言はそうした懸念を代表していた[15]（傍線は引用者）。

大体ある種のリザーブ・ターゲティングを前提にした議論になりかかっていると思うので、なるべくそれを壊さないように、しかし、若干の注意事項をもう少し議論しておく必要があると思う。一つはこれまでの金利を中心として政策を組み立ててきた思想からはジャンプがあると思うことである。そう簡単に量に移行すると言ってしまって本当にいいのだろうかと思う。先程植田委員は量についてのある種の幻想を利用する点もあると言われたが、それは期待に影響を与えようとする場合、ある程度は避け難いことだと思う。私も最終的にはそれで良いと思うが、ただイリュージョンを利用しようとして、そういう説明をすればする程リスクも同時に大きくなってくる。〔中略〕そのリスクを我々は十分頭に置いておく必要があると思う。

こうした懸念にもかかわらず、最終的に量的緩和政策が採用されたのは、先行きの景気の厳しい見通しを前提とすると、効果と副作用やコストを検証しながらではあるが、そうした政策にトライしてみる段階に入ったという、委員会としての決断であったと思う。他の選択肢として、ゼロ金利政策に復帰し、その継続期間をより具体的に約束するだけにとどめるということも理論的にはありえたが、これが採用されなかったのは、先行きの景気悪化を展望した場合、追加的な金融緩和措置を講じる余地がないことが大きかったのだろう。加えて、速水総裁には約半年前に解除したゼロ金利政策に復帰することに抵抗感があったのではないかと想像している。

日本銀行当座預金の目標残高は当初の5兆円から逐次引き上げられ、速水総裁が2003年3月に退任する時点では、すでに「17〜22兆円」までの引き上げが決まっていた。速水は量的緩和政策には熱心でなかったという一般的認識があるが、当座預金の大幅な増加を決定した総裁でもあった。同総裁が任期満了により退任後、福井俊彦が総裁に就任した。就任日はちょうど、米国によるイラク攻撃開始の日であった。福井総裁は就任直後から当座預金残高の引き上げに積極的であり、引き継いだ時点で決まっていた「17～22兆円」から、「30～35兆円」まで目標残高を引き上げた。当時の所要準備預金残高は5兆円弱であったから、最終的に30兆円以上の超過準備が存在することを意味する。日本銀行当座預金残高が約394兆円（2018年7月末時点）にものぼっている今日からするとわずかな金額に感じられるが、当時の感覚では圧倒的に巨額であった。

日本銀行は当座預金残高を増加させるために、主として民間金融機関に対する短期の資金供給オペレーション（貸出）と長期国債の買い入れという2つの手段を活用した。このうち、長期国債については、月間4000億円の買い入れから始め、最終的には月間1・2兆円まで増加した。速水総裁の時代と福井総裁の時代は、長期国債の買い入れという点で対応は異なっていた。速水総裁の時代は、短期の資金供給オペレーションも長期国債の買い入れもともに増額したのに対し、福井総裁の時代は民間金融機関に対する短期の資金供給オペレーションの増額のみで対応し、国債買い入れの増額は行わなかった。その際、民間金融機関が資金供給オペレーションに応じるインセンティブを確保するために、期間を徐々に長期化し、2005年半ばには短期資金供給オペレーションの平均期間は6カ月を超えていた。

政策効果実現のための努力

前述のように、政策委員会メンバーの多くは、金融緩和効果は金利の低下を通じて実現すると考えていた。標準的な理論を前提とすると、中長期のリスクフリー金利は将来にわたる予想短期金利の平均に若干のプレミアム（ターム・プレミアム）が上乗せされた水準となる。また、民間の金利はリスクフリー金利に信用リスクのプレミアムが上乗せされた水準となる。

したがって、民間の中長期金利低下を促す方法としては、第1に将来のリスクフリー金利の低下を目的とした時間軸政策が考えられる。第2は、中長期国債の買い入れを通じて国債の需給バランスに影響を与え、ターム・プレミアムを縮小させることである。第3は、民間のリスク資産の買い入れによって信用リスク・プレミアムを圧縮する方法である。量的緩和政策期の日本銀行は以上の3つのルートのいずれも利用したが、最も重視したのは時間軸効果であった。中長期国債の買い入れはあくまでも資金供給の手段と位置づけられていたが、結果としては需給バランスに働きかける効果も有していた。

日本銀行の政策を通じて景気や物価に対する効果を発揮するためには、金利低下を促すだけでなく、その影響を銀行や他の信用仲介市場へ実効性のあるかたちで波及させることが必要であった。その観点から、日本銀行は2つの非伝統的政策措置を実施した。

ひとつは2002年11月から開始した金融機関保有株式の買い入れである。この買い入れは金融政策としてではなく、金融システムの安定を図るための政策と位置づけられていたが、金融機関保有株式の下落と銀行の貸出慎重化の悪循環を断ち切ることを目的としていた。02年3月末時点で、日本の大手銀行の株式保有残高は約25兆円で、自己資本（Tier 1）の約1・4倍の高水準に達していた[16]。その多くは銀行と企業が相互に相手の株式を保有する、いわゆる「持ち合い」の一環としての株式保有である。不良債権問題が解決しておらず金融機関の自己資本の不足が意識されている状況で、いったん景気が悪化すると、保有する株式の価値の下落、銀行行動の慎重化というかたちで悪循環が生じがちであった。エコノミストや政府、政治家からは長期国債買い入れや当座預金増額を求める議論がなされていたが、すでに中長期金利が低い中で、私にはそうした政策措置が効果的な施策であるとは思えなかった。

私は経済の厳しい状況に応じて日本銀行が政策対応をとることには賛成であった。ただし、政策対応をとるかどうかは、それが日本銀行の使命達成にとって有効であり、かつ、日本銀行法の規定の中で合法的に行えるかどうかを判断基準とするべきである。それらが満たされている限り、その政策が非伝統的であってもトライする価値はあると思っていた。そうした考えにたち、9月18日の決定会合が開催される数日前に、山口廣秀企画局長とともに、山口泰副総裁の部屋を訪ね、日本銀行が金融機関保有株式の買い入れを行う時期に来ているのではないかという意見を述べた。副総裁はすぐその場で同意した。おそらく、山口副総裁も以前から同じ思いであったのではないかと想像している。この金融機関保有株式の買い入れというアイデアは、以前から三谷隆博理事、稲葉延雄考査局長という金融システム政策を担当するラインから不良債権問題に対する今後のオプションのひとつとして示されていたが、きわめて「非伝統的」であったこともあり、行内ではこれが実行に移されることはないだろうという見方が多数だったと思う。

この時の決定会合では、「株価の下落は、様々なルートを通じて企業や家計の支出行動に影響を及ぼし得るだけでなく、現在の金融経済情勢の下では、金融市場や金融システムを不安定化させる可能性があるため注意が必要である」[17]という認識が示された。これを受けて、金融政策以外のテーマを議論する通常の政策委員会において、金融システムの安定を目的とする政策として金融機関保有株式の買い入れが決定された。本質的な目的は、金融機関の抱える株価変動リスクを日本銀行が負担することによって、株価と実体経済のリンクを断ち切ることである。買い入れは当初は2兆円の枠でスタートし、福井俊彦総裁就任後3兆円への増額が図られた。

本措置の決定は公表当時、大きな驚きをもって迎えられた。私は金融機関保有株式の買い入れは、株価下落と銀行行動の慎重化という悪循環を断ち切るうえでも、マクロ経済の安定を図るうえでも有効な措置であったと判断している。このことは、金融政策と金融システム安定政策が分かち難く関連していることも示している。リーマンショック時にFRBが採用した金融緩和政策についてバーナンキ議長は「信用緩和」と表現したが、株式の買い入れはまさに日本銀行版の「信用緩和」であった。

もうひとつの非伝統的政策は、2003年7月から開始した資産担保証券（Asset Backed Securities: ABS）や資産担保コマーシャルペーパー（Asset Backed Commercial Paper: ABCP）の買い入れである。本措置は金融機関が中小企業向け貸出に慎重な中で、銀行貸出以外の信用仲介チャネルを改善することを意識したものであった。そこで着目したのが、当時、発展の揺籃期にあったABSやABCPと呼ばれる証券化商品である。買い入れと併行して、これらの金融商品市場の発展の障害を取り除くことを目的に、市場関係者と協力して「証券化市場フォーラム」を立ち上げ、証券化に関する情報開示を含め、さまざまな制度改革に取り組んだ[18]。

外国為替市場介入

量的緩和採用後、緩和効果を生み出すチャネルとして最も活発に議論されたのは為替レートであった。これはすでにゼロ金利制約に到達している状況で、緩和効果を期待できるルートがあるとすれば円安以外にないという認識を反映したものであった。２０００年７月に日本銀行の国際コンファレンスで発表されたプリンストン大学のラルス・スヴェンソン教授（のちにスウェーデン国立銀行副総裁）の論文はその代表格であり[19]、外貨の無制限購入による大幅な円安水準への為替ペッグ（為替レート水準の「釘づけ」）を提案した。

円安誘導を図ろうとする場合、最も直截な手段は財務省による為替市場介入である。実際、量的緩和期には為替市場介入はかなり頻繁に行われた。特に、２００３年１月～04年３月の為替市場介入は総額35・３兆円にものぼった。私自身は外国為替市場介入の効果には懐疑的であったが、いずれにせよ、為替市場介入は財務省の権限で行われるものであり、日本銀行は財務省の代理人として事務を行うにすぎない。問題は、「開放小国」の場合とは異なり、日本のような大国が為替レートの切り下げを目的とした市場介入を徹底的に大規模に行うことが許容されるかどうかであった。大方の認識は否定的であったと思う。

そうした認識にもとづいて、財務省による外国為替市場介入ではなく、日本銀行による外貨資産の買い入れを求める議論も活発であった。この議論は、財務省による外国為替市場介入が上記の理由で難しい場合でも、日本銀行による外債買い入れであれば実行できるという判断によるものであった。しかし、第４章「日本銀行法の改正」で述べたように、日本銀行は為替レートの誘導を目的とした外貨の買い入れは行えないというのが日本銀行法の改正が議論された時に政府・国会の下した決定であった。したがって日本銀行が外貨を買い入れる場合も、それはあくまでも物価安定を目的として行うものであると説明しなければならない。しかし、外貨の買い入れ主体が財務省から日本銀行に変わっても、実質的な目的は変わらない。外貨の大量の買い入れが、為替レートの誘導ではなく物価安定を目的とした金融政策の運営であるという「説明」がどの程度許容されるかは、その国の経済状況の深刻さや経済規模、さらには世界経済の情勢等に依存するだろう。１９９０年代後半から２０００年代初頭において、日本銀行による外債買い入れがまったく不可能であったとまでは思わないが、単に外貨の買い入れ主体を政府から日本銀行にスイッチすることによって、国際的な理解が得られるようになるとは思えなかった（第14章「「六重苦」と「通貨戦争」」参照）。

マネタリーベースと為替レート

為替レートについては、日本銀行が量的緩和を拡大しマネタリーベースを増加させれば円安方向に誘導できるという議論がしばしば展開された。その際、論拠として使われたのは内外のマネタリーベースの比率と為替レートの関係を示す図であった。もちろん、為替市場参加者がそうした「関係」を信じている場合、短期的にマネタリーベースの増加と円安が観察される局面はあるかもしれないが、少し長い目で現実のデータを見ると、そうした関係は円・ドル、ドル・ユーロ、円・ユーロいずれについても存在しない。円安が最も進展したのは２００６年初～07年7月であるが、この時期は後述する量的緩和政策の解除から、当座預金残高が大きく減少した時期である。それにもかかわらず、マネタリーベースと為替レートを結びつける議論は、速水総裁、福井総裁の時代も、私の総裁在任時も消えることはなかった。

そうした議論の系統であるが、外国為替市場への介入が行われる度に、日本銀行は介入の「非不胎化」を求める議論に巻き込まれた。非不胎化介入とは、政府が外貨の買い介入を行った場合、支払った円資金を吸収するような調節を行わず「放置する」（市場に大量の資金をそのまま滞留させる）介入のことをいう。「非不胎化」を求める論者は、支払った円資金を放置する非不胎化介入は円安化をもたらし、放置しない不胎化介入は円安化をもたらさないという理解にたっている[20]。つまり、「不胎化」と「非不胎化」の差はマネタリーベースの量の違いであるので、中央銀行の当座預金残高やマネタリーベースの増加が自国通貨安をもたらすという議論である。しかし現実のデータを見る限り、そうした関係は観察されない（第14章、図14－5参照）。また、そもそも、日本の外国為替市場介入は財務省が短期国債を市場で発行して得る円資金を原資として外貨を買い入れるものであることから、常に自動的に「不胎化」される関係にある[21]。金融緩和政策が為替レートに影響するのは、先行きの内外金利差が拡大するという見方が生まれる時であるが、日本銀行当座預金が増えるだけでそうした見方が生まれるわけではない。

いずれにせよ、介入の「不胎化」、「非不胎化」は専門家以外には理解しにくい技術的な議論であり、日本銀行が正面から議論を展開すればするほど、日本銀行が円高修正に消極的と誤解されかねない不毛な議論であった。このため、福井総裁はこの問題を真正面から議論するのを避け、「為替介入による円資金を含めて市場には潤沢に資金を供給している」という言い方をし、不毛な議論に巻き込まれないようにした。

円キャリートレード

現実の円の為替レートは量的緩和政策導入後、総じて円高気味で推移したが、２００４年半ば頃から徐々に円安方向に転じた（図５－１）。この円安の動きは、内外の金融政策の運営スタンスの差を反映した金利水準の格差拡大によって説明できる。

為替レートはグローバルな資本移動の活発化に伴い、複数の通貨建ての金融資産の選択の結果として決まる傾向を圧倒的に強めているが、資産選択に大きな影響を与えるのは内外の金利水準の格差である。具体的には、現在から将来にわたる金融政策の運営スタンスの差、すなわち、内外の政策金利の予想経路の差である。量的緩和政策の初期は世界各国とも景気後退期にあり、政策金利はいずれも低下の方向であった一方、日本の政策金利はゼロであることから、内外金利差の拡大を予想することはできない状況にあった。それが一転、海外で景気が回復し政策金利の上昇が予想されるようになると、内外の金利差は拡大する。２００４年半ば以降はまさにそのようなメカニズムが働いた結果、円安が進展した。貿易金額で加重平均した主要国通貨の為替レート（実効為替レート）を見ると、04年から07年にかけて円が最も下落している（図５－２）。

この時期は、特に「円キャリートレード」と呼ばれる取引が活発化した。「円キャリートレード」とは、「低金利通貨である円で資金調達を行い、高金利通貨に投資する」取引である。[22] 為替レート変動に関する標準的な理論に従えば、投資通貨と調達通貨間の金利差収益は、投資通貨の減価によって相殺されるため、キャリートレードの超過収益率の期待値はゼロとなるはずである。しかし、現実には、

図5-1　円の対ドル・為替レート

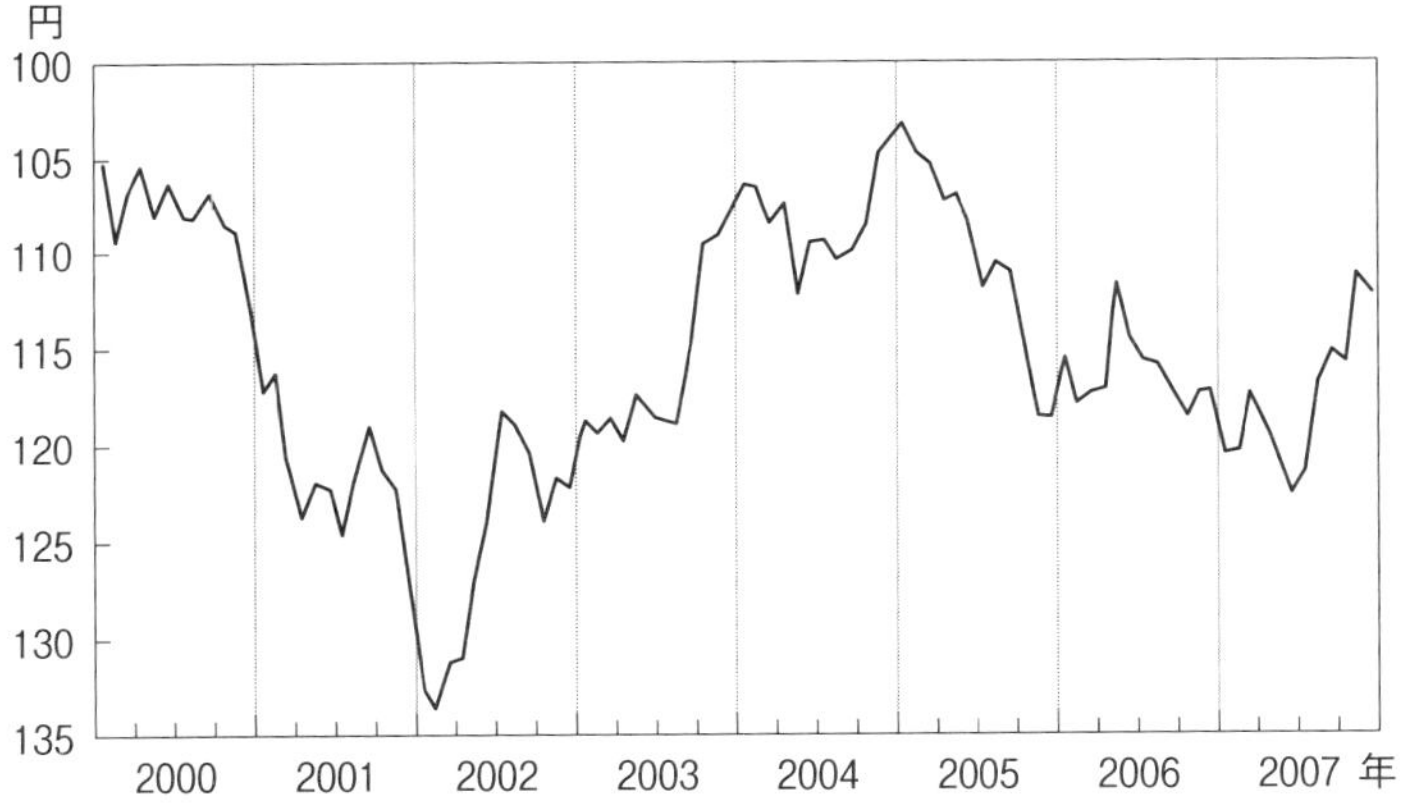

注：月中平均レート
出所：日本銀行ホームページ（統計検索サイト）

図5-2　主要通貨の名目実効為替レートの推移（2000～2007 年）

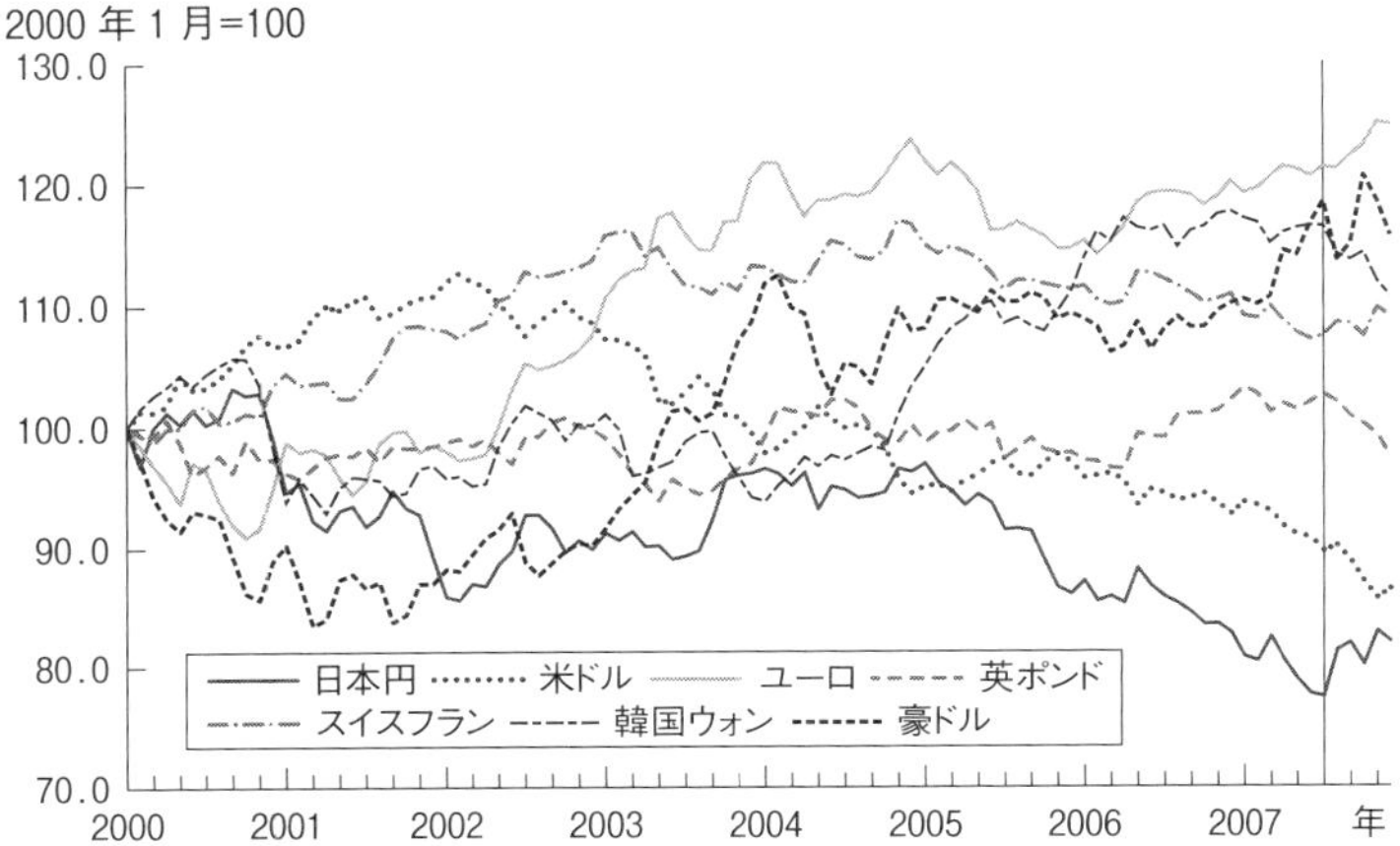

出所：BIS ホームページ（Monthly effective exchange rate）

少なくとも短期的にはそうした関係は成立せず、キャリートレードにおいて超過収益が発生している。内外の金利差が十分大きく、また、何らかの理由により先行きの為替レートの変動率が小さいと予想されると、キャリートレードが行われやすい。2000年代半ばの時点で日本の短期金利はゼロであったのに対し、海外では景気拡大を反映して徐々に金利が上昇し、円キャリートレードが大規模に行われた[23]。円キャリートレードを行ったのは内外の投資家であり、必ずしも日本の個人投資家に限られるものではなかったが、当時、日本の個人投資家を象徴する表現として「ミセス・ワタナベ」という言葉が頻繁に使われた。また、日本の個人投資家を対象として高金利通貨建ての社債も発行されており、「Kiwi bonds」「Uridashi bonds」等の名前で呼ばれていた[24]。

量的緩和政策採用後の経済・金融情勢

景気は2000年11月以降後退していたが、量的緩和政策採用後10カ月を経過した02年1月には底を打った。もっとも、その時点では景気が回復しているという声は少なく、全体に悲観的なムードが蔓延していた。その大きな理由のひとつは、大手金融機関の不良債権処理がまだ完全には終わらず、資本不足の懸念が払拭されていないことであった。福井総裁が就任した03年3月は景気が底を記録してからすでに1年以上経過していたが、この時点では景気が明確に回復に転じているという見方は少なかった。ただ、日銀短観の製造業・大企業の業況判断で見ると、景況感が最も弱かった02年3月のマイナス38と比べると、03年3月時点ではマイナス10まで改善していた。先行きの景気に対する安堵感が広がったのは、同年5月を底値に日経平均株価が上昇し始めた頃であった[25]。不動産価格もバブル崩壊後長期にわたって下落を続けたが、公示地価（年初時点）では、東京圏の商業地の価格は02年を底に上昇に転じ、前年比上昇率では06年は1・0％、07年は9・4％、08年は12・2％と、年を追うごとに伸びを高めていった。結果として、内閣府の景気基準日付によると、02年1月に始まった景気の拡大は08年2月まで6年1カ月続き、戦後最長の景気拡大を記録することになった。

景気回復の第1の要因は、2000年代初頭にバブル崩壊後の過剰ストックの調整、すなわち、人、モノ、カネの「3つの過剰」が解消し、回復のための基盤が整備されたことである。このうち、雇用調整については若干の説明を要する。米国の場合は、過剰となった労働者はレイオフ（一時解雇）というかたちで比較的速やかに削減されるが、日本の大企業では終身雇用制度がなお支配的であったため、労働者は固定的な生産要素という色彩が強かった。そうした日本的雇用慣行を反映し、過剰な労働者というストックの調整には、10年以上の長い時間がかかった。第2の要因は、海外景気の回復である。04～07年の世界経済の平均成長率は年率5・2％と、直近の15年の平均（3・8％）を大きく上回った。第3の要因は、円安の進展に伴う輸出や設備投資の増加である。振り返ってみると、これら3つの要因のすべてではないが、少なからぬ部分は世界的な信用バブルによる空前の好景気に助けられたものであった（第6章「「大いなる安定」の幻想」参照）。第4の要因は、さまざまなミクロレベルでの制度改革の成果である。会計制度やディスクロージャー、コーポレート・ガバナンス、企業倒産や再建に関する法律や実務をはじめ、多くの分野で改革が進んだ。もちろん改革の常として行き過ぎや失敗もあったが、方向としては正しかった。マクロエコノミストはもっぱらマクロ経済要因で景気回復を説明する傾向があるが、このようなミクロ面での制度改革の果たした重要な役割を強調したい。

この間、バブル崩壊後長期にわたって日本経済を苦しめた不良債権問題も、2003～04年頃にようやく解決を見るに至った。それには上述の日本の景気回復が大きく貢献したが、02年末以降の大手金融機関の増資も寄与した。この増資は不良債権の半減目標を掲げた「金融再生プログラム」（「竹中プラン」）が引き金となっているが、増資が可能となったのは、90年代後半以降、関係者のさまざまな努力により公的資金投入を含めセーフティネットの整備が図られ、そのもとで世界的な好景気が続いたことにあった（第3章「バブル崩壊と金融危機」参照）。日本銀行の金融政策対応も、金融機関に資金繰りの安心感を与えることと株価変動リスクの負担を軽減することを通じて、関係者の取り組みをサポートしたと思う。

量的緩和の解除

景気回復が次第に実感される中で、消費者物価指数（生鮮食品を除く）の前年比の下落幅は徐々に縮小し、2005年11月以降はプラスに転じた。このような状況を反映し、量的緩和政策の解除の是非をめぐって活発な議論が行われるようになっていった。日本銀行は翌年1月の消費者物価指数の前年比が0・5％となったことを確認したうえで、3月9日に開かれた決定会合で、消費者物価指数の前年比上昇率が安定的にプラスとなったと判断し、量的緩和政策を解除した（図5－3）。その結果、金融調節の操作目標も量からオーバーナイト物のコールレートに切り替えられ、同レートがおおむねゼロ％で推移するよう誘導することが決定された。

量的緩和政策の解除、いわゆる「出口戦略」については、量の削減を先行させるか、金利の引き上げを先行させるかが議論されることが多い。しかし、日本銀行の量的緩和政策の解除の時には、後者

図5－3　消費者物価の前年比上昇率の推移（2001～2006年）

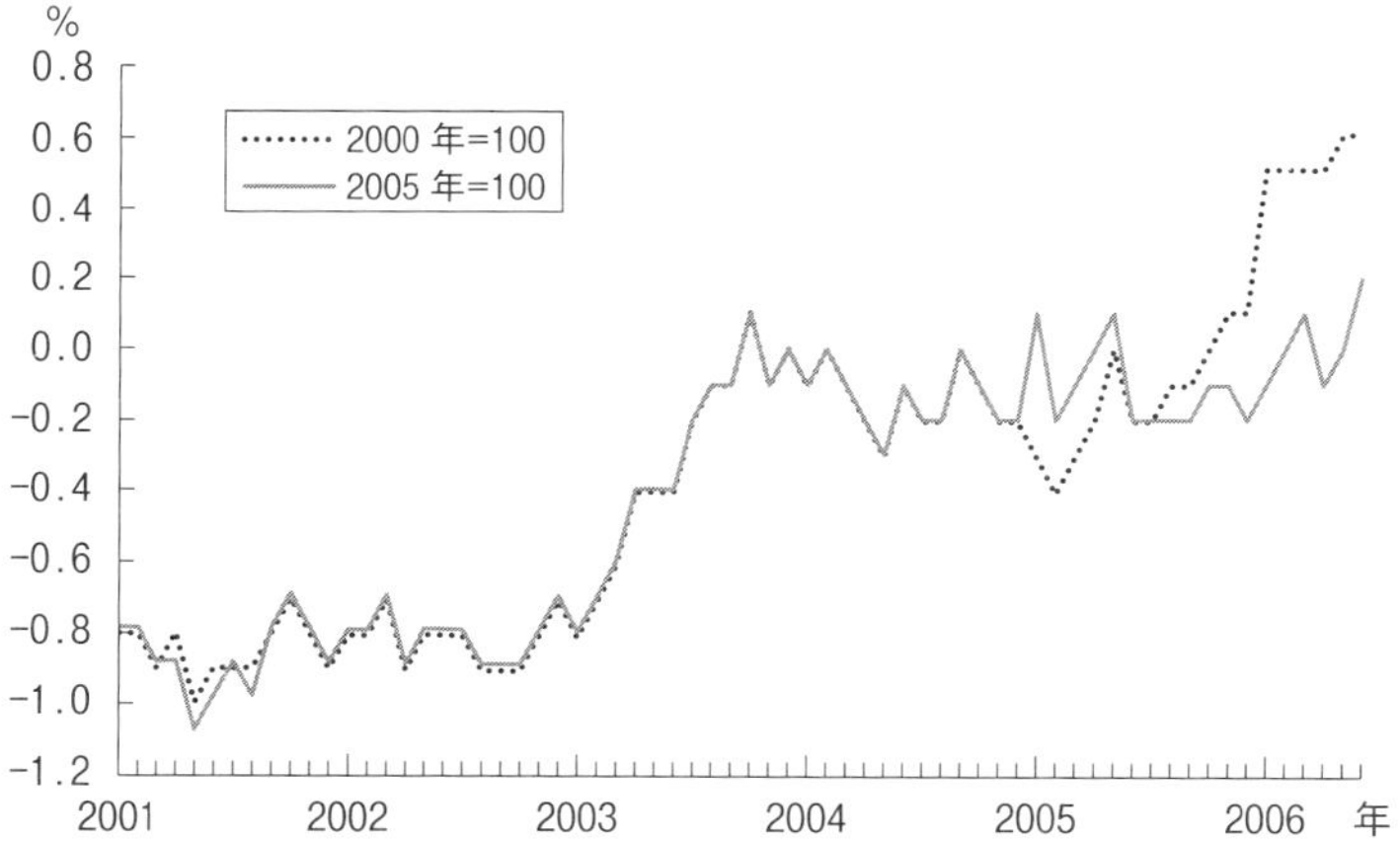

出所：総務省「消費者物価指数」

の選択肢はなかった。量的緩和終了直前時点では当座預金残高は32・1兆円にのぼっており、巨額の超過準備（約26兆円）が存在する限り、短期金利は基本的にゼロ近辺の水準で推移する。したがって、まず所要準備額に近い水準まで量の削減を図り、金利誘導の体制にスムーズに移行することが金融調節の実践的な課題であった。当時、短期資金供給オペレーションの残高は約60兆円、平均期間は3カ月超と比較的短期であったことから、満期が到来した短期資金供給オペレーションを継続しないという方法をとることによって、円滑に量の削減が行われた[26]。そのうえで、06年7月14日に開かれた決定会合で、コールレートの誘導目標は0・25％に引き上げられた。私は引き上げのための準備は行ったが、理事の4年の任期を決定会合の2日前に迎えたことから、この時の決定会合には出席していない。

　量的緩和からの出口戦略について、もうひとつの重要な論点は、新たな金融政策運営の枠組みの設計であった。日本銀行を批判するエコノミストの多くは、量的緩和の解除にあたり、インフレーション・ターゲティングの採用を主張していた。そうした主張は2つの要素から成っていた。ひとつは目標物価上昇率の設定であり、グローバルスタンダードである2％を採用すべきというものである。もうひとつは、この目標物価上昇率を短期間に達成すべきであるというものであり、期間としては2年が主張されるケースが多かった。インフレーション・ターゲティングについては、これが柔軟な金融政策の枠組みであることが正しく理解されているのであれば問題はなかったが、残念ながら日本で提案されるインフレーション・ターゲティングはそのような枠組みとしては認識されていなかった。特に、いったん数字を掲げるとその数字の実現が独り歩きしやすい日本社会の傾向を考えると、機械的な数字の実現追求が経済の変動をもたらすことが気がかりであった。持続的な経済の発展を脅かす不均衡がすべて物価上昇率に集約的に反映されるのであれば、ひたすら物価上昇率を見ながら金融政策を運営することで構わないが、そうではない事態を日本はバブルとバブルの崩壊、金融危機というかたちで経験したばかりである。そうした教訓を忘れて、機械的に2％の追求を最優先することは金融政策の枠組みとして適当でないと私は考えていた。新日本銀行法は、「物価の安定を図ることを通じて国民経済の健全な発展に資することをもって、その理念とする」と規定しており、機械的に2％の実現を求めているわけではなかった。

しかし同時に、独立性を与えられた中央銀行としてアカウンタビリティを果たすことの必要性も意識しなければならない。たとえ「数字の独り歩き」に対する懸念があるとしても、目標となる数字は言えないという状態は許容されないと、当時の政策委員会の多くのメンバーは判断していたのではないかと思う。私もそのように判断していた。その結果、日本銀行は06年3月に量的緩和政策を解除した際、その後の金融政策運営の枠組みに大きく影響する次の２つの重要な決定を行った。ひとつは「中長期的な物価安定の理解」というかたちで、目標とすべき物価上昇率に関する考えを明らかにすることであり、もうひとつは後述する「２つの柱」の設計である。

「中長期的な物価安定の理解」

目標物価上昇率について政策委員間の意見の違いは大きく、このため、単一の目標数字を設定し合意を得ることは非常に難しかった。そのような状況で、日本銀行として責任を持って金融政策運営を行おうとすれば、最も自然な方法は各委員がそれぞれ「物価安定」と理解する状態を数字で表現し、それを集計して公表することであった。それが06年３月に公表した「中長期的な物価安定の理解」である[27]。その具体的な表現を見てみよう。

消費者物価指数の前年比で０～２％程度の範囲内にあり、委員毎の中心値は、大勢として、１％程度となっている。

この表現は物価の下落を許容していないという日本銀行の姿勢を明らかにする一方で、現実に存在する委員の意見の多様性も許容しており、この時点での決定としては最善であったと思う[28]。しかし、「中長期的な物価安定の理解」に対しては、さまざまな批判が寄せられた。その多くは、「大勢」である１％が低過ぎるというものであった。また、「理解」という言葉からは目標達成に向けた日本銀行としての強い意思が感じられないという批判もあった。これらの批判はその後も繰り返し行われ、私の総裁就任後、特に民主党政権がデフレ宣言を行った2009年以降、一段と強まることになる（第9章「デフレ論議の高まり」参照）。

「2つの柱」

金融政策運営については、「2つの柱」により経済・物価情勢を点検するという新しい枠組みを導入した。第1の柱では、先行き1～2年の経済・物価情勢について、最も蓋然性が高いと判断される見通しが、物価安定のもとでの持続的な成長の経路をたどっているかという観点から点検を行った。これは通常のインフレーション・ターゲティングの枠組みの中でとられている標準的なプロセスである。第2の柱では、より長期的な視点を踏まえつつ、物価安定のもとで持続的な経済成長を実現するとの観点から、金融政策運営にあたって重視すべきさまざまなリスクについて点検を行った。たとえば、発生の確率は必ずしも大きくないものの、発生した場合には経済・物価に多大な影響を与える可能性があるリスク要因、あるいは、1～2年という時間よりも長い期間を経て起こると予想される経済の動きについての点検を行うものである。第2の柱は日本のバブル以降の経験を踏まえたものであり、インフレーション・ターゲティングの短所を補おうとしたものであった。

量的緩和解除に対する反応

量的緩和政策の解除に対し、当時の小泉純一郎首相、谷垣禎一財務大臣、与謝野馨経済財政政策担当大臣、安倍晋三官房長官等、政府の首脳がどのように考えていたのかはわからない。全員が解除に積極的に賛成というわけではなかったと思うが、量的緩和の解除を決めた3月の決定会合でも、ゼロ金利解除を決めた7月の決定会合でも、２０００年8月のゼロ金利解除の時と異なり、政府の代表が反対論を述べることはなかった。[29] 私は金融政策担当の理事として、量的緩和解除の環境が整いつつあることを財務省や内閣府の幹部に説明した。自民党では日本銀行に対する強い批判論者であった政調会長の中川秀直議員、金融政策小委員会委員長の山本幸三議員とも面談し、同様の背景説明を行った。特に山本議員は日本銀行批判の急先鋒として知られていたが、このときは異なっていた。日本銀行の発表直後に、同議員は「今回の決定は画期的であり、高く評価する」という珍しくポジティブなコメントを発表した。その理由として、「国民に分かり易い数値が示されたことで、市場の期待が安定化し、政策の透明性が増すから」ということが挙げられていた。[30] 新聞の論説を見ても、問題は当座預金残高の規模ではなく、今後の短期金利の推移であるという冷静な論調であった。政府も9月の月例経済報告から、約5年半ぶりに「デフレ」の文言を削除した。このときは、量的緩和政策に対する理解もそれなりに深まったことに感慨を覚えた。金融市場で格別の混乱が生じることもなかった。[31]

この状況が大きく変わったのは、8月末に総務省が5年に1回の消費者物価指数の基準年の改定を行い、新しい基準での物価上昇率を公表した時からである。新基準では消費者物価指数の前年比は平均で約0・5％ポイント下方に遡及改定され（いわゆる「CPIショック」）、量的緩和解除直前の物価情勢のイメージが変化した。[32] 量的緩和解除の条件が消費者物価指数の前年比上昇率が安定的にゼロ％を超えることであったことから、前述の山本議員を含め、日本銀行の批判論者からの非難が高まることになった。

量的緩和政策の効果に関する評価

量的緩和政策は量の拡大とゼロ金利政策継続の約束（時間軸）の2つの要素から成り立っていたが、2001～06年の5年にわたる経験を踏まえて、その効果をどのように考えるべきなのか、当時の私は以下のように評価していた。

量の効果として比較的はっきりしていたのは、金融システムの安定維持である。2000年代初頭の時点ではすでに日本の金融危機の最悪期からは脱していたが、金融機関の過小資本状態がなお完全には解消されていない中で、量的緩和による潤沢な資金供給は金融機関に資金繰りの安心感を与えることを通じて金融システムの安定維持に貢献した(33)。

景気に対する刺激効果を発揮したのは、ゼロ金利政策を続けるという約束の効果、すなわち、時間軸効果によるものであった。ただ、ここで注意しなければならないのは、時間軸効果は自力で効果を発揮するものではないことである。海外の景気が回復し、それに伴って為替レートが円安方向に転換することに期待する、追い風戦略であり、「自力走行」の戦略ではない。他方、当座預金残高の拡大がマネーサプライや貸出の増加を通じて景気を刺激するという、量的緩和論者が強調していた貨幣数量説的なメカニズムは観察されなかった。

量的緩和政策の効果の波及ルートは金利の低下という伝統的メカニズムを通じたものである。バーナンキはグローバル金融危機後のＦＲＢの金融緩和政策を説明する際、量の拡大自体に意味があるかのような誤解を与えないために、「量的緩和政策」という言葉は使わず、「大規模資産購入」（Large-Scale Asset Purchase：ＬＳＡＰ）という言葉を使っていたが、これは量的緩和政策を実施していた頃の日本銀行の理解と同じである。[34] もっとも、日本銀行が量的緩和を採用していた頃は、量に関する正しい理解はまだ十分には浸透していなかった。当時の米国のブッシュ政権でマクロ経済政策を担っていた大統領経済諮問委員会（Council of Economic Advisers：ＣＥＡ）のグレン・ハバード委員長が日本銀行を訪問する度に意見交換をしていたが、彼らの関心も当座預金残高やマネタリーベースに集中しており、毎回、これらの数字に関する技術的な質問を多く受けたことを記憶している。

便益とコスト

量的緩和政策の有効性をめぐっては90年代末から激しい論争が繰り広げられてきたが、量的緩和解除後も議論は決着しなかった。いわゆる「リフレ派」のエコノミストからは量的緩和の有効性が主張された（第10章「日本経済の真の課題」参照）。そうした議論に対する最も強力な反論は私の大学時代の恩師である小宮隆太郎の議論であった。小宮は１９７６年に、70年代前半の「狂乱インフレ」について、「昭和四十八、九年インフレーションの原因」と題する論文を公表し日本銀行批判を行ったことでも知られていたが、[35] その小宮が、90年代以降の金融政策に関する議論を「日本銀行バッシング」であるとし「リフレ派」論者の主張を強く批判した。小宮は、日本銀行の政策に対し賛成、反対いずれの立場であるにせよ、論点を明らかにして論争をすることが不可欠であるという立場から、自らが編著者となって『金融政策論議の争点』を公刊した。[36]

量的緩和政策のような実験的な政策については、議論の決着はつきにくい。したがって、そうした政策の採用は最終的に便益とコストの比較考量にもとづいて決定されるべきものである。この点に関して小宮は、量的緩和政策を「微害微益」と評した。[37]その観点から言えば、06年までの量的緩和は「微害微益」の範囲にとどめえたという評価は可能であったかもしれない。しかし当初は微害微益の範囲にとどまっていても、やがて微害の範囲を超えてしまう可能性もあった。この可能性がより現実的なものとなるのはグローバル金融危機後のことである。私は日本銀行の総裁に就任して以降、この問題に直面することになった。

独立性とアカウンタビリティをめぐる論点

量的緩和政策については、上述のような金融政策の効果やコストに関する議論とは別に、中央銀行の独立性とアカウンタビリティという点で以下のような難しい課題を提起した。

第1の論点は、財政政策と金融政策の関係である。ゼロ金利制約に直面した後も、金融緩和効果を追求しようとすると、リスクフリー金利だけでなく、信用リスク・プレミアムの縮小を目指さざるをえない。そのことは個別民間企業の債務の買い入れ等を通じて中央銀行が個別の資金配分に関与することを意味する。しかし、個別の資金配分に公的当局が関与する時は、国会の議決を経た財政政策として実行するというのが民主主義社会の基本的なルールである。中央銀行の独立性という考え方は、中央銀行は全体としての流動性供給や金利水準一般の決定には責任を持つが、個別の資金配分は市場メカニズムに委ねるという考え方に依拠している。それにもかかわらず、中央銀行が個別企業の社債や株式といったリスク資産の買い入れを行うようになると、中央銀行の行う金融政策が財政政策に接近し、中長期的には中央銀行の独立性の基盤が崩れるおそれもある。もちろん、両者は截然と分けられるものではなく、財政政策と金融政策の境界をどこで引くかは悩ましい問題である[38]。

第2の論点は、構造改革と金融政策の関係である。金融政策の有効性についてエコノミストの間で意見の差はあったが、日本経済にとって規制改革等の構造改革に向けた政策が重要であり、この点に関する取り組みなしに日本経済が成長軌道に本格的に復帰することは難しいという認識は、政策委員会メンバーの間ではほぼ共有されていた。2001年3月の量的緩和政策採用時に日本銀行は、政府の構造改革への取り組みに強く期待するというメッセージを決定会合の公表文に盛り込んでいる[39]。しかし、構造改革の努力が実を結び潜在成長率の上昇につながるまでには時間がかかるうえに、現実の成長の低下が潜在成長率の低下によるものなのか、景気循環を反映した低下であるのかを識別することは難しい。このような中で構造改革の必要性をどのように訴えるかは悩ましい問題であった。これを主張することは、時として金融緩和に後ろ向きという印象を与え、また主張しなければ、際限のない金融緩和を求める議論だけが勢いを増すことになる。一方、金融緩和の批判論者からは、金融緩和が構造改革の遅れをもたらしていると批判された。

第3の論点は、金融政策に関するコミュニケーションである。福井総裁は就任時、おそらく意識的にだと思うが、当座預金残高目標の引き上げをアピールする情報発信を行った。私自身は量の増加自体の効果に懐疑的であったことから、そうした情報発信には居心地の悪さを感じていた。同時に、金融政策の操作目標を当座預金残高としている以上、量の拡大の有効性を否定するかのような説明をすることは論理矛盾であるという批判があることも認識していた。私が危惧したのは、当座預金残高の増加自体には大きな効果がないために、やがて際限のない量の拡大に向かわざるをえず、結果として「財政支配」（fiscal dominance）の状況に陥ることであった。幸いなことに、04年以降世界経済は高い成長を遂げ、危惧したような事態に陥ることは回避できたが、それは世界的な信用バブル発生に救われた面が大きかったように思う。日本銀行は便益とコストを誠実に説明したが、コストを説明することに対し、量的緩和政策の有効性を低下させるという批判を受けることになった。

第4の論点は、政策委員会制度のもとでのコミュニケーションのあり方である。量的緩和政策についての委員間の意見の差は大きかった。また、将来の金融政策運営について何らかの約束が有効であったとしても、現在の委員が自らの任期を越えた遠い将来の金融政策運営について約束を行うことが本当に許されるのかという論点も存在する。

以上のような問題は、以前はあまり意識されることはなかった。その理由は伝統的金融政策の場合は、その効果をある程度合理的に評価できたのに対し、ゼロ金利制約下ではそれが難しいことが挙げられる。また、日本銀行に独立性がなく、政策委員会で金融政策が決定されることが少なかったことも影響している。このような独立性とアカウンタビリティをめぐる厄介な問題はグローバル金融危機後さらに大きくなり、日本銀行だけでなく多くの中央銀行が経験することになる。これらの点は、第22章「独立性とアカウンタビリティ」で、より詳しく述べる。

（1）現在では、日本銀行を含め主要国の中央銀行の金融政策委員会の開催頻度は年8回に移行している。
（2）ただし、後述するように臨時の決定会合がかなり頻繁に開催された。

（3）マネタリーベースの定義は国によって異なり、日本では貨幣（コイン）も含まれる。
（4）年2回ある1日のみ開催の決定会合の開始時間は、午前9時であった。
（5）量的緩和政策採用期の非伝統的政策については、植田（2005）参照。
（6）反対は中原伸之委員と植田和男委員。
（7）この時から約10年後、欧州債務危機のさなか、ユーロ圏やスウェーデン等、他の中央銀行でも政策金利の引き上げとその後の引き下げという事態が短期間に起きた。すなわち、ECBはサブプライムローン問題発生後、国際商品市況が上昇する中、インフレ懸念を理由に2008年7月に政策金利を引き上げたが、3カ月後に引き下げている。また、ユーロ危機がいったん鎮静化した11年7月に政策金利を引き上げた後、4カ月後の11月には再び引き下げに転じている。スウェーデンの中央銀行であるリクスバンクも、10年7月以降金利引き上げを行った後、11年12月以降引き下げを行っている。
（8）日本銀行ホームページ。
（9）「展望レポート」は、2016年からは年4回の公表になっている。
（10）Volcker (1983), Greenspan (1994) 参照。
（11）2001年1月6日第1回経済財政諮問会議の議事録（内閣府ホームページ）参照。
（12）伊藤（2001）48頁。
（13）伊藤（2001）70頁。
（14）Taylor (2007) p.285.
（15）2001年3月19日の「金融政策決定会合議事録」97頁。以下、決定会合の議事録（議事要旨）は日本銀行ホームページ（「金融政策」「金融政策決定会合の運営」）を参照されたい。
（16）日本銀行金融機構局（2005）参照。
（17）2002年9月18日の決定会合議事要旨。
（18）後年のグローバル金融危機発生後、ECBもABSの買い入れを始めた。信用仲介に占める銀行のウェイトが大きいという点で日本と欧州は共通しており、同じような金融構造を有する中央銀行は考えることも同じものになることを感じる。
(19) Svensson (2001) 参照。
(20) 前述のテイラーの回顧録でも、「為替市場への日本の介入に反対を唱えないことによってマネーサプライの増加を容易にした」と述べている。Taylor (2007) p.286.
(21) 外貨の買い入れの有無にかかわらず、政府は毎日、日本銀行の政府預金口座を通じて民間との間で膨大な受払を行っており、民間金融機関の日銀当座預金残高は増減している。そのような状況では、外貨買い入れに伴い支払った円資金を放置しても、民間金融機関の日銀当座預金残高は減少することがありうるし、逆に、放置しなくても増加することがありうる。したがって、そもそも「不胎化」といっても、日銀当座預金残高がどのような水準になれば不胎化されたと判断するのか、その判断自体が不可能な議論であった。詳しくは、白川（２００８a）参照。
(22) 円キャリートレードについては、塩沢・古賀・木村（２００９）の解説参照。
(23) オーストラリアから見た円キャリートレードについては、Debelle (2006) 参照。
(24) Bollard (2007) 参照。
(25) 東証株価指数の底値は２００６年3月11日であった。
(26) 「２００５年度の金融市場調節」（２００６年5月）（日本銀行ホームページ）参照。
(27) 「物価の安定」についての考え方」（２００６年3月）（日本銀行ホームページ）参照。
(28) 日本銀行がインフレーション・ターゲティングを採用するべきと長年主張していた岩田一政副総裁も、「中長期的な物価安定の理解」を高く評価している。「ここで重要なことは、「中長期的な物価安定の理解」が、政策委員の間のみならず市場参加者の間で「共有された知識」（コモン・ナレッジ）として提供されたことです。「共有された知識」が存在することによって、「人々の関心を引き付ける点（フォーカル・ポイント）」が市場に提供され、人々の間での合意形成を促進する触媒として機能する可能性があります」。岩田（２００６）。
(29) ２００６年3月および7月の決定会合議事録を参照。
(30) 山本幸三議員のホームページに公表されているコメントを参照。http://www.yamamotokozo.com/2006/03/

20060313/（２０１８年3月19日閲覧）。
(31) 前掲（26）参照。
(32) 新基準による物価上昇率の低下はある程度織り込んでいたが、移動電話通信料など既存品目の一部で指数計算方法が変更されたことの影響は想定外であった。２００６年10月の「展望レポート」21頁参照。
(33) 鵜飼（２００６）参照。
(34) Bernanke (2015) p.418.
(35) 小宮（１９７６）。
(36) 小宮・日本経済研究センター（２００２）。執筆者は小宮のほか、伊藤隆敏（東京大学教授）、岩田一政（内閣府政策統括官、のちに日本銀行副総裁）、岩田規久男（学習院大学教授、のちに日本銀行副総裁）、新保生二（青山学院大学教授）、深尾光洋（慶應義塾大学教授）、吉川洋（東京大学教授）に私の8名である。私は座談会に参加したほか、２つの論文を寄稿した。出版の経緯については、小宮（２０１３）２００~２０１頁参照。
(37) 小宮・日本経済研究センター（２００２）２７３頁参照。
(38) 山口（２００１）は、これらの論点に関する洞察に満ちた講演である。
(39) 公表文の内容は以下である。「今回の措置が持つ金融緩和効果が十分に発揮され、そのことを通じて日本経済の持続的な成長軌道への復帰が実現されるためには、不良債権問題の解決を始め、金融システム面や経済・産業面での構造改革の進展が不可欠の条件である。もとより、構造改革は痛みの伴うプロセスであるが、そうした痛みを乗り越えて改革を進めない限り、生産性の向上と持続的な経済成長の確保は期し難い。日本銀行としては、構造改革に向けた国民の明確な意思と政府の強力なリーダーシップの下で、各方面における抜本的な取り組みが速やかに進展することを強く期待している」（「金融市場調節方式の変更と一段の金融緩和措置について」２００１年3月19日）。日本銀行ホームページ。

第6章 「大いなる安定」の幻想

米国を震源とする世界的なＩＴバブルの崩壊でスタートした２０００年代だったが、結果的に、その影響はきわめて短期間で収束し、２００４年から07年にかけて世界的な好景気が出現した。高い成長率、物価安定、低いボラティリティ（変動率）で特徴づけられる当時の経済は、「大いなる安定」（The Great Moderation）とも呼ばれた。政策当局者も経済学者も良好な経済パフォーマンスを裏づけとして、自分たちの金融政策運営や理論に対する自信を深めた。やがて、これが世界的なバブルを反映した好景気であったと気づくことになるが、それはグローバル金融危機後のことである。この間、世界的な好景気は海外市場の拡大と円安というルートを通じて、日本に戦後最長の景気拡大をもたらす大きな要因となった。自国の景気拡大が世界的なバブルの恩恵によるものであることや不均衡が蓄積しつつあることに気づいていなかったという点では、日本も同様であった。

２０００年代半ばの世界経済

２０００年代の先進国経済は世界的なＩＴバブルの崩壊でスタートしたが、直後の悲観的な見通し

図6−1　世界経済の成長率（2010年10月時点の光景）

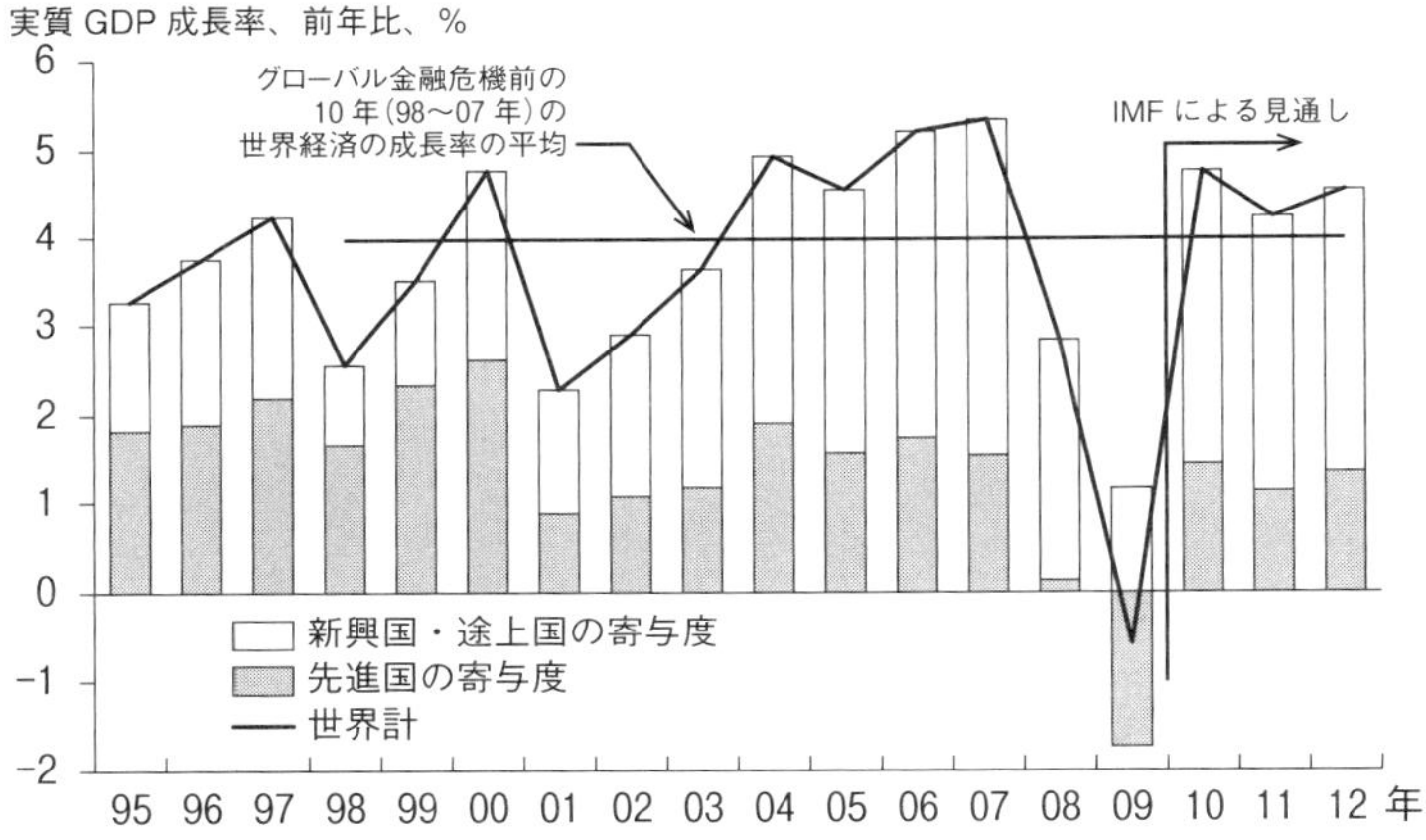

出所：白川（2010b）図表1

に反し、震源地であった米国の景気後退はきわめて短期間で終わった。全米経済研究所（ＮＢＥＲ）の景気循環の判定によると、01年３月に始まった米国の景気後退は同年11月で終わり、後退期間はわずか８カ月にすぎなかった。もっとも、当初は景気回復の実感はあまりなく、２００２年秋頃から03年夏頃までは物価上昇率の低下傾向を背景に、「日本型デフレ」に陥る懸念も活発に議論されていた。しかし、その懸念も結果的には杞憂に終わった。米国の景気拡大は01年11月から07年12月まで６年１カ月もの長期にわたった。世界経済全体を見ても高い成長が続き、03〜07年の４年間の世界経済の平均成長率は５・２％と、１９９８〜２００７年の約10年間の平均成長率４・０％を大きく上回った（図６−１）。

　この間、特に成長が著しかったのは新興国経済であった。エコノミストのジム・オニールが01年11月に公表したレポートにおいて使用した「ＢＲＩＣｓ」という略語（成長著しいブラジル、ロシア、インド、中国の4カ国の頭文字による造語）は、そうした新興国経済の高成長を多くの人の意識に強く焼きつけた。

ＢＲＩＣｓ諸国の中でも中国の成長は特に目覚ましかった。２００７年時点の中国の実質ＧＤＰは１９９０年の7倍の水準であり、その間の平均成長率は年率10・2％にものぼった。２０００年から米国の景気後退を迎える07年末までの7年間に絞ると、平均成長率は10・5％であった。これほどまでの中国の高成長は、２０００年初頭の時点では、私もそうであったが、多くの政策当局者やエコノミストは予測していなかったと思う。日本の名目ＧＤＰとの比較で見ると、90年時点では日本のわずか13％にすぎなかったが、２０１０年には日本を上回るに至った。振り返ってみると、日本は高度成長期にドイツのＧＤＰを上回って以来、世界第2位のＧＤＰ大国であったので、多くの日本国民は隣国中国の急速な高成長を複雑な思いで眺めていたのではないだろうか。

中国の高度成長をもたらした最大の要因は、１９５０年代半ばから70年代初頭まで続いた日本の高度成長と同様、市場メカニズムの活用であった[1]。中国は90年代初めに改革開放の経済体制に移行し、賃金コストの低さを武器に労働集約的な工業製品の輸出を増加させた。これに伴い国内の賃金水準が上昇した結果、生産性の低い農業部門から生産性の高い工業部門へ、また、農村部から都市部へというかたちで労働者が大規模に移動した。これはまさに開発経済学者アーサー・ルイスの展開した成長モデルの描く世界である。その結果、都市部を中心に実質購買力水準が上昇するとともに、国全体としては道路や鉄道等のインフラ需要が高まり、都市部では所得水準の向上した家計による住宅や耐久消費財に対する需要が高まっていった。そうした高度成長のメカニズムは、農村部から都市部への労働者の移動の余地があり、また、国全体として生産年齢人口が増加する限り、作用し続ける。しかし、やがてそうしたメカニズムの作用が一巡し、さらに、所得水準の向上によって出生率が低下に向かうと、生産年齢人口も低下する結果、成長率は徐々に鈍化していかざるをえない。

そうした移行期の最大の挑戦課題は、高度成長から安定成長への移行がスムーズに行われるかどうかである。日本の場合、年率平均10％で成長していた高度成長が終わったのは１９７０年代初めであり、その後、成長率は徐々に低下していった。中国における高度成長から安定成長への移行は、グローバル金融危機の少し前から始まっていた。リーマンショック発生の前年にあたる２００７年時点では、中国経済の高成長は続いていた。このような状況で、原油、鉄鉱石、石炭をはじめとする資源に対する需要は、インフラ投資や住宅需要の増加を反映して爆発的に増え、また、国民の所得水準の上昇を反映して食料品に対する需要も激増した。その結果生じた資源価格や食料品価格の上昇は産油国、資源国の高成長をもたらし、これがさらに世界経済の成長に寄与した。

日本経済は世界経済の高い成長の恩恵を大いに受け、２００２年１月から08年２月にかけて、６年１カ月という戦後最長の景気回復を経験した。もっとも当時は、実質ＧＤＰは拡大し日銀短観の業況判断ＤＩに示される企業マインドは改善していたが、一方で「景気回復の実感はない」という声が国民からも企業経営者からも多く聞かれていた。

そうしたギャップが生まれた理由としては、第１に、労働分配率の低下が挙げられる。労働分配率は金融危機の深刻化した１９９８年には52％台にまで上昇した後、２０００年代初頭に48％台に低下した。日本の大企業の雇用慣行は長期雇用が中心であるため、従来から景気後退期には相対的に賃金高、過剰雇用となり、労働分配率が上昇する一方、景気拡大期にはその逆のメカニズムが働き、労働分配率が低下する。これは従来の景気拡大期にも見られた現象であるが、グローバル競争が激化する

図6－2　日本の交易条件の推移

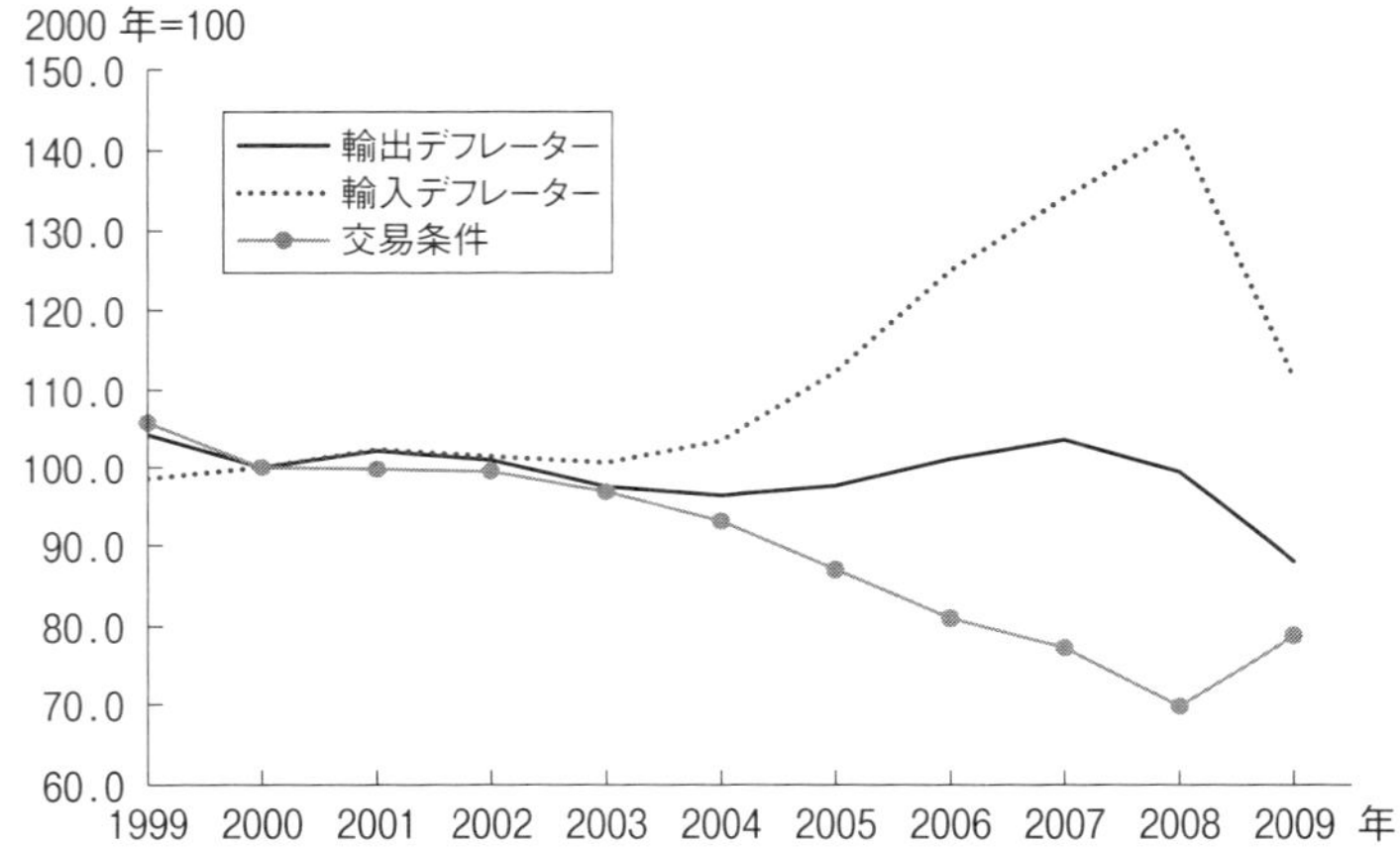

出所：内閣府「2009 年度国民経済計算」

中で、企業が従来以上に自己資本利益率（ROE）を意識した経営を行うようになり賃金を抑制したことも影響している。

第2に、交易条件の悪化が挙げられる。交易条件とは自国の生産物1単位で海外の生産物をどれくらい購入できるかを示すものであり、輸入価格に対する輸出価格の比率であらわされる。交易条件は2000年代初頭に比べて07年時点では20%、08年時点では30%も悪化した（図6－2）。交易条件が悪化しているということはGDPで測られる生産の伸びに比べて実質的な購買力の伸びが低いことを意味する。そうした購買力の減少は「交易損失」として統計が公表されているが、2000年代に入ってからの交易損失の大きさはGDPの5%超にものぼっている[2]。日本は重要な資源をほとんど輸入でまかなっており、新興国の成長を背景とする2000年代の国際商品市況の上昇は、交易条件の悪化の大きな原因のひとつになった。しかし、この事情は米国やカナダを除けば、資源輸入国である多くの先進国に共通している。日本の交易条件が悪化したもうひとつの大きな原因は、輸出価格の下落である。これはグローバル競争が激化する中で、日本の企業が価格支配力を有するような商品を失いつつあることを示している。日本全体としての実質購買力を規定するのはＧＤＰではなく、交易条件の悪化に伴う購買力の減少（交易損失）を調整した所得概念である。これをベースにして見ると、所得は実質ＧＤＰほどには成長しなかったことが、景気回復の実感を持てなかったもうひとつの理由であった（第10章「日本経済の真の課題」では交易条件の国際比較を行う）。

米国におけるデフレ懸念

２００２〜03年は、第二次世界大戦後はじめて先進国がデフレに陥ることを現実的に懸念した時期であった。当時の雰囲気を象徴的にあらわしているのが、ＦＲＢ理事時代のベン・バーナンキが02年11月に行った「デフレーション――ここでは「それ」は起こさせない」と題する有名な講演である[3]。この講演は、日本の経験を強く念頭に置きながら、米国ではデフレは起こさせないし、起こる可能性も低いことを述べたものであり、当時大きな反響を呼んだ。

ＦＯＭＣはそうしたデフレへの懸念を背景に、03年6月には政策金利であるフェデラルファンド・レート（ＦＦレート[4]）の誘導目標を１・０％という当時としての既往最低水準に引き下げた。この時の声明文においては、デフレという言葉は注意深く避けられているが、金融緩和によってインフレ期待を改善することが金利引き下げの目的として掲げられていた[5]。

バーナンキはこのＦＯＭＣの決定前の5月に来日し、東京で開かれた日本金融学会で「日本の金融政策に関するいくつかの論考」と題する講演を行った。講演の内容は、学者時代に比べ若干トーンを抑えていたとはいえ、日本銀行の金融政策に対するかなり辛辣な評価を含むものであった。具体的には、デフレが日本経済の停滞の大きな一因となっているという認識にたち、デフレから脱出するために期間を限定したうえで財政政策と金融政策が明示的な連携を行うという、有名なヘリコプター・マネーの提案を行った(6)。本講演の前日、福井俊彦総裁とバーナンキ理事との昼食会に私も同席した。私がバーナンキに会ったのはこの時がはじめてであった。昼食時には当然のことながら、デフレや量的緩和政策をめぐって活発な議論が行われたが、昼食が終わった後も、私の部屋で日本経済や金融政策に関して相対でさらに意見交換を続けた。私が学者としてのバーナンキの著作をはじめて読んだのは、日本のバブルに関する総括論文を執筆している時であった。日本のバブル崩壊以降起きたことはバーナンキが米国の大恐慌について展開した「金融アクセラレーター」という考え方でかなり説明できるものであり、共感しながら読んだことを覚えている。バーナンキが学者時代に行った日本銀行の金融政策に対する批判にも、また、いわゆる「ヘリコプター・マネー」を提案した上述の講演の内容にも強い違和感を覚えたが、そうした意見の違いを超えて、バーナンキの話は論理的かつ冷静で、意見交換の雰囲気は打ち解けたものであった。この時の初対面の印象は、その後バーナンキがＦＲＢ議長になり私が日本銀行総裁に就任した後も、変わることはなかった。

米国における住宅バブルの発生

米国におけるデフレの議論はあくまでも最悪の事態に備えて展開されたものであり、現実にはデフレには陥らなかった。米国ではデフレ懸念の後退とともに、次第に景気回復が実感されるようになった。もっとも、通常の景気回復局面と異なり、雇用の回復を伴わない回復（jobless recovery）であることがこの時の大きな特色である。この間、金融政策運営スタンスも景気の回復を反映して徐々に修正され、FOMCは金利引き上げを「落ち着いたペース」（measured pace）で進めることを公表した。フェデラルファンド・レートの誘導目標は、04年6月から06年6月まで連続17回のFOMCにおいて0・25％ずつ引き上げが行われ、最終的には5・25％に達した。当初から意図したものではなかったと思うが、これは先行きの金利見通しの不確実性を低下させ、FRBが急激な金融引き締めを行うことはないという安心感を投資家に生み出し、リスク認識を希薄化させることを通じて信用バブルを生む一因になった。

金利引き上げの過程で、活発な議論の対象となったのは住宅価格の急速な上昇への対応の仕方であった。1996〜06年の10年間に全米の住宅価格は実質ベースで2倍となった。代表的な住宅価格指数であるケースシラー指数⑦で名目ベースの住宅価格を見ると、2000年1月の水準を100とした場合、ピーク時の06年7月には206・52を記録し、6年間で約2倍という急速な上昇であった。住宅価格の上昇と住宅建設のブームは、特に、アリゾナ、カリフォルニア、フロリダ、ネバダ等の各州で著しかった。このような状況を反映し、私が定例的に出席していたBISやOECD等の金融政策運営の専門家会合でも、米国の住宅価格の急激な上昇の背景や金融政策の対応のあり方は毎回のように議論されていた。会合では欧州や日本の出席者が住宅価格の急激な上昇に懸念を示すのに対し、米国側の出席者がそうした懸念を一蹴するというのが、ほぼ毎回の議論のパターンであった。

米国側の出席者の当時の主張は以下の3点に要約される。第1は、米国では全国レベルでの住宅バブルは発生したことはないこと。アラン・グリーンスパンＦＲＢ議長が住宅価格の上昇についての議会証言で、地域的な「フロス」(froth) は生じているがバブルは生じていないと述べたのは２００５年６月９日のことであった[8]。「フロス」というのはシャンパンの泡のようなイメージである。第２は、バブルであるかどうかの判定は事前には難しいというものである。仮にバブルであることが判定できたとしても、金融政策で対応しようとすると、政策金利を著しく高い水準に引き上げる必要があり、実体経済活動を過度に抑圧してしまう。というのも、住宅価格は基本的には将来の賃料の割引現在価値だからである。第３は、仮にバブルであったとして、バブル崩壊後に中央銀行が金融政策を積極的に緩和すれば、経済の大きな落ち込みは回避できるというものである。

２００５年６月のＦＯＭＣの議論

上述の議会証言が行われた３週間後の６月29、30日に開かれたＦＯＭＣでは、初日の大半の時間が「住宅価格の評価と金融政策」というテーマで行われた討議にあてられた。ＦＯＭＣの議論の全体的なトーンはグリーンスパン議長の証言と同様に楽観的である[9]。現在、当時の議事録を読んで、後知恵のバイアスを当然反映したものとならざるをえないことを断ったうえで感想を言うと、議論の焦点が圧倒的に住宅価格水準の評価に絞られていることに驚く。問題の本質は日本のバブル経済と同様、資産価格ではなく債務であったが、この点に関する認識は弱い。当然のことながら、この時のＦＯＭＣからほぼ2年後に顕在化するシャドーバンキングやグローバルな資本移動の問題はほとんど議論されていない。

こうした主張の背後にある考え方は、たとえバブルであっても、バブル崩壊後の金融緩和政策の有効性に対する大きな自信である。この考え方にたつと、最も重要なことはバブル崩壊後に中央銀行がいかに積極的な金融政策を実行するかどうかに尽きることになる。この文脈で日本のバブル崩壊後の低成長がしばしば取り上げられ、その原因のひとつは大胆な金融緩和政策への転換の遅れであると診断されていた。米国側の出席者の自信は、２０００年代初頭のＩＴバブル崩壊の影響を速やかに乗り切ったことにも支えられていたと思う。ＩＴバブルと日本のバブル、あるいは２０００年代半ばの米国の住宅バブルの最大の違いは、債務の積み上がりの有無である。過剰債務こそがバブル崩壊後の経済の展開に大きな影響を与えるが、このことは、当時はあまり意識されていなかった。私はこの時のＦＯＭＣの議事録を読みながら、既視感を覚えた。80年代後半の日本の議論と、起こったこともそれに対する中央銀行の反応もよく似ているからである。そして、すでに日本のバブル崩壊後の低成長という貴重な先例が存在したのに、ＦＲＢのように優秀なエコノミストを擁した組織でなぜこの教訓が活かされなかったのかという素朴な疑問が残る。結局、それだけバブル崩壊後の積極的な金融緩和政策の有効性に対する信頼が強かったということであろうか。

「大いなる安定」

２０００年代半ばにかけての先進国経済は良好なパフォーマンスを示した。そして、これを背景に、先進国のエコノミストや政策当局者は金融政策の運営やそれを支える経済理論に対する自信を深めていった。当時の空気を最もよくあらわす言葉は、04年２月にバーナンキＦＲＢ理事が自らの講演のタイトルに用いた「大いなる安定」（The Great Moderation）であったと思う[10]。この言葉自体は２０００年代の先進国経済に関するものではなく、80年代半ば以降約20年間の先進国経済についての観察的事実、すなわち、経済成長率は総じて高く、物価上昇率は以前に比べ低下し、成長率と物価上昇率のボラティリティ（変動率）が低いという良好な経済状態に由来している[11]。「大いなる安定」という言葉に象徴されるマクロ経済運営に関する楽観論が頂点に達したのが２００４年から07年にかけてであった。

この２０００年代の先進国の「大いなる安定」と日本が80年代後半に経験した大規模なバブルは多くの点で共通していた。第１に、成長率が高く、物価上昇率は概して低水準で安定していたこと。第２に、不動産価格が大きく上昇したこと。第３に、債務が著しく増加したこと。米国における住宅ローンはその典型であるが、レバレッジ（借入を梃子として実物資産や金融資産への投資を増やすこと）が著しく拡大した。第４に、経済の良好なパフォーマンスを正当化するストーリーに対し、人々が自信を持つようになっていったこと。「ニューエコノミーの到来」はそのひとつである。

自信は民間経済主体だけでなく、政策当局者や経済学者、エコノミストの間にも広がっていった。当時の主流派経済学の政策思想は、一言で言うと、中央銀行が物価安定を目標として金融政策を運営すればマクロ経済は安定するという考え方である。私は物価安定の重要性を十分認識しているが、この政策思想には強い違和感を持っていた。しかし、当時の米国経済をバブルであると確信を持って診断していたかと問われると、そこまでの自信はなかった。事後的に見て私が認識できていなかったことのひとつは、シャドーバンキングの拡大であり、もうひとつはそれとも関連するが、グローバルな資本移動の果たしていた役割であった。これらの点については後の章で述べることにして、ここではグローバル金融危機以前の支配的な政策思想について、もう少し詳しく述べたい。

ジャクソンホール・コンファレンス

２００５年8月に開かれたカンザスシティ連邦準備銀行主催のジャクソンホール・コンファレンスの議事録は、当時の政策当局者や経済学者の議論の雰囲気を鮮明に伝えている。この年のコンファレンス全体のテーマは「グリーンスパン議長時代の回顧」（The Greenspan Era: Lessons for the Future）であった。今、議事録を読み返すと、半年後に退任を控えたグリーンスパンＦＲＢ議長の金融政策運営に対する賞賛の声で満ち溢れていることに驚く。プリンストン大学のアラン・ブラインダー教授（元ＦＲＢ副議長）はリカルド・レイス教授との共著論文「グリーンスパン標準を理解する」を発表し、グリーンスパン議長時代の良好なマクロ経済を可能にした金融政策の原理を探り、それを次期ＦＲＢ議長の机の最上部の引出しに入れておくべき11の原則として提示している[12]。共感する原理も多かったが、日本の経験に照らして違和感のある原理もいくつかあった。たとえば、第6番目の原則は次のように述べている（傍線は引用者）。

> リスク・マネジメントは、理論的な最適化手続きとしてというより、優れて実践論としてうまく機能する――特に非常に悪影響の大きい事態に対する防御装置として。〔中略〕したがって、たとえば、２００２年から03年にかけてのデフレの危険に対するグリーンスパンのこだわりを行き過ぎと見る人もいた。しかし、ゼロ金利の罠にはまった日本銀行の轍を連邦準備制度（ＦＥＤ）は踏まないようにするという彼の決意は固かった。

この原則ではゼロ金利に直面することを回避するためにリスク管理型の金融政策運営が推奨されているが、この政策をもってしても、米国の政策金利はこの論文公表の3年後には、ゼロ金利に直面する事態を迎えている。第9番目の原則はこうである（傍線は引用者）。

バブルはつぶそうとするな。崩壊してから後始末をすればよい。第1に、バブルをつぶそうとすると、失敗するかもしれない――バブルがつぶれる前に経済が崩壊するかもしれない。〔中略〕さらに、バブルをつぶすのは法律で定められた連邦準備制度のマンデートの一部ではないし、良いことをするというより害をもたらすかもしれない。最後に、バブル崩壊後に中央銀行が大量に流動性を供給するという「後始末戦略」はかなりうまくいくように見える。

この原則ではバブルに対する金融政策の対応としては、事前対応ではなく事後対応で臨むことの有効性が主張されている。当時、国際会議でしばしば日本の政策の失敗が取り上げられ、私は非常に複雑な気持ちでこの議論に参加していた。前述のように、一方では日本の不良債権問題への対応の遅れに強い苛立ちを感じていたが、他方で、日本の経験に照らして積極的な金融緩和を展開すればバブル崩壊後の低成長は防げるという議論には到底賛成できなかったからである。第3章で言及したFRBのエコノミストの共同執筆になる日本のバブル崩壊後の経済を分析した論文はそのひとつの典型である[13]。この論文はFRB関係者の講演等でしばしば引用されていたが、これは果たして教訓たりえるのかというのが、バブル崩壊期に悪戦苦闘した政策当局者の一人としての私の読後感であった。人間は後知恵でしか学びえないと言われるが、後知恵であっても自らが実際に体験しない限り、知恵は共有されにくいことを感じる。[14]　2009年に出版されたケネス・ロゴフとカーメン・ラインハートの有名な著書のタイトルである「今回は違う」(*This Time Different*)[15] の表現を借りると、「我々は違う」という思考の罠から脱することは難しいように感じる。

当時、私が共感を覚えていた考え方は、BISの幹部、アンドリュー・クロケット（総支配人）、ウィリアム・ホワイト（チーフ・エコノミスト）、クラウディオ・ボリオらの表明する考え方であった。彼らは、物価が安定していても資産価格が急激に上昇するとともに債務が大幅に増加する状態を放置すると、やがてバブルの崩壊を通じてマクロ経済に深刻な影響を与える危険性を、繰り返し孤独なまでに警告していた。そうした事態を防ぐためには金融の規制・監督が重要であることは言うまでもないが、彼らは金融引き締めも排除すべきではないという立場であった。「物価安定で十分か？」と題するホワイトの論文はそうした主張を端的にあらわしていた。[16]　要約すると、バブルに対し、FRBビューは「事後対応」(mop-up strategy)、「後始末戦略」(clean-up the mess strategy) を主張するのに対し、BISビューは「事前対応」、「風に立ち向かう戦略」(lean against the wind strategy) の必要性を主張するものであった。[17]

グローバル金融危機以前の主流派マクロ経済政策思想

上述した2000年代半ばの時点での主流派の政策思想は、80年代の終わり頃から政策当局者や学界を中心に徐々に形成され、90年代になって広く浸透するようになり、それが2000年代に入っていっそう強固になっていったものである。一言で言うと、マクロ経済の安定は、物価安定を追求する金融政策によって実現できるという考え方である。それには以下のような経済観があった。第１に、経済活動水準の経路は趨勢的な成長のトレンドとその軌道の周辺の循環的な変動で規定される。前者は労働人口増加率や生産性上昇率という実物的な要因で決まっており、後者は需要ショックや供給ショックによって引き起こされる「攪乱」として捉えられる。第２に、金融政策はそうしたショックに伴う経済変動を平準化することと、低水準かつ予測可能な物価上昇率を実現することによって社会的厚生を最大化することに貢献する。前者の経済変動の平準化が望ましいことについては説明を要しないが、後者の物価安定が望ましいのは、そのような環境のもとではじめて価格の資源配分機能が最大限発揮され経済成長に貢献するからである。(18)物価上昇率が高く将来を読めないような環境では、経済成長に必要な長期的なタイムスパンでの設備投資や研究開発を活発に行うことに企業が慎重にならざるをえない。貯蓄を提供する家計や機関投資家は将来の不確実な物価環境を前提に金利プレミアムを要求するだろう。その結果、起こることは投資の減少であり成長率の低下である。

そのような考え方を背景に、独立した中央銀行に物価安定という目的を与え、金融政策を通じてこの目的の達成を求めることが最良のマクロ経済政策運営の枠組みとされるようになっていった。その際、中央銀行は独立性の見返りに、アカウンタビリティを果たすことが求められる。80年代末にニュージーランドやカナダで採用され、その後90年代に入って多くの中央銀行によって採用されるようになったインフレーション・ターゲティングはそうした政策運営を代表する枠組みであった。マクロ経済の安定は低水準かつ安定的な物価上昇率を追求する金融政策によって実現できるという考え方はインフレーション・ターゲティング採用国に限られるものではなく、採用していなかった米国やユーロ圏でも支配的な政策思想になっていった。

こうした考え方のもうひとつの大きな特徴は、物価の安定は金融政策によって達成され、金融システムの安定は、個々の金融機関に対する規制・監督の適切な運用（ミクロ・プルーデンス政策）によって達成されるという、物価の安定と金融システムの安定を別個の目標として分けて考える思考様式であった。もちろん、そうした思考方法をとる場合でも、物価の安定が金融システムの安定に与える影響についてまったく意識がないわけではなかったが、物価の安定によってマクロ経済が安定すれば金融システムの安定にも好影響を与えるという、予定調和的な考え方が支配的であった。この考え方が妥当するのであれば、中央銀行が金融の規制・監督の権限を有する必然性はないし、むしろ危険であると考えられた。その理由のひとつは過度の権限の集中であり、もうひとつは金融システムの安定と物価の安定という2つの目的を追求することが時として利害の衝突を起こすという考え方である。現実に、金融の規制・監督に関する制度的枠組みに変更が加えられ、1990年代後半には英国、オーストラリア等、少なからぬ国で、独立した規制・監督当局が設けられ、銀行に対する規制・監督権限が中央銀行から移管された。

制度的な分離とは別に、中央銀行の政策当局者自身にも次第に物価安定と金融システムを分けて考える思考形態が広がっていった。組織的に見ると、金融政策は金融政策局が担当し、そこで働くスタッフは主としてマクロ経済学を専門とするエコノミストであった。他方、金融システム安定部署で働く人は、どちらかというと、エコノミストというより実務家や法律家であり、学問分野で言うと、マクロ経済学ではなくファイナンスであった。中央銀行によって異なるが、両者の交流は活発ではなかった。『フィナンシャル・タイムズ』の記者であるジリアン・テットは、グローバル金融危機前の中央銀行や学界における「silo culture」（「縦割り文化」「蛸壺文化」）をバブル発生のひとつの要因として挙げているが、一部の例外を除き、多くの中央銀行や国際機関はまさにそのとおりの状況にあった。[19]

ただし、日本はこのような世界的な流れの中で、多少ユニークな位置を占めていた。前述のように、98年に施行された新日本銀行法では金融システム安定に対する中央銀行の役割が明記された。他の主要国中央銀行と比べると、組織運営の面でも、縦割りの弊害を小さくするための努力がなされていた。もともと日本銀行は定期的な人事異動の一環としてスタッフはさまざまな部署を経験することが多かったが、特に2000年代に入って金融システム関係の部署（考査局。組織改編後は金融機構局）と、企画局、調査統計局といった金融政策関係の部署の間で意識的な人事異動が行われるようになった。このような意図的な努力もあって、弊害は相対的には小さかったと思う。その最大の理由は、バブルとバブル崩壊や金融危機をすでに経験し、組織全体にその記憶が鮮明に残っていたことであった。しかし、それでも弊害を完全に免れることはできなかった。

金融政策万能論の強まり

2000年代半ばは金融政策万能論とでも言うべき議論が頂点に達する時期となった。前述のバーナンキ理事の講演では「大いなる安定」をもたらした要因として、①構造変化（在庫管理技術の向上、金融市場の洗練化、グローバル化の進展等）、②マクロ経済政策の改善（特に金融政策）、③幸運の3つを挙げたうえで、「私の見解は、金融政策は「大いなる安定」のもちろん唯一の要因ではないが、おそらく重要な原因（source）であったというものである」と述べている。[20] バーナンキ自身は決して金融政策万能論を主張したわけではないが、現実の米国経済が良好なパフォーマンスを示していたこととも相俟って、現実には金融政策万能論の影響が強まっていった。マクロ経済学の世界でも、２００３年に行われた全米経済学会の会長講演において、シカゴ大学のロバート・ルーカス教授は、「恐慌予防の中心的問題は実質的に解決された」という、自信に満ちた発言を残している。[21]

金融政策万能論の時代は、グリーンスパン議長が神格化されていくプロセスと重なった。米国の高名なジャーナリスト、ボブ・ウッドワードが２０００年に同議長に関する著書 *Maestro*（マエストロ）を公刊したが、このタイトルは中央銀行総裁が経済を巧みにコントロールしているという世界観に拠っている。インフレーション・ターゲティングを主張する人も、金融政策がこの枠組みにもとづいて運用されれば自動的にマクロ経済の安定が保証されると主張していたわけでは決してないが、良好なパフォーマンスが長期にわたって続いたことから、結果的には金融政策万能論を強め、中央銀行は遂に理想的な金融政策運営の枠組みを発見したかのような捉え方をされるようになった。金融政策万能論を理論として支えていたのがニューケインジアン経済学であり、それを計量モデルとして表現したのが動学的確率的一般均衡モデル（ＤＳＧＥモデル）であった。ＤＳＧＥモデルは複雑な経済を線形の方程式の体系として表現している。従来の計量モデルとの比較では「ルーカス批判」[22]に耐えられるように構築されており、政策シミュレーションができるという点で、多くの中央銀行や国際機関でも開発され、現実にも用いられた。日本銀行でも２０００年代以降、Quarterly-Japanese Economic Model（Ｑ－ＪＥＭ）等、用途に合わせていくつかのモデルを開発した。

しかし、当時使われていたＤＳＧＥモデルには大きな欠陥があった。最も大きな欠陥は金融セクターが実体経済に影響を与えるメカニズムがほとんど組み込まれていなかったことである。経済は「代表的個人」の集合にすぎず、債権者と債務者のように異質な主体が存在することも取り込まれていなかった。また、線形モデルであるため、ショックが均衡からの小さな乖離にとどまっている限りは分析ができるが、バブルや金融危機といった非連続的な変化の影響は分析できないことも大きな欠陥である。これらの欠陥にもかかわらず、政策当局や学界でこのモデルが多用されていた最大の理由は、金融システムの果たす役割の重要性についての理解が欠けていたためだと思われる。私はニューケインジアン経済学やDSGEモデルの依拠する経済観に対し違和感を持っていたが、他方で、日本銀行の政策当事者やエコノミストが、世界で使われている計量モデルという一種の「共通言語」を理解していないと海外のカウンターパートとの会話が成立しにくいことも、国際会議出席の経験等を通じて認識していた。そうした観点から、調査統計局や企画局のエコノミストが進めるDSGEモデルの開発に対し決して後ろ向きのスタンスはとらないようにしつつ、それを使ったシミュレーション分析の結論や限界にも注意を払っていた。

さまざまな不均衡の蓄積

私は米国の住宅バブルに関する米国の政策当局者の議論やバブルへの金融政策の対応に関する主流派経済学者の議論には強い違和感を持ち続けていたが、それならば2000年代半ばにかけて世界経済が蓄積していたさまざまな大きな問題にリアルタイムで気づいていたかと問われると、残念ながら気づいていなかったと言わざるをえない。より正確に言えば、住宅価格の上昇、債務の増加を背景に、一般的な意味での警戒感は有していたし、バブルが崩壊しても積極的金融緩和で対応できるという議論は信じていなかったが、当時積み上がりつつあった「不均衡」の形態を具体的に認識することはできていなかった。

２００７年以降のグローバル金融危機の拡大によってあぶり出されたように、２０００年代半ばにかけて世界経済、金融市場にはさまざまな形態の「不均衡」が現実に徐々に蓄積していった。まず、レバレッジの拡大である。サブプライムローンの証券化だけでなく、複雑な証券化商品を使ったレバレッジの拡大がこれほどまでに大きいとは認識されていなかった。その過程で、欧州の金融機関を中心に、期間と通貨のミスマッチが拡大した。期間のミスマッチとは、短期の債務で長期の資産を保有することであり、通貨のミスマッチとは、負債と資産で通貨が異なることを言う。両方のミスマッチが拡大すると、外貨を含め流動性リスクが著しく増大するが、そのリスクについても認識は不足していた。また、そうした期間と通貨のミスマッチを銀行以外のセクター（シャドーバンキング）が広範に担っていたことについても、十分には認識できていなかった。さらに、ユーロの存続可能性に関しても警戒感を有していなかった。１９９９年に発足したユーロについては、財政統合のない地域での通貨統合に米国の多くの学者や政策当局者は当初懐疑的であったが、ユーロ発足後、ユーロの為替レート上昇やユーロ建て資本市場の拡大とともに、欧州通貨同盟（ＥＭＵ）は存立可能な制度だと信じるようになっていった（詳しくは第11章「欧州債務危機」）。

バブルは毎回、異なった様相で到来し、「不均衡」を具体的に特定することは難しい。一般的な警戒感は表明できても、問題を具体的に提示しない限り、単なる警戒感の表明に終わってしまう。私の経験から思い出すのは、２００３年に日本銀行がＡＢＳ（資産担保証券）を買い入れるかどうかを検討していた時のことである。買い入れの具体的スキーム決定のために、日本銀行は多くの市場参加者から情報を集めた。その時に「モノライン」と呼ばれる保険会社が保証を行うことによって「スーパーシニア」と呼ばれる部分が作られ、これにはトリプルAの格付けがされているという説明をスタッフから聞いた。何度聞いてもその説明は腑に落ちなかったが、それ以上問うのはやめた。信用度の低い債券でも、個別ショックであれば大数の法則からデフォルト確率は下がるが、共通のショックの場合には大数の法則は成立しない。「スーパーシニア」の格付けに関する私の疑問は決して的外れな疑問ではなかったが、米国の証券化商品の市場で起きていることについて、深くは理解できていなかったと言わざるをえない。

製造業の国内回帰

世界経済の高成長は日本に景気拡大をもたらしたが、いくつかの点で「不均衡」ももたらした。マクロ経済で通常まず議論される不均衡は物価であるが、消費者物価指数（生鮮食品を除く）はグローバル金融危機の勃発した07年7月以前の4年間、ほとんど横ばい（0・3％の下落）であり、物価には何らかの意味で不均衡が反映されることはなかった。「不均衡」はいくつかの形態をとったが、特に重要なのは以下の4つであったと私は思っている。

第1の不均衡は、円安の進展による輸出関連製造業の生産能力の大幅増強であった。輸出関連製造業は世界経済の拡大に加えて、円キャリートレードの円安に伴う採算好転から、国内で増産を行うとともに設備能力の大幅拡大を図った。いわゆる「製造業の国内回帰」と呼ばれる現象である。生産・

設備の拡大が特に目立ったのは自動車・電機産業であった。経済産業省の調査によると、国内の工場立地は2001年を底に、07年には1791件、面積で345ヘクタールと、2001年比、それぞれ140％、84％の増加となった。[23] 地域別に見ると、特に輸出関連企業の多く立地する静岡県、群馬県、愛知県、兵庫県の増加が目立ち、輸送機械や電機を中心に増加した。そうした地域では人手不足も深刻になり、四半期に1回開かれる日本銀行の支店長会議では、大手の自動車や電機メーカーが多く集まる大阪や名古屋地区の支店長から、毎回深刻な人手不足に関する報告がなされていた。グローバル金融危機の勃発後は円キャリートレードの巻き戻しから円高が進行するが、この2000年代半ばの円安進展下の過大な設備増強が影響し、調整負担はいっそう厳しいものとなった。大型投資の典型例は、電機メーカーによる液晶パネルや薄型テレビの設備能力増強であった。

首都圏の不動産「ミニバブル」

第2の不均衡は、首都圏を中心とする不動産市場における「ミニバブル」現象であった。不動産価格はバブル崩壊後、長期にわたって下落傾向が続いたが、下落幅が徐々に縮小し、下げ止まったのは東京都で2006年、全国ベースでは07年のことである。[24] もちろん上昇に転じたと言ってもごく小幅であり、住宅地で0・1％、商業地で2・3％にすぎなかったが、東京の上昇率はこれよりかなり高く、住宅地で8・0％、商業地で13・9％にのぼった。東京、大阪、名古屋の三大都市圏で見ても、商業地では8・9％にのぼった。他方、地方圏は下落を続け、住宅地は2・7％、商業地は2・8％の下落となった。このように2000年代半ばにかけての不動産価格の上昇は特定地域に限られたものの、それらの地域ではよってかなり上昇し、特に千代田、中央、港の東京3区では20%前後の高い上昇率となった[25]。こうした状況を反映し、私募ファンドやＲＥＩＴ等のかたちで不動産市場にかなり大量の資金が流入した。東証のＪ−ＲＥＩＴ指数を見ても、06年後半から上昇テンポを速めていた。

当時、ある大手不動産会社の幹部は、「業界団体を代表する立場では公には言えないが、一企業として言わせてもらえるならば、不動産市場の過熱を防ぐためには日本銀行が早急に量的緩和政策を解除することが望ましい」と、定期的な意見交換の場で私に助言してくれた。幸い首都圏を中心とするミニバブルは、米国や一部欧州諸国が経験したような大規模な不動産バブルには至らなかった。その最大の理由は80年代後半のバブルの経験が鮮明であったことであるが、金融政策の面では日本銀行が小幅とはいえ金利水準を引き上げたこと[26]、金融庁が不動産融資に対する金融機関への指導を強化したことが挙げられる[27]。２００６年3月の量的緩和解除や、その後の合計0・5%の政策金利の引き上げを金融政策の失敗として批判する議論もあるが[28]、私は同意できない。仮に金融政策のスタンスの調整が行われていなかったら、グローバル金融危機後の日本経済はいっそう厳しいものとなっていただろう。

金融機関による証券化商品への投資

第3の不均衡は、金融機関による証券化商品への投資であった。グローバル金融危機勃発後、そうした証券化商品の大幅な値下がりに伴い、日本の金融機関も損失処理を余儀なくされた。ただし、他の主要国の金融機関に比べると被害は格段に小さかった。最大の理由は、２００3年頃までは不良債権の処理が完全には終わっていなかったことに加え、不動産「ミニバブル」同様、バブル崩壊後の金融危機の記憶が鮮明であったことが挙げられる。さらには、金融機関の証券化商品保有に対する資本賦課を含む新しい自己資本比率規制、いわゆるバーゼルⅡを欧米に先行して採用していたことも影響していただろう[29]。

第4の不均衡は、金融機関の外貨資金の調達の面での不均衡であった。当時、日本の大手銀行は国内市場の長期的な縮小傾向を眺め、海外での融資や有価証券投資の拡大を図っていたが、安定性の高い一般顧客からのドル預金での調達割合は小さかった。そのため、海外での運用が増加する過程で、インターバンクのドル資金市場における無担保の資金調達や、為替スワップ市場でのドル資金調達[30]への依存度を高めていた。グローバル金融危機以前は、ドル資金の調達市場の流動性は非常に高かったが、危機勃発後は、ドル資金調達市場の流動性の高さは永続的なものではないことに気づかされることになる[31]。

何が間違っていたのか

グローバル金融危機以前に支配的だった経済政策思想は、どこが間違っていたのだろうか。経済活動の水準は趨勢的な潜在成長軌道とその周辺で変動するショックによって規定され、最適な金融政策はそのショックを平準化することであるという考え方は、それ自体としてはきわめて妥当なものに聞こえる。しかし、そうした金融政策運営によって物価が安定し経済変動も小さくなると、経済主体はリスク認識を緩め、より積極的にリスクをとろうとする。その結果、金融システムが不安定化する。この点について、私は2009年6月にBISで行った講演で次のように述べた[32]。

今日の物価安定と今日の金融システムの安定の間に同時点におけるトレードオフが存在するようにみえます。しかしながら、真のトレードオフは、むしろ、今日の経済の安定と明日の経済の安定の間の異時点間におけるトレードオフとして存在しています。そうだとすると、物価安定と金融システムの安定は、独立した目標というより、単に時間的視野の違いということになります。その場合、中央銀行は、2つの目標のために2つの政策手段を必要としていると考えるのではなく、1つの大きな目標を達成するために1つの大きな道具箱を必要としていると言うべきなのではないかと思います。

つまり、経済の変動を作り出しているのは、確率的な「攪乱」として捉えられることの多い需要ショックや供給ショックというより、持続的な成長軌道からかなり長期間にわたって乖離する、持続不可能な動きと理解した方が現実に合っている。以前であれば、持続不可能な動きとは、たとえば需要超過であり、その結果としてのインフレであった。しかし、持続不可能な状況、すなわち「不均衡」とはこれに限られるものではなく、バブルはその典型例である。さまざまな経済主体が将来の所得増加に過度に楽観的になり、債務金額が返済能力を超えて著しく増加すると、どこかの時点で返済可能な経路に戻るように経済活動が修正される。興味深いのは、物価の安定というそれ自体としては望ましいことが次の不均衡を生み出す要因にもなることである。また、物価の安定を目指した金融政策の運営自体が、経済主体のリスク認識にも影響を与え、不均衡を作り出す可能性もあることである。

主流派であったニューケインジアンの経済理論は、需給ギャップや物価上昇率に着目していれば経済の大きな変動は捉えられるという立場であるが、1980年代後半の日本のバブルの経験やグローバル金融危機に先立つ2000年代の世界経済の動向は、持続不可能な経済はさまざまな要因で生み出されることを示している。「持続不可能」な状態を理解するうえで不可欠なのは、少なくとも、以下の2つの視点である。

第1は、部門（セクター）間の不均衡という点である。このことの重要性を説明するために、需給ギャップという概念を取り上げよう。需給ギャップとは総需要と総供給の差であるが、この概念では財・サービスの部門間の不均衡が排除されてしまう。消費財と投資財、住宅関連支出と非住宅関連支出、貿易財と非貿易財、借り手と貸し手等、多くの場合、不均衡はそうした複数の部門間で発生する。

第2は、現在と将来の不均衡という点である。バブル期に将来への過大な成長期待にもとづいて多額の支出を行うと、バブル崩壊後は支出を切り詰めざるをえない。過大な支出を可能にするのは信用の存在であり、この信用を扱うのが金融の役割である。

主流派経済理論は、金融の役割をなぜ軽視したのだろうか[33]。理論としてはまったく取り入れられていなかったわけではない。前述したバーナンキの「金融アクセラレーター」の議論も存在していた。ひとつの原因は、多くの経済学者がもっぱら米国経済を念頭に経済理論を作ってきたことに求められる。近年のマクロ経済学は優れて実証的であり、「現実」を説明しない理論は生き残れない。この「現実」は多くの場合、米国経済のデータを意味していた。したがって、米国で金融危機が起こらない限りは、北欧や日本で金融危機が起こっていたとしても、その現象を分析するインセンティブがあまり働かなかったのではないだろうか。これにはいくつか理由が考えられるが、米国は世界最大の経済国であるがゆえに、それ自体が興味の対象になる。データの入手のしやすさという実際的な要因も軽視できないと思う。米国の統計は他国に比べると非常に利用しやすく、世界中の経済学者が米国経済を対象とした研究を行いやすくなっている。そのようなリサーチ「産業」に関する「市場構造」や「産業組織」を前提とすると、米国で金融システムの問題が顕在化しない限り、金融の役割は看過されることになってしまう。「大いなる安定」とそれが幻想に終わった経験はさまざまな教訓を投げかけているが、日本のバブルの経験と同様に、政策思想がいかに重要な影響を与えるか、さらにはそれを支える経済理論の果たす役割がいかに大きいかを教えているように思う。

（１）日本の高度成長のメカニズムについては、白川（２０１１b）参照。
（２）齊藤（２０１４）第10章は、交易条件について詳しく解説するとともに、その変化の持つマクロ経済的な意味について深い考察を行っている。
（３）講演の原タイトルは「Deflation: Making Sure 'It' Doesn't Happen Here」。
（４）フェデラルファンド・レートとは、米国におけるインターバンク資金市場金利。日本のコール・レートに相当する。インターバンク資金市場では中央銀行当座預金の貸借が行われる。
（５）「インフレ予想が後退しているので、委員会としては現状よりもいくぶん拡張的な金融政策が経済の拡大をさらに支援し、やがて改善をもたらすと判断した」（ＦＯＭＣ声明文。ＦＲＢホームページ）。
（６）講演の原タイトルは「Some Thoughts on Monetary Policy in Japan」。「具体的には、日本銀行は国債購入をさらに増やすことを考えるべきであり、望ましくは減税ないし他の財政刺激策と組み合わせた方がよい」。Bernanke (2003).
（７）米国主要20都市住宅価格指数。
（８）「全国レベルでは住宅価格の「バブル」は起きそうには思えないが、少なくとも、住宅価格が持続不可能なレベルまで上昇したように見える若干の地域では、泡のような兆候があるように思える」。Greenspan（2005）参照。

（9）例外はアトランタ連銀のジャック・グイン総裁であり、フロリダ地区の住宅市場を明確にバブルだと述べている。ＦＯＭＣの議事録参照。https://www.federalreserve.gov/monetarypolicy/files/FOMC20050630meeting.pdf

（10）Bernanke（2004）.「大いなる安定」という言葉自体はバーナンキの命名によるものではない。

（11）Bernanke（2004）は日本については「大いなる安定」の例外であると述べている。

（12）Blinder and Reis（2005）参照。

（13）Ahearne et al.（2002）.

（14）グリーンスパン議長の伝記 *The Man Who Knew: The Life and Times of Alan Greenspan* について述べたバーナンキのブログを読むと、ＩＴバブルが比較的マイルドな景気後退に終わったことが、金融システムと金融政策の関係についてのＦＲＢの考え方に影響を与えた可能性を示唆している。「おそらく、グリーンスパン時代の金融危機で最も大きなマクロ経済的なインパクトがあったのは、２００１年の比較的緩やかな景気後退の主因であったＩＴバブルの崩壊であっただろう。この景気後退に対する金融政策の反応が成功であるかどうかは見る人によって異なるが、ここで意味がある論点は、グリーンスパン、ＦＯＭＣ、そして２００５年のジャクソンホール・コンファレンスでグリーンスパンを賞賛した人々は、それを成功だと信じていたことである。主要な資金市場や証券化市場の崩壊を含め、07年の危機を前例のないほど破滅的なものとした要因は予測されていなかった」。https://www.brookings.edu/blog/ben-bernanke/2016/11/03/sebastian-mallabys-biography-of-alan-greenspan/

（15）Reinhart and Rogoff（2009）.

（16）White（2006）参照。

（17）ＦＲＢビューとＢＩＳビューの解説については、翁（２０１１）第6章を参照。

（18）資源の最適配分を達成するうえで物価安定が重要であるもうひとつの理由については、第18章５８４頁参照。

（19）Tett（2015）参照。

（20）Bernanke（2004）参照。当時の政策思想に関するより詳細な検討は、翁（２０１１）第5章参照。

(21) Lucas (2003) p.1.
(22) 「ルーカス批判」とは、経済政策の効果を過去の歴史的なマクロ集計量（たとえば、ＧＤＰと消費）間の関係（たとえば、計量経済モデル）にのみもとづいて予測することはできないことを言う。なぜなら、マクロ集計量間の関係は過去の政策ルールを前提とした最適化行動だからである。
(23) 経済産業省「平成19年工場立地動向調査結果」参照。調査対象は１０００平方メートル以上の用地。
(24) 国土交通省発表の公示地価による。
(25) たとえば、商業地で見ると、千代田区17・6％、中央区20・9％、港区23・2％。
(26) 日本銀行は「不動産市場の先行きとその金融システム面への影響を注意深くみていく必要がある」という立場で、不動産市場の動きをモニターしていた。日本銀行金融機構局（２００７）19頁参照。
(27) 金融庁の「金融庁の1年（平成18年事務年度版）」は「監督方針」にもとづく対応として、「不動産ファンド向け融資に係る各種ヒアリングを行い、その結果を監督方針に附記する」（97頁）と記述している。金融庁ホームページ。
(28) たとえば、量的緩和解除やゼロ金利解除を決定した時期の決定会合議事録が公表された直後、２０１７年1月21日付『日本経済新聞』の特集記事の見出しは、「つかみ損ねた「脱デフレ」」であった。
(29) 日本は２００６年度から適用を開始したが、米国は結局、バーゼルIIを適用しなかった。
(30) 円資金を担保とするドル資金調達の取り引き。具体的には、円を直物市場で売却してドルを調達し、先物市場でドルを売却する取引。為替リスクはヘッジされている。
(31) Caruana (2016b) 参照。
(32) 白川（２００９ｂ）参照。
(33) 以下は、東京大学の青木浩介教授との議論に負うところが大きい。

第2部　総裁時代

第7章　日本銀行総裁に就任

私は2008年3月21日に日本銀行副総裁の辞令を受け取り、同時に総裁代行に就任した。総裁に任命されるのはその約3週間後の4月9日であったが、総裁代行就任の時点から、事実上の総裁としての仕事が慌ただしく始まった。数年前までは金融政策担当の理事として総裁の仕事を間近で見る機会が多かったが、当然のことながら総裁と理事の役割は異なっており、すべてが新たな経験であった。この年の9月に到来するリーマン危機という猛烈な暴風雨は、すぐそこに迫っていた。

政策委員会議長に就任

総裁代行に就任した当日の午後に政策委員会が開催され、政策委員会議長に選任された。政策委員会は日本銀行の最高意思決定機関であり、総裁、2名の副総裁および6名の審議委員から構成される。総裁は執行の責任者であるが、政策委員会という日本銀行の意思決定機関の議長であることを自動的に意味するものではない。民間の株式会社で言えば、前者は社長（ＣＥＯ）に相当し、後者は取締役会の議長に相当する。政策委員会の議長は日本銀行法の規定により、政策委員会メンバーの互選で決まることになっている。日本銀行では従来から総裁が議長に選任されており、私が総裁代行に就任した際も、この慣行に従って総裁代行である私が議長に選任された。総裁と議長が同一というのは日本銀行に限られるものではなく、FRB、ECB、イングランド銀行等、多くの中央銀行も同様である。

日本銀行政策委員会は「政策」という言葉を冠していることから、金融政策を決定するための委員会であるかのような誤解を受けることが多いが、政策委員会は日本銀行法の定めにより、金融政策だけでなく、金融機関に対する考査の運営方針、「最後の貸し手」としての特別融資[1]の可否、決済システムの開発、日本銀行の予算・決算、役員や職員の給与水準を含め、日本銀行として重要な事項をすべて決定する場である。その意味では、政策委員会という名称はややミスリーディングである。政策委員会のうち、金融政策を決定するための政策委員会は「金融政策決定会合」という名称で呼ばれ、その運営の仕方は法律に詳細に規定されている（第5章「ゼロ金利政策と量的緩和政策」参照）。金融政策以外の事項を討議・決定する政策委員会は「通常会合」と呼ばれ、原則として週2回、火曜日と金曜日に開催されている。

私が4月9日に総裁に就任した時の政策委員会のメンバーは、副総裁の西村清彦、審議委員として、須田美矢子、水野温氏、野田忠男、亀崎英敏、中村清次の合計7名体制であった。審議委員は「経済又は金融に関して高い識見を有する者その他の学識経験のある者」（日本銀行法第23条第2項）から選任される。当時の審議委員のバックグラウンドを見ると、須田委員は経済学の大学教授、水野委員は証券会社のエコノミスト、野田委員は大手銀行の副頭取、亀崎委員は大手商社の副社長、中村委員は大手海運会社の副社長の経験者であった。政策委員会のメンバーは衆議院と参議院の両院の同意を得て内閣によって任命される。9名の定員に対し2名欠けていたのは、私が総裁に昇任した後の副総裁が任命されていなかったことと、西村清彦が審議委員から副総裁に昇任した後の審議委員が任命されていなかったことによる。審議委員候補として池尾和人慶應義塾大学教授が２００８年６月に指名され衆議院では可決されたが、参議院では民主党が統一会派を組む国民新党の反対から不同意に回った結果、政府がこの人事案を取り下げた。このため、10月に山口廣秀理事が副総裁に任命されるまでの間は、政策委員会の７名体制が続いた。

審議委員の任期は総裁、副総裁と同様、５年である。総裁、副総裁と審議委員の大きな違いは執行責任を有するかどうかである。政策を決定するのは政策委員会であるが、決まった政策を執行するのは総裁、副総裁および理事以下の「執行部」である。

政策委員会は民間企業の取締役会に比べ、はるかに頻繁に開かれている。これに加えて、さまざまなテーマでの説明会も頻繁に開催されているため、審議委員は実際上は常勤である。読むべき資料も多く、週末もゆっくり過ごせることはないと思う。その意味で、審議委員という名称は政府の審議会の委員のようなイメージを与え、ミスリーディングである。

前述の５名の審議委員がそれぞれ任期満了を迎えた後、新たに委員が任命され、宮尾龍蔵、森本宜久、白井さゆり、石田浩二、佐藤健裕、木内登英が就任した。

倫理規定

日本銀行は公共的な使命を帯びた仕事を遂行する組織であることから、組織に対する信頼はひときわ重要である。このため、役員についても職員についても厳しい倫理規定が設けられている。総裁を含め政策委員会メンバーは就任時と退任時に財産を公開すると同時に、その運用についても厳しい制限が課せられており、基本的に現預金と個人国債以外には運用ができないし、その取引のタイミングについても制限が課せられている。また、金融取引の実績を四半期ごとに行内に設置された「コンプライアンス委員会」に報告する義務がある。決定会合前の情報発信についても政策委員会で申し合わせ（ブラックアウト・ルール）を行い、決定会合の2営業日前から会合終了当日の総裁記者会見終了時刻までの期間は、国会において発言する場合等を除き、金融政策および金融経済情勢に関し、外部に対して発言しないことになっている。このため、決定会合直前のブラックアウト期間中はマスコミ関係者や金融機関関係者と会わないことはもとよりであるが、誤解を与えないという観点から、外部との接触についても慎重に対応するようにしていた。

経済・金融の現場で起きていることについての情報や感覚を得ること、また日本銀行の政策に対する率直な意見を聞くことが重要である一方で、そうした外部との接触が不透明、不公平なものと映れば日本銀行に対する信頼を低下させる危険もある。私はブラックアウト期間中を除き、基本的に金融機関や一般企業の経営者、海外からの来客と積極的に会うように心がけていたが、同時に、面会をする場合でも、場所やタイミングを含めて注意深く配慮した。海外の中央銀行では日本の経験にやや遅れるかたちで、市場関係者との面会や会合での発言が不透明な慣行として批判されることが増加したが、前述のバランスをどのように保つかは難しい現実的課題のひとつである。

はじめての金融政策決定会合

議長としてはじめて決定会合に出席したのは4月9日である。議長の最大の役割は委員の間に多様な意見が存在することを前提としたうえで、金融政策の運営方針について合意を形成していくことである。スタッフの説明は時として「日本銀行用語」を使った専門的な説明になりがちであるため、日本銀行での仕事の経験のない審議委員に理解しやすいように説明することを促すのも議長の役割である。それと同時に、議長は総裁でもあり、さまざまな意見に耳を傾けてリーダーシップを発揮していくことも求められる。さらに、総裁は執行の最終責任者であることから、概念的な議論だけでなく、金融政策の執行に伴う実務面にも目配りをした議論が行われるように議事を運営しなければならない。

私が総裁代行に就任する直前の、3月7日の日本銀行の景気判断を見ると、次のように述べられている。(2)

わが国の景気は、住宅投資の落ち込みやエネルギー・原材料価格高の影響などから減速しているが、基調としては緩やかに拡大している。

〔中略〕

なお、海外経済や国際金融資本市場を巡る不確実性、エネルギー・原材料価格高の影響などに、引き続き注意する必要がある。

この時点では景気後退局面入りという認識は示されていなかったが、後に公表された内閣府の景気基準日付によると、景気はすでに本決定会合の前月にあたる2008年2月にピークを迎えていた。(3)私が議長として初回の決定会合に臨んだ際の政策金利の水準は0.5%、10年物国債の金利は1.34%

であった。量的緩和解除後の2回の金利引き上げ（２００6年7月、07年2月）により、政策金利を引き下げる若干の余地は生まれていたが、引き下げ可能な幅は最大でもわずか0･5％にすぎなかった。先行きの金融政策の運営方針については、07年10月末に公表された展望レポートでは、「経済・物価情勢の改善の度合いに応じたペースで、徐々に金利水準の調整を行うことになる」という方針が示されていた。もっとも、この展望レポート公表時点以降、世界経済は悪化していったことから、金融市場において政策金利の引き上げを予想する見方は後退していたと思う。

ベアー・スターンズを買収するＪＰモルガン・チェースに対するニューヨーク連銀の緊急融資に示されるように、欧米諸国の金融システムは脆弱であり、金融システムと実体経済の負の相乗作用が強力に働き始めていると、私は感じていた。このため、日本の先行きの景気見通しについても下方修正の必要があると判断していたが、それをいきなり初回の会合で唐突に行うことには慎重であった。大きな理由は、金融政策は合議体で決定する仕組みになっているからであった。特に、日本銀行の場合、他の先進国の中央銀行と異なり、9名の委員のうち、総裁と2名の副総裁の3名が同時に任期満了を迎えるため、そもそも制度上、連続性が維持されにくいという側面が存在する。そのうえ私の就任時は、決定会合メンバーのうち2名が空席であり、7名のうち、新メンバーは私だけという状況であった。私は初回の決定会合では、日本銀行政策委員会という組織が責任を持って下したこれまでの景気判断や政策運営の考え方を尊重する必要があると思った。何よりも、強引な議事運営を行うと、政策委員会メンバー間の信頼関係が損なわれることにもなりかねない。さらに、非連続的な変化が起こると、国民も市場参加者も、総裁の交代を機に将来同じようなことが起こると考えるはずである。そうなると、中央銀行の発する言葉に対する信頼性が低下し、結果として長い目で見た金融政策の有効性も低下する。一方で、景気判断を修正する必要があることは明確になりつつあることから、半期に1回の展望レポートを審議する場である4月末の決定会合で包括的な点検を行ったうえで景気判断を明確に下方修正したいと思っていた。そのような思考経路を経て、4月9日の決定会合後の記者会見では、見通しには不確実性が大きいことは強調しつつも、中心的な見通しは変更しなかった。

この時の記者会見では当面の景気判断に関する質問のほかに、いくつか興味深い質問を受けた。そのひとつは、私が副総裁になる直前に出版した『現代の金融政策――理論と実際』という教科書に書いたことと、今後の実際の金融政策運営の関係を問うものである。記者の質問自体は具体的な状況を念頭に置いたものであったが、私は今後もこうした質問を受けることを意識して、以下のような一般的な考えを述べた(4)。

学者、教師という立場と、中央銀行で政策決定に責任を持つという立場は、自ずと違ってくると思います。学者の真骨頂は、常に新しい見方を提示し、結果としてその見方が間違っているとしても常に新しい環境の変化のもとで考え方を提示していく、ということであると思います。一方、政策当局者は、全て理論が解決して初めて政策を打てるというわけではありません。様々な理論を踏まえ、その時その時に判断していくということです。従って、自分自身としては、本に書いたことは、その時の私の教師、研究者としての素直な気持ちを書いたつもりでありますが、その時に書いたことに固執して自分の経済を見る目、あるいは政策を見る目が曇ってはいけないと自戒しております。

また別の質問には、バブル防止に関する前述のFRBビュー（事後対応）とBISビュー（事前対応）のどちらを金融政策の教訓にするかという、想定していないものもあった。これに対しては、以下のように答えている[5]。

私が大学時代にBISビューとFRBビューどちらに共感を持っていたかということで答えますと（中略）、FRBビューあるいはBISビューどちらかに与しているというよりは、敢えて言うとその中間に位置しているという感じです。つまり単純にFRBビューでは割り切れない、そして単純にBISビューで政策を打つことも難しい、ということを理解した上で金融政策および金融システムに関する政策を考えていく必要があるということを申し上げたかったわけです。

第6章で述べたように、私は考え方としてはBISビューに共感を覚えていたが、総裁に就任して、この考え方だけで現実に金融政策を運営できないことも十分わかっていた。それが記者からの予想外の質問に対するとっさの回答であった。いずれの質問も、私がその後5年間に経験する状況を先取りする質問であった。

景気見通しの下方修正

次の4月末の決定会合では展望レポートの内容を審議し、半年前に比べ、景気見通しを下方修正した。見通しを「下方修正した」と言っても、何をもって合議体で金融政策を決定する中央銀行の見通しと見なすかは、じつは簡単な話ではない。対象となる経済変数の数字が変化する場合、時間の経過に伴い見通しどおりに数字が変化する場合もあれば、見通し自体が誤っていたことが判明する場合もある。さらには、各数字についての上振れ・下振れの確率等の予測は、委員ごとに異なる。その基となるロジックも異なる。したがって、意見が大きく分かれている時に、これを合議体のひとつの整合的な見通しとして公表することは容易な作業ではない。これはどの国の中央銀行であれ、金融政策を決定する委員会で仕事をした経験のある人間であれば、誰もが実感していることであるが、一般には認識されにくいことであると思う。

展望レポートの公表にあたっては、見通し数字自体ではなく、多数派の見解にもとづいて書かれた景気・物価見通しの背後にある基本的なメカニズムの説明に力点を置くようにしていた。しかし、それにもかかわらず、エコノミストや市場参加者の関心は見通し数字の方に集まりがちであった。決定会合に参加する委員は会合に先立ち、成長率と消費者物価上昇率についての見通しを提出するが、決定会合当日の討議を経て再度見通しを提出する。２００８年４月末の展望レポートでの成長率見通しを中央値で言うと、08年度は半年前の2・1％から1・5％に下方修正し、09年度は1・7％であった。こうした景気判断を一言で表現すると、「現状は減速、先行きも減速、ただし、成長率は均してみれば潜在成長率並み」というものであった。減速の主因は米国を中心とした海外経済の減速とエネルギー・原材料価格高の影響である。3月の決定会合で示された景気判断の中で、最も修正を要すると私が感じていたのは、「生産・所得・支出の好循環メカニズムが基本的に維持されている」という判断であったが、この表現は4月末の決定会合以降、展望レポートでも記者会見でも削られた。(6)

一方、消費者物価については、この時点で判明していた直近の08年3月の前年比は1・2％の上昇であり、消費税率引き上げのあった97年度を除くと、93年8月以来の高い上昇率となっていた。[7] 先行きについては国内の需給ギャップ要因からの上昇は見込んでいなかったが、エネルギー・原材料価格の上昇から上方修正を行い、消費者物価上昇率の見通しの中央値で言うと、08年度は半年前の０・４％から上方修正し１・１％、09年度は１・０％であった。[8]

ただ、こうした見通し数字だけでは先行きの不確実性の増大をうまく表現できないと判断し、この時の展望レポートから、見通しが上振れまたは下振れる可能性について各政策委員が想定した確率分布を集計して作成した「リスク・バランス・チャート」という図を公表することとした。新たに発表したチャートは、委員が成長率についても物価上昇率についても下方リスクの方が高いと判断していることを示していた。

4月末の決定会合では、「中長期的な物価安定の理解」（第5章「ゼロ金利政策と量的緩和政策」参照）、すなわち、各政策委員が中長期的に見て物価が安定していると理解する物価上昇率についての確認作業も行った。「中長期的な物価安定の理解」は政策委員会メンバー全員の見解を集約したものであることから、新しい委員が加わる度に確認の作業が必要であることに加え、もともと定期的にその妥当性を点検していくことを約束しているものである。討議の結果、２００６年3月に公表した時の内容が確認された。金融政策運営方針については、「予め特定の方向性を持つことは適当ではない」とし、それまでの徐々に金利水準を引き上げるという方針を修正した。修正した最大の理由は、景気の下振れリスクに特に注意が必要な局面だと判断したためである。展望レポート公表後に行った日本記者クラブでの講演では、米国経済について「今のところ、住宅価格は下げ止まっておらず、金融市場の動揺が収まる兆しはみられません。さらに、金融機関の与信態度が一層厳格化するリスクもあります。

金融資本市場、資産価格、実体経済の負の相乗作用が、いつ、どのように収束に向かうのか、その帰趨が見えないところに、最大の不確実性があると思っています」と、慎重な見方を表明した。

結果的に、成長率はリーマン危機の発生により、この下方修正した見通しに比べても大幅に下振れした。もっとも下振れ自体は、国際機関、海外中央銀行、大半の民間エコノミストの予測に共通していた。中央銀行はリーマン危機のような事態を中心的な見通しとして政策運営をすることはできない。見通しを下方修正したうえで、リスク要因を強調するというアプローチは正しかったと思う。

この時の展望レポートを今読み返してみて、認識が最も遅れていたと感じることは、潜在成長率についての1%台半ばから後半で推移するという楽観的な想定を置いていたことである。潜在成長率は設備や労働の稼働状況にもとづき一定の手法で推計したものであり、この時の想定数字は当時の民間エコノミストの想定に比べて高いものではなかった。私も当時、この数字が高過ぎるのではないかと疑った記憶はない。

その理由を振り返ってみると、長年日本経済の下押し要因であった「3つの過剰」が数年前に解消し、海外経済の大きな動揺がなければ成長率は上がるはずと考えられていたからだと思う。ただし後に判明するように、「過剰」の解消と映った現象は必ずしも真の意味での解消ではなく、世界経済の高成長や円キャリートレードによる円安の進行といった、世界的な信用バブルの影響を直接・間接に受けたものであった。また、それ以上に認識が薄かったのは、急速な高齢化に伴う労働人口の減少を反映して潜在成長率が低下しつつあることであった。このことの深刻な意味を真に認識するようになるのはもう少し後のことであった（第10章「日本経済の真の課題」参照）。

物価上昇率については、「中長期的な物価安定の理解」と整合的な見通し数字であったこともあり、この見通し公表時に低過ぎるという批判を受けることはなかった。むしろ、物価についてはエネルギー・原材料価格の上昇を反映し、記者会見では今後さらに上昇するのではないかという観点からの質問の方が多かった。

景気の下振れと物価の上振れ――２００８年夏までの経済情勢

国内景気は4月末の展望レポート公表後、予想どおり減速傾向を強めた。このため、7月以降の決定会合では、連続して足元の景気情勢についての判断を下方修正し、8月には現状を「停滞している」という判断に改めた。この8月の決定会合では中心的な見通しとして「物価安定の下での持続的な成長経路に復していく」ことを想定しつつ（第1の柱）、国内景気について下振れリスクを強調した（第2の柱）。国内景気を大きく左右する要因は海外景気であり、特に米国の金融市場と実体経済の負の相乗作用の帰趨であった。他方、消費者物価上昇率は7月、8月と連続して2・4％を記録した。物価上昇の主因は国際商品市況の一段の上昇であり、原油価格（WTI原油先物）は2月7日の1バーレル当たり88ドル台から7月11日には１４６ドルまで高騰するに至った。このような状況を反映して、7月の記者会見では、日本経済が景気の後退と物価上昇が併存するスタグフレーションの局面に入るのではないかという観点からの質問が多く寄せられた。

この間、海外の中央銀行を見ると、金融政策の対応は分かれており、ECBでは物価上昇に対する警戒から7月4日に政策金利を0・25％引き上げたほか、多くの新興国・資源国の中央銀行が政策金利をかなり引き上げていた。[9] 一方、金融危機の震源地であった米国や英国では春以降、政策金利を据え置いていた。日本銀行は先行きの景気について慎重な見方をとっていたことから、政策金利を引き上げるという対応はとらなかったし、そのような考えも持っていなかった。

国際会議出席

総裁就任後の変化という点では、国際会議への出席が増加したことも大きな変化であった。就任後のはじめての国際会議は4月のワシントンでのG7だった。そのあと、5月4、5日にはスイスのバーゼルでのＢＩＳ定例総裁会議にはじめて出席した。私は5年間の総裁在任中、海外出張は全部で70回、年平均14回にのぼったが、訪問先として最も多かったのはバーゼルであった。ＢＩＳは１９３１年にスイスのバーゼルで設立され、中央銀行のクラブとも言うべき組織である。ＢＩＳのホームページを見ると、５つのことが自らの使命として掲げられているが、第1に挙げられているのが「中央銀行間の議論の促進と協力の支援」（fostering discussion and facilitating collaboration among central banks）である。ＢＩＳ総裁会議と便宜的に呼ばれるが、実際にはテーマや出席する中央銀行の違いにより、いくつもの「総裁会議」が開かれている。経済・金融全体を幅広く議論する場としてはグローバル・エコノミー・ミーティング（ＧＥＭ）が存在する。従来、ＢＩＳの重要な委員会の議長の任命やこれら委員会に対するガイダンスはG10（Group of Ten）総裁会議が担っていたが、２０１０年以降、この機能はＧＥＭに移された。ＧＥＭは参加者の数も多いので、議論や決定のための提案を準備するために、新たに「経済諮問委員会」（Economic Consultative Committee: ＥＣＣ）と呼ばれるグループが作られた。私が総裁としてはじめて出席した時はG10総裁会議が存在していたが、10年からはG10諸国に中国、インド、メキシコが加わり、18名から成るECCが発足した。
私は1997年から約3年間、BISの主要委員会のひとつであるグローバル金融システム委員会（CGFS）のメンバーであったことからバーゼルを頻繁に訪れており、G10総裁会議にも記録係として何回か出席したことはあるが、総裁席に座って発言をするのはもちろん、この時がはじめてであった。各国大蔵大臣の間にも仲間意識は存在すると思うが、中央銀行総裁の任期が長いこともあり、中央銀行コミュニティには独特の仲間意識が育まれている。国境を越えた専門家集団という意識があるのかもしれない。当時のECBのジャン＝クロード・トリシェ総裁は私の総裁就任前に行われた理事会後の記者会見で、日本人記者の質問に対し以下のように答えている(10)。

私はシラカワを知っており、これまでも接触があった。多くの友人がいるECBを含め、彼は以前のポジションで中央銀行サークルの重要人物と多くの接触があった。したがって、私は、これまでと同様、彼や日本銀行と非常に緊密な関係を維持することを予想している。このことはきわめて重要である。というのも、中央銀行家の同朋意識は非常に困難な時期において重要であり続けるからである。

私が日本銀行の審議役で、トリシェ総裁がフランス銀行の総裁時代に、BIS年次総会の昼食会の席で言葉を交わしたことはあったが、この時点では彼を個人的によく知っているわけではなかった。記者会見の言葉に示されている同総裁の細やかな気遣いに感謝するとともに、自分が中央銀行総裁という重要な国際的政策コミュニティの一員に加わった責任の重さを感じた。

国会出席

国会の委員会に出席し答弁する機会が増えたことも総裁就任後の大きな変化であった。国会でのはじめての答弁は、総裁代行就任5日目にあたる3月25日の衆議院の財務金融委員会であった。理事時代にも国会答弁は何回か行ったが、総裁になってからは格段に増え、5年間の在任中、全部で１１７日、国会の委員会に呼ばれた。年平均24日弱ということになる。質問者は91名にのぼった。呼ばれる頻度は経済情勢を反映して年によって異なるが、最も多かった２０１２年2月は9日だった。衆議院の財務金融委員会や参議院の財政金融委員会、衆参両院の予算委員会がほとんどだったが、稀にそれ以外の委員会に呼ばれることもあった。中でも総理以下全閣僚の参加する時の予算委員会はテレビ中継も入り、独特の緊張感があった。

日本銀行法の規定によって、日本銀行は半期に1回、金融政策に関する報告書を国会に提出すると同時に、当該報告書の審議を行うため、国会の委員会で答弁することが求められている。これは米国の例にならって導入された制度である。半期報告書自体は定期的に作成して提出されているが、実際の審議のタイミングはかなり伸縮的であった。半期報告の場合、1回の審議は3～4時間であり、長時間、神経を集中して答弁に立っていた。最初の半期報告は08年5月22日の参議院の財政金融委員会であり、この日に概要報告を行った後、同27日に質疑が行われた。

海外でも中央銀行総裁は議会に呼ばれるが、日本の場合、国会に呼ばれる頻度が他国に比べて際立って高い。私が最も多く国会に呼ばれた２０１２年の場合、出席日数は29日、これに対してＦＲＢ

議長は５日である。日本銀行総裁が独立性を有した中央銀行として国会で議員の質問に対し誠実に答えることは当然のことであり、日本銀行法にもその旨規定されている(11)。しかし、あまりにも回数が多いこともさることながら、呼ばれるタイミングが不確定であることは総裁としての業務遂行に時として障害となった。このため、海外出張や国内での出張の予定を組むことにどうしても慎重にならざるをえなかった。海外の多くの中央銀行と同様、国会に総裁を呼ぶのは原則として定期的な金融政策報告の時とし、そこで集中的、体系的に質疑を行うという体制に移行した方が生産的であるといつも感じていた。

面会

総裁就任後の変化として、訪問客の増加も挙げられる。金融機関や企業の経営者、海外の現役およびＯＢの政策当局者、有力経済学者等、個別に面談する機会が増えた。また、内外の専門家がオフィスを訪ねてくれることも多く、中央銀行総裁であることのありがたさを実感した。彼らはさまざまな情報や視点を提供してくれた。総裁就任直後に面談した海外の中央銀行ＯＢの一人は、「中央銀行総裁のひとつの仕事は、一国のチーフ・エコノミック・エデュケーターであるべし」とアドバイスしてくれた。私なりに解釈すると、中央銀行総裁は短期的な金融政策を間違いなく行うだけでなく、一国のマクロ経済が直面している問題をきちんとした分析にもとづいてわかりやすい言葉で説明を行っていく義務がある、ということであろう。「エデュケーター」という言葉にはやや上から目線の感があり好きではないが、中央銀行の目指していること（中長期的に持続可能な経済成長と整合的な金融環境の実現）や、中央銀行の有している強み（優れたエコノミストを多数抱えていることや、中立的な立場にあると見られていること）を考えると、このアドバイスは至言であった。

講　演

総裁に就任してからは公の場での講演の機会が増加した。日本銀行総裁はさまざまな場で発言を求められるため、講演と講演以外とを区別することは難しいが、日本銀行のホームページに記録が掲載されている講演の数を見ると、総裁在任中の5年間で103回（セレモニー的性格の強い対外挨拶、支店長会議や入行式といった内部での挨拶等は含まない）、そのうち海外が24回であった。国会や記者会見での答弁は重要ではあるが、時間の制約があるうえ、質問に答える形式であるため、自分の方から能動的に体系的な情報を発信するのには適さない。そのため、各国中央銀行とも総裁以下の幹部による講演には力を入れており、私も日本銀行の政策についての理解を得るために、さまざまなトピックを選び、講演することを心がけた。

マスコミに公開された最初の講演は、先に触れた2008年5月12日に日本記者クラブで行った講演である[12]。実際の講演に先立ち、控室で記者クラブの幹部と懇談した際、招待講演者は恒例によりゲストブックに言葉を寄せる慣行になっていることを告げられた。私は気の利いた表現もとっさには浮かばず、「誠実とプロフェッショナリズム」とのみ記した。講演の大半は直前に公表した展望レポートにもとづく景気・物価見通しと金融政策運営に関する説明にあてたが、最後の部分で中央銀行という組織について2つのことを強調した。

第1は「学習を続ける」という中央銀行の組織文化の重要性である。

経済は常に変化し、現在もグローバル化が進行し、情報通信技術が発展するもとで、絶えざる変化に晒されています。それだけに、私としては、常に謙虚な気持ちを忘れずに、学習を続けるという中央銀行の組織文化を大事にしていきたいと考えています。それと同時に、中央銀行としては金融政策運営に当たっての判断の根拠を分かりやすく説明すること、すなわち、透明性を確保することが不可欠です。金融政策の独立性を支える拠り所は、結局のところ、的確な分析とそれに裏付けられた金融政策の積み重ねであり、そうした金融政策の判断に係る透明性であると思います。

第2に強調したのは中央銀行の銀行業務（バンキング業務）の重要性である。

昨年夏以来の国際金融市場の動揺をとっても、各国は様々な流動性供給ないし流動性供給の仲介とでも言うべき措置をとってきましたが、金融政策の効果が円滑に波及することを確保する上で、これらの中央銀行のバンキング機能を活用した措置は非常に重要でした。昨年夏以降の金融市場の展開をみていますと、市場機能が不安定化するもとでも、決済システムの面では混乱は生じていません。〔中略〕地震やテロ、コンピュータ・ダウンをはじめ、様々な危機や混乱に対する備えも中央銀行の重要な仕事です。近年、金融政策に対する関心が高まっており、そのこと自体は中央銀行としては喜ぶべきことですが、それとのバランスでみると、「銀行の銀行」としての中央銀行の側面への関心がもっと高まっていくことを願っています。私としては、金利政策とバンキング政策というふたつの手段を使って、「物価の安定」と「金融システムの安定」という日本銀行の目的達成に努力していきたいと考えています。

地方出張

講演は東京以外の都市でもできるだけ行うようにした。その際は、自治体の首長、当該地域の企業経営者との面談や工場見学も行うのが一般的であり、毎回非常に有益であった。私にとって最初の地方出張は２００８年８月25〜26日の大阪出張であり、２回目は９月２〜３日の名古屋出張である。大阪出張の時はプラズマテレビへの大型投資で有名であったパナソニックの尼崎工場を見学した。見学先の企業の経営者はいつも大変親切で丁寧に説明をしてくれたが、この時もまったく同様であった。後年、同社はプラズマテレビの生産からの撤退を決めるが、あの時の大規模な設備の整った工場の風景を思い出す度に、企業の意思決定がいかに難しく厳しいものかを感じる。

（１）金融システムの安定を維持するために行う日本銀行の貸出。金利は通常の貸出金利よりも高いが、担保等の条件は通常の貸出よりも緩和されている。日本銀行金融研究所（２０１１）第６章参照。
（２）「金融経済月報（基本的見解）」（２００８年３月）。日本銀行ホームページ。
（３）２００８年３月の政府の月例経済報告によれば、「景気回復は、このところ足踏み状態にある。〔中略〕先行きについては、改正建築基準法施行の影響が収束していくなかで、輸出が増加基調で推移し、景気は緩やかに回復していくと期待される。ただし、サブプライム住宅ローン問題を背景とするアメリカ経済の減速や株式・為替市場の変動、原油価格の動向等から、景気の下振れリスクが高まっていることに留意する必要がある」（内閣府ホームページ）。

（4）２００８年４月９日の記者会見要旨（日本銀行ホームページ）参照。

（5）前掲（４）。

（6）２００８年４月30日の記者会見要旨（日本銀行ホームページ）参照。

（7）消費者物価指数は５年ごとに基準改定が行われるため、当時利用可能であった物価指数（２００５年基準）と現在の物価指数基準（２０１０年基準）とでは数字は異なる。ここでの数字は当時の数字である。

（8）２００８年４月の「展望レポート」参照。

（9）２００８年４～８月の政策金利の引き上げ幅は、２・０％（チリ）、１・25％（インド）、１・５％（トルコ）、１・０％（南アフリカ、イスラエル、インドネシア、ペルー、フィリピン）、０・75％（ブラジル、メキシコ、ロシア）、０・５％（ノルウェー、タイ、ハンガリー）、０・35％（デンマーク）、０・25％（スウェーデン、韓国、フィリピン）であった。

（10）２００８年４月10日の記者会見。ＥＣＢホームページ（Introductory Statement with Q&A）。

（11）日本銀行法第54条第３項「日本銀行の総裁若しくは政策委員会の議長又はそれらの指定する代理者は、日本銀行の業務及び財産の状況について各議院又はその委員会から説明のため出席することを求められたときは、当該各議院又は委員会に出席しなければならない」。

（12）白川（２００８ｂ）参照。

第8章　リーマン破綻

２００８年9月のリーマン破綻によって世界の金融システムは一時、崩壊寸前の事態に至ったが、各国の政府・中央銀行が危機の回避に向けて積極的な行動をとったことから、最悪の事態は何とか回避しえた。本章は時計の針をいったん私の総裁就任以前に戻し、米国の住宅バブル崩壊から話を始める。リーマン破綻後の激動の数カ月間は、11年3月の東日本大震災の発生、13年1月の政府・日本銀行の共同声明の発表に至る交渉と並んで、私の総裁在任期間中の出来事で強く脳裏に焼きついていることのひとつである。

住宅バブル崩壊からサブプライムローン危機へ

「大いなる安定」は徐々に様相を変化させていった。最初に変化が顕在化したのは、米国の住宅価格であった。代表的な住宅価格指数であるケースシラー指数（全米20都市ベース）で見ると、２００６年7月にピークを記録し、それ以降はほぼ5年半、下落を続け、底値をつけた２０１２年2月までの間に約35％下落した。低所得者向けの住宅ローンであるサブプライムローンの延滞率は２００６年末頃から徐々に上がり始め、２００７年に入ってから一段と上昇した。

住宅バブル崩壊の影響は住宅投資には比較的早くあらわれたが、実体経済全体に及んでくるのにはもう少し時間がかかった。NBER（全米経済研究所）の景気循環の判定に従うと、景気後退が始まったのは07年12月であった。毎年2月と7月に行われるFRB議長の半期ごとの議会証言で、景気への懸念がはっきりと表明されるのは07年7月からである。金融システムへの影響についても、住宅価格が下落に転じてから1年近くは楽観的な見方にたっていた。たとえば、FRBのフレデリック・ミシュキン理事からは日本の経験にも言及しながら、07年1月の講演で次のような見通しが示されている[1]（傍線は引用者。以下同）。

資産価格バブル崩壊が金融システムの不安定性をもたらすことはほとんどない。〔中略〕しかし、住宅価格バブルの崩壊が金融システムの不安定性をもたらすことは、もっと考えにくい。〔中略〕90年代に日本を含む多くの国で見られた金融システム不安は住宅価格ではなく、商業地価格の崩壊が不良債権問題をもたらしたことによる。〔中略〕多くの人は日本の経験を読み間違えている。問題はバブルの崩壊ではなく、その後の金融政策対応である。

ベン・バーナンキ議長も07年5月に行った講演では楽観的な見方を示している[2]。

そうは言っても、住宅需要を支えるはずのファンダメンタルな要因の存在を前提とすると、サブプライムローン市場の問題が住宅市場全体に与える影響は限定的であると信じており、実体経済の他の部門や金融システムに重大な波及効果をもたらすとは予想していない。

当時の米国の政策当局者の発言を見ると、日本のバブル崩壊後の政策当局者の発言との類似性に驚く（第3章「バブル崩壊と金融危機」参照）。ただし公平を期して言えば、日本も米国も当局者の発言は、状況認識として実際にそう思っていた部分と、政策当局者としていきなり悲観的な見通しを言えなかったという部分と、両方の要素が存在していたと思う。楽観論にたっていたという点では公的当局者だけでなく、民間エコノミストも同様であった。

パリバショック

金融市場では本格的な危機を前に、マグマが徐々に蓄積していった。住宅価格が2006年8月から下落に転じる中で、株価はなお上昇を続けていた。株価は企業収益の先行きに関する市場参加者の予想を反映するという意味で重要な指標であるが、金融危機とはもっと即物的なものであり、資金繰りがつかない金融機関が倒産するという事態である。そうした危険を端的にあらわすのは、インターバンクのドル資金市場である。Libor-OIS スプレッドと呼ばれる指標は、資金市場の緊張の度合いを具体的に示す指標として、多くの市場参加者が注目していた。これは一定期間、たとえば3カ月間金融機関が資金調達を行う際の金利（Libor）とオーバーナイト物で毎日資金を借り換え継続する際の金利の差（スプレッド）を示すものである。貸した相手が資金を返済しないリスクを意識するようになると、当然割増金利を要求することになる。インターバンク市場の緊張がドル資金の Libor-OIS スプレッドの上昇という誰の目にも明確なかたちであらわれたのが、07年8月9日に起きた「パリバショック」である（図8－1）。

この日、フランスの大手金融機関であるBNPパリバが傘下の投資信託の償還停止を発表した。これを契機にインターバンクのドル資金市場の緊張は一挙に高まった。当時、私は京都大学公共政策大学院に勤務しており、この出来事が各国中央銀行の間でどのように受け止められていたのかはわからないが、少なくとも学者や民間のエコノミストの間では、この出来事がその後のあれほど深刻なグローバル金融危機につながっていくという認識は少なかったと思う。このことは世界を代表する経済学者であるオリヴィエ・ブランシャールとローレンス・サマーズが、パリバショックから10年経過した2017年10月に開かれた「安定化政策再考」（Rethinking Stabilization Policy）と題するシンポジウムで次のように述べていることからもわかるだろう[3]。

10年前、ほとんどの人はその後起こること――世界最大の金融機関への取り付け、流動性の罠の水準への金利水準の張りつき、目標水準以下の物価上昇率の低下、多くの先進国における大幅なマイナスの需給ギャップ――を予測していなかっただろう。

パリバショックの後、インターバンク資金市場は一挙に不安定化した。金融システムがただちに動揺したのは英国であった。9月には住宅ローンの多い中規模の銀行であるノーザン・ロック銀行が預金取り付けに見舞われ、同月17日には英国政府は同行の預金債務の全額を保証する旨、発表した。英国で銀行の預金への取り付けが生じたのは1866年以来のことであった。住宅価格下落後も上昇を続けていた米国の株式市場も、07年10月9日をピークに下落に転じた。

図8－1　Libor-OIS スプレッド

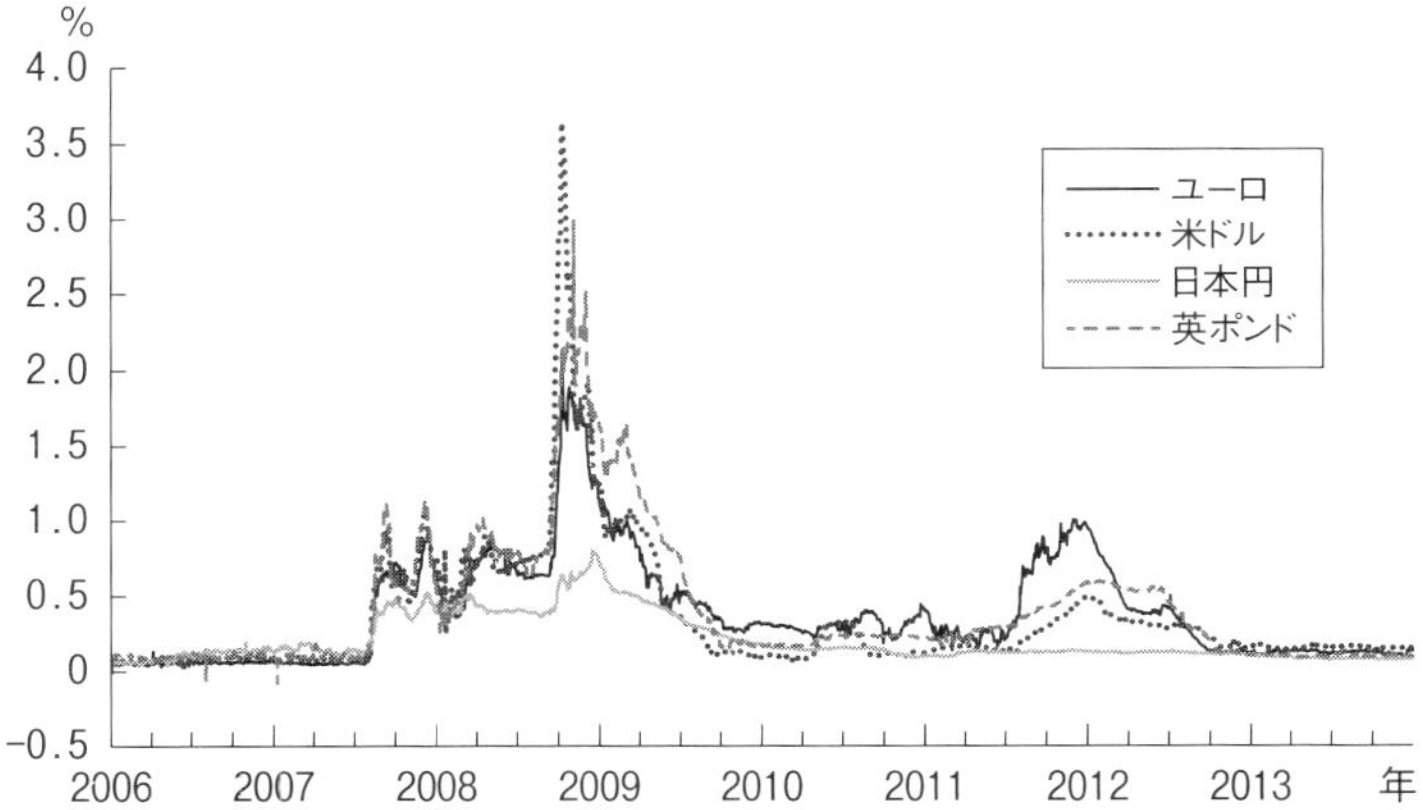

出所：Bloomberg

ここで、あらかじめ用語について一言しておきたい。パリバショック以降次第に拡大した金融危機は当初、「サブプライムローン危機」と呼ばれたが、その後判明するように、この危機はサブプライムローン市場を越えてもっと広範囲のものであった。サブプライムローン市場で起きたことはきっかけにすぎないので、この呼称は適当ではない。そのため、本書では「グローバル金融危機」という言葉を使ってきたが、２０１０年から深刻化する欧州債務危機を「グローバル金融危機」に含めるべきだろうか。広義に捉えれば、これをグローバル金融危機と呼ぶことは可能である。しかし、欧州債務危機は欧州以外の実体経済にも大きな影響を与えたとはいえ（第11章「欧州債務危機」参照）、金融システムや金融市場への全般的な影響という点では、パリバショックから始まりリーマンショックでピークを迎えた危機とは異なっていた。そこで本書では、２００７年から09年にかけての金融危機を「グローバル金融危機」と呼称し、それとは区別して、「欧州債務危機」とい

う用語を使用することにする。(4)

ベアー・スターンズの救済

私が総裁代行に就任する直前であるが、2008年3月16日、資金繰りの逼迫していた米国第5位の投資銀行であるベアー・スターンズを、JPモルガン・チェースがFRBからの緊急融資を受けたうえで買収することが発表された。この緊急融資は、後述する連邦準備法第13条第3項を発動した異例の措置であった。特に重要だったのは、ベアー・スターンズの抱える非流動的な資産を買い取る特別目的のファンドを設立し、FRBがこれに融資を行ったことである。FRBは政治家やエコノミストたちから轟々たる非難を浴びたが、ベアー・スターンズの資産内容に関する不確実性が除去されない限り、JPモルガン・チェースは買収に踏み切れなかっただろう。もし本措置がとられていなければ、この時点でただちに後のリーマンショックのような大規模な金融危機が起きていたと思う。その意味で、私はベアー・スターンズに対するFRBの緊急融資を高く評価している。

もちろん問題の本質は資本不足にあるから、これが解決しない限り、金融システムと実体経済の負の相乗作用が生じるのは必然的であるが、本措置により欧米の金融市場は束の間の安定を得ることになった。実際、4月11日のG7会合の終了後に開かれた民間金融機関経営者との会合では、少数ではあるが「最悪期は終わった」という発言も聞かれた。

しかし、多くの人が恐れていたように、その後間もなくして金融市場の緊張は再び高まっていった。特に、米国の住宅金融専門の政府系金融機関であるファニーメイ、フレディマックの2社が公的管理下に入った9月7日には、グローバル金融市場の緊張は極度に達した。ベアー・スターンズの実質破綻の後、金融市場で次に破綻がささやかれていたのは米国第4位の投資銀行リーマン・ブラザーズ（以下、リーマン）であった。そのリーマンが9月15日に連邦破産法（チャプター11）の適用を申請したことを機に、世界の金融市場は１９３０年代以降経験したことのなかったような危機的状況に陥り、金融システムは文字どおり崩壊寸前の様相を呈した。[5] このリーマン破綻の前後には、各国の財務大臣、中央銀行総裁の間の電話会議、あるいは中央銀行総裁だけの電話会議、さらには相対での電話連絡等が何度となく行われた。[6]

「リーマン・ウィークエンド」

リーマン破綻直前の週末にあたる9月12日金曜日の夜（日本時間）、財務大臣・中央銀行総裁の出席するＧ７の電話会議が開催された。席上、ヘンリー・ポールソン財務長官からはリーマンを買収する金融機関を見つける交渉が難航していること、その中にあって米国当局は混乱を回避するために最大限の努力をしていることが報告された。当時、欧米の金融システムはきわめて不安定な状況にあり、仮に同社が無秩序なかたちで清算されると、システミック・リスクが顕在化し、世界の金融市場が甚大な混乱に陥る可能性が高いことはほぼ明らかであった。したがって、半年前のベアー・スターンズの救済時に行ったように、ＦＲＢは緊急融資を行ってでもとりあえずは金融システムの安定を守り抜くはずだし、またそうしなければならないと思っていた。それだけに、リーマンの買収先を見つける交渉がいかに困難であろうとも、最終的に米国当局が同社の無秩序な清算を許すはずはない、いや許すことはできないはずというのが、私の思いであった。米国以外の多くの当局者の思いでもあったと想像している。[7] しかし、現実には週末に行われた関係者による最後の交渉も不調に終わり、[8] 13日土曜日、14日日曜日に数回にわたって開かれた電話会議において、米国当局者よりリーマンの連邦破産法の申請は不可避という見通しが伝えられた。信じられない決定ではあったが、その瞬間から頭を切り替えるほかはなかった。各国当局はこの厳しい現実を前提に、週明け以降の混乱を回避することに最大限の精力を注いだ。日本についても、日本銀行と金融庁が協力して、週明け後の最悪の事態に備えて準備を進めた。

リーマン破綻後のグローバル金融市場

リーマンの持株会社であるリーマン・ブラザーズの連邦破産法適用申請は9月14日（米国時間）に行われ、世界の各拠点で営業していたリーマン・グループ各社も破産手続を開始した。日本については週明けの15日が休日にあたっていたため、リーマンの日本法人の会社更生法の適用申請はその翌日の16日に行われた。[9]

かなり大きな混乱が起こることは事前に予想はしていたが、世界の金融市場の混乱は事前の予想をはるかに上回るものであった。米国では、16日に大手のMMF（即日換金可能な短期投資信託）が額面割れとなり、以後、その解約が相次いだ。17日には、大手保険会社AIGが公的管理に入ることが決定し、同社に対してFRBが800億ドルという巨額の資金供与枠を設定することが発表された。リーマンにFRBの融資が行われないことが明らかになって間もなく、AIGには巨額の資金援助が行われたことから、この発表は多くの人に衝撃を与えた。そして、19日には財務省からMMFに対する時限的な保証措置が、22日には投資銀行のゴールドマン・サックスとモルガン・スタンレーが銀行持株会社に移行することをFRBに申請するという電撃的なニュースが[10]、25日には資産規模約3000億ドル、貯蓄金融機関としては最大手のワシントン・ミューチャル（WaMu）が連邦預金保険公社（Federal Deposit Insurance Corporation: FDIC）の公的管理下に入ることが、陸続と発表された。WaMuは米国の金融史上最大の銀行破綻であり、同社の発行する債券の投資家は実損を被り、金融システムはさらなる激震に見舞われた。このような状況にもかかわらず、29日には公的資金投入を可能にするTARP（The Troubled Asset Relief Program）法案が下院で否決される事態に至った。米国のダウ工業株平均はこの日だけで778ドル、約7%もの大幅な下落を記録した。ドル資金市場ではカウンターパーティ・リスク[11]の高まりから市場流動性が極端に低下し、その結果、金融機関の資金調達はさらに困難化した。Libor-OISスプレッドを見ると、ドルについてはリーマン破綻直前の1・3%から10月10日には3・6%に、ユーロについては1・2%から2・1%にまで高まった。

資金市場の動揺は、当然のことながら金融機関だけでなく、一般企業をも直撃した。危機の震源地である米国では、MMFは償還の増加から組み込み資産であるCPを売却するとともに、新規の購入を停止した結果、格付け最上格の企業でもオーバーナイト物よりも長い期間のCPの新規発行ができない状態になった。このため、自動車販売金融会社をはじめ、CPや社債により巨額の資金を市場から調達していた企業の資金繰りは急速に悪化していった。他の国でも資金市場の不安定化や極端なリスク回避行動の広範化から、世界の金融市場は麻痺状態となった。

ワシントンでのＧ７会合

グローバル金融市場が混乱を続ける中で、10月10日金曜日（米国時間）、ワシントンでＧ７が開催され、私は９月24日に発足した麻生太郎内閣のもとで財務大臣に就任したばかりの中川昭一（故人）とともに出席した。総裁在任中に出席した数多くの国際会議の中で、この時のＧ７ほど緊張感があり目的意識の明確な会議はなかった。出席者の誰もが１９３０年代の大恐慌のような事態だけは絶対に避けなければならないという明確な目的意識を共有していた。バーナンキは回顧録で、「我々は自分たちが出血を止めることができる少数の人間であることを自覚していた」と述べているが、まさにそのとおりであった[12]。このため、通常のＧ７では比較的多くの時間が割かれるマクロ経済の議論は最小限に絞られ、議長であるポールソン財務長官の議事運営により、会議終了後に発表するＧ７声明に盛り込むべきメッセージに焦点を合わせて議論が行われた[13]。発表された声明文は字数にして２６６字と、前回４月の声明の１３５０字と比べて格段に短かったが、メッセージは明確であり、Ｇ７諸国の政府と中央銀行の意思が７項目のアクション・プランとして宣言された。Ｇ７声明文は以下のような当局者の断固たる決意を述べることから始まっている[14]。

Ｇ７は本日、現下の状況は緊急かつ例外的な行動を必要としていることに同意する。我々は、世界経済の成長を支えるため、金融市場を安定化させ、信用の流れを回復するために共同して作業を続けることにコミットする。我々は、以下のことに同意する。

７項目のアクション・プランの最初の３つを紹介すると、第１に、「システム上の重要性を有する金融機関を支援し、その破綻を避けるため、断固たるアクションを取り、あらゆる利用可能な手段を活用する」。第２に、「信用市場及び短期金融市場の機能を回復し、銀行及びその他の金融機関が流動性と調達資金に広汎なアクセスを有していることを確保するため、すべての必要な手段を講じる」。第３に、「銀行やその他の主要な金融仲介機関が、信認を再構築し、家計や企業への貸出しを継続することを可能にするに十分な量で、必要に応じ、公的資金、そして民間資金の双方により資本を増強することができるよう確保する」。

これらの方針は、リーマン破綻後、各国の政府・中央銀行、規制・監督当局がそれぞれ行ってきたこと、あるいは行おうとしてきたことを貫く精神であったが、それをこの時点でＧ７諸国の強固な意思として示すことには大きな意味があった。

日本銀行の行動

日本銀行はリーマン破綻後、国内の金融システムや経済の安定を守り抜くために全力をあげた。真っ先に行わなければならなかったことは、リーマンの破綻手続き自体を円滑に進めることであった。日本銀行は金融実務を担う中央銀行の立場から、東京地方裁判所、金融庁に対してさまざまな情報提供を行った。この点で、１９９０年代後半の金融危機の際の、金融機関破綻処理に関する多くの実務的知識が日本銀行のスタッフに蓄積されていたことは、円滑な手続きを進めるうえで大いに役立った。

もうひとつ重要な仕事は、資金や国債の円滑な決済を維持することと金融市場の安定を確保することであった。この点に関する日本銀行としての姿勢を対外的に明らかにするために、リーマン破綻後の最初の営業日である9月16日に、「日本銀行としては、最近の米国金融機関を巡る情勢とその影響を注視しつつ、引き続き、適切な金融市場調節の実施などを通じて、円滑な資金決済と金融市場の安定確保に努めていく方針である」という総裁談話を発表した。

こうした応急措置をまず講じた後、日本銀行は以下の政策措置を相次いで実行に移した。①金融市場の安定確保を目的とした潤沢な流動性供給、②景気の下支えを目的とした政策金利の引き下げ、③低下した信用仲介機能の回復を図るための措置、の3つである[15]。

なお、脇道に逸れるが、リーマン破綻によるグローバル金融危機によって、空席であった副総裁の補充人事を可能にするという、思わぬ展開もあった。8月2日に発足した福田康夫改造内閣のもとで経済財政担当大臣に就任した与謝野馨は、リーマン破綻の影響を検討する官邸での会議の後、私に、リーマン破綻は与野党の対立で膠着していた日本銀行副総裁人事を動かす千載一遇の機会だとの認識を示した。そして、政府・与党内と野党・民主党の有力者に直接根回しを行い、副総裁任命の必要性について理解を取りつけ、私が希望した山口廣秀理事の副総裁昇任の実現に奔走してくれた（任命は08年10月27日）。これによって、副総裁は日本銀行法の規定どおりの二人体制になった。与謝野大臣には深く感謝している。

潤沢な流動性——①の措置

金融危機において中央銀行がまず果たすべきことは、「最後の貸し手」として自国の金融市場において潤沢に資金（流動性）を供給することである。日本銀行もリーマン破綻後、金融市場に対して円資金の潤沢な供給を行った。もっとも、日本の場合、欧米諸国の金融機関と異なり複雑な証券化商品への投資は相対的に少なかったことを背景に金融機関自体は頑健であったため、短期の資金市場もはるかに安定していた。この時のLibor-OISスプレッドを見ると、円のスプレッドは最も上昇した時でも0・7％であり、ドルやユーロに比べて格段に小さかった（図８－１）。

日本にとっての流動性の問題は円資金ではなく、ドル資金の不足であった。日本の金融機関、特に大手金融機関は海外で多額の外貨資産運用を行っており、そのため市場でも多額の外貨資金調達を行っていたが、これが急速に困難になった。日本の大手企業も自動車をはじめ同様の状況に陥った。たとえば、トヨタは国内では実質無借金であるが、連結売上の77％は海外であり、海外子会社を含む連結ベースで見ると、流動負債は11兆円、固定負債は6兆円にものぼっていた。[16] 上述のように、CP、社債市場は機能停止状態に陥る一方、頼みの日本の金融機関からの米ドル資金借入も難しくなったことから、海外での活動の多い日本の大手企業の間にもドル資金調達への不安が急速に広まっていった。

当時、日本の公的外貨準備は約1・0兆ドル、そのうちの95％は政府の外国為替資金特別会計が保有しており、日本銀行の外貨保有額は円換算で総額5・5兆円にすぎなかった。米国以外の先進国の中央銀行はどこもそうであるが、保有するドル資金は限られているため、中央銀行が自国に所在する金融機関に対しドル資金の面で「最後の貸し手」の役割を果たすためには、米国の中央銀行の実行部隊であるニューヨーク連銀からドルを調達する以外に方法はなかった。そのために行ったのが、ニューヨーク連銀との間で締結したドル・スワップ取極であった。これは自国通貨を担保として同行に提供し、ドルを調達する仕組みである。この枠組みにおいて米国はドル資金を供給するが、回収不能となるリスクは基本的に負わない。ニューヨーク連銀とドル・スワップ取極を締結した中央銀行が自国のどの金融機関にドル資金を供給するかは、当該中央銀行が判断する。

ドル・スワップ取極については、すでにパリバショック後の２００７年12月にニューヨーク連銀とＥＣＢ、スイス国民銀行の間で締結されていたが、その時点では日本の金融機関にはドル資金繰りの面で問題がなかったことから、日本銀行はこの取極には参加していなかった。しかし、リーマン破綻後は状況が一変した。このため、日本銀行はイングランド銀行、カナダ銀行とともにこの取極に新たに参加する方針を固めた。本措置の発表は世界同時に行う必要があったため、９月18日深夜（日本時間）に臨時の決定会合を開催してドル・スワップ取極への参加を決定し、ただちに全参加中央銀行が同時公表を行った。日本銀行は自国内に所在する金融機関から国債等の担保を徴求したうえで、本スワップによって調達したドル資金を供給するオペレーションを開始した。

本措置は情報が事前に外に漏れることなくわずか数日のうちに実現に漕ぎ着けたが、中央銀行間の信頼関係の強さが大きな財産であることを改めて感じた。同措置はその後、参加中央銀行の範囲が拡大し、最終的にはオーストラリア、スウェーデン、ノルウェー、ニュージーランド、ブラジル、メキシコ、韓国、シンガポールも加わり、全部で14の中央銀行が参加した。日本銀行のドル調達金額の上限は総額６００億ドルで始まり、その後１２００億ドルに引き上げられた後、ドル資金市場の機能低下が深刻化した10月13日以降は上限が撤廃され無制限となった(17)。日本銀行による民間金融機関へのドル資金の実際の供給残高は12月末には１２７６億ドルに達した。これは中央銀行による「グローバルな最後の貸し手」機能の発揮と言えるものであった。

スワップ取極にもとづくドル資金供給は、日本銀行がグローバル金融危機の中で講じたさまざまな措置の中で、民間金融機関や企業の経営者から最も感謝された措置であった。金融システムの安定は普段はことさら意識されることもないため、この面での中央銀行の貢献が評価されることもないし、中央銀行の職員も自分たちの仕事が世の中に役立っていることを実感する機会が少ない。この時日本銀行が行った措置は中央銀行として当然行うべきことであったが、文字どおり不眠不休で海外との交渉や実務の詰めを行った職員にとってそうした感謝の言葉は、苦労が報われた瞬間だったと思う。

政策金利の引き下げと当座預金付利制度の導入――②の措置

リーマンショック発生後、日本銀行が次に講じた措置は政策金利水準の引き下げであった。金融機関や企業の存続自体が危ぶまれたリーマンショックのような局面では、景気への金利引き下げの効果は限定的であるが、それでも景気の落ち込みを緩和するため最大限の努力をする姿勢を中央銀行として示すことには意味がある。そうした判断から、２００８年10月31日と12月19日の２回にわたって政策金利を各０・２％、合計で０・４％引き下げた。10月の引き下げについては方向自体に異論はなかったが、引き下げ幅をめぐって意見が分かれ賛否同数となった。このため異例ではあったが、議長採決で本決定がなされた（後述）。次の12月の政策金利引き下げの決定は賛成７票、反対１票であった。２回の措置の結果、政策金利の水準はリーマンショック前の０・５％から０・１％にまで引き下げられた。

この政策金利の引き下げ幅は欧米諸国に比べて小さい。これはひとえに、リーマン破綻時において日本の政策金利の水準が０・５％と、ＦＲＢ（２・５％）、ＥＣＢ（３・75％）、イングランド銀行（５・０％）

と比較して、格段に低かったという現実を反映したものである。仮に日本の政策金利の水準が欧米の中央銀行と同程度の水準であったとすれば、日本銀行も間違いなくもっと大幅に金利を引き下げたであろうが、残念ながら日本銀行にはその余地はほとんど残されていなかった。

10月31日の政策金利引き下げ時には、当座預金に対し金利を支払うという、将来重要な意味を持つことになる「補完当座預金制度」（当座預金付利制度）を導入した。前述のように、リーマンショック発生後、日本銀行は金融システムの安定を維持するために積極的に資金を供給した。金融機関は法律に定められた金額（所要準備額）までは日本銀行当座預金残高を保有するが、それを超えて当座預金を保有しても金利収入は得られないので、余剰資金をインターバンク金融市場に放出し他の金融機関に資金を貸し付ける。その結果、短期金利の水準はゼロにまで低下することになる。ここで問題となるのは、金融システム安定維持の観点から潤沢な資金供給を行った結果実現する金利水準は、必ずしもマクロ経済の安定の観点から最適な金利水準と一致する保証はないことである。そこで当座預金付利制度が登場したのである。当座預金に対し付利を行うことが認められれば、日本銀行は金融システム不安に対処して流動性を潤沢に供給する一方で、マクロ経済情勢を踏まえた金利水準を金融政策の必要性にもとづいて設定することが可能になる。言い換えると、当座預金に対する付利制度は、金利水準に関する政策判断とは切り離して、最適な流動性供給、さらには後述する最適な信用政策を追求することが可能となる仕組みと言える。

この時期に本制度を導入したのは、米国が同じ制度を導入したことがきっかけである。米国ではFRBが当座預金へ付利する権限を長年にわたって議会に対して要請し、2006年の法律改正でこれが認められたが[18]、その実施は2011年からとされていた。しかし、米国における金融システムの動揺から同制度の早期実施が必要とのFRBの主張が理解されるに至り、08年10月3日に米国議会を通過したTARP法案[19]において本制度の実施時期を同年10月に繰り上げることが盛り込まれることになった。中央銀行が当座預金に対し金利を支払うという制度は一般には馴染みはなく、平常時であれば導入は非常に難しい。というのも、金融機関優遇であるという批判や国庫納付金が減少するという財務省の反対も予想されるからである。私は米国での実施のニュースを聞いた時に、このタイミングを逃さずに日本も同制度を即刻導入する必要があると判断した。

導入が必要と判断した理由は2つあった。ひとつは2001年3月～06年3月の量的緩和政策時の経験から、マクロ経済の安定のために最適な短期金利水準は文字どおりのゼロではなく、若干のプラス水準であると判断していたことによる。つまり、下限金利が存在するのである。当時、オーバーナイト金利は0.001％という極限的なゼロ金利水準となったため、取引コストを勘案した場合、インターバンク市場で取引を行うインセンティブがなくなった結果、取引が極端に細りインターバンク市場の機能が低下するという問題が発生した。このため、金融機関が必要な時に必要な額の資金を市場で調達できるという安心感がなくなるという副作用も生じた[20]。言い換えると、短期金利がある閾値を超えて低下すると、金融政策の景気刺激効果がプラスからマイナスに転化する可能性があるということである。

同じことは銀行の貸出行動についても言える。銀行の資産負債構造を見ると、預金の期間は短期である一方、資産サイドの貸出や有価証券の期間は長期であるため、短期金利が低下する過程では負債の金利低下が先行するので利鞘が拡大し、銀行は与信行動を積極化させる。しかし、短期金利がさらに低下すると、調達コストの低下余地はなくなる一方、期間の長い運用利回りは低下するため、貸出インセンティブは生まれず、結果的に景気刺激効果も生まれなくなる。さらに、収益性の低下が金融システムを弱体化させると、金融政策の有効性も低下する。

このことから私は、金融政策が有効に働く下限の金利が正確にどの水準であるかはわからないが、文字どおりのゼロではないと考えていた。下限金利の水準は国によっても、また、経済の状況によっても異なる。たとえば、英国は２００９年３月に０・５％まで引き下げた後、資産買い入れの規模は拡大したが、政策金利は16年のＥＵ離脱の国民投票が可決された後８月に０・25％に引き下げるまでは、０・５％を維持していた。米国も政策金利の引き下げは０・25％でとどめている。金融政策の有効性を考慮した場合に下限金利が存在するという考え方は、当時はあまり理解されなかった。このことがある程度認識されるようになったのは、ＥＣＢのブノワ・クーレ理事が16年７月に「経済的下限金利」(economic lower bound) や「逆転金利」(reversal rate) という学術用語を使い始めた頃からであった。(21) この言葉が意味することは、私がリーマンショック直後に考えていたことにほぼ対応している。

私が当座預金付利制度を導入する必要があると判断したもうひとつの重要な理由は、当時対外的には言及しなかったが、将来必ず出来する「出口戦略」に関連していた。２００６年の量的緩和からの「出口戦略」の際は、満期が到来した資金供給オペレーションを継続しないことによって量の圧縮を図ったうえで、政策金利の引き上げを行った（第５章「ゼロ金利政策と量的緩和政策」参照）。この時は、オペレーションの満期が相対的に短く、したがって量の圧縮も約４カ月と比較的短期間で終わったが、当座預金残高が大きく増加したりオペレーションの満期が長期化した場合には、量の圧縮に相当の期間を要することになり、金利引き上げを機動的に行うことが難しくなる可能性がある。もちろん、「出口」が近くなった段階で、当座預金付利制度を創設するという選択肢も考えられるが、議論を始めた段階でさまざまな憶測を呼び金融市場は混乱するおそれが大きい。そのような事態を想定すると、短期金利を先行的に引き上げるという選択肢を持っておくことが必要であり、それを可能にするのが当座預金付利制度であった。実際、２０１５年12月以降、ＦＲＢは膨大な当座預金が存在する中で政策金利の引き上げを行っているが、本制度がなければこれは不可能であった。

賛否同数の金利引き下げの採決

２００８年10月末の政策金利引き下げにあたっては、前述のように金利引き下げ幅を０・２％とするか０・25％とするかで政策委員会メンバーの意見が分かれた。賛成４票、反対４票と賛否同数であったため、議長が決するという異例なかたちで決定がなされた。両者はわずか０・05％の差であり、政策効果に関する大きな考え方の違いを反映したものではない。両案とも政策金利を一気にゼロ金利近くにまで引き下げるという議論ではなく、先行きの一段の景気悪化時の金利引き下げも意識している点では同じであった。仮に政策金利の引き下げの下限値を０・１％と想定する場合は、前者の案では０・２％の引き下げを2回まで行う余地がある。後者の案では同じ幅で2回行えば文字どおりのゼロになってしまうため、下限値の想定によっては先行きの引き下げ幅の余地が限られることになる。賛否同数の票決というと、金融政策運営にかかわる基本哲学の対立を連想するが、実際にはそうした問題ではなかっただけに、もう少し時間をかけて議論をすればこういう事態は避けられたかもしれない。だが、決定会合終了後の午後3時半から予定されている記者会見の開始時刻のことを意識せざるをえなかった。私が最終的に議長権限で議事を決したのは、事前に発表されている開始時間どおりに記者会見が開催されない場合には、さまざまな憶測を呼び金融市場にも悪影響を及ぼしかねないと判断したからである。

このことは決定会合の運営の難しさも物語っている。日本銀行法は政策委員会メンバーが決定会合以外の場で金融政策を議論することを禁じている。総裁が政策運営の考え方について各委員と個別に意見交換をすることはできるが、事前に政策委員会メンバーが一堂に会して金利引き下げ幅を相談して決めるということはできない。この点、海外の中央銀行では、たとえば、ＥＣＢの場合は本会合前日の非公式夕食会で重要な議論が行われていると言われる。ＦＲＢの場合は、日本銀行と異なり政府の代表が参加するという制度はない。それに比べて日本銀行の金融政策決定のメカニズムは弾力性に欠けることは否めないが、法律で規定されている以上、所与の条件として対応するほかない。

信用緩和措置――③の措置

リーマンショック後は、低下した信用仲介機能の回復を図り企業金融の円滑化を図るための措置も講じた。繰り返しになるが、リーマン破綻後、ＣＰ、社債市場では新規発行が次第に困難となり、このため資金調達の方法が銀行借入へ急激にシフトした。金融機関の貸出前年比伸び率は、９月の１・８％から12月の４・１％へと急速に高まった（図８－２）。

日本銀行としては潤沢な資金供給を通じて金融機関が十分な貸出を行える環境を維持することに全力を注いだが、それと併行して、もう少し直接的な方法で企業金融の円滑化を図る措置が必要と判断し、臨時開催も含め10月以降の決定会合で順次、決定し実行に移していった。この時期にＦＲＢが

図8-2　銀行貸出、CP残高の前年比増減率

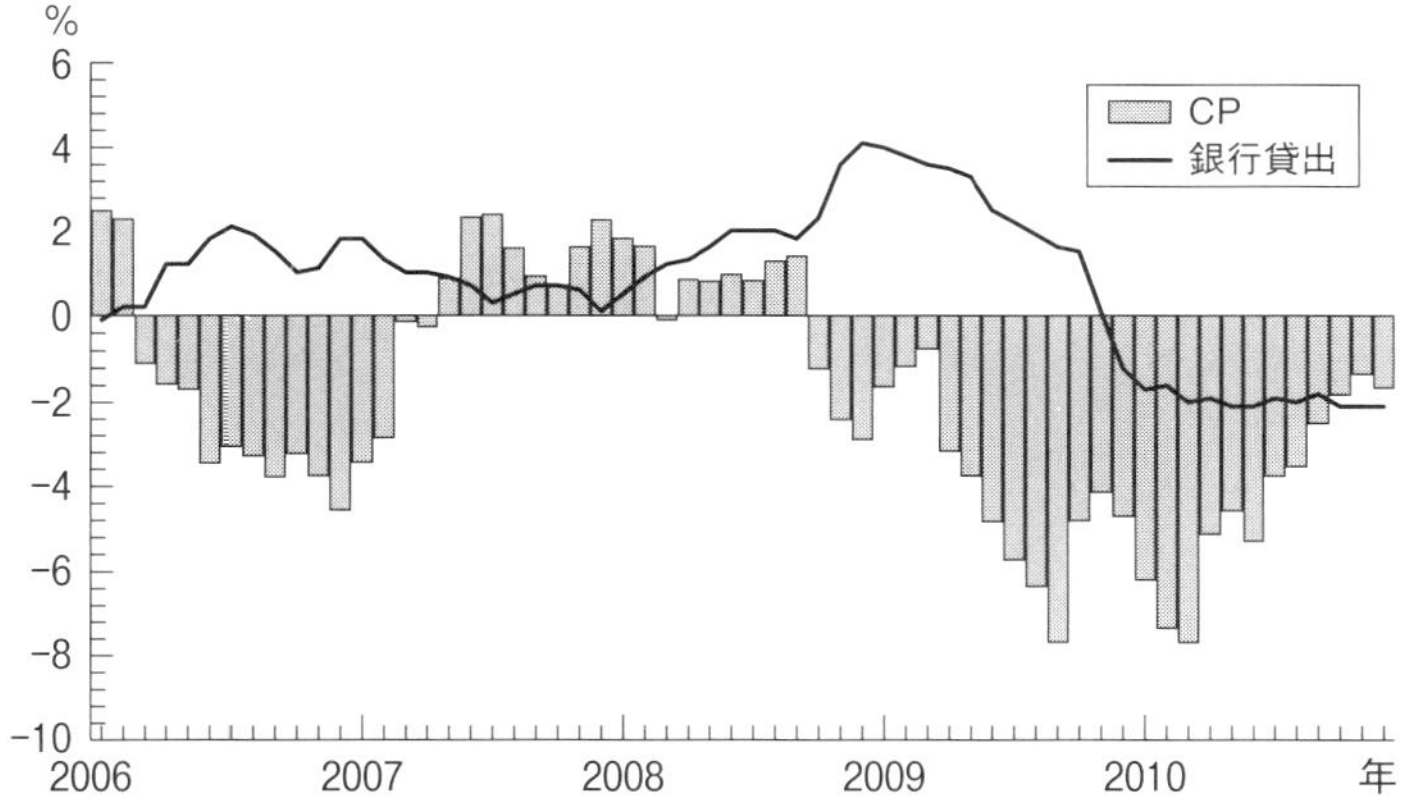

出所：日本銀行、証券保管振替機構

行った金融緩和政策は「信用緩和」（credit easing）と呼ばれるが、日本銀行の措置も同じ範疇に属するものであった。

最初に行ったことは、「企業金融支援特別オペレーション」である。これは、日本銀行が民間金融機関に資金を供給する際に担保として受け入れる民間企業債務の要件を緩和し、さらに政策金利と同一の固定金利水準で、金融機関が希望する全額を供給する措置である。

日本銀行として判断が難しかったのは、CPおよび社債の買い入れを行うかどうかであった。リーマン破綻後は将来に対する不確実性が極端に高まった結果、金融機関も投資家も自らの存続が最優先課題となり、投資家は発行体の信用度にかかわらずCPや社債への投資をストップした。その結果、CPや社債の市場は機能不全に陥った。そのような状況で市場機能の回復を図るひとつの方法は、公的当局がCPや社債を購入することによって市場流動性を回復させることであった。問

題は誰が買い入れを行うかであった。

日本銀行が買い入れるという選択肢もあったが、日本には他の先進国に例を見ないほど格段に規模の大きい政府系金融機関が現実に存在している。したがって、信用リスクを負担して個別企業の発行するＣＰや社債を買い入れるとすれば、日本政策投資銀行などの政府系金融機関が最もふさわしい。現実にも２００８年12月から日本政策投資銀行がＣＰの買い入れを開始した。

ただ、この時点で日本政策投資銀行の法的位置づけはやや曖昧であった。同行は政府が１００％出資しているとはいえ、政策金融改革の一環として08年10月１日に株式会社日本政策投資銀行となったばかりであり、最終的には民営化の方向が指向されていた。このため、同行にはＣＰ買い入れを大規模に行うことに躊躇があるように見えたし、そうした躊躇はある程度理解できるものであった。一方、日本銀行にも民主主義社会における中央銀行と政府の基本的な役割分担という本質的論点にかかわる問題があった。グローバル金融危機前は、日本銀行を含め、先進国の中央銀行は通常の業務としてＣＰや社債といった民間企業の債務を担保として受け入れていたが、担保として受け入れることと「買い切り」とでは、負担する信用リスクには大きな違いがあった[22]。中央銀行がＣＰ・社債の発行企業の債務を買い入れることは、中央銀行が個別の発行企業の信用リスクを直接負担することを意味する。つまり、万一発行企業が倒産すると、中央銀行の収益はその分減少し、国庫納付金の減少を通じて納税者が負担することになる。また、中央銀行の買い入れ基準次第で適格企業と非適格企業に分かれ、ミクロ的な資源配分に中央銀行が直接関与することになり、そうした措置は財政政策の要素を帯びてくる。財政政策は政府、議会という政治プロセスで決定するというのが民主主義のルールである。それにもかかわらず、中央銀行が金融政策の名前で財政政策に近い政策を行うと、中央銀行の財務の健全性や中立性を損ない、最終的に金融政策運営への信認を損なうことにもなる。

日本の政府系金融機関の規模が他の先進国では例を見ないほど大きいことは、何らかの政策目的にもとづいて信用リスクを伴う民間企業向け与信を行う時は政府の責任のもとで財政政策として行う用意があることを示している。一方で、この時期の企業金融の状況は深刻であった。これらの点を総合的に勘案し、最終的に日本銀行は２００８年12月19日の決定会合でＣＰを時限的に買い入れる方針を発表するとともに、他の金融商品の買い入れについても検討するとした。そして、ＣＰについては翌年の09年2月から、社債については同年3月から実際の買い入れを開始した。これは伝統的な「最後の貸し手」の機能とは異なるが、中央銀行が金融資産の売買（実際には買い入れ）の当事者になることによって、市場の機能を維持することを目的としている。これも「最後の貸し手」機能の一形態であり、「マーケット・メーカー・オブ・ラスト・リゾート」（Market Maker of Last Resort）という言葉で呼ばれることもある。日本銀行によるＣＰの買い入れ残高は2月末で1兆２５３６億円、3月末で1兆５５６９億円、買い入れの累計金額は約６・９兆円にのぼった。[23] いずれの買い入れもリーマン破綻後の企業金融の安定化に大きく寄与したと思う。

ＣＰ、社債の買い入れに加え、09年2月には民間金融機関保有株式の買い入れ再開も決定した。[24] これは、株価が急落する中で、金融機関の保有する株式の減価、これによる自己資本減少と貸出能力の低下がさらに株価の下落を招くという悪循環を断ち切ることを狙ったものであった。さらに、3月には金融機関の資本調達の安全弁として劣後ローンを供与することについての検討を始め、4月には制度を決定した。[25]

リーマン破綻以降は「１００年に1度の危機」を理由に、日本銀行に対し「大胆な金融政策」を求める声が急速に高まった。[26] グローバル金融危機にあたっては、「100年に1度」かどうかは別にして、中央銀行として行うべきことは、たとえそれが中央銀行の対応として異例であっても断固行うというスタンスで臨んだ。政策委員会メンバーも同じ考えであったと思う。一方で、政治の対応を見ると、「100年に1度の危機」を理由に、「何でもあり」という傾向が異常に高まった。米国でも異例の政策対応を相次いで講じたが、資金支援にあたっては十分に高い金利を求めるなど、危機が終息すれば自動的に利用が減少するメカニズムが周到に埋め込まれており、日本の対応とは異なっていた。

政府と中央銀行の役割分担

2008年秋から09年のグローバル金融危機時において、CPや社債の買い入れに関する対応は国によって異なっていた。日本銀行、FRB、イングランド銀行は買い入れを行う一方、ECBは行わなかった。また、買い入れを行った中央銀行の中でも、損失負担という点では対応が異なっていた。英国ではイングランド銀行の子会社としてAPF（Asset Purchase Facility）と呼ばれる基金が作られ、資金調達はイングランド銀行から行う一方、買い入れには政府の明示的な損失補償（indemnity）が与えられた。米国では手数料等十分と考える信用補完がなされていることを条件に、ニューヨーク連銀が特別目的事業体（SPV）に資金を供給するものであったが、そのうえで残る損失リスクは財務省が負担する仕組みであった。これに対し、日本銀行が採用した手法は、買い入れを行うことについては政府から認可を得るが、[27] 買い入れの具体的内容は自らの責任と判断で決定することとし、政府による損失補填は求めなかった。

政府の損失補塡は、中央銀行が個別企業の信用リスクを負担するという財政政策に近い政策を行うことに対し正統性を与えるという点では望ましい。しかし一方で、損失補塡があることによって、買い入れ条件が甘くなったり、買い入れが長期化するリスクも生じる。そうなると、長期的な金融資産の価格形成を歪め経済の健全な発展を阻害するおそれもある。また、政府による補塡の有無にかかわらず、損失が発生した場合には、中央銀行は社会の大きな批判を浴びることになるだろう。中央銀行は無制限に流動性を供給できるという特権を有しているが、それは「公的な資金の良き管理者」（a good steward of public funds）[28]という社会の期待に応えたものでなければならない。各国中央銀行の対応の違いは、それぞれの国（地域）の金融構造や法律に規定された中央銀行のマンデート、経済の状況等を総合的に考慮し、最適な対応を模索した結果だと思う。

急激な円高進行

リーマン破綻後、ＣＰ、社債市場の機能不全と並んで大きな問題となったのは、急速な円高の進行であった。リーマン破綻直前の対ドル為替レートは１０７・45円であったが、10月に入って円高が進み、27日には92・78円、12月半ばには90円を割り込んだ。対ユーロでは、リーマン破綻直前の１５３・42円から急速に上昇し、10月24日には１１８円台を記録するなど、対ドルと比べて円高進行が目立った（図８－３）。為替レートの動きを名目実効為替レートで見ると、パリバショック前月の２００７年７月に円安のピークを記録したあと円高に転じていたが、08年４月以降はグローバル金融市場における若干の安心感の広がりを反映し、いったん円高方向の動きは止まっていた。ところが、08年９月

図8−3　円の対ドル・対ユーロの為替レートの推移（2008年日次）

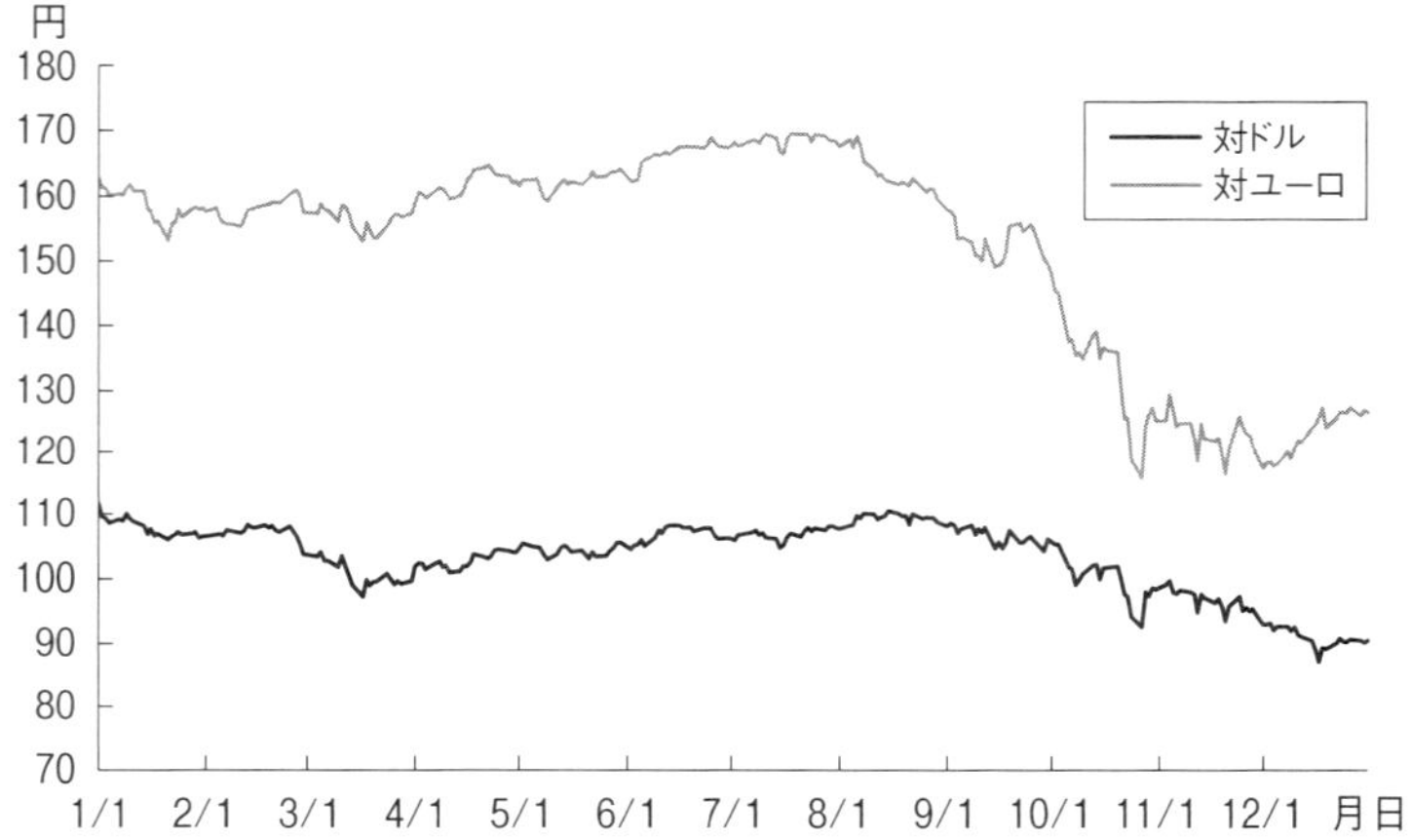

出所：Bloomberg

以降は再び円高が進行し、そのスピードもはるかに急激なものとなった。もっとも、リーマンショックの発生直後はドル資金繰りやCP、社債市場の機能不全の方がはるかに深刻な問題であったためか、のちの円高局面と比較すると、直接的な円高対策を求める声はその時点では相対的に小さかったという印象を持っている。

この時の日本銀行の金融政策については、08年10月7日（米国時間）に行われた主要国の協調利下げに参加しなかったことがしばしば批判される。協調利下げに参加した中央銀行は、その理由として、エネルギーや原材料価格の顕著な下落などを背景に、物価の上振れリスクが後退をしたことを挙げている[29]。日本銀行が協調利下げに参加しなかったのは、日本は欧米諸国に比べて金融システムが格段に安定した状態にあったことに加え、物価についても、もともと上振れリスクは懸念していなかったことによるものである。日本銀行には10月7日の臨時の決定会合終了直後にFRBから

図8－4　主要通貨の名目実効為替レートの推移（2008年8～12月）

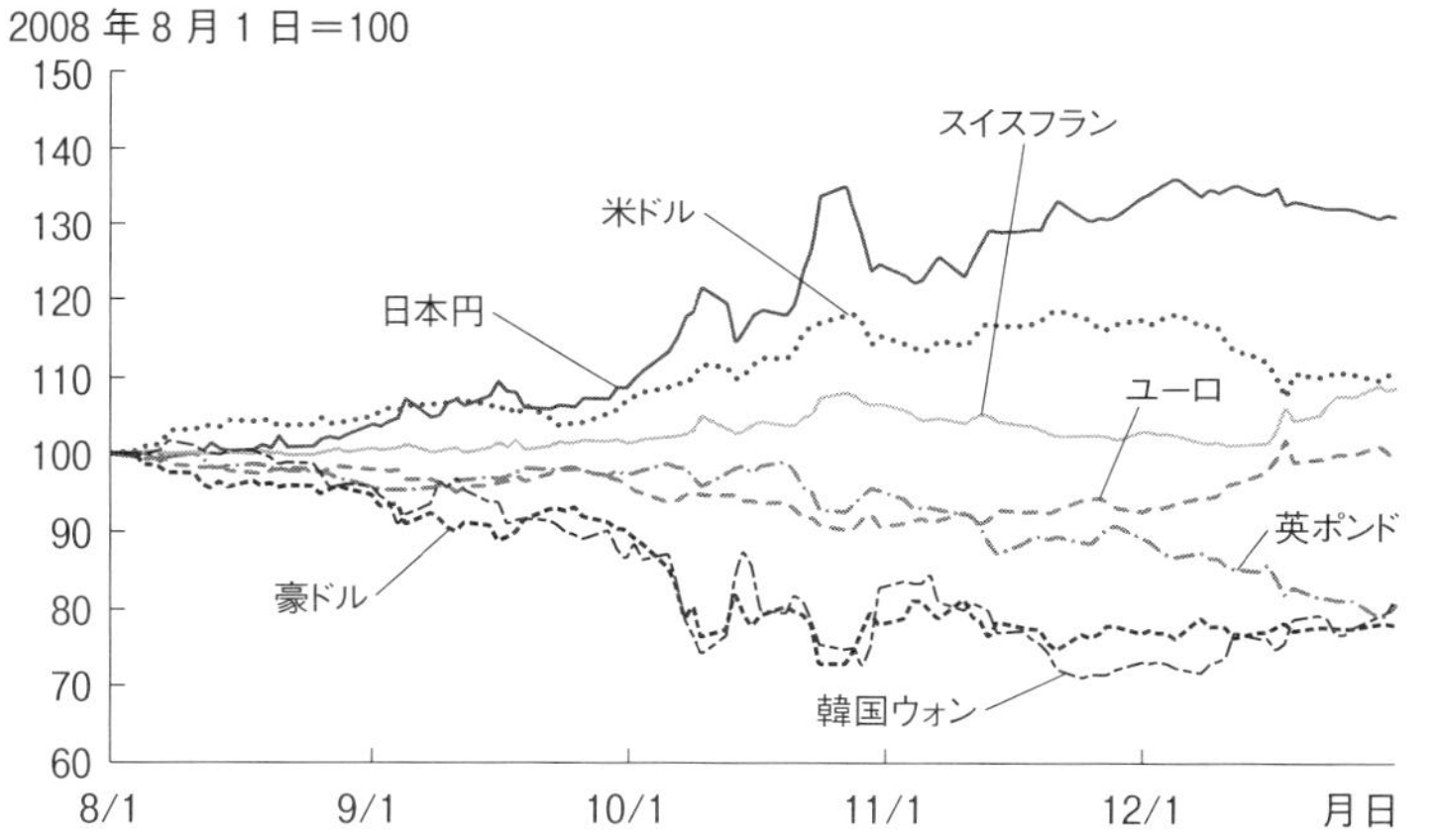

出所：BISの日次実効為替レート（ナローベース）

参加の意向の有無について照会があったが、協調利下げを求めるものではなく、その後のG7電話会議でも要請はなかった。これは、日本の政策金利がその時点で0・5%と事実上のゼロ金利であり、利下げ余地があまりないことを彼らが認識していたためと推測される。ただ、日本銀行としても主要先進国として協調姿勢を示すことは必要と判断し、他の主要国の協調利下げ発表と同時に、参加国の利下げを強く支持する旨の声明を発表することにした[30]。

この時の協調利下げに日本銀行が参加しなかったことが円高の原因となったと批判されることがあるが、これは当時の内外金利差に関する単純な事実を無視した主張だと思う。まずリーマン破綻直後の主要国通貨の為替レートの動きを確認しよう。リーマン破綻直前の2008年8月以降の名目実効為替レートの変化率を見ると、リーマン破綻という激震が走った時に、安全通貨への需要が著しく高まったことを物語っている（図8－4）。

金融システムが不安定な国、ないし脆弱性を抱えている国の通貨はユーロ、ポンド、韓国ウォンに示されるように下落している。他方、安全通貨と見なされている日本円やスイスフランは上昇している。金融危機の震源地の通貨ではあるが、米ドルも「有事のドル買い」から上昇している。

問題は日本銀行には内外金利差を拡大する方法がなかったことである。為替レート変動を左右する重要な要因は内外金利差であり、さらにはそれを左右する先行きの金融政策スタンスの差である。日本の長期国債金利を見ると、期間3年で1・1%、10年で1・7%程度であり、米国やドイツ、英国との金利差は前者で3・5%、後者で3%程度あった。そのような状態では、政策金利水準がすでに0・5%と引き下げ余地は限られていたうえに、長期金利水準が世界で最も低くなっていたことから、円高の抑制を意図して政策金利を引き下げても、内外金利差を拡大させることは不可能である。円が安全通貨と見なされていることには、日本の対外純資産が世界最大であることや経常収支が黒字であることも関係しているが、この内外金利差要因から円が上昇しやすい事実にもあるのかもしれない。

円が安全通貨であることと、日本の金利水準がゼロ金利制約に直面する中で長期金利が世界で最低水準になっているという現実の持つ意味はほとんど理解されず、この後も日本銀行は、消極的な金融政策が円高を招いたという批判に悩まされ続けることになった（この点については第14章「「六重苦」と「通貨戦争」」で詳述する）。

政府の施策

この間、政府もリーマンショック後の経済活動の急速な落ち込みに対処し、さまざまな政策措置を講じた。第１は財政支出の拡大である。ＧＤＰ（第２次速報ベース）の前期比を見ると、２００８年第４四半期はマイナス２・７％、09年第１四半期はマイナス３・６％と大幅に落ち込んだが、財政支出の寄与度はそれぞれプラス０・２％、プラス０・３％となっている。第２は財政的なインセンティブを付した乗用車や家電製品への購入支援措置である。前者は「エコカー減税」、後者は「エコポイント制度」が挙げられる。第３は中小企業向け金融対策である「緊急保証制度」や雇用安定化のための「雇用調整助成金制度」など、中小企業金融や雇用のための各種セーフティネットの整備である。緊急保証制度は中小企業が金融機関から融資を受ける際、各地の信用保証協会が全額を保証する制度であり、借り入れを返済できなくなった場合は、信用保証協会が弁済を行う。雇用調整助成金制度は休業期間中の賃金の一部を助成する制度である。[31]

金融市場の相対的安定

リーマン破綻直後の日本の経済と金融市場・金融システムの状況を見ると、両者のパフォーマンスの違いが際立っていた。金融市場、金融システムについては、他の先進国と比べて安定しており、インターバンク資金市場の緊張度をあらわすLibor-OISスプレッドの拡大幅も限定的であった（図８－１）。『フィナンシャル・タイムズ』紙は08年2月に、日本の金融システムを「要塞 日本」（Fortress Japan）と形容する記事を掲載したが、このような相対的安定は、欧米の金融機関がアグレッシブに証券化商品等への投資を増やしていた時期に、日本の金融機関は80年代後半のバブルの崩壊と不良債権の増加の経験から、全体として慎重な経営をせざるをえなかったことを反映している。

欧米諸国では金融システムの動揺が甚大であったため、中央銀行は「最後の貸し手」としてきわめて多額の資金を供給する必要に迫られた。その結果、欧米諸国の中央銀行のバランスシートは大きく拡大した。これに対し、日本は金融システムの相対的な安定が維持されるという恵まれた状態にあったため、日本銀行のバランスシートの拡大規模は欧米との比較では小さかった。しかし、皮肉なことに、このことが日本銀行の金融政策に対する誤解を招く一因ともなった。企業や家計にとって緩和した金融環境を作り出すという点では日本が最も成功していたにもかかわらず、日本銀行は金融緩和に対する積極姿勢が不足しているという誤解にもとづく批判にさらされることになった[32]。

経済活動の収縮

他方、実体経済面では日本経済は大きな影響を被った。GDPや鉱工業生産の数字は、当初発表の速報数字と現時点の数字ではかなり変化しているが、当時の緊迫した状況を再現するという観点から、ここでは速報ベースの数字を使うことにする。GDP（第1次速報ベース）は08年第4四半期に前期比マイナス3・3％（年率換算前）の大幅下落、09年第1四半期もマイナス4・0％と大幅な落ち込みを記録した[33]。その内訳は、この半年間に輸出は35・0％、設備投資は9・6％、それぞれ減少した。鉱工業生産の落ち込みはさらに大きく、08年第4四半期に前期比マイナス11・9％の大幅減少、09年第3四半期はマイナス22・2％とさらに減少幅が拡大した（いずれも速報ベース）[34][35]。特に、自動車、電機、建設機械の下落幅は大きかった。グローバル金融危機の影響を最も大きく受けた製造業大手企業の日銀短観業況判断DIは直前の08年9月のマイナス3から12月にはマイナス24に、翌年3月にはマイナス58

にまで悪化した。

こうした景気の深刻な状況を反映し、日本銀行の景気判断は厳しさを増していった。決定会合後の公表文の表現で見ると、「停滞している」（08年９月）、「停滞色が強まっている」（10月末）、「悪化している」（12月）と変化した。そして、09年１月には、現状を「大幅に悪化している」と表現したうえで、先行きについても「当面、悪化を続ける可能性が高い」という判断を示した。

08年第３四半期対比の09年第１四半期における実質ＧＤＰの状況を国際比較すると、日本の落ち込みはマイナス７・０％とドイツ（マイナス６・３％）を若干上回り、米国（マイナス３・５％）、英国（マイナス３・９％）よりもかなり大きかった（図８－５）。その一方で、失業率は上昇したとはいえ、他の海外先進国と比べると、その上昇幅ははるかに小さかった（図８－６）。海外の場合、需要の減少はレイオフ（一時解雇）というかたちですぐに失業率の上昇につながったのに対し、日本では賃金水準の引き下げでショックを吸収するメカニズムが作用していたことも寄与している。

日本のＧＤＰの急激な落ち込みの原因については、円高の影響が挙げられることもある。しかし、当該四半期の円高がただちに輸出数量の減少をもたらしたとは考えにくい。ドイツも日本に次いで先進国ではＧＤＰの落ち込み幅は大きかったが、ユーロの為替レートはリーマン破綻後、大きく下落している。また、日本の外需依存度の高さが指摘されることもあるが、日本の輸出入総額の対ＧＤＰ比率は先進国の中では米国と並んでむしろ低い方に属するので、この説明も説得的ではない。

私はリーマン破綻後のＧＤＰの落ち込みは、かなりの程度、各国間の産業構造の違いによるものだと思っている。当時起きたことは、世界的な「需要の蒸発」である。このことを端的に示すのが国際貿易の急激な縮小である。世界貿易量は08年第３四半期から09年第２四半期の間に約15％も縮小した。

図8-5　リーマンショック時の主要国の GDP の推移

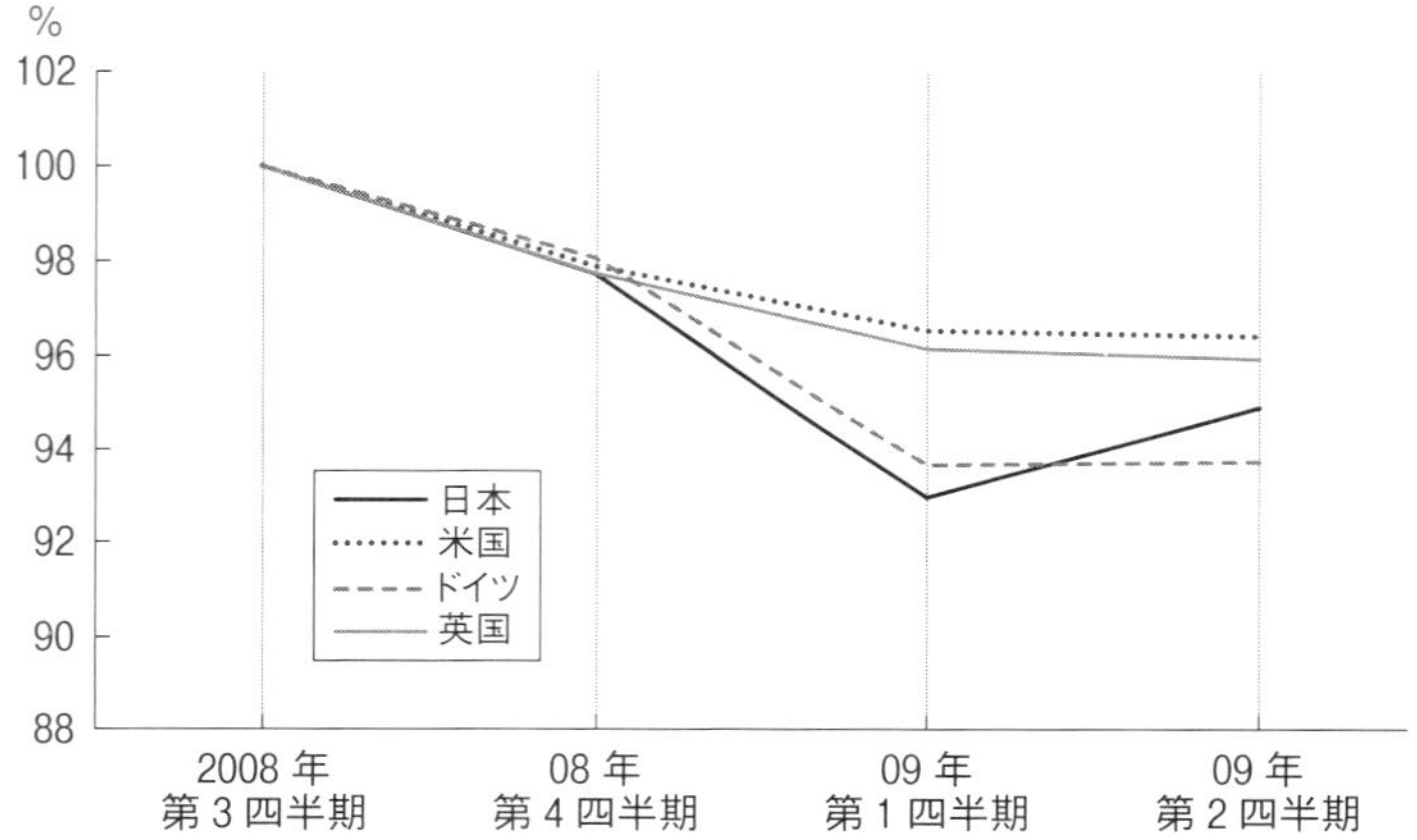

出所：セントルイス連銀の経済統計サイト（FRED）

図8-6　リーマンショック時の主要国の失業率の推移

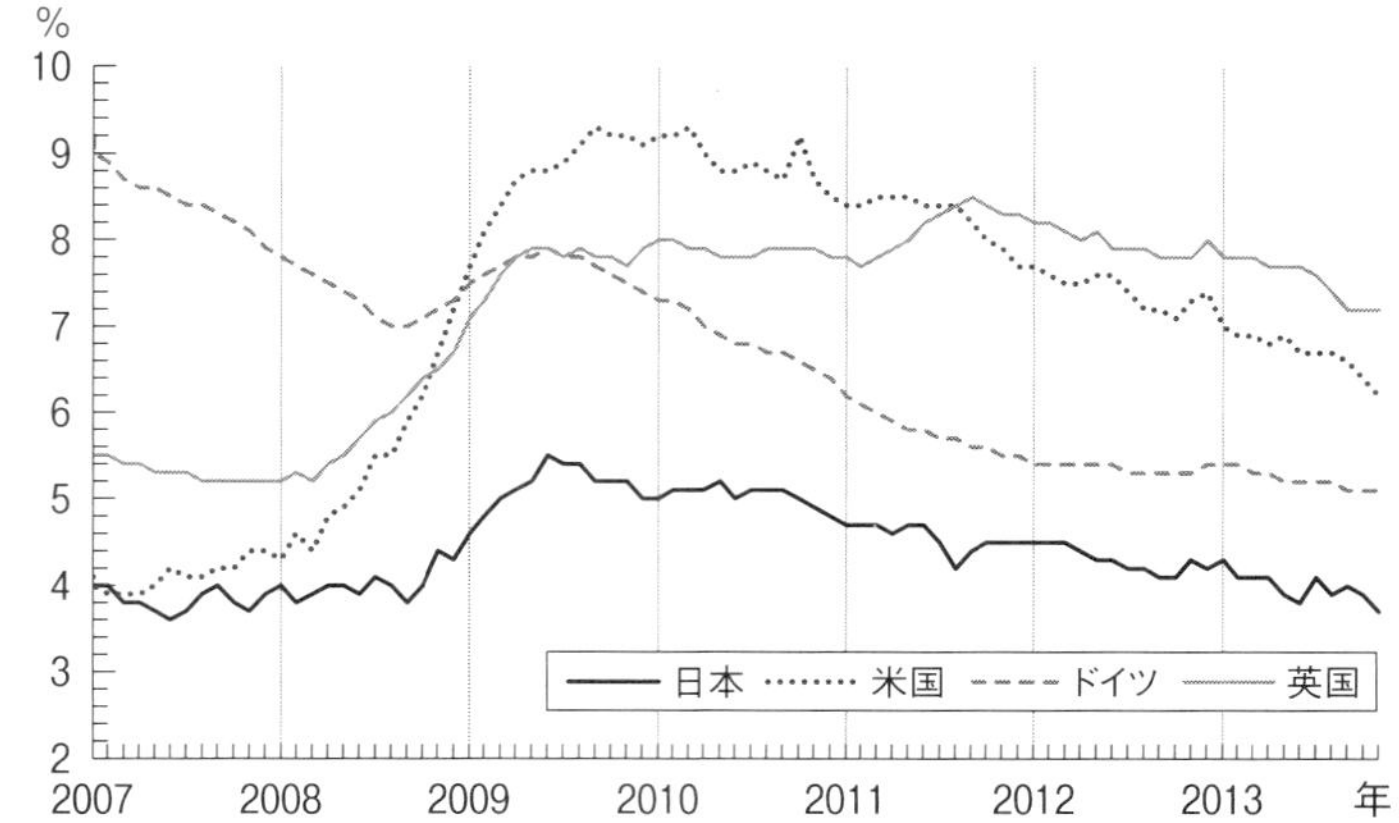

出所：セントルイス連銀の経済統計サイト（FRED）

当然のことながら、需要が蒸発した財の生産比率が高い国ほど、危機の影響を最も大きく受ける。どのような財がそれに該当するかといえば、ひとつは自動車のような高額の耐久消費財であり、もうひとつは企業などの設備投資に必要な資本財である。将来の所得や雇用に不安があるような不確実性が高い時に、高額の耐久消費財は購入しないし、多額の資金を投入して工場を作ることはない。不確実性が高い時に多額の資金を投入して工場を作り、結果的にその投資判断が事後的に見て誤っていた場合、工場建設のコストは莫大なものとなる。そのような不可逆的なコストを考えると、不確実性が高い状況では、決定を先送りすることの効用は大きい。加えて、銀行からの借入困難に直面したことも大きかった。

また、米国のCP市場では自動車販売金融会社は最大の発行体であるが、CP、社債市場の機能麻痺により市場からの資金調達が困難化し、販売サイドを直撃した。日本は輸送機械（自動車等）、電気機械類（電子部品・デバイス、電気機器、情報通信機械）、一般機械（建設機械、設備機械）の三業種で鉱工業生産全体の約5割も占めており、まさに自動車等の耐久消費財や資本財の分野で最も強い競争力を発揮していたために、グローバル金融危機の影響をまともに受けることになった[36]（米国では当該業種の比率は2割程度にすぎなかった）。また、これらの財の生産にあたり、日本は部品や素材の国内調達比率が高いため、最終需要の減少が国内生産全体に負の効果をもたらしたことも、経済活動の落ち込みを拡大する要因として作用した。なお、ドイツもリーマン破綻後、GDPは日本に次いで大きな落ち込みを見せたが、日本と比較的近い産業構造を有していたことによるものである（図8－5）。

大恐慌の再来は回避

このように世界の経済活動は急激に落ち込んでいったが、金融市場が徐々に落ち着きを取り戻すとともに、2009年春頃から少しずつ安定化の兆しが見えてきた。リーマン破綻直後の数カ月の世界経済の落ち込みは1930年代の大恐慌の時の落ち込みと変わらなかったことを考えると、これは大きな成果である。当時との違いを生み出した最大の要因は、金融システムの崩壊を防ぐために、各国の政府および中央銀行が積極的に行動したことであろう。各国の強い決意は前述した08年10月のワシントンでのG7共同声明に明確に示されている。金融システムの崩壊の瀬戸際にある時には、とにかくそれを全力で防ぐ政府・中央銀行の積極的な行動がきわめて重要である。政府の施策で言えば、金融機関への公的資本注入、金融機関の債務保証、ストレス・テストの実施等である。中央銀行の施策で言えば、「最後の貸し手」としての果断な行動である。これは、1930年代の経験から金融システム安定の重要性を教訓として学んでいたことと、通貨制度が金本位制ではなく、変動為替レート制度に移行していたことによって可能となったものである。

景気の落ち込みを防ぐうえで、マクロ経済政策も重要な役割を果たした。各国とも積極的な金融財政政策を実行した。この面では先進国だけでなく、中国の積極的な行動も大きかった。中国は2008年11月9日にGDPの10%を上回る規模の「4兆元」の景気刺激策を発表したが、これは中国国内の景気だけでなく、世界の景気回復にも貢献した[37]。ただし、中国のこの政策は短期的な需要創出という点では大きな効果を発揮したが、のちに明らかになるように、長期的には大きな問題を生み出す要因にもなった。すなわち、鉄鋼、化学、セメント等の素材産業の大幅な供給能力の増加と債務の増加をもたらし、高度成長から安定成長への円滑な移行を難しくする一因となった。さらに、国際的には資源需要の増大を通じて国際商品市況の上昇やブラジル等の資源国の景気拡大をもたらし、これも後々大きな問題を引き起こすことになった。

リーマン破綻時のＦＲＢ

グローバル金融危機の展開、特にリーマン破綻後の展開を振り返ると、日本の１９９０年代後半以降の金融危機との比較でさまざまな感懐を抱く。日米とも政府・中央銀行はある段階から危機に対応するための「武器・弾薬」の必要性を認識したが、それが絶対的に欠如していた。これが最大の共通点である。日本の状況については第３章で述べたが、米国もまったく同様であった。この点については、ポールソン、バーナンキ、ガイトナーそれぞれの回顧録に書かれているが、グローバル金融危機10周年を記念して三人が一堂に会した際のインタビューでの彼らの発言を読むと、権限（authority）、手段（tool）、選択肢（viable option）という言葉が頻出するのが印象的である[38]。彼らは前述したように、リーマン破綻後の大混乱によって、必要な権限、手段等を獲得することができた。その間、わずか16日である。彼らが述べているように、その後の米国議会の党派的対立の激しさを考えると、この時の超党派的な対応は際立っている。

それでは、米国当局がリーマンに対し公的支援をしなかったことをどのように考えるべきだろうか。先進国中央銀行がリーマン破綻後の危機に直面し、「最後の貸し手」として果断に行動したことは特筆に値するが、その原因となった当のリーマン破綻時には「最後の貸し手」としての行動はとられなかったことも事実である。もし米国当局が、ベアー・スターンズやその後のＡＩＧのケースと同様に公的支援を行っていたとすれば、事態はどのように推移したであろうかという自然な疑問が湧く。事実、リーマン破綻後の中央銀行総裁だけが出席する会議では、私を含め主要国中央銀行の総裁はリーマンの処理の仕方を批判していた。この点に関して、バーナンキ議長はリーマン破綻直後、次のような議会証言を行っている[39]。

財務省と連邦準備制度はリーマンの買収に関心を示す金融機関を見出そうと努めたが、買い手は現れなかった。ＡＩＧのケースでは、連邦準備制度は財務省の支援を得て秩序立った処理を容易にするため緊急に信用を供与した。連邦準備制度は当時の金融市場の状況とＡＩＧの規模と債務の構成に照らし、ＡＩＧの無秩序な破綻はグローバルな金融システムの安定を、それゆえ米国経済のパフォーマンスを激しく損なうだろうと判断した。〔中略〕リーマンのケースでは、主要な投資銀行と連邦準備制度、財務省は支援を拒否した。リーマンの破綻はリスクをもたらした。しかし、リーマンが困難な状況にあることは、だいぶ前から知られており、リーマンの債務を信用デフォルト・スワップで保証する際の高いコストに示されているように、投資家は同社の破綻の可能性は十分あると認識していた。したがって、投資家も取引相手も予防的な措置をとる十分な時間があった。

この時の証言からは、ＦＲＢはリーマンが破綻しても金融市場は大きくは混乱しないだろうと判断していたような印象を受けるが、その後の議会証言や講演では、ＦＲＢがリーマンへの支援を拒否したのはＦＲＢにはそうする法的権限がなかったからということが強調されているように見える。バーナンキは回顧録でこのことを以下のように説明している(40)。

リーマンが債務超過にあることは連邦準備制度の貸出だけで救済することを不可能にしていた。連邦準備法の第13条第3項の緊急権限を使うときでも、我々は十分な担保を取って貸し付けることを求められていた。連邦準備制度は資本を注入する権限ないし（それとほぼ同じことであるが）十分に返済されうると合理的に確信できない貸付を行う権限は有していなかった。

連邦準備法第13条第3項とは、「異例で緊急の状況」において、連邦準備銀行が個人、パートナーシップ、企業に対し信用を供与することを連邦準備制度理事会が授権できることを規定した条項であり、日本銀行で言うと、「特別融資」に相当するものである。信用供与は無担保ではなく、有担保であり、「連邦準備銀行の満足のいく担保の徴求」（secured to the satisfaction of the Federal Reserve Bank）が求められている。ＦＲＢはこの条項を使ってベアー・スターンズを買収するＪＰモルガンへの緊急融資を含め、さまざまな金融システム安定化措置を講じてきたが、リーマンの時に融資をしなかったのは本当に買収先が見つからなかったからだろうか。また、融資をしようにも担保が不足していたのだろうか。

私にはこれらの点を判断できる具体的な材料はないし、連邦準備法の解釈の妥当性を判断できる十分な専門的知識はない。これらの点に関する当事者の回顧録での説明は基本的には同じであるが、微妙なニュアンスの違いがあるようにも感じられる。[41] 大きなポイントのひとつは中央銀行の融資の回収可能性である。この点で興味深いのは、ガイトナーが回顧録の中で「救済は行わないというあらゆるレトリックがリーマンの買収先を見つけ出す我々の能力を損なうことを懸念した」と述べていることである。[42] 日本の経験に照らすと、金融危機時においては、融資の回収可能性は「静態的」に判断することはできないように思う。中央銀行が貸出を行いシステミック・リスクの顕在化を防ぐかどうかで、マクロの金融・経済情勢は大きく異なり、当該金融機関の保有する資産価値も変わってくる。つまり、中央銀行が貸出を行う際に「満足のいく担保の徴求」ができるかどうかは、ほかならぬ中央銀行自身の行動によっても左右される。

結局、FRBがリーマン支援をしなかった最大の理由は、モラル・ハザードを理由とする国民や政治家の反対論が非常に強く、それに抗してFRBが行動することは難しいと判断したからではないかと私は想像している。[43] 三人の回顧録に述べられているように、当時の状況は08年3月にはベアー・スターンズを買収するJPモルガンにニューヨーク連銀が緊急融資を、9月には財務省がファニーメイ、フレディマックという2つの政府系住宅金融機関を公的管理下に入れる決定を行い、国民や議会の反発が頂点に達している時であった。日本の90年代の状況、政治家や国民、マスコミの激しい反対を受けながらも住専に対する公的資金投入法案が96年に成立した後、大規模金融機関に対する公的資金投入論が封印されたことと重なってくる。

リーマン破綻と山一破綻の違い

リーマン破綻に対する米国当局の対応に関連して私がいつも想起するのは、1997年秋に生じた三洋証券と山一證券の破綻である。第3章「バブル崩壊と金融危機」で述べたように、三洋証券の破綻によって戦後はじめてのデフォルト（債務不履行）が発生した。金額は決して大きくはなかったが、このインパクトは凄まじかった(44)。ただちに、コール市場で金融機関間の貸借が困難となり、連鎖的な金融システム不安が一挙に広がった。山一證券は海外子会社の簿外債務が突然発覚し、深刻な流動性不足に陥ったものである。

山一證券とリーマンには多くの共通点がある。両者はともに国内第4位の証券会社（投資銀行）であった。金融システムの状況は、97年11月時点の日本も08年9月時点の米国もともに非常に脆弱であった。経営に行き詰まった両社を買収する用意のある金融機関も存在しなかったし、証券会社（投資銀行）の秩序立った破綻処理を可能にする法律も、円滑な処理に必要な公的資本注入のスキームも存在していなかった。加えて、公的資金の投入が政治的に非常に不人気であることも共通している。

だが、日本銀行は山一證券に対する無制限の流動性供給を決断した。破綻手続きが完了した後に同社は債務超過であったことが確定し、日本銀行は大きな損失を被ったことは第3章で述べたとおりである。もちろん、山一證券への特融を評価する際は、同時に三洋証券の破綻を許した政府や日本銀行の判断の是非も問われなければならない。しかし、少なくとも山一證券への特融が、システミック・リスクの顕在化を防いだことは間違いない。私はそのことに大きな価値があったと思っている。

他方で、90年代以降の日本の公的当局の対応に対しては「問題先送り」という批判も行われている。金融危機時には「最後の貸し手」としての中央銀行の積極的な行動が不可欠であるが、単なる流動性供給だけでは問題は解決せず、公的資金、より正確に言うと、公的資本の投入が欠かせない。この点では、日本銀行の流動性供給によってリーマン危機に匹敵するような大規模な金融危機の顕在化は防ぐことができた。しかし同時に、そのことによって、問題の真の深刻さに対する認識はなお十分には形成されなかったとも言える。

これに対し、米国では最後の貸し手としての資金供給が行われないことによって、金融システムは崩壊寸前に陥り、米国だけでなく全世界的な経済活動の落ち込みを招いた。皮肉なことに、そうした状態が現出することによって、公的資本の投入を可能にする法案（ＴＡＲＰ）が最終的に議会で承認されたという側面も否定できない。この法案は総額７０００億ドルの公的資金投入を可能にするものであり、この資金枠が「資本」なのか「資産買い取り」なのかは意識的に曖昧にされていたが、大きな意味は「資本」の投入を可能にすることにあった[45]。

公的支援は政治的にきわめてデリケートなものであり、民主的なプロセスを経て決定されるものである以上、混乱は必要なコストであったという見方もできるかもしれない。90年代以降の日本の不良債権処理は「問題先送り」であったと評価することも可能であるし、08年以降の米国は世界中に大きな経済混乱をもたらすことによって、結果的には金融システム問題を早期に解決することができたとも言える。

米国におけるストレス・テストの成功

２００８～09年のグローバル金融危機と日本の90年代後半以降の金融危機を比較するとき、私はもうひとつの大きな感懐にたどりつく。それは金融危機を早く終息させた米国当局の戦略の的確さである。具体的には、厳格なストレス・テストを実行したこと、銀行の国有化という選択肢を採用しなかったことである。公的当局がきわめて厳しいストレス・シナリオを金融機関に提示し、不足する自己資本の金額を算出して、市場での自己調達の努力を促す。そのうえで不足する金額を当局からの公的資金でまかなうことができるというバックストップが存在することによって、金融機関の存続可能性の不確実性が解消した。日本の金融危機の場合、金融機関の資本が不足していることは明らかだったが、いつまでたっても不足の金額ははっきりしない状態が続いた。これは公的資本投入の枠組みがなかなかできなかったことによるものである。米国のガイトナー財務長官は回顧録の書名を*Stress Test*としているが、まさにストレス・テストの実行は大きな分岐点であった。また、銀行の国有化という道を選ばなかったこともきわめて適切な判断であった。日本の金融危機においては、いくつかの大手銀行が破綻後に国有化され、また米国でもガイトナーとサマーズとの間で国有化の是非について意見が対立したが、民間金融機関のフランチャイズ・バリューを最大限活かして再建を図る方が効率的である。

決済システム改善努力の成果

金融システムの安定の重要性についてはある程度理解されているが、決済システムのリスク削減に向けた中央銀行の地道な改善努力が大きな成果をあげたことは、一般にはほとんど知られていないだろう(46)。リーマン破綻後に世界の金融市場は大きく不安定化したにもかかわらず、外国為替市場は正常に機能した。外国為替取引は複数の通貨ペアの決済であるため、当該通貨が同時に決済される仕組みが導入されていない限り、決済に伴う時差リスクが存在する。実際、リーマンショックの発生する６年前まではそうしたリスクにさらされており、実際に時差リスクが顕在化する事例も発生していた。しかし、幸いなことに、２００２年９月に主要通貨の外国為替取引の決済、たとえば、円とドルの取引の決済について、両通貨を紐づけて同時に決済するという仕組み（ＣＬＳ）が導入されたため、大きな混乱は生じなかった。もし、そうした仕組みの構築が間に合っていなければ、リーマン破綻時の為替市場や金融市場の混乱は想像に難くない。

決済システムの面では、外国為替取引の決済だけでなく、資金の即時グロス決済システムや資金証券の同時決済システムの導入をはじめ、過去四半世紀の間に決済システムのリスクは大きく削減された。こうした決済システムのリスク削減は民間金融機関と中央銀行の共同の努力の成果である。日本銀行を含む各国中央銀行は、ＢＩＳの支払・決済システム委員会等において６年以上の議論を重ね、このＣＬＳの導入に向けて主導的な役割を果たした。リーマン破綻後の対応が議論される際、積極的な財政・金融政策がもっぱら取りざたされ、決済システムのリスク削減に向けた中央銀行の地道な改善努力に言及されることはほとんどない。危機後のある意味で華々しい「消火作業」に人々の関心は集まりがちであるが、地道な「防火作業」も同様に、あるいはそれ以上に重要な作業である。中央銀行は金融政策の運営主体としてだけでなく、銀行業務を通じて経済・金融の安定に貢献する組織であることは、もっと認識されて然るべきと思う[47]。

バブル防止努力の重要性

１９３０年代の再来を防いだのは政府・中央銀行の積極的な行動であった。そうした事後対応の重要性を強調したうえで改めて問う必要があるのは、あの未曾有の世界的な信用バブルがなぜ生じたのかということである。大きなバブルが発生してしまうと、その後に起こることは、程度の差こそあれ、金融危機と経済の長期にわたる停滞である。したがって、バブルの発生を防止することは最も重要な課題である。バブルや金融危機の発生の原因やメカニズムは複雑である。グローバル金融危機の発生原因について、米国の住宅バブル崩壊やサブプライムローンの焦げ付きが指摘されることがあるが、この捉え方は狭すぎると思う。

リーマン破綻の直接の原因となった米国の住宅バブルや証券化商品に即して言うと、民間金融機関の脆弱性と公的対応の不備の双方の要因が影響し合っている[48]。民間金融機関の問題としては、過大なレバレッジ、短期資金調達への過度の依存、リスク測定やリスク管理体制の不備等が挙げられる。それも米国の金融機関だけでなく、欧州の金融機関も同様の問題を抱えていた。このことはグローバル金融危機がパリバショックから顕在化したことにもあらわれている。

公的当局の対応の不備としては、システム全体において重要な金融機関が十分な規制・監督の対象になっていなかったことが挙げられる。いわゆる「シャドーバンキング」の問題である。対象になっていた金融機関についても十分な監督が行われていなかった。システム全体のリスクを捉えるというマクロ・プルーデンスの視点が欠けていたと言える。さらに、長期にわたった金融緩和もバブルの発生・拡大に影響を及ぼした。

すべてが起きた後に、複雑な相互依存関係が実体経済と金融システムの間にも、金融システムの内部にも存在していたことが明らかになるが、かなり時間が経過するまでそのことに気づかない。日本のバブルもそうであったが、グローバル金融危機もまったく同様であった。その意味で、我々は自分たちの知識が限られていることを自覚し、もう少し謙虚な姿勢で経済や金融を観察することが必要だと思う。

（1）Mishkin (2007) 参照。
（2）Bernanke (2007) 参照。
（3）Blanchard and Summers (2017) 参照。
（4）バーナンキは「2007〜2009年の危機」(crisis) という呼称を使っている。Bernanke (2015) Author's Note.
（5）2008年秋の米国の金融市場については、Bernanke (2008b) を参照。
（6）2000年夏のパリバショックからリーマン破綻およびその後の国際金融市場については、BIS (2009) 参照。
（7）実際、ジャン゠クロード・トリシェは米国以外の国の懸念を代表して12日のG7の電話会議では、「この結果は非常に深刻になるだろう」(The result of this will be very grave indeed) という表現で (Irwin (2013) p.143)、また13日の会議では「トータル・メルトダウン」という言葉を使って、警告を発していた。
（8）Paulson (2010), Geithner (2014) 参照。
（9）日本時間9月15日昼頃に、米国法人が連邦破産法の適用を申請したことを受けて、日本法人についても金融庁から営業の一部停止命令が発出。この日、日本は祝日であったため、営業日としては初日にあたる翌16日に、日本法人は民事再生手続を申請し、19日には東京地方裁判所が手続の開始を決定した。
（10）日本の場合は、FRBと異なり、証券会社の多くは日本銀行の当座預金や貸出の取引先であり、実地考査の対象先である。
（11）カウンターパーティ・リスクとは、取引の相手方（カウンターパーティ）による契約上定められた支払いが履行されないリスクのことを言う。

(12) Bernanke (2015) p.351.

(13) Paulson (2010) 参照。

(14) 以下の声明文の日本語訳は、財務省ホームページ「7か国財務大臣・中央銀行総裁の行動計画［２００８年10月10日］」による。

(15)「２００８年秋以降の金融危機局面において日本銀行が講じた政策」（日本銀行ホームページ）参照。

(16) ２００８年度末の同社の連結決算資料による。

(17) スワップ取極は２０１０年2月をもっていったん終了したが、欧州債務危機の深刻化を受けて同年５月に再開され、その後２０１３年10月に常設化された。

(18) 正式名称は「Financial Services Regulatory Relief Act of 2006」である。なお、当座預金への付利制度は、ＥＣＢ、イングランド銀行も有している。

(19) １日に上院で可決、３日に下院で可決し、同日午後に大統領が署名した。

(20) 白川（２００８ｄ）参照。

(21) Coeuré (2016) 参照。

(22) ＡＢＣＰ、ＡＢＳについては、日本銀行は２００３年から時限措置として買い入れ対象とした実績がある（第５章１６２頁参照）。

(23) 日本政策投資銀行の買い入れは、68件、３６１０億円。

(24) 本措置は２０１０年４月末まで続けられた。

(25) 実際の実施開始は２００９年５月。

(26) たとえば、２００９年2月19日の経済財政諮問会議に提出された有識者議員提出資料（「経済復興に向けて政策の総動員を」）を参照（内閣府ホームページ）。

(27) ＣＰや社債の買い入れにあたっての基本的な考え方は、２００９年1月の決定会合で決定した「企業金融に係る金融商品の買入れについて」に示されている（日本銀行ホームページ）。

(28) ニューヨーク連銀の法律顧問を長く務めたトーマス・バクスターは、中央銀行からの借入の「返済不履行は罰せられるべき違法行為、すなわち、［中央銀行は］公的資金の良き管理者であることを怠ったということにつながる」と述べている。Baxter (2013).
(29) ＥＣＢはインフレ懸念から7月には0・25％の引き上げを行っていた。
(30) 「主要国中央銀行による本日の措置について」（日本銀行ホームページ）参照。
(31) リーマンショック後の対応等として、認定にあたっての要件緩和が行われ、さらに休業期間中の賃金の助成率は大企業で3分の2、中小企業で5分の4と、引き上げが図られた。
(32) 中央銀行のバランスシートないし、マネタリーベースの伸びにもとづいて金融緩和の積極性の程度を測ることが不適切な理由としては、日米の金融調節の違いも挙げられる。グローバル金融危機前のＦＲＢは、僅少の所要準備預金で金融調節を行っており、２００７年8月1日の当座預金残高は１７０億ドルとＧＤＰの0・1％にすぎなかった。一方、同時期（同年7月31日）の日本銀行の当座預金残高は8・8兆円（７４０億ドル）と、ＧＤＰの1・7％であった。
(33) 「確々報」では、それぞれ、マイナス3・1％、マイナス5・4％。その後、ＧＤＰの算出方法も変更され、最新数字（２０１７年11月15日公表）ではマイナス2・1％、マイナス4・8％となっている。
(34) 確報はマイナス12・0％、マイナス22・2％。
(35) 当時の鉱工業生産指数による。１９５３年以降で最大のマイナス幅は、75年1～3月期のマイナス6・7％であった。
(36) 日本銀行の「金融経済月報」（２００９年2月）に収録されている分析を参照。
(37) 「4兆元」対策は、財政支出だけでなく金融機関による融資も含んでいるので、必ずしもすべてが純粋な財政政策であるわけではない。
(38) 以下のサイトを参照。https://features.marketplace.org/bernanke-paulson-geithner/
(39) Bernanke (2008a).
(40) Bernanke (2015) p.264 参照。

（41）Geithner (2014) p.178 参照。
（42）Geithner (2014) p.180 参照。
（43）Ball (2018) は、公開されている情報の詳細な検討を踏まえたうえで同様の推測をしている。
（44）軽部・西野（１９９９）第4章参照。
（45）Geithner (2014) p.224 参照。
（46）白川（２００９ｃ）参照。
（47）Caruana (2015) 参照。
（48）Bernanke (2013) 参照。

第9章　デフレ論議の高まり

２００９年春頃から世界の金融市場の潮目が変わり、金融システムは徐々に安定の方向に向かった。それに伴い実体経済の落ち込みも止まったかに見えたが、本格的な成長軌道への復帰にはなお時間を要した。その後長く続く「偽りの夜明け」の始まりである。日本国内では同年9月に民主党政権がスタートし、11月には「デフレ宣言」が行われた。以後、デフレをめぐる論争が一段と活発化し、私が総裁を退任する時まで絶えることはなかった。

「偽りの夜明け」

２００９年2月13〜14日、ローマで開催されたG7会合に私は中川昭一財務大臣とともに出席した。会合では08年11月のサンパウロでのG20会合と同様、各国の出席者から経済状況について非常に厳しい認識が示された。会合後の共同声明では、「世界経済と金融市場の安定化は依然として我々の最優先課題である」と述べられている。私も日本のバブル崩壊後の長期にわたったバランスシート調整の経験を引用しながら、先行きの世界経済に対する慎重な見方を示した。議論が始まっていた自己資本比率規制の強化についても、必要であるが急激に行えば景気悪化をもたらす危険があることについて警告した。この時のG7会合は、ほどなくして中川昭一財務大臣が辞任し、その直後に総裁室で大変丁寧なご挨拶を受けたこともあって、強い記憶となって残っている。

これに対し、4月24日にワシントンで開かれた次のG7会合では、全体としては経済情勢に慎重な見方であったが、グローバル金融危機発生後はじめて、「最近のデータには、我々の経済の景気後退速度の鈍化やいくらかの安定化の兆候を示すものも出てきている。経済見通しは引き続き弱い中、経済活動は今後本年内に回復を開始するであろうが、下方リスクは継続している」との改善方向の動きに対する言及がなされた。

米国のダウ平均株価を見ると、底値は2009年3月9日の6547ドルであり、グローバル金融危機前のピーク時（1万4164ドル）の半値以下の水準に下落した。住宅ローン市場はこの頃を底に徐々に改善の方向に向かっていった。FRBのベン・バーナンキ議長が「green shoots」（景気回復の芽）という言葉を使ったのも同年3月のことである(1)。

もっとも、これらの言葉はあくまでも金融市場における改善の兆しへの言及であり、これを境に景気が急に上向くという見方を示していたわけではなかったが、それでもやや楽観的なトーンが気になった。私は日本のバブル崩壊後のバランスシート調整の経験に照らし、ここで発すべき情報は楽観論への傾斜を戒めることであると思った。このため、4月にワシントンで恒例のIMF関連の国際会議に出席する機会を捉え、ニューヨークのジャパン・ソサエティで「経済・金融危機からの脱却――教訓と政策対応」と題する講演を行い、世界景気の先行きに対する慎重な見方を表明した。講演では日本がバブル崩壊後に何回かの「偽りの夜明け」（false dawn）を経験したことに言及しながら、本格的な回復には長い時間がかかることを強調した[2]。

日本経済は、１９９０年代の低成長期においても、何回か一時的な回復局面を経験しました。ただし、このことは、経済が遂に牽引力を取り戻したと人々に早合点させる働きをしたように思います。これは「偽りの夜明け」とも言うべきものでしたが、人間の常として、物事が幾分改善すると楽観的な見方になりがちです。

〔中略〕

日本の場合は、企業の債務・設備・雇用の３つの過剰が整理されるまでは、経済が持続的な回復に移行しませんでした。今回の危機についても、同様のことが言えます。米国経済は、金融機関のレバレッジの増加や、家計の過剰債務、そして恐らくは金融産業の行き過ぎた拡大に対する調整が必要になっているものと思われます。これは痛みを伴うことですが、避けては通れないプロセスです。日本の10年に及ぶ経験からみて、痛みの伴わない近道はありません。

この講演の後にワシントンで開かれた国際会議を含め、さまざまな場で、同様の見方にもとづいた発言を行った。実際、その後の世界経済の動向を振り返ると、国際機関、各国中央銀行の経済成長率に関する見通しは、年初の楽観的なものが年後半以降に下方修正されるというパターンを毎年繰り返した（図９－１）。もっとも、この時点ではそこまでのことはわかっていない。

９月４、５日にロンドンで開かれたＧ20の共同声明では、世界経済の先行きに対して慎重な見方を示しつつも、金融財政政策の「出口戦略」についてもはじめて言及がなされた[3]。

図9−1　IMF の GDP 見通しの修正状況（2008 年＝100）

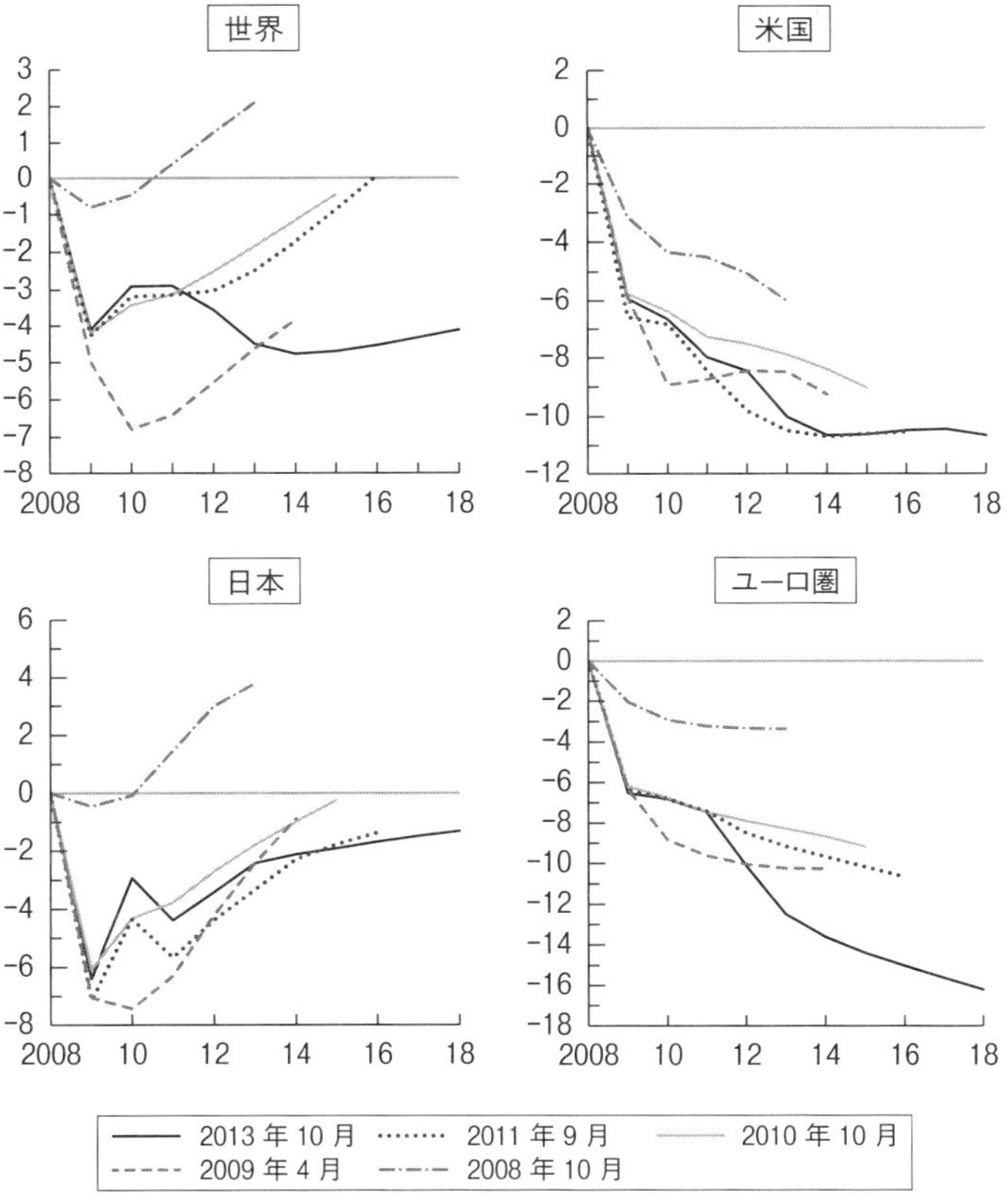

注：危機前のトレンドからの乖離
出所：IMF World Economic Outlook（2013 年 10 月）

我々は、景気回復がしっかりと確保されていくにつれて、財政政策、金融政策及び金融セクター政策での例外的な支援を戻すための透明で信頼性あるプロセスの必要性について合意した。我々はＩＭＦ及びＦＳＢと協働し、行動の規模、時期及び順序が国及び政策手段の種類によって異なることを認識しつつ、協力的で調和した出口戦略を作成する。

金融政策については、大半の先進国は緩和を続けたが、資源国や新興国を中心に、政策金利を引き上げる動きも09年後半から出始めた。先進国で政策金利引き上げの先陣を切ったのは資源国であるオーストラリアであり、ロンドンＧ20の翌月10月のことであった。翌10年6月には同じく資源国であるカナダも政策金利を引き上げた。

国内経済の回復基調

この間、国内景気も世界経済の底打ちを反映し、２００９年春頃には下げ止まった。内閣府の景気基準日付によると、景気の谷は09年３月、日経平均株価も底値（７０５４円）を記録したのは３月10日である。振り返ってみると、これがバブル崩壊後の株価の底値でもあった。４月末の決定会合において、先行きは「悪化のテンポが徐々に和らぎ、次第に下げ止まりに向かう」という判断を示し、リーマンショック後はじめて、先行きの景気見通しをいくぶん上方修正した。労働市場の悪化も09年夏には止まり、失業率の低下は７月から、有効求人倍率の上昇は８月から始まった。

ただし、景気回復のスピードは緩やかであり、通常の意味での景気回復には程遠かった。5月の決定会合では、「内外の在庫調整の進捗を背景に、輸出や生産は下げ止まりつつある」とはじめて景気の現状についても上方修正を行った。その後も景気は徐々に回復し、9月の決定会合で、「わが国の景気は、持ち直しに転じつつある」という判断を示すまでに至った。ちなみに、日銀短観における大企業製造業の業況判断の推移を見ると、2009年3月にマイナス58と底を記録したが、9月にはマイナス33まで回復し、さらに1年後の10年9月にはプラス8まで改善した。

民主党政権の発足

このように景気が次第に回復に転じる中で、政治の面では大きな変化が起こった。2009年8月30日、衆議院議員の総選挙が行われ、民主党（当時）が総議席数の3分の2に迫る308議席を獲得し、圧倒的な勝利を収めた。9月16日には民主党代表の鳩山由紀夫を総理大臣とする民主党、社会民主党、国民新党による連立内閣が発足した。自民党は1955年の発足以来、93年8月から94年4月にかけての日本新党・細川政権時代の短期間を除けば、長期にわたって政権の座にあったが、再び野党に転じた。今となっては当時の熱気を思い出すことは難しいが、多くの国民の強い期待感を背に民主党政権が発足した。

発足当初、少なからぬ知人から「白川さんは民主党の賛成によって総裁になったことを考えると、日本銀行の政策運営はやりやすくなりますね」と言われることがあったが、総裁就任時の経緯がどうであれ、私は中央銀行と政府との関係がそうした総裁選任の時の経緯によって変わることはありえないと思っていた。実際、その後の3年3カ月の展開は私の予想どおりであった。いわゆる「リフレ派」的な政策要求（第10章「日本経済の真の課題」参照）はそれ以前の自民党政権の時よりも強まった。これは政権与党の違いというより、この間の経済情勢の変化を反映したものだろうが、いずれにせよ、経済情勢が厳しくなると、政党を問わず中央銀行に対し金融緩和要求を強めるというのは普遍的な傾向である。個々の政治家によって異なるが、民主党政権時代の全体的な印象で言うと、日本銀行に対する「リフレ派」的な政策要求は、①政府、②閣僚でない与党民主党の議員、③野党自民党の議員、の順番で強くなっていった。さらに、政府と中央銀行の関係は、総理大臣、官房長官、財務大臣、経済財政担当大臣の個性によっても変わってくる。

私は総選挙の行われた2日後の9月1日、自民党本部のすぐ近くにある民主党本部に鳩山由紀夫代表を訪ね、短時間ながら経済情勢や日本銀行の金融政策運営について説明を行った。中央銀行の総裁が政党の本部を訪ねるというのは異例であったかもしれない。バーナンキFRB議長の回顧録を読むと、就任前のオバマ大統領と面会した際の記述があるが、総理大臣になることが事実上決まった段階で面識を得、基本的な考えについて理解を求めることは大事だと判断した。16日には鳩山内閣の組閣が行われ、財務大臣には藤井裕久が、経済財政担当大臣には菅直人がそれぞれ任命された。

民主党は選挙期間中、「コンクリートから人へ」という旗印のもと、財政支出の大幅増加を打ち出していたが、民主党・社会民主党・国民新党の三党から成る連立政権はただちに財源の不足という現実に直面した。日本銀行が強い関心を持っているマクロ経済運営の面では、大きな意味を持つ2つのことが打ち出された。ひとつは国民新党の亀井静香金融・郵政改革担当大臣が打ち出した「中小企業の金融円滑化構想」であり、もうひとつが「デフレ宣言」である。

前者は「貸し渋り、貸しはがし防止」を謳う三党連立合意を受けて、亀井大臣が強く打ち出したものであり、しばしば「モラトリアム」法案と呼ばれた構想である。これを受け、政府は2009年12月、「中小企業者等に対する金融の円滑化を図るための臨時措置に関する法律」を施行し、同時に、同法に即した金融庁の監督指針と金融検査マニュアルを発表した。同法は、金融機関に、中小企業や住宅ローンの借り手などから申し込みがあった場合、返済猶予・金利減免・債権放棄などの貸付条件の変更等に努めることのほか、そのための体制整備や開示・報告を求めている(4)。

この法律は中小企業の金融円滑化に対してまったく意味がなかったとは思わないが、リスクとリターンに見合った貸出金利を設定することが求められている日本の経済、金融の状況を考えると、やや長い目で見ても、日本の成長力強化にとって決して望ましい方向には作用しなかったように思う。

デフレ宣言

民主党政権発足後、しばらくの間は金融政策運営に関しては格別大きな動きはなかったが、やがてデフレが経済政策運営上の最大の争点になっていった。それにつれて、日本銀行への金融緩和要求が急速に高まっていった。

消費者物価の前年比上昇率は2009年3月にマイナスに転じた。その後は、08年が国際商品市況上昇局面にあたっていたこともあって、前年比のマイナス幅がさらに拡大し、10月末に公表された8月の消費者物価指数のマイナス幅は2・4％にまで拡大した（図9-2）。この間の物価下落の主因はリーマン破綻以降の世界景気の急激な落ち込みを反映した国際商品市況の急落である。特に影響の

図9−2　消費者物価の前年比上昇率の推移（2005〜2013 年）

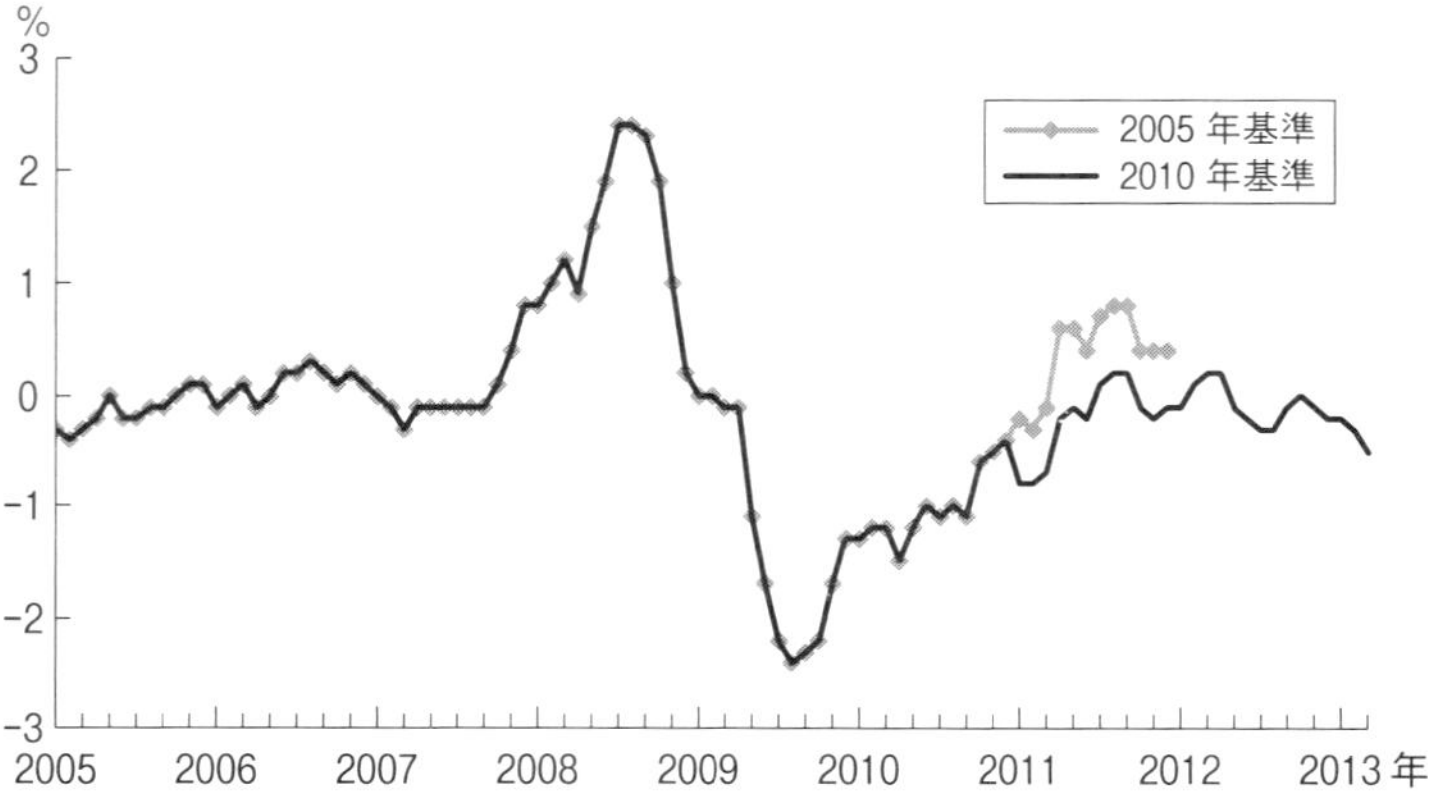

注：生鮮食品を除く
出所：総務省「消費者物価指数」

大きい原油価格を見ると、最も代表的なＷＴＩ(West Texas Intermediate) 原油先物価格は08年7月3日につけたピークの１バーレル当たり１４５・29ドルから同年12月22日には31・41ドルへと急落した。さらに、リーマンショック後の円高によって、輸入コストが全般に低下し、これも消費者物価の下落要因として作用した。もっとも、物価上昇率が低下に向かった当初の局面では、金融システムの崩壊を防ぐことが圧倒的に重要な政策課題であり、物価下落が大きな政策上の論点となることはなかった。

物価下落に関しては自民党政権時代の２００１年3月に「デフレ宣言」が行われたが、06年７月以降は、月例経済報告からはデフレ状態にあるという表現は削除されていた。民主党政権も当初は物価下落に関して格別の情報発信は行っていなかったが、09年11月20日に行われた政府の経済報告閣僚会議において、内閣府から「物価の動向を総合してみると、緩やかなデフレ状況にある」という判断が突然示され、これが了承された。閣僚会議開催の3週間前にあたる10月30日の総裁記者会見では、デフレに関する質問はわずか1問であったことに示されるように、この時点ではまだデフレ状態にあるかどうかは記者の間でも大きな論点にはなっていない。「デフレ」をキーワードとする主要三紙の記事の件数の推移を見ても、10月まではそれほど多くはなく増加したのは11月である。(5)「デフレ宣言」がなぜ唐突に行われたのかはよくわからないが、金融危機という「急性症状」が過ぎた2009年秋以降は、デフレへの対応が円高と並んで金融政策をめぐる最大のテーマとなり、過去に例を見ないような激しい論争が続くことになる。

過去半世紀の日本の物価変動

デフレの問題を詳しく論じるために、多少回り道になるが、ここで少し長いタイムスパンで日本の物価動向を振り返ってみたい。私が日本銀行に入行した1972年当時は、物価の問題と言えば圧倒的にインフレの問題であった。消費者物価上昇率（生鮮食品を除く）は第一次石油ショック後に急上昇し、ピークの74年10月には前年比24・7％に達した。年間平均では、73年は11・3％、74年は22・5％にものぼった（図9－3）。この時は他の先進国と比較しても高いインフレ率を経験した。第一次石油ショックの反省を踏まえ、第二次石油ショックの時は予防的な金融引き締めが行われ、労働組合も抑制的な賃金引き上げ姿勢で臨んだ結果、他の先進国と異なり、高いインフレと低成長の共存するスタグフレーションを回避することに成功した。消費者物価指数の前年比上昇率を見ると、すでに80年代において、日本は米国、英国はもとより、ドイツ、スイスなどの相対的な物価安定国と比べても2％

図9-3　消費者物価の長期的動向

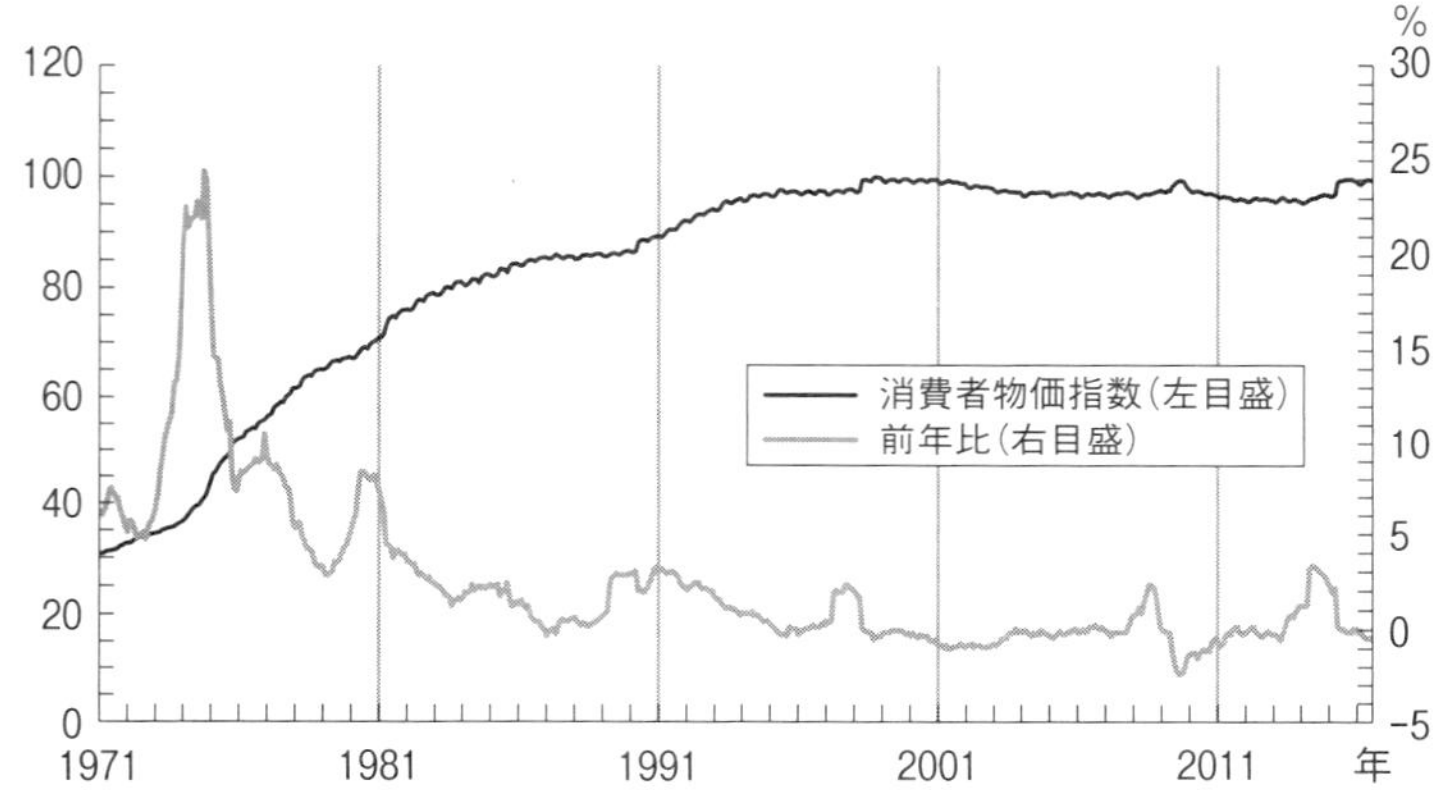

注：消費者物価（生鮮食品を除く）。年平均。消費税率の変更は調整せず
出所：総務省

ポイント程度低い状態にあった[6]。特に80年代後半のバブル期については、消費者物価上昇率は平均して1%以下であり、時期によってはマイナスを記録していた。

消費者物価上昇率（消費税率引き上げ調整後）はバブル景気の最終局面（90年12月）では3・3%まで上昇したが、その後は徐々に低下していった。このような物価上昇率の低下を日本銀行はいち早く正確に予測できていたかというと、そうではなかった。四半期ごとの「情勢判断資料」において、消費者物価の先行き見通しに関し、上昇圧力のリスクへの言及がいっさいなくなるのは92年7月からであった[7]。物価見通しが楽観的であったのは日本銀行に限らず、経済学者や民間エコノミストも同様であった[8]。このような物価上昇率の低下に対する政府やエコノミスト、マスコミの受け止め方は、当時と現在とでは大きく異なっている。当時は「内外価格差の是正」が大きな政策課題とされており、円高や競争制限的な商慣行の見直しの結果生じる物価の下落は歓迎すべきものという論調が、むしろ支配的であった[9]。

消費者物価指数が年平均ベースではじめて下落に転じたのは１９９８年である。その後は、年によっては上昇に転じた時期もあったが、総じて緩やかな低下を続け、98年以降２０１２年までの累積下落率は４％弱、年率に直すと、０・３％の下落であった。デフレは速水優総裁、福井俊彦総裁の時代も大きな政策的論点であり、速水総裁のもとで採用された量的緩和政策は、デフレをめぐる議論を意識し、消費者物価上昇率の前年比が安定的にゼロ％以上となるまで続けることを約束して開始された。それから5年が経過し、福井総裁時代の２００６年3月に量的緩和政策は解除されるが、その時点でも主要な論点はデフレであり、消費者物価上昇率は当時の指数では前年比０・５％、改定後の新基準では０・１％であった。その後08年前半にかけて世界的な好景気、国際商品市況の上昇、円安等を反映して上昇し始め、リーマンショック直前のピーク時の前年比上昇率は2・4％にまで達した。

98年以降現在までの20年間の日本経済は、物価水準が下落傾向にあったという意味ではデフレ期にあたったが、この時期の日本のデフレは１９３０年代のような典型的なデフレの事例、すなわち、わずか数年間に20〜30％も下落する状況とは大きく異なっていた。さらに、下落が始まった時期は取り上げる物価指数によって異なっていた。たとえば、企業間で取引される財の価格動向を示す企業物価指数（海外の生産者物価指数に対応）を見ると、下落傾向が始まったのはバブル期の80年代後半であり、２０００年代後半は国際商品市況の動向を反映し、全体としてはむしろ上昇傾向であった。ＧＤＰデフレーターは下落傾向を示していたが、これには国際商品市況の上昇を反映した交易条件悪化の影響も大きかった[10]。

デフレという言葉の曖昧さ

デフレという言葉はすでに1980年代後半のバブル期にも登場するが、この時は「円高のデフレ的インパクト」という言葉に示されるように、もっぱら経済活動の低下をあらわす言葉として使われていた。また、物価下落がただちにデフレであるという理解ではなく、政府は物価下落と景気低迷とが併存する事態をデフレと理解する立場にたっていた[11]。そうした理解を一変させたのが、第5章で述べた2001年3月の政府（内閣府）の「デフレ宣言」であった。この時から、政府は景気の実態とはかかわりなく、物価が継続的に下落する状態をデフレと定義し、日本経済が「緩やかなデフレ状態にある」と判断した。政府は06年6月までこの判断を踏襲した。

政府の採用したこの定義は、デフレに関する経済学的な定義としては必ずしも間違いではなかったが、議論の混乱を招いた。第1の問題は、国民、企業経営者、マスコミはこの言葉をもっと広い意味で理解していたことである。デフレは物価下落を指す場合もあったが、景気の悪化や企業業績が良くないことをあらわす時の一般的な表現として使われることも多かった。さらに、財・サービスではなく、資産価格の下落を指す場合もあった。最も多かったのは、経済状態が全体として不満足な場合を指す常套句としての使用であった[12]。第2の問題は、デフレという言葉は1930年代の大恐慌と深く結びついており、恐怖感を生み出す言葉だということである。したがって、デフレという言葉を使用した場合、その内容は論者によって異なっていたにもかかわらず、何をおいても避けなければならない事態であるとの認識を人々に植えつけ、冷静な議論を困難にした。

図9−4　物価上昇に対する家計の受け止め方

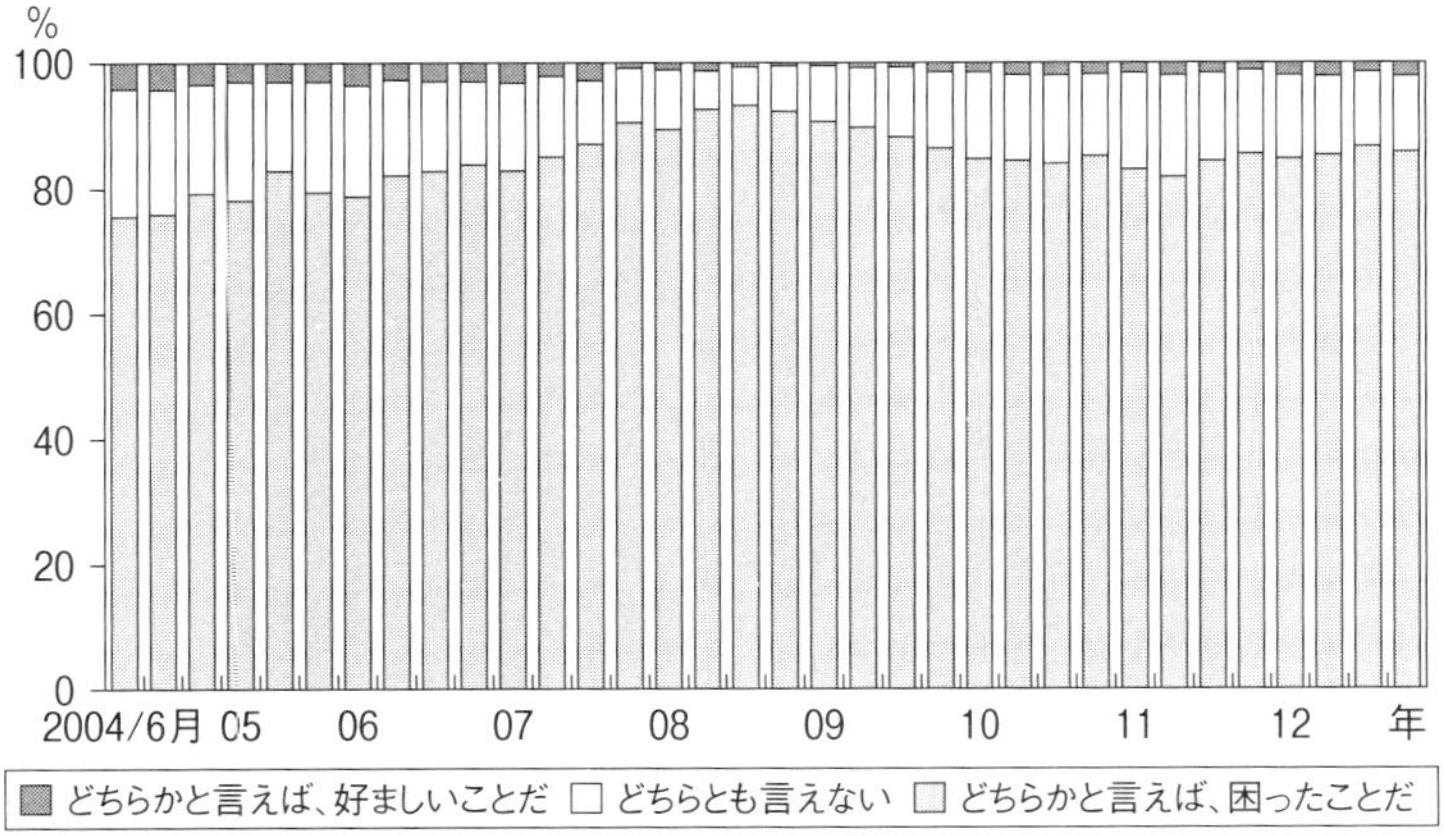

注：2005 年は 3 月、9 月、12 月調査、2006 年以降は 3 月、6 月、9 月、12 月調査
出所：日本銀行「「物価の安定」についての考え方に関する付属資料」

この点で興味深いのは、日本銀行が一般の個人を対象として四半期ごとに行っている「生活意識に関するアンケート調査」の結果である。物価の現状判断についても先行き予想についても、物価は下落しているのではなく、上昇しているとする回答が一貫して圧倒的に多かった。これを解釈すれば、他国と同様、一般の国民は頻繁に購入する身近な品目で物価動向を判断しており、消費者物価上昇率に代表される物価全般の動向について、そもそも正確な知識は有していないということになるだろう。この調査でもうひとつ興味深いのは、物価上昇は好ましいことかどうかを尋ねる質問に対する回答結果である（図9－4）。男女や年齢、職業の違いを超えて、一貫して好ましくないという回答が多い。結局、多くの国民がデフレという言葉からイメージしていたのは、雇用不安や将来の生活に対する不安であり、「デフレ脱却」とは、そうした状態が良い方向に向かうようにしてほしいという気持ちの表明であった。

「デフレ脱却」は円高防止と並んで、経団連会長や商工会議所会頭、経済同友会代表幹事をはじめ、経済団体や業界団体のトップから常に要望されたテーマであった。企業経営者がデフレという言葉を使う時は、自社の販売する商品やサービスの価格下落が収益を圧迫しているという認識を示すものであった。この場合、企業経営者が「自社の商品やサービスの価格が上がるような経済を実現してほしい」と願うことは自然であり、それを「デフレを止めてほしい」と表現していたのだろう。しかし自社の販売する商品やサービスの価格だけでなく、各社、各業界の販売する商品やサービスの価格が全般的に上昇するような経済の実現、すなわち、政府の定義する意味での「デフレ脱却」を望んでいたかというと、そうではなかったと思う。望んでいたのは、自社の商品やサービスに対する需要の数量的増加であり、またその結果としての販売価格の上昇であった。デフレの原因に関しては、需要が不足していること、企業経営者の言葉を借りると、「仕事がない」ことを強調する声が圧倒的に多かった。金融政策についても、企業経営者と相対で話すと、「お金は潤沢にあり、金利もこれだけ低下していて、日銀がこれ以上お金を供給してもデフレが解消するとは思えない」という発言が多数だった。企業経営者との私的な会合の席でデフレの原因として多く聞かれたのは、「非効率的な企業が淘汰されていないことによる安値攻勢」や日本企業の「シェア重視の経営体質」等であった。私的な会合でも大胆な金融政策を求める声が聞かれることはあったが、日本の財界を代表する多くの製造業の経営者の主張は、デフレ脱却というよりも、圧倒的に円高是正であった。もっとも、企業経営者も業界を代表して公式の場で発言する場合には、デフレ克服のために、日本銀行に対して国債の引き受けを含めてより積極的な金融緩和政策をとってほしいと主張することもあり、いったい、どちらが本心なのだろうかと思うことも少なからずあった。

デフレとデフレスパイラルの違い

デフレは当初は日本だけの問題であったが、他の先進国もグローバル金融危機後、物価上昇率が低下し、同様の事態を経験することが多くなった。その過程で、「デフレ」の定義がひとつの論点になっていた。ＥＣＢのマリオ・ドラギ総裁は、２０１４年2月の記者会見でデフレであるかどうかを判断する基準として、広範囲の財・サービスの価格が下落することと、それが自己増殖的な物価下落をもたらすことの2点を挙げている[13]。つまり、さまざまな財・サービスの価格が全般的に下落するとの予想が支出を抑制し、そのことがいっそうの物価下落をもたらすメカニズムを作動させているかどうかをデフレの判断基準にしている。エコノミストの言う、デフレスパイラルが発生しているかどうかである。ＥＣＢのこの定義や判断基準はごく常識的であり、日本銀行も長くこの定義を用いていた。

デフレの定義の問題は、一見すると些細な用語の問題のように見えるが、用語の選択はしばしば政策自体を左右する[14]。心理学で言うフレーミング効果である。この観点からは「デフレ」という言葉は、前述のように１９３０年代の大恐慌のイメージを惹起し、あらゆる政策を総動員してでも避けなければならないものとなる。また、デフレという言葉は貨幣供給を増やせば解決できるという漠然とした認識も生み出した。経営学者の三品和広は、「キーワードには思考を止める力がある。何となくそうだなと人々が受け容れた次の瞬間から、あらためて「なぜ」を問うことなど許されない空気ができてしまうのである[15]」と述べているが、「デフレ」という言葉はまさにそうした効果を持っていた。

総裁在任中の私は、前後の文脈の関係で「デフレ」という言葉を使わざるをえない局面では使ったが、それ以外ではこの言葉の使用は極力避け、より客観的、即物的な表現である「物価下落」と言うようにしていた。また、政策対応を述べる際にも、デフレスパイラルの有無に力点を置いた説明を心がけた。エコノミストやマスコミの中には「良いデフレ」と「悪いデフレ」という言葉を使う論者もいたし、海外ではそのような言葉が用いられることもあったが、私はこれは意識的に使わないようにしていた。この言葉を使うと、リフレ派の論者に対し、「日本銀行はデフレを容認している」という格好の批判の口実を与えかねないと判断したからである。バブル期のように物価上昇率は低いが景気は過熱しているケースもあれば、物価下落が自己増殖的にさらなる物価下落を呼びかねないケースもある。重要なのは物価の下落がどのような状況で生じているかであることから、物価情勢の評価については経済・金融の状態を踏まえて具体的に行う以外にないと思っていた。

政府の「デフレ宣言」

ここで再び話を2009年11月20日の政府の「デフレ宣言」に戻そう。同年10月30日、日本銀行は定例の展望レポートを公表した。この時の消費者物価上昇率の見通しは、前年比の下落率は徐々に縮小するものの、見通し期間中は物価下落が続くというものであった（09年度はマイナス1・5％、10年度はマイナス0・8％、11年度はマイナス0・4％）。成長率は、09年度はマイナスであるが、その後はプラスに復帰するという見通しであった（各々、マイナス3・2％、プラス1・2％、プラス2・1％）。この時の記者会見で私は以下のように発言し、現状が「デフレ」であるかどうかの判断については慎重に明言を避けた。

今回の展望レポートでは、２０１１年度まで物価下落圧力が続く見通しになっています。こうした物価情勢を「デフレ」という言葉で呼ぶかどうかは、論ずる人の定義如何によりますから、その問題にここでは入るつもりはありませんが、大切なことは、わが国の経済が中長期的にみて物価安定のもとでの持続的成長経路に向かっているのかどうかという判断です。

政府が11月20日の月例経済報告において「デフレ宣言」を行った当日、私は記者会見で次のような質問を受けた。「持続的な物価下落ということでは政府と考え方が一致しているということですが、持続的な物価下落が景気に与える悪影響についてはどうでしょうか。政府もしくは海外から、デフレスパイラルにつながる危険が示されていますが、現時点のお考えをお聞かせ下さい」。この時も次のように答え、基本的な立場は変えなかった。

物価の持続的な下落が起こる場合には、その根本的な原因は需要の不足という点にあると思います。需要が不足しているということは、「景気が悪い」という言葉で代表される状況であるため、物価の下落自体が悪いということに反映されていくわけです。今のご質問は、「景気が悪い」という言葉では十分捉えきれないような、物価の下落それ自体によって更に追加的な影響があるかという話だと思います。物価の下落が原因となって更なる物価の下落をもたらすルートとしては、いくつかあり得ると思います。１つは予想物価上昇率が下がっていくということであり、ほかには、金融システムが不安定化している場合に物価下落が更に景気に対して悪影響を与えるという可能性です。したがって、私どもではこの2点についていつも細心の点検を行っています。

こうした説明の仕方に対し、「日本銀行はデフレを容認している」、「政府と日本銀行のデフレに関する認識が不一致である」という強い批判を浴びた。多くの国民や企業経営者はデフレの定義自体に興味はないし、デフレとデフレスパイラルの違いについて理解を求めることは無理な注文であった。そうした状況では、日本銀行がいつまでもデフレという表現を避けることのデメリットも意識せざるをえなかった。つまり、自分たちの厳しい状況を日本銀行は認識していないと国民が誤解するようになると、日本銀行に対する信認が低下し、ひいては政策運営の基盤自体が崩れてしまうことも懸念された。そのような大局的判断によって、私は11月30日に名古屋で行った講演では「政府の見解と同じ認識に立つ」という言葉を使い、以後、物価の現状を「デフレ」と表現することを受け入れた[16]。

日本銀行は、10月末に公表した展望レポートの中で、物価について、下落幅を徐々に縮小させつつも、下落が２０１１年度まで続く可能性が高いという厳しい見通しを公表しました。政府は、先日、「持続的な物価下落という意味において緩やかなデフレ状況にある」との見解を示しましたが、10月末に示した日本銀行の物価に関する判断は、こうした政府の見解と同じ認識に立つものです。

ただし、金融政策の運営上重要なことは持続的成長の実現であるとの考え方自体はいっさい変えなかった。上の講演の翌12月１日、日本銀行は臨時の決定会合を開催し、金融緩和強化措置を決定したが、その目的については「日本銀行は、日本経済がデフレから脱却し、物価安定のもとでの持続的成長経路に復帰することがきわめて重要な課題であると認識しています」と述べた[17]。

私が注意したことは、経済・物価情勢の説明にあたり、「デフレからの脱却」で言葉を止めないことであった。「物価安定のもとで持続的成長経路に復帰すること」を続けて述べることによって、日本銀行の最終的な目標を明らかにすることを企図した。この基本ロジックと表現は、後述する２０１３年１月の政府・日本銀行の共同声明を含め、総裁退任時まで変えることはなかった。責任ある中央銀行として、ロジックをどう組み立て、それをどのような言葉で表現するかはきわめて重要なことであるというのは、過去20年近くの日本経済や金融政策をめぐる議論の経験にもとづく私の信念であった。言葉が一人歩きする危険性は常に意識せざるをえなかったと言える。

「中長期的な物価安定の理解」の見直し

２００９年12月の定例の決定会合では、日本銀行はデフレを許容していないという姿勢を明確に示すことが必要と判断し、06年３月の量的緩和解除時に採用した「中長期的な物価安定の理解」の表現を次のように改めることにした。「「中長期的な物価安定の理解」に、消費者物価指数の前年比で２％以下のプラスの領域にあり、委員の大勢は１％程度を中心と考えている」（傍線が変更箇所）。「大勢」である１％程度という数字には変更はないが、ポイントは、明示的にプラスの領域にあると表現することにより、日本銀行は、デフレ、すなわち、持続的な物価下落は許容しないという姿勢をよりいっそう明確に伝えることであった[18]。記者会見ではこの措置は時間軸政策であるかどうかの確認の質問があったが、これには「先行きの金融政策運営について何らかのコミットメントを行うという意味での時間軸政策とは異な」るが、「物価安定に関する日本銀行の考え方が一層浸透することは〔中略〕金利形成にも相応の影響がある」ことに言及したうえで、「広い意味で時間軸的な効果と呼ぶのであれば、そうした効果はある」と回答した。

日本はなぜ、デフレスパイラルに陥らなかったのか

物価安定に関する考え方を明確にした努力にもかかわらず、日本銀行はその後も、「デフレを容認している」という激しい批判にさらされ続けた。論争の詳細については章を改めて説明するとして、ここではデフレの弊害をどのように理解するべきかについて考えてみたい。

デフレの弊害が説明される時に、最もよく聞かれる議論は、物価下落はさらなる物価下落予想を通じて支出の繰り延べをもたらすために、景気を悪化させるという前述のデフレスパイラルの議論である。このスパイラルが生じるメカニズムとして、エコノミストは通常、以下の3点を指摘する。第1は、名目賃金には下方硬直性が存在するため、物価が下落すると実質賃金が上昇することになり、企業サイドに労働節約の動機が働くことによって失業率が上昇するという議論である。第2は、米国の経済学者であるアーヴィング・フィッシャーの唱えた債務デフレ論（debt deflation）で、物価下落は債務の実質負担増加をもたらすことを通じて支出を抑制し、景気を悪化させるという議論である[19]。物価下落は債権の実質価値も高めるが、通常、債権者よりも債務者の支出性向の方が高いことから、この

ようなメカニズムが働く。第３は、ゼロ金利制約である。物価が下落しても金利は通常ゼロ以下には下げられない。金利政策によって景気を刺激し物価を引き上げることができないため、デフレスパイラルが発生するという議論である。第５章で述べたように、すでに２００１年時点で「日本はもうデフレスパイラルに突入している」という議論もあったが、客観的に現実の日本経済を見ると、米国の経済学者のマーティン・フェルドシュタインが述べるように、デフレスパイラルは発生しなかった[20]。

幸いなことに、デフレの下方スパイラル理論の妥当性をテストする経験は比較的少ない。デフレ経済の例として最も頻繁に引用されるのは日本である。確かに日本は低インフレとやや持続的なデフレを経験したが、およそ物価の下方スパイラルが生じるということはなかった。日本のインフレ率は80年代には８％近くを経験する時期もあったが、そこから87年にはゼロにまで下落した。95年まではゼロを上回っていたが、その後99年まではゼロを上回ってはいるものの低インフレという状態が続いた。そして、２０１２年までは、ゼロとマイナス１・７％の間で変動した。何と言っても、低インフレやデフレは日本の実質ＧＤＰの低下をもたらすことはなく、99年から２０１３年の時期において、１人当たりの実質ＧＤＰは年率１％で成長した（このことは、実質ＧＤＰの緩やかな上昇と人口の実際の減少を反映していた）。

私の総裁在任中も、国際会議では日本のデフレはしばしば取り上げられたが、当時のＦＲＢ副議長のジャネット・イエレンをはじめ、海外の中央銀行の首脳からは、「なぜ、日本はデフレスパイラルに陥っていないのか」という質問をたびたび受けた。実際、２００２年１月から08年２月にかけて戦後最長の景気拡大が続いたが、これは緩やかな物価下落が生じる中で実現した。たとえば、失業率は97年以降上昇したとはいえ、他の先進国の上昇に比べると小幅であり、水準も低かった。すなわち、デフレスパイラルという現象は生じなかった。

その理由としては以下の2つが考えられる。最も重要な理由は、金融システムの安定がぎりぎりのところで何とか維持されたことである。デフレスパイラルの議論はフィッシャーの展開した債務デフレに大きく影響されている。フィッシャーの理論は1929年以降33年までの米国の経済・金融の状況をうまく説明している[21]。当時の米国では、FRBが「最後の貸し手」として適切に行動しなかった結果、わずか数年間に多くの金融機関が破綻しマネーサプライは30％の減少、物価も20％近くも下落した。このような経済状況においては、債務デフレの議論は説得力のある説明である。そこから得られるデフレ防止に関する最大の教訓は、金融システムの崩壊を防ぐことの重要性である。この点では、日本銀行はリーマン破綻後のグローバル金融危機の際、最後の貸し手として流動性を供給し、政府も対応は遅れたが最終的には公的資金を投入して金融システムの崩壊を防いだ。フィッシャーは債務デフレに関する上述の論文の中で、「デフレは1873年の経験ほかさまざまな歴史的な経験に照らしてはじめて理解できるものである」と述べているが、フィッシャーの言う意味で債務デフレの教訓を学んでいたことが、グローバル金融危機で日本がデフレスパイラルに陥らなかったひとつの大きな理由であった。

もうひとつの理由は、名目賃金の設定が伸縮的になり、下方硬直性がなくなったことである。日本における1人当たりの名目賃金の推移を見ると、97年もしくは98年から絶対水準で下落に転じている。マクロベースで見た1人当たりの名目賃金の下落は、賃金水準の低い非正規労働者へのシフトという雇用形態の変化によっても生じているが、正規労働者の賃金水準の引き下げによっても生じている。後者は他の先進国と比べた場合の際立った違いである。次第に崩れつつあるとはいえ、日本の大企業の場合、終身雇用のウェイトは高く、企業特殊的なスキルを蓄積しているコア労働者にとっては、職を失うことのコストは大きい。企業経営者にとっても、スキルを有するコア労働者を失う場合のダメージは大きいうえに、現実にも日本の解雇法制は他の先進国に比べても厳格であったことから、解雇に踏み切った場合の有形、無形のコストも意識せざるをえなかった。そのような両者の利害が一致し、コア労働者は賃金の引き下げに応じ、一方、企業経営者は雇用の確保に努めた。労働組合は賃金水準の引き下げを受け入れる代わりに、経営者は極力雇用の維持に努めた。90年代半ば以降、日本経済は深刻な不況に直面したが、名目賃金水準を引き下げることによって雇用を確保することを優先した。その結果、欧米諸国と異なり、失業率の大幅な上昇は回避できた。その代償は賃金の下落を反映した物価の緩やかな下落であった。つまり、緩やかな物価下落と低い失業率はコインの裏表の関係にある。

先述したデフレの弊害が説明される時にしばしば使われた、物価の下落予想により消費や投資といった支出が先送りされ、それによる物価下落からさらに支出が繰り延べられるという議論は、物価の上昇と下落で方向は異なるが、消費税率引き上げ前の駆け込み需要やエコカー減税実施前後の乗用車購入数の変動を見れば、直感的にわかりやすい。仮にそうしたメカニズムがデフレ期全体で作用していたとすれば、家計の貯蓄率は上昇傾向を続けているはずであるが、実際には日本の家計の貯蓄率はほぼコンスタントに低下している。確かに、ある商品の価格が近く下落すると予想される場合、その商品の購入を控え、実際に下落してから購入するのは合理的である。

しかし、日本が経験したのは物価の一時的な下落ではなく、15年以上の長期にわたる緩やかな下落である。商品の購入を今年は控えても、通常は翌年か翌々年には購入しなければならない。しかし、翌年も翌々年も購入しないとすれば、それは価格の一時的な変動の予測にもとづくというより、将来の所得が増加しないという予想にもとづくものと考える方が自然である。また、そもそも支出の繰り延べが可能な対象は限られている。耐久消費財については支出時期の繰り延べはある程度可能であるが、住宅、電気・ガス、医療・介護をはじめ、多くのサービスについては生産と消費は同時に行われるものであり、繰り延べは難しい。また、生活必需品の食料品などは長期にわたって支出を繰り延べることはそもそも不可能である。このように考えると、少なくとも日本におけるデフレやその弊害を物価下落予想による支出の繰り延べで説明することには、明らかに無理がある。

日本の物価下落の原因

日本ではデフレスパイラルは生じなかったが、緩やかとはいえ、長期間にわたって物価下落が続いたことは事実である。なぜ物価は長期間にわたって下落したのだろうか。日本銀行を批判する論者は、「金融緩和が不十分であったから」と主張するが、グローバル金融危機後はきわめて積極的な金融緩和政策が展開されたにもかかわらず、他の多くの先進国でも低インフレないし物価の下落という現象が観察されている。緩やかな物価下落の原因について我々はまだ十分な理解に達しているとは言えないように思うが、少なくとも私が総裁を退任する頃までの日本の緩やかな物価下落については、以下のような説明が自然だと思う。

私が最も共感する説明は、上述したように、名目賃金が他国に比べて伸縮的に変動したことである[22]。事実、日米の消費者物価上昇率を見ると、財についてはそれほど大きな違いはない。大きく違うのは労働集約的なサービスの価格上昇率である。名目賃金には下方硬直性が存在すると言われているが、日本の賃金データを検証すると、90年代末頃から硬直性は観察されなくなっている[23]。不況期の日本で失業率の上昇が小幅にとどまった理由は、前述のようにコア労働者が賃金の抑制に応じ、企業経営者が雇用確保を優先した結果である。ただし、欧米諸国と異なり失業率の大幅な上昇は回避できたが、その代償として、賃金下落に伴う物価の緩やかな下落に直面することになった[24]。

デフレの原因として円高が指摘されることも多かったが、一方でデフレの結果として円高になったという逆方向の因果関係もしばしば指摘された。これは購買力平価説[25]に立脚した考えである。しかし、物価も為替レートも経済の内生変数であり、長期の物価や為替レートの動きについて、どちらか一方を原因とする考え方は適切ではない。ただし、為替レートは資産市場の価格であることを反映し、短期的には財・サービスの価格よりも急激に変動するため、円高はそれが急速に進行する局面では物価上昇率の低下要因として作用することは間違いない。90年代半ば以降、アジア金融危機、ITバブル崩壊、リーマンショック、欧州債務危機等の局面では、円高による強力な物価下落圧力がかかったことは確かである。ただ、97、98年以降の15年間という長期間で見ると、円高が進行した局面もあれば円安が進行した局面もある。いずれにせよ、物価下落で円高を説明する（購買力平価説）一方、その円高で物価下落を説明するのでは、物価下落の原因の説明にはなっていない。

国内の小売面での競争激化や輸入価格の下落は国内物価の下落要因として作用するが、リフレ派エコノミストからはこれらはすべて「相対価格の変動」であり、物価上昇率とは無関係という議論がしばしば展開された。確かに、たとえば輸入価格の下落は交易条件の改善、すなわち実質購買力の増加を意味するものであり、時間が経過すると、物価を押し戻す方向に作用する。したがって、輸入価格の下落が過去15年間の緩やかなデフレの主因であったとは思われない。しかし、輸入価格の下落は物価上昇率に影響を与えないという議論もやや極端である。輸入価格の変動は上昇か、下落か、いずれの場合であれ、短期的には物価上昇率に影響を及ぼす。上昇していた市況が反落する場合はもとより、急激な上昇が一段落する場合でも、物価上昇率の前年比は急激に変化する。09年夏にかけての物価上昇率のマイナス幅拡大にはそうした要素も大きく作用していたが、政策論議では前年比の数字に関心が集まるため、デフレの問題が必要以上にクローズアップされがちであった。

デフレは「貨幣的現象」か

日本のデフレの原因をめぐって最もよく聞かれたのは「デフレは貨幣的現象」という命題であった。ミルトン・フリードマンは1963年に、「インフレはいつでもどこでも貨幣的現象」という有名な命題を述べたが、(26)この命題のインフレの部分をデフレに置き換えた「デフレは貨幣的現象」という表現が、日本銀行を批判する時に頻繁に使われた。こうした考え方にたつ論者は、日本銀行の貨幣（マネタリーベース）の供給が少ないことがデフレの原因であると主張した。(27)入門的な経済学の教科書には、マネタリーベースの増加は信用乗数倍のマネーサプライの増加をもたらすことによって物価上昇率を高めることが説明されている。しかし実際には、マネタリーベースと物価の関係からそうした事実は観察されない。たとえば、物価が下落に転じた98年以降の動きは、97年3月を基準時として各年3月の数字の変化を見ると、２０１３年3月の消費者物価指数は2・９％下落しているが、この間マネタリーベースの残高は１６６％の大幅増加となっている（図９－５）。

この間、マネタリーベースの供給が少ないとして日本銀行は繰り返し批判されたが、国際的に見ると、日本はGDPに対する比率が高いだけでなく、比率の増加テンポも決して小さくはなかった（図９－６）。日本の増加テンポが小さいと批判する論者は、いつもグローバル金融危機の発生時点を基準時にしていたが、国内の金融システムが不安定化した欧米諸国で流動性需要の増加に対応してマネタリーベースが増加するのは当然である。一方、日本ではそうした問題は基本的に発生しなかったため、その分マネタリーベースの増加は小さくなる。

中央銀行が貨幣供給を増やせば物価は上昇するというのは非常にわかりやすい議論である。平常時であれば、細かなロジックは別にして、そうした素朴な観察は長期的に見れば間違いとは言えない。それでは、マネタリーベースの大幅増加にもかかわらず現実に物価がまったくと言っていいほど反応しないのはなぜなのか。リーマン破綻以降の金融危機においては、金融機関の流動性需要は著しく増加し、各国中央銀行はこれに対応して供給を増やした。この場合、マネタリーベースの大幅増加は需要の増加に見合ったものである。金融危機終息後はどうだろうか。この場合も、マネタリーベースの大幅増加は需要の増加に見合ったものだが、この場合の需要増加は、金融システム不安ではなくゼロ金利制約に直面していることによる。金融危機終息後は各国の金利はほぼゼロ金利となった。中央銀行がマネタリーベースを大量に供給しても、中央銀行通貨保有の機会費用はゼロであることから、増加分はそのまま需要される。言い換えれば、物価上昇の起爆剤になると想定されているマネタリーベースの超過需要自体が発生しない。

図9-5　マネタリーベース、マネーサプライ、消費者物価の推移

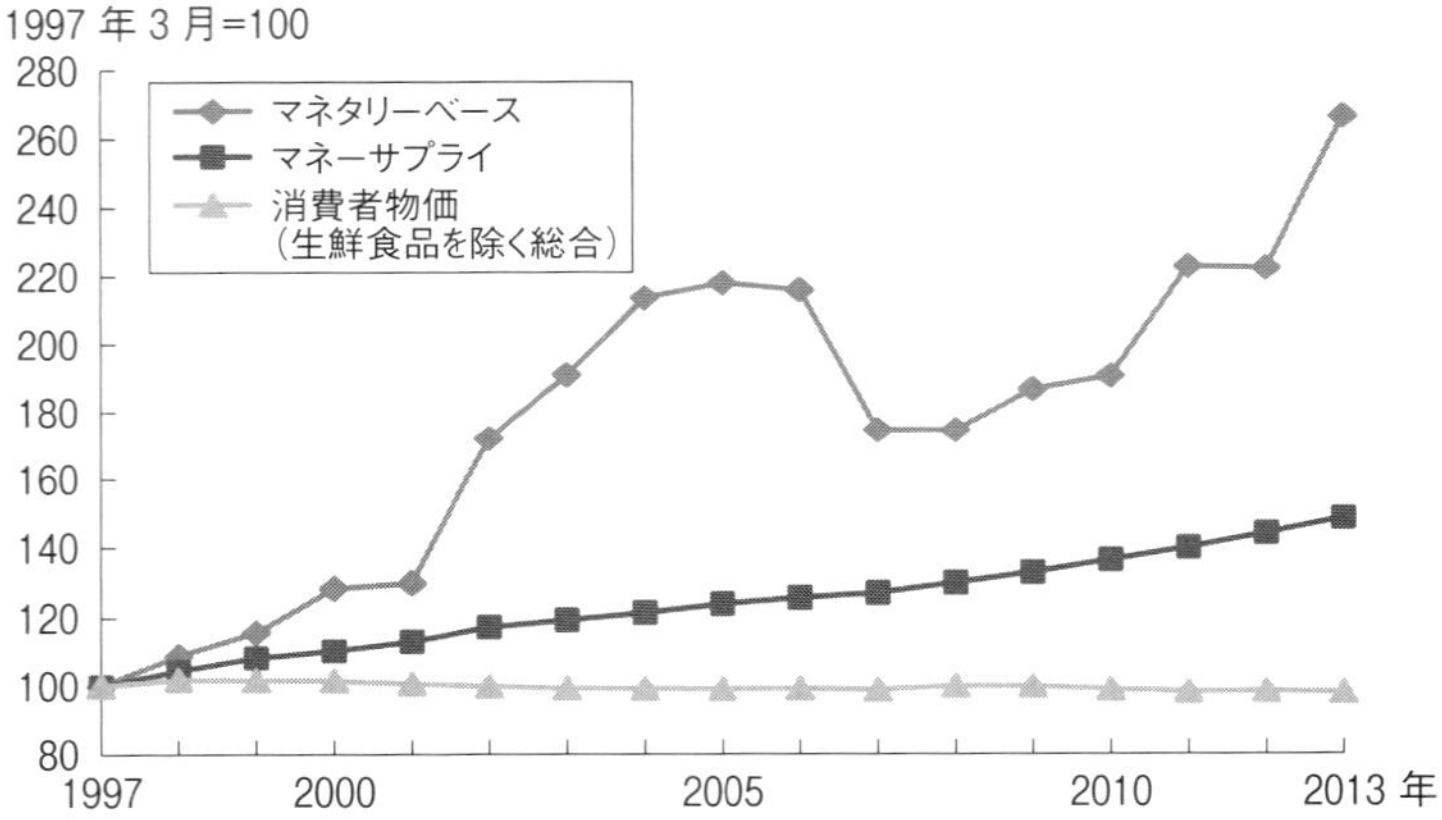

出所：日本銀行、総務省「消費者物価指数」

図9-6　マネタリーベースの増加状況の国際比較

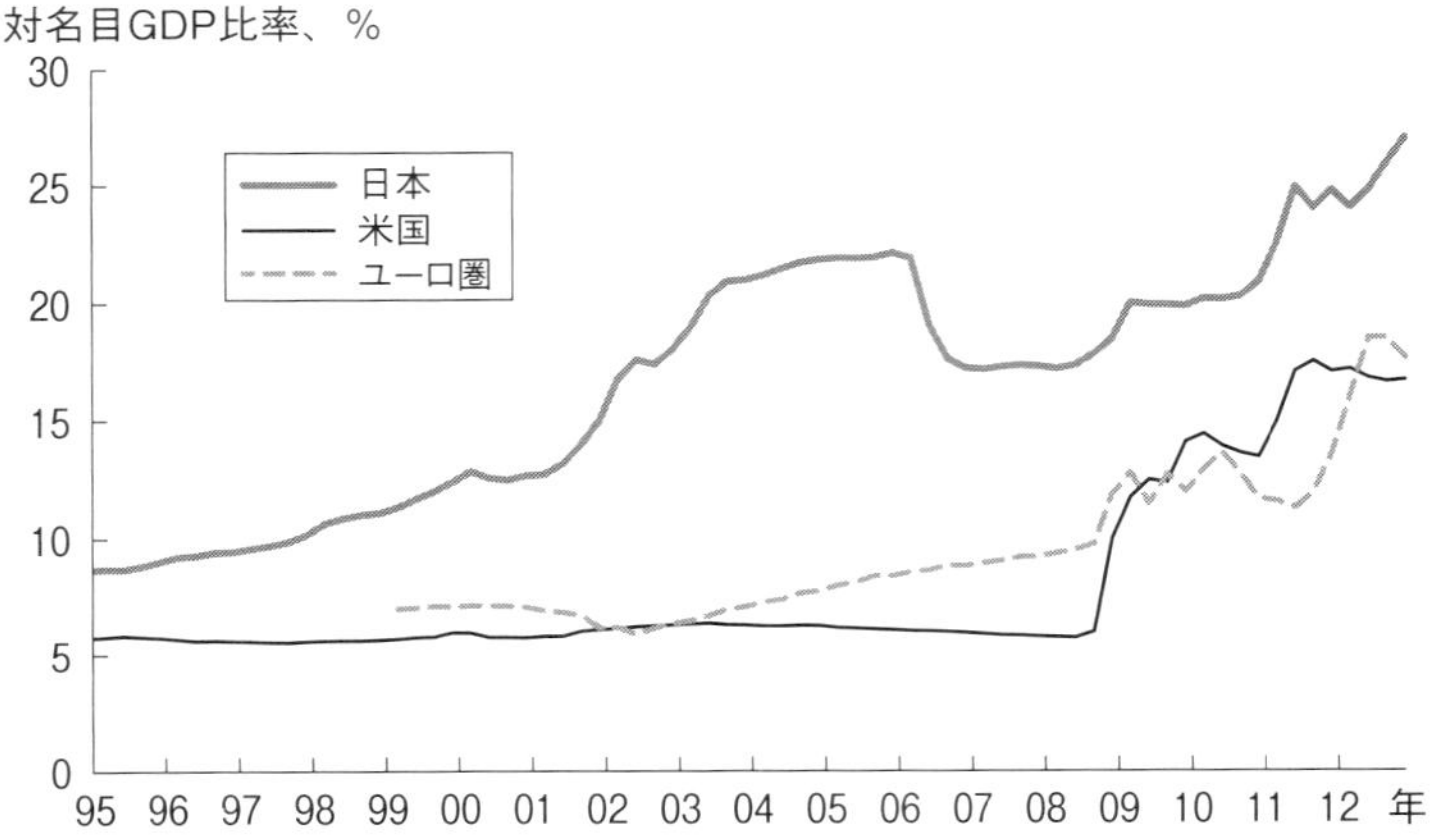

出所：日本銀行（2013）図表16

一連の議論を通じて私が感じることは、経済がゼロ金利状態にあることの意味が理解されていないことである。もっとも、こうした誤解は日本に固有のものではなかった。米国では「ＦＲＢがこんなにマネタリーベースを増やしていると、激しいインフレが起きてしまう」という議論がしばしば聞かれたが、バーナンキはこのような議論に対し、マネタリーベースの量の増加がインフレやインフレ予想をもたらすものではないことを記者会見等で繰り返し強調していた。[28] 私も彼の主張に同意する。バーナンキと同様に、マネタリーベースと物価の関係について正しく理解されないことにフラストレーションを感じていた。ただ同時に、マネタリーベースの増加のために日本銀行が国債の買い入れを行い、それが「財政による支配」に陥ったと見られると、何らかのショックをきっかけに今度は激しいインフレが起こる可能性があり、そのとき物価上昇率を２％に軟着陸させることは不可能だとも思っていた。

予想物価上昇率は何によって決まるのか

それでは、物価上昇率の水準はいったい何によって決まるのだろうか。この問いに対して説得力のある答えを示さない限り、デフレの原因をめぐる論争は決着しない。主流派経済学は、物価上昇率のうち、トレンド部分は中長期的な予想物価上昇率によって規定され、その周囲の短期的な変動は需給ギャップによって規定されると考える。有名なフィリップス曲線は横軸に需給ギャップ（失業率）を、縦軸に物価上昇率（賃金）をとり、両者の右上がり（下がり）の関係を示すものである。フィリップス曲線はかつては想定どおりの関係を示していたが、次第に両者の関係は弱くなり、90年代以降はほとんどフラットに近い関係になっていた。

フラットなフィリップス曲線とはどういう現象なのか。第1の説明は物価安定の予想の定着を強調するものである。この説明によると、物価安定に成功した結果、予想物価上昇率も低位で安定するようになるため、コストが上昇しても各企業は市場シェアの低下を恐れて価格引き上げに慎重になる。第2の説明は経済のグローバル化の進展を反映し、企業の価格設定は国内の需給ギャップには反応せず、グローバルな需給ギャップに反応するようになったというものである。これらの説明はそれぞれ現実のある部分を説明しているが、前者について言えば、予想物価上昇率がどのようにして決まっているかを説明しない限り、理論は完結しない。後者について言えば、世界全体の物価上昇率の決定メカニズムを説明しなければならないが、ここでも世界全体の需給ギャップと予想物価上昇率の問題に帰着する。

要するに、物価上昇率をめぐる議論は予想物価上昇率に関する議論に収束する。予想物価上昇率が上がらない限り、現実の物価上昇率もなかなか上がらない。他方、現実の物価上昇率が上がらない限り、予想物価上昇率も上がらない。これでは単なる循環論法である。

予想物価上昇率はどのようにして形成されるのだろうか。これを正確に把握することは容易ではないが、日本のデータを見ると、短期の予想物価上昇率は足元の現実の動きに大きく左右されており、09〜10年にマイナスを記録していた（図9－7）。過去のトレンドにもとづいて将来も同じような状態が続くという予想を「適合的期待」と呼ぶが、比較的短期の予想については、そうした傾向が強いことは昔から広く認識されていた[29]。しかし、物価上昇率により大きな影響を与えると考えられる中長期の予想物価上昇率の方はそれほど変化せず、エコノミストの予想物価上昇率を見ても、私の総裁在任

図9−7　予想物価上昇率

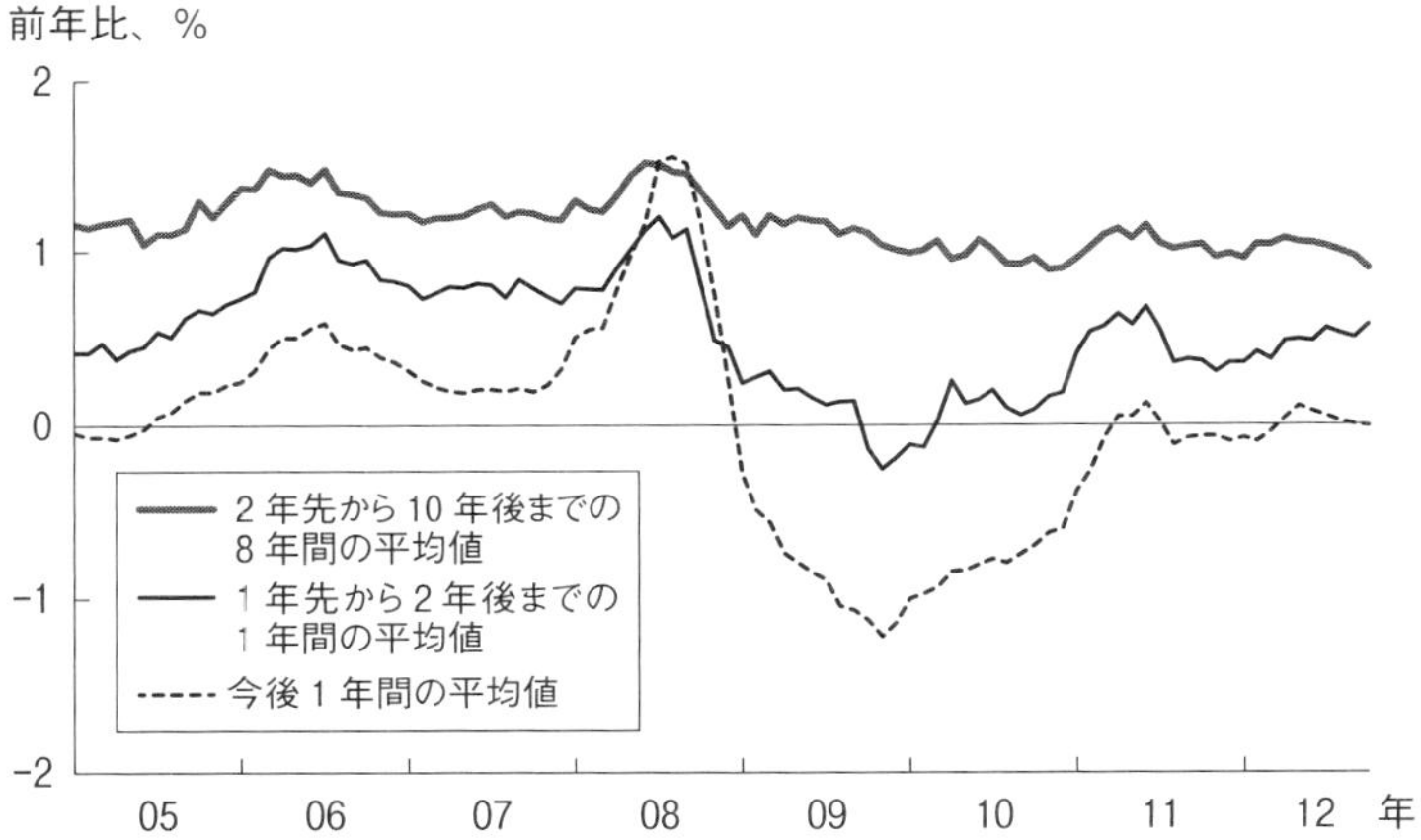

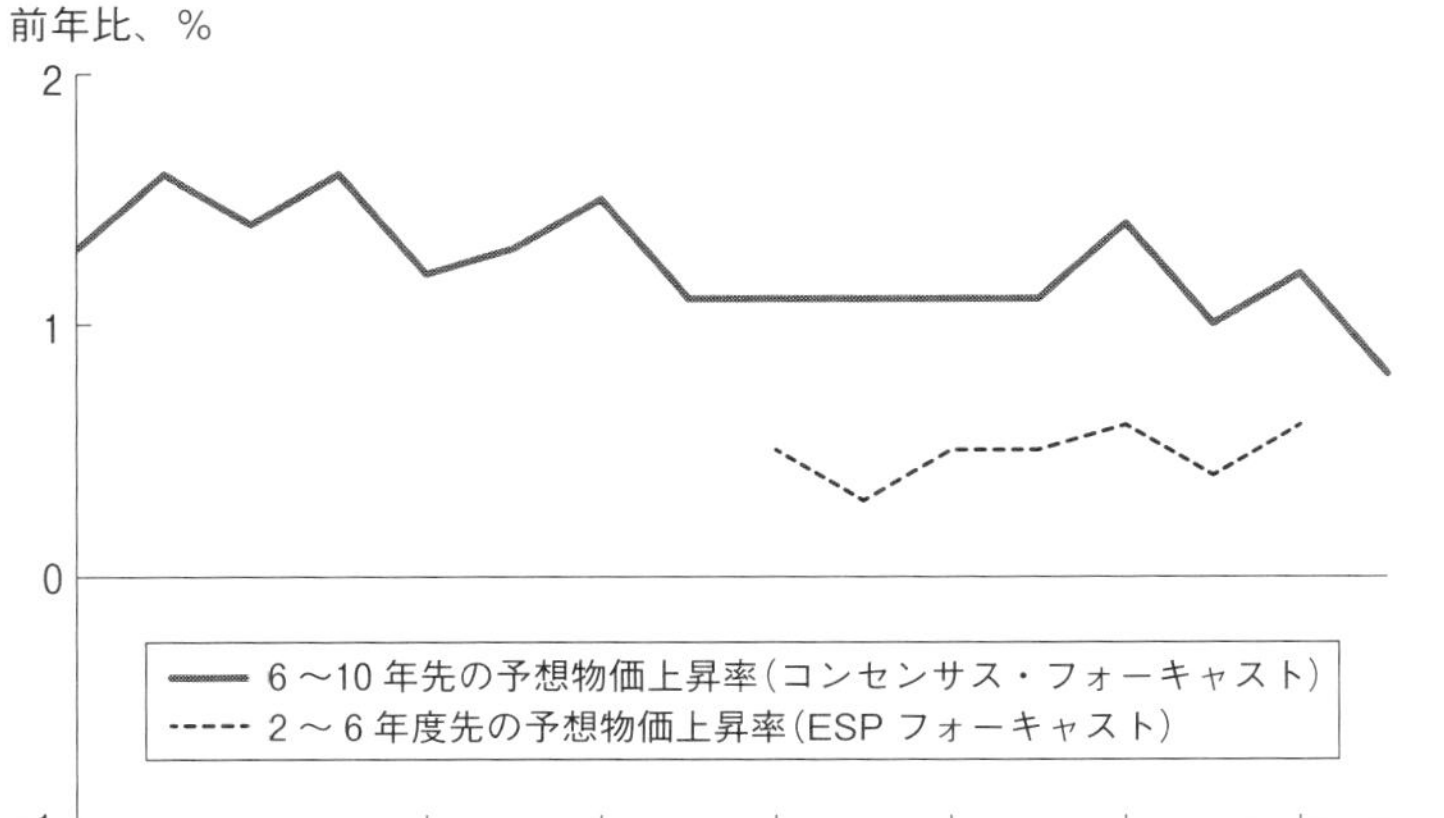

注：上は市場参加者の予想物価上昇率（QUICK 調査）、下はエコノミストの予想物価上昇率
出所：日本銀行「経済・物価情勢の展望」（2012年10月）図表51

時も大体１％程度で推移していた。ＦＲＢのイエレンも議長就任後の講演で、「日本は長年にわたって持続的かつ緩やかなデフレを経験している時でも、長期の予想物価上昇率はプラスで安定を続けている」という事実に言及し、「インフレのダイナミクスに関するエコノミストの理解は不完全なものである」と述べている(30)。

中央銀行の目標物価上昇率はアンカーとなるか

主流派マクロ経済学者によると、予想物価上昇率は中央銀行の設定する目標物価上昇率ということになる。彼らの主張は、中央銀行が目標物価上昇率を設定しその達成に強くコミットすれば、それが「アンカー」となって、予想物価上昇率も現実の物価上昇率もその目標物価上昇率に収斂するというものである(31)。海外中央銀行の発表する物価上昇率の見通しも3年ないし5年程度先については目標物価上昇率に収斂するようになっているが、それは、こうしたメカニズムを組み込んだＤＳＧＥモデルに依拠しているからである。これらの理論や計量モデルは、前述のマネタリーベースを増やせば物価上昇率が上がるという単純な議論ではなかったが、中央銀行は「本気」になれば予想物価上昇率をどの水準にでも決定できると考えるという意味で、考え方としては似ている。両者の違いは、予想物価上昇率をどの水準にでも誘導できるということをマネタリーベースという量で表現するのか金利で表現するのかの違いにすぎない。これに対し、物価水準を決定するのは、財政政策であるとする「物価水準の財政理論」という考え方もあるが、これについては第15章「財政の持続可能性」で述べる。

だが、これには素朴な疑問が残る。中央銀行はなぜ物価の「アンカー」となりうると考えることができるのだろうか。金融政策が予想物価上昇率に影響を与えることは誰も否定しない。典型的には、高インフレの経済において中央銀行が強力な引き締めを行い続ければ、やがて予想物価上昇率も低下するだろう。しかし、深刻な金融危機を経験し、金利水準もゼロに到達した低インフレのもとでも、中央銀行が強力な金融緩和を行い続ければ、予想物価上昇率も現実の物価上昇率も中央銀行の設定した目標物価上昇率に比較的短期間で到達すると経済学者が想定する根拠は何であろうか。

じつはこの理論モデルでは、経済の行き着く先の均衡状態においては、中央銀行はゼロ金利制約にも直面せず、金利を自在にコントロールして物価上昇率を誘導できることが仮定されている。これはじつに便利な仮定である。もし、この仮定が現実に当てはまるのであれば、中央銀行の目標物価上昇率はアンカーとなりうるだろう。しかし、1990年代以降の日本経済はそうした仮想的な世界ではなかった（第19章「非伝統的金融政策」参照）。

「国民の物価観」

以上のような予想物価上昇率に関する理論的な考察とは別に、私には十分に整理ができない論点があった。それは「国民の物価観」である。2006年に1％という「中長期的な物価安定の理解」を設定した際も、「国民の物価観」はひとつの要因として指摘されていた。「国民の物価観」は結局のところ中長期的な予想物価上昇率であるから、中央銀行は金融政策によって予想物価上昇率に影響を与えることを企図する以上、これに言及することには総裁就任時の私は消極的であった。その後も、積極的にはこれに言及することはしないようにしていた。ただ、国民の多くが実際は高い物価上昇率を望んでいないとしたら、予想物価上昇率も、したがって現実の物価上昇率もなかなか上がらないかもしれない。特に高齢化が進み、金融資産や年金所得に依存する層が増加するほど、高い物価上昇率を望まない傾向が生まれることは予想される。その場合でも、中央銀行が「大胆な金融政策」を行うことによって一時的に物価上昇率は上がるかもしれないが、所得や金融資産の実質価値の変動によって、実体経済が大きな影響を受けるとともに、社会的な混乱が起こる可能性も否定はできない。ブンデスバンクのイェンス・ヴァイトマン総裁は、ECBのチーフ・エコノミストであったオットマー・イッシング理事の次の言葉を紹介している[32]。

どの社会も自らに値する、そして最終的には自らが欲している物価上昇率を最後は手にするものである。人口動態の変化もこの文脈では役割を果たす。

中長期的な予想物価上昇率は中央銀行の政策によって大きな影響を受けるが、それだけで決まるわけではなく、経済構造や国民の選好など多様な要因が影響しているのではないだろうか。この点については、第18章「中央銀行の役割」でもう一度詳しく述べる。

なぜ「2%」が主張されるのか

日本銀行を批判するエコノミストや政治家は「2%」が目標物価上昇率のグローバル標準であることを常に有力な論拠に挙げていた。彼らの主張には2%が目指すべき正しい数字であることにいささかの疑いもないという意思を感じる。「2％」の根拠としては通常、以下の2点が挙げられている。[33]

第1は公表される消費者物価上昇率は実際の物価上昇率よりも高めに設定されるという「上方バイアス（計測誤差）」である。[34] 通常使用されている「ラスパイレス型」消費者物価指数は、標準的な家計の購入する財・サービスのバスケットを固定したうえで、基準年の支出金額を100とした指数であり、消費者物価上昇率はその指数の変化率である。日本のケースに即して言うと、基準年における財・サービスの消費バスケットが5年にわたり不変であることが前提となっているため、こうした指数の前年比には、①相対的に価格が低下した財・サービスの消費バスケットにおけるウェイトが上昇する傾向が反映されない（ウェイト効果）、②価格下落の激しい耐久消費財は、時間の経過とともに指数水準が大きく低下することで消費者物価の前年比に対するマイナス寄与が実態よりも小さくなる（リセット効果）といった理由で上方バイアスが生じることが指摘されている。

バイアスは品質の変化によっても生じる。個々の商品の価格は変化しなくても品質が向上している場合には、価格は下落したと判断する（品質調整）のが本来の物価指数の作成方法である。たとえば、パソコンの価格が不変であっても計算能力が向上すれば価格はその分下落したと解釈するのである。しかし、現実には品質調整を正確に行うことは容易ではないため、バイアスが発生する。消費者物価指数に関するバイアスについては90年代から米国を中心に研究が始まったが、消費者物価上昇率には上方バイアスが存在するという見解が支配的であった。もしこれが本当に正しければ、物価上昇率ゼロを目標にすると、実際にはマイナスの物価上昇率を目標として設定したことになる。

第2は、ゼロ金利制約に直面することを回避するための「のりしろ」である。ゼロ金利制約に直面すると金融政策の有効性が低下することを考えると、そうした事態に陥らないようにするためには、万一ショックが発生した場合の金利引き下げ余地を平常時から確保する必要がある。したがって、物価上昇率もある程度のプラスを目標としたほうが望ましいということになる。これはゼロ金利制約に直面しないために、金融政策運営においても「保険」をかける必要があるという考え方である。

「2%」は絶対か

これらの議論は考え方としては理解できる。日本銀行の「中長期的な物価安定の理解」も、この考え方を基本的には受け入れていた。ただしその場合でも、目標物価上昇率として「2%」という特定の数字に強くこだわることには私は反対であった。その理由を説明するためには、上述の2点に立ち返る必要がある。

第1の消費者物価指数のバイアスについては、そもそもバイアスの幅を正確に把握することが難しい。一般に議論されるのは上方バイアスであるが、下方バイアスも存在する。たとえば、日本の消費者物価指数で20%近いウェイトを占める住宅サービスの価格（持ち家の帰属家賃と借家の家賃）については、米国と異なり経年劣化による品質低下の調整は行われていないため、下方バイアスが存在する。これ以外にもさまざまな理由で下方バイアスが発生する可能性があるが[35]、そもそもバイアスは上方なのか下方なのかも自信をもって答えられない。一例を挙げると、今後大幅な支出増大が予想される高度医療や老人介護のサービスである。これらのサービスの「品質」の測定にどの程度自信を持てるだろうか。さらに深刻な問題は、バイアスは固定値ではなく変動するということである。容易に想像できるように、値上げによるシェアの低下を恐れる企業は、価格を引き上げるより品質を下げて実質値上げをするという方法を選ぶだろう。あるいは、値下げによる他社の追随が泥沼の価格低下競争を招くことを懸念する企業は、品質向上によって実質的な値下げを選ぶかもしれない。このように価格競争が表面価格以外の面で行われ、さらに、そうした競争の程度が景気の循環に応じて変動するとすれば、固定的なバイアスを前提にした物価情勢の判断は不適切となる(36)。内外のマクロ経済学者は消費者物価指数の上昇率が上方バイアスを有していると主張することに概して自信を持っているが(37)、上記の理由から私はとてもそのような自信は持てなかった。これには日本銀行が企業物価指数を作成しており、物価指数作成の実務的な難しさについての知識が組織内に蓄積していたことも影響していたかもしれない。

第2は、ゼロ金利制約の回避を目的とした「のりしろ」の有効性の評価である。グローバル金融危機前には2％がこの観点から正当とされたが、結局、多くの先進国の短期金利はゼロに到達し、「2％」の保険は保険として機能しなかった。このため、グローバル金融危機後、IMFのチーフ・エコノミストのオリヴィエ・ブランシャールはより高い目標物価上昇率を掲げることを検討すべきではないかとする議論を行った(38)。しかし、金融政策の制約は、金利をゼロ以下に低下できないことから生じたというより、大規模なバブルという持続可能ではない経済の拡大を許容したことから生じている。多くのバブルが低インフレ状態で生じている中で、2％の物価上昇率は金融政策運営上、他のすべての考慮事項をオーバーライドするものとして絶対視すると、バブルをはじめとする金融的不均衡を作り出し経済の持続的成長にかえってマイナスに作用することが懸念される。

目標物価上昇率として2％がいいのか、あるいはそれよりも低い数字がいいのか、さらにはもっと高い数字がいいのか。この点についてはさまざまな議論が行われているが、私はどの水準であれ特定の数字に過度にこだわることは危険だと思う。現実の物価上昇率は重要な情報であるが、それ以上に重要なことは、目標とする物価安定をあらわす数字についてある程度の認識を共有しつつ、中長期的な観点から持続可能な物価安定を目指すという姿勢ではなかろうか。

日本のデフレ論議に思うこと

デフレ論議は、私が総裁を退任する時まで激化することはあっても和らぐことはなかった。2000年代以降激化した日本のデフレ論議は、日本経済にとって不幸なことであったと思う。その最大の理由は、日本経済の直面する問題の原因が物価の下落にあると断じたことである。また、中央銀行が本気になって期待に働きかければ物価は上昇するという議論が支持を集めたことも挙げられる。

本章で述べたように、日本銀行はこのようなデフレ論議に対して反論はしたが、十分に説得することはできなかった。その根本的な理由は前述したデフレという言葉が多義的に使われていたことにあったと思う。経済学者やエコノミストに対しては、経済理論にもとづいてデフレを議論せざるをえないし、これは必要なことである。しかし、多くの国民がデフレという言葉で問題にしていたことは単なる物価の下落ではなく、経済、さらに言えば社会の現状に対する不満であった。そのような時には、物価上昇率に関する学術的論争が求められているわけではない。それよりも何が日本経済の真の問題であるかをわかりやすく説明することが必要であるが、自らの生活の現状に不満を持つ人々が求めていることは「説明」ではなかった。結果として、日本銀行による説明の努力は逆効果になることもあった。

加えて、物価上昇率の決定メカニズムに関する欧米の議論が変わらない限り、日本のデフレに対する議論も変わらないということも実感した。経済現象の理解という点でも、「グローバルスタンダード」の影響は大きくなっており、日本のデフレ論議がより建設的なものとなるためには、物価決定の理論も含めてマクロ経済学の見直しが必要だと感じている。私が大学ではじめて経済学を学んだ頃と比較すると、物価上昇率をめぐる議論は大きく振幅しているように思う。私の学生時代は、物価は需給バランスではなくコストの上昇圧力で決まるというコストプッシュの議論が盛んであった。それを反映して、労働者、経営者の交渉力（バーゲニング・パワー）に注目した議論が多かった。そうした文脈で所得政策の有効性の有無も議論された。１９７０年代半ばからは次第に経済全体の需給バランスや、その中で金融政策の及ぼす影響についても認識が高まっていった。政策的にもマネーサプライ・ターゲティングが多くの国で採用された。

90年代以降は需給バランスと予想インフレ率にもとづいて議論するのがオーソドックスな慣行になったが、フィリップス曲線がフラットになるにつれて、予想インフレ率、もしくは中央銀行の目標インフレ率が以前にも増して強調されるようになっている印象を抱く。しかし、その予想インフレ率の動きはうまく説明できていない。一連のデフレ論議を通じて我々が学ぶべき最大の教訓は何かと問われれば、私は迷うことなく経済学的理解の重要性を挙げる。結局、物価上昇率の変動の原因やメカニズム、そのことの持つ意味についても、我々は十分な知識を持っていないというのが偽りのない実情である。私は記者会見等で、マクロ経済学の教科書にはいくつかの重要な章を追加する必要があることを何回か述べた。決してやさしい作業ではないが、この問題の解明に取り組まなければならないし、将来的には必ず前進があると信じている。

（１）Bernanke (2015) p.416.
（２）白川（２００９ａ）参照。
（３）共同声明の内容は財務省のホームページで確認できる。https://www.mof.go.jp/international_policy/convention/g20/g20_210905_1.htm
（４）日本銀行金融機構局（２０１０）参照。
（５）読売、朝日、日経（朝・夕刊）の合計で見ると、09年９月は66件、10月は64件、11月は２７２件、12月は５６７件であった。
（６）日本銀行（２０１３）図表４参照。
（７）木村ほか（２００６）図表６参照。
（８）Ahearne et al. (2002).
（９）たとえば、１９９３年７月に刊行された『経済白書』には次のように記述されている。「ドルでみた日本の所得が世界有数の高水準であるにもかかわらず、実質的な生活水準は必ずしも世界有数の豊かさとはいえない、というギャップをもたらしている大きな原因は、内外価格差の存在である。〔中略〕内外価格差が解消して日本の物価が低下すると仮定すると、その前の状態よりも消費者の効用は高まる」（第４章、第３節「１　所得と生活水準とのギャップ」）。
（10）齊藤（２０１４）参照。
（11）上野・関根・西崎（２０１６）43頁に引用されている、経済企画庁物価局「ゼロインフレ下の物価問題検討委員会報告書」１９９９年６月参照。
（12）２００９年11月20日の記者会見（日本銀行ホームページ）参照。
（13）２０１４年２月６日の記者会見（ＥＣＢホームページ）参照。

(14) カーネマン（２０１４）参照。
(15) 三品（２０１４）９頁。
(16) 白川（２００９ｅ）。
(17) 11月までの公式の場での表現は「日本銀行としては、わが国経済が物価安定のもとでの持続的成長経路に復帰していくことを粘り強く支援していく考えである」。
(18) 従来の表現は「消費者物価指数の前年比で０～２％程度の範囲内にあり、委員毎の中心値は、大勢として、１％程度となっている」というものであった。
(19) Fisher（1933）参照。
(20) ２０１５年2月28日の Project Syndicate への以下の寄稿を参照。https://www.project-syndicate.org/commentary/inflation-rates-central-bank-by-martin-feldstein-2015-02?barrier=accesspaylog
(21) 論文が専門誌に公表されたのは１９３３年であるが、論文のもとになる最初の理論は１９３１年に発表されている。
(22) 吉川（２０１３）は一連のメカニズムを「日本型」効率賃金モデルと呼んでいる。「日本的雇用」との関係については、早川（２０１６）第4章参照。
(23) 黒田・山本（２００６）、Kimura and Ueda（1997）等を参照。
(24) 労働供給の過剰はそうした賃金の下落によって調整されたが、近年は生産年齢人口の減少に伴い、労働市場ではそうした供給過剰は解消し、現在は人手不足が問題となっている。そうした局面に入ると、賃金には上昇圧力が働く。
(25) 為替レートの変動は長期的には内外の物価上昇率の差を反映するという考え方。
(26) Friedman（1963）参照。
(27) Shirakawa（2014）参照。
(28) たとえば、２０１２年12月22日のバーナンキ議長の記者会見（ＦＲＢホームページ）参照。
(29) 白川（２０１１ｃ）８頁参照。

（30）Yellen (2015) p.21 参照。

（31）たとえば、「物価安定数値目標政策を遂行することによって、期待インフレ率〔中略〕を安定化させることができます。つまり、目標を中央銀行が示すわけですから、民間が中央銀行に信頼を寄せるならば、将来のインフレ率というのはその目標あたりに収まるだろうと考えるのは当然なわけです」。伊藤（２００１）16頁。

（32）Weidmann (2014) 参照。

（33）日本銀行（２０１３）参照。

（34）消費者物価指数のバイアスについての詳しい解説は、白塚（２００５）参照。

（35）日本銀行（２０１３）に詳しく解説されている。

（36）この点は２０００年に日本銀行政策委員会が発表した物価安定の報告書、および白川・門間（２００１）でも取り上げられている。

（37）伊藤（２００１）は「消費者物価指数というものは上方にバイアスがかかっている（実際の物価動向より高い数値が出る）というのは、学界、専門家の定説になっています」と述べている（21頁）。

（38）Blanchard et al. (2010) 参照。

第10章　日本経済の真の課題

デフレ論議は景気が回復局面に入るといくらか鎮静化することはあったが、基本的には激化の一途をたどり、国会では与野党を問わず日本銀行に対して大胆な金融緩和を求める圧力が日増しに高まっていった。多くのエコノミストやマスコミも同様であった。しかし、「デフレ」という言葉であらわされている人々の不満の源泉は、物価下落そのものではなく、日本経済の潜在成長率が徐々に低下していることにあるというのは前章で述べたとおりである。日本経済が直面している真の課題に取り組まない限り、デフレ脱却を目的とした大胆な金融緩和を求める論議が鎮まることはないとの判断から、２０１０年頃から、日本銀行は高齢化・少子化、日本企業の競争力低下の問題についての分析と情報発信を意識的に強化していった。

日本経済をめぐる論争

日本銀行に対して大胆な金融緩和を求める圧力は、国会での山本幸三議員（自民党）の以下の主張に代表されている。

私は、日本経済の最大の問題はデフレだと思っているんですね。デフレがある限り、何をやってもうまくいかないんですよ。〔中略〕これが今日の日本を悪くしている元凶だ。デフレが起こると、企業はリストラせざるを得なくなる、円高も進む、工場を海外に持っていく、失業がふえる、賃金が下がる、ローンを持っている人は負担が極端に上がってくる。これが格差を広げ、地方を疲弊させた最大の原因だと私は思っていて、このデフレをなくすために、デフレをなくせるのは日銀しかないいんですよ、〔後略〕

（衆議院予算委員会、２０１０年２月16日）

日本銀行に対する批判の議論を整理すると、以下の点に集約される。

①　日本経済の問題の根源的な要因は物価の継続的な下落、すなわち、デフレにある。

②　デフレは「貨幣的現象」である。それ以外の要因、たとえば、輸入物価の下落、規制緩和や流通業の競争激化による販売価格下落等はいずれも相対価格の変動にすぎない。

③　行き過ぎた円高は日本銀行の消極的な金融緩和政策によって引き起こされている。国内製造業の空洞化をもたらしている大きな原因は、この行き過ぎた円高である。

④　日本銀行は大胆な金融緩和政策を実行しなければならない。これを実行すれば、日本経済は「失われた10年」と呼ばれるような状態から脱却できる。

⑤　日本銀行が大胆な金融緩和政策に踏み切るためには、ただちにインフレーション・ターゲティングを採用しなければならない。具体的には、２％の目標物価上昇率を設定し、期限を区切って、この目標達成を約束しなければならない。

「リフレ派」と「期待派」

このような批判は山本議員に限られるものではなく、多くの国会議員から同じような批判を受けた。中でも特に激しい言葉を使って日本銀行を批判する論者は、いつの頃からかマスコミによって「リフレ派」と呼ばれるようになった。彼らの大きな特徴は、マネタリーベースで測った「量」の増加の効果を著しく強調することであった。彼らによると、物価の下落も円高もマネタリーベースの不足が原因であった。「リフレ派」の声は国会や一部のマスコミ、エコノミストの間では非常に大きかったが、彼らの強調するマネタリーベースの議論が一般の国民や企業経営者の間で広範な支持を集めたかと言えば、そうではなかったと思う。学界を見ても、このような意味での「リフレ派」は多くはなかったし、何よりも海外では日本で言う意味での「リフレ派」は存在しなかった。すでに述べたように、FRBのベン・バーナンキ議長もマネタリーベースの量に焦点を合わせた議論を明確に否定していた。

私にとって対応が最も難しかったのは、「日本銀行がもっと大胆な金融緩和政策を採用すれば、デフレや円高をはじめ日本経済が直面している問題はかなり解決する」という立場からの批判であった。こうした批判を行う論者もマネタリーベースの大幅な増加やそれを実現する大幅な国債買い入れを主張する点では、いわゆるリフレ派と同じであったが、必ずしも貨幣数量説的な量の増加の効果だけではなく、フォワードガイダンスを含め大胆な政策措置を採用し、「日本銀行が市場参加者や国民ともう少し上手にコミュニケーションを行い期待に働きかけることに成功すれば、問題は解決する」という主張であった。これらの論者を一言であらわす適切な言葉はないが、ここでは「期待に働きかける」派、略して「期待派」と呼ぶことにする。彼らによると、マネタリーベースであれ金利であれ、同じ政策の変化でも「見せ方」次第で効果は変わることになる。その点で「期待派」からは、私の対外コミュニケーションは地味だと批判された。

ここでは便宜的に「期待派」と「リフレ派」という言葉を使ったが、「リフレ派」も期待に働きかけることを主張していた。したがって、じつのところ両者にあまり大きな違いはない。敢えて言うと、リフレ派はマネタリーベースの増加をより声高に主張していることであった。いずれにせよ私の総裁在任期間中で言うと、両方とも「リフレ派」と呼べるだろう。それにもかかわらず、私がここで両者を区別するのは、過去数年間にマネタリーベースは著しく増加する中で物価上昇は限定的なものにとどまっていることから、かつての「リフレ派」の議論がかなり変化してきているからである。全体として見ると、大胆な金融緩和政策の効果波及の経路として、量ではなく、期待の変化に説明の力点がシフトしてきている。現時点では、マネタリーベース増加の効果を現在でも強調するグループを指してリフレ派という言葉が用いられるようになっているが、「リフレ派」「期待派」いずれも、大胆な金融政策の果たす役割が大きいことを強調する点では同じである。

デフレ論議

日本銀行に対する批判論者からは「デフレは貨幣的現象」が常套句のように用いられた。この言葉が意味していたことは、「中央銀行が本気になればデフレから脱却できる」ということであるが、この主張をめぐっては論争が繰り広げられた。前章で述べたように、主流派のマクロ経済理論における物価上昇率決定の大前提は、中央銀行が予想物価上昇率のアンカーを提供できるということである。海外の学者が日本銀行による大胆な金融政策を支持する際の論拠は、この主流派のマクロ経済理論である。このような海外の論調は、結果として、「リフレ派」の議論に知的権威を与える効果を持った。

経済の低成長が長期化するとともに、企業経営者や国民の間で、金融政策に対する見方も変化していった。徐々に勢いを増したのは、「平常時であれば不適当な金融政策であっても、経済の現状が厳しいとき、ほかに有効と思える政策がないならば、試してみる価値はあるかもしれない」という反応である。日本銀行の政策委員会メンバーは手分けして国内各地を訪問し、地元の経済界との意見交換を行うようにしているが、そうした場でも、大胆な金融緩和政策の採用を求められることが増えていった。私は大阪と名古屋は1年に1回必ず訪問していたが、経済団体のトップや日本を代表する大企業の経営者から、デフレ脱却に向けて、一昔前であれば考えられなかったようなかなり激しい政策要望を突きつけられることもたびたびであった。

私は決定会合での議論も踏まえ、「リフレ派」や「期待派」の主張に対して必要な反論を行ったが、全体としてこれが望ましい結果をもたらしたかどうかはわからない。なぜなら、そもそも国民や企業経営者の多くは将来の生活不安や企業収益の圧迫を懸念しており、物価の下落それ自体を問題にしているのではなかったからである。前章で述べたように、デフレという言葉が低成長とほぼ同義で使用されているような状況で、日本銀行が金融政策や物価下落の要因に関して技術的、専門的な観点からの議論を展開しても理解や共感を得ることは難しい。それどころか、そうした反論によって、国民や企業経営者の「日本銀行は自分たちの置かれた厳しい状況を理解してくれていない」という反発を招くおそれもあった。

　また、「大胆な金融緩和を行えばデフレは解消する」という「リフレ派」や「期待派」の主張は、データにもとづいて反証することが不可能な命題であったことも対応を難しくしていた。マネタリーベースの著しい増加は国会等でも頻繁に取り上げられたが、当時もリフレ派の主張どおりの結果をもたらしていなかった。だがその場合でも、「マネタリーベースの増やし方が不十分」、「効果的な情報発信を日本銀行が行わなかった」、「増やさなかったら状況はもっと悪くなっていた」という主張がなされるのが常であった。結局、反証不能な命題である以上、議論はいつまでも平行線をたどらざるをえなかった。

　そのうち私は、デフレや金融政策をめぐる論争において最も重要なことは、そもそも日本経済の直面する問題は何か、問題解決のための処方箋は何か、物価が下落している真の原因は何かというテーマに対して、日本銀行の考え方をわかりやすく説明することであると思うようになった。そのような問題意識から、２００９年11月半ば、早川英男理事（前調査統計局長）と門間一夫調査統計局長（のちに理事）の二人に検討作業を依頼した。彼らは現実のデータや企業に関する豊富なミクロ情報、経済学の成長理論、イノベーションや企業戦略に関する経営学の知見等にもとづいて、視野の広い議論を展開してくれた。また、行内の他のエコノミストも高齢化や少子化、財政の持続可能性、地域経済における金融機関の問題など、多くのテーマについて研究を行ってくれた。一連の行内プロジェクトの研究成果はワーキングペーパー等で公表するとともに、日本銀行の考えを世間に伝えるための総裁、副総裁、審議委員による講演等を通じて、一種のキャンペーンとも言うべき対外説明活動を行った。人口問題についても、海外の学者や政策当局者に認識を深めてもらい学術的な研究を進めることが不可欠と判断し、12年5月の日本銀行金融研究所主催の恒例の国際コンファレンスでは「人口動態の変化とマクロ経済パフォーマンス」というテーマで包括的な議論を行った。

急速な高齢化と少子化の「逆風」

対外説明活動では日本経済が直面しているさまざまな中長期的問題を丁寧に論じた。一番の課題は急速な高齢化と少子化という人口動態の変化である(1)。日本の総人口は2008年の1億2800万人がピークであり、以後は緩やかに減少に転じている。16年は1億2700万人となり、09年以降の年間減少率は平均0.1%である。一方、生産年齢人口、すなわち、15～64歳の人口は総人口が減少に転じる14年前の1995年、8726万人がピークであり、2012年は8017万人、16年は7656万人と、約20年の間に12%も減少している。生産年齢人口の減少テンポは当初は緩やかであったが、次第に加速し、いわゆる「団塊の世代」が65歳の定年を迎えた2012年以降は年間約100万人の減少、年率1%強の大幅な減少率となっている。

後述するように、人口動態が経済に与える影響を考える際の最も重要な経路は、人口増加率よりも、人口構成の変化だ。鍵を握る変数は生産年齢人口である。生産年齢人口とは、生産活動においても支出活動においても社会の中核をなす年齢層の人口である。生産年齢人口比率が上昇している局面は人口ボーナス期、同比率が低下している局面は人口オーナス期と呼ばれるが、日本の人口ボーナス期は90年代初頭に終わった。生産年齢人口に対する65歳以上の高齢者の比率は、高度成長の終焉期である70年には10.2%、90年には17.3%、2000年には25.5%、13年には40.4%と急速に上昇している。国立社会保障・人口問題研究所によると、22年には49.9%、48年には71.8%にまで上昇する見

図10－1　先進国の2000～2010年の成長率

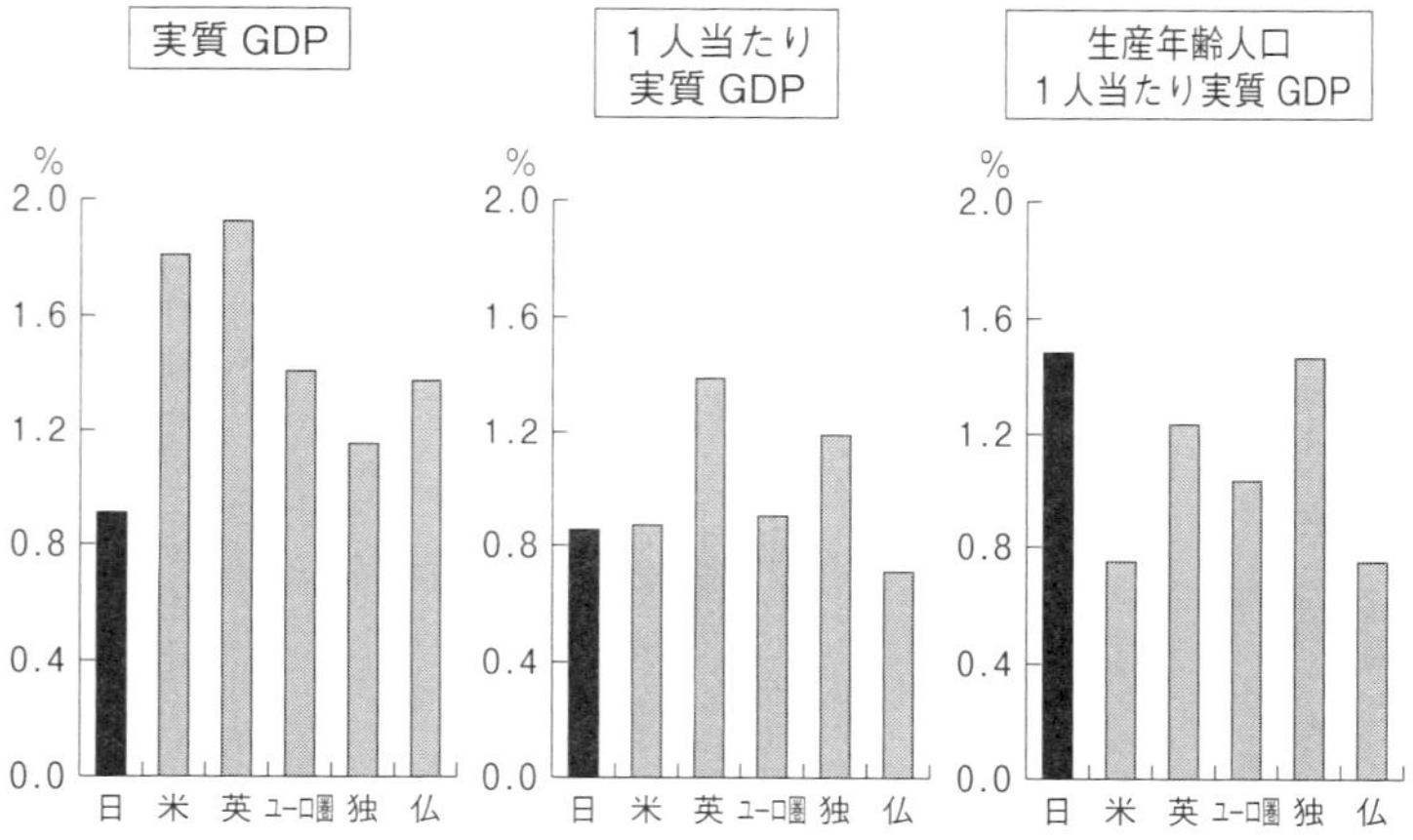

出所：白川（2012a）図表13

通してある。[2]このような急速な高齢化は世界の経済史に例を見ない。

急速な高齢化は2つの要因によって生じた。第1は長寿化である。長寿化は医療技術の発展や高度成長期の所得水準の飛躍的向上、国民皆保険制度の発足（1961年）等によるものであった。第2は他の先進国に例を見ない出生率の急激な低下である。第二次世界大戦後、ベビーブーム現象は多くの先進国で生じたが、日本の場合、ブーム終焉後の出生率の低下は際立っていた。このような現在の人口動態の変化、特に生産年齢人口比率の急激な低下という現象は、今後数十年間を展望する時、所与の条件として考えざるをえない。

生産年齢人口の減少が日本経済に与えた影響についてイメージを得るために、2000年以降2010年までのG7諸国の実質GDP成長率と生産年齢人口1人当たりの実質GDPの成長率を比較してみよう[3]（図10－1）。これによると、日本の成長率はG7諸国の中では最も低いグループに属する。しかし、生産年齢人口1人当たりの実質ＧＤＰの成長率を見ると、日本はドイツと並んで最も高い。1人当たりの実質ＧＤＰ成長率では、日本はほぼ平均並みである。ある程度長い期間をとると、ＧＤＰ成長率を規定する最大の要因は労働人口と労働生産性の伸びである。一人ひとりの労働者は奮闘していても、生産年齢人口減少という逆風は強く、ＧＤＰ成長率は低いというのが２０００年以降の日本経済の姿である。仮に物価が上昇し名目ＧＤＰ成長率が上昇しても、実質的な所得水準、生活水準が向上するわけではない。日本経済の直面する本質的な問題は、物価の緩やかな下落ではなく、当面労働人口が減少する中で、1人当たりの実質ＧＤＰが持続的に成長する経済をどのように実現するかということである。

つまり、問題の本質は「持続可能性」である。現状を放置すれば、潜在成長率は徐々に低下していかざるをえない。日本の潜在ＧＤＰ成長率について、２００８年4月の展望レポートでは、「潜在ＧＤＰの成長率は、２００３〜２００４年度の1％程度から緩やかに上昇し、最近では1％台半ばないし後半で推移しているとみられる」と述べられているが、これは２０００年代半ばの世界的な信用バブルを反映した高成長期の数字に引きずられた過大な推計であった。潜在成長率の推計値は09年4月には1％前後、10年4月には0％台半ばと、徐々に下方修正された[4]。

もちろん、潜在成長率は労働人口と生産性の両面で前提が変われば上昇しうるものであり、この両面での努力が不可欠である。しかし、これらの要因が短期間に急激に変化することは想定しにくい以上、経済政策の運営にあたっては人口減少のインパクトに対して冷静な認識を持つべきであろう。この点についておおよその見当をつけるため、私は総裁在任中、男女別、年齢階層別の労働参加率が変化しないという前提で計算される就業者の伸びが、２０１０年代はマイナス0・6％、20年代はマイナス0・8％となることにしばしば言及した。(5) 大変な「逆風」である。さらに、総人口より生産年齢人口の減少スピードの方が速いことを考えると、1人当たりの所得の成長率はGDPの成長率を下回ることになる。2000年以降の日本の生産年齢人口1人当たりで見た労働生産性の伸びは先進国の中では最も高い方に属することを考えると、ここからスタートしてさらに労働生産性の伸びを有意に高めていくことは決して容易ではない。

交易条件の悪化

日本経済が直面している2番目の課題は、第6章「「大いなる安定」の幻想」で触れた交易条件の悪化である。2000年以降の交易条件の推移を見ると、日本の交易条件はG7諸国の中で最も悪化している。こうした交易条件の悪化の一因は、すでに述べたように資源価格が上がったことであるが、同じように資源輸入国であるドイツと比較しても日本の悪化は際立っている（図10－2）。

日本の場合は、交易条件の悪化が輸出価格の低下によって引き起こされている点に大きな特色がある。交易条件は輸出価格も輸入価格も同一通貨で表示されており、やや長いタイムスパンで見ると、為替レート変動の影響は受けない。また、そもそも2000年以降では他の主要国通貨に比べて円の為替レート上昇率が高かったわけではない。これらの事実が示唆しているのは、日本の輸出品の競争力が低下し、価格を下げて輸出・生産数量を確保する経営戦略をとらざるをえない状況に徐々に追い込まれているという現実である。その典型がエレクトロニクス産業であり、韓国や中国の企業の追い上げに苦しみ価格の引き下げを余儀なくされていった。(6) だが、ドイツの企業は高級自動車や資本財を

図10-2　日本と米国・ドイツの交易条件の比較（1999～2016年）

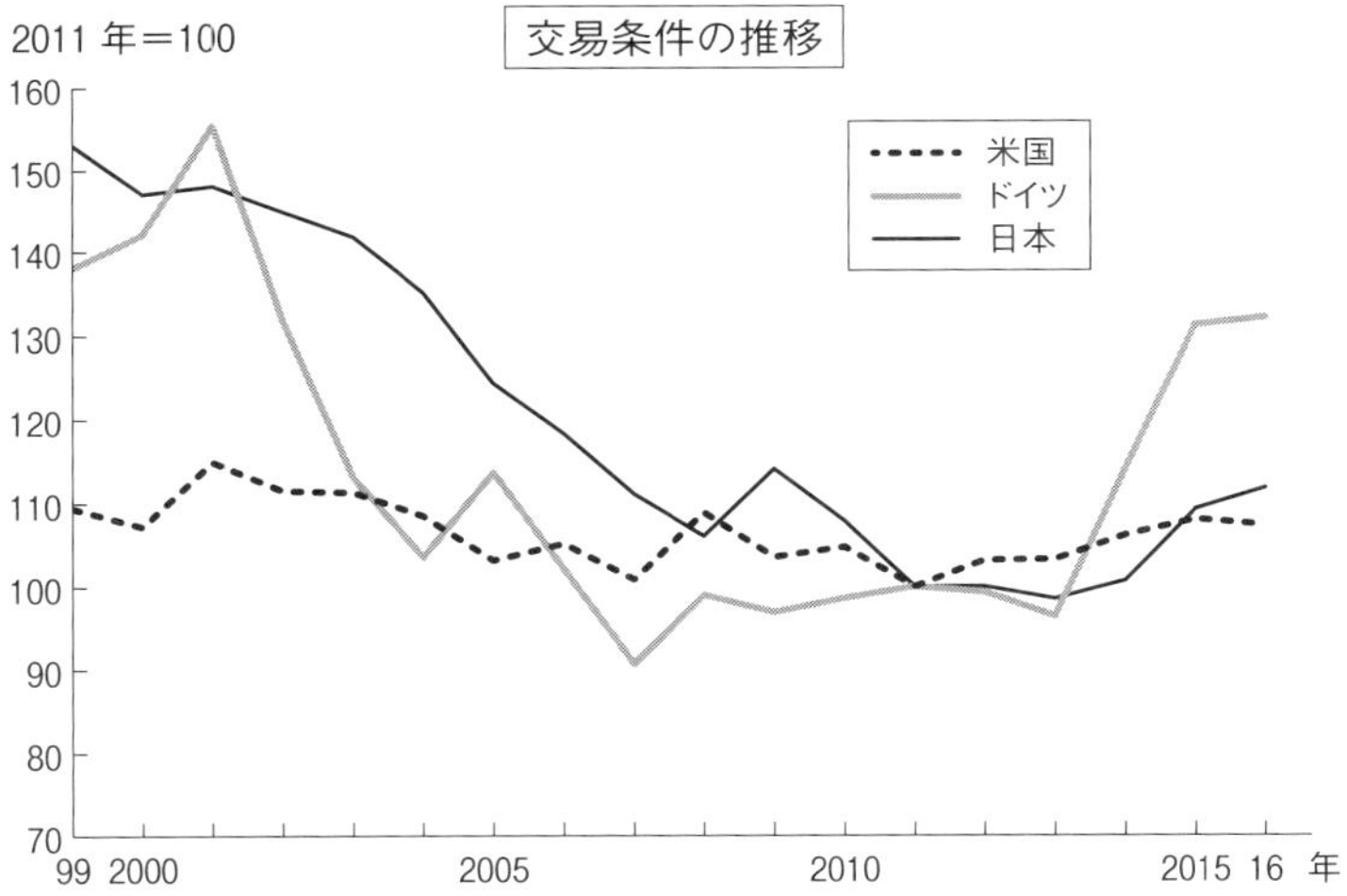

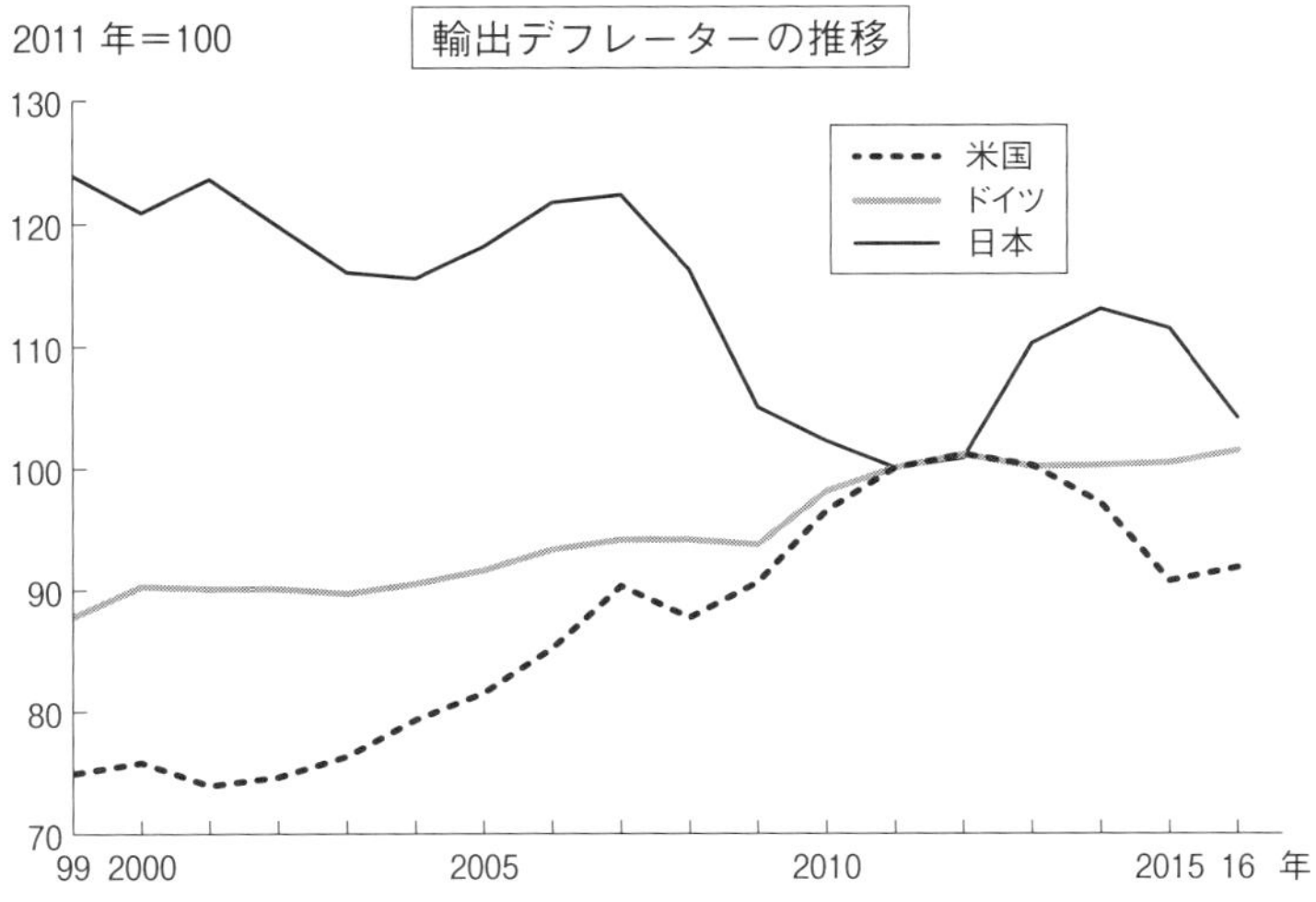

出所：内閣府、Bloomberg

中心に価格引き上げに成功した。スイスの企業は自国通貨が円に比べてはるかに上昇したにもかかわらず、精密機械や医薬品を中心に価格引き上げに成功している。日本企業は物的な生産性の向上という点では他国に比して決して遜色はなかったが、魅力のある財・サービスの提供という点で、競争力が低下していることが最大の問題であった。

ナラティブの威力

これまで述べてきたように、残念ながら日本経済の真の課題は必ずしも正しくは認識されなかった。最も影響力を持った議論は、「日本経済の最大の課題はデフレであり、何よりもデフレからの脱却が不可欠である」というものであった。このような認識は国会での総理大臣の所信表明演説でも、財界首脳の公式挨拶でも、新聞の社説でも頻繁に登場したが、ひとつの「ストーリー」になっていた。このような「ストーリー」を英語では「ナラティブ」(narrative) と表現することも多いが、ストーリーあるいはナラティブは非常に大きな威力を発揮した。米国の経済学者のロバート・シラーは２０１７年の米国経済学会の会長講演を「Narrative Economics」というタイトルで行い、経済変動の要因のひとつとしてナラティブの重要性を指摘している。[7] ナラティブの影響は彼の主張するように企業や家計の支出行動についても無視できないと思うが、それ以上に経済政策論議においてその影響は最も大きいように私には思われる。ナラティブとして定着するためには、人々の感情に強く訴えるものでなければならない。その点で、デフレという言葉は恐怖心を掻き立てるうえで十分な効果を持っていた。また、ナラティブは現状の描写として共感を呼ぶものでなければならない。その点で、不満足な経済の状態（就職氷河期という言葉に代表される新卒者の就職難、非正規雇用の増加、所得格差の拡大等）が続く中で、デフレという言葉（言葉の厳密な定義は別にして）は多くの人の抱く現状への不満を代弁していた。そして、ナラティブはわかりやすいものでなければならない。その点で、犯人はお金の供給増加に慎重な日本銀行であるという、貨幣数量説にたった説明はわかりやすい。

過去20年間、日本経済を語る時に最も頻繁に使われ、現在も使われている言葉は「失われた10年（20年）」であったと思うが、これも典型的なナラティブのひとつである。日本の政府、企業経営者、内外のエコノミスト、マスコミの常套句であったと言っても過言ではないだろう。この言葉は国民のマインドにも政策論議にも大きな負の影響を与えた（詳しくは第21章「「失われた20年」と「日本の教訓」」で扱う）。確かに、バブル崩壊直後の最初の10年間については、ある程度そうした面があったことは事実である。不良債権問題に対してもっと早期に取り組んでいれば、経済成長率はもう少し高くなっていただろうと思う。しかし、バブル崩壊後の成長率の低下のもうひとつの理由は、もともとバブル時の成長率自体が持続可能なものではなかったことにある。これは何かを「失った」という性格のものではなく、持続不可能な成長軌道から持続可能な成長軌道へ復帰するプロセスと言うべきものである。

２０１０年代以降の日本の低成長を含めて「失われた20年」という言葉で表現することに私が抱く違和感は、上述の違和感とは少し異なる。前述の、２０００年以降の生産年齢人口１人当たりのＧＤＰの成長率が示すように、成長パフォーマンスは相対的にはむしろ健闘したと言うべきである。もちろん、実質ＧＤＰ成長率は低かったが、これに大きく影響した労働人口の減少は現に存在する事実であり、「失った」ものではない。それにもかかわらず、「失われた20年」という言葉を繰り返し聞かされると、根拠のない悲観論が生まれるだけでなく、大胆な金融緩和政策で問題が解決するという、根拠のない楽観論につながりかねない。

私が総裁在任時に国会での答弁、記者会見、講演等、あらゆる機会を使って強調したことは、日本経済の直面している問題を正確に認識し、それにもとづいて必要な取り組みを行っていくことの重要性であった。前述の生産年齢人口1人当たりのGDPの成長率は低くはないという事実は正しく認識するべきであるが、同時に先行きについては2つの理由から厳しく見ていた。

第1は、現在は高い生活水準を享受していたとしても、その状態に持続可能性がないからである。繰り返しになるが、国民1人当たりの実質GDPの成長率は生産年齢人口の減少が総人口の減少よりも大きいことを反映して着実に低下していく。また、高齢化を反映した社会保障支出の増加から財政バランスが悪化し、低成長と相まって国債の元利払いに対する信認が低下する可能性がある。財政の持続可能性は通貨安定を支える最も重要な前提条件であり、この前提に対する信認が低下すると、最終的には金融危機が発生し経済活動に打撃を与える（詳しくは、第15章「財政の持続可能性」）。

第2は、日本企業の競争力が低下傾向にあるからである。もちろん、ドルベースの輸出価格を引き下げれば輸出数量は確保されGDPは変わらないかもしれないが、それは交易条件が悪化し、日本の実質的な購買力が低下することを意味する。交易条件の悪化は企業にとっては輸入原材料価格に対する輸出販売価格の比率の低下であり、利益の圧迫につながる。家計にとっては、所得は同じであっても値段の上がったガソリンを買わなければならないということであり、実質所得の低下を意味する。

ここで注意しなければならないことは、労働人口の減少も交易条件の悪化も実物的な要因であり、マネタリーベースが増加しても、物価が上昇しても、解決する問題ではないということである。先にも指摘したように、日本経済が直面している問題の性格を正しく認識することが重要だと言える。その意味で、現在でもなお「失われた20年」という言葉を使うことは、政策論議を曖昧にし、真の問題への取り組みを遅らせることにつながるように思う。

経済政策の目標とする所得概念

経済政策は詰まるところ、国民の幸福感を高めることを目的としているが、幸福を論じ始めると必然的に価値判断の問題がかかわってくるので、ここでは立ち入らない。ただ、狭義の経済問題に限定した場合、目標とする所得の概念を明らかにすることは有益である。高齢化という人口動態の逆風や交易条件の変化を考えると、私は重要な指標は概念的にはGDPではなく、1人当たりのGNI（国民総所得、もしくは消費）であると思っていた。「1人当たり」を見る必要があることについて説明は不要と思う。GNIはGDPに2つの調整を加えている。ひとつは海外で稼得した所得である。今後を展望すると、国内市場が縮小し海外市場が拡大する状況では、対外直接投資から得られる所得の重要性は増していく。もうひとつは交易条件の変化に伴う実質的な購買力の増減である。もちろん短期的には、GDPで見ても1人当たりのGNIで見ても動きに大差はないが、中長期的な視点で日本経済の運営を考える際には、両者の差を明確に認識することは重要である（図10－3、10－4）。

成長期待の低下と物価上昇率の低下の関係

日本が直面している真の課題は物価の下落ではなく、急速な高齢化の進展や日本企業の競争力の低

図10−3　日本の実質GDPの推移

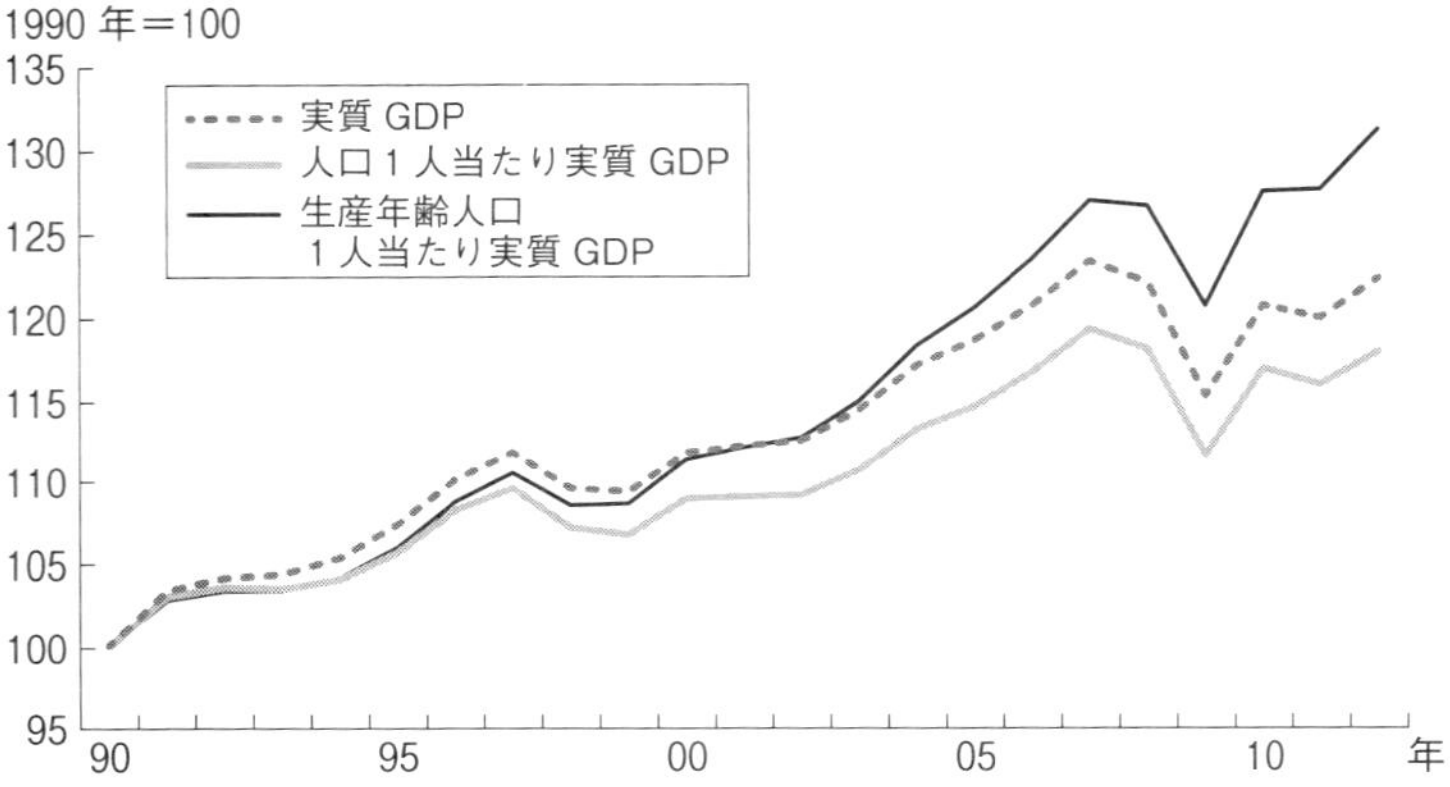

注：生産年齢人口は15〜64歳の人口
出所：白川（2013）図表2

図10−4　実質GNIの推移

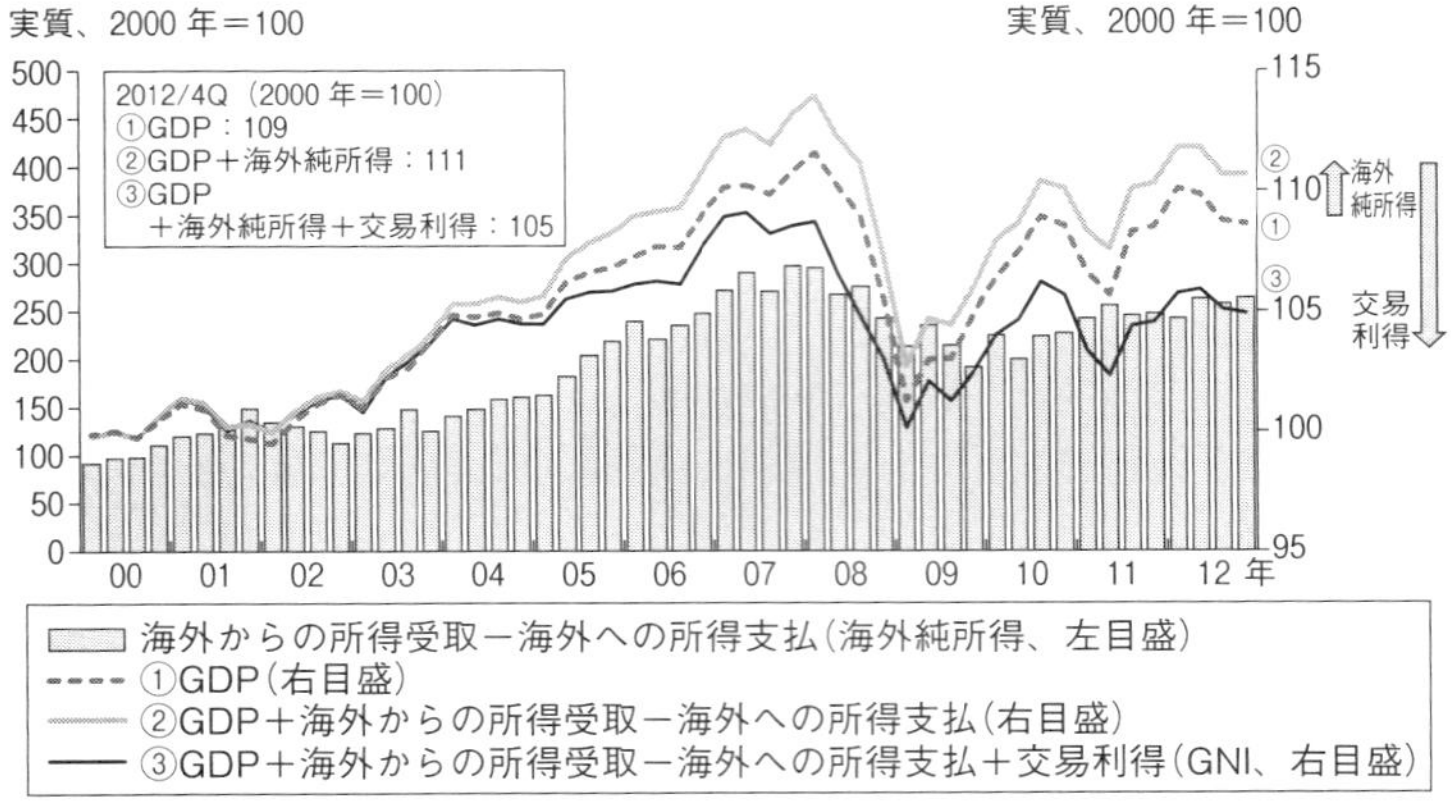

注：交易利得とは「交易条件（輸出価格／輸入価格）の変化に伴う実質所得（購買力）の変化」を捉えたもの。たとえば、資源価格上昇によって輸入価格が輸出価格対比上昇した時には、交易条件は悪化し、交易利得は減少する。具体的には「交易利得＝名目純輸出／輸出・輸入デフレーターの加重平均−実質純輸出」と定義される
出所：白川（2013）図表6

下を背景とした潜在成長率の低下であるという主張に対しては、日本銀行を批判する論者からは反発が強かった。デフレの悪影響を強調する論者はデフレが低成長の原因だとし、さらにその原因は日本銀行の消極的な金融緩和政策を反映したマネタリーベースの低い伸びにあると主張した。それに対して日本銀行は、デフレは低成長の原因ではなく、結果であると反論した。この点で興味深いのは先進国における（人口1人当たりの）潜在成長率と予想物価上昇率の関係である。(8) これを見ると、両者の間には明確な正の相関関係が観察される（図10－5）。他方、マネタリーベースの伸びと物価上昇率との間の相関関係は観察されない。

もちろん、相関関係は因果関係を意味するものではないが、見せかけの相関のようには見えない。これを現実の日本経済に即して考えた場合、いくつかのメカニズムが仮説として考えられた。

第1は、人口減少の影響である。生産年齢人口が減少し、先行き1人当たり所得の成長率が徐々に低下していくと予想されると、支出が抑制され、その結果、物価上昇率も低下傾向となる。この点については、負の相関（因果関係）、すなわち、生産年齢人口の減少は労働供給の減少を通じて、むしろ物価の上昇をもたらすという見方もあるかもしれない。前者と後者の見方は人口減少のどの局面に注目するかの違いである。(9) 将来の人口減少が予想されてはいるが現実には生産年齢人口が大きくは減少していない局面では、将来所得の減少予想にもとづく総需要減少の影響の方が勝る。一方、現実に生産年齢人口が大きく減少に転じる局面では、総供給能力減少の影響の方が勝る。現実に、団塊の世代が65歳を迎えた2012年頃からそうした影響が顕在化し始めている。前者の局面では物価下落に、後者の局面では物価上昇方向に働く傾向がある。

第2は、日本企業の競争力低下による影響である。前述のように、日本の労働市場は負の需要ショ

図10－5　潜在成長率と予想物価上昇率

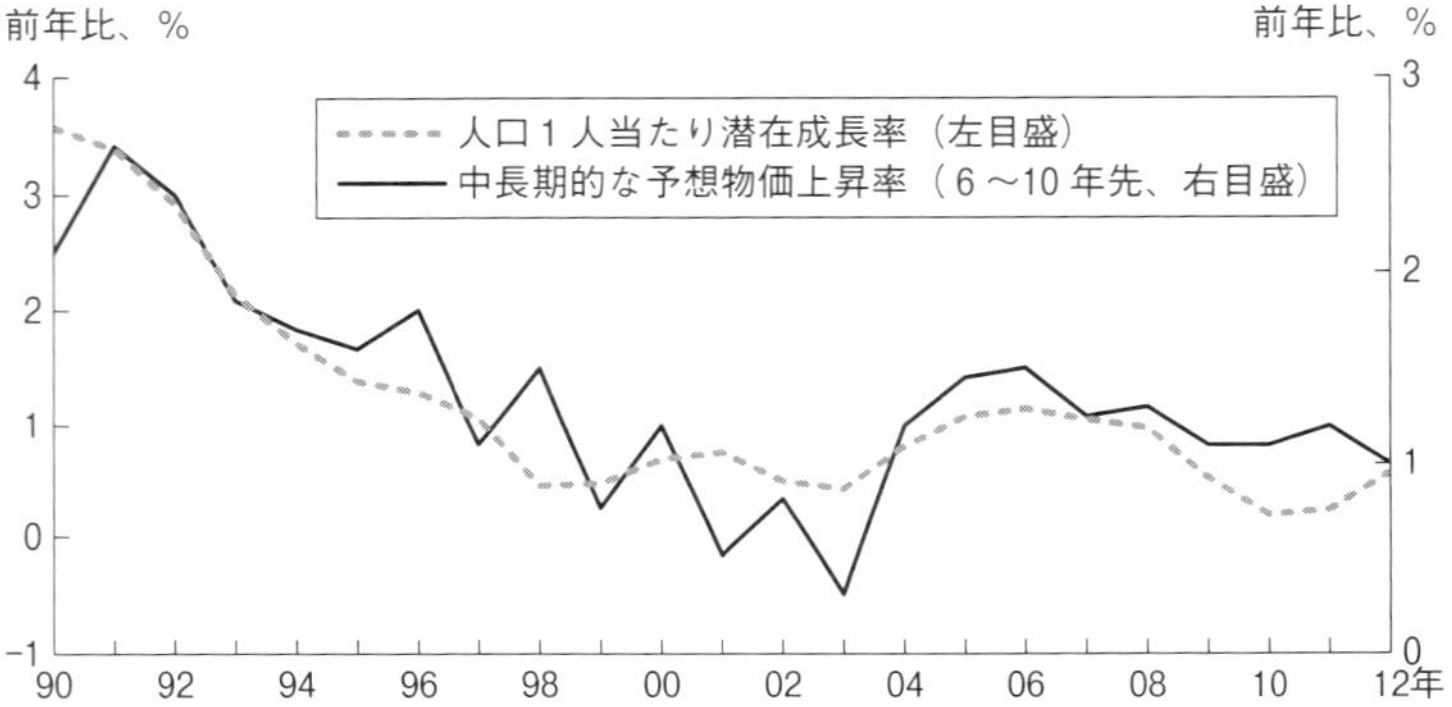

注：予想物価上昇率は、民間調査機関を対象にしたコンセンサス・フォーキャストによる消費者物価見通し（各年４月と10月時点の平均値）。潜在成長率については、日本銀行調査統計局の試算値
出所：日本銀行（2013）図表13

ックに対しては、雇用を企業内で保蔵する傾向が強い。これはショックが一時的なものであれば、企業特殊的な技能の温存というメリットをもたらすが、継続的なショックの場合には、不採算事業の温存というデメリットになってしまう。そうした経済構造のもと、継続的な負のショックによって成長期待が徐々に低下するにつれ、不採算部門は価格競争力がないため賃金・価格が低下し、長期の予想物価上昇率も低下していったと考えられる。なお、ここで言う「継続的な負のショック」とは、バブル崩壊による直接的な需要の減少だけでなく、前述した交易条件の悪化や急速な高齢化を反映したものである。

これらを説明するために、私は講演等でアイフォーン（iPhone）のコスト分解をしばしば取り上げた。たとえば、２０１１年当時の情報にもとづく分析であるが、１台５００ドルのアイフォーンの販売価格のうち、部品コストは１７３ドルであり、組み立てコストに至っては6・5ドルにすぎず、アップルの享受する粗利益は３２１ドルにものぼっていることを述べた[10]。このことは、アイフォーンという製品の基本的アイデアを考え出し、これを製品化することの付加価値がいかに大きいかということを示している。日本企業は部品の少なからぬ部分を供給していたが、グローバルな競争が激化する中で絶え間ない価格低下圧力にさらされ、「コモディティ化」の運命をたどっていた。非価格競争力の低下に直面した日本企業の多くは、長期雇用システムのもとでは賃金水準を引き下げることによってコストを削減する以外に選択の道はなかった。こうして、競争力低下に伴う成長率の低下が、賃金低下と価格低下を引き起こすことになった。

労働生産性とは付加価値金額、すなわち利益と賃金支払総額を投入した労働量で割ったものであり、物理的な概念ではない。工場の生産工程で改善努力を重ねコストを削減することによっても利益は増加するが、新たなアイデアによって消費者のニーズに応えた商品を生み出すことに伴う利益はより大きい。アイフォーンのコスト分解が示すように、90年代以降、日本企業はこの面での優位性が低下していった。私は２０１２年6月に行った講演では、企業の経営戦略を語る際によく使われる「レッドオーシャン戦略」と「ブルーオーシャン戦略」という言葉を用いて、次のように説明した[11]。

> 具体的には、縮小する市場で価格競争を繰り広げる「レッドオーシャン戦略」から、新たな市場を創出して高い付加価値を実現していく「ブルーオーシャン戦略」へと、企業の基本戦略を移していくことが必要です。コストカットだけでなく、付加価値の創出を背景とした収益力の向上が実現すれば、従業員にもより高い賃金が払えるようになります。すると消費者は、より積極的に価値ある商品・サービスを購入する意欲を強める、という好循環が生まれます。

90年代以降、日本企業の競争力が低下したのにはさまざまな理由が考えられるが、早川英男が主張するように、90年代以降進展した情報通信革命と日本的雇用慣行との「相性」が悪いことが大きいだろう(12)。かつての半導体や液晶といったハイテク製品の技術開発は、基本的に同一企業内で完結するR&Dだったため、自前主義の日本企業でも対応できた。ところが近年は、企業や国境を越えたオープンイノベーションが主流となってきている。日本企業は長期雇用システムを採用し、労働市場が十分に流動的ではないため、オープンイノベーションの流れにうまく適応できていないのではないか。

成長基盤強化支援融資

人々が「デフレを何とかしてほしい」と言う時、とにかく物価を何とか上げてほしいという意味ではないことはすでに述べた。デフレマインドという言葉も物価下落予想を意味しているのではなく、企業や家計の慎重な思考様式や行動様式を指す言葉である(13)。「デフレマインドの払拭」も企業が積極的な思考様式や行動様式をとれるような環境を作ってほしいという期待のあらわれであり、人々が欲していたことは生活水準の向上であった。国民や企業の期待がこのようなものである時、中央銀行はどのように行動するべきだろうか。

第1の選択肢は、成長力の強化は中央銀行の所管外の事項であり、積極的には発言も行動もしないというものである。成長のためには、たとえば、若年層の教育、技術的な飛躍、労働者のスキル蓄積等が必要となるが、金融政策そのものでこれらを実現できるわけではない。第2の選択肢は、成長力強化の必要性を強く訴え続けるというものである。第1の選択肢はＦＲＢがとっているスタンスに近い。第2の選択肢はＥＣＢがとっているスタンスに近いように思う。ＥＣＢは金融政策を決定する政策理事会終了後の定例記者会見における冒頭発言で、構造改革の必要性を毎回述べている。これに対して、第3の選択肢は、成長力強化の必要性を訴えると同時に、中央銀行自身も自ら有する政策手段を活用してできる範囲の措置を講じるというものである。

日本銀行は決定会合での議論を経て、第3の選択肢をとることにした。第1の選択肢をとらなかったのは、情報発信も行動もしなければ事態はまったく改善しないだろうし、その結果起こることは、デフレを何とかしてほしいという日本銀行に対する政策要求の強まりであることが容易に想像されたからである。第2の選択肢のように、単に「説教」をするだけでは日本銀行の主張への共感を得られない。こうして、２０１０年4月末の決定会合で基本構想を発表した「成長基盤強化支援融資」を開始した。決定会合後の記者会見では制度導入の趣旨について以下のように述べている[14]。

現在、日本経済は、リーマン破綻以降の世界的な落ち込みから脱し、物価安定のもとでの持続的成長経路に復帰するという循環的な課題に直面していますが、これと同時に、人口の減少や生産性の低下による成長率の趨勢的な低下という中長期的な課題にも直面しています。中央銀行の金融政策の射程は前者ですが、後者の問題、すなわち潜在成長率の低下、成長期待の低下という問題が、実はデフレの問題にも大きな影響を与えていると認識しています。そのような認識に立った場合、現在の日本経済が置かれた状況からすれば、中央銀行として自ら有する機能を使って果たし得る貢献がないかを真摯に検討することは必要だと思います。その際、日本銀行の目的、それから日本銀行に許された金融政策上の手段を踏まえた上で検討していかなければならないと思っています。

本制度は２０１０年６月の決定会合で細目を決定し、同年９月から実行に移された。これは民間金融機関や企業による取り組みを資金面から支援することを通じて、日本経済の成長基盤を強化することを目的としたものである。具体的には、各金融機関が成長基盤強化に向けた取り組み方針を策定し、一定の要件を満たすと日本銀行が判断した融資・投資案件に対して、最短１年、最長４年の資金供給を行う制度である。貸付限度額は当初は総額３兆円でスタートした。貸付金利は政策金利（０・１％）に設定されたため、金融機関にとっては、０・１％という低金利で長期の資金を調達できることはメリットであった。このようなメリットを提供することによって貸出を促進するというアプローチは日本銀行に限られるものではなく、12年７月に英国大蔵省とイングランド銀行が共同して導入したスキーム（Funding for Lending Scheme）も同様である。

成長基盤強化支援融資制度はその後も規模的に拡大するだけでなく、内容的にも、成長基盤強化に資する金融機関による出資やアセット・ベースト・レンディング（ＡＢＬ）[15]への取り組みを対象とする新たな貸付枠を設定したり、外貨資金での貸付も開始するなど、充実を図っていった。本制度による金融機関への具体的なインセンティブの大きさ、すなわち「補助金」の金額自体は、すでに金利水準の低下余地がきわめて限られていたため決して大きな規模ではなかった。それでも限界的には貸出金利を下げる効果を有しており、金融機関からは貸出競争を強めるだけでパイの拡大にはつながらないとして、冷ややかな反応が多かった。金融機関から見れば、借入需要の弱さは経済の実態の弱さを反映しており、金利水準の問題ではなかった。日本銀行としては、そうしたことも認識したうえで、「成長力強化」の旗を揚げることによって、貸出金利引き下げの効果もさることながら、この面で十分に整っていない金融機関の取り組み体制の改善を図る一種の触媒役となることも期待していた。

成長力低下に関する情報発信への反応

成長力低下の問題に対する日本銀行の情報発信や成長基盤強化支援融資に対しては賛否両論の反応があった。成長力強化こそが重要な課題であるとして、日本銀行を強くサポートする議論もあったが、日本銀行批判論者からは金融緩和の不足こそが原因であるとして相変わらず厳しい批判を浴びた。マスコミやエコノミストは「成長力強化の重要性自体は認めるが、それは政府の仕事ではないのか」と、総じて冷ややかであった。

人口問題について言うと、オーソドックスな経済学者は、労働人口が減少しても、生産性の上昇によってその影響は克服しうるという考え方にたつことが多いように思う。私もかつてはそのように考えていた。1980年代後半のバブルの頃、すでに将来の日本の人口減少の影響を懸念する声は存在していた。しかし、当時の私は、人口が減少しても、資本による労働の代替やイノベーションの可能性を考えると労働生産性は上昇するはずであり、将来の人口減少の影響を過度に心配する必要はないと考えていた。私が漠然と依拠した理論的メカニズムは重要ではあったが、経済や社会の動きの一側面しか捉えていないことに気づいたのは、ずっと後のことであった。

私が最も見落としていたことは急速な高齢化がもたらす政治経済的なダイナミクスである。選挙民の平均年齢が高齢化すると、財政支出の決定は高齢者に有利なものとなり、現役世代や若い世代には不利なものとなる傾向が生まれる。いわゆる「シルバー民主主義」に伴う問題である。その結果選ばれる政策は長期的な成長を促進するというより、当面の景気落ち込みを回避することを優先するものとなりやすい。また、人口減少の影響は全国的に均一でないことについても十分な意識がなかった。

地域経済は人口減少の影響を真っ先に受ける一方、首都圏は人口が増加している。財政が果たしている役割のひとつは地域間の財源移転であるが、人口減少地域への財政支出が過大になると、日本経済全体として中長期的な成長の観点から必要な財政支出が抑制される。さらに、人口動態の変化は地価の形成にも大きな影響を与えた。地価は土地の提供する限界的な価値の反映であり、1単位の土地当たりの資本や労働投入量に依存することを考えると、人口と地価の間に相関関係があることは不思議ではない。実際、人口ボーナスと物価水準でデフレートした実質地価水準のピークは一致している(16)。不動産は貸出の重要な担保であることを考えると、人口減少はこの面からも日本経済に影響を与える。

人口減少の影響に関して議論をする際には、フェーズを分けて議論することが不可欠である。すべての調整が完了した「超長期」では、人口は1人当たりのGDPの成長率に対しては中立的かもしれない。しかし、我々が真剣に向き合わなければならないのは、そうした超長期ではない。問題は人口動態が変化する過程で必要となるさまざまな調整がスムーズに行われないということに起因している。調整は社会保障制度の赤字に示されるような高齢者と現役世代の所得分配であったり、地域間の財政資源の分配であったり、増大する医療・介護サービスに対する規制見直しの遅れであったり、さまざまである。多くの制度を人口動態の変化に合わせて連続的に調整することが可能であれば、高齢化の影響についてもそれほど心配はいらないのかもしれないが、現実の政治的、社会的ダイナミクスを考えると、楽観的にはなれない。人口動態が経済に与える影響は超スローモーション映像のような展開をたどるかもしれないが、時の経過とともに場面は確実に進んでいる。人口動態が経済の動きをすべて規定するわけではないが、影響を軽く見ることは危険である。

残念ながら、私が総裁在任時に行った人口動態の影響に関する情報発信は、現実の日本の経済政策運営に影響を与えることはなかった。学界や海外中央銀行においても、人口動態の影響を真剣に分析する動きはあまり見られなかった。しかし、近年のＦＲＢやＩＭＦ等の国際機関のリサーチを見ると、高齢化、少子化の問題がマクロ経済、インフレ率、金融政策運営との関係で分析されることが確実に増えている。私の退任後のことだが、ジャクソンホール・コンファレンスで人口問題に関する日本銀行のリサーチや講演の先見性を評価する海外の学者の論文が発表されたことを知り、当時の努力は決して無駄ではなかったと感じた。(17) その反面、日本が真っ先に経験していながら、この問題に関するリサーチをリードするのが日本の学界ではなく海外の学界であることを、残念に思う気持ちもある。

（１）高齢化の日本経済への影響とその対応については、翁（２０１５）第4章参照。
（２）「日本の将来推計人口」平成29年中位推計（表１‐４）。
（３）以下の結論は計算の終点を延長しても変わらない。
（４）本書執筆時点での日本銀行の最新の展望レポート（18年4月公表）での推計値は0％台後半である。現在の推計値の上昇にはＧＤＰ統計の作成方法の変化も反映している。
（５）たとえば、白川（２０１３）参照。
（６）早川（２０１６）参照。

（７）Shiller（2017）参照。
（８）木村・嶋谷・桜・西田（２０１０）参照。
（９）Shirakawa（2017）参照。
（10）白川（２０１１ｂ）参照。
（11）白川（２０１２ｅ）参照。
（12）早川による富士通総研ホームページでの連載「物価はなぜ上がらないのか」（全３回）参照。
（13）早川（２０１６）１６６頁参照。
（14）２０１０年４月30日の記者会見要旨参照。
（15）アセット・ベースト・レンディング（Asset-Based Lending：ＡＢＬ）は、企業が保有する在庫や機械設備、売掛債権など、事業と密接に関連した資産を担保とする融資手法である。従来型の融資と比較すると、事業資産の産み出すキャッシュフローに着目し、その変化を継続的にモニタリングすることが不可欠な点に特徴がある。それゆえ、貸し手・借り手の双方に相応のコストが必要となる反面、不動産担保や個人保証に過度に依存することがなく、貸し手・借り手の関係強化にもつながるため、企業の借入余地の拡大や資産の有効活用、金融機関の審査力の向上を促し、企業のライフサイクルに応じた柔軟な資金供給の実現に資すると考えられる。
（16）Nishimura（2011）参照。
（17）２０１５年のジャクソンホール・コンファレンスに提出された論文（Faust and Leeper（2015））には次のような記述がある。「日本は人口動態の変化に関する調査と政策的議論の先駆者であった」（pp.38-39）。「我々はこれらの論点〔人口動態の変化のもたらす問題〕の研究を先導している中央銀行を賞賛し、そうした努力を続けることを強く促す」（p.41）。

第11章　欧州債務危機

国内景気は2009年11月の政府のデフレ宣言後も、緩やかながらも回復を続けた。主な要因はリーマン破綻後の国際金融市場の動揺が徐々に鎮まり、09年春頃から世界経済が回復方向に動き始めたことである。しかし、そうした状態も長くは続かず、日本経済にも世界経済にもやがて大きな影響を与える欧州債務危機が、最初はそれとは気づかないかたちで始まった。危機の発端は、ギリシャで総選挙後に新たに政権に就いた政府が過去の財政収支統計が虚偽であることを発表したことである。危機は波状的に到来し、次第に激しさを増していった。金融市場ではユーロからのギリシャの離脱を意味する「Grexit」という言葉が飛び交い、少なからぬ学者やエコノミストが遠からずユーロが崩壊することを予測する異常な事態となった。

ユーロの誕生

ユーロは1999年1月に発足した。通貨統合という壮大な試みは、何よりも戦争のない平和な欧州を創るという政治的プロジェクトに端を発している。その際、通貨統合が先か、経済統合が先かは常に議論されてきたテーマであった。こうしたテーマを扱う「最適通貨圏」の理論からすれば、共通通貨を可能にする中核的な条件は、域内における自由な労働移動と財政の移転である。[1] これを前提にすると、経済統合が先で、通貨統合はその後となる。しかし、通貨の統合を先に進めることによって、経済の統合を図る、さらにはその背後にある政治的な統合を促進するというメカニズムも意識されていた。欧州で最終的に通貨統合の決定の背中を押したのは、90年の東西ドイツの統合である。フランスはドイツの念願であった東西ドイツ統合を承認し、代わりにドイツは通貨安定の象徴であったマルクを放棄し、将来の欧州中央銀行に金融政策を委ねることに合意した。92年には紆余曲折を経て、欧州通貨統合に向けたマーストリヒト条約が調印され、マーストリヒト基準と呼ばれる共通通貨参加の条件が示された。ユーロは、当初基準に照らして参加が危ぶまれたイタリアを含めて11カ国が参加し、99年に発足した。参加基準のうち、財政収支や政府債務残高については多少の弾力的解釈が行われたほか、長期金利については、イタリアのように当初は基準達成が難しいと思われた国についても、ユーロに参加するという政治的な意思の表明自体が債券市場における、いわゆる「コンバージェンス・トレード」[2]の盛行をもたらした。これによって長期金利に関する基準は達成されることになった。

欧州債務危機の展開

本書のこれまでの章では基本的に時間を追って日本経済の動向を見てきたが、前述のように欧州債務危機は波状的に深刻化していったことから、２０１２年夏の危機のピークまでの展開をまずは鳥瞰図的に振り返ることにしたい。

欧州債務危機の第1の局面は、２００９年10月のギリシャ政府による過去の財政統計の不正の発表から、10年5月のユーロ圏政府およびＩＭＦによるギリシャ支援措置の発表に向かう局面である。ＥＣＢはこの時はじめてＳＭＰ（Securities Markets Programme）と呼ばれる国債買い入れプログラムを導入した。第2の局面は、11年半ばから同年末にかけて欧州の銀行の資本不足懸念を背景に、ユーロの緊張が極端に高まった局面である。ＥＣＢは期間3年の資金供給を行うＬＴＲＯ（Long-Term Refinancing Operation）を導入した。第3の局面は、12年春から夏にかけての局面である（図11－1）。同年6月にスペインが支援を要請し、さらにイタリアにも危機が広がった。12年10月に欧州安定メカニズム（European Stability Mechanism: ＥＳＭ）が創設され、スペインの銀行セクターへの支援が決まった。この間、ＥＣＢは資金支援を受ける国のリストラを条件としたうえでの国債買い入れプログラムであるＯＭＴ（Outright Monetary Transaction）と呼ばれるスキームの導入を決定した。

危機の原因はどの国も過剰債務であるが、その主体は国によって異なっていた。ギリシャの場合は、政府部門の過大な債務が出発点であった。他方、アイルランド、スペインは家計や金融機関という民間部門の過大な債務から始まっている。いずれにも共通していたのは、ある段階から財政、金融システム、実体経済の間の負の相乗作用が働いたことである。危機発生のメカニズムはシンプルであるが、きわめて強力であった。銀行の保有する国債の価格が下落すると、銀行の自己資本は減少する。その結果、銀行は貸出に慎重となり、景気が後退する。そうなると、税収が減少し財政バランスはさらに悪化するため、国債価格は下落し、負の相乗作用はいっそう深刻化する。こうして、ユーロ圏の失業率は12％台に達し、ギリシャやスペインでは25％を超えるに至った。

深刻な金融危機を経験したという点では、90年代後半の日本も２０１０年以降の欧州も同様であったが、大きな違いは、欧州は財政と金融システムの間での深刻な負の相乗作用を経験したことであっ

図11－1　ユーロ圏各国の国債金利の動き

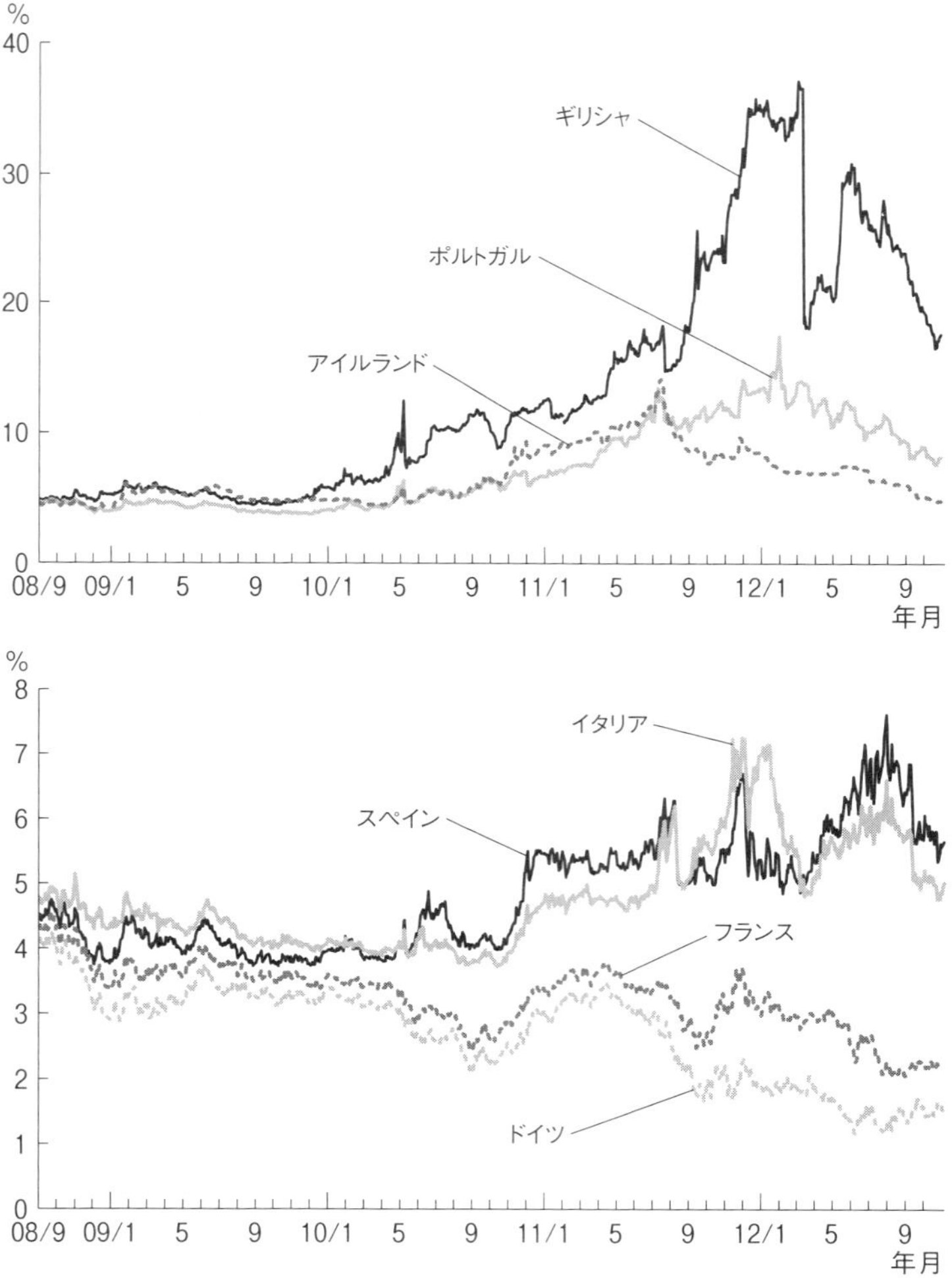

出所：日本銀行「展望レポート」（2012年10月）図表16

た。両者の負の相乗作用は新興国や開発途上国の金融危機では過去にしばしば見られたが、先進国では見られなかった現象である。新興国の危機との比較では、為替レート下落による対外競争力の回復というメカニズムが働かず、物価・賃金の下落による対外競争力の回復メカニズムが作用し（internal devaluation）、このことも経済を悪化させる要因になった。欧州債務危機は、ソブリン国家と金融システムの間の負の相乗作用がいかに強力であるか、また、そうした事態が先進国でも起こりうることを如実に示すものであった。それと同時に、政治統合が行われない中で通貨の統合だけが先行する場合の経済運営、金融政策運営の難しさを示すものでもあった。

危機の勃発から第一次ギリシャ支援まで――危機の第1局面

ギリシャの財政統計の不正問題が発覚した当初は、ユーロ圏の多くの当局者の発言は「ギリシャは特殊な事例」というものであった。しかし、事態は当事者の予想を超えて急速に悪化していった。ギリシャ問題がユーロ圏以外の国も参加する国際会議ではじめて本格的に取り上げられたのは、2010年2月5日にカナダのイカルイット（ほぼ北極圏に位置するイヌイットの村）で開かれたG7会合であった。米国、日本、カナダ等、ユーロ圏外の国の財務大臣、中央銀行総裁の出席する前で、ユーロ圏の政策当局者間の激しい対立がはばかることなく繰り広げられる様を見て、この問題が容易ならざることを実感した。一緒に出席した菅直人は、この数週間前に財務大臣に就任しG7会合はこの時がはじめてだったが、同様の感想を抱いただろうと思う。菅財務大臣はその後、鳩山総理大臣の辞意表明を受けて総理に就任し、直後に行われた参議院議員選挙の際に消費税率引き上げをやや唐突に打ち出したが、この時のG7会合での光景が財政改革の必要性を認識させるひとつの強いきっかけになったのではないかと想像している。[3]

金融危機は常に資金繰りの困難というかたちで顕在化する。ラテンアメリカ諸国や東アジア諸国の金融危機等、多くの金融危機ではIMFが支援融資を行っている。ギリシャ危機においても、IMFの関与を求めるかどうかは最初から大きな論点であった。欧州債務危機の初期の局面では、ユーロ圏諸国は域内での自力解決を指向しており、IMFの関与を歓迎していなかった。もうひとつの論点はPSI（Private Sector Involvement）、すなわち、ギリシャ政府の債務負担軽減のために、ギリシャ国債を保有する民間投資家に対し損失負担を求めるべきかどうかということであった。ギリシャ国債を保有する投資家に対しいったんPSIを求めると、他のユーロ周縁国の国債を保有する投資家についても同様の事態が発生することが予想され、システミック・リスクが広がることが懸念された。しかし、ギリシャの対外債務の規模の大きさから見て、PSIなしには問題は解決しないことも認識されていた。金融市場の状況は2010年春以降急速に悪化し、ギリシャはEUおよびIMFに支援を要請した。5月10日には、ユーロ圏政府およびIMFによるギリシャ支援、および総額5000億ユーロの緊急融資制度EFSM（European Financial Stability Mechanism）の設立を内容とする金融システム安定維持措置がまとまった。

政府サイドの決定を踏まえて、ECBは国債の買い入れ措置（SMP）の導入を決めた。この一連の決定のタイミングは定例のBIS総裁会議と重なったため、バーゼルのBIS本部の建物の中で、私は事態の進行に関する説明をほぼリアルタイムでECBや欧州各国の中央銀行総裁から受けることになった。

欧州の銀行の資本不足──危機の第2局面

上述の金融安定措置の効果もあって、金融市場はしばらくの間は安定を取り戻したが、2011年半ば頃から再び不安定化していった。国債金利の上昇はそれまではギリシャ、アイルランド、ポルトガルに限られ、他のユーロ圏諸国は比較的安定していたが、同年後半にはスペイン、イタリアの金利も急速に上昇した（図11-1）。さらに、フランス等の高格付け国債の金利も上昇し始めた。この11年半ばからの金融市場の不安定化はPSIに伴う民間投資家の損失負担懸念やユーロ圏の景気悪化を背景とするものであった。

11年夏以降、国際会議では欧州に対して一段と強い行動を求める声と、これに対する欧州の反論というかたちをとりながら、議論は先鋭化していった。そうした議論のスタートは11年8月末の米国カンザスシティ連銀主催のジャクソンホール・コンファレンスにおけるパネル討議であった。パネリストの一人として参加したIMFのクリスティーヌ・ラガルド専務理事は欧州の銀行に対して、迅速な資本注入が必要であることを強い言葉で明確に述べ、もしそれが行われなければ深刻な流動性危機が到来するという警告を発した(4)。以後、9～10月の国際会議では、欧州の銀行への資本注入をめぐって激しい議論が交わされた(5)。かつて日本は90年代後半のバブル崩壊後の金融危機の際、欧米諸国から対応の遅れを激しく非難されたが、11年秋は、ユーロ圏諸国の政策当局者が日本とまったく同じような厳しい批判にさらされた。私はかつて同じような状況を経験した当局者の一人として同情を感じながらも、ユーロ圏諸国が必要な改革措置に取り組むことを促す発言をした。

ユーロ市場の極端な緊張は2011年末頃にはいったん緩和の方向に向かった。そのきっかけは、ECBが12月8日に発表し、同21日と翌年2月29日の2回にわたって実施したLTROと呼ばれる民間金融機関に対する期間3年という長期の資金供給オペレーションであった。域内金融機関はこの資金供給オペレーションによって長期の資金について希望額全額を調達することが可能となり、資金繰り不安が緩和された。この後、金融市場の緊張は徐々に後退した。12年2月に香港で開かれたBIS特別総裁会議では、中央銀行からの出席者と民間金融機関CEOとの意見交換が行われたが、その席で多くの民間金融機関のCEOからマリオ・ドラギ総裁に対しECBの積極的な行動への賛辞が寄せられていた。

OMTと銀行同盟の実現に向けた動き——危機の第3局面

しかし、そうした緊張緩和状態も長くは続かなかった。周縁国の国債金利は3月後半頃から再び上昇に転じ、投資家の関心はスペインに集中した。スペインの銀行システムに対する不安が高まると、イタリアの銀行についても同様の連想が働く。そうなると、スペインやイタリアの銀行に対する多額の債権を有する他の多くの欧州の銀行に波及する。そのようなドミノ現象が拡がった場合、経済や金融システムの動揺はきわめて大きなものとなる。危機を抑え込むには金融機関が十分な資本を有することが不可欠であるが、財政、金融システム、実体経済の負の相乗作用が強く働く場合、個々の金融機関の財務状態を精査し、不足する額の資本を注入するだけでは十分ではない。さらに、ユーロ崩壊という、確率は小さいかもしれないが起こった場合には途方もない損失が発生すると予想される状況では、投資家は資本調達に応じない。その場合、必要なことは、最終的にはユーロ圏各国政府が金融システムの安定を守り抜くという政治的意思と能力を有していることであり、また、そうした意思や能力を具体的に担保する制度を有していると投資家が認めることである。

欧州の当局者は銀行の資本不足に対する投資家の疑念を打ち消すために、２００９年、10年、11年とEUレベルのストレス・テストを3回実施したが、このテストはマクロ経済情勢に関する甘い前提にもとづいていたため、投資家の不安解消にはほとんど役立たなかった。ストレス・テストが機能するためには、09年に米国が行ったように、厳しいストレス・シナリオのもとで必要資本額を計算し、仮に資本不足が生じて市場で調達ができない場合でも、最終的には政府によって資本注入が行われるというバックストップが存在するという安心感が必要である。そうした安心がない状況では、単にストレス・テストを行うだけでは投資家を安心させることはできない。事実、ストレス・テストの結果公表後も事態はさらに悪化した。欧州債務危機はソブリン（政府）信用と銀行システムの相乗作用、共振現象を解決しない限り、改善しないことが次第に明らかになっていった。公的資金の投入は当事国内でも不人気であるが、ましてや他国の救済と映ることにはいっそう反発が強い。そうした反対を押し切って公的資金を投入するためには、危機に見舞われた加盟国の国民の痛みを他の加盟国の国民が自らの痛みと感じる一体感が前提となるが、そうした前提は満たされていなかった。ドイツ、オランダ、フィンランド等、ユーロ圏北部の国と、イタリア、スペイン、ポルトガル、ギリシャ等、南部の諸国の対立だけでなく、公的債権者と民間債権者の対立が存在する中で、負担金額について合意に達することは容易ではなかった。最終的に、スペインは12年6月末にユーロ圏諸国に支援を要請し、7月20日スペインの金融機関に対する資本注入の支援が決定された。しかし、この段階では金融市場の不安はまだ解消していなかった。危機がピークに達した12年８月11日号の『エコノミスト』の表紙には、ドイツのアンゲラ・メルケル首相が「How to break up the euro」と書かれた書類を前に思案している姿が描かれていたが、これは当時の状況をよくあらわしていた。

７月26日に、ドラギ総裁はロンドンでの講演の際の質疑応答で、「ＥＣＢはマンデートの範囲内で、ユーロを守るために何でも行う用意がある。私の言葉を信じてくれ、十分な行動であることを」と発言した。その後、９月６日にＯＭＴの詳細が発表されるとともに、ＥＵレベルでの公的資本注入のメカニズムも整備され、これにより実効性のあるストレス・テストの実施も可能になった。本措置の発表によって金融市場は徐々に安定の方向に向かい、ユーロの為替レートは下落から上昇に転じた。この時はまだそうした意識はなかったが、振り返ってみると、欧州債務危機のピークは２０１２年７月であった。そして、この時を転機に、日本円を含めた為替レートの動向が基調として変化した（この点については第17章「政府・日本銀行の共同声明」で詳しく述べる）。

ユーロの創設者の思想と現実の展開

欧州債務危機はいったいなぜ起きたのだろうか。ユーロの創設者たちは各国が通貨主権を捨てて共通の単一通貨を創るという壮大なプロジェクトにとりかかった際、危機発生の事態も想定しながら入念な準備をしたはずである。よく知られているように、ユーロが発足するまでは米国あるいは学界を中心に、共通通貨への懐疑論が強かった(6)。事実、欧州内での為替レートをペッグする試みは過去何度となく失敗している。ユーロ参加の条件を定めたマーストリヒト基準が決まった後も、実際に参加予定国がそうした基準を満たしうるのかという懐疑論が強かった。しかし、現実にユーロが1999年に発足した後のパフォーマンスは懐疑論者の予測を裏切るものであった。ユーロ発足後の為替レートの動向を見ると、当初はユーロ安局面もあったが、その後はユーロ高で推移し、資本市場でも、非居住者を含めてユーロ建て証券発行が大きく増加し、各国の外貨準備に占めるユーロの割合も高まっていった。こうした展開の中で、ユーロ懐疑論は徐々に後退していったし、私自身もユーロが崩壊の危機に直面するような事態は想像していなかった。

ユーロ設計の基本的な柱は3つに整理できる。第1は、物価安定を目標とした金融政策運営である。そのために、ブンデスバンクにならい強い独立性を備えた中央銀行としてECBが設立された。第2は、財政規律を維持するメカニズムである。このために、ユーロ圏各国政府は「安定・成長協定」(Stability and Growth Pact) を締結した。さらに、金融市場による規律づけのメカニズムが財政の健全化を促すと期待された。域内各国間の為替リスクが消失して金融市場の透明性が高まる結果、財政規律を欠いた国の国債は高い金利というかたちのペナルティを受けるようになることが想定された。第3は、域内の金融市場間の円滑な資本移動である。ユーロ発足後は為替リスクがなくなることから、ユーロ圏内部で最適な資源配分が行われ、その結果生じる域内各国の経常収支赤字・黒字は、リスク調整後の収益率の低い国から高い国への資本移動としてファイナンスされる。(7)

しかし、現実にはこのようなメカニズムは十分には働かなかった。それには3つの要因を挙げることができる。第1に、マクロ経済の安定を損なう不均衡が顕在化するメカニズムについての理解が十分ではなかった。ユーロの制度設計にあたっては、インフレや財政赤字拡大に伴う伝統的なマクロ経済的不均衡の拡大への防御は意識されていたが、物価が安定していても金融的な不均衡が蓄積すると、マクロ経済の安定が損なわれるおそれがあることについての認識は希薄であった。この点で興味深いのはECBのマネー分析である。他の中央銀行に比べると、ECBはマネー分析を重視しており、これを有名な「二本柱アプローチ」(two pillar approach)のひとつに位置づけていた。またマネーを重視する理由として単にインフレとの関係だけでなく、金融システムとの関係もある程度意識されていた。しかし、それにもかかわらず、マネーの高い伸びは放置されてしまった。

第2に、域内各国政府は「安定・成長協定」を守らなかった。大国のドイツ、フランスが協定に違反する事態に直面した2003年、規律重視派のドイツですら制裁手続きの停止を企てた。結局、04年には欧州委員会は制裁手続きをとらないことを決定した。

第3に、金融市場は期待されたような規律づけのメカニズムを発揮しなかった。金融市場の価格づけはリスク・リターンを適切に反映したものとはならず、危機以前は、ギリシャ、アイルランド、ポルトガル、スペイン、イタリアもドイツとほぼ同じ金利水準で国債を発行できる状態が10年近くも続いた。その結果、これらの国では政府も民間部門も低利で大量の資金を調達することが可能となり、支出は増大し、賃金・物価は上昇した。これを反映した周縁国の経常収支は、支出の増大や対外競争力の低下から赤字が拡大し、たとえばギリシャの経常収支赤字の対GDP比率は16%近くにも達した。ユーロ圏内部での経常収支のインバランスは大きくなっていたにもかかわらず、ユーロ圏とユーロ圏以外の国との経常収支がほぼ均衡していたため、この問題が取り上げられることはなかった。

日本経済への影響

欧州債務危機は日本経済にも大きな影響を与えた。その波及ルートは３つある。第１の、そして最大の影響は円高である。ユーロ崩壊のリスクが意識されるような不確実性の高い状況で、グローバルな投資家がリスク回避姿勢を強め、安全資産としての円買い需要を高めたことが円高の基本的な理由である。不確実性という点では、米国政府の債務残高が上限に抵触する懸念も追加的な要因であった。この時期の為替レートの動向を見ると、リスクが高まったと解釈される情報が発表されると円高が進行し、逆にリスクが後退したと解釈される情報が発表されると円安が生じた。いわゆるリスクオン（危険負担行動）・リスクオフ（危険負担回避行動）現象である。名目実効為替レートで見ると（第14章図14－1）、円高のピークは２０１２年１月で、同年７月まではほぼ同水準で推移し、その後円安方向に転じたが、ユーロ安のピークも同年７月であり、これは前述の７月26日、ＥＣＢのドラギ総裁の発言と同じタイミングである。

第２は、欧州景気の後退による輸出減少である。日本の輸出に占めるユーロ圏向けの比率は９％（２０１１年）、ＥＵ向けは12％（同）と水準はさほど高くないが、日本の輸出のほぼ20％を占める中国は欧州向けの輸出比率が高く（対ユーロ圏は14％、ＥＵ向けは19％）、その結果、日本からの中国向け輸出の減少という間接的な影響が加わり、輸出の減少効果は決して小さくはなかった。

第３は、企業マインドを通じるルートである。内外の多くのグローバル企業が欧州経済の停滞長期化や欧州債務問題に伴う最悪シナリオを強く意識するようになった結果、実際にリスクが顕在化していなくても、新規の投資が手控えられるようになり、資本財輸出のウェイトの高い日本への影響が大きくなった。

日銀短観の業況判断を見ると、製造業大企業の改善は２０１０年９月まで続いた後、悪化に転じたが、その大きな原因のひとつは欧州債務危機の進行である。さらに、09年3月頃から始まった景気回復が12年4月で途切れ、短期間とはいえ同年11月にかけて景気後退を経験した最大の原因も、欧州債務危機の深刻化であった。

日本銀行の対応

欧州債務危機は日本銀行の金融政策運営にも影響を与えた。まず行ったことは、ドル資金市場の不安定化に備えることであった。リーマンショックの時に有効性を発揮した米ドル・スワップ取極は、資金市場が安定を取り戻したことから2010年2月1日をもって終了していたが、欧州債務危機が深刻化した同年5月10日に主要国の中央銀行は再開を決めた。欧州債務危機はリーマン破綻後とは異なり、全世界が極度の緊張状態に陥ることはなく、基本的には欧州の金融機関やソブリンの危機であったため、当初は金融市場の緊張度の高い国に限定する方向で議論が進んでいた。これに対し日本銀行は、危機が欧州以外の地域にも波及することを未然に防ぐため、前回の米ドル・スワップ取極に参加した国はすべて参加することが望ましいことを主張し、土壇場でそのように決着した。その後、参加中央銀行はそれぞれ必要な決定手続きを慌ただしく整えた。私はバーゼルで直接そうした交渉を行っており、本措置を決定するために必要な決定会合に出席することは不可能であったため、急遽招集した臨時決定会合の議長代行を日本にいる山口廣秀副総裁に依頼した。

金融政策面で次に行ったことは、欧州債務危機の深刻化に伴う景気の減速に対応して、「包括緩和」と呼ばれる金融緩和政策の枠組みを新たに導入し、そのもとで金融緩和措置を強化したことである

（第12章「「包括緩和政策」」参照）。

金融危機に対する事前準備という点で最も悩ましかったことは、万一、ユーロ崩壊という最悪事態が発生した場合の準備であった。ユーロ崩壊の可能性は当初はほとんど意識されていなかったが、ギリシャ問題が深刻化するにつれて、ギリシャのユーロ離脱（Grexit）が市場で意識され始めた。それでも初期の段階では、一応の可能性として言及される程度であったが、次第に現実感をもって議論されるようになった。問題はギリシャのユーロ離脱にとどまらず、他のユーロ圏周縁国の離脱にも波及し、ユーロ圏全体の金融システムが崩壊するリスクであった。日本銀行内部でも、ギリシャのユーロ離脱が日本の金融市場、金融機関にどのような影響を与えるか、万一の事態が生じた場合の具体的なアクション・プログラムについて検討は行っていた。

日本の経験との比較

欧州債務危機が深刻化するとともに、日本国内では日本が学ぶべき教訓について活発な議論が行われた。財政改革論者は、ギリシャの財政危機が出発点となったことから、ギリシャを他山の石として、日本も財政改革に取り組む必要があると主張することが多かった。日本が欧州と同一視されることを懸念する論者は、欧州債務危機は財政赤字自体に起因する問題ではなく、政治統合が行われていない中で通貨統合が先行したことに起因する問題であると主張することが多かった。この主張はつまり、独自の通貨、独自の中央銀行を持つ場合は、財政危機が生じても金利の低下や為替レートの減価によって自国経済の回復を図ったり、必要に応じて「最後の貸し手」機能を発揮できるが、通貨統合した場合には対応の余地がなくなることを指摘している。

私は財政改革自体は重要と考えていたが、日本への教訓を引き出すという文脈で欧州債務危機やギリシャの例を持ち出すことはややミスリーディングであると思っていた。ただ、完全にミスリーディングということではなく、本質的な意味では共通点もあり、中央銀行の役割を考えるうえで学ぶことが多かった。

90年代から2000年代初頭にかけての日本の金融危機との共通点は、金融システムと実体経済の負の相乗作用が働いたことと、必要な行動を迅速にとれなかったことである。この後者の点は、私が90年代後半に出席した国際会議の経験と重なる。国際会議において他国から厳しい批判を受け、それに対して当事国が弁解をするという構図は日本の金融危機も欧州債務危機も同じであった。私は日本の金融危機の経験を踏まえて、G7、G20等の国際会議の場ではユーロ圏の当局者に対し、金融機関への早期資本注入を含め、必要な金融システム対策を講じることの必要性を強調した。ただ同時に、日本の経験から根源的な問題解決の難しさがよくわかるだけに、そうした発言をするだけでは単なる評論家にすぎず、ある種の虚しさも感じていた。何を行うべきかを理解することは専門家であればそれほど難しいことではない。最も難しいことは、本来的に望ましい政策を政治的にどのようにして実行に移していくかという点にある。この点、ユーロ圏の場合は、日本の金融危機と異なりソブリン信用と銀行とが負の相乗作用、共振作用を呈しており、しかも、ユーロ圏には統一した政府がない中でこの問題に対処しなければならないことを考えると、ユーロ圏当局者の直面している問題は格段に難しいものであったと思う。2011年秋の国際会議の席で、あるユーロ圏の有力な政策当局者が「批判ではなく建設的な提案をしてほしい」と苛立ったように発言をしていたことを鮮明に記憶している。

一方、問題解決に必要な合意形成が難しいことが危機の深刻化をもたらしたという点では、日本の経験と共通する面も大きいように感じていた。ユーロ圏の場合、最大の障害は加盟国間の利害や基本哲学の対立である。日本の場合はひとつの通貨圏であり、ユーロ圏が直面した問題は抱えていないが、利害対立という点では、高齢者と現役世代、大都市圏の住民と人口減少地域の住民の間などでは大きな対立が存在し、必要な財政・社会保障改革やさまざまな構造改革が遅れる原因となっている。合意形成を難しくする要因の違いはあるにせよ、結果として最も必要とされる改革が遅れ、当面の混乱を回避するために中央銀行の政策への依存度が高まっているという点では、ユーロ圏と日本との間に大きな差異があるようには思わなかった。中央銀行はこうした状況に直面した場合どのように行動すべきか、そのような問題意識から私が特に関心を有していたのは、①中央銀行が国債を買い入れる場合のロジック、②経済財政改革に向けた政府のコミットメントの重要性であった。

ECBによる国債買い入れ

先に触れたように、ECBは欧州債務危機勃発後2012年までの間、2つの国債買い入れのスキームを導入した[8]。ひとつは10年5月に決定したSMPであり、もうひとつは12年9月に導入を発表したOMTである。中央銀行が国債を資金供給の際に利用する場合、国債を担保として資金を貸し付ける方法と、国債を買い入れる方法の2つがある。日本銀行はその両方を行っており、国債の買い入れは「伝統的な」金融政策手段のひとつであった。これに対し、ECBは、ブンデスバンクの伝統を引き継ぎ、従来は前者のみ採用し後者は採用していなかった。これは過去に国債の引き受けにより激しいハイパーインフレーションがもたらされたという反省にもとづいている。ＳＭＰはそれまで国債買い入れに対し否定的なスタンスをとり続けてきたＥＣＢがはじめて行った国債買い入れである。それだけに、これはＥＣＢにとって難しい決断であったことは容易に想像がつく。特に、米国や日本と異なり、単一の国債が存在するわけではないことから、域内17カ国[9]の国債をどのような条件で買うかという難しい問題も加わってくる。

ＥＣＢの買い入れスキームや買い入れに至るまでの議論を見ていて、中央銀行にとって本質的に重要な点はどこも同じだと感じることが多かった。中央銀行にとって国債買い入れの最大の懸念は、それが政府への自動的な財政ファイナンスとならないようにすることである。実際、そうした懸念があるからこそ、多くの国で、中央銀行による国債の引き受け、すなわち発行段階での国債買い入れは法律で禁止されている。しかし、流通段階での買い入れであっても、中央銀行が事実上、国債を買い入れざるをえない状況に追い込まれると、実体は引き受けと変わらなくなってくる。そうした状況は「マネタリストの不愉快な算術」と呼ばれていたが、中央銀行にとって最も厄介なのは、いかにしてそのような状態に陥ることを避けるかということであった。

そうした観点からは、なぜ国債買い入れを行うかというロジックの立て方はきわめて重要である。ＥＣＢが行った最初の国債買い入れプログラムＳＭＰでは、基本的なロジックは、「証券市場の機能不全に対処し適切な金融政策の効果波及メカニズムの修復を図る」と説明された。そうしたロジックを単なるイデオロギーないし観念的な議論として揶揄する向きもあるが、私はそうは思わなかった。いったん、そうしたロジックを外すと、際限のない国債買い入れ、すなわち「財政支配」の世界に組み込まれてしまうリスクは軽視できないからである。

ＥＣＢが導入した2つ目の国債買い入れプログラムであるＯＭＴについては、コンディショナリティ（支援条件）が大きな論点であった。中央銀行による国債の買い入れは、当面の流動性不安を鎮めたり、国債金利を低下させることを通じてさしあたりの時間を買うことはできる。しかし、そうした買い入れは、必要な施策が実行されるまでの「つなぎ」にすぎず、抜本策ではない。ユーロ圏の場合で言うと、必要な抜本策は財政赤字国の財政改革であり、競争力を高めるための構造改革や自己資本不足の金融機関に対する資本注入であり、さらには、ユーロ圏のいっそうの統合の推進であった。しかし、これらはいずれも、中央銀行の所管外の事柄である。中央銀行の流動性供給によって当面の危機がとりあえず過ぎ去ると、往々にして、必要な抜本策の採用へのモメンタムは弱まり、改革は進まないということになりやすい。したがって、中央銀行が国債を買い入れる際には、政府が必要な政策を実行することをいかにして担保するかということは重要なポイントである。

そうした観点から、ＥＣＢは２０１０年5月のＳＭＰの導入決定の際も、ギリシャ支援とＳＭＰの順序づけをきわめて重視していた。このためＥＣＢは、ＥＵおよびＩＭＦがギリシャ支援策を発表するのを待ってＳＭＰの導入を発表した。ＥＣＢ自体はすでに政策理事会を開き本措置の導入を実質的に決定していたが、ＥＵの決定がずれ込んだため、私もバーゼルのＢＩＳ本部の会議室で他の欧州の中央銀行総裁と深夜までＥＵの決定を待つことになった。

「政府に対する最後の貸し手」という概念の登場

このように、中央銀行は周到に国債買い入れのプログラムの事前設計や実際の運営を行っているが、それでもぎりぎりの局面で、流動性を供給するべきかどうかという厳しい判断を迫られる。欧州債務危機の際、私が最も関心を持ったのは、日本の現実と照らして、政治システムが十分には機能していない時に中央銀行はいかに対応するべきかという論点であった。政府が行動せず、中央銀行も流動性を供給しなければ、ユーロ崩壊は現実のものとなる。他方、中央銀行が流動性を供給すれば、ユーロ崩壊という大惨事の発生をとりあえずは防ぐ、ないし先延ばしすることはできるが、その延命効果は限られている。ユーロ圏がこのような状況に直面する中で、ＥＣＢは「政府に対する最後の貸し手」として行動するべきであるという議論が行われるようになった。

この議論をはじめて耳にしたのがいつだったかは記憶していないが、そうした発言や概念の登場に当惑したことを覚えている。もともと近代的な意味での中央銀行の独立性は政府に対する直接的な与信を否定するところから始まっている。また、「最後の貸し手」は一時的な流動性不足に直面した銀行に対し、システミック・リスクを回避するために中央銀行が行う貸付の原理を述べたものであるが、欧州債務危機の際に政府が直面した問題は一時的な流動性不足ではなかった。それに何よりも、中央銀行が無制限に資金を供給できるのは、中央銀行にそうした能力が本来的に備わっているからというより、政府が将来にわたる財政の持続可能性を約束していると信じられているからである。中央銀行が保有する国債（バランスシートの資産サイドに計上）はデフォルトとなるが、中央銀行の発行する通貨（バランスシートの負債サイドに計上）は国民が安心して受け取れるという事態は想定しにくい。その意味で、通貨の安定は最終的には財政の持続可能性に対する信頼に依存している。

前述のとおり、ＥＣＢのドラギ総裁は欧州債務危機がピークに達した２０１２年7月26日に、ロンドンでの講演の際の質疑応答で有名な発言を行った。この発言の背後で起きていた政治レベルの動きはわからないが、果たしてこの時点で政治サイドの十分なコミットメントがあったのだろうか。幸い、この時は10月にＥＳＭが発足し、ＥＣＢサイドでもそれに向けた動きを確認しながら、ＯＭＴの具体的スキームを発表することができた。これらの措置だけでは十分ではないが、少なくとも必要な措置の一部であることは間違いなかった。欧州では中央銀行の発言が先行するかたちであったが、最終的に必要な政府サイドの施策が実行に移され、それを待ってＥＣＢは発言を裏づける政策を導入することができたのだから、結果的にはラッキーケースであったように思う。しかし、将来ともそうである保証はないし、どの国についても妥当する保証はない。

社会の統合の重要性

ユーロ崩壊の可能性を少なからぬ人が議論していた頃、私はストレートな質問を当局者にぶつけたことがある。「ユーロ崩壊のコストはあまりにも大きいため、ぎりぎりの段階で何らかの解決策がとられるだろう」というのが彼らの典型的な答えであった。ユーロ圏外から見ると、解決策が実行に移されるスピードが非常に遅いことに苛立ちは覚えていたが、ＥＳＭの創設や単一監督制度（Single Supervisory Mechanism）の発足等の推移を見ると、「欧州統合の父」の一人、フランスの実業家・政治家であるジャン・モネの有名な言葉「欧州は危機によって形成され、危機に対する解決策の積み重ねとして構築されていく」に示されるようなビジョンが、ある程度妥当している面もあると感じていた。欧州連合という強い政治的コミットメントを行い、ユーロという単一通貨を発足させた以上、欧州が向かうべきは統合の強化という方向以外にないように感じる。一方で、私の総裁退任後のことになるが、大量の難民流入の問題、イスラム系住民によるテロの発生、ポピュリズムの台頭の動きなど、モネのビジョンと現実との落差はかなり大きいようにも感じる。

経済政策を運営するためには政治や社会が相応に統合されている必要がある。ユーロ圏の場合、欧州の統合という理念をめぐる域内の対立があったが、同じ問題は日本でも、先にも述べたように、高齢者と現役世代、あるいは大都市部と人口減少地域の利害対立というかたちであらわれている。そうした利害対立は多くの場合、財政赤字として顕在化する。第15章「財政の持続可能性」で詳しく述べるように、財政の持続可能性への信頼が損なわれると、通貨の安定も損なわれる。国民がある程度納得する社会契約を共有しうるかどうかが通貨安定の鍵を握るという意味で、欧州債務危機は決して日本にとっても無縁の出来事ではなかった。

（1）Mundell（1961）参照。
（2）各国の長期金利が同一水準に収斂することを見越して行われる取引。
（3）「二〇一〇年度内に、あるべき税率や逆進性対策を含む消費税の改革案を取りまとめたい。当面の税率は自民党が提案している一〇％という数字を一つの参考にさせていただきたい」。清水（２０１５）１９９頁。
（4）Lagarde（2011）参照。
（5）２０１１年9月22日（現地）のワシントンでのG20声明は次のように述べている。「我々、G20の財務大臣と中央銀行総裁は、世界経済が直面している新たな課題、特にソブリンへのストレス、金融システムの脆弱性、市場の混乱、弱い経済成長、および受け入れ難いほど高い失業率により高まっている下方リスクに対処するため、力強く協調のとれた国際的対応にコミットしている」。財務省ホームページ。

（6）たとえば，Feldstein（1997）参照。

（7）アイルランド中央銀行のパトリック・ホノハン総裁はユーロ危機以前の分析をめぐって以下の興味深い観察を述べている。「実際，各国の国際収支や個々のユーロ加盟国のマクロ経済データを分析価値のあるものとして考えることは，政治的に正しくないと一部では一時期見なされていた」。Honohan（2012）参照。

（8）2015年1月には国債を含む資産買い入れ措置（Public Sector Purchase Programme：PSPP），いわゆる量的緩和政策を導入した。

（9）当時の加盟国数。現在は19カ国。

第12章　「包括緩和政策」

グローバル金融危機による世界経済の落ち込みは２００９年春頃には止まったが、危機の震源地である米国をはじめ先進国の景気回復力は、日本のバブル崩壊以降と同様、総じて弱々しいものであった。この時期、日本銀行が最も苦慮したのは、米国の金融緩和によって引き起こされる円高進行と、それに伴う景気や物価の下振れへの対応であった。それが最もシャープにあらわれたのが、FRBのQE２と呼ばれる金融緩和措置採用前後の10年夏から秋にかけての時期である。日本でも金融緩和政策で景気、物価に影響を与えようとすれば、金利水準全般のさらなる低下を目指す以外に道はなかった。このため、２０１０年10月「包括緩和政策」と呼ばれる強力な金融緩和政策の枠組みを採用し、「長め」の金利水準の低下を目的として、長期国債だけでなく、中央銀行としては異例のETF等のリスク資産の買い入れを開始した。

円高の進行

２００９年春以降、先進国経済の落ち込みは止まったが、米国も欧州も回復は捗々しくなかった。10年も年初こそ先行きへの明るい見通しが語られていたが、年央以降はもたつきが目立った。翌11年

図12−1　先進国の10年物国債金利の推移（2007年1月〜2010年12月）

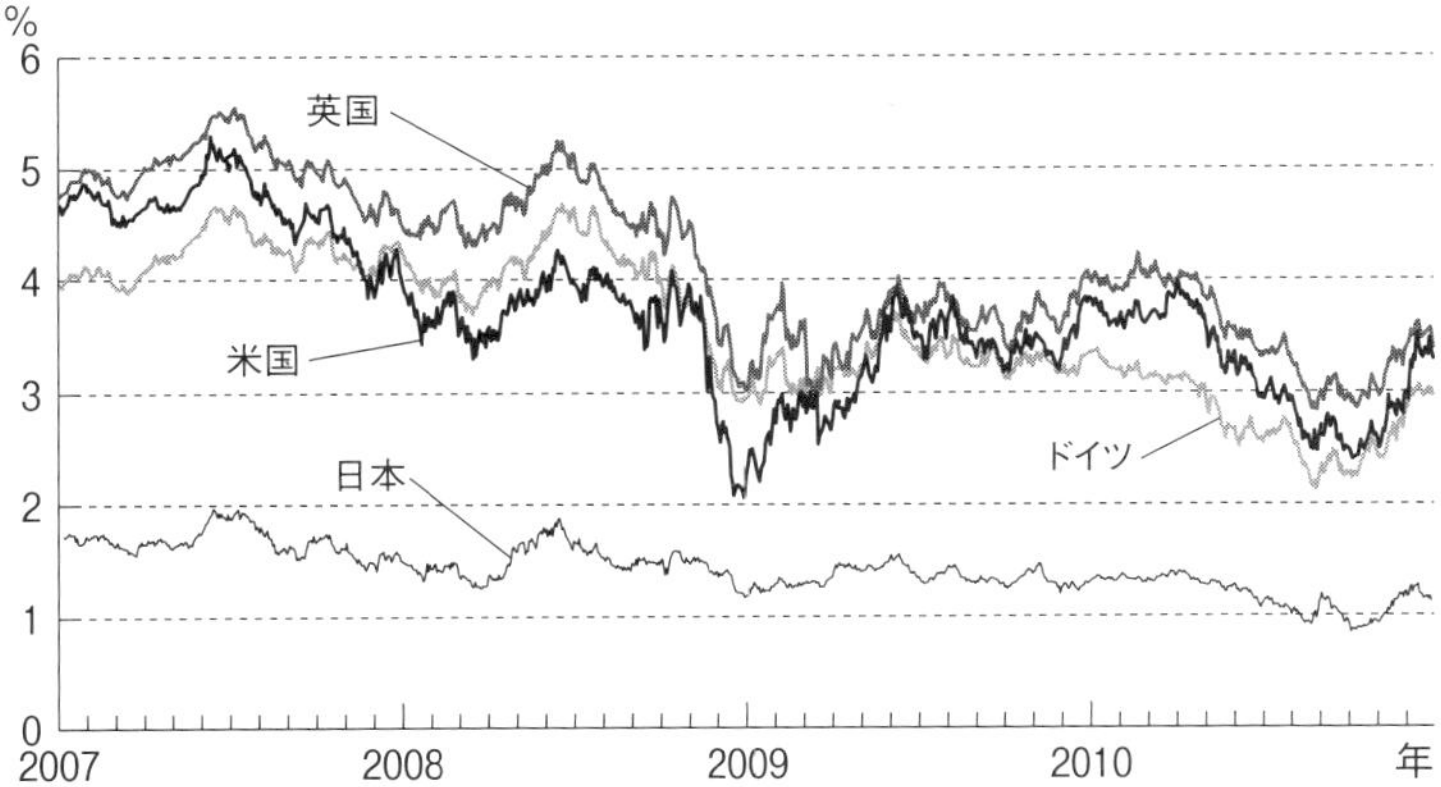

出所：Bloomberg

の失業率に関するFRBの見通しでは、10年1月は8・2〜8・5％であったが、6月には8・3〜8・7％へと小幅ながら悪化する見通しに修正された。悪化が最も目立ったのは物価である。コアPCEインフレ率というFRBが重視する指標で見ると、1月には10年は1・1〜1・7％、11年は1・0〜1・7％、12年は1・2〜1・9％であったが、6月には、それぞれ0・8〜1・0％、0・9〜1・3％、1・0〜1・5％と下振れが目立った。低成長の傾向が特に目立ったのが欧州債務危機の震源地である欧州であった。先進国経済の回復期待とその後これが失望に変わるというのは、グローバル金融危機以降、毎年繰り返されるパターンとなったが、これは日本のバブル崩壊後の経験と同じであり、まさに「偽りの夜明け」現象であった。物価についても上昇率の低下を背景に、「世界的なデフレ懸念」が盛んに議論されるようになった。

　このような景気、物価情勢を反映し、米国の10年物国債金利は4月の4・0％程度から、8月には2・

５%まで急速に低下した。この間、日本の長期金利も１・４%程度から８月初めには１・０%を割り込むまでに低下した（図12－１）。ここまでいくつかの章で述べたように、日本の長短金利が世界で最も低い中では、為替レートに大きく影響する内外金利差は世界の経済動向に応じて受動的に縮小してしまう。その結果が急速な円高の進行であった。円の対ドルの為替レートは２０１０年春頃には１ドル93～94円台で推移していたが、６月には90円を割り込み、８月初めには85円まで上昇した。対ユーロでは円高はより顕著であり、４月初めの１２７円から７月半ばには１１１円にまで進んだ。その結果、円の名目実効為替レートは４月から８月の間に10・６%上昇した。

金融緩和の強化

日本銀行は８月９、10日に開かれた決定会合で、円高の影響を十分認識していることを明らかにするため、国際金融資本市場の変化による景気下振れリスクに言及する文言を公表文に入れた。しかし、国内では、「景気対策」、つまり景気後退に対応して金融緩和を行うという間接的な対策ではなく、「円高対策」、つまり円高自体の抑制を目的とした直接的な対策を求める声が急速に高まっていった。「円高対策」としてまず考えられるのは、為替市場介入である。財務省は円高の進行に懸念を表明する「口先介入」は行っても、実際に為替市場介入を行うことには慎重な態度をとり続けた。円高抑制を目的とした為替市場への協調介入に対して米国および欧州の同意が得られる可能性がまったくない中で、日本が単独で大量の介入を行っても効果は限定的であることを考えると、財務省の対応は日本銀行から見ても十分理解できるものであった。

しかし、現実に円高が進行する中で、輸出関連企業の苛立ちは高まる一方であった。円の対ドル為替レートが84円台を記録した2010年8月12日、日本銀行は以下の「総裁談話」を発表した。[1]

最近の金融資本市場の動きをみると、米国経済の先行き不透明感の高まりなどを背景に、為替市場や株式市場では、大きな変動がみられている。

日本銀行としては、こうした動きやその国内経済に与える影響について、注意深くみていく。

金融政策に関連して2000年代に入って日本銀行が「総裁談話」を発表したのは、01年9月の米国の同時多発テロ、03年3月の米国の対イラク武力行使、08年9月のリーマン破綻時以来のことであった。もちろん、総裁談話を出したからといって円高が止まるわけではなく、その後も、政治家、マスコミ、エコノミストから、政府・日本銀行は「無策」であるとする批判の声が高まっていった。「円高・株安が促す政府・日銀の行動」（『日本経済新聞』8月13日）、「景気減速への危機感足りぬ政府・日銀」（同、8月17日）といった新聞社説の見出しは、当時の空気をよくあらわしている。ただし、菅直人総理大臣、野田佳彦財務大臣、峰崎直樹財務副大臣をはじめ政府首脳は、円高に狼狽するということはなく、当初は事態を比較的冷静に分析していた。有力な財界団体の複数の首脳も、私的な懇談の場では、円高の影響を過度に強調するマスコミの論調や、円高を業績悪化の言い訳として使う経営者の姿勢に対して、むしろ批判的な意見を述べていた。しかし、その後も円高対策を求める与党内部や輸出関連企業の声は高まる一方であり、政府も次第にそうした声に抗し切れず、日本銀行に対して何らかの円高対策をとってほしいとの要求をぶつけてくるようになっていった。

国内がこのように騒然としているうちに、例年この時期に米国ワイオミング州のジャクソンホールで開かれるカンザスシティ連銀主催のコンファレンスの時期が近づいてきた。同コンファレンスは中央銀行首脳や有力な経済学者が集まり、その時々の重要なテーマを議論する場として有名である。この会議は、リラックスした雰囲気の中で、ベン・バーナンキFRB議長やジャン＝クロード・トリシェECB総裁をはじめ各国中央銀行首脳と個別に意見交換をするうえでも良い機会であった。そのため、8月27日からの同コンファレンスに出席することにし、前日26日に日本を出発した。この年のテーマは、「マクロ経済上の挑戦──先行きの10年」（Macroeconomic Challenges: The Decade Ahead）であった。いつも世界中の関心を集めるFRB議長の講演は27日のコンファレンス冒頭に行われた。バーナンキ議長はコンファレンスのテーマを離れ、考えられる金融政策オプションとして資産買い入れとフォワードガイダンスを挙げ、その効果とコストについて論じた。彼の回顧録に書かれているように、この講演は米国の景気、物価情勢の変化を踏まえ、当初予定されていた内容を急遽変更した意図的なものであった(2)。市場関係者が注目していた金融政策スタンスについて、「FOMCは必要があることがわかれば、特に見通しが十分に悪化すれば、非伝統的な措置によって追加的な金融緩和を行う用意がある」と明言し、先行きの一段の金融緩和の可能性を示唆した(3)。

これを反映し、週明けの為替市場では円高がさらに進むことも懸念される状況となった。国内の騒然とした状況や政策委員会メンバーの反応については、留守を預かる山口廣秀副総裁から連絡があった。それを聞いて私は、週明けの月曜日8月30日に臨時の決定会合を開いて金融緩和措置を発表する意思を固め、予定より1日早く帰国することにした。臨時の決定会合では、従来からの3カ月物固定金利オペに加え、新たに6カ月物の固定金利オペを導入し、その金額を10兆円とすることを決定した

（賛成8票、反対は須田美矢子委員の1票）。その結果、固定金利オペの残高は30兆円となった。本決定後のマスコミの反応はほぼ予想どおりであったが、翌日の朝刊には「政府・日銀 対策は力不足」「誤算の日銀 追い込まれ」といった見出しが並んだ。政治家は与野党とも円高是正を求める声一色に染まっており、超党派の国会議員から成る「デフレ脱却議員連盟」は決定翌日、シンポジウムを開き、日銀法改正やインフレ目標を政府と日本銀行が共有することを主張していた。

外国為替市場介入の実施

経済界は輸出関連企業を中心に、為替市場介入を非常に強く求めていた。単独介入では効果がないと言うのであれば、協調介入の実施に向けた努力をなぜしないのか。協調介入がどうしても無理であれば、単独介入を行えばいいではないか。何もしない政府や日本銀行は「無策」だ……。これが輸出関連企業の経営者の間で支配的な声であった。急速な自国通貨高に対し輸出関連企業が不満を表明することは日本に限らずどの国でも見られることであろうが、為替市場介入を求める声がこれほどまでに強いのは、日本に固有の現象ではないだろうか。その理由はよくわからないが、ひとつには１９８０年代後半のプラザ合意やルーブル合意の時代に協調的な為替市場介入が実施された記憶が強く残っているからかもしれない（第2章「バブル経済」参照）。しかし、当時と比べると、為替市場介入に対する先進国の考え方は大きく変化した。多くの先進国では為替市場介入は稀にしか行われなくなっており、米国で最後に行われたのは２０００年のことである。ＥＣＢも１９９９年のユーロ発足後、市場介入を行ったのは２０００年だけである(4)。これと比較すると、日本の為替市場介入は突出して多く、しかもドル買い・円売りの介入が圧倒的に多かった。

米国において為替市場介入に対し主たる責任を有する財務省や、ユーロ圏における当局者であるECBは、日本が単独で為替市場介入を行うことを警戒しており、日本の財務省にも日本銀行にもそうした反対の意向を伝えてきていた。先進国の考え方は、為替市場介入を行うとすれば、各国の協調的介入であるべきというものである。そうした考え方にもとづき、私のところにも海外の当局者から日本の単独介入に反対する旨の電話があった。それにもかかわらず、日本が単独で為替市場介入を行おうとすれば、その効果は限定的とならざるをえないが、それでも為替市場介入を行うことによる円高阻止に向けた努力の姿勢を示さない限り、政府・日本銀行に対する「円高無策」の批判は止まらない。こうして財務省は9月15日、2004年3月以来6年半ぶりに為替市場介入に踏み切った。この時の介入金額は2.1兆円であった。日本銀行もこの措置が「為替相場の安定的な形成に寄与することを期待している」旨の総裁談話をただちに発表して、財務省を側面支援した。

長めの金利水準への働きかけ

この間、日本銀行も、先々の情勢を考えると8月に行った固定金利オペの拡充だけでは十分ではなく、経済情勢に応じて金融緩和を逐次強化することのできる「持久体制」を構築する必要があるという判断を徐々に固めていった。この背後にあったのは、先行きの世界経済に関する基本認識、すなわち、日本のバブル崩壊後と同様、世界経済が本格的な成長軌道に復帰するにはかなり長い時間を要するという認識であった。そのような状況が続く限り、内外金利差の関係から見て円高圧力が解消するとは思えず、金融緩和を求める声が強まることはあっても弱まることはないからである。

その際、悩ましい問題は、意味のある程度に効果的な金融緩和手段が果たして存在するのかという点であった。もちろん、「リフレ派」からすると答えはシンプルであり、マネタリーベースの量的拡大さえ行えば景気は回復する。「期待派」も中央銀行が「本気」を示せば予想物価上昇率が低下し、その結果生じる実質金利の低下が景気を刺激するという立場であった。私は政策委員会メンバーと個別に意見交換を行ったが、単なる量の拡大によって意味のある景気刺激効果や物価引き上げの効果が生まれると考えている委員はいなかった。どの委員も景気刺激効果が生まれる出発点は金利水準の低下であると考えていた。2010年9月末時点の金利は、オーバーナイト物は0.1%、10年物国債は0.9%台、銀行の新規貸出約定平均金利は短期も長期も1.2%台(私の総裁就任時の2008年は各1.6%、1.7%だった)と、歴史的な低水準であった。ただし、現状の金利水準がすでにいかに低くても、金融緩和効果を生み出そうとすれば、その金利水準全般のさらなる低下を図るしかないという点でも、政策委員会メンバーの意見は一致していた。そのような認識にもとづいて、10年10月5日の決定会合で導入されたのが「包括緩和」と呼ばれる金融緩和強化策であった。これは08年9月のリーマン危機発生以降、逐次強化してきた金融緩和措置の枠組みをより体系的なものとし、先行き長期化すると予想される緩和を経済状況の悪化に応じて強化していけることを目的とした、持続可能な政策の枠組みであった。

包括緩和は金利水準全般のさらなる引き下げを目指すものであるが、短期金利はすでにゼロであるので、引き下げは短期ゾーンを超えたゾーンの金利の引き下げを意味する。決定会合後の記者会見ではそのことを指して、「長めの金利に働きかける」という表現を採用した。民間部門の調達金利の水準は、概念的には、①リスクフリー金利である国債金利と、②それに上乗せされるリスク・プレミアムという、2つの要素に分解される。したがって、金利水準全般の引き下げを図るということは、「長めのリスクフリー金利」の低下と各種リスク・プレミアムの縮小を促していくという、二段構えの措置が必要となることを意味する。「長め」は相対的な概念であるが、「包括緩和」を採用した当初意識していたのは、期間2年ないし3年程度までの金利であった。これは日本の場合、金融機関からの借入の期間としては3年以下が圧倒的に多いこと、また、円・ドルの為替レートの動向を見ると、当該期間の金利水準が相対的に大きな影響を及ぼしていたことによるものである(5)。

長めのリスクフリー金利の引き下げ措置

まず、リスクフリー金利の引き下げを実現するために日本銀行は2つの措置を決定した。

第1は、残存期間1〜2年程度の国債を対象とした買い入れである。長期国債の買い入れはしばしば「非伝統的」と言われたが、日本銀行にとっては1960年代以降継続的に行っているものであり、それ自体は「伝統的」政策である。年間の買い入れ規模はリーマンショック後の2008年12月と09年3月の2回の増額を経て、それ以前の14・4兆円から21・6兆円へと引き上げた。3月の増額にあたっては、新たに30年物国債を対象とするとともに、「残存期間別の買い入れ方式」を導入し、買い入れ国債の残存期間をコントロールできる枠組みに変更した。平均残存期間はフローの買い入れベースでは3・9年（2009年度中）、ストック・ベースでは5・2年（2009年度末）であった(6)。この国債買い入れは、従来は経済の拡大に伴って必要となる銀行券需要の増加に見合った流動性供給という位置づけであった。それゆえ、これは「成長通貨」オペと呼ばれた。これに対し、包括緩和で新たに導入した国債買い入れは、金利水準自体の引き下げを明示的に目的とするものであった点が大きく異なる。日本銀行が金利水準の引き下げを目的に掲げて国債買い入れを行ったのは、この時がはじめてであった。

第2は、時間軸政策、すなわち実質的なゼロ金利水準の継続期間の明確化である。具体的には、日本銀行が物価の安定が展望できる情勢になったと判断するまで、実質的なゼロ金利政策を継続するとともに、「物価の安定が展望できる」ということを判断する基準が「中長期的な物価安定の理解」であることを確認した。多くの市場参加者はゼロ金利の継続を予想していることから、時間軸政策自体が単独で強力な緩和効果を生むことはないが、海外の経済環境の好転によって金利が上昇すれば、内外金利差が拡大することによって円安が生じ、景気刺激効果を生み出す。つまり、時間軸政策とは何らかの「追い風」が吹いてきた場合にそれにうまく乗るような政策措置であると言える（第5章「ゼロ金利政策と量的緩和政策」参照）。実質的なゼロ金利水準は、従来は当座預金の付利金利である0・1%とされていたが、本措置の導入後はオーバーナイト金利が一時的に0・1%を下回ることを許容する姿勢を明確にするため、誘導目標金利を「0～0・1%程度」とした。

一方、各種リスク・プレミアムの引き下げを図るための手段としては、民間の金融資産の買い入れを決定した。具体的には、CP、社債、指数連動型上場投資信託（ETF）、不動産投資信託（REIT）の買い入れを始めることにした。中央銀行がCPや社債という民間債務を買い入れることは金融危機時には行われたが、危機が過ぎ去った後の金融政策手段として採用したのは先進国では日本銀行がはじめてであった。ETFやREITを買い入れ対象としたことも、中央銀行の金融政策としては異例であった(7)。

日本ではバブル崩壊後、株価が大幅に下落する過程で、政府および日本銀行に対して、株価の下支えを目的として株式の買い入れを求める議論が何度も高まった。日本銀行は２００２年に金融機関の保有する株式の買い入れに踏み切ったが、これは金融システムの安定維持を目的としたものであり、金融政策の一環として株式市場において不特定多数の投資家から広く株式を購入したことはなかった。ＥＴＦは上場株式を組み込んだ投資信託であることから、従来行っていなかった不特定多数の投資家からの株式の購入と機能的には同等である。それにもかかわらずＥＴＦの買い入れに踏み切ったのは、買い入れにより株式投資にかかるリスク・プレミアムが引き下げられれば、企業の資金調達コストの低下につながりうると判断したからである。日本銀行法は日本銀行が買い入れることのできる金融資産を列挙しており、ＥＴＦやＲＥＩＴはそこにはないが、目的遂行上必要と判断する場合、財務大臣の認可を受ければそれ以外の金融資産の買い入れも法律上可能であった。日本銀行はこの規定に従い、認可を取得したうえで買い入れを行った。

「資産買入等の基金」の創設

包括緩和を行うにあたり、臨時の措置として日本銀行のバランスシート上に「資産買入等の基金」という名称の基金を創設することにした。その狙いは、これによって市場参加者や国民に対し異例の金融政策措置の全体像をわかりやすくすることであった。「基金」の中で規模が最も大きかったのは、前年の２００９年12月に導入を決めた固定金利方式の共通担保資金供給オペレーションであった。10

年10月の基金スタート時点の残高は35兆円、内訳は、共通担保資金供給オペレーションが30兆円、資産買い入れは5兆円である。資産買い入れ対象の最大は国債であり、限度額は3・5兆円（長期国債が1・5兆円、国庫短期証券が2・0兆円）であった。その他の金融資産の買い入れ限度額は、CP、社債は各0・5兆円、ETFが4500億円、REITは500億円であった。

包括緩和政策を開始した際、日本銀行は「出口」についても戦略を持っているのかという批判を受けた。一般論として言うと、「出口」を周到に設計することは重要である。たとえば、中央銀行が金融危機時に「最後の貸し手」として資金を貸し付ける場合、貸付金利が市場金利よりも高くても、流動性不足に陥った金融機関は危機時には借り入れるインセンティブがある。一方、金融危機が終息すると借入を速やかに返済するインセンティブが生まれる。この場合は、「出口」が自動的に埋め込まれていると言える。包括緩和政策もその一例であるが、非伝統的金融政策には、自動的な「出口」は存在しない。「出口」は効果とコストを比較考量して決定する以外にない。「効果」の判定は主観的にならざるをえないが、誰の目から見てもマクロ経済情勢が改善したとわかる時点ではじめて金融緩和を修正するというのでは遅すぎる。同じことは「コスト」についても言えるが、少なくとも「コスト」を把握しやすいようにしておくことは不可欠である。

国債買い入れは残存期間1～2年程度のものでスタートしたが、より期間の長い国債金利の引き下げ圧力が高まることは容易に想像された。特に、マネタリーベースの量的拡大を求める議論と結びつくことによって「財政支配」の状態に陥ることも懸念された。ETFやREITの買い入れも金額が大幅に増加すれば市場メカニズムを歪める可能性がある。さらに言えば、資産の買い入れによって将来損失が発生する可能性もあり、その損失は国民が負担することになる。このような国民負担を伴いうる政策は、準財政政策的な色彩を有した金融政策と言える。仮にそうした政策を行うことが適当であるとしても、中央銀行の金融政策としてではなく、財政政策として政府が国会の承認を得て行うべきという議論もありうる。これらの副作用や民主主義との関係も念頭に置いたうえで、「基金による多様な金融資産の買い入れから生じるリスクを管理し、引当や損失が生じた場合の処理などを適切に行っていくことを通じて、財務の健全性を確保していく」（対外公表文）とともに、「基金」として括りだしてオペレーションの全容を対外的にわかりやすく説明することで、中央銀行としての責任を果たすことにした。これが包括緩和政策の出口戦略であり、それ以外に真に意味のある出口戦略が存在するとは思えなかった。狭い道ではあるが、政策効果を追求すると同時に、民主主義国家の中央銀行に求められるアカウンタビリティを果たすためには、これが誠実な対応であると判断した。

日本銀行がこのような考えで包括緩和を決定した際、私は頭の中で、イングランド銀行が２００９年に開始した量的緩和政策の設計を意識していた。イングランド銀行の場合、国債と社債を買い入れたが、買い入れ主体はイングランド銀行の１００％子会社（The Bank of England Asset Purchase Facility Fund Limited）とし、資金調達はイングランド銀行からの借入、損益の負担はすべて政府という設計でスタートしている。日本銀行の「基金」は独立の法人格を有しないこと、損益は日本銀行が負担するという点でイングランド銀行の「基金」とは異なるが、中央銀行が準財政政策的な色彩を帯びる金融政策を行う際には、そのオペレーションの全容を明らかにするという点では似ている面がある。重要なのは、このような金融政策を行う際には、有効性の評価と同時に、民主主義社会の中にこれをどのように位置づけるべきかという問題であることを、忘れてはならない。

包括緩和への反応

この時決定した金融緩和政策をどのような言葉で表現するべきかについては、政策委員の間でずいぶん議論が行われた。この措置により量は拡大するが、量の拡大による緩和効果を狙うわけではないことから、「量的緩和」という言葉は採用しなかった。新たな措置の新機軸は、リスク資産や長めの国債の買い入れによるリスク・プレミアムの縮小を前面に出している点である。いわば「質」的な金融緩和措置である。金融緩和政策に対するそうした理解が浸透することへの期待も込めて、「包括緩和」という言葉を採用することにした。(8) もっとも、バーナンキ議長が「量的緩和」を避け「信用緩和」という言葉を使おうとしたにもかかわらず、この言葉が定着しなかったように、残念ながら、日本銀行の新たな措置の有効性も「量的緩和」を議論する時と同じ尺度、つまり、日本銀行のバランスシートの規模で議論されることが多かった（第17章「政府・日本銀行の共同声明」で詳しく述べる）。

「包括緩和」政策はさまざまな反応を引き起こした。市場参加者やエコノミストにとっては仰天の出来事だったようである。発表翌日の新聞記事には、「苦心の総動員」（『日本経済新聞』）、「日銀追加緩和　想定外　市場に衝撃」（『朝日新聞』）、「「サプライズ」市場好感」（『読売新聞』）といった見出しが並んでおり、包括緩和が驚きをもって迎えられた様子が伝わってくる。同時に、見出しに並ぶ「〔政府の〕要求丸のみ」「未知の領域」「リスク覚悟」（『読売新聞』）といった言葉が示すように、きわめて異例の措置との受け止め方が大勢であった。ETFやREIT等のリスク資産の買い入れを主張してきたエコノミストも、日本銀行が実際に買い入れを行うとは想像していなかったのだろう。私自身はサプライズを演出しようとか、それによって予想物価上昇率を高められるとは思っていなかった。金融緩和策を打ち出す以上、効果波及の経路をイメージできる政策措置を実行したいというのが私の思いであった。

学者、エコノミストの反応

日本国内の学者、エコノミストの反応は、いつもながら分かれていた。日本銀行の批判論者からは、「国債の買い入れ規模をもっと増やすべきである」、「残存期間がもっと長期の国債も買い入れるべきである」という批判が寄せられた。彼らから見ると、基金の国債買い入れ金額3・5兆円は小さ過ぎるのだろうが、しかし、日本銀行は銀行券ルールの適用される「成長通貨オペ」という位置づけのもとですでに年間21・6兆円ものペースの巨額の長期国債買い入れを行っていた。「量」を議論するのであれば、当然これも含めて考える必要がある。「量」が少な過ぎるという批判に反論するだけならば、両者を一体化して大きな金額をアピールした方が効果的であったが、そうはしなかった。その最大の理由は、すべての国債買い入れを銀行券ルールの対象外とすることで際限のない国債買い入れに追い込まれることを懸念したからである。

金融政策の効果は、使っている道具の壮大さではなく、それによって実現している金利水準によって測られるべきものである(9)。当時の日本の長期国債の金利も社債の信用スプレッド水準も米国や欧州の水準よりも有意に低かった（図12－2、表12－1）。しかし、これに対しても批判論者からは、予想物価上昇率を差し引いた実質金利で見ると、日本の金利水準は高いと攻撃され、国会でも絶えず同様

図12-2　主要国の社債の信用スプレッド

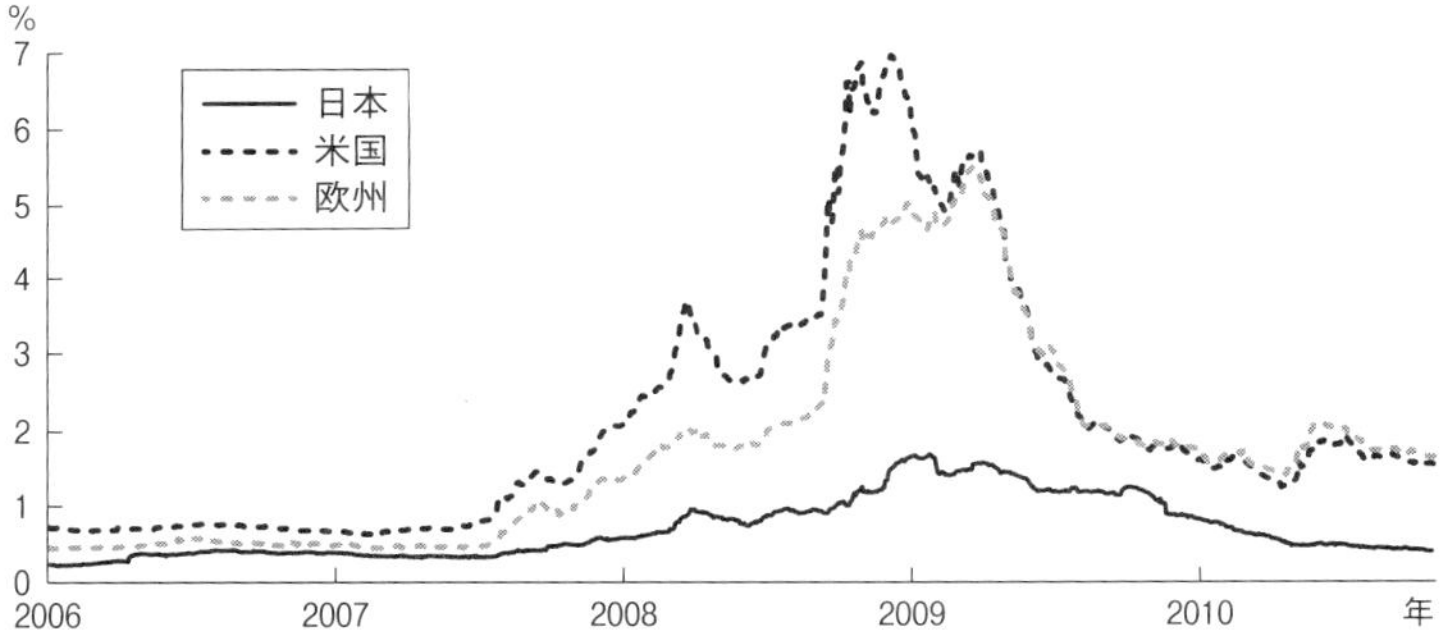

注：1．社債の信用スプレッド＝社債流通利回り－国債流通利回り
　　2．日本は5年物。米国、欧州は3～5年物
　　3．社債の格付けはすべてA格。格付けは日本はR&I、米国、欧州は、ムーディーズ、S&P、フィッチによる

出所：日本銀行「展望レポート」（2010年10月）図表13

の批判にさらされた。もちろん、現実の物価上昇率が低くても中央銀行が予想物価上昇率を引き上げることができるのであれば、これらの批判は理解できるが、そんなマジックのような政策があるはずがない。人々の予想物価上昇率の引き上げも、結局は中央銀行が操作する名目金利の低下が現実の物価上昇を招き、それを通じてしか実現しないというのが日本銀行の判断であった。

　残存期間がもっと長期の国債を買い入れるべきであるという批判に対しては、以下のように言える。

表12-1　国債金利水準の比較（2010年10月中平均）

	5年（%）	10年（%）
日　本	0.26	0.90
米　国	1.17	2.60
ドイツ	1.71	2.52

出所：Bloomberg

米国の場合、民間部門の資金調達の中では、期間30年以上の住宅ローンのウェイトが高い。そうした経済では超長期金利の引き下げは意味がある。日本の場合、企業の資金調達手段の中では銀行借入の割合が圧倒的に高く、その平均期間は3年程度である[10]。したがって、最も効果的な買い入れは、期間3年までの資産に焦点を絞った買い入れであるはずである。

「出口」の困難を懸念する議論

以上のような包括緩和の力不足を指摘する議論の一方で、そもそも日本銀行がこのような大胆な金融政策を行うこと自体を問題視するまったく逆方向の批判も少なくなかった。最も多く聞かれた批判は、長期金利水準をターゲットにすると中央銀行が金利コントロール力を失い、異例の金融緩和措置からの「出口」戦略が難しくなる危険性を指摘するものである。そうした懸念自体は十分に理解できるものであるが、だからといって思い切った政策をいっさい採用しないという立場はとりえないと思った。ただ同時に、行き過ぎに対する歯止めを周到に用意する必要があることも、多くの政策委員会メンバーは認識していた。概して言うと、経済学者やエコノミストは金利引き上げの必要が生じた時には中央銀行が躊躇なく金利を引き上げれば問題は防げるという反応を示す傾向が強い。しかし、中央銀行が正しいタイミングで正しく行動すれば問題は起きないというのは、ある意味でトートロジーと言える。それが常に可能であれば苦労はない。厄介なケースはさまざまなかたちで発生する。たとえば、金利を引き上げれば物価上昇は防げるかもしれないが、財政バランスの悪化から金融機関の保有する国債が値下がりし金融システム自体が不安定化するような事態である。物価上昇率は低いが、バブル発生が懸念される時も厄介である。中央銀行が将来にわたる金利コントロール力を維持できるかどうかを考える際には、狭い意味での経済理論だけでなく、社会や政治の動きに対する洞察が欠かせない。私はこれらすべてのことを考慮したうえで包括緩和は必要であると判断したが、政策委員の間で判断が分かれても不思議ではない。実際、包括緩和の決定の際、須田美矢子委員は買い入れ対象として国債を含めることには反対票を投じた。総裁という立場に身を置くと、「全員の賛成による決定」という強いメッセージ性をついつい望みがちになるが、多様な意見が議論の場に出されることは中央銀行の決定に対する正当性を高める観点からも重要であると思う。

民主主義社会における中央銀行

包括緩和政策に対するエコノミストの関心は主として政策の有効性という点に集まりがちであったが、それと並んで、あるいは本質的にはそれ以上に重要であったのは、民主主義社会において中央銀行はどこまでこのような政策を行うことが許されるかという点であったと思う。この問題は、本来はしっかりと議論されるべきテーマであると私は思っている。第22章「独立性とアカウンタビリティ」で改めて取り上げたい。

効果とコストを説明し両者の比較考量にもとづいて政策を遂行していくという姿勢が、民主主義社会において中央銀行が果たすべきアカウンタビリティであると思っていた。中央銀行は誰もが受け取る中央銀行通貨を発行できる特権を有しており、それゆえに資産をいくらでも購入できる。中央銀行が準財政政策的な政策を実施し、それが期待どおりの効果を発揮する場合は問題ないが、効果がなく、それどころか損失が発生する場合には、最終的に国民の負担となって跳ね返る。その段階になって、国民から「中央銀行にそこまでの授権をした覚えはない」という反応があることも予想される。

これと関連して、中央銀行の損失計上の問題がある。中央銀行が大きな損失を計上したり、場合によっては債務超過に陥る可能性はどの程度あるだろうか。また、仮にそのような事態に陥った場合、中央銀行の政策遂行能力は損なわれるのだろうか。ひとつの典型的な答えは、損失も債務超過も中央銀行の政策運営にはまったく無関係だというものである。金融政策は究極的にはマクロ経済の安定を目的として運営されるものであり、中央銀行の損益はその過程で生じる、いわば副産物にすぎないという考え方である。しかし、中央銀行と経済、政治、社会との関係を深く考えると、議論はそれほど単純ではない。以下では中央銀行の会計処理の方法と、政策的な論点に分けてこの問題を説明する。

債務超過に陥る可能性はあるか

中央銀行が債務超過に陥るかどうかは、民間企業の場合と同様、損失額の大きさと、損失を吸収する自己資本というバッファーの大きさに依存する。日本銀行のバランスシートの負債サイドは、伝統的には無利子の銀行券が大きなウェイトを占めていた。しかし、量的緩和政策をはじめさまざまな非伝統的金融政策が実行に移された結果、日本銀行当座預金の金額が著しく増加した。銀行券には金利が付いていない。当座預金も以前は金利が付いていなかったが、リーマン危機後は当座預金に対する0・1％の付利が始まったことは第8章「リーマン破綻」で述べた。他方、日本銀行の資産サイドは、銀行に対する貸出や国債のウェイトが圧倒的に高い。両者の内訳は時代とともに変化したが、非伝統的金融政策が強化されるにつれて、国債のウェイトが高まった。

収益という観点では、中央銀行は基本的には利益は確保される構造になっている。当座預金に0・1％の金利が支払われているとはいえ、銀行券は無利子であることから、負債の金利は非常に低い。その代わり、資産サイドの金利は、銀行に対する貸出にしても国債にしても、ある程度の期間を持った資産であるため、もう少し高い。長期の資産がバランスシートに残っている限り、以前の高金利時代の収益が上がる。つまり、中央銀行は通常は必ず利益が上がる構造になっている。[11] この通貨発行に伴う利益は「通貨発行益」（シニョーリッジ）と呼ばれる。日本銀行を含め多くの中央銀行は、この通貨発行益から物件費や人件費を差し引いた金額を政府に納めている。日本銀行は2009年度は3487億円の国庫納付を行った。「中央銀行は通常は必ず利益が上がる構造になっている」と言ったが、金利水準の低下とともに、日本銀行の利益は次第に減少している。最大の理由は、負債サイドでは金利の低下余地がほとんどなくなる一方、資産サイドでは運用金利が徐々に低下することによって、運用・調達の利鞘が圧縮されるからである。そのような状況で、将来金利が上昇する局面を迎えると、資産サイドではキャピタル・ロスが発生する。その結果、金額次第では期間損益がマイナスとなり、国庫に納付金を納められない事態が発生する可能性もある。さらに損失金額が著しく膨らんだ場合、当初の自己資本の水準次第では債務超過になる可能性も論理的には排除できない。そうした事態をもたらす金利の上昇は、景気の改善や物価上昇によって起こるかもしれないし、財政の持続可能性に対する懸念から生じるかもしれない。いずれにせよ、中央銀行が先行きの経済の改善を目的として異例の金融政策を行い、その結果として中央銀行が損失を被ったり債務超過になる可能性を排除できないとしたら、異例の金融政策を我々はどう考えるべきなのだろうか。

中央銀行の自己資本とは

多くの中央銀行は自己資本を有している。ＥＣＢのように非常に多額の自己資本を有する中央銀行もあれば、イングランド銀行のように非常に少ない中央銀行も存在する。自己資本の金額では、日本銀行は先進国の中央銀行の中でほぼ中間に位置している。[12] 日本銀行は目標とする自己資本水準の目途を有している。具体的には、銀行券発行残高に対する比率が「10％程度となることを目途として、概ね上下２％の範囲となるよう運営する」ことを日本銀行法改正後、政策委員会で決定した。[13] 包括緩和が開始される前年度末（２０１０年3月末）の日本銀行の貸借対照表を見ると、純資産として３兆２７２億円のほか、債券取引損失引当金が2兆２４３３億円、外国為替取引等損失引当金が７９４５億円、合計約６兆円の損失吸収のバッファーが存在していた。したがって、６兆円を超える損失が発生しない限り、債務超過に陥ることはない。一般企業の場合は、将来の損失発生の可能性に備えて引当を行ったり、増資を行って資本を増強するが、中央銀行の場合は状況がかなり異なる。日本銀行の場合は毎年の利益の５％を法定積立金として積み立てる義務があるほか、必要があると判断する場合は財務大臣の認可を得て別途積み立てることが認められている。しかし、これらの積立金を取り崩すことができるのは損失補塡または配当支払い[14] の場合に限られる。自己資本比率は90年代後半に９％台から７％台半ばまで低下しており、厳密に言えば前述の10％の上下２％の範囲内というルールから外れていたが、「概ね」の範囲内にあるとしてこれを許容していた。

包括緩和政策の目的である景気や物価情勢の改善が図られれば、金利の引き上げが必要となる。いわゆる「出口」である。その時、損失や債務超過という会計的事実が発生するかどうかは、金融政策運営や会計処理の方法にも依存する。金利引き上げによって国債の価格は下落するので、日本銀行が国債を売却すれば簿価と時価の差だけ、売却損が発生する。日本銀行が「出口」で国債を売却せず、満期到来の国債を乗り換えないで資産規模の圧縮を図る一方、日本銀行当座預金の付利金利引き上げで対応する場合には、国債償還損と多額の支払金利負担が発生する。両方の費用の合計がどのくらいになるかは出口時の日本銀行の資産規模、さらには銀行券の還流規模によっても変わってくる[15]。後者が関係するのは、金利の上昇に伴い、企業や個人の保有する手元現金が民間銀行の預金となって還流し、それが最終的に日本銀行に還流してくるからである。

会計上債務超過となるかどうかは、会計処理方法によっても変わってくる。日本銀行法の規定により日本銀行の会計処理方法は政策委員会で決定することになっており、民間の会計原則がそのまま適用されるわけではないが、基本的には民間の会計原則におおむね準拠している。民間金融機関の国債については保有目的に応じて3つの会計処理方法が用意されている。第1はトレーディング目的の保有であり、この場合は時価法が適用される。この会計処理では、市況次第で損益も自己資本も大きく変動する。第2は満期保有目的であり、この場合には償却原価法が適用される。償却原価法では、額面を上回る価格で買い入れた場合、償還損を期間按分した金額が毎期の費用として計上される。この会計処理では時価が下落しても損益の変動は小さく、自己資本への影響は時間を経て徐々に顕在化する。第3は上記2つ以外の目的の国債保有であり（「その他有価証券」と呼ばれている）、この場合にはいわゆる「資本直入法」が採用される。この会計処理では、損益には計上されず、キャピタル・ゲインやキャピタル・ロスの金額が資本勘定に直接反映される。この場合、損益の変動は小さいが、資本勘定の変動は大きい。

日本銀行の国債保有はトレーディング目的ではないので、償却原価法か資本直入法の採用が検討対象となる。中央銀行は金融調節の結果国債を保有し、通常は満期まで保有する。特に、経済成長に伴って増発される銀行券需要の増加に対応して国債を買い入れる場合には、売却は想定しにくい。実際、海外の中央銀行を見ても売却はきわめて稀である。日本銀行の国債保有の実態も満期保有が一番近い。中央銀行が大規模に国債を買い入れる場合、将来これを売却する可能性は排除できないが、市場への影響を考えると、満期到来によって徐々に残高の削減を図るというのが最も自然である。そのため日本銀行は、２００３年５月の政策委員会で償却原価法の採用を決定した[16]。

財務の健全性と中央銀行の政策遂行能力の関係

仮に中央銀行が債務超過に陥った場合、そのことが原因となって中央銀行の政策遂行能力は損なわれるだろうか。この点については相異なる議論が行われてきた。

ひとつには、中央銀行が一時的に債務超過に陥っても、中央銀行は無利子で通貨を発行することができる以上、政策遂行能力が損なわれることはなく、政策判断にあたって自己資本を考慮することにはまったく意味がないという考え方である。会計処理方法に即して説明すると、中央銀行は無利子で銀行券を発行できるため、将来通貨発行差益を得ることはほぼ確実であり、その将来収益という「無形財産」の割引現在価値を資産計上すると、そもそも中央銀行が債務超過に陥ることはないという議論である。どちらかと言うと、経済学者やエコノミストはこの論理を展開することが多かった。

私はこの議論について、通常の経済を前提とした場合のロジックとしては十分理解できるが、中央銀行の役割を考えた場合、特に中央銀行が歴史的に直面してきた状況や現実の政治や社会の状況まで考え合わせると、「通常の経済」で引き出されるロジックだけで割り切ることは、以下の理由から単純に過ぎると思っていた。

第1に、債務超過に陥った中央銀行に対する国民の反応がどのようなものとなるかは、事前には正確に予測がつかない。また、中央銀行の債務超過が望ましくないと判断され、そうした状態を解消するために中央銀行が政府に対し資本補塡を求めた場合、中央銀行の政府依存が強まり、独立した判断にもとづく政策遂行能力に対し国民が疑念を持つ可能性は先験的には排除できない。

第2に、仮に債務超過に陥らなくても、赤字の原因によっては中央銀行の中立性を損ない、中央銀行にとって政策遂行上最も重要な国民からの信頼が低下する可能性も否定できない。たとえば、赤字の原因が民間企業の発行する証券の債務不履行によるものである場合、中央銀行が特定企業に対して不公平な支援を行っているとか、中央銀行のリスク管理体制がいい加減であると批判される可能性がある(17)。これとは異なるケースであるが、民間金融機関が中央銀行に保有する当座預金の付利金利を引き上げる場合も赤字が発生する可能性がある。それがマクロ経済の安定という目的のために必要であったとしても、中央銀行が金融機関に対して不公平な支援を行っていると批判される可能性も否定できない。ここでの懸念は、経済的な懸念というより、政治経済的な懸念である。

第3に、中央銀行の会計上の債務超過が深刻視されないのは将来の通貨発行益という「無形財産」を当て込むことができるからであるが、この財産は究極的には政府に対する信頼の程度に依存する。政府に対する信頼が損なわれると、将来の通貨発行益もなくなる。

このように考えると、中央銀行の自己資本をめぐる問題について、国や時代を超えて普遍的に妥当する正解が存在するとは私には思えない。将来にわたる経済の動向はもとより、その背後にある社会や政治の動きと無関係に答えが出るものではない。国による違いは、経済の違いもさることながら、市場経済において中央銀行もしくは政府が果たすべき役割に対する理解の差も反映している。たとえば、米国ではＦＲＢによる資産の大量買い入れに共和党から強い反発があったのに対し、日本では与野党いずれからもそうした反論が聞かれることはほとんどなかった。中央銀行の機動的な政策展開の自由度が高いことは危機への対応能力という意味では効率的と言えるが、民主主義社会で最終的に国民の負担につながる政策を決定しうるのは選挙民によって選ばれた議会のはずであり、中央銀行がそこまでの権限を行使することは許されないかもしれない。仮に損失が発生した場合、中央銀行に対する信頼が低下し独立した判断で金融政策を運営することが困難になる可能性もある。包括緩和政策は、以上のようなことを考えたうえで、最善と判断した金融緩和措置であった。

「統合政府」という概念

以上のような議論に対し、政府と中央銀行の勘定を合算して考える「統合政府」という観点から、中央銀行の財務に関する懸念はおよそ無意味であるとする反論がある。たとえば、政府が国債を大量に発行する場合、中央銀行が全額引き受けると民間には国債は存在しなくなる。その場合でも、政府は中央銀行に国債金利を支払わなければならないが、政府の利払い負担は中央銀行から見れば収益であり、それは国庫納付金となって政府に戻っていく。つまり、中央銀行の損失とか債務超過という問題は、政府と中央銀行を別々の存在と見なしているために生まれる会計上の問題にすぎず、金融政策運営については両者を合算した「統合政府」という観点で考えなければならないという主張である。

この議論をいわゆる「出口」に即して考えてみよう。議論の本質に焦点を絞るために、中央銀行が債務超過になるケースを取り上げる。さらに、国債の売却は行わず、付利金利の引き上げで対応するケースを考える。この場合、債務超過が発生するとすれば、2つの要因で発生する。ひとつは中央銀行保有国債の評価損であり、もうひとつは付利金利引き上げに伴って生じる逆鞘による期間損益の赤字である。まず評価損であるが、中央銀行保有国債については確かに景気・物価情勢の改善に伴う金利上昇から発生する。しかし、国債発行主体である政府には、国債という負債の時価評価額も減少するので評価益が発生する。実際には政府は負債の時価評価を行っていないので、評価益は会計的には計上されないが、経済機能的に見ると、評価損と評価益は対応している。

問題はここにとどまらない。まず、中央銀行は当座預金の付利金利を引き上げなければならない。景気・物価情勢が改善しても付利金利を引き上げなければ、インフレが起こるからである。他方、資産面では期間の長い資産は満期を迎えるまでは低い金利のままであるから、期間損益は赤字になる。評価損益と期間損益を合算した中央銀行の損益と、金融政策との関係についてはすでに説明したが、「財政」面からも問題は生じる。このことを「統合政府」という観点から説明すると、当座預金は民間に対する「統合政府」の債務であり、付利はその政府債務の金利の引き上げと同じことである。国債ではなく、中央銀行当座預金と名前が違っているにすぎない。つまり、「実質的な国債の残高はもっと多かった」ということが、この段階ではじめて認識されるということになる。実質的に、中央銀行が多額の国債を買い入れることは、国債残高の真の規模を国民が過小評価するという効果を有する。

これによって財政規律が緩むことがあれば、そのことが物価の安定や金融システムの安定に悪影響を与える。この点は、第15章「財政の持続可能性」でより詳しく述べる。

日本銀行の対応

これまで述べてきたようなさまざまな要素をすべて考慮したうえで、中央銀行は自らの財務の健全性に関して、どう対応すべきだろうか。この点については、私は前任の福井俊彦総裁が２００３年６月の金融学会の講演で述べた考え方に共感している[18]。

中央銀行が自己資本基盤に拘るのは、必ずしも純粋に経済理論的な動機に立脚しているからではなく、むしろ、より広い政治経済学的な知恵なのではないか、と考えられます。これを分かり易くいえば、「中央銀行は与えられた自己資本の範囲内でリスクをとるべき」という箍を外すと、途端に、中央銀行の機能と政府の機能との境目が不明確になってしまう、ということではないでしょうか。

例えば、ある国の中央銀行の自己資本が減少し、政府の財政的な支援に依存せざるを得なくなった場合のことを考えてみましょう。この場合には、中央銀行が自らの判断で適切な政策や業務の運営を行うことが困難となり、（あるいは、実際にはそこまで行かなくても、困難を来すのではないかとの見方が広がり）、結局、通貨の信認を維持することが難しくなる可能性があるということではないでしょうか。

この考え方に立ち、総裁在任中、自己資本の問題には、具体的に以下のような方針で臨んだ。第1に、前述の自己資本比率の運営に関する考え方にもとづいて別途積立金や準備金の設置について認可権を有する財務省の理解を得るように努める。ただし、国家財政の厳しい中、政府の理解を得ることは容易ではなかった。第2に、日本銀行の保有する資産にかかわるさまざまなリスクについて、VaR（Value at Risk）やストレス・テストなど多面的な手法で内部検証して、定期的に政策委員会に報告する。これによって、日本銀行の財務の状況を正確に認識したうえで金融政策に関する議論が行えるようにした。第3に、民主主義社会における中央銀行のあり方という観点から、中央銀行の財務の健全性の問題について、折に触れて対外的な情報発信を行う。もっとも、中央銀行の間でも、グローバル金融危機前は日本銀行の問題意識が十分に共有されていたとは思えなかったが、グローバル金融危機後は状況が大きく変化した。2013年4月にBISから公表された「Central Bank Finances」と題する論文は、加盟中央銀行の協力と議論にもとづいて作成されたものだが、BIS総支配人のハイメ・カルアナが本論文に寄せている序言は、上述した私の考え方に近いと感じている。(19)

中央銀行は理想的には、金融危機においても社会的に有用な機能を遂行し続けるのに必要な財務基盤とメカニズムを備えておくべきである。これらのリスクを回避するためには、社会的に有用な行動によって損失が引き起こされる事態になっても、プラスの資本勘定を維持する十分な財務基盤とメカニズムをおそらくは必要とする。要するに、中央銀行の財務的な独立性は重要だということである。

イングランド銀行のアンドリュー・ホイザー理事は「財務的なソルベンシー制約」(financial solvency constraints) と「政策的なソルベンシー制約」(policy solvency constraints) という区別をしているが、これも上記のカルアナの考え方に近いように思う[20]。そして福井も、前述の講演で次のように述べている。

このように考えると、国民の理解を得て、中央銀行はある程度のリスクをとり機動的に行動する、そしてリスクをとった結果自己資本が低下した場合にはそれを回復させる行動に支持を求める、そうした形で民主主義の枠組みと中央銀行行動の機動性との調和が図られて行く、ということになるのではないか、と思います。

私も福井のこの考え方にまったく同感である。2010年秋に包括緩和政策を採用する際、民主主義社会における中央銀行の役割についてさまざまな面から考えた。その後、東日本大震災や政府と日本銀行の共同声明の作成を経験するわけだが、その時々に問われた論点には共通点が多い。

（1）日本銀行ホームページ。
（2）Bernanke (2015) p.484 参照。
（3）Bernanke (2010a) 参照。
（4）主要先進国の為替市場介入の体制等については、白川（2008a）第14章参照。
（5）2010年10月5日の記者会見要旨（日本銀行ホームページ）参照。
（6）「2009年度の金融市場調節」（2010年6月）27～28頁（日本銀行ホームページ）参照。

(7) アジア金融危機の際、香港の中央銀行に相当する香港金融管理局(Hong Kong Monetary Authority: HKMA)が政府の代理人として株式の買い入れを行ったことがあるが、これはあくまでも金融危機対策であり、また香港金融管理局の勘定で行ったものではない。

(8) 2010年10月5日の記者会見要旨(日本銀行ホームページ)参照。

(9) 2010年11月5日の記者会見要旨(日本銀行ホームページ)参照。

(10) 都市銀行、地方銀行の平均貸出期間は約40カ月。『金融システムレポート』(2014年4月)図表Ⅲ-4-29(日本銀行ホームページ)参照。

(11) 包括緩和開始直前の2010年9月末時点の利益は、銀行券は76・9兆円、当座預金は20・2兆円、国債は76・7兆円、貸付は36・1兆円であった。

(12) Archer and Moser-Boehm (2013) Figure 6 は、2010年末時点における各国中央銀行の総資産対比の自己資本比率を掲げている。微妙な性格の数字であるため、国の名前を明らかにせず、比率のみを掲げているケースもあるが、高水準のグループに属するECB、スイス国民銀行は20%に近く、他方、FRB、イングランド銀行は2%前後である。同表に日本銀行の名前は掲げられていないが、2010年3月末の数字をもとに計算すると、4・0%(5・7兆円/142・3兆円)となる。

(13) 日本銀行会計規程第18条。

(14) 出資金に対する配当は年5%を超えてはならないことが法律により規定されている。

(15) 長期金利上昇による損失額のシミュレーションについては、深尾(2016)、Fujiki and Tomura (2017) 参照。

(16) 日本銀行会計規程第13条。

(17) 第8章注(28)参照。

(18) 福井(2003)。

(19) Archer and Moser-Boehm (2013) p.1.

(20) Hauser (2017).

第13章　東日本大震災

2011年3月11日午後2時46分、日本の地震観測史上例のない規模の巨大地震が発生した。三陸沖海岸を震源とする東北地方太平洋沖地震とその後の津波、そして福島第一原子力発電所の事故は戦後の日本が直面した最大の危機だった。経済面においても、私の総裁在任中を振り返った時、東日本大震災はリーマン破綻や欧州債務危機と並んで、日本経済に大きな打撃を与えた出来事であった。私は総裁に就任した際、日本銀行が中央銀行としての真価を問われるのは日本国内で大規模な地震が発生した時だろうと思っていた。そのために日本銀行は常日頃から入念な備えをしておかなければならないと思っていたが、その想像をはるかに超える規模の地震と津波、そして原子力発電所の事故だった。日本銀行は最も重要な金融市場の安定、金融機能の維持に組織の総力を挙げて取り組んだ。

地震発生

その日は金曜日だった。地震が発生した時刻、私は翌週月曜日から始まる決定会合の準備のため、総裁室でスタッフと打ち合わせの会議を行っていた。かつて経験したことがない下から突き上げるような縦揺れの後、激しい横揺れが続いた。マグニチュード9.0、最大震度7の大地震であった。地震発生後間もなく、今度は大規模な津波が東日本を中心に太平洋沿岸を襲った[1]。さらに、12日午後3時36分には福島第一原子力発電所1号機で最初の水素爆発が起きた。

日本銀行本店8階にある総裁室の部屋の窓から大手町方面に目をやると、建設途上のビルの屋上にあるクレーンが右に左にゆっくり揺れているのが見えて何とも不安な気持ちを掻き立てた。最初の大きな揺れが収まった後、ただちに会議を解散し、各人がそれぞれの持ち場に戻って震災対応に取り組むよう指示した。真っ先に、私を本部長、山口廣秀副総裁を副本部長、決済機構局担当の山本謙三理事を事務局長とする「災害対策本部」を立ち上げた。午後3時のことであった[2]。まず行ったことは、日銀ネットが正常に稼働しているかどうかの確認である。金融市場における市場参加者間の大口取引も、企業や個人の小口の送金の決済も、日本中の資金は最終的にはすべて日銀ネットで決済される。さらに、国債の取引も日銀ネットを通じて決済される。したがって、日銀ネットが稼働停止となると、日本中の資金や国債の決済が行われなくなり、経済活動に計り知れないほど大きな影響を与えることになる。幸い、日銀ネットは正常に稼働をしていることがすぐに確認できた。これを受け、「日本銀行は、東北地方所在の各支店・事務所を含め、通常どおり業務を行っています。日銀ネットも、正常に稼働しています」という短い声明文を急ぎ公表した。この声明文を公表するにあたって私の念頭にあったのは、約10年前の9・11同時多発テロの時にFRBが公表した声明文であった。その文章は、「連邦準備制度は開いており業務を行っている。貸出窓口は流動性のニーズに応えるためいつでも利用可能である」ときわめて簡潔であるが、それだけ、金融機能の麻痺を食い止めようという強固な意思を感じさせるものであった。その時以来、未曾有の危機に直面した際の中央銀行の情報発信として最も重要なことは、必要な情報だけを簡潔な言葉で表現することであると思っていた。

午後3時55分には官邸の菅直人総理大臣に電話をし、日銀ネットに異状がないこと等を直接報告した。さらに、同日夜には自見庄三郎金融担当大臣との連名で、金融機関に対し預金証書や通帳を紛失した場合でも預金の払い戻しに応じるよう要請することを盛り込んだ「金融措置」を発表した。また、週明けの14日月曜日から開催予定であった定例の決定会合については、開始時刻を通常の午後2時から1時間繰り上げるとともに、2日間で行われるところを当日中に終え、ただちに決定事項を明らかにすることを公表した。海外中央銀行総裁にも私の名前で電子メールを送り、震災後の日本の状況を以下のように連絡した。(3)

3月11日金曜日、日本の東北部で未曾有の規模の大地震が発生した。東京圏も地震の被害を受けた。幸い、日本銀行本店と支店の建物はどこも被害を受けておらず、また職員の被災も報告されていない。日本銀行は営業終了時刻まで業務を継続し、日銀ネットも正常に稼働している。資金と国債の決済は一切障害なく完了した。日本銀行は私をヘッドとする災害対策本部をただちに立ち上げた。同本部は地震の金融市場に対する影響と金融機関の業務継続能力を注意深くモニターする。日本銀行は金融システムの安定を維持するために、潤沢な流動性の供給を含め、必要な措置は何でも行う用意がある。この間、来週月曜日と火曜日の両日に予定されていた金融政策決定会合は14日月曜日一日の会合に短縮し午後1時からの開始とする。

地震当日は他の多くの組織と同様、交通機関の障害から本店の多くの職員が帰宅困難となり本店の建物内で一夜を明かした。私は自宅が日本銀行本店から近いこともあり、深夜2時半頃に帰宅した。

金融サービス提供の継続

大規模な自然災害発生時に中央銀行として何をなすべきかはいつも意識していたことであり、特に1995年の阪神淡路大震災以降は詳細な計画をたて、業務継続体制の構築には相当の経営資源を割いてきた。東日本大震災が起こった後、現実に起きたことを振り返ってみると、日頃からの準備によって比較的円滑に対応できたこともあったが、まったく想定していないことも多かった。福島第一原子力発電所の事故とそれに伴うさまざまな影響はその最たるものであった。

震災直後、被災地に本店を有する72先の金融機関の約2700の営業店のうち、280店近くが閉鎖を余儀なくされた。日本銀行も民間金融機関も、職員の通勤の困難化、停電の発生による自家発電への移行、高速道路損壊による自家発電に必要な燃料重油の調達困難等、多くの問題に直面しながらも、金融サービス機能の維持・回復に全力で取り組んだ[4]。日本は他の先進国と比べて現金決済の比率が格段に高いだけに、生活必需品を購入するための現金の確保は重要な課題であった。そのため、前述のように、震災発生の当日ただちに、金融担当大臣との連名で、金融機関に対し預金証書や通帳を紛失した場合でも預金の払い戻しに応じることを依頼した。日本銀行は、被災地の方々の現金需要に応えるため、震災発生直後の週末には、休日にもかかわらず本店、青森支店、仙台支店、福島支店、盛岡事務所を開け、被災地への迅速かつ十分な現金の供給に努めた。実際、被災地での現金供給額は前年同期の約3倍の規模となった。また、地震や津波で損傷した銀行券や貨幣が大量に日本銀行に持ち込まれたが、その引き換えを迅速に行うため、事務量が大幅に増加した仙台、福島両支店および盛岡事務所に対し、かなりの長期間にわたって本店や他支店から職員を派遣し応援体制を組んだ(5)。

金融政策面での措置

金融政策については、震災発生前は金融緩和強化措置を講じることが必要な局面とは判断していなかったが、震災発生により何らかの措置を講じることが必要な事態となった。ただ、必要と考える具体的な措置は時間の経過とともに急速に変わっていった。震災発生直後の時点では、中央銀行として流動性を潤沢に供給する用意がある旨の方針を明確に述べることを中心に考えていたが、私のそうした判断を変えたのは、週末、特に13日の日曜日の夕方にかけての福島第一原発をめぐる状況の急激な変化であった。私は日曜日の午後に官邸で開かれる予定の「経済対策検討会合」に出席するため、官邸近くに所在する日本銀行氷川分館で待機しながら刻々のテレビニュースを追い続けていたが、画面には福島第一原発の事故を伝える深刻な状況が映し出されていた（当時はメルトダウンという言葉は使われていなかったが、この時すでにメルトダウンが起きていたということが後に知らされた）。当時の私が恐れたことは、地震や津波、原発事故等を契機とする企業マインドの悪化や投資家のリスク回避姿勢の強まりから、金融市場において各種リスク・プレミアムが拡大し、これが経済活動に悪影響を及ぼす事態であった。

そのような事態を想定し、日本銀行は流動性供給と金融緩和の強化の二段構えで臨むことにした。地震や津波、さらに原発事故による影響は確率分布をまったく想定できない、経済学者のフランク・

ナイトの言う「不確実性」そのものである。巨大なリスクが顕在化し、先行きに対する不確実性が高まると、金融市場では万一の事態に備えて流動性需要が高まる。このような予備的な流動性への需要の高まりを放置すれば、金融市場が不安定化し、それが経済活動に飛び火することになる。そうした事態を未然に防ぐために、日本銀行は震災発生の直後から大規模な資金供給を行い、資金調達面での不安感を取り除くことを通じて、金融市場の安定確保に努める方針を固めた。13日の夜遅く官邸で開かれた「経済対策検討会合」の終了後、私は官邸内でぶら下がりの記者質問に答えて「明日以降大量の資金供給を行う方針である」ことを事前予告したうえで、14日は積極的な供給を行った。震災後最初の営業日である3月14日の資金供給オペのオファー金額は21・8兆円、落札金額は15・1兆円（そのうち即日の資金供給は8・9兆円）に達した[6]。これは、リーマンショック後の1日当たりの資金供給最大額を3倍近く上回り、当時の過去最大の金額であった。

流動性供給と並んで行った金融緩和の強化に関しては、できることは限られていた。その中で最も有効と考えられた施策は、ほぼ5カ月前の2010年10月に開始した「包括緩和」の枠組みで、「資産買入等の基金」をリスク性資産を中心に5兆円程度増額し、40兆円にすることによってリスク・プレミアムの拡大を抑えることであった（増額分の内訳は、長期国債が5000億円、国庫短期証券が1兆円、CP、社債が各1・5兆円、ETFが4500億円、REITが500億円であった[7]）。

原発事故後の業務継続

3月11日の最初の大地震発生後も、東北地区だけでなく首都圏や東日本を中心に各地で強い余震が続き、日本中が不安な状態に陥っていた。地震と並んで国民の不安をさらに増幅させたのが、福島第一原子力発電所で続いた爆発であった[8]。12日午後３時36分に１号機建屋が爆発した。13日には３号機も炉心溶融に至り、14日午前11時１分に建屋が爆発した。さらに、15日には２号機建屋から白煙が確認され、４号機でも火災が発生した。原子力安全・保安院は事故の深刻度を「レベル７」と評価したが、旧ソ連のチェルノブイリ原発事故と同じ史上最悪のレベルであった。政府の避難指示で避難した住民は２０１１年８月の時点で14万人を超えた。

日本銀行はさまざまなルートから原発事故に関する情報収集に努めていたが、正確な情報は伝えられていなかった。数々の噂も飛び交う中で、外国大使館の職員や家族が本国からの指令に従い、帰国を始めていた。金融機関を含め外国企業も東京から職員・家族を引き揚げさせ、業務を休止するところが出始めていた。政府との間では、山口廣秀副総裁が中心となって、官邸や経済産業省と連絡を取り情報収集に努めた。喫緊の課題は２つあった。

ひとつは電力の確保である。日本銀行のコンピューターセンターは本店ではなく、東京都下の某所に存在する。ところが、そこも東京電力の計画停電の対象地域に入っていた。そのため、このままでは日本の資金や国債の決済システムの運営が計画停電中は止まってしまう事態となった。もちろん、自家発電の体制は組んでおり、数日間であれば持ち堪えられるが当然脆弱であり、日本の根幹的な決済システムが自家発電に依存するという事態は異例である。このような事態を海外の市場参加者が知ればそれ自体が金融システムの不安定化要因になり、二次災害を引き起こす可能性がある。山口はそうした深刻な状況にあることを官邸、経済産業省、東京電力に説明し、日本銀行のコンピューターセンターを計画停電の対象から外してくれるよう求めた。私も11日深夜の官邸での会議終了後、菅総理大臣に話をし、さらに、深夜零時を過ぎていたが、東京電力の勝俣恒久会長にも電話をした。そうした説得の甲斐あって、計画停電の対象から除外されることになった。

もうひとつの大きな課題は、日本銀行福島支店の業務であった。福島支店は福島第一原子力発電所から約60キロメートル離れた場所に所在している。半径20キロメートル以内の地域が放射能汚染を避けるための避難指示区域に指定されたが、放射能汚染がさらに拡大する事態になれば当然福島支店も対象区域に入り、職員を退避させなければならない。各地の日本銀行支店の重要な業務は当該地域における現金の供給であるが、それが行えなくなることを意味する。そのため、万一の非常時における現金供給体制についても、山口副総裁が中心となって内々の検討を進めた。

金融市場の反応

金融市場では、週明けの3月14～15日の間に日本を見る海外の目は急速に冷え込んでいき、日経平均株価は14日に633円下落し、15日にはさらに1015円もの大幅下落となった。

このような状況で、日本銀行にできることは金融市場の不安が広がらないようにすることである。連日、大量の資金供給を続け、24日の日本銀行当座預金残高は所要準備（7・5兆円）を大幅に上回る42・6兆円と過去最高になった。[9] 潤沢な資金供給の結果、短期資金市場は安定的に推移した。国債市場でも、10年物の国債金利は震災直前は1・30％であったが、その後の3月中旬の金利は1・20～1・25％の狭い範囲で安定的に推移した。

この間、外国為替市場では、震災発生直前は円の対ドル・レートは82円台後半であったが、震災発生後は日本の金融機関が外貨資産を売却して円に換える（repatriation）必要に迫られるとの噂から円高が進行し、17日には79円台前半となった。これを受けて財務省と日本銀行はそれぞれカウンターパートに対し、為替市場での協調介入を働きかけた。その結果、3月18日には、2000年9月22日以来ほぼ11年ぶりとなるG7各国による協調介入が実現した。従来、円高修正を図る方向での為替市場介入には米国、欧州とも反対しており、まして協調介入は想定できなかったが、この時は日本の置かれた異例の状況に対する理解が得られ、実現の運びとなった。この日は早朝、財務省に出向き、野田佳彦財務大臣とともにG7諸国のカウンターパートとの電話会議に臨んだ後、大臣とともにぶら下がりの記者会見を行った。その後、為替市場の動きは反転し、4月には85円台前半まで戻した。この時の協調介入は日本の株式市場をはじめ他の市場へのマイナスの波及効果を防ぐうえで、大いに効果があったと思う。

国債の日銀引き受けを求める議論の高まり

大震災はただちに財政面からの措置を必要とした。当然のことながら2011年度予算には東日本大震災の対策費は計上されていないので、相次いで3回の補正予算が組まれた[10]。2011年度の震災関係の予算規模を見ると、5月2日に成立した第1次補正予算は約4・0兆円、7月25日に成立した第2次補正予算は約1・9兆円、11月21日に成立した第3次補正予算は9・2兆円となった。さらに、12月24日に閣議決定された2012年度予算には東日本大震災復興特別会計が新設された。予算規模約3・8兆円が計上され、合計すると18・9兆円となった。この金額は、東日本大震災復興対策本部が

7月29日に決定した「東日本大震災からの復興の基本方針」において、2015年度までの5年間の集中復興期間で少なくとも19兆円程度がかかると見込まれた国と地方が実施する事業規模に見合っている（上記金額には原子力発電事故の損害賠償関係の支出は含まれていない）(11)。

東日本大震災発生後間もなく、日本銀行による国債引き受けを求める議論が与党の民主党議員から浮上していたが、3月18日には『産経新聞』の1面トップに「東日本大震災　政府方針「復興国債」緊急発行　10兆円超、日銀引き受け」という記事が掲載された。政府は国債の日銀引き受けに対しては終始慎重な態度で臨んでいたが、国会では民主党議員、自民党議員両者から日銀引き受けを強く求められた。超党派の議員による「増税によらない復興財源を求める会」は、東日本大震災の復興に向けた財源について、増税ではなく、日銀による復興国債の全額買い切りオペで調達することを求める声明文を発表した。この声明文には、6月16日時点で与野党の国会議員が211名も署名していた。未曾有の事態を前に、多くの議員が平静を失っている感じであった。国債の日銀引き受けに反対の論陣を張った数少ない議員の一人は、共産党の大門実紀史議員であった。

この時期の国債の日銀引き受けを求める主張は、かねてより一段の金融緩和を求めていた論者が東日本大震災を利用して再度議論を提起したという面もあったが、それと同時に、震災、津波、原発事故という、「国難」とも言うべき異例の事態には異例の金融政策が必要だという、感情に訴える要素が大きかったように思う。国債金利は前述のように震災発生後も低位で安定的に推移しており、国債による資金調達に困難を来しているわけではまったくなかった。こうした感情に訴えた議論は、一部の政治家だけでなく、財界人の間でも一定の支持を集めているように感じられた。実際、3月末に面談した大手新聞社の社長は「最近の懇談の機会を通じて得る自分の感触を言えば、財界人の8割は現在のような非常時には、国債の日銀引き受けはやむをえないと思っているように感じる」と言っていた。一方で個人的見解として「日本銀行総裁としての信念を貫いた方がよい」と助言してくれた。私が感じていた社会の「空気」もその社長の感触と同じであった。

国債金利が低位で安定的に推移する中で、日本銀行が国債引き受けを行うとなると、日本の政策当局がパニックに陥っているという誤った印象を世界に与え、現在は維持されている金融市場の安定自体を脅かす可能性が高いと、私は判断していた。それで、こうした議論に対しては覚悟を決めて明確に強く反論していくことにした。

問題はどのような論理で反論をするかであった。当時、津波の高さや原発事故の備えに関連して、「想定外のリスク」という言い訳は許されないという議論が活発に行われていたが、日本銀行による国債引き受けのリスクは十分想定できるし、また想定しなければならないリスクと言える。そのことへの気づきを促し、通貨への信認は金融経済の重要なインフラであることを強調することによって、国債引き受け論への反論を行うことにした。震災発生を理由とする国債引き受け論はその後いったん後退したが、日銀引き受け自体を求める議論は、デフレや円高との関係で再度高まることになる。

正しい情報の発信と収集

日本銀行が決済システムの安定的な運行や金融市場に対する潤沢な流動性供給に努めることは、震災発生後の中央銀行の対応としては当然であるが、これらの点も含めて最も苦労したことのひとつは、対外的な情報発信であり、最大限の努力を払った。しかし、福島第一原発の相次ぐ原子炉建屋の爆発は、情報不足とも相まって日本の経済や金融の先行きに対する不安心理を一気に高めた。特に海外投資家の不安感の増大は著しかった。震災発生後の週末には、一部の外国金融機関の間で「東京証券取引所が休業になる」といった噂が広がった。日本銀行に関しても、「コンピューターセンターを大阪に移した」「本部機能の一部を移行する」といったまったく根拠のない噂やデマが流れた。海外の有力な金融機関の幹部から、私に直接そうした噂の真偽について確認を求める電話もあった。極端な不安心理はそれ自体で自己増殖的に市場の反応を引き起こす。したがって、前述のように、主要国中央銀行の総裁との緊急電話会議を開催し私から日本の状況を詳しく説明したほか、4月のIMF・世界銀行暫定委員会出席のため米国に出張した際には、不正確な情報にもとづいた日本経済に対する過度の悲観論を払拭することを目的として、「東日本大震災――社会の頑健性と復興に向けた意思」と題する講演を、急遽ニューヨークの外交評議会で行った[12]。

経済活動や金融市場の状況など、日本全体の現状把握は特に重要であったが、この時は被災地の状況を把握することも重要であった。私は震災発生後に生じたさまざまな仕事に対応する必要があり東京を離れることができなかったため、代わりに山口副総裁に被災地と日本銀行支店の実情視察に行ってもらった。山口は3月31日に現地入りし、被害の様子や支店職員から聞いた話など、詳細に報告してくれ、私も具体的な様子を知ることができた。

マクロ経済、金融状況も大きく変化した。巨大な地震と津波、原発事故の発生はいずれも未曾有の出来事であっただけに、先行きの見通しに関する不確実性はきわめて大きかった。そのため、民間企業や金融機関の首脳から直接話を聞くことが重要と判断し、個別に話を聞くことにした。経営者の話はいずれも率直であり有益であった。日本銀行内部では毎日夕方、総裁室に関係者が集まり、情報の連絡や共有をタイムリーかつ効率的に行うようにした。東日本大震災直後のような状況では、平常時と異なりマクロ経済統計で経済の現状を把握することが難しいことは明らかであった。単にタイムラグがあるだけでなく、そもそも被災地では統計が作成できなくなったからである。その場合、サプライチェーンの要となる企業、それも要となる工場単位での正確な情報が不可欠となるが、どの企業も非常に協力的であった。集められた情報は毎日夕方の総裁室での連絡の場に上がってきた。信じられないことであるが、この時の鉱工業生産の動きは大幅な落ち込みであったにもかかわらず、ミクロ情報にもとづく担当者の回復予測はほぼ100%正確に的中した。民間エコノミストの予測が悲観的であった中で、サプライチェーンの回復時期をほぼ正確に予測できたのは、調査統計局や支店によるヒアリングなどを通じた平時からの企業との信頼関係があったからこそと思っている。

経済活動の大幅な落ち込み

ここで、東日本大震災が日本経済に与えた影響を改めて整理しよう。震災前年の2010年の主要国の成長率を見ると、日本は4・2%とG7諸国の中で最も高く[13]、大震災が発生していなければ2011年も順調な成長軌道を歩んでいたと考えられるが、大震災の影響は大きく、11年の成長率はマイナス0・2%へと低下した。2018年現在、大震災による死者は約1万6000人、行方不明者は約2500人にものぼった。人的被害の面では561平方キロメートルに及んだ津波による冠水被害が特に大きかった。震災による経済活動の落ち込みは急激かつ大幅だった。3月の鉱工業生産指数(季節調整済み)によると、前月比15・5%減と、単月では統計作成以来最大の落ち込みとなった。四半期ベースの実質GDPを当時の数字で見ると、第1四半期は0・7%の減少、第2四半期は0・3%の減少であった。このような急激かつ大幅な景気の落ち込みはリーマン破綻後の状況と似ているが、落ち込みをもたらしたショックの性格はまったく異なっていた。リーマン破綻後は「需要の蒸発」とも表現できる突然の需要ショックであったのに対し、東日本大震災後は供給制約に伴うショックの発生であった。この供給ショックの性格を分析すると、第1は、地震や津波により、東北から北関東にかけて道路や港湾などの社会資本ストックや、工場や商業施設といった民間資本ストックが大きく毀損したことによる。第2は、発電能力の大幅な低下である。日本の電力源の23%を占めている原子力発電が順次稼働を停止した。震災発生後の発電能力の減少は東京電力管内で23%、東北電力管内で33%にのぼり、原発施設の被災は、関東・東北地方を中心に、電力供給を制約することとなった[14]。

第3は、サプライチェーンを通じて震災による影響が被災地以外にも増幅されたことである。すなわち、工場の被災は、部品や素材のサプライチェーンを寸断し、被災地のみならず、広い範囲の生産活動に影響を与えた。たとえば、日本、米国、中国の間には、米国が最終消費財の開発を進め、日本が部品の生産を行い、中国が組み立てを行うという相互依存関係が形成されているため、そうしたサプライチェーンを通じる影響は、国際的に及んだ。

経済活動の落ち込みは基本的には供給要因によるものであったが、需要面から追加的な下押し圧力も作用していた。すなわち、原発事故や電力不足の問題は、企業や家計のマインド悪化や外国人観光客の減少を通じて経済活動の下押し要因となって作用した。消費電力節約のため道路や建物内の照明は落とされ、さらに震災の直後から、全国的に飲食を伴う会合に対する自粛ムードが強まり、公的な会合だけでなく私的な会合も多くキャンセルされたことも、旅行や飲食等のサービスを中心に消費を抑制する動きにつながった。これらの要因が重なり、日本全体として経済活動は大きく落ち込んだ。被災4県（岩手県・宮城県・福島県・茨城県）の経済的シェアはGDPで6・2％、面積で11・1％であるが、日本全体の経済活動の落ち込みが被災地のシェアから推測される以上に大きなものとなったのは、上述のような複雑な相互依存関係によるものである。ただし、経済活動の落ち込みの主因はあくまでも供給制約であることから、供給能力の復旧が進めば、経済活動も回復することが見込まれた。

生産活動の復旧努力

企業の現場では必死の生産設備復旧の努力が続けられたが、特に鍵を握ったのは、自動車のエンジンや変速機の制御に不可欠なマイコンを生産する工場、具体的には茨城県ひたちなか市に所在するルネサスの「ひたちなか工場」であった。同工場の生産停止は日本の自動車メーカーだけでなく、世界の自動車メーカーの生産に少なからぬ影響を及ぼした。当時はこの工場の復旧状況に日本中の関心が集まったと言っても過言ではなかった。関連する企業の応援体制もあり、当初の予定以上のスピードで復旧が進み、サプライチェーンの修復は震災発生直後の悲観的な見通しよりも早く完了した。

GDPを需要項目別に見ると、国内民間需要は第1四半期がマイナス0・6％と大きく落ち込んだ後、第2四半期にはマイナス0・2％と徐々にマイナス幅を縮小させた。他方、外需の寄与度は第1四半期がマイナス0・2％、第2四半期がマイナス0・8％と、サプライチェーンの障害が響き、さらに落ち込みが進んだ。この間、公的需要は前述の復興予算を背景に第1四半期が0・1％、第2四半期は0・3％と、需要の下支えに貢献した。

図13－1　日本の貿易収支と経常収支の推移

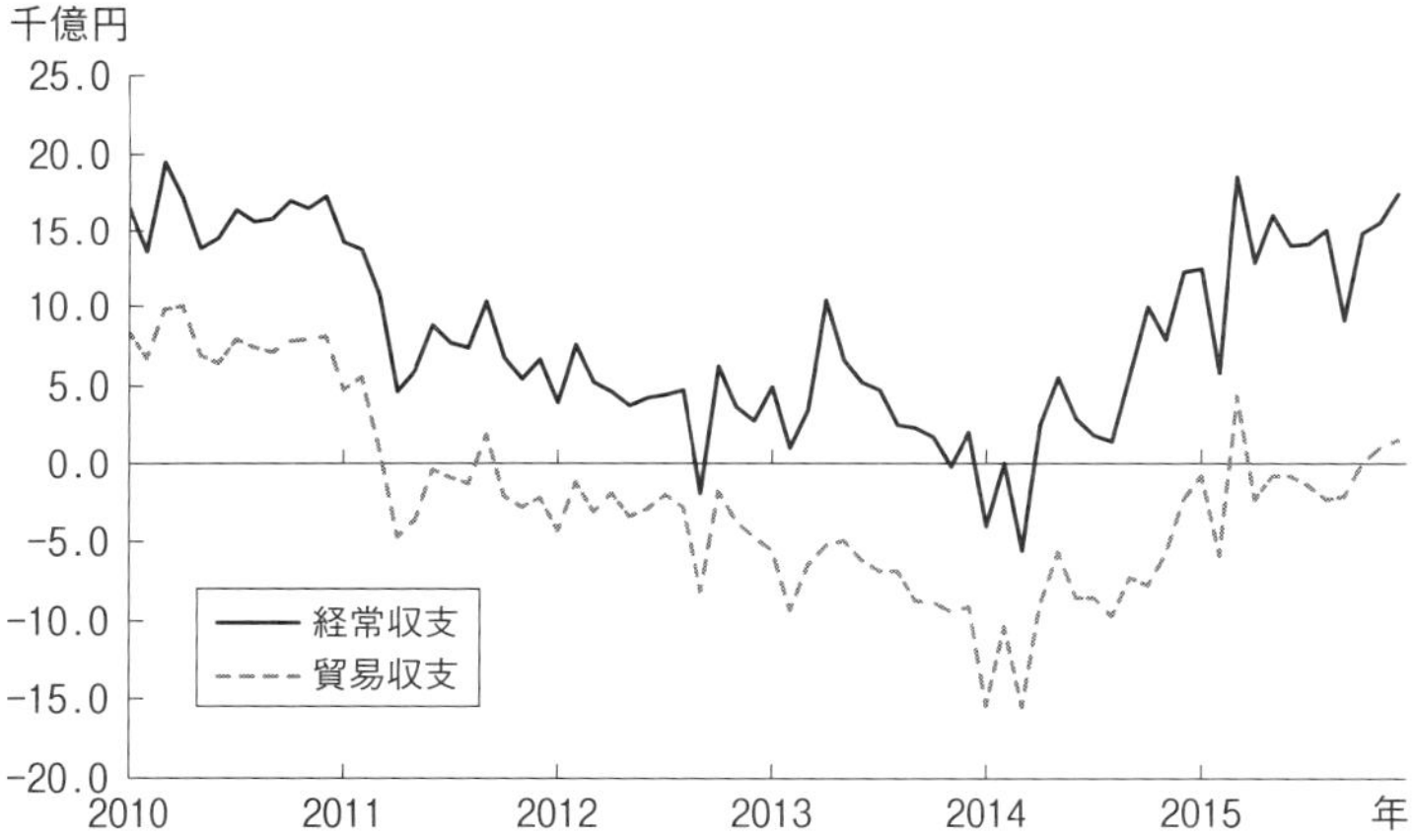

出所：財務省「国際収支統計」

このように、サプライチェーンの問題は比較的早期に解決したが、原子力発電所の稼働停止に伴う問題は重くのしかかっていた。日本の電力源に原子力発電を位置づけるのかという根本的な問題はさておき、当面の問題は、火力発電への依存度の上昇に伴う液化天然ガスの輸入増加であった。震災発生翌月の11年4月以降、貿易収支（季節調整済み）は赤字に転落した（図13－1）。震災発生前の1年間は6745億円の黒字であったのが、発生後1年目の赤字（月間平均）は2038億円、2年目は4378億円、3年目は8917億円となり、ピークの14年3月は1兆5675億円にものぼった。

東電問題と社債市場

前述のように、震災発生直後に私は一般企業や金融機関の経営者と個別に面談を行ったが、その際、多くの経営者が東電問題の深刻さを指摘していた。東京電力は2010年度決算で見ると、売上5兆162億円、当期純利益1337億円、総資産13兆2039億円、純資産2兆5164億円の巨大企業である。固定負債のうち、社債発行残高は4兆7396億円、1年以内に期限到来の固定負債と短期借入金の合計金額は1兆1112億円にのぼっており、同社は国内最大の社債発行体であった。事故発生後、誰もが考えた問題は同社の処理の仕方であった。巨額の賠償債務を負担すると、同社は債務超過に陥る。その場合の最も自然な処理方法は会社更生法の適用であるが、そのような倒産処理を選ぶべきか、別の対応策をとるかがただちに問われることになった(15)。これに関しては、原発事故の賠償債務の国と東電の負担の問題をはじめ、さまざまな論点があったが、重要なのは、東京電力の倒産がシステミック・リスクをもたらすかどうかということであった。ひとつの立場は、電力会社の破綻は金融機関の破綻と異なり、預金取り付けなど同業他社へ連鎖的な影響をもたらすことはないというものである。もうひとつの立場は、会社更生法適用は「電力版のシステミック・リスク」とも言える状態をもたらすとの認識にたち、その適用は回避するべきというものである。

結論的には後者が選ばれた。官邸や経産省の当事者がどのように判断したのかは私にはわからないが、金融面に限って言えば、官邸や経産省の当事者は以下のような懸念を抱いていたと思われる。第1に、電力債の規模が大きいことである。10年度末における9電力会社の国内社債発行残高は13・0兆円と社債市場全体の20・9%を占めていた。第2に、電力債については電気事業法によって社債権者に優先弁済権が与えられていたことである。これらの理由から、電力債は国債に準じる信用を得ており、社債市場では他の社債の利回り形成においてベンチマーク的役割を果たしていた。このような状態が公共政策的に見て望ましいかどうかは別にして、投資家は電力債の発行企業の倒産の可能性を念頭に置いていなかった。そのような状態が長く続いてきたところに会社更生法の適用によってこの前提を崩してしまうと、仮に優先弁済によって損失は生じなくても、他の電力会社発行分を含め電力債の信用が大きく低下し、投資家は購入を手控え、電力各社は資金調達が困難となる結果、「電力版のシステミック・リスク」が発生する。

東日本大震災発生後の社債市場は全般に不確実性が高まり、前述のベンチマーク機能が失われたことから、投資家と発行体のいわば「目線」が合わない状況が生まれ、しばらくの間は発行を見合わせる動きが続いた。

日本銀行職員の働き

東日本大震災は悲惨な出来事であったが、心を動かされる数多くのことを経験した。そのひとつは職員の仕事に対する献身的な姿勢に接したことであった。被災区域の定義は難しいが、被災規模の大きい地域に所在する日本銀行の拠点としては、青森支店、仙台支店、福島支店、盛岡事務所、水戸事務所が挙げられる。仙台支店、福島支店については被害が特に大きかったことから、職員の通勤手段の確保をはじめ、さまざまな困難に直面した。また、福島支店は、福島第一原発から60キロメートルの地に所在することから、職員の精神衛生管理も大きな課題となっていた。しかし、そうしたさまざまな困難にもかかわらず、日本銀行の機能を何とか正常に維持し続けることができた。仙台、福島両支店や盛岡事務所には津波で流された大量の損傷銀行券や貨幣が持ち込まれたが、そうした損傷現金の真偽鑑定を終えてできるだけ早く新しい現金に引き換えることも日本銀行の仕事であった。

私が被災地をはじめて訪ねたのは6月初旬であったが、津波の影響で多くの建物が流されたあとの広大な土地を前にして言葉を失った。当時は損傷銀行券の引き換え作業がピークを迎えており、仙台、福島両支店と盛岡事務所を訪ねた際、職員が黙々とこの作業に取り組んでいる姿を見て、目頭が熱くなった。献身的に仕事に取り組むという点では、他の多くの組織も同様だったと思う。この時、地元地銀である東邦銀行、七十七銀行、岩手銀行や信用金庫も訪ねたが、いずれの訪問先でも同じ印象を持った。宮城県石巻市にある石巻信用金庫本店を訪問した時も、高橋賢志理事長以下多くの役職員の沈着冷静な対応が強く印象に残った。

海外からの励ましの言葉

仕事に対する職員の献身的な姿勢と並んでもうひとつ忘れられないことは、海外の中央銀行の同僚からお悔やみや温かい励ましの言葉を多く受け取ったことである。震災発生の翌月4月15日にワシントンで開かれたG20の共同声明では、冒頭部で日本への連帯と支援が表明された(16)。震災発生後ほとんど時間をおかずに、総裁室の私のパソコンには海外の中央銀行総裁からの電子メールが続々と届いた。そうした言葉にどんなに勇気づけられたかわからない。また、タイの中央銀行やBISからは、職員が募った義捐金のみならず、組織としての義捐金も届けられた。韓国銀行のキム・ジュンス総裁はソウルの日本大使館を訪ね犠牲者へ弔意を表してくれた。

当時、放射能リスクに対する恐怖から訪日外国人が激減し、日本で開催予定の国際会議も相次いでキャンセルされた。そうしたさなか、ニューヨーク連銀のウィリアム・ダドリー総裁が東京で開かれたコンファレンスに予定どおり参加してくれたことは嬉しい出来事であった。事前にダドリー総裁から東京の状況を尋ねる電話があった際に、是非出席してほしいと要請をした。当日、会場でコンファレンスの開始を待っている間にも強い余震が発生したが、笑顔を見せるダドリー総裁の姿に、感謝の念を禁じえなかった。

東日本大震災の提起した課題

自然災害は人類が有史以来闘ってきた避けることのできないリスクであり、世界中のあらゆる国がさまざまな自然の脅威にさらされている。国土技術研究センターによると、2000〜09年に世界で発生したマグニチュード6・0以上の地震の20・5％が日本の周辺で発生している[17]。発生頻度からいうと台風等の風水害の方がはるかに高いが、東日本大震災のように、地震、津波、原発事故が重なった場合の影響は計りしれない。東日本大震災は、自然災害を契機とするテイル・リスクに対し、社会として、また、個々の企業や金融機関としてどのように対処すべきか、多くの課題を突きつけた[18]。その最も大きな課題が原子力発電の是非であるが、多くの論点がかかわり、かつ私の専門分野外なので、ここでは中央銀行の仕事に近い領域の2つを指摘したい。

第1は、自然災害による生産活動の大規模な混乱を回避あるいは軽減するための企業の生産体制の問題である。日本の製造業は、「ジャスト・イン・タイム」として知られる精緻なシステムを構築し、継続的に中間製品の在庫圧縮を試みることで競争力を高めてきた。その努力はGDP対比で見た日本の在庫水準の趨勢的低下にあらわれている。ところが、自然災害によって生産プロセスの一部が毀損した場合は、最低限の中間製品の在庫しか持たないことが裏目に出て、企業は生産水準の急激な削減を余儀なくされる。東日本大震災ではまさに、サプライチェーンが寸断されたことで在庫を持たないことのリスクが明らかになった。だが、それ以上に重要な論点は「集中のリスク」である。前述のルネサスの「ひたちなか工場」のサプライチェーン・ネットワークの例が示すように、特定地域の特定企業に集中させることの問題である。在庫保有を増やすにも、調達先を分散するにも追加的なコストがかかる。日本企業は東日本大震災以前から海外への生産シフトを加速していたが、震災発生後は、リスク対応という観点も加わり、さらに進んでいったように思う[19]。この集中リスクの問題は企業のレベルだけでなく、国家のレベルでも重要である。たとえば、一国の経済活動の一極集中は危険であるが、競争的な市場では、一極集中に伴い社会全体として負担することになる費用も個別企業から見ると必ずしも内部化されるとは限らず、結果として、テイル・リスクが非効率に高まる可能性がある。

第2は金融サービス面における業務継続の問題である。決済や取引等の金融サービスは電力、水道、道路と並んで、経済活動を支える重要なインフラである。自然災害を含め各種の障害が発生しても業務を継続できるようにする取り組みはBCP（Business Continuity Plan）と呼ばれる。震災発生後、政府は南海トラフ、首都直下等の地震を想定してそれぞれの防災対策推進基本計画を作成したが、日本銀行も従来以上に、業務継続体制の強化に積極的に取り組むようになった。同様のことは民間金融機関や証券取引所についても言えるが、ただ、各主体の自発的な努力に任せるだけでは最適な体制を築くことは難しい。業務継続体制を強化する必要があるのは、私的便益と社会的便益が乖離するからである。それだけに、業務継続体制の強化に向けて、誰かが触媒役を果たす必要がある。日本銀行を含め多くの国で中央銀行は業務継続体制の強化や決済システムの改善に向けてさまざまな推進活動を行っている。これらの活動は中央銀行の銀行業務機能に属するものであり、一般にはあまり知られていないが、中央銀行が行うべき重要な活動のひとつである。

テイル・リスクに対する社会の備え

東日本大震災はテイル・リスクへの備えに関する問題を改めて突きつけたが、もちろん、一口にテイル・リスクと言っても、地震、津波、原子力発電の事故、それぞれによって対応は異なる。また、備えるべきテイル・リスクは、自然災害に限っても、台風、火山活動等、その数は多い。近年はサイバー攻撃によるテイル・リスクも意識されている。テイル・リスクはマクロ経済の運営においても発生する。すでに述べてきたように、90年代後半の日本の金融危機や２００７年以降のグローバル金融危機に象徴されるような経済の大きな混乱は、その典型的な事例である。金融危機は頻繁に生じることではないが、現実に発生し、そしていったん発生した場合、膨大な経済的、社会的コストをもたらす。そのためバブルや金融危機のリスクを強く意識すると金融政策についても慎重な運営が求められるが、それは同時にイノベーションや成長の芽を摘む可能性も否定できない。その意味で、地震等のテイル・リスクの場合と同じである。

地震や津波、台風、原子力発電所の事故にしても、マクロ経済運営についても、テイル・リスクをどの程度許容するかは、究極的には社会の構成員の選択であり、先験的に正しい許容レベルが存在するわけではないと思う。また、許容レベルも国によって異なりうる。貧しい時と豊かな時とでは、現実の備えも変わってくるだろう。テイル・リスクに対する備えという点で、私にとって気がかりだったことは、さまざまなテイル・リスクに関して社会でバランスのとれた議論が行われているかということであった。具体的に言うと、マクロ経済や金融システムの面でのテイル・リスクについては、物理的に被害をイメージしやすいテイル・リスクと同程度の注意を払って議論が行われているかということであった。自然災害や原子力発電所の事故については、被害が物理的な形態をとることが多いため、ある程度具体的なイメージを持って議論が行われている。これに対し、マクロ経済運営については物理的なイメージを持って議論するこ議論が行われている。鋭い意見の対立は存在するが、両方のとが難しい。加えて、中央銀行を除くと、テイル・リスクを語ることに強いインセンティブを持つ主体は多くはない。東日本大震災発生後、「想定外のリスクは許されない」という言い方が世の中の支持を集める中で、国債の日本銀行引き受けを求める議論が急速に高まりを見せたことについてはすでに述べたが、マクロ経済運営におけるテイル・リスクとはそのような性格を有した問題であるだけに、専門家である中央銀行は、テイル・リスクに関する分析と国民への説明を行う責務があると思う。

（1）震災発生直後はマグニチュード7・9と発表されたが、その後3度にわたって上方修正され、最終的に9・0とされた。
（2）日本銀行のホームページに掲示したのは同日午後3時21分である。
（3）本メール発出後、決定会合の開始時刻をさらに1時間繰り上げることを決定し公表した。
（4）遠藤・小田（２０１５）参照。
（5）銀行券の場合、面積3分の2以上が残っていれば全額、5分の2以上3分の2未満であれば半額、5分の2未満は引き換え不可の扱いである。２０１２年3月末までの累計で、銀行券は48万枚、貨幣は４２４万枚、合計

38億円が持ち込まれた。
(6) 遠藤・小田(2015)参照。
(7) 4月の決定会合では、被災地の金融機関の資金調達余力を確保することを目的として、被災地の金融機関を対象とした融資制度や担保適格要件の緩和措置を決定した。
(8) 以下の記述は、遠藤(2013)にもとづく。
(9) 外貨資金繰りの面では、日本の金融機関は震災の影響は受けなかったが、日本銀行は震災発生前から行っている米ドル資金供給オペレーションについて、それまでの3カ月物に加え、安全弁として1週間物のオファーも始めた。
(10) 以下の記述は、齊藤・中川・顧(2015)に負っている。
(11) 同予算は復興予算の進捗の遅れに加え、震災後の社会経済状況を踏まえて復興事業の対象や規模を再検討する必要が生じ、2012年11月にいったん縮小方向に向けて再検討することになったが、同年12月の自民党政権発足後は拡大方向に転じた。
(12) 白川(2011a)参照。
(13) IMFのWEO(World Economic Outlook)のデータベース参照。
(14) 最大の電力源は火力発電であり、60%を占めていた。
(15) 以下の記述は遠藤(2013)に負うところが大きい。
(16) 「我々は、悲劇的な出来事の後での日本の人々との連帯意識、必要とされる如何なる協力も提供する用意があること、日本の経済と金融セクターの強靭さへの信認を表明した」。財務省ホームページ。
(17) http://www.jice.or.jp/knowledge/japan/commentary09(2018年4月9日閲覧)。
(18) 白川(2011d)はテイル・リスクという観点から自然災害の提起した論点を扱っている。
(19) このことは、2012年の秋以降進んだ円安においても輸出数量が増えなかったひとつの理由である。

第14章 「六重苦」と「通貨戦争」

円の実効為替レートは2004年11月以降円安方向に転じ、以後3年弱の間この傾向が続いたが、グローバル金融危機がパリバショックというかたちで勃発するひと月前の2007年7月、円安のピークを迎えた。その後は欧州債務危機が最悪期を迎えた12年7月頃まで円高方向の動きが続いた。円高は私の総裁在任の大半の期間において大きな政策的論点であった。第9章で述べたようにデフレ対策の要求も強かったが、円高阻止の要求の方がはるかに大きかった。「デフレ対策」は「景気対策」とほぼ同義に使われ、多くの企業経営者は金融政策だけでは景気は良くならないことを直感的に理解していたのに対し、為替レートは日本銀行の大胆な金融緩和で動かせるはずだという考え方が強かったからである。為替レートと金融政策の関係は「通貨戦争」という言葉が示すように、国際的な政策論議においても大きなテーマであった。

「六重苦」とは

「六重苦」という言葉はいつ頃から使われるようになったのだろうか。おそらく2010年頃からではないかと思うが、日本の企業が直面している国際競争上の不利な条件を指す言葉として使われるようになった。「六重苦」とは、「円高」「高い法人税率」「高い電力料金ないし電力の供給不安」「自由貿易協定への対応の遅れ」「厳しい労働規制」「環境規制の強化」を指していると言われる。特に、2011〜12年は、東日本大震災後の各地の原子力発電所の稼働停止に伴う電力供給への不安や、欧州債務危機の深刻化に伴う円高の進行を反映し、自動車産業や電機産業の経営者から頻繁に聞かれるようになった。この言葉に込められたニュアンスは、「自分たち民間企業は真面目に経営努力をしているにもかかわらず、政府や日本銀行が「無策」であるために、日本企業は自らのコントロール外の要因によって厳しい経営を余儀なくされている」というものであっただろう。つまり、この言葉は企業経営者の苛立ちや怒りの別表現であったと言える。

そうした認識が正しかったかどうかは別にして、現在では「六重苦」という言葉が経営者の口にのぼることはなくなっている。「六重苦」のうち、円高以外の要因については当時と大きな変化はないはずだが、この言葉が使われなくなっているという事実に、当時の円高の進行に対する企業経営者の不満がいかに大きかったかがあらわれている。

2000年以降の為替レートの動き

2000年以降の何度かの円高局面についてはすでに各章で触れているが、本章では私の総裁在任の5年間における円高をめぐる議論を、体系的、包括的に取り上げてみたい。

最初に主要国の為替レートの動きを確認することから始めよう。外国為替市場では日々膨大な金額の取引が行われている。2016年実施のBISの調査によると、世界の外国為替市場の1日当たりの取引金額は6・5兆ドルである。(1) これに対し、世界の名目GDPは75・4兆ドル、1日当たりでは約2900億ドルであり、外国為替取引の中心は圧倒的に資本取引にもとづくものであることを示している。金融機関や投資家は各国通貨建ての資産の収益率やその分散を比較しながら、また一方で、為替レート変動を含めリスクが顕在化した場合の自らのリスク・テイク能力を勘案しながら、資産の選択を行っている。金融市場のグローバル化が進展する中で、為替レートは財・サービスの取引である経常取引の結果というより、そうした資産選択の結果として決まるようになっている。

財・サービスの輸出入という面では、対ユーロ、対アジア通貨をはじめ、多くの通貨との為替レートも重要である。実際、日本の有力電機メーカーの首脳が私との個人的な面談の中で最も苛立ちを見せていたのは、対ウォンでの円高であった。為替レートの動きを総合的に捉えたのが名目実効為替レートである。これは貿易金額で加重平均した名目為替レートのことである。BISの算出している月次の名目実効為替レートの2000年以降の動きを見ると、円安のピークは07年7月であり、2000年の水準から見た下落率は22・5％である。一方、円高のピークは12年1月であるが、同年7月まではほぼ同水準で並んでおり、両時点を2000年の水準と比較すると、18～19％の上昇、直近の円安のピーク時点と比べると、54％の上昇となっている（図14－1）。この時期、日本国内では「超円高」という表現がされることが多かったが、通貨高が最も際立っていたのはスイスフランとオーストラリアドルであり、2000年1月の水準と比較すると、前者は59％、後者は36％の上昇であった。その理由は、スイスフランは日本と同様、「安全通貨」買いの対象となっていたため、オーストラリアドルはこの時期の世界経済を特徴づける中国経済の高成長を反映し、「資源国通貨」であったためである。ユーロも31％の上昇を記録した。このように、2000年代の最安値から最高値の間を見て

図14-1　主要通貨の名目実効為替レートの推移（2000～2012年）

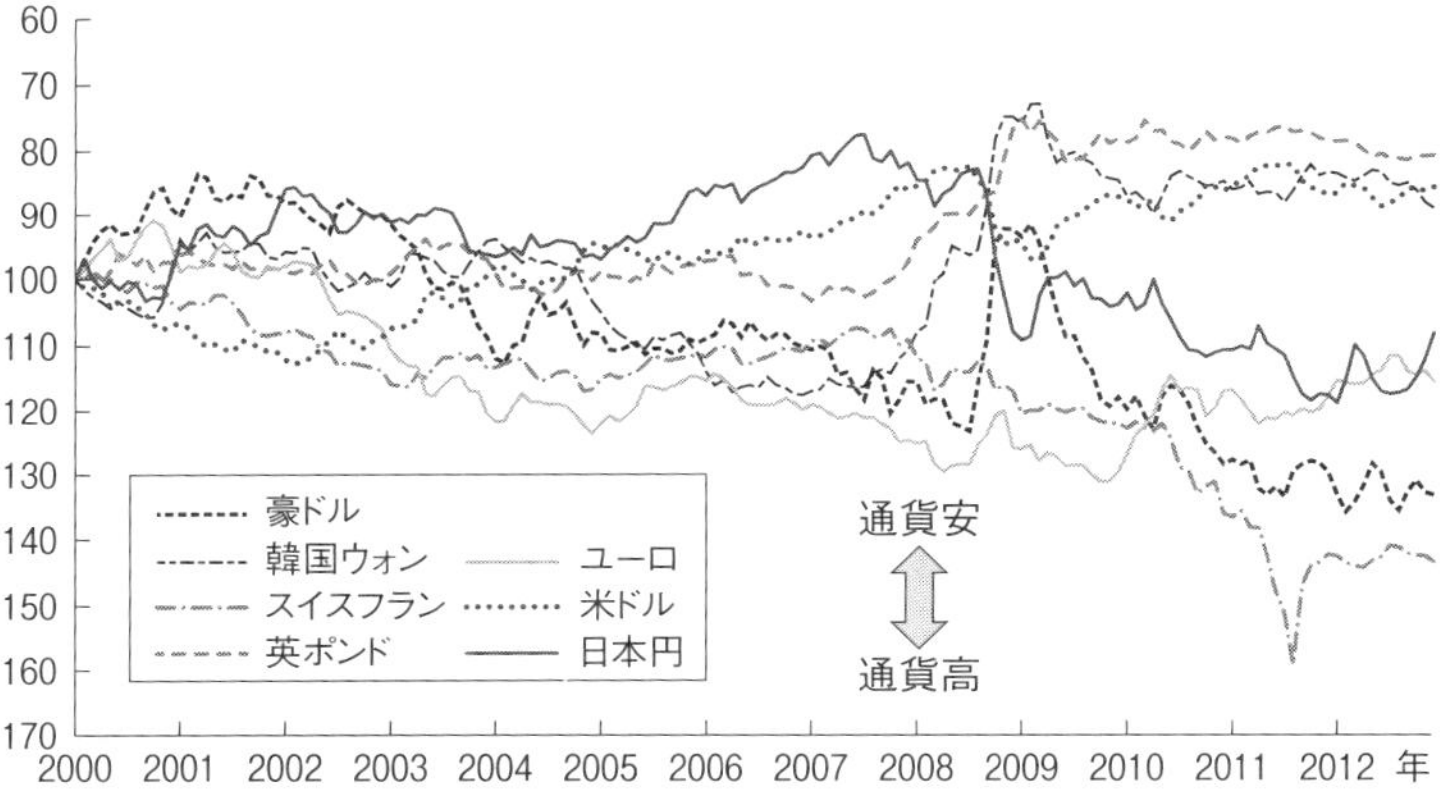

2000年1月＝100、月中平均

通貨	自国通貨安のピーク		自国通貨高のピーク		スウィング（%）
日本円	77.5	2007年7月	119.1	2012年1月	53.8
米ドル	82.3	2011年7月	112.7	2002年2月	37.0
ユーロ	90.9	2000年10月	131.2	2009年11月	44.2
英ポンド	75.1	2009年1月	103.2	2007年1月	37.4
スイスフラン	98.7	2000年3月	159.4	2011年8月	61.5
韓国ウォン	72.8	2009年3月	117.7	2006年12月	61.6
豪ドル	83.5	2001年3月	135.7	2012年2月	62.6

出所：BIS

図14－2　円の実質実効為替レート

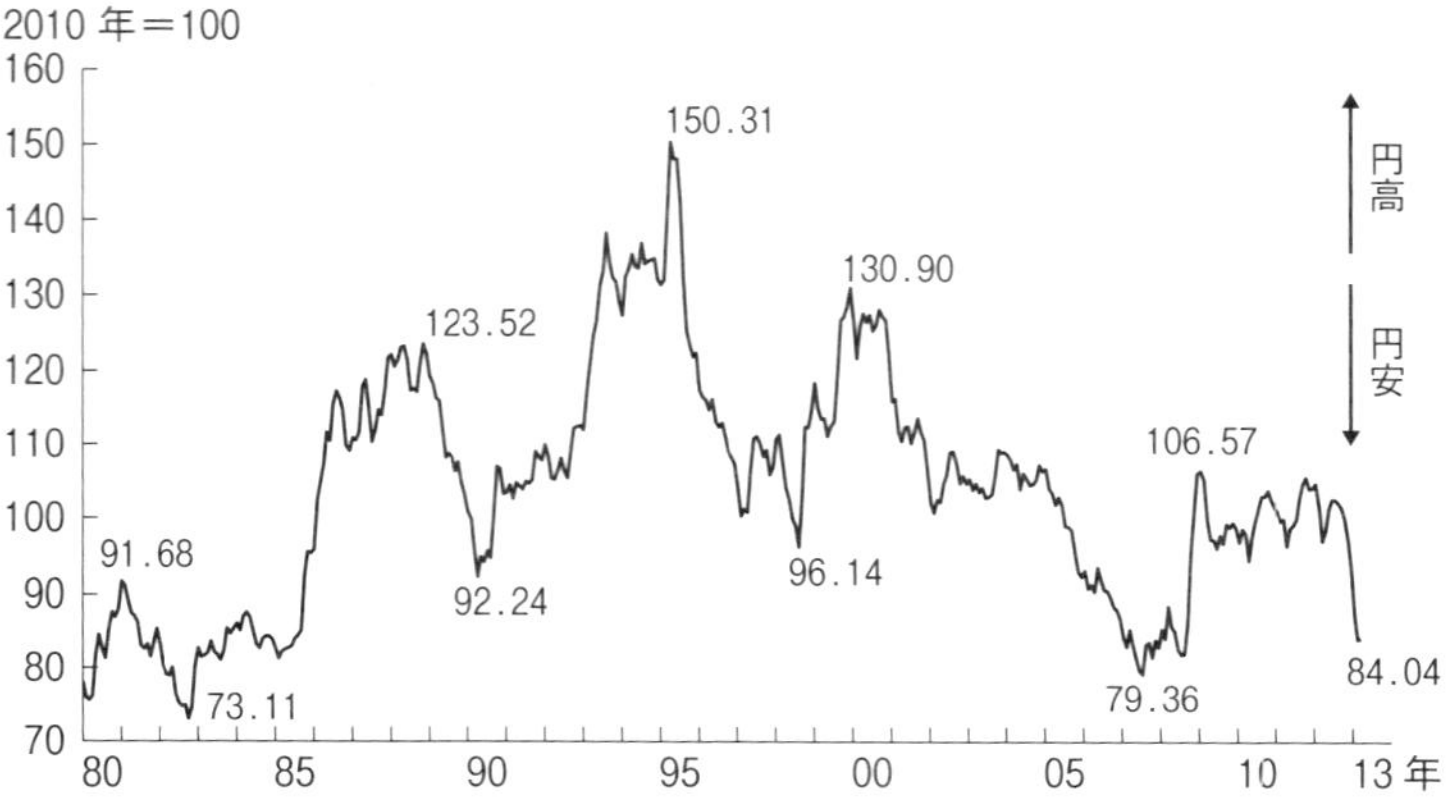

注：BISのブロードベース。1993年以前はナローベース
出所：日本銀行『金融経済統計月報』（2013年3月）図表8

も、日本円の上昇率が最も高いわけではなかった。

企業の価格競争力という観点からより重要なのは、名目ベースでの為替レートの動きではなく、内外の物価上昇率格差を調整した実質為替レートである。さまざまな通貨に対する実質為替レートを貿易金額で加重平均したものが実質実効為替レートである。これで見ると、円の為替レートは「六重苦」が言われていた頃も過去の円高局面と比べるとむしろ円安の水準であった（図14－2）。また、国際的に見ても、円の上昇は必ずしも際立って高いというわけではなかった。もっとも、実質為替レートの動きに言及すると、円高を容認しているという無用の批判を招きかねないことから、総裁在任中、私は意識的に言及を避けていた。

2007年7月～12年7月の円高局面に匹敵するような、これ以前の円高局面は90～95年春にかけての5年間であった。この時の円高は、期間の面でも、最も上昇した為替レートの水準の面でも、07年7月以降の円高と似ていたが、ピーク時の円高水準は比較的短期間で終わったという点では異なっていた。

07年7月以降5年間の円高の要因は、圧倒的にグローバル金融危機や欧州債務危機の影響であった。グローバル金融危機は具体的には2つのルートを通じて円高をもたらした。ひとつは不確実性の高まりによる安全通貨買いである。このことは、円高局面の始まりがパリバショックの発生前月である07年7月、終わりがユーロ危機のピークである12年7月であったことに端的に示されている。もうひとつは内外金利差の縮小である。

「安全通貨」としての円

安全通貨（safe-haven currency）として円が買われたということは、日本経済の将来に対して悲観的な見方が多い中で一般にはすんなりとは理解されなかった。「日本は財政状況も深刻で、潜在成長率も人口の減少によって低下しているにもかかわらず、なぜ、安全通貨として円が買われるのか」というのは総裁時代に最も頻繁に受けた質問のひとつであった。外国為替取引においては、ある通貨が絶対的に安全であるかどうかは重要ではない。市場参加者が意識するのは、他の通貨と比較した相対的な安全性である。しかも、長期的視野ではなく、当面どの通貨建ての資産に「逃げておく」ことが賢明かという選択である。世界中の投資家や企業は常にそのことを考えている。一国の外貨準備を運用する各国の政府や中央銀行も例外ではない。特に、新興国や産油国のソブリン・ウェルス・ファンドはそうである。為替レートは複数の通貨の交換比率であることから、安全性に関する評価の差は為替レートの変動となってあらわれる。

グローバル金融危機において通貨の安全性を左右する最も大きな要素のひとつは、一国全体としての外貨の資金繰りである。その面では日本は「要塞」のように強固な国であった。何よりも、経常収支は毎年黒字を計上しており、そうしたフローの累積である対外純資産額は２０１０年末時点では２５１．５兆円（円換算、ＧＤＰ比約52．５％）と世界最大であった。中国の対外純資産は日本に次いで世界第２位の規模を有していたが、通貨に対外交換性がないことや法の支配に対する安心感がないため、安全通貨にはなりえなかった。ドイツは世界第３位であったが、ユーロ圏自体が危機の震源地であったため、ユーロが安全通貨として選ばれることはなかった。世界第４位はスイスであった。投資家が安全通貨に期待する基準としては、対外交換性を有していること、金融市場がある程度の規模を備えていること、紛争が生じた時でも法の支配が貫徹していること、外貨の資金繰りにも不安がない国であることなどであろうが、こうした基準に照らすと、スイスフランも円と並んで安全通貨に選ばれることになった。仮に、ドイツマルクが今日存在していたとすれば、金融危機時の安全通貨需要の増加の一部はマルクが吸収し、円高圧力はその分小さくなっていただろうと思う(2)。他通貨の上昇圧力を円が吸収したという点では、人民元の影響も挙げられる。人民元は２００５年７月に通貨バスケット制に移行した後も上昇を抑制するために中国政府の為替市場介入が続き、さらに将来の人民元上昇の為替リスクをヘッジするため、長期的にはある程度の連動性があるとの想定のもと自由な為替取引が行える円を代わりに買う、いわゆる「プロキシー・ヘッジ」（proxy hedge）も行われていた。こうした取引も円高をもたらした。

内外金利差

内外金利差の縮小が円高をもたらしたことはすでに述べた（第8章「リーマン破綻」参照）が、ここでもう一度振り返ってみよう。グローバル金融危機や欧州債務危機によって世界景気が後退すると、それぞれの国で金融緩和措置が講じられ、金利水準全般が低下する。日本も例外ではない。ただ大きな違いは、低下幅が限られていることであった。というのも、危機発生時点で短期金利はすでにゼロ金利制約に直面しており、低下余地はほとんど存在していなかった。長期金利は短期金利よりは高い水準にあったが、世界では最も低い水準にあり、低下余地にはおのずと限りがあった。言い換えると、内外金利差は縮小することはあっても、日本の金融政策によって主体的に拡大させることはできない領域に位置していた（図14－3）。円安誘導策としては、デンマークやスウェーデンの中央銀行がマイナス金利を導入して以降、決定会合でも2012年頃から当座預金に対するマイナス金利の設定が議論されるようになった。しかし、これによって民間銀行の預金金利をマイナスにすることができたとしても、マイナスにできる幅は限られている。というのも、もし預金金利のマイナス幅が大きくなれば、預金者は銀行から預金を引き出し、現金を保有する可能性が高いと考えられるからである。したがって、マイナス金利を導入しても内外金利差を有意に拡大させることができるとは私には到底思えなかった。

金融市場参加者は内外の中央銀行の金融政策の運営スタンスに注目している。その金融政策の運営スタンスは、最終的には政策金利である短期金利の将来にわたる経路であらわされる。将来の短期金

図14-3　主要国のイールドカーブ

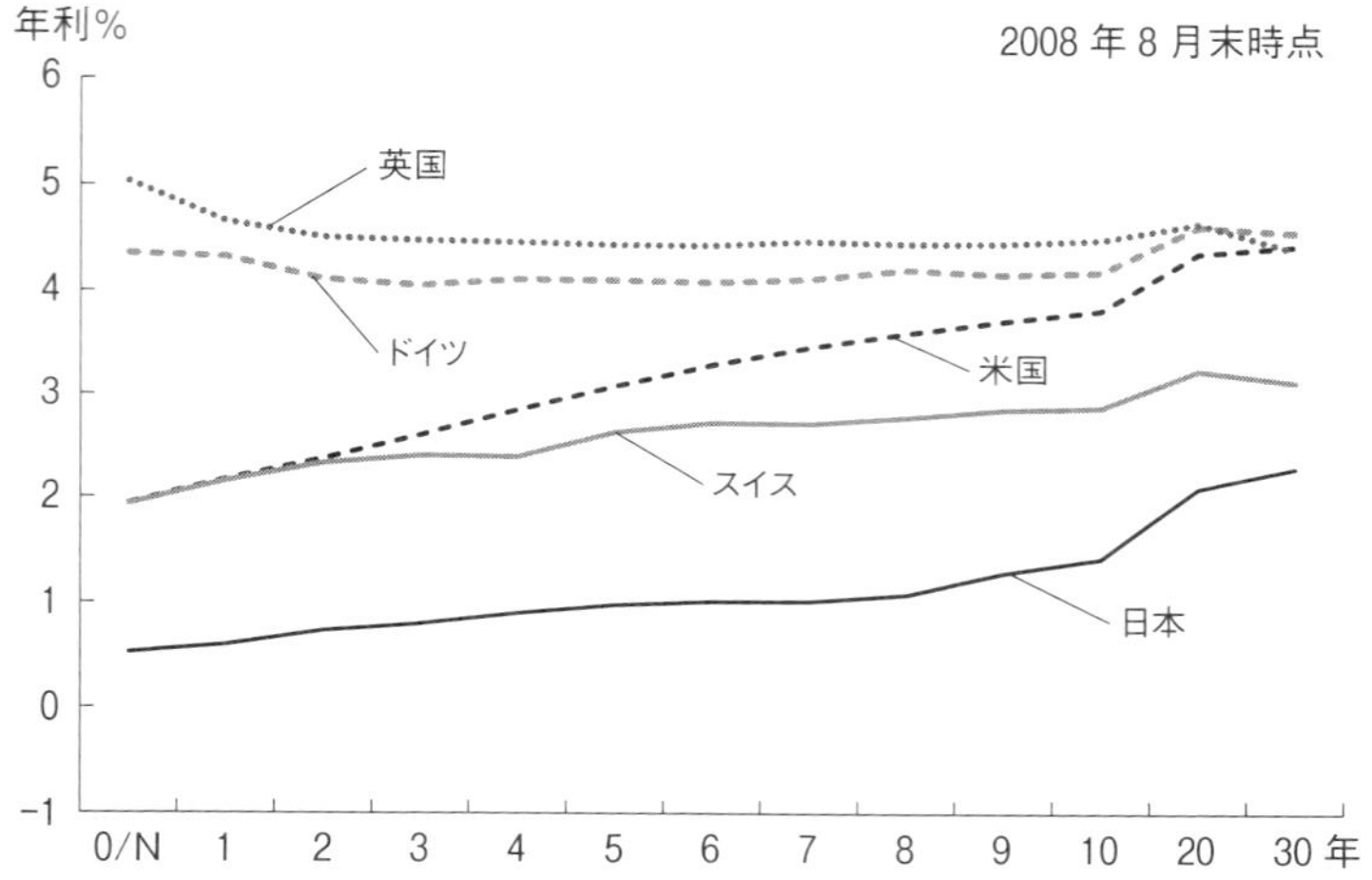

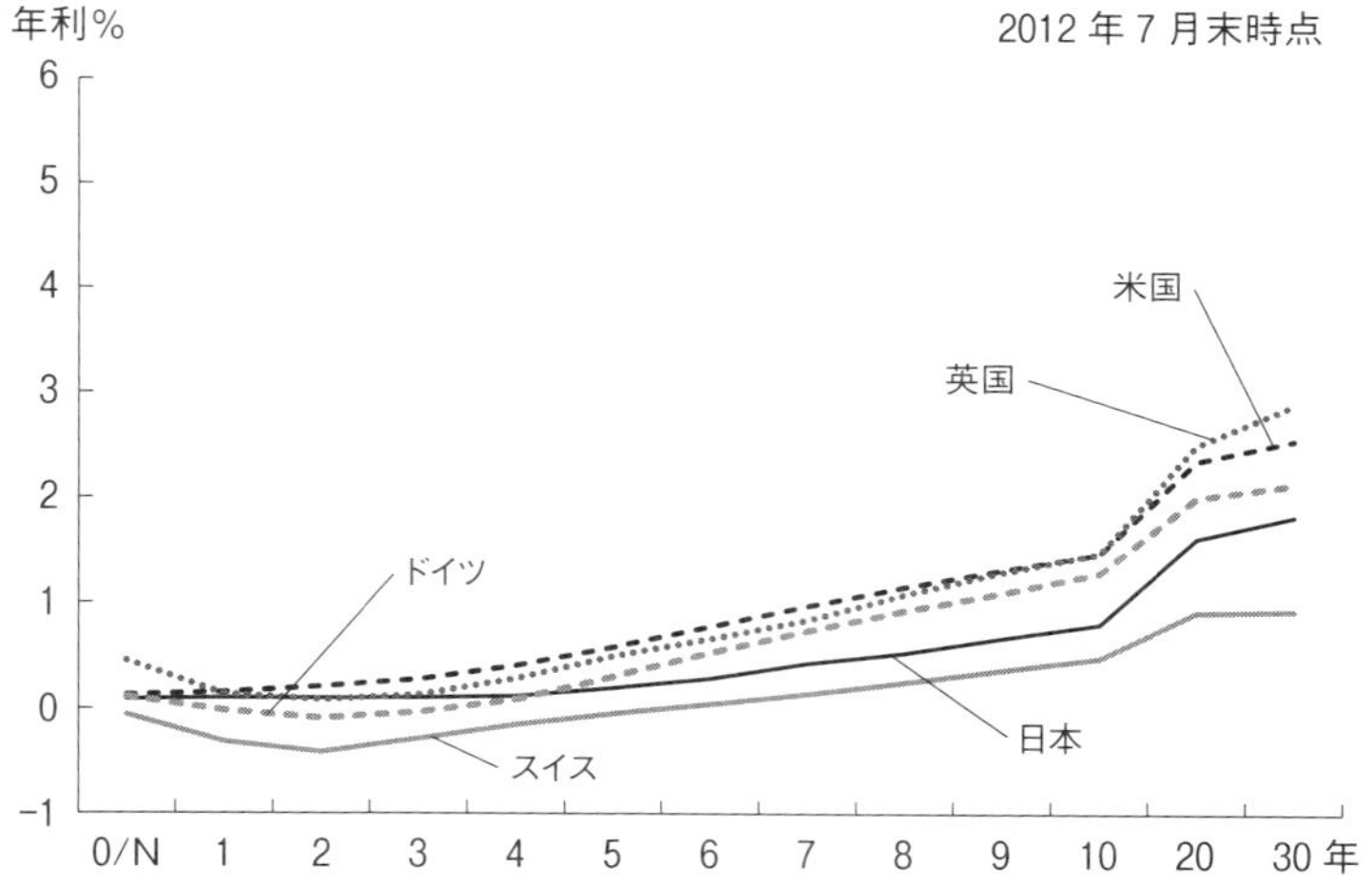

注：0/N は以下の金利を参照。日本・無担保コールレート（0/N）、米国・FF レート、ドイツ・EONIA、英国・SONIA、スイス・SARON（Swiss Average Rate OverNight）。1年以上はジェネリック国債利回り。データのない年限は3次スプライン補間で推計

出所：Bloomberg

利について、日本銀行はゼロ金利を継続する考えを表明していた。また、仮に日本銀行が将来の短期金利についてフォワードガイダンスを行っていなかったとしても、内外の経済状況から見て、短期金利は当分の間ゼロ金利が続くとの予想が支配的であった。日本の長期金利がきわめて低いという事実は、まさにそうした市場参加者の将来の金利予想を反映していた。ＦＲＢは金融緩和を行う際、長期国債を買い入れるという方法をとるにせよ、あるいは、フォワードガイダンスという方法をとるにせよ、自国金利安の方向でイールドカーブの差を変化させることができる。その結果、ＦＲＢは金融緩和によって自国通貨安をもたらすことが可能であった。他方、日本銀行にはＦＲＢの金融緩和の結果生じる金利差の縮小を相殺する手段がない。円高はそうした厳然たる現実を反映していた。

しかし、このことは為替レートをめぐる議論において意外に理解されていない。この点で、日本銀行と同じような状況に直面していたのはスイス国民銀行である。同行のフィリップ・ヒルデブラント総裁とは共通の関心事項である自国通貨の上昇について、しばしば意見交換を行った。ゼロ金利制約に直面する中で自国通貨の為替レート安は金融緩和効果が波及する際の有力なルートのひとつであったが、両国ともそうしたルートに頼れないという点で共通していた。上述のように、円やスイスフランが安全通貨として選ばれるひとつの理由は、対外純資産の大きさ等の本来的な理由にもとづくものであるが、もうひとつの理由は、ゼロ金利制約に真っ先に直面し、金利水準全般が最も低いことにあった。

日本における為替レートの変動要因に関する議論は、グローバルな経済、金融情勢の中でさまざまな通貨の為替レートの変動を観察し、その中のひとつの動きとして円の為替レートの変動についても理解するという視点が全般に乏しいというのが私の印象である。

「N－(マイナス)1問題」

日本やスイスが直面したこの問題は、ノーベル経済学賞を受賞したロバート・マンデルが50年ほど前に「過剰決定問題」(redundancy problem)、「N－(マイナス)1問題」という言葉で指摘したことである[3]。世界の国の数がNであれば金融政策もN個存在する。他方、為替レートは通貨間の交換比率であるため、Nマイナス1個しか存在しない。したがって、仮に各国が金融政策で最適な為替レートを追求すれば、必ずどこか一国、自国通貨の為替レートの水準を選べない国が存在する。マンデルがこの問題を提起したブレトンウッズ体制のもとでは、このN番目の国としては米国が想定されており、各国が自国の最適を目指す一方、米国が基軸通貨国として世界経済の最適を目指して自らの金融政策を運営すれば、結果として各国経済も世界経済も最適な状態が達成されるということは、少なくとも理論的には整合性があった。私は学生時代にマンデルの議論にはじめて接した際、この考え方は理論的には理解できたが、これが現実的な意味のある論点となりうることについては想像力が働かなかった。しかし、総裁時代の円高の経験を通じ、マンデルの提起した問題は現実感を持って理解できるようになった。ただし、実際にN番目の立場にたたされた国は米国ではなく、日本やスイスのような国であった。

この間、皮肉なことに、国会の質疑では、同じくマンデルの大きな学問的業績のひとつである「マンデル・フレミングの理論」にもとづき、日本銀行の金融政策が批判された。「マンデル・フレミングの理論」は資本移動のもとでの金融政策と財政政策の効果の違いに光を当てている。これによると、変動為替レート制においては、緩和的な金融政策は金利低下に伴う資本流出から自国通貨安をもたらすことによって景気を刺激するのに対し、積極的な財政政策は金利上昇に伴う資本流入から自国通貨高をもたらし景気刺激効果を持たない。したがって、日本銀行は積極的な金融緩和政策を展開するべきであり、そのためにはマネタリーベースをもっと拡大するべきという主張につながっていった。私はこの議論には賛同できなかった。財政政策については、日本銀行がゼロ金利政策をとっていることから、そもそも財政刺激効果を相殺する金利上昇は生じない。また金融政策については、2つの重要なポイントが無視されている。ひとつは前述のとおり、ゼロ金利制約に直面し内外金利差を拡大させることができない国の苦しみであり、もうひとつは、各国がそうした金融緩和政策を展開した場合の世界経済全体への影響である。後者の点については、「通貨戦争」(currency war)というセンセーショナルな言葉で議論が行われた。

円高とデフレの「ダブルパンチ」論

上述の金融政策とも関連するが、円高の原因として、デフレが指摘されることも多かった。為替レートは長期的には内外の物価の格差を調整する水準、すなわち、購買力平価水準に収斂する関係にある。その限りで、他の条件が同一であれば、円高とデフレは対応する傾向がある。ただ、円高の原因をデフレに求める論者は、「円高による輸出競争力の低下が不況や物価下落をもたらしている」、すなわち、円高とデフレの「ダブルパンチ」という議論を展開することも多かった。しかし、この購買力平価説は、為替レートは長期的には物価上昇率の差を相殺する水準に変動する、という論理である。

つまり、円高とデフレは「ダブルパンチ」の関係にあるわけではない。おそらく、「ダブルパンチ」論が想定しているデフレという言葉は文字どおりの物価下落ではなく、景気が悪いという漠然とした意味で使われていたのだと思う。

日本銀行の目標物価上昇率が低過ぎることが円高を招き、景気の悪化をもたらしているという議論も多かった。しかし、仮に購買力平価説が瞬時に成立するという極端なケースを想定しても、1ドル100円の為替レートが1ドル99円になるということであり、これが日本経済に大きなダメージを与えるとは考えにくい。私の総裁在任中、為替レートが最も上昇したのはスイスフランとオーストラリアドルであったが、オーストラリアは目標物価上昇率としては先進国の中では最も高い「2〜3％」を採用していた(4)。

「空洞化」論

円高の発生するメカニズムをどのように理解するにせよ、急激な円高は輸出数量や円ベースの収益の減少を通じて、また企業マインドへの悪影響を通じて景気の下押し要因となった。日本銀行は本支店を通じて多くの企業からヒアリングをしているが、円高に対する悲鳴とも言える声や日本銀行の政策対応に対する強い不満の声が寄せられた。私自身も企業経営者との個別の面談や財界団体との定期会合の場で、円高に対する不満や日本銀行の政策に対する注文を数多く受けた。特に、日本の主力輸出産業である自動車、電機業界からの批判は大きかった。国会でも、日本銀行は円高に対して「無策」であると、与野党の別なく追及された。

円高が業績悪化をもたらすとして日本の企業が不満を募らせること自体は十分に理解できる。しかし、「円高によって日本経済が空洞化する」という議論には納得できなかった。この議論は、行き過ぎた円高により日本企業が生産拠点を国内から海外にシフトさせざるをえなくなる結果、国内の雇用が奪われ日本経済が「空洞化」するという主張である。実際に対外直接投資の額は、2000年の4・9兆円から08年には11・5兆円まで増加していた[5]。海外への生産シフトは、海外に進出する親企業の1次下請けだけでなく、2次、3次下請けといった中小企業にまで広がっていった。地方銀行の頭取からは、そうした中小企業の海外進出の状況について話を聞くことが多かった。

空洞化論は、1971年の円切り上げ以来、繰り返し主張されてきた。特に、プラザ合意後の円高局面ではこの議論がヒートアップした（第2章「バブル経済」参照）。私が空洞化論に納得できなかったのは以下の理由による。第1は、生産拠点の海外シフトをもたらしている要因の理解である。経済のグローバル化が進展する状況では、企業が世界のどの地域に生産拠点を設けるかは、基本的に地域ごとに見た生産コストや市場規模等の要素を勘案して決定される。したがって、日本の製造業が労働集約的な生産工程を、中国をはじめ相対的に賃金コストの安い新興国や発展途上国にシフトするのは避け難い流れである。加えて、輸送コストを考えると、最終消費地に近い地域に生産拠点を設けることは合理的な選択である。逆のことは対内直接投資についても言える。

為替レートは対外直接投資と無関係かと言うと、もちろんそうではない。実際、急激な円高局面では対外直接投資が増加している。しかし、この関係から円高が海外生産シフトの基本的原因と結論づけるのは不適当である。円高は国内生産の採算を悪化させる一方、円ベースでの投資金額を減少させせ投資採算を改善させるため、海外進出の意思決定を促す大きな契機を作り出す。つまり、企業が対外直接投資の拡大を検討している局面で、円高は企業経営者の背中を押すという意味で実行のタイミングには影響を与えるが、円高自体が対外直接投資の趨勢を決める主な要因ではない。

第２に、日本企業の海外進出を空洞化と捉える理解の仕方に関してである。労働人口の変化や技術の変化に応じて、比較優位を有する財・サービスは変化していく。かつて日本が高度成長の過程で、繊維、造船、鉄鋼、電機、自動車等の産業で海外企業からシェアを奪ったように、新興国の追い上げの過程では比較優位を持つ産業や製造業の工程も変化する。特に、東アジア地域においてグローバル・サプライチェーンが形成される中で、日本が優位性を発揮できるのは加工組み立ての工程ではなく、より付加価値の高い段階である。他方、高齢化の進行を反映し、国内では医療、介護等の労働集約的なサービスに対する需要が増加する。減少する労働供給の配分という観点からすれば、雇用はサービス部門に向かわざるをえない。

この点で苦い教訓を提供しているのは、第６章「「大いなる安定」の幻想」で述べた２０００年代半ばの円安局面での自動車や電気機械産業の国内回帰の動きである。当時の大幅な円安は、日本銀行がゼロ金利ないしそれに近い低金利を続ける中で、海外諸国が金利を引き上げたことが主因であるが、これによって国内での生産・輸出の採算が好転した結果、国内で大規模な設備投資が行われた。しかし、グローバル金融危機後は、海外諸国が金利を一斉に大幅に引き下げたことから円高が進行し、採算は一挙に悪化した。円安は当該輸出企業に少なくとも短期的には収益の増加をもたらしたが、比較優位構造の変化という趨勢に反して国内回帰を進めた結果、その後の円安修正という円高期の調整負担はより大きなものとなった。もっとも、この調整負担は正確に言うと、単に為替レート変動の問題ではなかった。薄型テレビの生産が世界的に、いわゆるファブレス方式に移行する中で、垂直統合型の生産を続けるという経営戦略の失敗が基本的原因であったと見られている(6)。

この時の円安は長い目で見ると、当該輸出企業にとってマイナスであっただけでなく、マクロ経済的にもマイナスであった。私の総裁退任後のことであるが、大幅な円安進行下でも日本の電機産業の輸出競争力は回復せず、この分野の貿易収支は赤字となっている。また、対外直接投資は円安が進んだ13年以降も大幅に増加しているが、空洞化という議論はほとんど聞かれない。こうした状況を見ると、海外現地生産の必要性やその背景についての冷静な理解が進んできているように感じられる。

製造業経営者の不満

私は円高に対する日本の輸出関連企業の不満や苛立ちは十分理解していたし、また、競争力の向上に向けて弛まぬ企業努力を続けてきた経営者にも最大限の敬意を払っていた。しかし同時に、「六重苦」という言葉を使う経営者の発言の中に、若干の傲慢さを感じることもあった。今でも忘れられない光景がある。２０１１年11月末に名古屋を訪問し地元企業経営者と昼食をとりながら意見交換を行った際、地元を代表する世界的な大企業の幹部から、「異例の政策であることは理解しているが、超円高を止めるためには日本銀行が国債を引き受けるべき時期にきているのではないか」という政策要望を受けた。この発言は、マネタリーベースの増加が円安をもたらすという、当時よく主張されていた議論にもとづくものであったと思う。そして発言の背後には、円高は為替市場で投機を行っている市場参加者の仕業であり、真面目にモノ作りをしている企業はそうしたマネーゲームの被害者であるという意識が窺われた。為替レートの変動に限らずあらゆるショックには、それがプラスに働く主体とマイナスに働く主体があり、経済政策の運営にあたっては、日本経済全体への総合的な影響を考えなければならない。また、為替レート変動の影響は円高であれ円安であれ、短期的な需要サイドへの影響だけでなく、より長期的な供給サイド、資源配分への影響も考える必要がある。需要面の影響についても、先行して現れる輸出企業への影響だけでなく、交易条件の改善に伴う実質所得の上昇というプラスの効果があることも考慮しなければならない（この効果は主に非製造業や家計部門に現れる）。

なぜ日本では、海外主要国に比べて自国通貨高への批判が際立って強いのだろうか。一般論で言うと、どの国でも輸出は比較的少数の大企業に集中しているのに対し、輸入は中小企業を含め、多くの企業に分散しているうえ、自国通貨高の主たる直接の受益者は消費者である。そうした輸出入の集中度の違いは自国通貨安を歓迎する声が大きくなる一因となっているが、日本は特にその傾向が強いように思われる。他の先進国ではあまり見られない現象であるが、これには、マクロ経済政策や為替レートについて発言する主要な経済団体のトップは、伝統的に輸出関連の製造業の出身者が多いことも関係しているように思う。これに加え、日本の大企業の雇用慣行は従来、終身雇用が圧倒的に多かったことから、従業員が企業の利益と自らの利益を一体のものとして考える傾向があったことも関係しているかもしれない。

円高をめぐる社会の「空気」

もっとも、円高進行時、「六重苦」や空洞化のような議論がすべてを支配していたかと言うと、必ずしもそうではなかった。当時、製造業の企業経営者と個別に面談すると、競争力の真の低下要因は円高ではなく、商品自体の競争力の低下を反映したものとの率直な見解も少なからず聞かれた。私の総裁在任時に経団連会長であった御手洗冨士夫（当時はキヤノン会長）も米倉弘昌（当時は住友化学会長）も、私的な会話の時はもとより、対外的な発言においても円高について冷静な議論をしていた。企業経営者との私的な会話では、日本の電機産業の競争力低下について冷静な認識が示されることも多かった。また、海外での生産・販売比率の高いグローバル企業にとっては連結ベース決算が重要であるが、報道される「円高による減益」の数字には、「外貨換算調整額」のように海外子会社の持ち分に対する未実現の為替差損益も含まれており、キャッシュフローの減少を伴わないものも少なくなかった[7]。この場合、評価損が発生しても、海外で計上した外貨ベースの収益自体が変動しているわけではなく、企業マインドが変化するわけではないことも理解されていた。さらに、海外直接投資の増加は、人口減少を反映した国内市場の縮小、海外市場の拡大、新興国との賃金格差という経済の実態を踏まえた企業の合理的な意思決定の結果であり、「空洞化」と捉えるべきものではないことも十分認識されていた。

もっとも、そうした経営者らも財界首脳や業界団体のトップとして公式に発言をする際には、概して円高への強い懸念を述べることが多かった。これは、自分の発言が円高を容認していると受け取られることを恐れたのかもしれない。私自身も記者会見では円高容認と受け取られないように慎重に言葉を選び、たとえば、名目為替レートが円高化している時でも実質為替レートはかなり円安水準にあるという事実には、ほとんど言及しなかった。財界首脳や業界団体のトップも私と同じような状況に直面していたのかもしれない。他方、円高により採算が好転する輸入企業は当然のことながら沈黙を守っていた。また、輸出企業でも非価格競争力のある企業は同じく沈黙していた。

自国通貨の上昇に対して輸出産業から強い怨嗟の声が上がることは日本だけに見られる現象ではないし、円高によって利益を得る企業が沈黙することもある程度は想像できる。しかし、円高によって利益を得る多くの消費者、国民もいるはずである。それにもかかわらず、そうした国民の平均的な声が反映するはずのマスコミ世論も円高に対する悲鳴一色になるのは日本の悲劇だと思う。

本音と建前が違うことを思い知らされたのはこの時がはじめてではなかったし、どのような局面においてもある程度は存在するが、このギャップがあまりにも大きくなり過ぎると、経済政策の運営にも支障が生じる。実際、１９７１年に円が切り上げられて以来、日本経済の大きな失敗は、73～74年の「狂乱インフレ」にせよ、80年代後半のバブル発生にせよ、円高を「国難」と捉える主張が世論を席捲したことであった。金融市場のグローバル化を背景に資本移動が圧倒的な規模で行われる現状を考えると、為替レートを政策当局が自由にコントロールすることはできない。為替レートの変動を避けることだけが目的であれば、資本移動の自由を制限することがその論理的帰結となるが、日本のような先進国がグローバル経済の中で生きていくうえで、これは賢明な選択ではない。もうひとつの選択肢は固定為替レートの採用であるが、これは国内の景気・物価情勢に合わせた金融政策を放棄することを意味する。これは可能でもなく、妥当な判断でもない。こうした考え方は「開放経済のトリレンマ」と言われる命題である。さまざまな難しい問題を抱えながらも、「グローバル化」の道を選択する以上、グローバル経済のルールに従って活動するしかない。

「通貨戦争」

為替レートについて、国内的には円高と空洞化がメインテーマになっていた頃、いささか不穏当ではあるが、「通貨戦争」という言葉で括られるような議論が国際会議で活発に行われるようになった。この言葉は２０１０年９月27日の『フィナンシャル・タイムズ』に掲載されたブラジルのギド・マンテガ財務大臣の発言によって世界の注目を集めることとなった。同大臣は先進国がさまざまな手段によって自国通貨を減価させようとしている状況を「通貨戦争」というセンセーショナルな表現で語った(8)。こうした議論が活発化したきっかけは、米国が金融緩和を強化しドル安が進んだことにある。マンテガ財務大臣の発言はタイミング的には、ベン・バーナンキＦＲＢ議長がジャクソンホール・コンファレンスの講演で先行きの追加金融緩和を示唆しドル安が進んだ時点の後、10月末にＦＲＢがＱＥ２を導入する前の、中間時点であった。日本も同大臣の発言の少し前の９月に、04年４月以来６年半ぶりに為替市場への介入を行っていた。

「通貨戦争」という言葉に、当然のことながら先進国の多くの政策当局者は嫌悪感を持った。私の出席した国際会議でも現状を「通貨戦争」と捉える認識への批判が多く聞かれた。国際的な貿易や投資は当該国だけでなく、基本的には世界全体の発展に貢献するものであり、その過程で生じる為替レートの変動を「戦争」という語で表現することは明らかに不適切である。さらに、マンテガ財務相の発言は、自国ブラジルの政策に対する批判の矛先を他国に向けることによって、自国の経済政策の失敗を棚上げすることも狙っていた。

ただ私自身は、為替レートに関する議論がマンテガ財務相の発言への批判や、新興国が一方的に先進国を批判するだけに終わることには居心地の悪さを感じていた。「通貨戦争」という言葉の適否は別にして、各国の金融政策や為替レートのレジームが世界経済全体に与える影響について深く考える必要があるにもかかわらず、この点に関する認識や議論が不足したままだったからである。

先進国の多くの政策当局者の基本的な考え方は、各国はいずれも物価安定のもとでの持続的成長の実現という、国内経済の安定を目的として政策を運営しており、そうした各国の努力が世界経済全体の安定につながるというものであった。つまり、先進国が行っている金融緩和政策はゼロサムゲームではなく、プラスサムゲームであるという理解である。この議論のポイントは、主要先進国、特に米国の金融緩和政策のグローバルな波及効果をどのように理解するべきかということである。

この点で2つの考え方が対立していた。ひとつは金融緩和政策が各国の競争的な通貨切り下げを通じて「近隣窮乏化」(beggar-thy-neighbor) をもたらすという考え方である。もうひとつは各国が自国のマクロ経済安定化に向けて金融政策を運営すれば、世界経済全体の安定化ももたらすという理解である。バーナンキ議長をはじめＦＲＢの幹部は、国際会議でこうした考えを繰り返し述べ、新興国からの批判に反論していた。バーナンキ議長が13年3月の講演で使用した表現によれば、各国の金融緩和政策は「近隣富裕化」(enrich-thy-neighbor) であると言う(9)。

新興国・発展途上国の不満

少なからぬ数の新興国や発展途上国は、米国の金融緩和政策が自国への大量の資本流入をもたらしていることに不満を強めていた。不満は第一義的には資本流入による自国通貨高やそれに伴う輸出競争力の低下であったと思われるが、それだけでなく、流入した資本が将来流出する際に自国経済を不安定にする事態への懸念も反映していた。自国通貨高を抑えるために為替市場介入を行うと、国内の金融状況はいっそう緩和し、景気を刺激する。さらに、自国通貨高によって物価上昇が抑えられると、その分、金融緩和余地が生まれる。しかし、為替市場介入によって積み上がった外貨準備は結局米国債投資に向かい、米国の長期金利を引き下げ、再び新興国、発展途上国へのいっそうの資本流入をもたらすことになる。先進国の積極的な金融緩和政策の結果、先進国の金利水準が低下すると、グローバル投資家の「利回り追求」(search for yield) はなお強まり、キャリートレードも活発化する。

新興国の批判に対する先進国の反論は、もし資本流入が国内で不都合な事態を招くのであれば、当該国は必要な措置をとればいいというものである。ひとつは自国通貨の為替レートの上昇を容認することである。為替レートが十分に上昇すれば、やがて下落予想が生まれ資本流入はストップする。もうひとつは、国内の金融機関に対する規制・監督の強化である。先進国からすると、新興国、発展途上国がそうした措置を十分にはとらずに先進国の金融緩和政策だけを批判するのは不適当ということになる。

また米国では、新興国の貯蓄過剰を反映した経常黒字が長期金利の低下をもたらし、住宅バブル発生の一因となったという議論がなされていた（「Global Saving Glut」論）。しかし、新興国・発展途上国の議論も海外からの資本流入に懸念を持つという点で米国の議論と同じであった。両者の主張の溝は埋まらず、国際会議では米国と新興国との間で、「つばぜり合い」のような議論がしばしば交わされた。FRBは注意深く言葉を選んではいたが、時として新興国の発言に苛立っているように見えた(10)。

議論の構図は、2000年代半ばに日本銀行が量的緩和政策を行っている頃、アジア地域の中央銀行から受けた批判およびそれに対する日本銀行の反論と、非常に似通っていると私は感じていた。当時は私自身もFRBと同じ反論を行っていただけに、FRBのロジックは理解できた。しかし、グローバル金融危機を経験して、ボラティリティの高い資本流入に直面する国の経済状況や政策運営の難しさに対して、以前よりも共感を持つようになっていた。新興国・発展途上国への資本流入には出し手サイドの要因（push factor）と受け入れサイドの要因（pull factor）の両方が作用していると考えるのが自然のように思われる。

一国の金融政策が他国に及ぼす影響は私の総裁在任中の5年間、国際会議で常に取り上げられたテーマであるが、議論されたのはマンテガ財務大臣の「通貨戦争」発言に示されるように、もっぱら主要先進国、特に米国の金融緩和が新興国、発展途上国に与える影響であった。この問題は重要ではあったが、私にとってより切実な問題は、日本やスイスのような安全通貨を有する国が他の先進国の金融緩和政策から被る波及効果であった。国際会議では何度も問題提起を行ったが、残念ながらこの問題意識が広く共有されることはなかった。

先進国のレトリック

新興国が自国通貨の上昇に対し、金融緩和と並んで為替市場介入で対処したのと同様に、先進国もかつては為替市場介入を行っていた。為替市場介入積極主義の最後になったのが1985年のプラザ合意と87年のルーブル合意である。その後、92年の英国ポンド危機の際の介入とERM（欧州為替相場メカニズム）離脱という失敗を経て、90年代半ば以降は単独介入には否定的になり、先進国では為替市場介入は基本的に行わないというのが通例になった。これに対する例外は、日本とスイスである（この点については後述する）。

図14−4　日本の為替市場介入

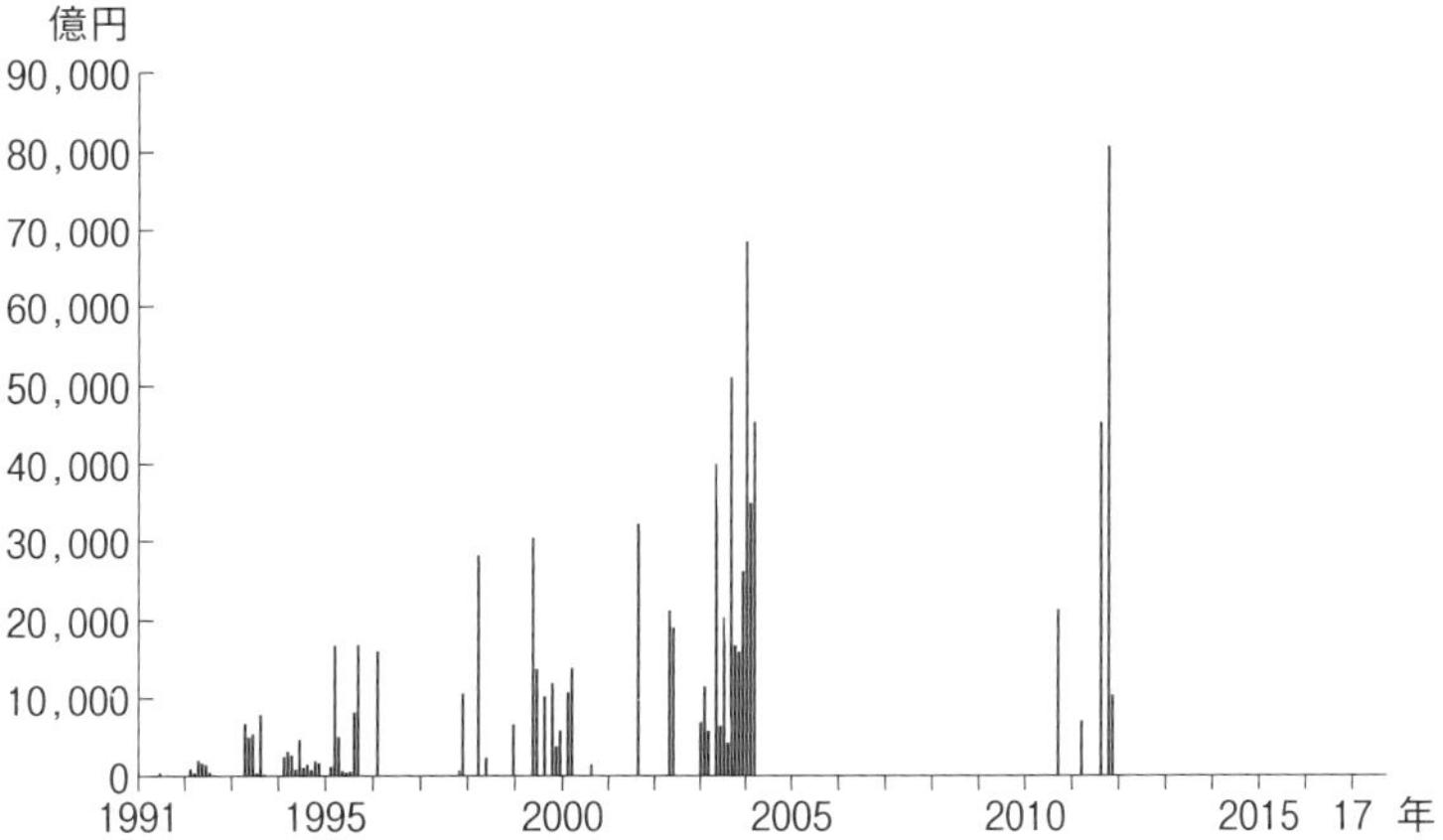

出所：財務省「外国為替平衡操作の実施状況（月次ベース）」

このような背景により、米国も欧州も日本の為替市場介入には常に強く牽制をしていた（図14−4）。日本では為替市場介入の権限は中央銀行にはなく、政府（財務大臣）に属している。為替介入が行われる度に、新聞等に「政府・日本銀行による為替市場介入」という見出しが躍ったが、正確には「政府による為替市場介入」である。日本銀行は毎日、外国為替市場の動きをモニタリングし、為替市場介入の実務に関して財務省に助言は行っているが、介入の是非や相場水準に関する判断は財務大臣の責任において行われる。また、為替市場の動向については、国際的にさまざまな場、さまざまなレベルで密接な情報交換、意見交換が行われている。私自身も為替レートに関し折に触れて海外の中央銀行総裁と連絡を取り合ったが、特に米国、ユーロ圏、日本とのいわゆるG3ベースの会議が重要であった。現在はどうなっているかわからないが、私の任期後半に入ってからは中国をメンバーに迎えて議論することが増えていった。

為替市場介入と金融政策に関する他の先進国のレトリックについて、私は常に釈然としない思いを抱えていた。前述のように、他の先進国は為替市場介入に否定的であった。他の先進国と比較すると、日本は為替市場介入をしばしば行っているが、それでも介入権限を有する財務省は、単独での介入を大規模に、かつ継続的に行うことには当然のことながら慎重であった。総裁在任の5年間に、外貨買い・円売りの介入は２０１０年９月（２兆１２４９億円）、11年３月（６９２５億円）、同年８月（４兆５１２９億円）、同年10～11月（９兆９１７億円）の４回の局面で行われた。介入の規模は総額で約16・4兆円であった。このうち、東日本大震災直後の２０１１年３月18日の介入のみＧ７諸国の協調介入であったが、他はすべて日本の単独介入であった。

日本が単独介入を行った際、欧州の当局者はしばしば記者会見等の場を通じて懸念を表明した。そこでは、米国や欧州諸国が金融緩和を行う目的は、物価や景気という国内経済の安定であり、為替レートの誘導を目的としたものではないと説明された。最終的な目的が国内経済の安定であるという説明は概念的にはそのとおりであったと思うが、自国通貨の上昇抑制もしくは下落誘導なしに所期の国内経済安定の効果が発揮されるとは思えない。その意味では、建前と本音は明らかに乖離していた。各国は為替レート下落の目的には言及せずに、しかし実態としてはそのことを期待して金融政策運営を行っているように私には見えた。言い換えると、欧米の中央銀行は一方で為替市場介入を否定し、他方で金融緩和政策によって事実上それと同等の効果を追求しているように思えた。そして、そうした金融緩和政策は、金利水準を引き下げ、内外金利差を縮小させることが可能な中央銀行にのみ与えられた特権であり、日本銀行にはそうした自由度はなかった[11]。

スイスの壮大な実験

この点で興味深かったのはスイスの対応であった。スイスは安全通貨フランを有し、金利水準が最も低いという点では日本と同じ状況にあったが、自国通貨高の抑制を全面的に打ち出していたという点では日本と異なっていた[12]。特に、11年夏以降の欧州債務危機の第2ステージでは、スイスフラン高が著しく進行し、1ユーロ＝1・2スイスフランを瞬間的に割り込む局面に至った。このため、スイス国民銀行（SNB）は同年8月に大規模な量的緩和を行い、同月だけでもスイスの名目GDPのじつに40％弱に相当する量まで中央銀行当座預金を拡大させたが、効果は乏しかった。単月で40％というのは、日本で言えば、日本銀行当座預金をわずか1カ月の間に200兆円も増やすことに相当する[13]。最終的にSNBは、9月6日には1ユーロ＝1・2スイスフランを上限とする無制限の為替市場介入に踏み切り、世界中を驚かせた。

スイスと同じような政策を日本が行うことは可能だろうか。また、そのような政策を採用したとして、機能するだろうか。私はいずれの点でも懐疑的である。前者について言えば、スイスは名目GDPが0・7兆ドル（2011年）の「開放小国」であるが、日本はその10倍近い6・2兆ドルであり、G7、G3の一角を占めている。特に、先進国が中国に対して人民元の為替レートの伸縮化を求めている状況で、先進国クラブの主要なメンバーである日本が大規模な為替市場介入を行うことに理解が得られるはずはなかった。

為替介入の効果については、自国通貨の下落を抑制する場合と上昇を抑制する場合とでは効果は非対称であるとする議論が存在する。下落抑制を目的とする場合は、介入原資である外貨準備の範囲内でしか介入を行えない以上、当局の通貨防衛の能力は市場参加者に見透かされる。他方、上昇抑制を目的とする場合は、自国通貨の供給能力に制約はないことから、当局が市場介入を徹底的に行う確固とした意思を示せば為替レートの上昇は防げるという。実際、スイスの場合、介入後数年間はうまくいった。しかし、私の総裁退任後のことになるが、ECBが量的緩和を採用する直前の2015年1月15日に、SNBは突然対ユーロ・ペッグを放棄し、その結果、スイスフランは上昇した。ペッグを放棄した理由について、SNBは次のように述べている(14)。

SNBが為替ペッグの停止に踏み切ることを遅らせたならば、何千億フランという規模の、そして潜在的にはスイスのGDPの数倍という途方もない規模の、制御不能のSNBのバランスシートの拡大という犠牲を払わざるをえなかっただろう。そのような拡大はSNBの将来の金融政策遂行能力を激しく損ない、長期的にはその使命達成を危険にさらしただろう。さらに、為替ペッグはもはや維持可能ではなかったことを考えると、一段の為替市場介入は無益であり、それによって生じる莫大な損失は正当化されないだろう。

同国の経験は、上昇した通貨も将来は必ず下落するという絶対的な確信がない限り、中央銀行が為替差損に耐えるのは難しいことを示しているように思う。その難しさとは、単なる中央銀行の財務上の問題というより、もう少し政治、社会的な問題である。為替差損が発生するということは納税者が損失を被り、中央銀行に外貨を売却した内外の市場参加者が利益を得ることを意味する。民主主義社会においては中央銀行がそうした可能性を有するオペレーションを無限に行うことは難しいだろう。為替市場介入の主体が中央銀行ではなく政府の場合、損失は税金によって補填する必要がある。そのように考えると、自国通貨の下落を抑制する場合に比べて上昇を抑制する場合の方に為替市場介入は有効であるとはいえ、その効果にはおのずと限界があるように思える。

国際的な政策協調

日本やスイスのような国が金融政策運営面で制約を受けるということにとどまらず、世界経済全体として安定を保証するメカニズムが欠如していることは問題であろう。現状では前述のN番目の通貨は日本円やスイスフランであるが、ゼロ金利制約に直面している状況では他の国が為替レートの低下を目的として何らかの金融緩和政策を追求すると、ゼロサムゲームの様相を強めていく。つまり、先進国と新興国の間においても、先進国間においても、金融緩和のグローバルな波及効果は決して無視できない問題である。結局、自国の金融緩和政策の他国への波及とそれが自国の経済に跳ね返ってくる影響まで考えると、自国経済の安定をもたらす金融政策運営も変わってくるはずである。抽象的に言えば、そうした外部効果を「内部化」した政策が最適な政策となるが、実際に各国にそうした政策を期待することは非現実的である。

この問題は昔から「国際政策協調」(international policy coordination) と呼ばれている。この考え方が少なくともレトリックとして重要視された時期は短期間ながら存在した。1985年9月のプラザ合意から87年2月のルーブル合意の時期である（第2章「バブル経済」参照）。この考え方に対しては、80

年代後半当時もそうだったが、今も私は賛成できない。当時、米国は自動車産業の競争力低下、貿易赤字の拡大に直面し、保護貿易主義的な動きを強めていた。そのような状況で米国は自国の貿易赤字を縮小するために、ドル高の是正、対米黒字国の内需拡大を求め、プラザ合意が成立した。「国際政策協調」という言葉は実際には、米国の望む政策を他国に要求することを政治的に正当化した表現であったと思う。80年代後半の日本のバブルは金融緩和政策だけが原因ではないが、国際政策協調のもとで支配的となった「時代の政策思想」の影響から脱することは難しかった。

そうした過去の経験は私が国際政策協調を考える際の拠り所であった。ただ、グローバル金融危機後の世界経済や金融政策の展開を踏まえると、国際政策協調という考え方の背後にある本来の精神は理解できる。ここで私が「本来の精神」と呼ぶのは、上述した金融緩和効果の波及とフィードバックを意識して最適な政策を考えるという思考様式である。理念的に考えると、国際政策協調が世界全体の経済の改善につながる余地は確かに存在する。しかし、一方で現実の国際政策協調は大国の利益の押しつけになる可能性も十分ある。この点については、第20章「国際通貨制度」で改めて取り上げる。

為替レートに関する情報発信

ここで、円高に対する日本銀行の対応を改めて整理して述べたい。私自身はいわゆる「円高論者」でも「円安論者」でもなかった。為替レートは短期的にはさまざまな要因によって変動し、時として行き過ぎも生じるが、長い目で見ればファンダメンタルズを反映して変動する。しかし、そうしたファンダメンタルズを反映した為替レートの水準をリアルタイムで知ることは不可能である。したがって、一般論として言えば、中央銀行が為替レートの水準に関する評価を示すことは適当ではないと思っていた。ただ、為替相場の変動が急激で、ノーコメントを貫くことが円高を加速したり、その結果として、景気・物価情勢に悪影響を及ぼすおそれがあると判断した際には、例外的な措置として「総裁談話」というかたちで日本銀行としての懸念を表明した。結局、総裁在任中、２０１０年８月12日と同年9月15日のほか、11年3月18日、同年8月4日の4回、総裁談話を出した。

これに関連するが、日本では為替レートの水準に関して、誰が代表して発言するかが明確でないという体制面の大きな欠陥がある。法的権限は財務省にあることは明らかなので、基本的なスポークスマンは財務大臣であるべきである。しかし現実には、円高進行時には閣議終了後の記者会見等の機会に財務大臣以外の多くの大臣がそれぞれ勝手に円高への感想を述べることが多い。日本の政策当局全体としてのメッセージが混乱し、国益を害しているケースも見られた。米国であれば財務省、ユーロ圏であればＥＣＢ総裁というように、私は日本でも対外的なスポークスマンは、現在の日本銀行法を前提とする限り、為替市場介入に関する法的権限を有している当局の責任者に一元化するべきであると思う。

日本銀行の政策対応

為替レートの変動に対する日本銀行の考え方は、為替レートは景気や物価の動向に影響を与える重要な変数のひとつであり、金融政策の運営にあたっても、これらの見通しに影響を与えるひとつの要因として注意する、というオーソドックスなものである。私が総裁在任中に行った金融緩和措置を振り返ってみても、大半の時期において円高は景気や物価の見通しに大きな影響を与えていただけに、金融緩和措置を決定する際の大きな判断材料のひとつであった。

しかし、繰り返しになるが、企業経営者や政府・政治家、マスコミが日本銀行に対して求めていたのは、直接的に円高傾向に歯止めをかける、あるいは円安方向に誘導することを目的とした金融政策であった。これが成功するためには、将来の内外金利差が拡大するという予想を作り出すことが条件になるが、グローバル金融危機や欧州債務危機が深刻化する局面では、それは無理であった。

少なくとも、金融緩和に直接的な円高抑制効果があるかのように強調することはしなかったが、マスコミやエコノミストが直接的な効果を宣伝した際に、やむをえないと割り切った時もあった。特に、2009年12月に固定金利型の共通担保資金供給オペを導入した時や、10年10月の「包括緩和」の導入の際には、そうした判断要素が他の金融緩和措置を決定した時に比べて相対的に大きかったかもしれない。

さまざまな円安誘導提案

マスコミやエコノミスト、国会議員からはさまざまな直接的な円安誘導策が提案された。最も主張されたのは財務省の行う為替市場介入であったが、日本銀行に対しても多くの提案がなされた。特に頻繁に言及されたのは大規模な国債買い入れによるマネタリーベースやバランスシートの拡大であった。しかし、バランスシートを拡大しても、肝心の内外金利差が拡大しない限り、円安にはつながらない。現実に円・ドル、円・ユーロ、ユーロ・ドル等さまざまな為替レートについて、中央銀行のバランスシートやマネタリーベースの相対比率との関係を見ても、そうした相関は観察されない（図14－5）。

時間軸政策やフォワードガイダンスも円安誘導策としてしばしば提案された。しかし、すでに長期金利がきわめて低い水準になっている中で、しかも世界全体が共通の負のショックに直面している時には、フォワードガイダンスが内外金利差を有意に拡大する余地は限られていた。フォワードガイダンスをはじめ、金融緩和政策の円安誘導効果は基本的に、グローバル金融市場の緊張緩和や海外の景気好転を反映した円高是正の動きを利用する追い風期待戦略であり、自力で円安誘導効果を生み出すものではなかった。

さまざまな円安誘導策の中で、2012年以降最も議論されたのは「外債買い入れファンド」構想である。この構想自体は以前から折に触れて取りざたされていたが、民主党政権下の11年10月に、日本経済研究センターの岩田一政理事長（元日本銀行副総裁）が官邸での「国家戦略会議」において提案して以降、世間の大きな関心を集めるようになった。(15) しかし、この提案にも私は疑問を感じていた。

第1に、前述のように、日本銀行は法律の規定により、為替レートの誘導を目的とした外貨資産の買い入れは、財務省の代理人としてしか行えないとされているからである。為替市場介入の法的枠組みは国によって異なるが、日本銀行法第40条第2項は財務省が専権的に為替介入を行うために設けられた規定であり、本書第4章「日本銀行法の改正」で述べたように、日本銀行法改正の国会審議では、政府参考人から通貨外交一元化の必要性がその理由として挙げられている。

第2に、為替市場介入は政府が実行しようと思えば自らの権限で実行できることだからである。政府の管理する「外国為替資金」が購入する外債の円資金ファイナンスであるという点からも、発行さ

図14-5　マネタリーベースの相対比率と為替レート

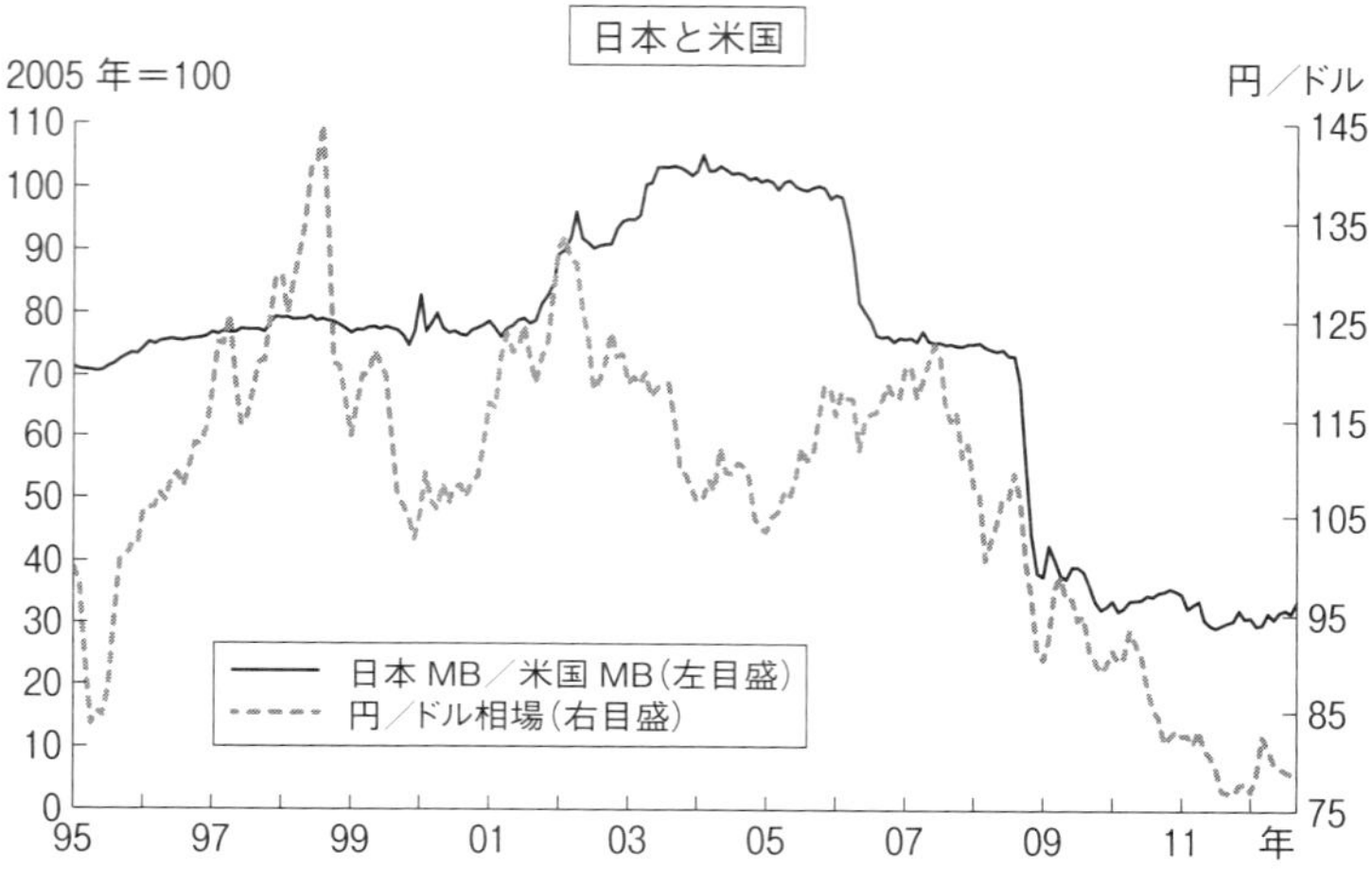

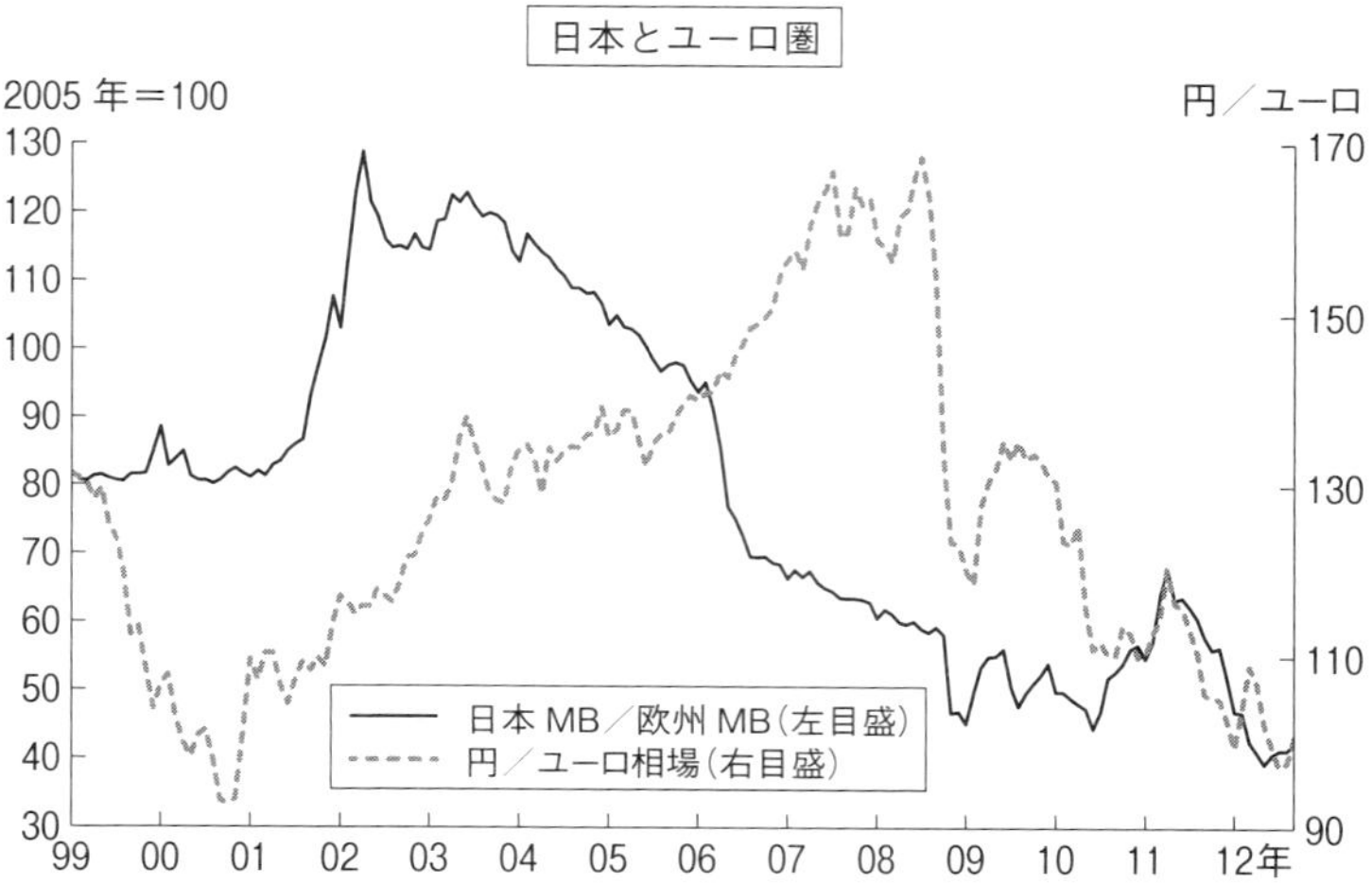

注：マネタリーベース（MB）は、銀行券発行高、貨幣流通高および中央銀行当座預金の合計
出所：日本銀行「経済・物価情勢の展望」（2012年10月）図表58

れる短期国債はゼロ金利であり、日本銀行による外債購入との違いはない。

結局、「外債買い入れファンド」構想は、為替市場介入であれば「人為的な円安誘導政策」という批判を受けるが、日本銀行が外債を買い入れるのであればそうした批判は受けないという想定にもとづくものであったが、海外から見れば、どちらも為替市場介入であることには変わりはない。

為替レートに影響を与える目的で政府が現に有している為替市場介入という政策手段を実行することの是非が議論されないまま「外債買い入れファンド」構想のみが議論されるというのは、きわめて奇妙な構図であった。さらに奇妙であったのは、一方で日本銀行に外債購入を求めながら、他方では円高に伴う為替差損による日銀納付金の減少をきっかけに２０１１年７月に参議院財務金融委員会が日本銀行の外貨資産の保有抑制を求める付帯決議を行うなど、日本銀行の外貨保有や売買に対する国会議員の政策要求は整合性を欠いていた。[16]

（１）　ＢＩＳのデータを参照。https://www.bis.org/publ/rpfx16.htm
（２）　スイス国民銀行のジャン＝ピエール・ロート総裁は２００４年に行った講演で、ユーロ発足時を振り返りながら、従来スイスフランと並んで安全通貨需要の受け皿となっていたドイツマルクがなくなることに伴って、金融危機の時にスイスフランが増価すること、特に、ユーロの価値に疑念が持たれる場合にスイスフランが上昇することを懸念していたと述懐している。この講演を行った時点では、そうした懸念が当たらなかったことを述べていたが、やがて欧州債務危機を経て、当初の懸念はきわめて的確であったことが判明する。Roth (2004).
（３）　Mundell (1969) 参照。

（4）インフレーション・ターゲティングを逸早く導入した国として有名なニュージーランド準備銀行のグレーム・ウィラー総裁は、2014年に次のように述べている。「自国通貨のオーバーシュートに伴う圧力は認識しているが、金融政策の行動を通じてであれ、為替レート制度の選択を通じてであれ、実質為替レートの過大評価を大幅に軽減できることはほとんどない」。Wheeler (2014).
（5）2017年には18.9兆円まで増加している。
（6）野口（2017）360〜370頁参照。
（7）トヨタの2009年3月末の連結決算を見ると、4612億円の当期純損失に対し、資本勘定に直接反映される「外貨換算調整額」で4002億円の損失が発生している。
（8）マンテガ財務大臣の発言は以下のとおり。「我々は通貨の下落を実現しようとする国際的な通貨戦争の真っただ中にある。これは競争力を奪うという点で我々を脅かすものである」。
（9）Bernanke (2013) 参照。
（10）Bernanke (2010b) 参照。
（11）スイス国民銀行の理事であったジャン＝ピエール・ダンシンも、まったく同じことを述べている。Danthine (2015).
（12）スイスと日本の比較については、白川（2012g）参照。
（13）翁（2017）107頁参照。
（14）スイス国民銀行の四半期報（2015年3月）23頁（スイス国民銀行ホームページ）参照。
（15）国家戦略会議の議事要旨（https://www.cas.go.jp/jp/seisaku/npu/policy04/pdf/20111104/yousi.pdf）参照。本構想は50兆円を購入枠とし、損失については財務省が負担することを明確にした日本銀行による外債購入の基金。
（16）日本銀行は2012年5月に保有外貨資産の管理に関する方針の見直しを行った。

第15章　財政の持続可能性

物価の安定や金融システムの安定、すなわち、通貨の安定を実現するうえで人々が財政の持続可能性に疑念を抱かないことは、最も本質的な前提条件である。日本の財政は私の総裁就任時点でも先進国中最悪の状況にあったが、その後も、グローバル金融危機による経済活動の落ち込み、高齢化に伴う社会保障関連支出の増加、東日本大震災の発生に伴う財政支出の拡大等から、さらに悪化し、国債の対GDP比は上昇し続けた。それだけに「財政支配」の状況に陥らないようにするため、日本銀行として金融政策運営のロジックや情報発信には細心の注意を払った。財政運営、あるいは財政政策と金融政策との関係は、総裁在任中の5年間、大きな論点であり続けた。

先進国中最悪の財政状況

日本の中央政府と地方政府を合計した財政の状況をフローベースで見ると、2007年度の財政赤字は6・5兆円、名目GDP比では1・2％の水準であったが、グローバル金融危機の影響を全面的に受けた09年度にはそれぞれ36・1兆円、7・3％まで拡大した。総裁任期の最終年にあたる12年度は、それぞれ、28・5兆円、５・７％であった。ストックベースで見ると、07年度末の長期債務残高は７６７兆円、名目GDP比では１４４％という高水準であり、この時点でも日本の財政はすでに厳しい状況にあったが、12年度末にはそれぞれ９３２兆円、１８８％と、さらに増大した（図15－１）。「政府」を定義するうえで難しいのは、社会保障基金の扱いである。基金が純粋に賦課方式で運用される場合には政府負債は概念的に存在しないが、そうでない場合には、政府の一般会計からの補塡が継続的に必要となり、その負担が将来の政府負債を増加させることになる。中央政府と地方政府に加え、社会保障基金も加えた日本の「一般政府」の債務残高を見ると、12年度末には９９１・６兆円、名目GDP比では２０９・８％となっていた。財政状況を正確に国際比較することは容易ではないが、「一般政府」の債務残高のグロスベースではイタリアの１２３・４％を超えて先進国の中では最悪の水準、金融資産を控除したネットベースでも５９６・３兆円、１２０・５％と、イタリアと同水準であった。

日本における財政赤字増加の原因は、歳出、歳入の両面で生じている。一般会計の歳出は、高齢化を反映した年金、医療、介護の社会保障関係費の膨張から毎年増加し、90年度の69・３兆円から、歳出が最も膨らんだ２００９年度には１０１兆円になった。財政赤字の拡大の原因として、かつては公共投資の増加が挙げられることが多かったが、過去20年ほどの間に状況は一変し、公共投資は96年の34・５兆円をピークに２０１１年には17・７兆円にまで減少した。[1] 他方、一般会計の税収は、バブル期ピークの60兆円前後の水準から、99年度には47・２兆円にまで減少した。その後、07年度に51兆円まで回復していたが、グローバル金融危機の影響を受け再び減少し、最悪期は09年度の38・７兆円であった（図15－２）。税収落ち込みの主因は、経済の低迷を反映した所得税、法人税の減少に加え、90年代に行われた各種の控除措置の拡大による減少が挙げられる。法人税収の減少には、大幅な赤字決

図15-1　日本の国・地方の長期債務残高、同対 GDP 比

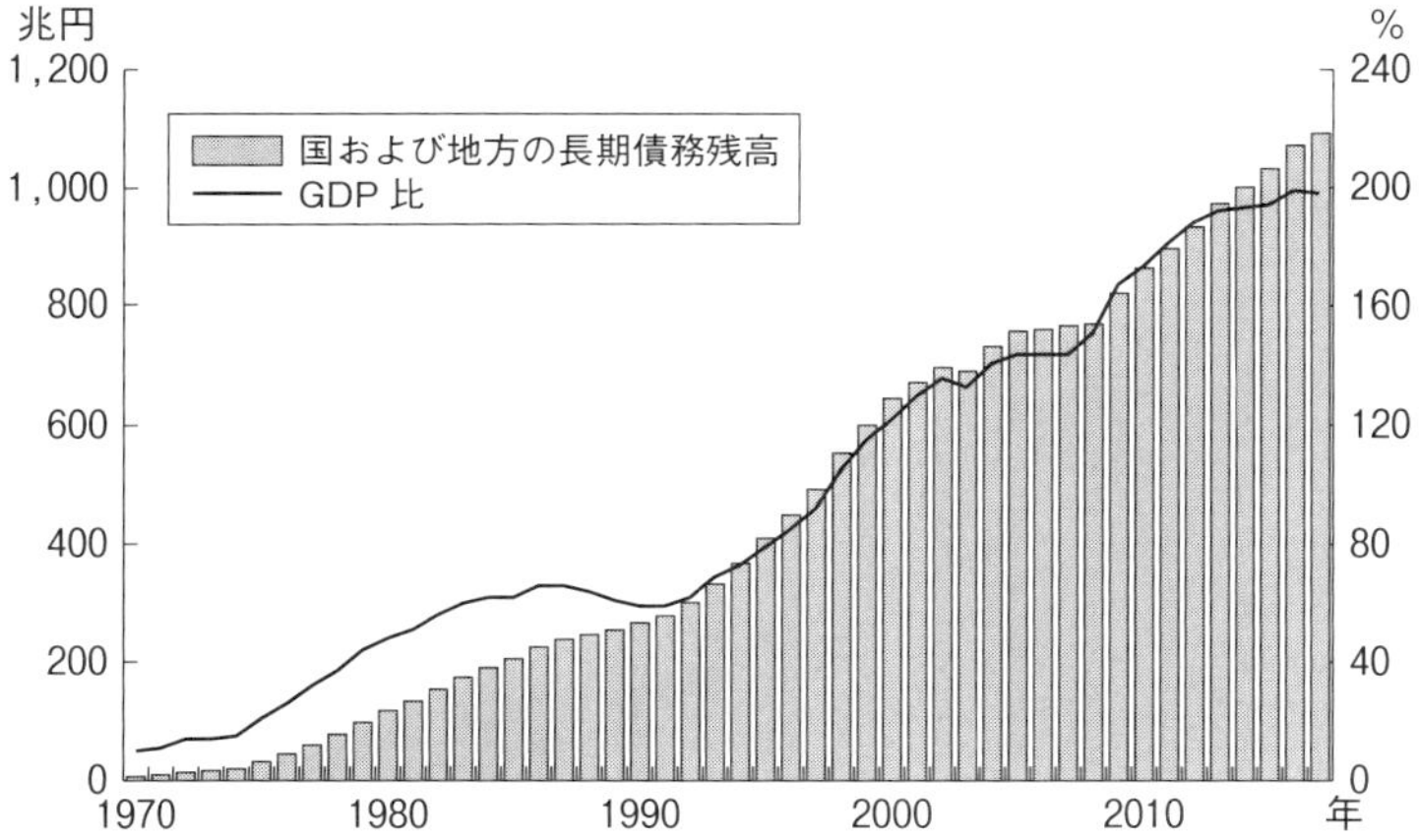

出所：財務省ホームページ「財政関係基礎データ」（平成 29 年 4 月）

図15-2　日本の一般会計の歳出と歳入

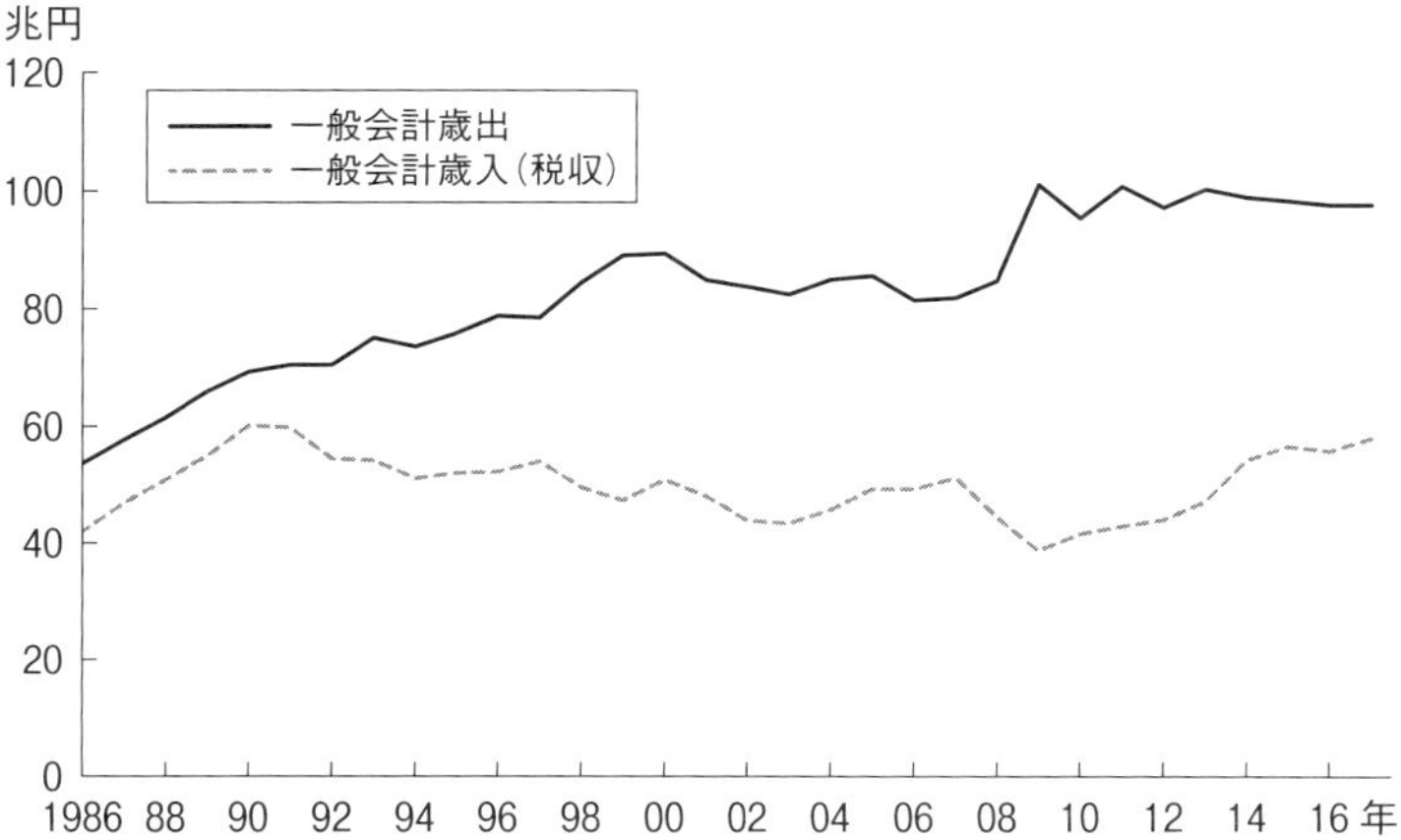

出所：財務省ホームページ「財政関係基礎データ」（平成 29 年 4 月）

算によって繰越損失が拡大し、景気が回復しても繰越損失が解消するまでは法人税が増えない構造となっていたことも影響している。その典型は、90年代から2000年代初頭にかけて不良債権の処理を進めた金融機関である。

この間、消費税は97年4月に橋本龍太郎内閣のもとで税率を3％から5％に引き上げた後は、私の総裁退任後の2014年に5％から8％に引き上げられるまで、17年間も据え置かれたままであった。増税はいつの時代も不人気であるが、そうした一般的理由に加えて、97年の消費税率の引き上げがその後の景気後退をもたらしたという議論が消費税引き上げ反対論者から強力に展開されたことも、長期間にわたる税率据え置きの大きな一因であった[2]。2001年4月に発足した小泉純一郎内閣では、小渕恵三内閣のもとで恒久的な措置として行われた定率減税を廃止するという重要な増税措置が行われたが、消費税率引き上げを政治課題として取り上げることはなかった。

97～98年の景気後退は、97年7月に発生したアジア金融危機と、同年秋以降深刻化した日本の金融危機が主な原因であったが、消費税犯人説が消費税引き上げ反対の有力な論拠として強い影響力を持ったのは不幸なことであった[3]。小泉純一郎内閣のような高い支持率を誇った内閣においても消費税率引き上げが政治課題として取り上げられなかったという事実は、日本においてそれが政治的にいかに困難な決定であるかを物語っている。

財政政策に対する考え方の変化

日本の財政政策の運営スタンスはこの30年ほどの間に大きく変化した。バブル崩壊直後の景気後退局面では、伝統的なケインズ的財政政策が採用された。また、景気対策とは別に、日本の経常黒字圧縮を目的とした日米構造協議の結果、90年6月、日本政府は10年間で総額430兆円の公共投資を行うことを決定しており、このことも財政支出の拡大につながった。景気対策、経済対策として補正予算が組まれることは2000年代以降も年中行事化しているが、ケインズ的な財政政策を本格的に採用することは少なくなっていった。これには、日本の財政がそれを許さないほど厳しくなったことが影響している。

それに加えて、マクロ経済政策に関する経済学界の考え方が大きく変化したことも関係している。財政政策について言うと、GDPへの乗数効果は小さいという実証的研究や、不況期の財政支出が非効率な支出の増大につながったことへの反省などが挙げられる。それと同様に重要であったのは、ニューケインジアン経済学の影響を受け、マクロ経済の安定化はもっぱら金融政策の役割とされるようになったことである（第6章「「大いなる安定」の幻想」参照）。

しかし、リーマン危機の発生はこうした状況を一変させた。先進国も新興国も「需要の蒸発」とも言うべき事態に直面し、積極的な財政政策を採用した。日本も例外ではなかった。財政面からの景気対策としては、政府支出の増加に加えて、税制上のインセンティブの付与によって耐久消費財（自動車、家庭用電器製品）や住宅の購入を刺激する措置が採用された[4]。08年度以降の四半期実質GDP成長率に対する政府支出の寄与度は、リーマン破綻時の08年7～9月期はゼロであるが、以後、0.1％、0.3％、0.7％、0.1％、0.2％と、連続5四半期でプラスを記録し、累計1.3％ポイントにも達した[5]。94年以降で0.1％以上のプラスを連続5四半期も続けた時期はほかに存在しない[6]。その後、10年度はほぼゼロであったが、11年3月の東日本大震災の発生によって再びその寄与度は高まった。グローバル金融危機前には全否定に近かった景気安定化政策としての財政政策に対する評価も、危機後はいくぶん変化し、学界における論調でも一定の範囲で見直す動きが生じている。

財政バランスをどのように改善するか

私の総裁在任5年間、財政政策運営は金融政策運営と同様に、日本経済にとって大きな論点であった。財政状況が先進国中最悪であり、景気の落ち込みや物価の緩やかな下落に直面する中で、そもそも財政改革を優先すべきなのか、それとも景気対策や（曖昧な概念ではあるが）「デフレ」対策を優先すべきなのかという基本的な点をめぐって論争が続いた。財政健全化の方法についても意見は分かれていた。いわゆる「上げ潮」派と呼ばれる論者は経済成長の引き上げによる財政バランスの改善効果を強調したのに対し、構造改革の重要性を主張する論者は経済成長の必要性は認めたうえで、歳出の削減や増税なしに財政バランスの改善は期待できないことを強調していた。

財政バランスと経済の関係については、総裁に就任する前から私は以下のように考えていた。まず、財政バランスの改善に経済成長が必要であることに異論はない。ただこの議論で不満だったのは、議論において名目成長率と実質成長率の区別が曖昧にされていることであった。単に名目成長率の引き上げを主張する場合、これが実質成長率、物価上昇率いずれの上昇で実現しても財政バランスに対して同じ改善効果が期待できることを意味する。名目成長率の引き上げが物価上昇率で実現する場合、税収は確かに増加するが、歳出も同時に増加する。しかも、歳出は税収の2倍に近い規模に達しているので、税収の増加が単に物価上昇を反映した名目成長率の上昇によるものである場合、歳出も増加するため財政バランス改善効果は限られてくる。他方、名目成長率の引き上げが実質成長率の上昇で実現した場合、税収が増加するのは物価上昇の場合と同じであるが、過去の日本経済のデータを見る限り、歳出の伸びは実質成長率に比べて有意に低い(7)。その理由は、名目成長率の上昇が実質成長率の上昇を伴っている場合には、景気対策の必要性が低下し、歳出の増加が抑制されていることによると思われる。このことから、財政バランスの改善に真に必要とされる名目成長率の引き上げは、物価上昇によるものではなく実質成長率の引き上げによるものであることがわかる。

それにもかかわらず、名目成長率の引き上げ論が強い影響力を持ったのは、インフレによる国債の実質的な返済負担の軽減効果に過大な期待が寄せられていたからではないかと推測している。確かに、インフレによって国債の実質的な返済負担は軽減されるが、これが起こるのは発行済みの国債に限られており、新規に発行される国債にはそうした効果は生じない。加えて、既発国債の返済負担軽減効果についても、極端なインフレを想定しない限り効果は限定的である(8)。いずれにせよ、インフレによる返済負担軽減は国会での議決を経ない、なし崩し的な増税措置である。総裁に就任する前から私は増税が必要だと思っていたが、増税は民主主義のルールに従って、国会での承認を得て行うべきものだというのが、当時も現在も変わらぬ考えである。

税・社会保障改革の必要性

このように、私は財政健全化を実現するためには実質成長率の引き上げは必要だと思っていたが、同時にそれだけでは財政健全化は到底実現しないことが理解されていないことに苛立ちを感じていた。

それほど日本の財政状況は深刻である。財政健全化のためには、成長率引き上げの努力と併行して、税率の引き上げや各種控除措置の見直し等歳入面の対策と、社会保障関係支出の抑制に向けた歳出面の対策という、歳入・歳出の両面での見直し、つまり、税・社会保障改革が必要であると考えていた。

財政健全化に向けて必要な取り組みのうち、消費税については述べたが、社会保障制度の改革も不可欠である。このうち、公的年金制度について言うと、２００４年には「１００年安心年金」と呼ばれる改革が実施され、この時にいわゆる「マクロ経済スライド」が導入された。これは高齢化に伴い年金加入者が減少し受給者が増加することの影響を、年金額を引き下げることによって調整するものである。年金、医療、介護等の社会保障制度の根本的な問題は、高齢者比率が増大する中で、より少ない現役世代で高齢者の年金、医療、介護を社会保障制度として支えようとしていることに起因している。仮に、増大する社会保障関係費をすべて現役世代の負担引き上げに求めようとすると、現役世代の生計は圧迫されるだけでなく、将来の成長に必要な資本の蓄積も難しくなってくる。

マクロ的に見ると、社会保障制度の持続可能性はいくつかの重要な変数に規定される。賦課方式の公的年金制度については、①年金の保険料率、②先行きの潜在成長率、具体的には労働人口の増加率と労働者１人当たりの生産性上昇率、③公的年金の受給開始年齢、④公的年金の受給開始時の年金給付の水準、具体的には現役世代の平均所得に対する年金水準の比率（所得代替率）である。

第10章「日本経済の真の課題」で述べたように、少なくとも２０００年以降の日本の生産年齢人口１人当たりの生産性上昇率は先進国の中では最高の水準である。しかし、それでも生産年齢人口自体の減少のインパクトは大きい。生産性向上の努力は必要であるが、成熟先進国では労働生産性の伸びはおおむね年率１％前後に収斂している中で、日本だけが飛び抜けて高い伸びを達成できるという楽観的な前提で制度を運営することは、責任ある対応とは言えない。公的年金の受給開始年齢は現在段階的に65歳へと移行中であるが、移行が完了するのは男性で2025年度、女性で2030年度である。日本は現在、香港に次いで世界で2番目の長寿国であること、また、日本の受給開始年齢の65歳は先進国では早い方に属することを考えると、さらなる開始年齢の引き上げは十分検討に値すると思う。所得代替率については、問題の核心は公的年金をどのような制度と位置づけるかであると思う。現役引退後の所得保障と考えるのか、長生きリスクに対する保険と考えるのかで、目標とする所得代替率も変わってくる。私は日本がこれだけ長寿社会になったことを踏まえるならば、前者から後者に制度の力点を移すべきだと思う。

社会保障に対する考えは、もちろん人によって異なる。いずれにせよ、現実の政治の中でこれらの点に関する合意を取りつけ実行に移していく必要があるが、これは社会契約の見直しとも言える当然困難なプロセスである。しかし、それでも改革をいつまでも先延ばしすることはできない。最終的には以下で述べるように、財政の持続可能性に対する信頼が崩れ、その結果、通貨の安定が損なわれて国民生活には破滅的な影響が生じることが予想されるからである。

財政の持続可能性と通貨安定との関係

国債の償還原資は、基本的には国民から将来にわたって徴収する税と社会保険料である。これらの合計から、年金や医療など社会保障給付のほか防衛や教育等、政府が国民に対して提供する公共サービスの支出額を控除した財政余剰が、償還原資となる。つまり、将来にわたる財政余剰の予想額の割引現在価値が現在の国債発行残高を上回っていれば、政府に支払い能力があるということになる。財政余剰の割引現在価値が国債発行残高を下回る場合、すなわち政府に十分な支払い能力がないと予想される場合には、論理的には3つの対処法が可能性として存在する。(9) 第1は債務不履行（デフォルト）である。これは、国債保有者の負担によって、国債発行残高を財政余剰の割引現在価値まで削減することを意味する。しかし、国債は安全性や利便性の高い金融資産として金融機関に広く保有されているため、国債の債務不履行は金融機関の自己資本を毀損し、金融システムの不安定化を招くことになる。金融システムの不安定化の影響は実体経済に及び、それがまた金融システムや財政の状況を悪化させるという負の相乗作用につながる。

第2はインフレである。これは、政府の支払い能力の低下を、中央銀行の大幅な通貨供給に伴う通貨発行益によって穴埋めする政策、すなわち、中央銀行の財政ファイナンスによって実現しようというものである。このシナリオでは、通貨発行益の増加によって国債の償還原資を補填しつつ、インフレにより政府の実質債務負担を減らすことによって債務不履行を回避する。ただし、物価の安定を放棄することは、経済の持続的な成長基盤を損ない、結局広く国民に損害を及ぼすことにつながる。

第3は、財政の健全化や、さらにそのために必要な経済成長力の強化に取り組んで、財政余剰の現在価値を高めることである。この選択肢が最も望ましいことは言うまでもないが、民主主義国家においては、歳出の削減、税率や社会保険料の引き上げ、さらに成長力を高めるための制度改革を進めるには、社会としての合意形成が必要である。

以上のことから、財政の持続可能性に問題が生じた場合、その回復に必要な財政や経済の構造改革という選択肢をとらなければ、金融システムの不安定化か物価の不安定化という厳しいトレードオフに追い込まれることになるという結論が導かれる。中央銀行は物価の安定と金融システムの安定の両方を目標としているが、この目標達成は究極的には、財政の持続可能性によって支えられていることはしばしば忘れられている。通貨の安定は、単に中央銀行が独立性を発揮して目標達成に一途に努力すれば実現するわけではない。一途に努力をしても、財政の持続可能性が損なわれれば、中央銀行は物価の安定と金融システムの安定のいずれを優先するかという難しい選択を迫られ、結局、通貨の安定は損なわれる。中央銀行の独立性は重要であるが、中央銀行の独立性だけでは通貨価値は安定しないという「不都合な真実」をしっかりと認識する必要がある。通貨の安定は究極的には国民が財政の持続可能性の重要性を理解し、それを実現する措置を支持することによって支えられている。このことを明示的に取り上げているのが「物価水準の財政理論」であるが、これについては本章の後段で詳しく述べる。

日本国債の低金利

残念ながら、日本の財政問題の深刻さは社会全体として十分に認識されているとは言えない。その最大の理由は、財政状況の悪化にもかかわらず、財政危機や金融危機が起きておらず、事態が「平穏に」推移していることである。そのため、将来の財政危機について警告を発する論者は、「狼少年」扱いされることが多い。国債市場でも長期国債金利は低下傾向をたどり、私の総裁在任中の10年物国債金利は平均1.17%、30年物国債金利は2.09%であった（最後の1年間は、それぞれ0.81%、1.90%である）。日本国債の金利上昇に賭けた海外のヘッジファンドの国債売り崩しの動きはことごとく失敗した。過去に発行された相対的に高金利の国債が低金利の国債に置き換わる結果、国債発行残高の増加にもかかわらず、政府の現実の国債金利支払い総額は逓減し、98年度の10・8兆円から06年度には7・0兆円まで減少した。私の総裁在任の最後の年にあたる12年度でも8・0兆円であった。

深刻な財政状況であるにもかかわらず、なぜ日本国債の金利水準は低いのだろうか。実際、この質問は、私が総裁在任時に海外で講演を行った後、最も頻繁に受けた質問のひとつであった。経済理論に即して考えるならば、答えは低成長と低インフレに求められる。(10) 過去10年間の名目成長率（経済成長率と物価上昇率の合計）と10年物国債金利を比較すると、若干の乖離はあるが、大きな流れとしては同様の動きとなっている。過去10年続いた低成長、低インフレの状態が先行き10年も続くだろうと多くの投資家が予想しているからである。

しかし、それだけで説明が尽きているわけではない。長期金利には上述した予想経済成長率と予想物価上昇率に加えて、それらにかかる不確実性を補償するリスク・プレミアムが上乗せされているからである。したがって、長期金利の水準が低いことを説明するためには、リスク・プレミアムが低いことの説明も必要となる。この点に関するひとつの仮説は、財政状況は深刻であるとはいえ、日本は最終的に財政バランスの改善に向けて取り組む意思と能力を有していると見られているというものである。さらに、金融政策が物価安定のもとでの持続的な成長の実現という目的に即して運営されていることについて、信認が維持されているという仮説も可能である。これらの仮説が正しいとすると、これらの点に関する信認が揺らぐとリスク・プレミアムは上昇し、その結果、国債金利は上昇することになる。長期金利の水準が低いことに関するもうひとつの説明は、日本銀行が大量に国債を買い入れる結果、需給バランスを通じてリスク・プレミアムが圧縮されているというものである。２０１０

年10月に採用した包括緩和政策は、リスク・プレミアムの引き下げをその目的と明示している。

国民や市場参加者がかなり長い先の将来に関する予測をたてる場合、相反する傾向があることがわかっている。ひとつは、漠然とこれまでのトレンドが続くと考える傾向であり、もうひとつは、何らかのきっかけで変化が起き始めた時に、過去に生じた大きな出来事の連想から急激な変化が起きてしまうだろうと考える傾向である。この場合、政府が財政健全化に向けた意思と能力を欠いていると見られたり、日本銀行の独立性が尊重されていないと感じられる出来事が起こると、最終的に激しいインフレが生じるだろうと考える傾向が生まれる。この2つの相反する傾向がどの時点でどのように変化するかは、事前には予想がつかない。はっきりしているのは、予想は非連続的に変化しうるということである。この点でしばしば引用されるのは、MITの教授であったルディガー・ドーンブッシュの有名な警句「危機が到来するまでの時間は人々が考える以上にはるかに長いが、いったん危機が発生すると、その展開は思っていた以上にはるかに急速である」である。

私には、財政状態の悪化に警告を発する議論は総裁在任時も「狼少年」であるとは思えなかったし、現在も同様である。

金融政策と財政政策が交差する領域

税・社会保障の改革が現実にどの程度のスピードで進むかは、最終的には民主主義の手続きにもとづいて政府、国会によって決定される。しかし、改革が遅々として進まない時に、中央銀行はどのように行動するべきだろうか。この点に関するひとつの立場は、「中央銀行は独立性を有しているので、金融政策を適切に運営することによって物価の安定を実現できる」という教義に従って、対外的な発言を行うことである。逆に言うと、金融政策以外については発言しないという立場である。

この立場は、責任ある中央銀行がとるべきものではないというのが私の考えである。財政の持続可能性が損なわれると、「財政支配」の状況に陥り物価の安定を実現できなくなるおそれがある。そのような状況に追い込まれる前に、事態の改善、打開に向けて日本銀行には努力することが求められる。この時注意しなければならないのは、金融政策は経済に働きかける政策である以上、財政バランスにも影響するということである。つまり、日本銀行の個々の金融政策の具体的内容もさることながら、一連の金融政策が政府や民間経済主体の認識を変化させ、これを通じて財政行動を変えてしまう事態である。それゆえ、金融政策の運営にあたって日本銀行が依拠している原理やルール、それらに関する日本銀行の説明が非常に重要になってくる。

この点では、財政法第5条に定められた日本銀行による国債の引き受けの原則禁止規定は重要である。これによって政府は、日本銀行による国債の引き受けという安易な方法には頼れない。しかし、財政法第5条で規定されているのは「全面禁止」ではなく、「原則禁止」である。「原則禁止」というのは、「国会による同意」がある場合は引き受けが可能だということである。この規定にもとづいて日本銀行が現在引き受けを行っているのは、日本銀行が国債買い入れオペレーションにより取得した国債が満期を迎えた場合の、同額の乗り換えに限られている。

財政法第5条の規定は重要であるが、これさえ守っていれば、「財政支配」の状況に陥ることは回避できるということではない。第1に、流通市場で国債を買い入れる場合でも、それが大量になり、発行後ただちに買い入れる場合は、事実上、新発債の引き受けに限りなく接近する。第2に、満期到来国債を自動的に乗り換え引き受けすることになれば、買い入れた国債は事実上永久国債になってしまう。その意味で、保有国債の満期到来時に、日本銀行が現金償還を受けるというオプションを有していることは、柔軟にバランスシートの規模を変更できる余地を作るという点から重要である。日本銀行法改正前は全額乗り換え引き受けが行われており事実上永久債になっていたが、新日本銀行法のもとでは、政府との話し合いの結果、長期国債は1年物国債で乗り換え、その後、次の満期到来時に現金償還を受けるという扱いに変更され、事態は改善した。保有国債の満期到来時の扱いについては、毎年末に翌年度の国債発行計画を財務省が決める際、同省と話し合っているが、総裁在任中はこの新しい慣行が将来にわたって維持されるよう、常に注意を払っていた。第3に、日本銀行の金融政策のロジック次第では、国債買い入れが事実上の無制限買い入れに変質する可能性もある。私が目標物価上昇率とリンクしたかたちで国債買い入れを行っていると解釈されるおそれのある金融政策運営に終始慎重であったのは、このためである。

財政問題に関する情報発信

中央銀行が財政問題に対して対外情報発信を行うことは、どの国においてもデリケートな問題であるが、財政政策に関する具体的なコメントは控えるというのが各国の中央銀行の一般的な態度である。税金を徴収することや特定の分野に支出を行うこと、さらに将来の税金で返済しなければならない国債を発行することは、国家としての権力の発動であり、また市場での資源配分に対する直接的な介入である。これらはフィスカル（fiscal）、すなわち国家財政上の意思決定であり、そうした決定を行いうるのは政府と国会だけである。それでは、中央銀行の金融政策はフィスカルな決定ではないとしても、市場における資源配分への介入という要素はないのであろうか。なぜ中央銀行は政府や国会の直接的なコントロールを受けず、金融政策を運営できるのだろうか。その答えは、中央銀行の行う政策が基本的に流動性の供給を目的としており、前述のフィスカルな決定は極力行わないようにしていること に求められる。中央銀行は流動性の供給を国債の買い入れ、もしくは国債をはじめとする金融資産を担保とした金融機関に対する貸出によって行う。前者の場合、国債発行で得た資金（流動性）をどのような用途に支出するかは政府と国会が決定する。政府の行う投資プロジェクトで万一損失が発生しても、それは民主主義的な手続きのもとで政府と国会が下した決定である。金融機関に対する貸出についても、金融機関がそれによって得た資金（流動性）をどのような使途に使うかは金融機関自身の判断によるものであり、損失が発生した場合、それは第一義的には当該金融機関の株主や無担保債権者が負担する。いずれの場合でも、中央銀行自身は資源配分や所得分配に対しては中立的である。中央銀行に独立性が与えられているのは、その政策が基本的には中立的であるからであり、中央銀行がフィスカルな決定を行うことはないという理解にもとづいている。

グローバル金融危機後、各国の金融政策は上述の理念的な世界どおりではなくなっていった。しかし、それでも理念的な世界を意識しながら注意深く運営することを心がけた。日本銀行の金融政策において、このことが特に問題となるケースは２つあった。第１は、非伝統的金融政策によって信用スプレッドの引き下げを図る時である。買い入れにあたっては、ＡＢＣＰ、ＥＴＦ、ＲＥＩＴのように、さまざまな原資産を組み込んだ金融資産を優先し、できるだけ日本銀行の恣意性を排除する必要がある。第２は、大量の国債を買い入れる時である。それが財政規律を弱め、将来の国債発行、ひいては将来の増税の可能性を高めることになる。これについては、日本銀行による効果的なコントロール手段はない。唯一できることは財政に関する情報発信である。

私は総裁就任後の最初の約2年間は、記者会見や講演等の場で財政運営について積極的に言及することはしなかった。仮に、中央銀行総裁が財政政策に関して具体的な発言を行えば、当然、政府や国会のさまざまな反応を引き起こし、その結果、金融政策に関するさまざまな介入的な発言を招くことが予想される。これを考えると、財政に関する発言には慎重にならざるをえない。つまり、中央銀行の独立性を守るためには、独立性を与えられた領域以外について発言することは控え、その代わり政府や国会にも日本銀行の行う金融政策について介入的な発言は控えてもらうことを期待するという哲学である。しかし、現実にはそうした「期待」は実現しなかった。旧日本銀行法時代には閣僚は非公式な場での発言はともかく、公式の場での発言は「公定歩合の変更は日本銀行の専管事項である」が常套句であったが、日本銀行法改正後は政府や国会議員はもとより、公務員である各省の官僚さえ、時に個人的見解と断りつつも日本銀行の金融政策について公にコメントすることが増えた。

私は総裁就任後2年を過ぎた頃から、財政問題に関する発言のスタンスを改め、より積極的に発言するようにした。それには2つの理由がある。第1に、第10章「日本経済の真の課題」で述べたように、日本経済の直面する問題に関する行内研究プロジェクトの結果、潜在成長率低下の問題をより強く意識するようになり、それはそのまま将来の財政バランスに対する懸念でもあったからである。第2に、デフレや円高をめぐる議論が先鋭化する中で、日本銀行による国債引き受けを含め、金融緩和政策に対する過大な要求が強まっていることへの危機感からである。ただし、個別の政府支出や税制という、政治的な事柄には踏み込まなかった。あくまでも財政の持続可能性を維持することが通貨安定の基礎であることを国民に正しく理解してもらうことが目的であり、しかし、その範囲内では積極的に発言を行うようにした。そうした考えは記者会見等でも述べていたが、たまたま、２０１１年５月の日本金融学会の春季大会で特別講演を依頼されたことから、この場を利用して「通貨、国債、中央銀行――信認の相互依存性」という講演を行った(11)。講演では最初に信認の重要性について話した。

経済の持続的な成長を実現する上で、通貨や金融システムは不可欠の存在です。この通貨や金融システムがその役割を果たすことを可能にしている最も重要な条件は、一言で言えば、信認です。信認を維持するためには、政府や中央銀行、民間金融機関それぞれが自らの信認をしっかりと守る努力をすることがすべての出発点です。政府は中長期的な財政バランス維持に努め、中央銀行は金融政策や最後の貸し手機能を適切に遂行することを通じて、物価や金融システムの安定を図らなければなりません。民間金融機関は決済サービスや信用仲介機能を適切に遂行しなければなりません。

信認は重要であるが、そのこと自体は目新しい主張ではない。私がこの講演で最も強調したかったことは、信認の重要性というより、「信認の相互依存関係」であった。このことを、さらに続けて次のように説明した。

しかし、こうした努力だけでは、通貨や金融システムの安定は図られません。民間金融機関の信認は、政府の信認にも左右されます。政府の信認を維持するためには中長期的な財政バランスの確保が重要な前提条件ですが、これは国民の支持なしには実現しません。国債の信認は、中央銀行の信認によっても支えられています。そして、中央銀行の信認は、政府や国民が中央銀行の判断を尊重するかどうかによっても大きな影響を受けます。言い換えると、通貨や金融システムの信認は相互依存の関係にあります。信認は空気のような存在で平時は誰もその存在を疑いませんが、信認を守る努力を払わなければ、非連続的に変化し得るものです。そして、一旦、信認が崩れると、経済に与える影響は計り知れません。信認は非常に微妙な構築物です。

私がこの講演で主張したことは、信認は誰かが維持してくれるというものではなく、政府も中央銀行も金融機関も国民も、それぞれが信認の重要性を理解して意識的な努力をしない限り、維持できないということである。

「社会保障と税の一体改革」に向けた動き

税・社会保障の改革自体は政治の問題である。改革に向けた動きには長い歴史がある。私が総裁に就任した後の動きに絞ると、２００８年秋のリーマン破綻時に大型の財政政策が発動されたが、その後も動きが止まったわけではなかった。09年3月末に成立した平成21年度税制改正法の附則第１０４条には「政府は〔中略〕平成20年度を含む3年以内の景気回復に向けた集中的な取組により経済状況を好転させることを前提として、遅滞なく、かつ、段階的に消費税を含む税制の抜本的な改革を行うため、平成23年度までに必要な法制上の措置を講ずる」ことが謳われた。

２００９年９月に民主党政権が発足したが、マクロ経済政策に関するスタンスは自民党同様、民主党もバラバラであった。金融政策について言うと、野田佳彦、仙谷由人、枝野幸男、安住淳のように日本銀行の金融政策の考え方に理解を示す政治家も多かったが、党内にはリフレ派議員も多く存在した。財政政策についても意見の幅は大きかったが、概して「バラマキ」のイメージが強かった(12)。

税・社会保障改革に向けた民主党政権の動きがはっきりと見えるようになったのは、第11章「欧州債務危機」で触れた菅直人副首相兼財務大臣による２０１０年２月のＧ７出席後の発言であった。民主党では鳩山由紀夫代表が辞任し、新たに代表になった菅直人が総理大臣に就任した。菅は10年７月の参議院議員選挙の前に、やや唐突に消費税率の10％への引き上げを打ち出した。参議院選挙では民主党は大敗し、再び衆議院と参議院の間で「ねじれ国会」が現出した。この間、野党の自民党はリーマン危機で崩れた財政の一刻も早い再建実現を要求していた。そして２０１０年10月に財政の健全化目標を設定する「財政健全化責任法案」を国会に提出し、プライマリー・バランスの赤字を２０１５年度までに10年度の水準から半減、20年度までに黒字化することを求めた(13)。

次に税や社会保障改革に向けた動きが生じたのは、改革に向けて超党派の議論を呼びかけた11年１月４日の菅総理の年頭挨拶であった。同月14日には、かつては自民党の財政規律論者であった与謝野馨が民主党政権下の経済財政政策担当大臣に任命され、税・社会保障改革も担当することになった。その後、３月の東日本大震災の発生によって大規模な復興需要が生じることが見込まれる状況となり、前述のように国債の日本銀行引き受けを求める議論が巻き起こるに至った（第13章「東日本大震災」参照）。一体改革の動きは、ねじれ国会に加え菅総理の民主党内での政治基盤の不安定さもあり混乱をきわめたが、最終的には消費税の10％への引き上げも盛り込んだ「官邸案」が５月にできあがった。その後、さまざまな政治的動きを挟みながら、7月1日に閣議で口頭了解された。口頭了解には、2010年代半ばまでに消費税率を段階的に10％まで引き上げることや、11年度中に必要な法制上の措置を講じる道筋も明記されたが、この後、菅総理が辞任を表明し、8月29日には5人が立候補して民主党の代表選挙が行われた。野田佳彦以外の4人はいずれも、金融政策に関してはリフレ色の強い選挙公約を発表しており、私は暗澹たる気持ちであった。投票が行われたのは、ちょうどジャクソンホール・コンファレンスに参加した後の米国から帰国する飛行機の中というタイミングであったため、結果を知ったのは帰国直後の成田空港においてであったが、財務大臣として国際会議にともに出席し、日本銀行の金融政策の考え方にも理解のある野田佳彦が代表に選ばれたことを知り、安堵したことを鮮明に記憶している。

9月2日に野田内閣が発足し、財務大臣には安住淳が就任した。ねじれ国会であることに加え、与党内の路線対立も激しかったため、前述の口頭了解案を与党の決定とするための調整は難航をきわめたが、最終的に12年3月30日、野田内閣は消費税率を5％から10％に引き上げることを盛り込んだ法案を国会に提出した。法案提出に漕ぎ着けるために、附則には、先行き10年間の実質成長率2％、名目成長率3％程度を目指した「望ましい経済成長の在り方に早期に近づけるための総合的な施策の実施その他の必要な措置を講ずる」ことが謳われた(14)。

こうした税・社会保障の問題は政府との定例の意見交換の中でも大きなテーマであった。特に印象深いのは、増税法案の国会提出直後の12年4月6日に、野田総理と都内のホテルで、秘書も陪席しない二人だけで朝食をとりながら行った意見交換である。この時は、財政運営をめぐってもかなり踏み込んだ話をした。私からは、財政バランスの持続可能性への信認は物価安定と金融システム安定の基礎であること、先行き税制を含め歳入・歳出両面での改革が必要であることを述べた後、今後は財政健全化の必要性について発言を強めていくこと、また、労働人口や生産性の伸びを前提にすると、「実質2％、名目3％」の達成は難しいことも説明した。野田総理は「実質2％、名目3％」の達成は難しいことを十分認識したうえで、税・社会保障改革を現実に具体化の方向に進めるために「附則」を受け入れたのだと推測している。

消費税増税法案については、6月15日に民主党、自民党、公明党の与野党三党の実務者協議で合意が成立し、法案の修正協議を経て、26日には衆議院本会議で可決した。各党の置かれた複雑な党内情勢や税・社会保障改革の一般的不人気を考えると、実務者合意は公党として責任ある対応であったと思う。その後紆余曲折はあったが、増税法案は野党が多数を占める参議院でも、自民党、公明党の賛成を得て、8月10日にようやく可決、成立した。97年に消費税率が5％に引き上げられて以来、じつに15年ぶりのことであった。

日本銀行批判論者の財政政策に対する見方

日本銀行の金融政策を強く批判していた論者の財政政策に対する見方についても触れておきたい。日本銀行の批判論者、特に「期待派」の論者は財政政策が景気や物価に与える効果について、概して軽視、ないし無視しているように見えた。私にはその理由はわからないが、効果を議論する前に、そもそも財政状態の悪化から財政政策の発動余地は限られているという現実的判断であったのかもしれない。もちろん、この見方による場合は、効果のある金融政策の発動余地が存在することが前提となるが、批判論者は、その前提は十分に満たされているという理解にたっていたのだと思う。[15]
私は一般論としては積極的な財政政策を支持していたわけでは決してなかったが、財政面でのショックを金融政策ですべて相殺できるとする議論は極端だと思っていた。この点では、米国の政策当局者やエコノミストの議論はより常識的であり、バーナンキ議長をはじめFRB幹部は、急激な政府支出の減少や増税による財政刺激の減少、いわゆる「財政の崖」が景気に与える影響にしばしば言及していた。ちなみに、私の総裁在任中の5年間、20四半期の日本のGDPに対する政府支出の寄与度は1.6%、マイナスの寄与を記録した時期が5四半期、プラスが10四半期、ゼロが5四半期であった。
財政政策が景気に与える影響は重要な論点であるが、日本銀行にとってより切実であったのは、財政政策が物価に与える影響であった。日本銀行の金融政策を批判する論者にとっては、「インフレはいつでもどこでも貨幣的現象」という、ミルトン・フリードマンの言葉が出発点である。フリードマンは「デフレはいつでもどこでも貨幣的現象」と主張したわけではなかったが、批判論者は前者の命題の系として、後者も主張していた。貨幣的現象である以上、増税を含め財政面でいかなるショックが起ころうとも、その影響は金融政策によって相殺できるはずという立場をとっていた。この立場による限り、財政政策が物価に影響を与える要因として登場する余地はなかった。

「物価水準の財政理論」

財政政策の物価に対する影響を全否定する議論は、景気に対する影響を全否定する議論と同様、私には極端に見えた。第1に、やや曖昧な概念ではあるが、「財政インフレ」という言葉に象徴されるように、財政とインフレとの関係は昔から意識されてきたテーマである。だからこそ、財政と中央銀行の関係は中央銀行による国債引き受けの禁止規定を含め、通貨制度設計の核となる要素のひとつとなっているのだと思う。財政政策の物価に対する影響を否定する議論はそうした常識に反している。第2に、金融政策がゼロ金利制約に直面した場合にも、金利がプラスの水準の時とまったく同じように金融政策の有効性を主張するのは非現実的であり、財政政策との適正な役割分担があってしかるべきであると思う。

このように考えをめぐらせていた時、2001年のことであるが、企画室に所属していたエコノミストが興味深い理論を教えてくれた。それが「物価水準の財政理論」(Fiscal Theory of Price Level: FTPL)である。この理論は、マイケル・ウッドフォードやジョン・コクラン、そしてのちにノーベル経済学賞を受賞するクリストファー・シムズなど米国の著名な経済学者が当時盛んに議論していた。従来の理論的枠組みとあまりにも異なるため、全体像を正確に理解することは容易ではないが、この理論の提起している問題意識自体は直観的に理解できるものである[16]。

この理論の鍵を握るのは「実質財政余剰」という概念である。「財政余剰」については前述したが、物価への影響を考える場合は、この「財政余剰」を実質概念で捉える必要がある。実質財政余剰とは、たとえば、政府が国民から米俵を税として徴収し、社会保障として何俵分の米を国民に配るか、その収支差額のことである。今年度の財政余剰が赤字の場合、政府は米俵を余分に持っている国民から借りるために国債を発行する。国債は将来にわたる財政余剰を利払いおよび元本償還の原資とした資産であると国民は見なしている。政府は国債を償還するには、将来の財政余剰を黒字にしなければならない。すなわち、社会保障を上回る税を徴収しなければならない。一方、国民は将来の納税に備えて貯金をしている。その貯金の受け皿となるのが国債である。ここで、もし国民が保有する国債の価値に比べ、将来の財政余剰の割引現在価値が少ないと予想されれば、資産効果が生まれ、消費は拡大し物価も上昇する。つまり、財政余剰の割引現在価値の予想が国民の購買力を左右する。減税が実施されても政府はいずれ増税に転じると国民が予想すれば、実質財政余剰の割引現在価値は変化しないため、国民は支出を増やすことはせず物価も上昇しないだろう。

この説明では物価は政府の財政行動で決まり、「物価変動は財政的現象」ということになる。だが通常の理論では、物価は中央銀行の金融政策で決定されると説明される。どちらの理解が正しいのだろうか。この答えは、政府と中央銀行の行動ルールに求められる。通常の理論では、中央銀行が先導役を果たし、政府は追随役に徹するという前提を置いている。つまり、中央銀行が決めた物価水準のもとで、政府は実質財政余剰の現在価値が国債の価値に等しくなるよう常に財政を調整する世界を考えている。政府は自らが借りたお金は必ず自らで返すと約束しているので、中央銀行は物価水準をコントロールできる。しかし、これとは逆のケースを想定することもできる。つまり、政府が先導役となり、その財政行動に合わせて追随者たる中央銀行が行動するケースである。典型的な例は、米国が第二次世界大戦中に戦費抑制のために採用し1951年まで続けた国債金利のペッグ（釘づけ）政策である。このケースでは、政府は自ら借りたお金の尻ぬぐいを中央銀行に求めるので、中央銀行には独立性はなく物価水準は不安定になる。これは「マネタリストの不愉快な算術」と称される状況である。[17]

さらに、中央銀行も政府も主導役というケースも考えられる。この場合、中央銀行が独立性を有していても、物価水準をコントロールできるという保証はない。なぜならば、政府が自ら借りたお金の尻ぬぐいを今度は民間部門の貯蓄・支出行動に押しつけようとするからである。国債の価値に比べ財政余剰の割引現在価値が小さい状態になると、家計が支出を増やし物価が上昇するという先の事例がこれに該当する。

言い換えると、中央銀行が物価水準をコントロールできるためには、政府が借りたお金は必ず返すことを約束し、かつ民間経済主体もその約束を信じていることが前提となっている。そのような確信を築くために、政府の財政行動を縛るルールが設けられている。財政ルールはマーストリヒト基準のように厳密な数字を伴うケースもあるだろうが、本質的に重要なことは、政府が中長期的に財政の持続可能性を約束しているという、民間経済主体の認識である。物価水準の財政理論は、単に「物価変動は財政的現象」であるということを説明するものではなく、中央銀行が物価を安定させるための環境を整備することも政府の役割であることを主張したものだと理解すべきだと思う。

ゼロ金利制約の理論と物価水準の財政理論の統合

「物価水準の財政理論」の興味深い点は、金融政策がゼロ金利制約に直面した場合の財政政策の役割を考える際にも有益な視点を提供していることである。ゼロ金利制約に直面した場合でも、さまざまな非伝統的金融政策を採用することによって、金融政策である程度の緩和効果を生み出すことはできるかもしれない（第5章「ゼロ金利政策と量的緩和政策」参照）。しかし、それでも金利水準が有意にプラス水準にある時と比べると、効果が限定的であることは否定し難い。そのような状況でも物価水準を押し上げようとすれば、民間の経済主体に対し、前述の実質財政余剰の現在価値が低下したと思わせるような財政措置が必要となる。ここでのポイントは、単にある時点で減税や公共投資を行うだけでなく将来増税に踏み切ることはしないと国民に確信させることである。「物価水準の財政理論」によれば、仮にそうした確信を抱かせることに成功すれば、国民は裕福になったと感じ、物価も上昇することになる。

２００１年当時、「物価水準の財政理論」の解説をはじめて聞いた時、この議論は金融政策と財政政策の果たすべき役割を考えるうえで示唆に富む「ものの見方」を提供していると思った。残念ながら、日本ではこの理論はほとんど知られていなかったし、一部の例外を除き、エコノミスト、学者がこの理論に言及することもなかった。[18]そのため、この理論とその政策的意味について、もっと多くのエコノミストに知ってもらいたいと思った。「ものの見方」と述べたが、多くの人に知ってもらいたいことは、物価の安定は中央銀行が独立性を有し一途に金融政策の努力さえすれば達成できるという見方は皮相的であり、財政の持続可能性を実現するルールが重要だというメッセージである。

しかし、一方で、政策論として考えた場合、特に日本で行われている議論の状況を踏まえると、この理論は金融政策を望ましくない方向に誘導しかねないものであるとも感じていた。もし物価水準を引き上げることが目的であるならば、ゼロ金利制約下で必要なことは財政の拡大ということになる。しかも、この財政の拡大は、単なる財政赤字の拡大ではなく、恒常的な財政赤字である。この議論と、当時盛んに言われていた２％物価目標とが結びつくと、２％が実現するまで財政赤字を維持することを意味する。そして、いったん２％が実現すると、財政は本来の中立的運営に戻るということを多くの民間経済主体に信じ込ませる必要があるということになる。このような政策は、財政当局が人々の予想を自在にコントロールできることを前提としているが、それは現実性を欠いている。多くの人は、日本の財政状態がいくら悪くても最終的には健全化に向けた取り組みを行うだろうと漠然と思っている。もし、そうした予想を本当に変えようと思えば、極端なことをしなければならないが、そうした極端な行動をとる政府も最後は財政健全化に向かう……。そのようなことを常識ある国民が信じるだろうか。さらに言えば、物価の安定は中央銀行にとって最も重要な目標として与えられているとしても、一国経済全体の安定を考えた場合に、物価上昇率を上げることは、果たして中央銀行として考慮すべき多くの事項のすべてにいつでも優先するような重要性を持つことだろうか。加えて、当時はまだ明確には認識していなかったが、仮に政府が極端な行動をとった結果として物価が上昇したとしても、概念的には実質財政余剰の増加に対応した物価水準の1回限りのジャンプにすぎず、定常的な物価上昇が生み出されるわけではない。

私は日本銀行が「物価水準の財政理論」のいわば啓蒙活動を行うことに躊躇する気持ちもあったが、最終的にはこの理論をわかりやすく解説することによって真の論点を明らかにし、今後の議論の深化に期待するという結論を出した。その結果公表されたのが、『日本銀行調査月報』の2002年7月号に掲載された「物価の変動メカニズムに関する2つの見方――Monetary View と Fiscal View」という、エコノミストの個人名で書かれた論文である[19]。残念ながら、この論文は当時あまり注目を集めることはなかった。「物価水準の財政理論」という専門家以外は口にしない言葉がマスコミに頻繁に登場するようになったのは、論文公表からほぼ15年経過した2016年のことであった。

高橋財政

「物価水準の財政理論」は理論面での重要な進展であるが、財政政策、あるいは財政政策と金融政策の交差する領域では、1931年に4度目の蔵相に就任した高橋是清が1932年に採用した日本銀行による国債の引き受けがしばしば引き合いに出された[20]。また、海外の一部の学者も「高橋財政」で採用された日本銀行の国債引き受けを積極的な金融政策の成功例として好んで引用した[21]。

リフレ派は高橋蔵相の財政政策、いわゆる「高橋財政」に言及することが多く、日本銀行が政府の発行する国債を全額引き受け、これを原資に積極的な財政支出を行うことを主張した。しかし、2000年代以降の金融経済情勢は高橋財政当時と比較すると、以下の点で大きく異なっており、高橋財政が何らかの意味で90年代以降の日本経済にとって参考になるとは私には思えなかった[22]。

第1に、財政状況の深刻さが異なっている。高橋財政が始まる直前の国債発行残高の対GNP比率は47.6％であり、2000年代の200％前後の水準とは比較にならないほどの健全財政の状態であった。第2に、対外資本移動規制が違っている。高橋蔵相は国債引き受けを開始するにあたり、資本逃避を防ぐため対外的な資本移動規制の強化を行った。これに対し、2000年代は当時とは比較にならないほどに金融市場や経済のグローバル化が進んでおり、金融政策や財政政策が通貨の信認を壊すような方向で運営されると、長期金利にすぐ跳ね返る状況になっている。第3に、当時の国内金融市場は現在に比べて規模が小さく、国債市場が発達していなかった。当時の国債は、民間金融機関が引き受けシンジケート団を組織して引き受けるか、郵便貯金等を原資とする預金部が引き受けるかたちが中心であり、多額の国債を速やか、かつ円滑に消化する方法はなかった。当時、日本銀行は国債を引き受けても最初の数年間、すなわち高橋蔵相の存命中は速やかに売却をしており、日本銀行による国債の保有残高やマネタリーベースが大きく増加したわけではなかった。それに比べて現在は、十分に発達した国債の発行市場が存在しており、政府が国債の消化に困難を来すという状況ではない。

なお、高橋財政期に為替レートが円安になったことが指摘されることもあるが、１９３１年末に金本位制から離脱することによって、人為的に割高に設定されていた固定為替レートが是正されたにすぎない。これに対し、現在は変動相場制を採用しており、この面でも高橋財政当時の状況とはまったく異なる。

以上は高橋財政に関する、いわば「入口」の議論であるが、異例な財政政策や金融政策を行う場合は、当然「出口」戦略も必要となる。よく知られているように、高橋は景気が回復した段階で軍部の予算膨張に歯止めをかけようとしたが、１９３６年の２・26事件で凶弾に倒れた。そして、結局はインフレを招くことになった。つまり、高橋財政を進めた政府・日本銀行は「出口」で失敗したと言える。これは高橋がたまたま軍部の予算膨張を抑えられなかったからではなく、市場によるチェックを受けない国債引き受けという行為自体が、コントロール不能な予算膨張という帰結をもたらしたと解釈すべきではないかと思う。興味深いのは、高橋財政期の日本銀行による国債引き受けはあくまでも「一時の便法」として始まったという事実である。高橋は帝国議会での演説で、引き受けによる国債の発行は一時的なものであることを述べているが、これが一時的なものではなかったことをその後の歴史が示している。

日本銀行による国債引き受けが始まった時の日本銀行サイドの実質的な責任者は深井英五副総裁（のちに総裁）であったと言われるが、彼は退任後の１９４１年の太平洋戦争開始直前に著わした『回顧七十年』の中で、引き受け開始直後に欧州を訪問した際のフランス銀行のモレー総裁の反応について次のような興味深い感想を残している(23)。

日本銀行引受による国債発行の方法は、私の外国巡遊中諸方で話題となり、大概の人は気軽に其の妙案たることを称讃したが、モレー氏だけは決して可否を言明しない。非難もしないが、空世辞も出さない。只、今まで好成績であるのは結構だと、頗る深い含蓄を以て、何遍も同じ言葉で応酬する。

この時のモレー総裁の真意や総裁を辞めた後の深井に去来した思いが何であったかは知る由もないが、通貨の適切な管理を図るうえで、一握りの人間の理性を信じるのか、多くの人の行動を規律づける制度に期待するのかという問いを深井は発しているように私には思える。彼は答えを述べているわけではないが、私自身は一連の歴史を振り返って後者を教訓として引き出している。総裁退任後に私は、日銀引き受け開始から5年経過した1937年に日本銀行総裁に就任し44年までその職にあった結城豊太郎の記念館から講演を依頼され、準備のため高橋財政期以降の金融財政政策に関する資料をいくつか読んだ。結城のもとで日本銀行はさまざまな国債の円滑な消化に向けた措置を始めているが、興味深かったのは、結城は総裁就任後、最初の国債発行を日銀引き受けから民間金融機関のシンジケート団による消化に戻すことを試みていることである。しかし、いったん日銀引き受けが始まると、政府も民間金融機関もその状態に慣れてしまいシンジケート団による引き受けを嫌がった。結局、この方式による発行は1回限りに終わり、以後の国債発行は日銀引き受け方式によるものとなった(24)。理性による政策遂行が常に貫徹するならば、中央銀行による国債引き受けの禁止という制度は不要である。しかし、経済・金融に関する我々の不十分な知識、決定の遅れやバイアスを政治的、社会的諸要因と考えると、制度や慣行による規律づけの持つ重要性は決して軽視されるべきではない。ましてや、それが中央銀行による国債の買い入れや引き受けにかかわる場合は、特にそうである。

（１）国民経済計算における一般政府・資本（実物）勘定。
（２）景気のピークは１９９７年５月であった。
（３）１９９７～98年の成長率の落ち込みについて、考えられるさまざまな要因の影響の大きさを定量的に比較した分析は驚くほど少ないが、Bayoumi（2001）は数少ない例外である。この分析によると、消費税率引き上げによる負の影響は限定的であり、経済減速の主因は金融仲介機能の低下である。
（４）２００９年に政府は景気対策として、家電エコポイント制度やエコカー減税・補助金制度を採用した。これらの政策は本質的に需要の先食いにすぎず、数年単位で見た場合、効果は疑わしかった。特に薄型テレビは、地上デジタル放送への移行や新製品の普及期ともタイミングが重なり、２００８年に年間８００万台だった出荷台数が、２００９～11年には１６００万台へと膨れ上がっていたが、12～13年には５００万台、消費増税後は４００万台に落ち込んだ。
（５）四捨五入の関係で合計と一致しない。
（６）これに続くのは、12年第３四半期～13年第３四半期の連続５四半期（累計０・９％ポイント）、98年第３四半期～99年第１四半期の連続３四半期（同１・７％ポイント）である。
（７）白川（２０１１c）図表10参照。
（８）翁（２０１３）２１３～２１５頁参照。
（９）詳しくは、白川（２０１２d）参照。
（10）以下の説明については、白川（２０１１c）にもとづく。
（11）白川（２０１１c）参照。
（12）２００９年の衆議院総選挙の際の民主党の「マニフェスト２００９」を見ると、子ども手当、公立高校の実質無償化、農業の個別所得補償等、財政支出増につながる多くの施策が列挙されている。「民主党政策集ＩＮＤＥＸ２００９」では「現行の税率５％を維持」が謳われている。

(13) 清水（２０１５）第４章参照。

(14) 第18条「消費税率の引上げに当たっては、経済状況を好転させることを条件として実施するため、物価が持続的に下落する状況からの脱却及び経済の活性化に向けて、平成23年度から平成32年度までの平均において名目の経済成長率で３％程度かつ実質の経済成長率で２％程度を目指した望ましい経済成長の在り方に早期に近づけるための総合的な施策の実施その他の必要な措置を講ずる」。

(15) たとえば、伊藤（２００１）は次のように述べている。「その場合、「利子率がゼロになっているときに、金融政策にはこれ以上期待できない。財政が出動すべきだ」という意見があります。しかし財政は、いま膨大な債務を抱えており、危機的な状況にあります」。「そういう意味では、三～四年前のような、非常に大きな財政出動による景気の下支えというのは、不可能な状況になってしまっています」（86、88頁）。

(16) Woodford (2001) 参照。

(17) Sargent and Wallace (1981) 参照。

(18) 数少ない例外は、渡辺・岩村（２００４）であった。

(19) 木村（２００２）参照。

(20) 高橋財政については、鎮目（２００９）参照。

(21) たとえば、Turner (2015) 参照。

(22) 以下の点については、白川（２０１１ｃ）にもとづく。

(23) 深井（１９４１）３１２～３１３頁。

(24) 八木（２００７）３５８頁参照。

第16章　金融システムの安定を目指して

物価安定と並んで中央銀行のもうひとつの重要な使命である金融システムの安定は、リーマン破綻直後や東日本大震災発生時のような局面を除くと、一般にはあまり意識されることがない。多くの人が金融システムの安定性を現実の問題として意識するようになったのは、バブルやバブル崩壊後の金融危機を経験してからである。金融危機を防ぎ、さらにはそもそも金融危機に至るような「金融的な不均衡」が蓄積することを未然に防止するためには、金融機関に対する規制や監督、適切な金融政策等が不可欠である。この問題への取り組みは、5年間の総裁在任中の仕事の中の大きなウェイトを占めていた。

金融システムの安定とは

「金融システムの安定」は、「物価の安定」と比べると人々が実感を持って理解できるように定義することは難しい。ただ、一度でも金融危機を経験したならば、誰もが実感として理解できるものであろう。「金融システムの安定」とはそのような概念である。

金融危機が起こると、通常の金融サービスを享受することが難しくなる。たとえば、預金者が銀行預金の返済可能性に対して不安を持ち一斉に預金を引き出す（いわゆる「取り付け」）と、銀行は貸出を行えなくなる。そうした動きが多くの金融機関に連鎖的に広がれば、一国の経済活動全体に大きな支障をきたす。金融機関同士が取引する金融市場では、取引相手が倒産することに対する不安（カウンターパーティ・リスク）が広がる結果、金融機関間で円滑な資金の貸借が行われなくなり、資金余剰先から資金不足先への資金の流れが止まってしまう。さらには市場流動性が損なわれ、価格に大きな影響を与えることなく大量の売買を迅速に行うことが難しくなる。そうなると、円滑な価格形成が行われにくくなることから、デリバティブ取引も成立しにくくなる。デリバティブ取引のひとつの大きな意義はリスク・ヘッジを可能にすることであるため、これは金融機関や企業が金利や為替レート変動のリスクをヘッジすることも難しくなることを意味する。このように、経済活動の多くの面に影響が及ぶことが理解できるだろう。金融システムの安定が求められる理由はまさにこの点にある。

「金融システムの安定を維持する」ことの最も直截な意味は金融危機を防ぐことにある。そのような事態は頻繁に起こるわけではないが、内外の長い歴史の中で金融危機は繰り返し発生している。第二次世界大戦後、かなりの長期間にわたって先進国では大規模な金融危機は発生しなかったため、金融危機とは新興国や発展途上国の出来事だと思われていた。しかし、１９９０年代以降、その認識が間違いであることが先進国でも徐々に意識されるようになった。先進国に深刻な打撃を与えたグローバル金融危機の発生は、人々の意識を変えるには決定的だった。その事実を前にして思い及ぶことは、金融システムの安定を維持するためにはどうすればいいかということである。必要なことは、第1に、何らかのショックが発生しても簡単には壊れない頑健性（resiliency）が高い金融システムを構築すること、第2に、そもそも金融危機に至るような事態、金融機関や民間企業、個人の行き過ぎた行動が生じないようにすることである。このために、金融機関にはショックに耐えられる十分なバッファーを持つことが求められており、自己資本や流動性の最低限の水準のほか、さまざまな規制が課せられている。規制と並んで、金融機関に対しては所管の当局による監督も行われている。監督とは、金融機関が規制を遵守しているかどうかの点検にとどまらず、健全な経営を行っているかどうかを検証するものである。金融機関によって経営・業務遂行の仕方も異なっているため、監督の内容は個々の金融機関の特性を踏まえたいわばテーラーメードのものとなる。

日本銀行の役割

日本の場合、金融機関に対する規制・監督は主として金融庁が担っているが、日本銀行も日本銀行に預金口座を有している金融機関に対する実地考査や日頃のモニタリングを通じて、個々の金融機関の動向を注意深く調査している。

日本では金融危機が発生した事態に備えて、さまざまなセーフティネット（安全網）が用意されている。そのひとつが頑健な決済システムである。これが備わっていれば、仮に金融市場の参加者が破綻しても、その影響が決済システムを通じて他に波及することを軽減できる。しかし、これだけでは十分ではない。金融システムが崩壊の危機に直面するような緊急時には、中央銀行は「最後の貸し手」として流動性を供給することが求められる。さらに、政府が金融機関に対して公的資本を投入することも、場合によっては必要となる。これらの「最後の貸し手」や政府による資本の投入は、危機時における「消火作業」と言える。第8章で述べたように、リーマン破綻時においては日本の金融システムは相対的に安定しており、日本銀行は個々の金融機関に対して「最後の貸し手」として資金供給を行う必要はなかったが、金融システムの安定を維持するために、金融市場全体に対して流動性を潤沢に供給した。また、金融市場の機能や流動性を維持するために、ＣＰや社債の買い入れ、金融機関保有株式の買い入れ等の異例の措置を講じた。

このような「消火作業」の重要性は言うまでもないが、同時に常日頃からの「防火作業」も重要である。総裁在任中の最初の1年間は「消火作業」のウェイトが高かったが、2年目以降は、「防火作業」のウェイトが次第に高くなっていった。

「コモンズの悲劇」

前述のように、金融システムの安定は空気と同様目に見えるものではないので、普段はあまり意識されない。このため「公共財」であると言われることも多い。公共財とは、「排除不可能性」と「等量消費」によって特徴づけられる財やサービスのことである。「排除不可能性」とは、対価を支払うことなく消費が可能なことを意味する。たとえば、清浄な空気や警察の提供する安全などのサービスは対価を支払うことなく消費することが可能である。また「等量消費」とは、財の総供給量をすべての個人が同時に消費できることを言う。通常の財は誰かが消費すると他の誰かの消費がその分減ってしまうが、それとは異なり、空気や安全は、誰もがいくらでも同時に消費することができる。

金融システムへの参加者は対価を支払わなくても安定というサービスを享受できるわけだから、排除不可能性という観点から金融システムの安定は公共財と言うことができるだろう。このため、金融システムの安定が確保されていれば、金融機関は積極的に借り入れを増やし、調達した資金でリスクの大きい金融資産への運用を増やすかもしれない。金融機関は金融システムの安定というサービスを消費しながら、自らの利益をあげることができるが、これによって、他の金融機関による金融システムの安定サービスの消費量がただちに減るわけではない。しかし、この金融機関に触発されて、他の金融機関も同じように借り入れを増やしてリスクの大きい金融資産への運用を増やすと、経済全体としては過大なリスクを抱え、いずれかの時点で金融危機が発生する。つまり、誰かが過剰に消費すると、やがて誰もが金融システムの安定というサービスを消費できなくなる事態に直面する。したがって、金融システムの安定というサービスは、公共財のもうひとつの条件である「等量消費」は満たしていない。

このことを説明するために、よく使われるのが「コモンズの悲劇」（Tragedy of the Commons）の法則である[1]。「コモンズ」とは、複数の人間が利用できる牧草地や漁場のことを言う。たとえば、牧草地に複数の農民が牛を放牧する。自分の所有地であれば、牛が牧草を食べ尽くさないように数を調整するが、共有地では、自分が牛を増やさないと他の農民が牛を増やしてしまい、自分の取り分が減ってしまうので、牛を増やし続ける。農民が共有地を自由に利用する限り、資源である牧草地は荒れ果て、結果としてすべての農民が被害を受けることになる。上述した金融システムの安定の過剰消費の問題は、これと同様に捉えることができる。

入会権という方法で明確な所有権を設定することで、牧草地で牧草を食べ過ぎたり、漁場で乱獲をするコモンズの悲劇はなくなる。しかし、金融システムの安定というコモンズには所有権を設定することができない。金融システムの安定サービスの利用者は、対価を支払わなくてもサービスを利用できるため、金融市場の参加者は安定した金融システムサービスの便益を最大限利用しようとする。つまり、借り入れを増やしたり、短期で借り入れて長期で運用する期間ミスマッチを拡大して目先の利益を得ようとする。これらの個々の当事者の取引は経済全体から見ると微々たるものかもしれないが、多くの人が同じことを始めると、金融システムの安定サービスは「乱獲」され、「コモンズの悲劇」を招く。

金融システムの安定を実現するためには、さまざまな取り組みが必要となる。金融危機という大規模な山火事が起きた後の消火作業の内容についてはすでに述べたが、日頃からの防火作業で必要なことは2つある。ひとつは防火壁を構築すること、つまり、効率的で安全な決済システムを構築することである。もうひとつは適切な防災基準の設定や火事が発生していないかどうかの点検、すなわち、金融機関に対する規制や監督である。さらに、空気が乾燥し過ぎると火事が起こりやすくなることを考えると、マクロの経済・金融の状況を左右する金融政策の運営の仕方も重要になってくる。

効率的で安全な決済システムの構築

金融システムの安定に向けた防火作業として、効率的で安全な決済システムを構築することは、最も中央銀行らしい取り組みと言える。日本銀行が果たしている決済サービスの提供という役割は広範である。銀行券に関する仕事は東日本大震災発生時の対応を説明する際に触れたので、ここでは日本銀行当座預金を使った1件当たりの金額の大きい「大口決済」を取り上げたい。日本銀行は民間金融機関と日本銀行をつなぐ「日銀ネット」と呼ばれるオンラインの決済システムを運営している。また、個人や企業の小口送金を扱う「全銀ネット」と呼ばれる民間銀行の決済システムに対しても、日本銀行は決済サービスを提供している。中央銀行当座預金は倒産リスクのない中央銀行の債務であることから、これを使えば安全に決済ができる。このため、短期資金市場、外国為替市場、債券市場、株式市場をはじめ、金融市場における取引資金の決済は、多くの国で中央銀行当座預金が使われている。

日本の決済システムは、第1章「日本銀行でのキャリアのスタート」でも触れたように、長年の関係者の努力の結果、効率性、安全性を高めるさまざまな改革を実現してきた。[2] 決済システム改善への取り組みは、長期的に見て社会への貢献が非常に大きなものである。しかし、短期的にはその効果が見えにくいこと、システム開発には多額の予算を必要とすること、さらには関係者の数が多いことなどから、民間のイニシアティブだけで滞りなく進むというものではない。このため、どの国でも中央銀行が「触媒」の役割を果たすことが多い。日本銀行も同様であった。

私は若い頃に決済システムの改善の仕事に関与し、それが次の世代、あるいはその次の世代へと担当が引き継がれながら実現していくプロセスを見て、中央銀行が世の中に貢献するというのは、このようなことだと感じるようになった。ただ同時に、そうした長いプロセスを見ながら、上述の決済システム改善に必然的に伴う仕事の難しさも感じていた。それで、私は総裁に就任して以降、職員向けのメッセージでは、日本銀行の「銀行業務」の重要性を機会あるごとに強調し、決済システムの改善に強い関心を持っていることを意識的に示すようにしていた。

総裁に就任した2008年4月には、政策委員会で「日銀ネットの高度化」に向けた検討プロジェクトの開始を決定し、09年10月には、その検討結果を踏まえて、実際の開発プロジェクトの作業を開始した。このプロジェクトは、最新の情報処理技術を取り込み、利用者ニーズの変化などに柔軟に対応しうるシステムにすると同時に、アクセス利便性を向上させることを狙いとしていた。このプロジェクトは開発規模も予算金額も大きかったので、私の総裁在任中は、これ以外の新規の決済システム案件を取り上げる予算上の余裕はなかった。そのため、在任中は新日銀ネットが稼働を開始した後に具体化すべきさまざまな案件についての準備を行うことにした。新日銀ネットは私の総裁退任後の２０１５年10月に全面稼働を開始した。

決済システムでもうひとつ取り組んだのは、ＢＣＰ（Business Continuity Plan）と呼ばれる不測の事態が発生したときの業務継続体制の構築である。これには、日本銀行は東日本大震災以前から積極的に取り組んでおり、たとえば、業務継続に必要な職員は何らかの障害が発生した場合、ただちに日本銀行に駆けつけることが求められていた。私も理事時代の後半は決済システムの仕事も担当していたことから、日本銀行にすぐに急行できる場所に居住することが求められており、他の責任者とともに隔週交代でその責任を果たしていた。東日本大震災発生後は業務継続強化に向けて、日本銀行はさらに取り組みを強化した。

金融規制に中央銀行がなぜ関与するのか

防火作業の一環として、グローバル金融危機後の金融規制の見直しの議論にも積極的に取り組んだ。本書の読者の中には、金融規制の問題になぜ日本銀行がかかわっているのか、それは金融庁の仕事ではないのかという疑問を持たれる方もいるかもしれない。海外では中央銀行が金融機関に対する規制・監督当局であるケースが多いが、いずれにせよ、どの国でも中央銀行は、自国の金融規制当局であるか否かにかかわらず、グローバルな金融規制見直しの問題を議論するバーゼル銀行監督委員会のメンバーとして活動している。中央銀行がこうした活動に参加しているのは、金融の規制・監督の問題は経済の安定と密接にかかわっているという、より実態的な理由があるからだ。「コモンズの悲劇」が示すように、金融システムの安定というサービスは、安定の中に不安定の芽が蒔かれやすい。そして不安定が金融危機をもたらすことになれば、マクロ経済の安定が損なわれる。それゆえ、中央銀行が金融の規制・監督当局である場合はもとより、そうでない場合でも、バーゼル銀行監督委員会のメンバーとして活発に活動していることは、ごく自然に理解できる。

日本銀行が金融の規制・監督業務で担っているのは、主として金融システムの安定にかかわる面である（たとえば金融機関の法令違反行為に対する処罰等の問題は重要ではあっても、日本銀行の管轄ではない）。逆に言うと、日本銀行が金融の規制・監督の問題に関心を払わないことは、金融政策の目的遂行にも支障をきたすことを意味する。

金融規制の策定に関する国際的な枠組み

金融規制の内容は各国の当局が定めるが、金融のグローバル化の進展を反映して、決定のプロセスはグローバル化している。というのも、もし各国がばらばらに金融規制を行うと、結果的に規制の甘い地域に金融活動がシフトするため、世界全体の金融システムの安定が実現できず、結局、国内の金融システムの安定も実現できなくなるからである。このため、金融規制の策定には各国の当局者が集まり議論を行い、国際的な合意を形成した後、その内容に従って各国当局が自国の規制を策定するという枠組みが、徐々に形成されるようになった。その結果生まれたのが、金融機関の最低自己資本比率に関する規制を定めたバーゼル合意である。1988年に成立した当初の合意は「バーゼルⅠ」と呼ばれた。バーゼル合意は、その後、金融機関の業務が変化する中で見直しが行われ、グローバル金融危機が発生した時点は「バーゼルⅡ」の実施移行過程にあり、危機後は「バーゼルⅢ」の議論が始まった。

金融規制に関する国際的な合意形成作業は、カバーする範囲の広さ、問題の複雑さという点で際立っている。金融機関の監督当局ひとつをとっても、銀行、証券会社、保険会社によって異なることが多いうえに、金融機関の健全性を判断するために重要な会計のルールは、金融機関の監督当局が策定するのではなく会計基準の設定主体が定めている。また、金融機関の破綻処理の進め方は金融システムに重要な意味を持つが、企業の倒産処理ルールは、どの国でも金融監督当局の所掌事項とはされていない。

このような難題を抱えつつ、金融規制について意味のある合意を形成しようと思うと、専門的知識を有し、かつ、政治的な正統性を持った組織が必要である。正統性という点では、国連のように全員参加型の組織は優れているが、条約締結と同様の作業となるため、合意形成に向けた議論は至難と言ってもいい。しかし、メンバーを絞り過ぎると、議論は効率的に行えるが、正統性の根拠は弱くなるし、何よりも合意した規制の及ぶ範囲が小さくなり、実効性が低下する。

バーゼルⅠの合意が成立した当時、議論を主導したのはG10（Group of Ten）と呼ばれる先進国グループであったが、新興国の台頭とともに、より多くの国が参加する必要性が意識され、検討作業の参加国の範囲も徐々に拡大していった。金融規制の分野で正統性と専門性を兼ね備えた組織による決定という役割を担うのが、「金融安定化理事会」（Financial Stability Board: ＦＳＢ）である。[3] 現在は25カ国と10団体がメンバーとなっており、日本からは財務省、金融庁、日本銀行が参加している。私の総裁時代のＦＳＢ議長はＥＣＢのマリオ・ドラギ総裁であったが、現在はイングランド銀行のマーク・カーニー総裁が務めている。Ｇ20ではＦＳＢ議長から規制策定の進捗状況が毎回報告されていた。そして、Ｇ20の議論は20カ国の政治首脳のフォーラムであるＧ20サミットに報告され、最終的な承認はここで行われる。これは、２００９年9月にピッツバーグで開かれたＧ20サミットにおいて、Ｇ20が「主要な国際的なフォーラム」（the premier forum for international economic co-operation）と位置づけられたことを受けたものである。

それでは、ＦＳＢはどのようにして検討作業を行っているのか。この点については、ＦＳＢ自体が独自の検討作業を行うケースもあるが、規制・監督を担うさまざまな委員会での議論の結果をとりまとめた合意を、ＦＳＢに報告するかたちで作業が進められるケースが多い。たとえば、最も重要な銀行規制については、バーゼル銀行監督委員会が担当している。この委員会には現在、28カ国・地域がメンバーとなっており、原則として、中央銀行と銀行監督当局が出席している。日本からは金融庁と日本銀行の専門家がメンバーとなっている。バーゼル銀行監督委員会のもとに、さまざまなテーマを専門的に扱う多数の作業部会が設けられている。

金融規制の策定作業に関する上述の説明を瞥見するだけで作業の複雑さは想像できると思うが、最終的にＧ20サミットが承認するとしても、実質的にどの専門家のレベルで合意した内容を承認するかが問題となる。以前はＢＩＳ会合時に催されるＧ10総裁会議で承認されていたが、中央銀行が規制・監督権限を有していない国から見ると、この方式はガバナンスの構造として正統性が弱い。そのような問題意識から、中央銀行総裁と規制・監督当局のトップから成る総裁・銀行監督長官グループ（Group of Governors and Heads of Supervision: ＧＨＯＳ）会合が設けられ、この会合で銀行規制に関する合意を承認する体制に移行した。

規制見直しに向けた国際的な議論の開始

金融規制の見直しの議論はグローバル金融危機発生後、すぐに始まった。パリバショックの発生から2カ月後の２００７年10月に開かれたＧ７で、財務大臣、中央銀行総裁は、ＦＳＢの前身である金融安定化フォーラム（ＦＳＦ）に対し危機の原因や今後の作業についての検討を要請した。そして、私が総裁就任後はじめて出席した08年４月のＧ７に、その報告書が提出された。以後、バーゼル銀行監督委員会をはじめ、多くの委員会において精力的な見直し作業が始まった。規制の見直しは広範にわたり、まず、金融機関の自己資本比率規制の強化に関する検討から始まった。新たに、流動性規制も導入され、さらに、「too big to fail」の問題を回避するため、国際的に活動する金融機関の実効的な破綻処理制度の整備も図られた。規制の対象外であったシャドーバンキング・セクターで起きた問題がグローバル金融危機の大きな一因であったとの反省にもとづき（第6章「「大いなる安定」の幻想」参照）、この面でも改善措置が講じられた。

グローバル金融危機後のこれらの規制見直しをはじめ、金融システムに関する過去の重要な制度的枠組みや規制の抜本的な見直しは、ほとんどすべて何らかの金融危機が契機となっている。たとえば、日本銀行の考査は昭和の金融恐慌の後に始まった。金融システム面における日本銀行の役割を明確にした新日本銀行法の成立や、金融庁（発足当初は金融監督庁）の創設、さらには金融機関の破綻処理体制の整備も、バブル崩壊と金融危機の産物である。米国でもＦＲＢは１９０７年の金融恐慌後に創設された。また、預金保険公社（Federal Deposit Insurance Corporation: ＦＤＩＣ）や証券取引委員会（Securities and Exchange Commission: ＳＥＣ）は大恐慌の産物である。現在のかたちの自己資本比率規制が始まったのは、80年代に米国の銀行がラテンアメリカ諸国に対し多額の貸付の焦げ付きを作り、米国議会が規制当局に対応を求めたことに端を発している。

自己資本比率規制

金融規制の設計は個々の金融機関の経営にさまざまな制約を課すことは言うまでもないが、後述するように、物価の安定と金融システムの安定という日本銀行の目的遂行にも大きな影響を与える。このため、グローバル金融危機後の規制見直しの議論にも日本銀行は積極的に参加した。

グローバル金融危機によって判明したことは、欧米の金融機関は危機時において顕在化したリスクをカバーできるだけの十分な自己資本を有していなかったことである。そのため、危機後は自己資本の量と質の両面で大幅な強化が図られた。すなわち、量の面では、金融機関が満たさなければならない最低自己資本比率の大幅な引き上げ、質の面では、自己資本の定義を厳格化し、普通株と内部留保から成る「コア Tier 1」と呼ばれる自己資本の充実である。

最も議論を呼んだのは、自己資本比率の引き上げ幅と、その実現までの期日であった。この点では、より高い水準の自己資本を求める米国、英国、スイスと、適度な水準への引き上げが望ましいとする日本、ドイツ、フランスの主張が対立することが多かった。大幅な引き上げを求める国は、概して直前のグローバル金融危機で大きな問題を抱えた国が多かった。日本は、自己資本比率の引き上げ自体は必要であるが、あまりにも大幅な引き上げを急激に行うと経済活動への影響が大きくなり過ぎることを懸念した。議論の過程では、バーゼル委員会において自己資本比率規制強化のマクロ経済的インパクトに関するリサーチも行われた。日本銀行は金融機関とマクロ経済の間の相互作用を考慮したマクロ経済モデルにもとづくシミュレーションを行い、その結果を織り込んだ分析論文を提出して日本としての主張の理論武装を固めた。資本規制の大枠は後述する流動性規制とともに、10年7月のGHOS会合で了承され、具体的な最低自己資本比率については同年9月のGHOS会合で決定された。

金利リスク

自己資本比率規制は信用リスクや市場リスク、オペレーショナル・リスクを対象とするものであったが[4]、金融機関の抱えるリスクとしては金利リスクも重要である。金融機関の資金調達手段は、預金にしても金融市場からにしても相対的に短期である。他方、運用は、貸出にしても債券にしても相対的に長期である。通常は長期金利の方が短期金利よりも高いため、金融機関はプラスの利鞘を稼ぐことができるが、金融引き締めの結果、短期金利が上昇する時には利鞘が縮小し、場合によってはマイナスになる。そのような金利の変動による収益の変動リスクを金利リスクと言う[5]。金利リスクについては、グローバル金融危機前は自己資本比率規制の対象にはしないが、十分に注意して監視するという扱いであった。

金利リスクは、金融政策の効果波及メカニズムを考えるうえで重要である。金融緩和は短期金利の引き下げが出発点であるが、これが緩和効果を発揮するひとつのメカニズムは、全体的な金利水準の低下をにらみ、資金調達主体が借り入れを増やしたり、債券の発行を増やすことである。もうひとつのメカニズムは、銀行の短期調達・長期運用の資産・負債構造を反映し、短期金利の低下が銀行の利鞘を拡大させるため、銀行は貸出や有価証券投資のインセンティブを高め、与信を積極化させることである。

与信行動の積極化は金融緩和政策が効果を発揮する際の主たる効果波及チャネルのひとつであるが、金融機関が自らのリスク負担能力を超えて過度に金利リスクをとると、景気の回復や物価の上昇から金利が引き上げられる局面で、収益が圧迫され経営が困難化し、最終的に実体経済に悪影響を及ぼす可能性もある。それゆえ、金利リスクをどのように取り扱うかは、金融政策運営上も重要な論点であった。私が総裁在任中はバーゼル委員会で見直しの議論が行われている段階であったが、退任後の２０１６年４月に最終文書が公表され、当局による監督や銀行による情報開示の強化で対応することになった(6)。

流動性規制

グローバル金融危機で判明したことは、欧米の金融機関の自己資本が不足していたことだけでなく、支払いに備えて保有する流動性も不足していることであった。この反省から、金融機関の流動性リスクに関する規制を新たに導入することが決まった。そのひとつが流動性カバレッジ比率（Liquidity

Coverage Ratio: LCR）規制であった。これは先行き1カ月間の予想純資金流出額に対し、それと同額以上の適格流動資産（中央銀行当座預金、国債等）を保有することを義務づける規制である。流動性規制の設計は、民間銀行のビジネスにも大きく影響するが、マクロ経済にとっても非常に重要である。民間銀行の基本的な役割のひとつは、流動性の提供や満期変換（maturity transformation）である。もし、流動性規制が厳格になり過ぎれば、銀行はそのような機能を果たせなくなる。また、流動性規制は中央銀行の政策にも無関係ではない。というのも、中央銀行の政策は、金融政策にしても「最後の貸し手」機能にしても、要するに流動性の水準や配分をコントロールする政策だからである。量的緩和で大量の中央銀行当座預金が供給されている時には流動性規制は制約条件にならなくても、将来、「出口」に向かった局面では影響が生じるかもしれない。したがって、流動性規制は金融機関だけでなくマクロ経済にとっても重要な問題であり、これをどのように設計するかには、周到な検討が必要と言える。

バランス確保の重要性

日本銀行では、グローバルな金融規制の見直しに関する作業の進捗状況が、担当する金融機構局から政策委員会メンバーに定期的に報告されていた。グローバル金融危機後の規制見直しの議論は、日本銀行の金融政策運営やマクロ経済に潜在的に大きな影響を及ぼすとの判断から、前述のように私は、国際会議での議論以外に対外的な情報発信にもかなりの時間とエネルギーを割いた。規制見直しの議論は技術的な内容を多く含むこともあり、マスコミ報道されることが少ないが、報道される場合でも、どちらかと言うと「規制強化に対する邦銀の不満」というトーンでなされることが多かった。

金融規制の見直しに関しては、日本の金融機関は全体に被害者意識が強かった。確かに、日本の金融機関はグローバル金融危機の震源地ではなく、その意味では彼らの不満は理解できないわけではなかった。しかし、世界のどこかで金融危機が起こると、結局はその影響を被ることになるので、世界全体として金融危機の再発をいかにして防ぐかという視点はきわめて重要である。私は金融の規制・監督のあり方について多くの人々にもっと関心を持ってもらう必要があることに加え、日本銀行がこの分野でも積極的に取り組んでいることを知ってもらうために、金融システムや金融の規制・監督の問題をテーマとした講演を国内でも積極的に行うようにした。

それと同時に、金融規制の見直しは、日本の90年代後半以降がそうであったように、時として規制強化の方向に走りすぎて全体感を見失いがちになる傾向があることにも注意していた。このため、国際的な見直しの議論の場では、さまざまな次元でバランスをとりながら金融システムの安定に向けた取り組みを進めることの重要性を強調するようにした。(7) 私が重要と考えるのは以下の4つのバランスである。

第1は、マクロ経済政策、とりわけ金融政策と規制・監督のバランス確保である。グローバル金融危機前は、金融政策の目的は物価安定、規制・監督の目的は金融システムの安定と、両者を別個の目的と捉える考え方が主流であり、しばしば物価安定と金融システム安定のどちらを優先するべきかというトレードオフが議論された。しかし、すでに述べたように、経済が直面する本当のトレードオフ問題は、「現在」と「将来」という異時点の経済の間での安定のトレードオフである。(8) 規制・監督を通じて個々の金融機関の健全経営を確保することは重要であるが、行き過ぎたレバレッジや期間ミスマッチを許すような金融緩和政策が長期間にわたって維持されると、マクロ的に見て過大なリスクテイクが行われ、金融システムの安定は損なわれる。このことは、金融システムの安定を維持するためには個々の金融機関の健全性に焦点を合わせた「ミクロ・プルーデンス政策」だけでなく、金融システム全体のリスクを捉えた「マクロ・プルーデンス政策」が必要であることを意味する。

第2は、金融機関に対する公的規制と経営者による経営判断、自己規律のバランスである。金融市場は絶えず変化し、金融機関のビジネスの内容も変化するだけでなく、各金融機関によってビジネスモデルに違いがあることを考えると、限られた人的資源しか有していない規制・監督当局が、金融機関の活動を細部にわたって監督したり、すべての活動を律する規制を定めることは不可能である。サブプライムローン問題が発生する前は、当時の規制上の自己資本の定義によれば、金融機関は十分な資本を備えていると見なされていた。これは、その時の自己資本比率の計算におけるリスク捕捉の方法が不適当であったことを示しているが、同時に、金融規制・監督当局が常時、適切にリスクを捕捉することの難しさも示している。したがって、金融機関の経営者自身がリスクを適切に捕捉し管理する健全経営の努力を払うことが何よりも重要である。

第3は、規制と監督のバランスである。金融機関のビジネスモデルはさまざまであり、各国間でも異なるし、一国の中でも個々の金融機関によって異なる。また、景気や金融情勢を反映して徐々に変化する面もある。このため、金融機関に共通した最低限の規制という一律対応に委ねることが望ましい部分と、金融当局にある程度の自由度を与えた監督という対応に委ねることが望ましい部分の両方が存在し、両者の適切なバランスをとることが重要である。

第4は、危機予防と波及防止に向けた措置のバランスである。これまで述べてきたマクロ経済政策、規制、監督、自己規律、これらすべての面での努力を重ねたとしても、将来の金融機関の破綻を完全に予防できる保証はない。そうした現実を前提とすると、ショックへの耐久力の強い金融インフラストラクチャーを構築する努力を続けなければならない。これには多くの課題があるが、特に決済システムは重要である。金融機関の破綻は、直接的には資本の不足ではなく、流動性の不足によって生じる。したがって、流動性不足への懸念が引き金となって危機が広がる事態は避けなければならない。この点に関しては、たとえば、通貨スワップの取極を締結しておくことは、有効な流動性補完制度となりうる。

マクロ・プルーデンス政策

グローバル金融危機後の規制・監督の議論の最大の特徴は、「マクロ・プルーデンス政策」に対する関心の高まりであり、さまざまな議論が行われるようになった[9]。規制・監督にあたり、金融システム全体のリスクを意識したマクロ・プルーデンス政策が重要という考え方は、決して目新しいものではない。日本銀行に信用機構局が発足した１９９０年当時も、マクロ・プルーデンスという言葉はすでに存在していた。問題は、この政策をどのように実践していくかである。もちろん、マクロ・プルーデンス政策を重視するからといって、これに対置する従来からのミクロ・プルーデンス活動（micro prudential supervision）の重要性が減じるわけではない。

両方を考慮して必要な規制・監督の全体像を考えると、以下の３つの要素から構成されるだろう。第１は、個々の金融機関に対する監督である。最低限のルールを定めた規制を遵守しているかどうかの検証は当然必要であるが、それとは別に、個々の金融機関の異なる業務内容に則して金融機関の健全性をチェックする活動である。つまり、マクロ・プルーデンス監督に対置するミクロ・プルーデンス監督である。

第2は、「可変的なマクロ・プルーデンス政策手段」である。これはマクロ的な金融情勢の変化に応じて、金融機関の行動に直接影響を与えようとする政策である。すでにグローバル金融危機以前から新興国を中心に、一部の国では不動産融資にかかわる担保掛目の上限規制（Loan-to-Value Ratio: LTV）や所得に対する借入額の上限規制（Debt-to-Income Ratio: DTI）が導入されていた。グローバル金融危機後は先進国でもそうした規制を導入する動きが出てきた。さらに、金融機関の与信行動にブレーキをかけた方が望ましいと規制・監督当局が判断する時に、最低自己資本比率に上乗せして追加的な資本積み増しを求める規制、すなわち、「反景気循環資本バッファー」（counter-cyclical capital buffer）の導入も、前述の2010年7月のGHOSの会合で決まった。この規制は、金融機関の行動が過度に慎重化している局面では、積み増した資本の取り崩しを認めるという対照的な制度設計になっている。可変的なマクロ・プルーデンス政策手段については、熱心な支持者がいる一方で、懐疑的な見方も多く、有効性の評価は分かれている。有効性の程度はそれぞれの国の金融構造にも左右されるので、一概に評価を下すことはできない。私は可変的マクロ・プルーデンス政策手段を熱心に支持することはなかったが、そうした政策手段を試すことに冷ややかな態度を示す議論には好感を持っていなかった。

第3は、景気と金融システムの間の景気増幅作用（pro-cyclicality）を高めないような規制の設計である（第2章「バブル経済」参照）。前述の自己資本比率規制も流動性規制も具体的な制度の設計次第で、そうした増幅作用を高める可能性も低める可能性もある。マクロの金融システム全体のリスクを最小化するという観点から、どのような制度設計が最適であるかを検討することは重要である。そのような趣旨にもとづいて導入された規制手段は、「構造的なマクロ・プルーデンス政策手段」と呼ばれる。

以上の３つの構成要素のうち、第２と第３の実行にあたっては、金融システムの安定性を損なうような動きが生じていないかどうかを観察することが大前提となる。私はこれを「マクロ・プルーデンスの視点」（macro-prudential perspective）という言葉で表現していた。マクロ・プルーデンス政策の手段に関する議論で私が不満に思っていることは、総裁在任時も現在もそうであるが、個別の政策手段の是非や有効性に議論が集中しがちなことである。私はマクロ・プルーデンス政策で重要なことは、不動産融資の担保掛目の調整といった個々の政策手段より、金融システム全体のリスクを考えるという思考様式そのものだと思っている。仮に金融システム全体のリスクが蓄積しつつあり、放置すると将来の金融システムの安定が阻害されると判断される場合、その動きを抑制しなければならない。そうしたマクロ・プルーデンスの視点は、可変的なマクロ・プルーデンス政策の発動においても、金融規制の設計においても、等しく重要であると思う。

金融政策運営とマクロ・プルーデンスの視点

マクロ・プルーデンスの視点は、規制・監督の領域だけでなく、金融政策の運営にあたっても重要である。金融危機とは詰まるところ、金融機関が自らの返済能力（自己資本）を大幅に上回って債務を増やしたり、自ら保有する流動性の水準を超えて、流動的な支払い債務を抱えること（期間ミスマッチ）によって起こる。そしてこの2つのことは、金融政策によって大きく影響される。金融機関に対する規制や監督は、ミクロ・レベルでの金融機関の行動を変えてリスクを削減するように見えるが、マクロのレベルでは必ずしもリスクが削減されるわけではない。その理由は、経済全体として債務の拡大や期間のミスマッチが有利となる環境が作り出されていれば、誰かがそうした有利な機会を利用する可能性が高いからである。

債務の拡大や期間ミスマッチが有利となるマクロ環境が金融緩和政策によって用意されていると、いくらミクロのレベルで分別ある行動をしようとしても、当該金融機関は他行との競争に負けてシェアを奪われてしまう可能性が高い。バブルが懸念されるような局面では、金融引き締め政策ではなくマクロ・プルーデンス政策で対応すべきであるという意見が聞かれるが、前述した「債務の拡大や期間のミスマッチが有利な環境」は基本的に金融緩和政策によって生み出される。そうした環境を放置して、マクロ・プルーデンス政策手段だけでバブルに対処できるとは思えない。可変的なマクロ・プルーデンス政策手段は、金融政策の補完として使う性格のものだと思う。私は国際会議では、いつもそうした観点から発言を行った。

これに関連するが、グローバル金融危機前の主流派のマクロ経済学に対する私の大きな不満のひとつは、理論モデルや思考経路の中に金融機関が存在しないことであった。存在していても、金融機関は単に家計部門の貯蓄と企業部門の投資をつなぐロボットのような存在として扱われていた。金融機関の存在を欠いた経済モデルや金融政策理論は、経済の変動を引き起こす最も重要な要素を最初から排除しているようなものである。

この点で気になったのは「ポートフォリオ・リバランス効果」の評価である。大胆な金融緩和政策を支持するマクロ経済学者やエコノミストは、金利水準の低下の結果、リスク資産への投資が増える効果を強調し、これをこの言葉で呼んだ。金融機関はリスクとリターンを計算し、ある程度まではリスクテイクに向かうであろう。しかし、リターンが極端に低下すると、もはやリスクテイクは採算に合わないとして、リスク資産の運用には向かわないだろう。しばらくは、経済環境の好転に期待をつないで、成り行きを見守る。他方、何もしなければすぐに経営が厳しくなる金融機関は、ほかに選択肢がないので、当面逆風が吹かないことを祈りつつ、リスクテイクに向かうだろう。もし逆風が吹けば、その金融機関の経営は破綻する。金融政策の効果を評価する時には、金融機関の存在を無視することはできないし、それは危険でもある。この点に関しては、グローバル金融危機後はさまざまな改善の努力がなされているが、そうした努力が成果につながり、実際の政策当局者の思考に定着する日がくることを願っている。

金融庁と日本銀行の協力体制

グローバル金融危機後、各国とも中央銀行と規制・監督当局は金融規制見直しの作業に忙殺された。前述のように、日本では金融規制を策定する法的権限を有している金融庁と、金融システムの安定に深くかかわっている日本銀行とが協力して作業にあたった。海外では中央銀行が規制・監督当局である国が多いが、日本のようにそうではない国も含めて、中央銀行が規制策定の作業に参加することには大きな意義がある。最大の意義は、中央銀行は経済全体の安定の維持を目的とする組織であることから、マクロ経済、金融システム全体という視点がより反映されやすくなることである。規制・監督の仕事は、伝統的に個々の金融機関の行動に対するチェック（ミクロ・プルーデンス監督）であったが、多くの金融危機をもたらしたバブルが示すように、マクロ経済や金融システム全体という視点抜きには対応できない。中央銀行はマクロ経済の安定にかかわる業務をも担っており、またそのためのリサーチや分析に強みを有していることも大きい。日本銀行はそうした中央銀行としての強みを活かして多くの分析作業も行い、金融規制に関する国際会議に対応した。

金融規制に関する国際交渉というと、国益を背負った「力と力のぶつかり合い」というイメージで捉えられているかもしれない。事実、そうした側面は確かに存在する。しかし、多くの国が参加する国際会議では、単に自国の利益を主張するだけでは他国の理解は得られない。主張に説得力を持たせるためには、議論を支えるしっかりとした分析が必要となる。金融庁と日本銀行は良好な協力・補完関係を築きながら、規制見直しの議論に参加していた。

上述の組織の強みに加え、海外の中央銀行におけるカウンターパートが多くの場合、法律上の規制・監督当局のトップを務めているため、日本銀行と海外中央銀行の緊密な関係は、規制・監督の面でも好都合であった。規制・監督をめぐって対立する論点については、総裁レベルでの会議で議論される。実際、ＢＩＳの総裁会議や財務大臣も出席するＧ7、Ｇ20等の会議のテーマもかなり変化した。以前はマクロ経済政策や為替市場に関する議論が多かったが、私の総裁在任中は様子が変わり、毎回、金融規制に関する議論がかなりの割合を占めるようになっていた。Ｇ7、Ｇ20の国際会議では、案件が金融に関する技術的な内容を多く含むことから、私が日本の立場を代表して発言することも多かった。

海外における規制・監督体制の見直しの動き

グローバル金融危機後、海外では規制・監督の組織体制の見直しも進められた。米国では、財務長官を議長とし、ＦＲＢを含め連邦レベルの金融監督当局のトップをメンバーとする「金融安定監視委員会」（Financial Stability Oversight Council）が設けられた。また、ＦＲＢはシステミックに重要と認定された投資銀行や保険会社の規制当局になった。ＥＣＢはマクロ・プルーデンス政策の権限のほか、欧州債務危機を経て、一定規模以上の金融機関に対する監督権限も付与された。イングランド銀行は金融政策の独立性を得た時に、金融サービス機構（Financial Services Authority: ＦＳＡ）に移管された規制・監督権限を再び取り戻すとともに、新たにマクロ・プルーデンス政策の権限も与えられた。

これに対し、日本ではグローバル金融危機後も、規制・監督体制の格別の見直しは行われていない。このことについて世界の潮流に照らして感想を求められることもあるが、私自身は中央銀行が個々の金融機関に対する規制・監督権限を持つことが必須であるとは思わない。監督権限はミクロの利害にかかわるものであり、金融政策運営の独立性の観点からは、むしろ保持しない方が望ましいかもしれない。ただ、絶対に不可欠なのは、金融機関に対する実地考査である。金融機関のミクロの情報に接することがない中央銀行は、物価安定についても金融システムの安定についても、マクロ・プルーデンスの視点を得ることが難しい。可変的なマクロ・プルーデンス政策手段の発動については、金融政策運営の判断に必要なマクロ経済の判断と平仄を合わせて発動されることが理想的である。その意味では、日本銀行の提案にもとづいて実際の発動がなされるという制度が望ましいように思う。いずれにせよ、日本銀行としては自らのマクロ・プルーデンス政策への取り組み方針を明らかにする必要があると判断し、２０１１年10月には「日本銀行のマクロプルーデンス面での取組み」と題する文書を公表した[10]。

日本の金融システムが抱える中長期的なリスク

「マクロ・プルーデンスの視点」の重要性については、概念的には理解できても、今ひとつ具体的なイメージを持ちにくいかもしれない。そこで、私の総裁在任時、「マクロ・プルーデンスの視点」から日本の金融システムを見た場合、具体的に何が問題となっていたかを説明したい。日本の金融機関の最大の問題は収益力が低いことである。労働人口の減少を背景に潜在成長率が徐々に低下する中で、どの金融機関も国内における貸出機会の減少に頭を悩ませていた。ただし、地方銀行、第二地方銀行、信用金庫等の地域金融機関と、三大メガバンク等の大手金融機関とでは少し状況が異なっている。地域金融機関は首都圏に位置する金融機関を除くと、人口減少の影響が大きく、貸出機会の減少が顕著であった。その影響をカバーするため首都圏での貸出増加に注力する先もあったが、競争の激化から貸出金利はさらに低下した。そのような状況において気がかりであったのは、当面の収益を確保するために、価格変動リスクの大きな金融商品への投資を増やしたり、金利リスクを過大にとる傾向がある、体力の弱い地域金融機関の動向であった。

地域金融機関の状況は金融機構局や各地の支店を通じて把握していたが、後述するように、業界との定期的な意見交換の場だけでなく相対での面談を通じて、トップの意見を直接聞く機会も多かった。

頭取全員と日本銀行の政策委員会メンバーや関係する理事、局長が出席する会合では、地域金融機関の頭取が激しい言葉で日本銀行を批判することはなかったが、日本銀行が行っている金融緩和政策に対して非常に批判的であることは言葉の端々から伝わってきた。私からは、金融緩和政策は実体経済を持ち上げるための政策であり、それが効果を発揮することによって、最終的には地域金融機関にも好影響が及ぶことを毎回、繰り返し説明した。しかし、私は金融緩和政策だけで実体経済が改善するとは思っていなかったので、説明の後半では、金融緩和政策を実行すると同時に、成長力の強化に向けたさまざまな経済主体の取り組みが不可欠であることを強調し、地域金融機関の置かれた状況は十分認識していることを伝えるのを常としていた。もし、前半の話だけで終わっていたら、地域金融機関経営者の不満は臨界点を超えたと思う。

地域金融機関に限らず、金融機関経営者の不満の源泉である利鞘の縮小は、どのように考えればいいのだろうか。利鞘の低下は金融緩和政策によってもたらされているというより、基本的には、人口減少をはじめ、日本経済の置かれた実体的な要因を反映した面が大きい。高齢化・少子化が日本経済に与える影響について行内のリサーチを強化したことはすでに述べたが、その一環として金融機関の経営に与える影響についても金融機構局で踏み込んだリサーチを行い、成果の一部を半年ごとに公表している「金融システムレポート」に意識的に盛り込むようにした。金融機関の成長率が低下し収益率も低下すると、それに伴って金利水準も低下する。ただ、それがすべての要因かと言えば、そうではなく、金融緩和政策も影響を与えていたことは否定できない。金融機関の負債サイドの金利がゼロに到達する中で、利鞘の縮小に直面した金融機関は少しでも収益を維持するために、期間の長い資産の運用（投資デュレーションの長期化）やリスク資産の運用に向かう。その結果、運用金利水準がさらに低下し、利鞘はさらに低下する。この場合、収益は表面的には確保されていても、より大きなリスクを抱え込むことになる。

利鞘の縮小に伴う問題を指摘する議論に対しては、預金金利をマイナスにする、ないし手数料を取ることによって問題は解消できるという反論も聞かれる。この議論は概念的には理解できるが、現実には容易ではないように思える。個人向けの預金から手数料を徴求することが難しいのは海外も基本的には同じである。ただ、資金調達に占める預金の比率が日本は圧倒的に高く、その分調達コスト引き下げが難しい。預金以外の資金調達、すなわち市場からの調達は、プロ同士が行う取引であり、コスト引き下げは可能である。海外とのもうひとつの大きな違いは、貸出金利が信用リスクを反映するかたちで設定されていることである[11]。

私は金融緩和が金融機関の信用仲介行動に与える影響についても折に触れて言及したが、総裁在任当時はあまり理解されなかった。しかし、金融緩和が世界的にさらに強化される中で、この問題に対する関心は確実に高まっているように思う。２０１７年4月に公表されたＩＭＦの「国際金融安定性報告書」（Global Financial Stability Report）は「低成長と低金利下の金融仲介」と題する第2章で以下のように述べ、この問題の重要性を強調している[12]。

先進国では国際金融危機後、長きにわたって低金利と低成長が続いている。また、長期的に見ても過去30年間にわたって実質金利は低下し続けてきている。最近になって米国を中心に長期金利が反騰の兆しを見せているが、日本の経験から見ても低金利からの最終的な脱却が早期に実現できる保証はない。これは低金利状態が人口老齢化など、短期的改善が期待できない構造的な要因によるところが大きいからである。第2章では長期にわたり低成長と名目・実質金利の低迷が続くというシナリオの下で、銀行・保険・年金のビジネスモデルと金融市場で提供される商品にどのような影響をもたらすかを検討している。低金利・低成長が継続するシナリオの下では、イールドカーブは平坦化し、銀行収益を圧迫するとともに生命保険会社や確定給付型年金経営への悪影響も長く続くであろう。預金への依存度が高く収益源の多様化が進んでいない小規模な銀行への影響は特に大きく、銀行が（かなり大幅な）マイナスの預金金利を設定できなければ、銀行収益は一層悪化し、上記のような小規模行に特に深刻な影響をもたらすであろう。利回り指向が高まり、自国市場でも進出先市場でも銀行部門が金融安定性への新たなリスク要因となることが考えられる。

金融機関経営者との意見交換

ミクロの規制監督は主として金融庁の仕事であるが、マクロ・プルーデンス政策では、日本銀行の果たす役割も大きい。日本銀行が前述の「マクロ・プルーデンスの視点」を意識すると、金融機関の直面している状況を正確に認識することは不可欠である。そうした問題意識から、事業会社と同様、金融機関についても、金融機構局のスタッフだけでなく、私自身も経営者の声を直接聞く機会を意識的に設けるようにした。経営者との会合の雰囲気は、事業会社と金融機関とではまったく異なっていた。事業会社の経営者との会合では大胆な金融政策を求められ、金融機関経営者との会合ではその逆であった。もうひとつの違いは、前者の声はマスコミ等に大きく登場し、後者の声は控えめであった。

いずれの場合も、不満の源泉である事象、輸出関連の事業会社であれば円高による痛みを、金融機関であれば利鞘の縮小による痛みを、日本銀行は十分認識していることを伝えるようにした。自分たちの置かれた状況を中央銀行はそもそも理解していないと思われれば、中央銀行は社会から遊離した存在となってしまう。そうした事態に陥ることを防ぐうえでも、会合は非常に有益であった。

三大メガバンクや大手証券会社、東京証券取引所のトップとは年に2回、生命保険会社、損害保険会社、政府系金融機関のトップとは年に1回の頻度で、かなり長い時間をかけて話を聞く機会を設けていた。地域金融機関の経営者からは、業界全体と日本銀行との定期的会合や地方出張の折に話を聞いた。それらの会合とは別に、先方の金融機関トップが総裁室に訪ねてきて、相対で面談することも少なくなかった。

金融機関の経営者との個別面談では、彼らはいつも率直であった。金融機関から見た景気や借り入れ需要の動向は毎回の定番のテーマであり、この点に関する彼らの見方は大変参考になったが、私にとって最も貴重な情報は経営者が何を懸念しているかであった。最も多く聞いた懸念事項は2つである。ひとつは、外貨資金の調達である。大手金融機関は国内経済の成長が見込めないとの見通しから、海外貸出に積極的に取り組んでおり、その中でも特にアジア向けの貸出の伸長に熱心に取り組んでいた。リーマン破綻時のドル資金市場が示すように、危機時に最も不安な要素はドル資金の調達であった。この点では、彼ら自身の自助努力が何よりも重要であることは言うまでもないが、それと同時に、ドル資金における「最後の貸し手」機能や、危機時にも円滑に機能する頑健な決済システムの重要性を常に感じていた。

もうひとつは、保有額が多額にのぼる日本国債であった。長期金利が上昇する場合、多額のキャピタル・ロスが発生する。金利上昇が景気の改善を反映している場合は、貸出金額の増加による収益増加効果を期待できるが、信認低下による場合は、キャピタル・ロスによる影響だけが残る。大手金融機関の経営トップからは、「国債の価値が大きく下落するような事態だけは防いでください」と言われることがしばしばであった。

地域金融機関の経営者からは、毎回地域経済の実態について話を聞いた。親会社の海外進出に合わせて海外に進出する企業の裾野が拡大していることをたびたび聞いたが、最も深刻な話題は、地域経済が低迷する中で利鞘が継続的に縮小することへの危惧であった。地域金融機関の経営を見ると、個々にはさまざまな改善の余地はあると思うが、ミクロでの経営努力の結果がマクロ経済の改善につながるという予定調和的な見方はできなかった。

大手金融機関や地域金融機関の経営者の発言の中に、自らの企業の利益を守るという利己的な要素がなかったとは思わないが、懸念事項のいずれをとっても、日本経済全体の問題として深く受け止めなければならない課題を提示されたと思っていた。

（1）Tucker (2015) 参照。
（2）過去の取り組みについては、白川（2009c）参照。
（3）この組織は、アジア金融危機の後に作られた「金融安定化フォーラム」(Financial Stability Forum: FSF）が2009年4月に改組されたものである。
（4）市場リスクとは、金利や株価、為替レートの変動等に伴い、有価証券、外国為替など保有している資産・負債の経済価値が変動し、損失が発生するリスク。オペレーショナル・リスクとは、事務ミス、法令・規則違反、システム障害、自然災害等による業務継続の困難化などによる損害の発生、顧客・市場からの信認の低下などのリスク。

(5)　正確には、銀行勘定の金利リスクである。短期の売買を行うトレーディング目的の有価証券にかかわるリスクは、市場リスクとして捉えられている。

(6)　日本では、銀行勘定の金利リスクに関するモニタリングは、国際統一基準行については２０１８年３月、国内基準行については２０１９年３月から実施されることになった。

(7)　白川（２００９f）参照。

(8)　白川（２００９b）参照。

(9)　マクロ・プルーデンス政策については、白川（２００９g）参照。

(10)　日本銀行ホームページ参照。

(11)　日本銀行金融機構局（２０１７）参照。

(12)　IMF（2017）の日本語訳要旨より。

第17章　政府・日本銀行の共同声明

２０１２年12月16日の衆議院議員総選挙の結果、安倍晋三総裁の率いる自民党は圧倒的な勝利を収め、ほぼ3年4カ月ぶりに政権に復帰した。安倍総裁は選挙戦を通じて日本銀行法の改正にも言及しつつ、政府・日本銀行の連携強化の枠組みを作り大胆な金融緩和を行うことを強く求めた。そうした主張を明確に掲げた政党が国民の圧倒的な支持を得たという事実と、独立した中央銀行として通貨の安定を達成するという日本銀行法上の責任との間で懊悩した末、私は日本銀行と政府とで何らかの共同文書を公表することはやむをえないと判断した。その結果生まれたのが、共同声明「デフレ脱却と持続的な経済成長の実現のための政府・日本銀行の政策連携について」である。本声明の作成段階では、日本銀行、財務省、内閣府の間でさまざまな攻防があったが、日本銀行として将来に禍根を残さないように能う限りの努力を行った。この共同声明の公表は、5年間の日本銀行総裁在任中においてきわめて重い決断であった。

共同声明に至るプロセス

共同声明の公表に至るまでには、金融政策、ないしマクロ経済政策の運営をめぐる、２０００年代以降の激しい議論の歴史があった。この議論にはゼロ金利制約に直面した際の金融政策の効果に関する純粋に経済学的な側面もあったが、より本質的には、日本経済が直面している困難な問題の根本原因をどのように理解するか、そして日本銀行の独立性をどのように位置づけるかということであったと思う。

一連の議論の出発点は、「アコード論」、すなわち「デフレ脱却のために政府と日本銀行が政策協定を結ぶ必要がある」という主張であった。この主張は２０００年代初頭から断続的に行われており、特に小泉純一郎政権下の竹中平蔵経済財政担当大臣はその代表的論者であった。(1) そうした議論が激しさを増したのは、私の総裁時代の後半、それも特に最後の１年数カ月にあたる12年１月以降であった。以前からアコードを主張していた日本銀行批判派のエコノミストはもとより、政治家の間でもアコード論は急速に支持を集めていき、さまざまな議員連盟の政策提言にもこれが盛り込まれるようになった。マスコミの論調も、アコード論や、これに近い主張が勢いを増していった。

議論の勢いが急速に増した直接の契機は、ＦＲＢが12年1月25日に「長期的なインフレ目標」(longer-run goal for inflation) を公表し、ＰＣＥ (Personal Consumption Expenditure) デフレーターで「２％」とすることを決定したことである。(2) それ以前のＦＲＢは物価安定に関する数値的な目標や定義を公表していなかったが、数値目標の公表に積極的なベン・バーナンキが議長に就任してからは、従来のスタンスを徐々に修正し、その最終的な到達点がこの時の決定であった。日本銀行の金融政策を批判する論者にとってはＦＲＢの決定は強力な援軍となり、インフレーション・ターゲティングやアコードに関する議論は一挙に盛り上がりを見せるようになった。国会の委員会でも与野党を問わず多くの議員から「日本銀行はなぜインフレーション・ターゲティングを採用しないのか」、「なぜ、もっと積極的な金融緩和政策を実行しないのか」と激しい批判を受けるとともに、政府との間で政策協定（アコード）を締結することを求められた(3)。その過程では、もし日本銀行が大胆な金融政策を採用しない場合には、日本銀行法の改正を行うという恫喝的発言が繰り返された(4)。私が国会の委員会に参考人として呼ばれる日数も際立って増え、12年2月は合計9日にものぼった。委員会では、私の答弁中、議員からのかつてないほどの激しい野次が飛び交っていた。

日本銀行が求められたのは、①2％の物価（上昇率）目標を設定する、②そのためにマネタリーベースを大幅に増やす、③物価目標の達成期限を定める、ということである。さらに、雇用の最大化、円高是正、景気の回復を求められることも多かった。結局のところ、日本銀行が採用を迫られていたのはきわめて特殊な「日本版インフレーション・ターゲティング」とでも言うべきものである。これは海外で採用されているインフレーション・ターゲティングとは大きく異なる。私はこの「日本版インフレーション・ターゲティング」に明確に反対であった。

海外で採用されているインフレーション・ターゲティングは、以下の3点で特徴づけられる。第1は、「物価安定」をあらわす何らかの数値を示すこと、第2は、先行きの経済・物価見通しを公表すること、第3は、物価の短期変動を機械的にコントロールするのではなく、中長期的に見た物価や経済・金融の安定を重視した政策運営を行うことである。そしてこれらの点では、日本銀行の金融政策運営の枠組みも多くの中央銀行と大きく変わるところはなかった。このような枠組みは「柔軟なインフレーション・ターゲティング」と呼ばれるものであり、海外では「インフレーション・ターゲティング」という言葉はそうした枠組みを指して使われていた。

それでは、海外で採用されている柔軟なインフレーション・ターゲティングであれば全面的に賛成であったかと尋ねられると、それにも積極的に賛成はできなかったが、辛うじて許容範囲だとは思っていた。インフレーション・ターゲティングを主張する論者の論拠は大別すると、ひとつは中央銀行のアカウンタビリティの向上であり、もうひとつは金融政策の有効性の向上であった。しかし、ゼロ金利制約に直面し、為替レートを通じた効果波及も期待できない中で、インフレーション・ターゲティングという枠組みを採用したとしても、それによって金融政策の有効性が回復するとは思えなかった。有効性を主張しようとすれば、目標物価上昇率の発表自体が予想物価上昇率を高めるというロジックしかないが、そもそも有効な手段を欠いている時に、予想（期待）に影響を与えることができるとは到底思えなかった。しかし、「リフレ派」の論者や政治家からは、判で押したように、「マネタリーベースの増加が予想物価上昇率を高める」という批判が返ってきた。以下の自民党山本幸三議員の主張はその典型であった。

> マネタリーベースのふやし方を見ながら市場の人は予想をつくっていくんだ。なぜ日本でデフレが続くかといったら、マネタリーベースを全然ふやしていないからですよ。〔中略〕マネタリーベースをふやすと明らかに予想インフレ率に影響する、ここが大事なんだ。
>
> （衆議院財務金融委員会、２０１２年２月29日）

マネタリーベースの増加の効果を強調するリフレ派の議論を鵜呑みにする人はさすがに多くはなかったと思うが、私にとってもっと厄介であったのは、日本銀行が「本気」になって高い目標物価上昇率の実現に向かっているという姿勢を見せれば実際の物価上昇率も上がるという議論であった。私が「期待派」と名づける議論である（第10章「日本経済の真の課題」参照）。そうした議論自体は、主流派のマクロ経済学からすると必ずしも異端ではなく、むしろ正統派であっただろう。この議論にたてば、物価上昇率は基本的には需給ギャップと予想物価上昇率で決まり、その予想物価上昇率は究極的には中央銀行の設定する目標物価上昇率によって決まる。つまり、中央銀行の設定する目標物価上昇率は「アンカー」（錨）の役割を果たしているという議論である。激しいインフレを抑制することは、景気への短期的な悪影響を無視すれば可能である。その意味では、中央銀行はアンカーでありうる。しかし、2000年代以降の日本経済において、日本銀行の「気合い」や「本気度」が高インフレのアンカーになるとは思えなかった。その証拠に、多くの主要国は2％のインフレ目標を掲げて積極的な金融緩和政策を行っており、十分「本気」であったが、それでも目標は未達であった。07年以降、どの国も景気が回復し失業率も大幅に低下したが、物価上昇率は依然として目標を下回っており、伝統的な理解が正しいのかどうか活発な議論が行われるようになっている。

他方、アカウンタビリティの向上を論拠にインフレーション・ターゲティングを唱える議論についても、私は熱烈な支持者にはなれなかった。実際、グローバル金融危機後にはインフレーション・ターゲティングに対する無条件の信頼は後退し、見直しの動きが広がりつつあった。イングランド銀行のマービン・キング総裁は2012年2月、記者会見で、インフレーション・ターゲティングは有用であるかどうかとの質問を日本人記者から受け、以下のように答えている(5)。

我々の観点では、インフレーション・ターゲティングは金融政策運営にあたっての有用な枠組みであることを示していると思う。しかし過去4〜5年の経験はインフレーション・ターゲティングが達成できると期待すること、またこの枠組みで十分かどうかということに関して若干の疑問符が投げ掛けられていると思う。我々の感覚では、インフレーション・ターゲティングだけでは十分ではない。インフレーション・ターゲティングは大規模な金融的不均衡の蓄積を防止できなかった。そして、これに対処するには我々の金融システム安定委員会を通じて他の手段を使うのが正しい方法なのか、金融政策運営にあたってこれらのことを考慮すべきかどうかが議論されなければならないと思う。シラカワ総裁はこの点について広範かつ非常に啓発的に論じている。したがって、我々はこのことについて深く考えることがたくさんある。そして、次の危機が起こるのはもう少し先だと思うので、過去の教訓についてじっくり考える時間があると期待する。我々はまだその作業の最中にあり、この段階で強い結論を引き出すのは時期尚早である。

キング総裁の言うとおり、「過去の教訓に学ぶ」ことは重要である。日本銀行が2006年3月に量的緩和を解除する際に採用した「2つの柱」や「中長期的な物価安定の理解」は、まさに日本銀行が過去の教訓に学んだ検討作業の結果として生まれたものであった（第5章「ゼロ金利政策と量的緩和政策」）。この時に行った見直しの方向は、従来のインフレーション・ターゲティングに比べ、物価安定を判断するタイムスパンをより長くすることと、金融システムの安定という観点を意識することであった。

残念ながら当時はその意味は必ずしも正確に理解されなかったが、グローバル金融危機後、各国中央銀行はインフレーション・ターゲティングの枠組みに、金融システム安定への考慮を組み込む方向に変化している。インフレーション・ターゲティングを最初に採用した中央銀行として有名なのは、ニュージーランドとカナダの中央銀行であるが、両中央銀行の見直しの動きはこのことを端的に示している。たとえば、２０１２年９月20日に公表されたニュージーランド準備銀行と財務大臣の合意は次のように書かれている[6]。

政策目標に関する合意において、ニュージーランド準備銀行が点検する様々な指標に資産価格に関するものも含むこととし、金融政策の遂行に当たり、金融システムの健全性と効率性も考慮することを通じて、金融システムの安定性により強く焦点を当てることを含めた。

２０１１年11月９日に公表されたカナダ銀行と大蔵省との合意文書にはこうある[7]。

インフレ目標を達成するまでの期間について、ある程度の柔軟性が必要かもしれないと認識した。これは、金融システムの不均衡が経済や物価に影響を及ぼすのに長期間を要することがあり得るためである。この柔軟性は、政策期間中の物価上昇率の達成率を犠牲にするかもしれないが、より長い目でみた金融、経済、そして最終的には物価の安定をもたらすと考えられる。

日本のバブルの一因は長期にわたる金融緩和であり、緩和の修正がなかなかできなかった大きな理由は当時の物価の超安定であった。この苦い経験を経た日本において、グローバル金融危機が発生する以前の理解にたった従来型のインフレーション・ターゲティングの採用を求める論者の主張は、私には到底理解できないものであった。インフレーション・ターゲティングを採用している国でも運営の実態はかなり変化していたが、自らの金融政策運営の枠組みをインフレーション・ターゲティングという言葉で呼ぶ国が多い中で、そうした「形式」の持つ力の大きさも意識せざるをえなかった。客観的に見れば、インフレーション・ターゲティングといういわばラベルの採用に反対することが、日本銀行は金融緩和に積極的でないという印象を与える大きな一因になっていた。そう考えると、「インフレーション・ターゲティングを採用した」と割り切って宣言するのが「大人の判断」だと思うこともあった。

重要なのは「実態」なのか、「形式」なのか。これは制度設計を行う際、どの分野にも共通する悩みである。ここでのポイントは、柔軟なインフレーション・ターゲティングが正しく理解されているかどうかであった。しかし、インフレーション・ターゲティングを声高に主張する政治家やマスコミ、それをサポートする、いわゆる「リフレ派」や「期待派」の議論を聞く限り、正しい理解は欠けているように見えた。そのような状況で、インフレーション・ターゲティングの採用を宣言した場合、日本銀行は自らの意図する範囲を超えた際限のない国債買い入れ、すなわち、「財政支配」の状態に陥り、そうなれば、物価安定のもとでの持続的な成長の実現という目的に逆行することになる。一国の経済発展に重要な役割を担う金融機関も利鞘の絶えざる低下から存続が危うくなり、そのことが実体経済に打撃を与える可能性もあった。急速な高齢化を背景とした潜在成長率の低下傾向、人口減少に悩む地域経済、悪化した財政状況等を踏まえると、そうした懸念は決して観念的なものではなかった。日本銀行にとっての課題は、一方で「日本版インフレーション・ターゲティング」に陥る危険を避けながら、他方で独立した中央銀行として、国民の共感を得ながら金融政策のアカウンタビリティを高める具体策をどのように組み立てるかということであった。

「アコード」論

「日本版インフレーション・ターゲティング」を叫ぶ論者は、政府と日本銀行の政策協調を求めることが多かった。それは「アコード」「政策協定」「政策連携」等、さまざまな呼称で主張された。これらの言葉は必ずしも厳密に使い分けられていたわけではないので、本書では最もよく聞かれた「アコード」という言葉を使用することにする。

物価安定のもとでの持続的成長を実現するうえで、政府と中央銀行のそれぞれに果たすべき役割があることは言うまでもない。また、そのために両者の間で密接な意思疎通が必要であることも当然である。そうした一般的な認識を「協力」という言葉であらわすとすれば、政府と中央銀行の協力が重要であるという基本的な考え方に賛成である。

しかし、日本における「アコード」論はそれ以上の意味を持つものとして使われていた。私がアコードという考え方に強い違和感を抱く最大の理由は、そもそも原理的にも現実的にも、意味のあるアコードの締結主体を想定することは難しいということにある。日本銀行の意思決定は9名の委員から構成される政策委員会で行われる。委員の任期は5年であることから、仮に等間隔で任命がなされたとすれば、ある時点での委員会のメンバーの平均残存任期は計算上2年半となる。委員会は現委員の残りの任期を超えて将来にわたる金融政策の運営を約束することはできないし、またそれが許されるとも思えない。この点は政府も同様である。また、アコードの主体として想定される「政府」が何を指すかも曖昧であった。常識的には「内閣」を指すだろうから、それを前提にして言えば、現在の内閣と日本銀行の間の取り決めが将来の内閣を拘束することができるはずがない。実際、私の総裁在任中に与野党の政権交代は2回あり、内閣総理大臣は6名に及んだ。さらに、現在であれ将来であれ、内閣の方針が経済政策として実現されるためには予算や税制が国会で承認されなければならないが、その場合の国会とは衆議院、参議院の両方であり、内閣は国会の決定を拘束することはできない。つまり、仮にアコードとして内閣と日本銀行の間で何らかの合意が成立したとしても、その後の選挙で選ばれた国会議員がこれに縛られる理由はない。このことを端的に示すのは、私の総裁在任中の２０１２年６月に与野党の間で成立した「社会保障と税の一体改革」の合意と、この合意がその後たどった運命である。同合意のもとに成立した消費増税法により消費税率の段階的な引き上げが決定されたが、８％から10％への引き上げは2回にわたって延期され、本書執筆時点では実現していない。この間、政権自体は12年12月の衆議院議員選挙によって与野党が逆転したが、新たな政権与党は合意の一方の当事者なのに、である。私には、アコードは非常に感覚的な議論のように思えた。

今日、アコードの名前で知られている唯一の事例は、米国の財務省とＦＲＢが１９５１年に締結した合意である。この合意は、第二次世界大戦中に始まった国債の価格支持政策を取りやめることを目的としたものであり、ＦＲＢの金融政策運営の独立性回復宣言であった。他方、日本における「アコード」論はそれとは逆方向を目指しており、日本銀行の独立性を制約し、金融政策運営に対し政府の影響力を強めることを目的とするものであった。

「中長期的な物価安定の目途」の公表

日本銀行はアコードを求める議論には応えなかったが、先に述べたＦＲＢの物価目標２％の公表後、インフレーション・ターゲティングをめぐる議論が一段と先鋭化する中で、目標物価上昇率について従来の考え方を見直さなければ、日本銀行法の改正が現実味を帯びる状況に次第に追い込まれていった。それは私を含め、政策委員会メンバーに共通した認識であった。その結果生まれたのが、２０１２年２月14日の決定会合において決定、公表した「日本銀行は、消費者物価の前年比上昇率で２％以下のプラスの領域にあると判断しており、当面は１％を目途とすることとした」という「中長期的な物価安定の目途」であった。この決定に至るまでの政策委員会メンバーとの熱のこもった議論は、総裁在任５年間の多くの議論の中でも特に忘れられないものである。

この決定のポイントは、具体的な数値としては、「消費者物価の前年比上昇率で２％以下のプラスの領域にある」という従来の「中長期的な物価安定の目途」と同じ表現を用い、ある程度幅を持って示すという考え方を維持したうえで、「当面は１％を目途」に運営するという日本銀行の姿勢を明確にしたことである。従来の「委員の大勢は１％程度を中心と考えている」という表現に比べ、日本銀行という組織体としての意思がより明確になる表現を採用したことが大きな違いであった。また、金融政策運営の面でも、当面消費者物価の前年比上昇率１％を目指し、それが見通せるようになるまで、実質的なゼロ金利政策と金融資産の買い入れ等の措置により強力に金融緩和を推進していくことを明確にした。これは、いわゆる「時間軸効果」を狙ったものである。これに併せて、資産買入等の基金の規模を「55兆円程度」から「65兆円程度」に10兆円拡大した。

日本銀行の決定には賛否両論の反応があったが、当然のことながら、アコード論者には意図は理解されなかった。金融政策運営上、2％ではなく「当面は1％を目途とする」ことについて、本決定の発表後の記者会見では多くの質問を受けた。私は決定会合での議論を踏まえ、以下のように答えた。

国民の物価観から離れ、一気にこれまでに経験したことのない数字を出した場合、家計や企業が却って大きな不確実性に直面する可能性があるほか、長期金利の上昇を招く惧れがあります。仮に2％という数字を文字通り、国民が信用した場合には、長期金利が上がってしまうことにもなります。

この答えは真の答えの半分しか言っていなかった。もう半分の正直な答えは、物価上昇率が2％に到達するという状況は当面予想し難いというものであったが、それを言わなかったのは2％という目標自体を放棄しているという批判を招かないようにするためであった。2％の根拠は、物価指数のバイアス（計測誤差）とゼロ金利制約に直面することを回避するためののりしろを作るという、金融政策運営上の「保険」の議論である。しかし、第9章「デフレ論議の高まり」で説明したように、2％を絶対視すると、かえって経済の持続的成長を損なう危険がある。それに何よりも、物価上昇率が2％に未達であることが日本経済の低成長の原因ではない。それにもかかわらず、日本銀行が2％を目標としていないことが日本経済のさまざまな問題の根本原因であるかのような議論が世の中には溢れており、書店に行くと、入口近くにリフレ派の論者による日本銀行批判の書籍が堆《うずたか》く積まれていた。

「目途」か「目標」か

2月の決定は、上述の批判と並んで、目途となる物価安定の状況を実現するまでの時間が具体的に明示されていないことは無責任であるという激しい非難を浴びた。自民党の山本幸三衆議院議員の以下の発言が典型である（傍線は引用者）。

まず時期。時期がはっきりしない。時期がはっきりしないと、また責任もとれない。これが問題。〔中略〕通常、インフレ目標政策というのは中期ということになっていて、それは常識的な理解がみんなあるんだよ。大体、一年半から二年ですよ。それぐらいまでにそこの目標値に大体持っていく。〔中略〕あなたは責任をずっととらないままでいっちゃうんだよ。これでは、期限がはっきりわからなきゃ、責任の問いようがないんだよ。だから、あなた方は、目標をめどと言って逃げ、そして期限をはっきりしないで、責任をとらなくていいように逃げているんですよ。私にはそうとしか思えない。こんな無責任なことはない。誰も市場は信用しない。

（衆議院財務金融委員会、2012年2月29日）

このような発言は決して同議員だけでなく、メディアの論調を見ても勢いを増しており、本質的には柔軟なインフレーション・ターゲティングに対する理解不足によるものであった。この発言にもあるように、「目標」という言葉を使わなかったことに対しても批判を受けた。その理由は「目途」という表現ではデフレ脱却に対する日本銀行の能動的な意思が感じられないというものであった。これはもちろん予想された批判であり、言葉の選択をめぐっては政策委員会メンバーとずいぶん議論した。最終的に「目途」を選び「目標」を使わなかったのは、日本銀行が目標物価上昇率を短期間に達成するために金融政策を機械的に運営することにコミットしたと受け止められることを懸念したからであった[8]。実際、「中長期的な物価安定の目途」の公表後、多くの政治家、マスコミの関心は「日本銀行がインフレーション・ターゲティングを採用したかどうか」の一点に集中していた。

私としては、インフレーション・ターゲティングをめぐる特殊日本的な不毛な論争から早く逃れるために、記者会見や国会答弁では、インフレーション・ターゲティングと呼びたければ呼んで構わない旨の発言を意図的に行った[9]。用語の選択という点では、「目途」の英語訳も論点となった。日本銀行はターゲットという言葉の持つ機械的ニュアンスを考えると、FRBが使ったゴール（goal）の方が自然であり、金融政策運営の実体に近いと判断したが、中途半端な対応として批判を受けた。

この時の決定に対しては、3つの相異なる批判を受けた。第1は、「リフレ派」あるいは「期待派」からの批判である。この批判は愉快ではなかったが、考え方の根本的な違いによるものであり、従来どおりに受け止めていた。第2は、「政治的圧力に屈した」とか、「マネタイゼーションの領域に踏み込んだ」という、まったく逆方向からの批判であり、「日本銀行はルビコン川を渡った」という激しい言葉も投げかけられた。私にとっては、この種の批判が最も不本意であった。日本経済の直面する真の課題が正しく認識されていれば、そもそも日本版インフレーション・ターゲティング論が登場する余地はない。しかし、現実にはそれが理解されていない状況で、日本銀行は一方で国民に対するアカウンタビリティを確保しつつ、他方で経済の安定を図るというナローパスを歩まざるをえない。この第2の批判は、私には現実に向き合っていない貴族主義的な批判のように映った。

第3は、日本銀行の金融政策に関する説明を丹念にフォローしてきた債券アナリストからの批判であり、その論旨はエコノミストの言葉を借りれば、金融政策のルールがわかりにくくなったというものである。金融緩和は景気見通しが悪化するとか、物価見通しが下振れする時に行われるが、2月の決定会合でそうした判断をしたわけではなかった。むしろ、景気見通しは上振れしていた。そういう状況下で基金の増額という金融緩和強化措置がとられたことから、金融緩和が今後どのような考え方で行われるかわからないという批判を受けることは、ある意味では当然である。実際、2月の措置をきっかけに、市場ではさらなる緩和措置期待が生まれた[10]。金融政策は中央銀行が短期金利を誘導し、それが中長期金利に波及することを通じて、より広範な金融市場の動きや実体経済に影響を与え効果を発揮する。それゆえ、将来の短期金利の動きを予測してそれを中長期金利に反映させる債券市場の参加者の役割は非常に大きい。その意味で、金融政策ルールがわかりにくくなったという批判は非常に重いものであった。結局この批判は、インフレーション・ターゲティングは真の意味で透明性やアカウンタビリティの向上につながるのかという、より根本的な問いでもあった。

「バレンタイン・プレゼント」

「中長期的な物価安定の目途」の公表後、最も反応したのは為替市場であった。円の対ドル為替レートは下落し、決定会合前日2月13日の1ドル77.63円から3月15日には83.98円へと円安が進行した。

たまたま、「中長期的な物価安定の目途」の公表日が2月14日であったことから、金融市場参加者の間では日銀による「バレンタイン・プレゼント」と言われた。私自身は「円安は日銀によるインフレーション・ターゲティング採用の効果」とする論調に対し、終始居心地の悪さを感じていた。この時期の円安には日銀の金融緩和強化措置の影響もあったが、より本質的な要因はグローバル金融市場におけるリスク回避姿勢の後退であると認識していたからである。そのきっかけは、ＥＣＢの期間3年の資金供給オペ（Long-term Refinancing Operation: ＬＴＲＯ）やギリシャ向けの第2次支援の決定であり、これによってユーロ崩壊のリスクが当面後退したと受けとめられ、安全資産としての円買い需要が低下した。2月初旬に香港でＢＩＳ特別総裁会議が開かれ、これに合せて民間金融機関ＣＥＯとの会合が開かれた際、民間サイドの出席者がＬＴＲＯを実施したＥＣＢを讃える声を聞きながら、私自身は金融市場で広がりつつあった楽観論に強い違和感を覚えた。ＬＴＲＯ自体は単なる流動性供給にすぎず、これによってユーロ崩壊のリスクが後退したという見方は明らかに楽観的だと感じた。実際、その後、ユーロ危機が再燃し、為替レートは再び安全資産選好から円高傾向に転じ、7月下旬には再び78円台を記録した。「バレンタイン・プレゼント」と映った円高是正は、本質的にはユーロ危機の第2幕から第3幕への間奏曲にすぎなかった（第11章「欧州債務危機」参照）。

三重野元総裁の訃報

２０１２年は年初から慌ただしい生活を送っていたが、そのさなかの4月15日、三重野康元日本銀行総裁が亡くなった。享年88。同総裁と最後に二人だけでゆっくり言葉を交わしたのは、ちょうどバーゼル出張前日の12年1月6日の夜、病床を見舞った時であった。すでに相当衰弱していたと思うが、いつもと同じように励ましの言葉をかけてくれた。15分程度話した後、三重野は「明日からはＢＩＳ総裁会議出張で忙しいのだから、君はそろそろ帰った方がいいよ」と、私のことを気遣ってくれた。三重野が総裁であった頃、私は信用機構課長と企画課長として仕えた。企画課長時代は総裁の講演原稿を作成することが多く、その関係で何度となく総裁室を訪ねたことを思い出す。私は総裁の置かれた立場や苦悩を正しく理解できていたわけではなかったと思うが、気持ちのうえでは、総裁の立場に寄り添い原稿を執筆しようとしていた。今と違ってホームページに総裁の講演原稿が掲載される時代ではなかったので、財界人やマスコミ関係者に三重野が講演原稿のコピーを渡していることを仄聞する度に、初稿を作成した人間として嬉しかった[11]。私が総裁に就任してからは、折に触れて、手書きで一言感想を記した紙を届けて励ましてくれた。特に印象深いのは、日本銀行や私自身に対する攻撃が異常に高まっている時に送られてきた自筆の色紙であった。そこには、「窮不困憂意不衰」という、荀子の有名な言葉が書かれていた。「窮して困《くるし》まず、憂いて意《こころ》衰えず」。元総裁は著書で、「困難な局面に立ち向かう時は、いつもこの文句を口ずさむ。どんな局面にも逃げるな、逃げるなと自分に言い聞かせながら、この文句を唱える。そして中央銀行の物指しを堅持しながら、物指しのギャップに挑戦するのである」と記している[12]。三重野は１９９１年に亡くなった父とほぼ同じ年齢であったこともあり、私にとっては慈父のような存在でもあった。12年6月11日、「お別れの会」が開かれ、私は主催者の一人として弔辞を読んだ[13]。

民主党政権下の「デフレ脱却に向けた取組について」

民主党政権の経済閣僚は一部の例外もあったが、リフレ的な考えを強く押し出す人は概して少なかった。特に財務大臣について言うと、野田佳彦、安住淳とも、日本銀行の考え方に理解を示していた。12年10月1日、野田内閣の改造が行われ、財務大臣には新たに城島光力が就任し、経済財政担当大臣には古川元久に代わり前原誠司が就任した。前原大臣は前職の政調会長時代から国会の委員会の場でも日本銀行の金融政策に対して厳しい批判を展開し、アコード論者として知られていた。それだけに、私は当初、前原の経済財政担当大臣就任にはかなり身構えた。実際、前原大臣は就任後もリフレ派的な発言を行い、アコードの締結にも前向きであった。しかし同時に、大臣という立場も意識してか、日本銀行の独立性にもある程度配慮し、発言のトーンをいくらか抑制している様子も窺えた。

この改造後、何らかの文書を作成して公表することになった。文案作成の交渉は内閣府、財務省、日本銀行の事務方レベルで行うことになり、その経過は逐次、私のもとに報告が上がってきた。当時の記憶として今も強く残っていることは、内閣府の事務方が財務省の事務方に比べて、常にリフレ派的な主張をしていたことである。

交渉の結果、「デフレ脱却に向けた取組について」と題する文書が取りまとめられ、12年10月30日に日本銀行総裁、前原経済財政担当大臣、城島財務大臣が署名をして公表された。本文書は、第1に「政府及び日本銀行は、我が国経済にとって、デフレから早期に脱却し、物価安定のもとでの持続的成長経路に復帰することが極めて重要な課題であるとの認識を共有しており、一体となってこの課題の達成に最大限の努力を行う」という基本認識を示している。そのうえで、こうした課題は「幅広い経済主体による成長力強化の努力と金融面からの後押しがあいまって実現されていくものであると認識しており、政府が成長力強化の取組を強力に推進することを強く期待する」という、かねてからの日本銀行の主張も明確に盛り込まれた。金融政策については、同年2月に「中長期的な物価安定の目途」を公表した際に使用したのと同じ表現を踏襲している。政府サイドは、日本銀行に対して、本文書に掲げられた日本銀行の「方針にしたがってデフレ脱却が確実となるまで強力な金融緩和を継続することを強く期待する」と述べる一方、「政府は、デフレからの脱却のためには、適切なマクロ経済政策運営に加え、デフレを生みやすい経済構造を変革することが不可欠であると認識している」という日本銀行サイドの要望も明確に記述していた。最終的にこの文書の内容はアコードという体裁をとらずに、文章表現としても妥当なところに収まったと言える。

この間、金融政策運営面でも10月末、および12月19、20日に開かれた決定会合において、一段と強力な金融緩和措置をとることを決定した。この結果、資産買入等の基金の規模は80兆円程度から101兆円程度に増額された。また、金融機関のより積極的な行動と企業や家計の前向きな資金需要の増加を促す観点から、貸出増加を支援するための資金供給の枠組みを創設することを決定した[14]。これは金融機関の貸出増加額について、希望に応じてその全額を低利・長期で資金供給するというものである。これらの措置の結果、資産買入等の基金と貸出支援基金の合計金額を一定の前提のもとに計算すると、後に追加的な金融緩和措置をとらなくても、2012年末の68.5兆円から14年3月末には120兆円超まで大幅に増加すると見込まれた。

衆議院の解散、総選挙

物価目標やアコードをめぐる議論が高まりを見せる中で、政治情勢は急激に変化していった[15]。マクロ経済運営との関係で最も重要であったのは、消費税率引き上げと社会保障改革であった。このうち消費税率の引き上げについては、前述のように12年3月30日、野田内閣が5％から10％に引き上げることを盛り込んだ法案を国会に提出した。本法案は6月15日に民主党、自民党、公明党の与野党三党の実務者間で合意文書が交わされ、同月21日に三党の幹事長が署名し、26日に衆議院本会議で可決した。この間、与党民主党の政治基盤は弱く、野党自民党からは衆議院の早期解散を求められ、野田総理は「増税法案が成立した暁には、近いうちに信を問う」という表現で、衆議院の総選挙の時期について異例の言及を行った。その結果、増税法案は野党が多数を占める参議院でも、自民党、公明党の賛成を得て8月10日に何とか可決成立した。しかし、増税法案は成立しても、２０１２年度に予定されていた38兆円強の赤字国債発行を可能にする特例公債法案が成立していなかったため、政府の予算の執行が次第に難しくなっていった。政府はいわば日本版「財政の崖」に直面した。自民党では9月26日に谷垣禎一総裁に代わって安倍晋三が5年ぶりに総裁に返り咲いたが、安倍総裁は野田総理に衆議院の早期解散を求めた。11月14日、国会における与野党党首討論で野田総理は衆議院解散を明言し、同16日に解散した。

12月4日、総選挙が公示された。この時、自民党は「明確な物価目標（2％）を設定、その達成に向け、日銀法の改正も視野に、政府・日銀の連携強化の仕組みを作り、大胆な金融緩和を行う」と選挙公約に明確に謳った。当時野党党首であった自民党の安倍晋三総裁は選挙中、かなり過激な表現を使って日本銀行に対し大胆な金融緩和の実施を要求するとともに、具体的な為替レートの水準に言及しながら円安誘導発言を行った。12年11月20日付の『朝日新聞』では、安倍は11月17日の山口市での講演で、日本銀行の「輪転機をぐるぐる回して、無制限にお札を刷る」、同日の『毎日新聞』では「大胆な金融緩和を行って、2、3%のインフレ目標を設定し、無制限に金融緩和を行う」との発言が報道されている。この時の発言が正確にどういうものであったかはわからないが、私の記憶では、先進国で中央銀行の金融政策運営がこのような露骨なかたちで選挙の争点となったことはなかった。そうした例がなかったというより、これまでは「金融政策の政治化」を避けるというのが政治の知恵だった。それが突然吹き飛んだ。

このような状況で、11月20日の決定会合を迎えた。記者会見では、自民党の公約に示された金融政策運営や中央銀行の独立性について多くの質問を受けることが予想された。私としては、現実に日本銀行や金融政策のことが選挙公約で取り上げられており、国民生活に大きな影響を与える以上、専門家としての基本的な考え方を明らかにすることは中央銀行の総裁としての責務であると思った。私は山口廣秀副総裁の意見も十分参考にしながら、入念な準備を行い、挑戦的と映る表現は慎重に避けつつ、あくまでも一般論と断ったうえで明確な言葉で日本銀行の考えを述べることを決めた。

私は記者会見の際、特に重要であった中央銀行の独立性については、以下のように発言した。(16)

私として申し上げたいことは、中央銀行制度、中央銀行の独立性は、内外の長い経済・金融の歴史の中から得られた、数々の苦い教訓を踏まえて考えられた制度であるということです。つまり、やや長い目でみた経済・金融の安定を図っていく、そういう組織が必要である、それを中央銀行の独立性という形で制度設計したわけです。これは、ある経済学者が以前使った言葉ですが、中央銀行は経済における目覚まし時計のような役割であるということです。つまり、人は朝起きるため、目覚まし時計をかけます。時計が鳴るその瞬間は、確かに起きることが辛いのですが、一定の条件が揃っていた場合に、長い目でみた経済の安定、あるいは人々の生活の安定を考えた上で警告を発していくのが目覚まし時計であるわけです。中央銀行の独立性は、そうした長い経験の中で培われたものです。特に、このグローバル化の時代では、各国がそうした中央銀行の独立性を尊重しています。日本銀行としては、独善に陥ることなく、金融政策を適切に行うべく、最大限の努力をしていきます。同時に、中央銀行の独立性ということを、是非、尊重して頂きたいと思っています。

危機においては、中央銀行総裁が政府に対しても毅然とした発言をすることが求められる局面がくる。私の総裁在任時で言えば、欧州債務危機が最も深刻化した時のジャン＝クロード・トリシェ総裁やマリオ・ドラギ総裁の発言がそうである。

安倍政権の発足

12月16日に行われた総選挙の結果、自民党は２９４議席を獲得し、与党民主党は57議席に終わり歴史的な大敗を喫した。多くの国民は金融政策の細かな議論をフォローしたうえで投票を行ったわけではなかったと思う。事実、日本銀行が四半期ごとに行っているアンケート調査によると、そもそも日本銀行が物価安定を目指して金融政策を行っていることについての認識度は、毎回回答者全体の30％強にすぎない。そうした状況は当時も現在も変わっていない。さらに言えば、総選挙は日本銀行の金融政策の是非自体をめぐって行われたものではない。しかし、それでも安倍総裁が金融政策に関してきわめて踏み込んだ発言を行った総選挙において、自民党が圧倒的な勝利を収めたという事実は決して無視できるものではなかった。

日本銀行法は「物価の安定を図ることを通じて国民経済の健全な発展に資する」ことを金融政策運営の理念として定めるとともに、「日本銀行の通貨及び金融の調節における自主性は、尊重されなければならない」と金融政策の独立性を謳っている。しかし同時に、「日本銀行は、その行う通貨及び金融の調節が経済政策の一環をなすものであることを踏まえ、それが政府の経済政策の基本方針と整合的なものとなるよう、常に政府と連絡を密にし、十分な意思疎通を図らなければならない」ことも規定している。私に課せられた使命は、日本銀行法の規定に従い、経済や金融政策に関する専門家として最適な判断を下すことであった。自分の39年にわたる日本銀行生活は、この難しい政治的状況の中で、後世に禍根を残さないように適切な判断を間違いなく行うためにあるという思いで考え抜いた。

限られた情報の中で、何が正しい金融政策運営であるか、絶対的な自信を持っては誰も判断できない。日本銀行を含めた各国中央銀行の歴史を見ると、中央銀行自身の判断の失敗がその後の経済の混乱をもたらした事例も少なからず存在する。翻って、政府が判断を誤り、中央銀行に不適切な金融政策を強いた結果、経済の混乱を招いた事例も数多い。ここでは、「政府」という言葉を使ったが、圧力は政府というより、もっと広く「社会」の集団的圧力であったと言った方が適切かもしれない。

中央銀行の独立性とは、社会には中長期的な安定を犠牲にして目先の景気拡大を優先する傾向があるとの認識にもとづき、中央銀行が中長期的な観点にたって金融政策を運営することを可能にするための仕組みである。実際、金融政策を含め過去のマクロ経済政策を振り返ると、バブルにしてもバブル崩壊後の金融危機にしても、短期的な景気予測の失敗で起きているものではなく、経済や政策運営に関する基本的な認識の誤りによって生じている。その意味で、日本銀行にとって最も大事なことは、中央銀行として譲ることのできない金融政策運営のロジックは断固守るという決意であった。もちろん、日本銀行が正しいと考える金融政策運営のロジックがすべて正しいという保証はない。しかし、正しいとは思えないロジックを日本銀行の行動の指針とすることは私にはできない。仮に、自分の判断を抑え込んで行動し、その結果、日本経済が大きな惨事に見舞われた場合、その被害は日本国民全体に及ぶことになり、中央銀行員としての長い生活の最後の局面で、自分がそうした事態への引き金を引いたとなれば、それは専門家として耐えられないことである。

悩ましい問題は、国民の多くが「ある種の実験的政策に賭けてみよう」という気持ちに大きく傾いた場合に、日本銀行はどう対応するべきかということである。そのような場合でも、政府の要求すべてを拒否することは原理的には可能であるが、そうした日本銀行の行動は国民の目には独善と映り、多くの国民から支持や共感を得ることは難しくなる。そうなれば、まがりなりにも独立性を謳った日本銀行法の改悪にもつながりかねない。事実、与野党を問わず、国会議員の間では日本銀行法改正を求める声が強くなっていた。与党民主党の国会議員から成る「デフレ脱却議連」が日本銀行法改正大綱試案をはじめて公表したのは2010年12月であった。同月、「みんなの党」は実際に日本銀行法改正案を国会に提出し、その後も繰り返し提出していた。日本銀行法改正という点では、自民党も政策調査会・財務金融部会で「デフレ脱却に向けた金融政策の検討」を12年4月に開始し、最終的には実現しなかったが、同部会の西村康稔会長は改正案を作成し、国会提出を目指していた。

このようなさまざまなことを熟慮の末、私は閣僚と日本銀行総裁が署名した何らかの共同文書を公表することはやむをえないと判断した。同時に、日本銀行と政府との間の不適切な約束によって、将来、日本銀行政策委員会が適切と判断する政策を採用しようとしても遂行できなくなる事態だけは絶対に回避しなければならないと思った。そのための共同声明発表に不可欠の前提条件は、日本銀行として譲ることのできない基本原則を政府との合意文書に明記することであった。そのうえで、この文書をどのように解釈し、どのような金融政策を運営するかは、当然のことながら私の手を離れ、次の総裁、副総裁、審議委員から成る政策委員会に委ねられるべきであると考えた。

２００９年8月末の選挙で民主党が圧倒的な勝利を収めた直後に民主党本部を訪ねたのと同様、総選挙で自民党が圧倒的な勝利を収めたことが判明した2日後の12月18日、私は自民党本部に安倍総裁を訪ねて挨拶をした。席上、安倍総裁から「2％の物価目標という政策協定を結びたいので、ご検討いただきたい」という趣旨の話があった。私からは、「金融政策運営の基本にかかわることなので、日本銀行政策委員会として十分議論し、そのうえで新政府ともよく話し合っていきたいと考えている」旨を答え、具体的なことにはいっさい触れなかった。(17)

このタイミングで安倍総裁を訪ねることについては、日本銀行の独立性という観点から批判が出ることは十分予想したが、私も山口副総裁もむしろ訪問をした方がいいという判断であった。もしこの時点で会わなければ年内に総理との面会の機会はなく、はじめて会うのは年明け後の経済財政諮問会議等の官邸での会合となり、大勢の出席者がいる中で野党党首ではなく総理にいきなり反論をすることになる。私としては、新たに総理に就任する人物が確定した時点で、日本銀行の基本的な姿勢を説明することが責任ある対応だと判断した。さらに言えば、そうした姿勢を明らかにしたうえで、先行き1カ月程度の期間を最大限有効に活用して、インフレーション・ターゲティングやアコードについての本質的な論点をめぐる国民的な議論を巻き起こすこと以外に、事態を少しでも好転させる道はないと判断していた。また、もともと2月に「中長期的な物価安定の目途」を公表した際に、原則としてほぼ1年ごとに点検を行うことを約束していた経緯もあった。このような趣旨により、12月20日の記者会見では、共同文書の検討にあたって重要と考える論点を明らかにした。そのうえで、マスコミのインタビュー等の機会を利用して、日本銀行の考え方を従来よりもかなり踏み込んで説明するようにした。

「共同声明」に込めた精神

共同文書の内容、表現については、日本銀行、財務省、内閣府の事務方でまず進められ、さらに山口廣秀副総裁とカウンターパートの事務方トップとの間でも交渉が行われた。交渉の進捗状況は逐次私に報告がなされ、重要な争点については指示を行った。交渉の最終段階では、私と麻生太郎財務大臣、甘利明経済財政担当大臣の三人だけで2回の会合を持ち、詰めの交渉を行った。内閣府は、12年10月の民主党政権下での共同文書作成時と同様、終始リフレ色の強い表現にこだわっていた。財務省は、２０００年代前半の量的緩和実施当時は長期国債買い増しによるマネタリーベースの増加を執拗に求めていたが、この時は文書をまとめることの方に力点を置いていたように思う。

政府との交渉を行うにあたって、私は交渉の途中経過を審議委員に伝え、委員の反応も踏まえて交渉の指揮をとった。そうした過程を経て擦り合わせた共同声明案は、最終的に2013年1月22日の決定会合で賛成7票、反対2票で承認された。反対票は木内登英委員と佐藤健裕委員の2名から投じられた。賛成票も反対票もそれぞれに重い決断であったと思う。「共同声明」は決定会合終了後、二人の大臣とともに官邸に赴いて総理に報告のうえ、内閣府、財務省、日本銀行の連名で公表された。

以下は「共同声明」の全文である。重要な文書なので、長くなるが全文を転載する。

デフレ脱却と持続的な経済成長の実現のための政府・日本銀行の政策連携について
（共同声明）

1．デフレからの早期脱却と物価安定の下での持続的な経済成長の実現に向け、以下のとおり、政府及び日本銀行の政策連携を強化し、一体となって取り組む。

2．日本銀行は、物価の安定を図ることを通じて国民経済の健全な発展に資することを理念として金融政策を運営するとともに、金融システムの安定確保を図る責務を負っている。その際、物価は短期的には様々な要因から影響を受けることを踏まえ、持続可能な物価の安定の実現を目指している。

日本銀行は、今後、日本経済の競争力と成長力の強化に向けた幅広い主体の取組の進展に伴い持続可能な物価の安定と整合的な物価上昇率が高まっていくと認識している。この認識に立って、日本銀行は、物価安定の目標を消費者物価の前年比上昇率で2％とする。

日本銀行は、上記の物価安定の目標の下、金融緩和を推進し、これをできるだけ早期に実現することを目指す。その際、日本銀行は、金融政策の効果波及には相応の時間を要することを踏まえ、金融面での不均衡の蓄積を含めたリスク要因を点検し、経済の持続的な成長を確保する観点から、問題が生じていないかどうかを確認していく。

3. 政府は、我が国経済の再生のため、機動的なマクロ経済政策運営に努めるとともに、日本経済再生本部の下、革新的研究開発への集中投入、イノベーション基盤の強化、大胆な規制・制度改革、税制の活用など思い切った政策を総動員し、経済構造の変革を図るなど、日本経済の競争力と成長力の強化に向けた取組を具体化し、これを強力に推進する。

また、政府は、日本銀行との連携強化にあたり、財政運営に対する信認を確保する観点から、持続可能な財政構造を確立するための取組を着実に推進する。

4. 経済財政諮問会議は、金融政策を含むマクロ経済政策運営の状況、その下での物価安定の目標に照らした物価の現状と今後の見通し、雇用情勢を含む経済・財政状況、経済構造改革の取組状況などについて、定期的に検証を行うものとする。

第1項は「政策連携」を述べている。「アコード」や「政策協定」といった、日本銀行の将来の政策運営が政府によって拘束を受けるニュアンスのある言葉は意識的に回避した。本共同声明は、政府と日本銀行それぞれが、お互いの役割を明確に認識したうえで主体的に政策に取り組んでいくというものであり、一方的な関係は想定されていない。

第2項は日本銀行の金融政策について述べている。物価の変動には輸入価格を含めさまざまな要因が影響しており、目指す物価安定は短期的な安定ではなく、持続可能な安定であることを明記している。目標物価上昇率は2%としたが、無条件でこの数字を掲げることは拒否し、「今後、日本経済の競争力と成長力の強化に向けた幅広い主体の取組の進展に伴い持続可能な物価の安定と整合的な物価上昇率が高まっていくと認識している。この認識に立って」という文章を「2%」の前に置くことで決着した。「幅広い主体の取組の進展」という言葉に、政府による経済構造改革に向けた取り組みの必要性という、日本銀行の従来からの主張を込めた。したがって、目標物価上昇率の水準は構造改革の進捗状況にも依存する。「2%」については、仮に将来インフレ圧力が大きく高まる危険が生じた時には、機動的な金利引き上げを可能にする盾として使う必要のある局面も意識した。

議論が最も紛糾したのは達成期限であった。日本銀行は「中長期な物価安定」を主張したが、政府は2年という明示的な期限の設定に強くこだわった。海外におけるインフレーション・ターゲティングの実態を知らなかったのか、2年という期限を区切ることによって効果が増すと考えたのか、あるいは、「大胆な金融政策」を実行すれば簡単に実現すると考えていたのか、その理由は私にはわからない。しかし、日本銀行は2年という期限を設定して2%目標を達成するという金融政策を行うことだけは絶対に受け入れられないという立場で臨んだ。激しい議論を経て、最終的には「できるだけ早期に実現することを目指す」という表現で決着した。もちろん、文章は独り歩きするので、この文章は2年はおろかもっと短い期間で2%達成を目指すことを約束したと受け止められる危険もまったく排除することはできない。それだけに、そのような機械的な金融政策運営を約束したと受け止められないようにすることが絶対的に必要であり、金融政策の効果波及のタイムラグや金融面での不均衡の蓄積を含めたリスク要因を点検することを明示した。政府はこれを含めることに強く難色を示したが、これは日本銀行として絶対に譲歩できない考え方であり表現であった。

第3項は政府の取り組みを述べている。大胆な規制改革や税制改革により、日本経済の競争力と成長力の強化に向けて取り組むことを宣言するとともに、財政運営に対する信認を確保するため、持続可能な財政構造の確立に取り組むことを述べている。第4項は本共同声明の事後的な検証体制を述べている。

共同声明への反応

共同声明の内容については、政府と日本銀行のどちらの立場に身を置くかによって、さまざまな読み方が可能であろう。また、最も重要なことは文書の表現自体ではなく、その後の実際の運営であろう。しかし、それでも公的機関のトップが署名をして世の中に公表する文書の持つ意味は大きい。私の総裁任期は残り3カ月弱であったので、将来の金融政策に私自身が責任を負うわけではもちろんない。しかし、前述のとおり、この文書に書かれてあることが障害となって、将来日本銀行の政策委員会が必要と判断する政策が実行できなくなる事態は何としても回避する義務があり、そのための手立てを講じる責任があると自覚していた。その意味では、日本銀行として盛り込むべき内容はすべて盛り込むための最大限の努力を払った。そして、将来、より理性的な議論が復活することに希望をつないだ。私の気持ちを言えば、共同声明は「2年、2%」を要求する凄まじいまでの圧力の中で、熟慮の末、作成することに同意したものであり、2%を定めた文書というより、機械的に2%の実現を追求しなくてもいいようにするための文書であった。翌日のメディア報道を見ると、「金融政策、政府主導に」「折れた日銀」（『朝日新聞』）といった批判的記事は多かったが、解説記事やエコノミストのコメントでは、「日本銀行が押し返した」ことに触れたものが多かったという印象である。

共同声明公表前の3カ月ほどの間は、金融政策論議の政治化という先進国では通常考えられないような異常な状態であった。ただ、硬直的な金融政策運営を回避するための仕組みだけは組み込むことができたという意味で、最悪の事態は何とか防ぐことができた。これには2つの要因があったと思う。ひとつは日本銀行が前年12月以降行ってきた世論への働きかけの結果、さまざまな論点についてそれなりの理解が進んだことである。もうひとつは麻生太郎財務大臣の存在である。麻生はマネタリーベースをいくら増やしても効果がないことを経験的に理解しており、そのことを相対の会合でも、また国会の委員会でも明確に発言していた。中央銀行の独立性の重要性についても直観的にある程度理解していたように思う。余談になるが、共同声明発表後、程なく一通の巻紙の手紙が私のもとに送られてきた。差出人を見ると麻生太郎とあり、共同声明をまとめる過程での私の苦労を労う言葉が見事な毛筆で認《したた》められていた。私は麻生大臣の細やかな気遣いに感謝する返信を「万年筆」で認めたが、交渉当事者が麻生でなかったら、事態ははるかに難しい展開になっていたと思う。

厳しい交渉を行っていた時には海外の中央銀行の同僚の応援が心の支えとなった。1月のBIS総裁会議では、多くの総裁が「連帯」（solidarity）という言葉で励ましてくれたことが心に沁みた。

金融緩和措置

2013年1月21、22日の決定会合では、共同声明と併せて基金による資産買い入れの増加も決定した。従来の買い入れは上限を定める方式であったが、新たに決めた措置は、期限を定めず毎月一定額の金融資産を買い入れる「オープン・エンド方式」によるものであった。この方式での買い入れは、12年12月にFRBが不満足な景気・物価情勢に対処し導入した措置に強く影響されている。FRBの資産買い入れも従来は期限と上限額を定めたものであったが、この時はじめてカレンダー上の期限は設定せずに、「労働市場が十分に改善する」までという条件で買い入れを続けることを約束した。

日本銀行の場合、すでに前年の12年12月20日の決定会合で大幅な買い入れ増加を決定していたので、「オープン・エンド方式」による買い入れのスタートは、従来方式の買い入れが完了した後の2014年初頭からとし、当分の間、毎月、長期国債2兆円程度を含む13兆円程度の金融資産の買い入れを行うこととした。これを資金の供給残高の数量的なイメージで表現すると、増加額は向こう2年間で60兆円という巨額にのぼった（図17－1）。買い入れ継続の条件については、日本銀行は、「物価安定の目標の実現を目指し、実質的なゼロ金利政策と金融資産の買入れ等の措置を、それぞれ必要と判断される時点まで継続することを通じて、強力に金融緩和を推進する」という表現で発表した。この表現で意図したことは、物価安定の特定の数字に言及することは避け、共同声明の第2項の精神に従って金融政策を運営できる余地を残すことであった。

この金額自体、従来の常識からすると、すでに途方もなく大きな金額であった。大きな金額を発表すると、仮に発表後に金融政策とは独立の要因で経済・金融情勢の改善を示す動きが出た場合でも、政策の効果として市場参加者から評価されることになる。2012年2月の「バレンタイン・プレゼント」に近い状況である。また、日本銀行も欲すれば自らの政策の効果であるかのようにアピールすることができる。しかし実際には、日本経済が直面している課題は、さまざまな経済財政改革なしに

図17-1　日本銀行の資金供給

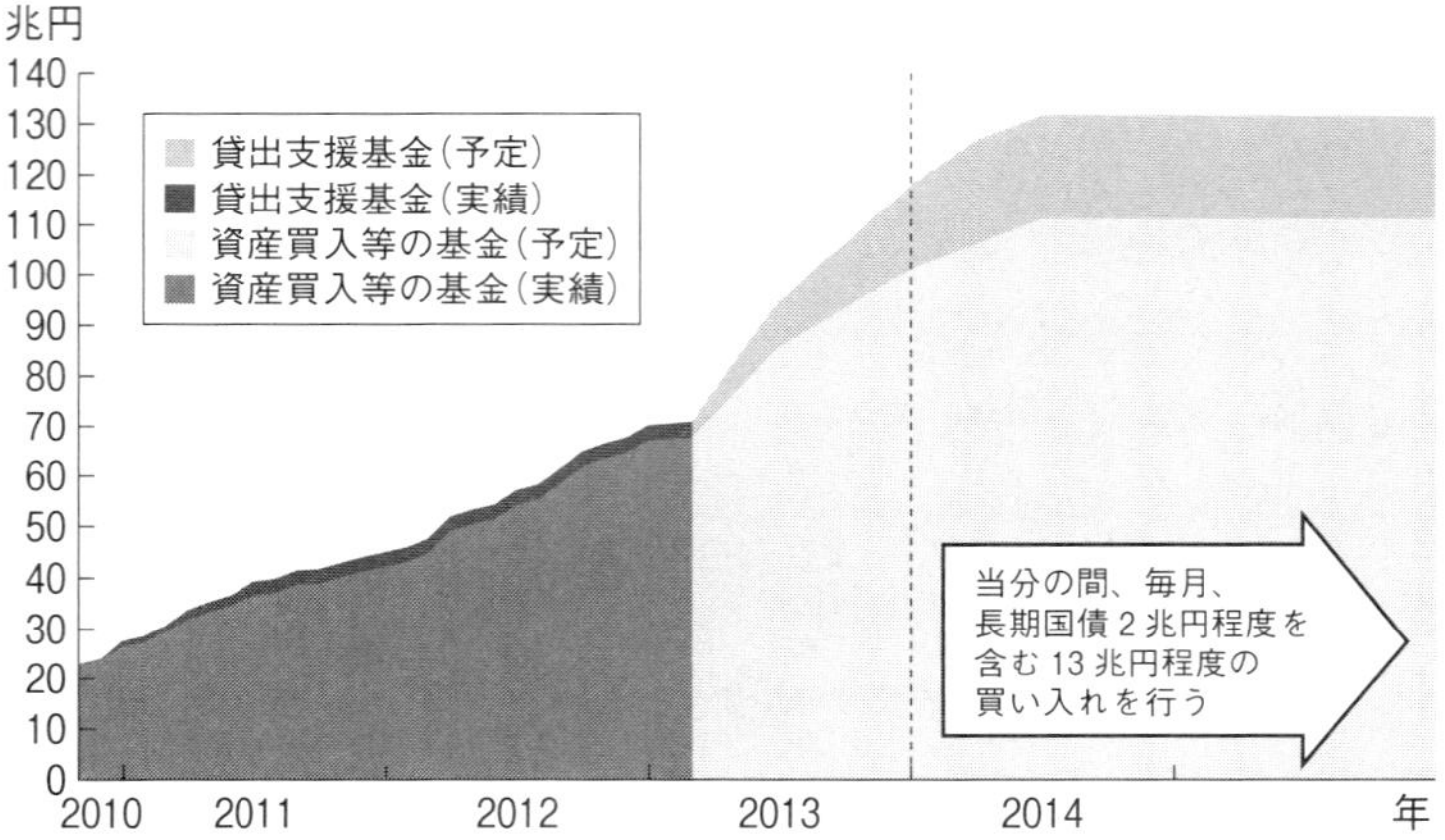

出所：白川（2013）図表 34

は解決できないものである。当座預金残高の量的拡大に積極的な意味を求めようとすれば、その最大の意味は、逆説的であるが「量的拡大自体には効果はない」ということを社会全体が学ぶことへの期待であろう。量の効果という点では、答えはすでに明白だと私は思っていたが、そうした考えは少なくとも社会の多数派ではなかった。実際「量の増加について大きな効果がある」「効果があるかどうかはわからないがその実験に賭けてみたい」、あるいは「そうした実験を見守ってもいいのではないか」など、さまざまな意見がマスコミや経済人の間にも広がっていた。私自身は、量を極端に増加させても効果がないことがそう遠くない将来にわかっても、量の効果を主張する論者から新たな理屈が考え出される結果、議論に最終的な決着がつくことはやはり期待できないだろうと思っていた。

量の極端な増加に関する真の問題点は、それを前提として政府や民間経済主体が行動する結果、経済や社会全体として修正への対応が困難になるような大きなリスクを抱え込む可能性である。かつて小宮隆太郎は量的緩和政策の効果について「微害微益」と述べていたが、「微益」の部分は変わらない一方で、「微害」の域を超えないようにすることができるかどうかがこの政策を考えるうえでの重要なポイントとなる（第5章「ゼロ金利政策と量的緩和政策」）。こうした言い方に対しては、政策当局者として「無責任ではないか」という批判もあるだろうと思う。逆に、「だから効果が出なかった」という批判もあるだろう。しかし、金融政策をどちらの方向に運営するにせよ、中央銀行は民主主義社会では独裁者ではないし、そうなってはいけないというのが私の到達した結論である。

金融政策の運営は効果とコストを評価しつつ行うべきものであり、将来、政策を改めようとすればそれが可能であるものでなければならない。「共同声明」にはそのための仕組みは埋め込まれている。

共同声明公表後の展開

共同声明公表後は、記者会見や経済財政諮問会議[18]、国会等の場を通じて、共同声明の説明を求められた。発表当日の夜に設定された経済財政諮問会議では、麻生大臣、甘利大臣、私の三人が共同声明の内容を説明した後、討議が行われた。私は「日本銀行と政府が連携してデフレからの早期脱却と物価安定の下での持続的な経済成長の実現に向けて努力すること」、「日本経済の競争力と成長力の強化に向けた幅広い主体の取組の進展に伴い持続可能な物価の安定と整合的な物価上昇率が高まっていくと認識している」と、共同声明の文章の表現を正確に引用しながら発言した。「金融政策の効果波及には相応の時間を要することを踏まえ、金融面での不均衡の蓄積を含めたリスク要因を点検し、経済の持続的な成長を確保する観点から、問題が生じていないかどうかを確認していく」ことにも言及し、２年などの具体的な年数にはいっさい言及しなかった。また、「政府におかれても大胆な規制・制度改革など成長力の強化に向けた取組や、持続可能な財政構造を確立するための取組を進めることを表明されており、そうした取組を強く期待している」ことを述べた[19]。

これに対し、民間議員からは物価目標の早期達成を求めるとともに、大胆な金融緩和政策への期待が表明された。たとえば、小林喜光議員（三菱ケミカルホールディングス社長、のちに経済同友会代表幹事）は「これ（物価目標の達成）はやはり時間が早期で前年比というと、どう見ても１年か２年かと思う」と発言した。安倍総理からも、自由討議と締めくくりの時の２回にわたり、「この物価安定目標の達成には、日本銀行が責任を持って、取り組んでいただきたいと思う」という発言があった。私としては共同声明という公的な文書に署名した以上は、交渉当事者の双方がその文書の言葉に従って発言するべきだと思ったが、総理の発言はそれまで綿密に擦り合わせを行ってきた共同声明の文言とは異なる日本版インフレーション・ターゲティングの視点にたつ発言であった。

２０１３年１月22日以降は、残された任期の中で、日本銀行総裁として共同声明の考え方を過不足なく説明することが、自分の果たすべき最後の重要な仕事と思って必要な活動を行った。経済財政諮問会議は１月24日にも開かれ、金融政策、物価に関する「集中審議」が行われた。この日の会議は、共同声明にある「金融的不均衡の点検」に対し、民間議員の一人である佐々木則夫議員（当時は東芝社長）が牽制発言をするなど、前回の会議と同様の雰囲気であった。一連の民間議員の発言については、それが独立した有識者に期待されている意見の表明であるとは私には信じ難かった。ただ、これは個人の問題というより、本質的には経済財政諮問会議という装置の問題であり、それを使って金融政策に影響を行使しようとする経済政策運営の方法論の持つ問題であるように思えた。

国会の委員会では多くの質疑が行われた。大きな論点となったのは、誰が2％の物価目標の達成に責任を負うのか、達成期限はいつかという点であった。政府サイドからは「デフレは貨幣的現象である」という、文書では一切使われていない言葉がしばしば使われた。[20] たとえば、安倍総理は2月7日の衆議院予算委員会において民主党前原誠司議員の質問に対し、以下のように答弁している（傍線は引用者。以下同）。

> 2％の物価安定目標については、先般の共同声明にもありますように、日本銀行が日本銀行の責任として、2％、できるだけ早い時期にそれを実現するということをお約束していただいた、こう私は理解をしております。

さらに、12日の同じく予算委員会においては、民主党の後藤祐一議員の質問に以下のように答えた。

> 我々は、ここで思い切った金融緩和を行って、日本銀行においてしっかりと金融緩和、大胆な金融緩和をやって、そして、まさにこれは貨幣現象なんですから、2％といういわば物価安定目標に向かって中央銀行としてのやるべきことはちゃんとやっていただきたい、このように申し上げているわけであります。

安倍総理からは「目標達成は日本銀行の責任である」という発言が繰り返された。これに対して私は、「日本銀行と政府が連携してデフレからの早期脱却と物価安定の下での持続的な経済成長の実現に向けて努力すること」、「日本経済の競争力と成長力の強化に向けた幅広い主体の取組の進展に伴い持続可能な物価の安定と整合的な物価上昇率が高まっていくと認識している」という、政府と日本銀行の双方が署名した共同声明の文章の表現を正確に引用しながら発言するように心がけ、「2年」などの具体的な達成期限はいっさい口にしなかった。

共同声明公表時の経済・物価見通し

このように、12年11月から翌年の1月にかけて、日本銀行をめぐる政治情勢は激動したが、国際金融市場では12年秋頃から潮目が徐々に変化していた。その最大の契機は夏以降徐々に始まった欧州債務危機の後退であった。為替市場では投資家のリスク回避姿勢が後退したことによって、安全通貨需要が減退し、円高是正の動きも徐々に始まった。円の対ドル為替レートは10月までは78～79円台で推移していたが、11月に入り80円台をつけ、下旬には82円台を記録した。12月に入ってからはさらに円安が進行し、12月末には86円台、共同声明発表の数日前には90・03円となった。この間の円安の大きなきっかけが欧州債務危機の後退にあったことは、主要通貨の実効為替レートの動きにあらわれている。ちなみにドラギ総裁の発言のあった7月26日の水準を基準にすると、ユーロは8月末には1・7％、9月末には3・0％、10月末には3・8％上昇しており、円はそれぞれ1・7％、1・9％、5・0％の下落となっている（図17－2）。つまり、この時期に起きたことはグローバル金融市場でのリスク評価の修正であり、ユーロは上昇方向に、円は下落方向に転じた。加えて、円については原発事故

図17－2　欧州債務危機終息前後の主要通貨の名目実効為替レートの推移

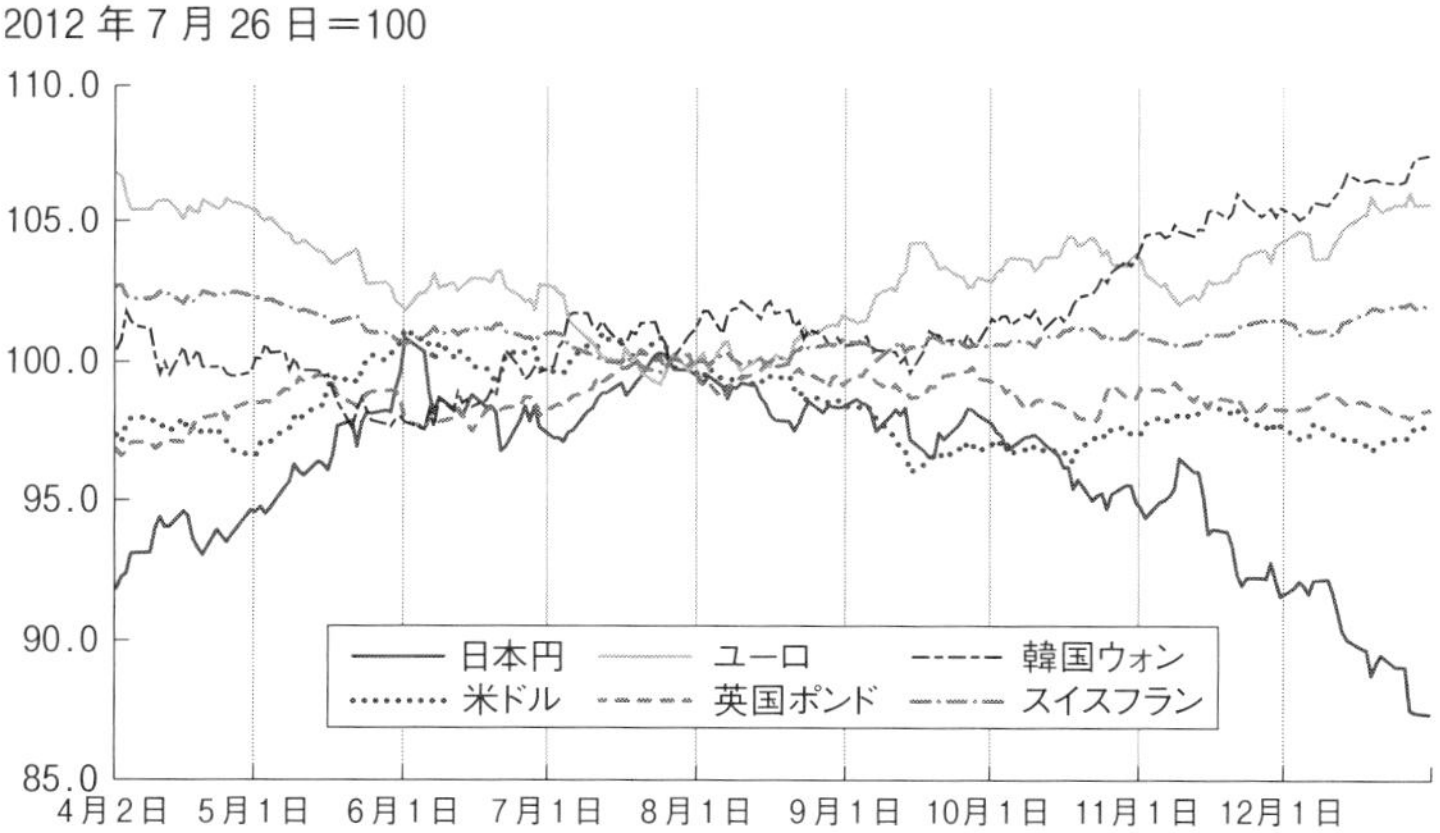

出所：BISの日次実効為替レート（ナローベース）

に伴う原油・液化天然ガスの輸入増加により大幅な貿易赤字に転じ、外貨の実需の面からも為替レート下落要因が生じた。総選挙中に発せられた自民党安倍総裁の円安誘導発言や日本銀行に対して大胆な金融緩和を求める発言は円安が進むきっかけにはなったかもしれないが、[21] 12年夏以降グローバル金融市場で起こっていた大きな変化なしに生じたとは思えない。[22]

こうした国際金融市場の好転を反映し、国内景気も変化し始めた。欧州債務危機の影響から2012年4月以降ミニ調整局面にあった国内景気は政権交代の前月にあたる11月には底値をつけるに至った。日経平均株価は6月4日に底値の8295円をつけた後、その近辺で推移していたが、11月頃から大きく上昇に転じた。[23] 株価上昇の最大の要因は円安を背景とした企業収益の改善期待であったが、同時に上述の景気後退の終了も影響していたと考えられる。

13年1月の決定会合では、そうした情勢の変化や当日決定した金融緩和措置も踏まえて、12年10月末の経済・物価見通しの中間見直しを公表した。この時の成長率見通し（中央値）は、13年度は2・3％と3カ月前（1・6％）に比べてかなりの上方修正、14年度も0・8％と3カ月前（0・6％）に比べ若干の上方修正を行った(24)。ここで想定されていた景気回復メカニズムは、海外景気の持ち直しに加え、企業収益の改善や成長期待の高まりを背景に低金利の持つ景気刺激効果も強まっていくことであった。実際の成長率を見ると、13年度は1・7％であったが、14年度は1・5％と見通しを大きく上回った。

消費者物価上昇率の見通し（中央値）は、13年度が0・4％、14年度が0・9％（消費税率引き上げ調整後。生鮮食品を除く）である。当時のエコノミストや市場参加者の中長期的な予想物価上昇率はおおむね1％程度で安定的に推移していたが、そのような状況で、マクロ的な需給バランスが縮小することが緩やかな物価上昇率の進行を想定する根拠であった。その後判明した消費者物価上昇率の実績値は13年度、14年度とも0・8％となっており、13年1月時点での見通し最終年度である14年度については、ほぼ見通しどおりであった(25)。

共同声明後の金融政策決定会合

2月と3月に開かれた決定会合では、宮尾龍蔵委員から、実質的なゼロ金利政策を「物価安定の目標の実現が見通せるようになるまで継続する」との議案が提出され、賛成1票、反対8票で否決された。1月に決定した方針では「物価安定の目標の実現を目指し、実質的なゼロ金利政策と金融資産の買入れ等の措置を、それぞれ必要と判断される時点まで継続する」という表現であったため、実質的なぜゼロ金利政策の継続期間をより明確にすることで金融緩和効果を高めることを目的として、宮尾委員は1月会合にも同じ議案を提出していた。

私がこの議案に反対した理由は、実質的なゼロ金利期間をかなりの長期間にわたって約束することになるからであった。前述のように、1月時点での消費者物価上昇率の見通しは、2年後の14年度でも0・9％（中央値）である。もちろん、海外景気が力強く拡大したり、経済改革に真剣に取り組みその成果が短期間に顕在化するということが起きれば、2％を見通すことが可能となる事態もまったく考えられないわけではないが、その可能性は現実的には低いと思っていた。それにもかかわらず宮尾委員提案を採択すると、実質的なゼロ金利政策を非常に長期間続けることを無条件で約束することに等しくなる。展望レポートに示された、物価上昇率は徐々に上昇し、成長率も徐々に改善するという見通しのもとでの最適な金利水準は、共同声明に明示されている金融政策運営上のさまざまな点検事項を踏まえて決定されるべきある。さもないと、金融的な不均衡が拡大したり、「財政支配」の状況に陥る危険がある。

任期前辞任の発表

政府との共同声明の作成という日本銀行として非常に重い決定を行った後、私が次に行わなければならない重要な決定は、自分が退任する時期はいつが最適かということであった。私の総裁任期満了日は、5年前の特殊な政治状況を反映して4月8日となっているのに対し、二人の副総裁の任期満了日は3月20日である。このため、3月21日から4月8日までの間、二人の新副総裁が就任した後も私が総裁職を務め、決定会合の議長も務めることになり、この3週間弱は非常に中途半端な期間となることが予想された。このことは5年前の総裁就任以来、折に触れて意識していたことであったが、安倍政権の誕生と共同声明の発表という事態に及んで、より真剣に考えるようになった。私としては安倍政権の金融政策に対する考えには賛成できなかったが、総選挙を経て選ばれた政権である以上、新たに任命された日本銀行総裁が副総裁と同じタイミングで仕事を円滑に始められるようにすることが必要だと思った。それゆえ、3月19日をもって職を辞することが適当であると判断し、2月5日に官邸に赴き自分の意向を総理に直接伝え、同日夜、記者を集めて発表した。この日を選んだのは、国内外で共同声明に関する説明を終えたことによって、私の進退について考えを明らかにする環境が整ったと判断したからである。説明にあたっては、この決断はあくまでも総裁、副総裁の新しい体制が同時にスタートすることを目的としたものであること、したがって、3月19日までの間は、総裁としての職務を責任を持って遂行するつもりであることを述べた。記者からは「抗議の辞任か」とか、「政府の圧力があったのか」といった質問を受けたが、そうした考えや事実はまったくなかった。同日の夜中、親しい海外中央銀行の首脳にも電話で私の決断を伝えた。

最後の1カ月

総裁退任までの最後の1カ月は何かを新たに始めるのではなく、基本的には残務整理の期間であった。この1カ月間に自分が日本銀行総裁として発信すべきことは何かを考えると、金融政策の細かな情報発信というより、日本経済の直面する課題についての根幹をなす情報発信であると思った。診断が間違う限り、正しい処方箋は書けないし、問題は解決しない。すでに過去数年間、日本経済の直面する根本的課題について情報発信を強めていたが、いわばその集大成としての発信を行いたかった。そのために、かねてより経団連から依頼のあった講演の機会を最大限活用することにして、「日本経済の競争力と成長力の強化に向けて」と題する講演を2月末に行った[26]。

講演にあたっては、直前に公表された共同声明や2％の物価目標との関係を強く意識した。2％の物価目標は決して白地に存在する神聖な数字でも、無条件の目標でもない。物価目標は共同声明の文章が述べるとおり、構造改革の努力と無関係に存在するものではない。それだけに、構造改革の中身について改めて日本銀行の考えを述べ、今は冷静な議論が行われにくい状況であっても、将来、より冷静な議論の下地が整った時に、必ず立ち返って参考とすることができるような内容としたかった。

海外との関係では、3月10、11日に開かれたバーゼルでのＢＩＳ総裁会議が最後の海外出張となった。5年間の総裁在任中、バーゼルには28回出張し、それ以前もバーゼルには何度も出張したが、ＢＩＳの会議に現役の中央銀行員として参加するのはこれが最後かと思うと、少なからぬ感傷を覚えた。すべての会合が終わった後、ＢＩＳの建物の最上階で送別会が開催された。ディナーの最後に退任のスピーチを求められていたので、過去の総裁退任の時のスピーチを思い出しながら事前に原稿の準備をしていたが、私が特に取り上げたかったのは、世界的に見て中央銀行が「the only game in town」となっている現象であった。中央銀行の独立性という場合、想定されているのは主として政府からの独立性であり、その背後には「財政支配」に陥ることを避けるという考え方がある。これは従来から重要な論点であったが、スピーチを行った時点で世界的に進行していた事態はもっと複雑であるように思えた。単に政府が中央銀行に一時しのぎの金融政策を要求しているというより、政府自身も痛みを伴う改革を嫌う国民の声に押され、そして中央銀行もアカウンタビリティの要請のもとで何かを行わなければならないという観念に縛られるという、社会全体の集合的圧力を受けているという方が正確であった。この状況においては、中央銀行はとりあえず短期的に少しでも効果があると期待される政策を極限まで追求するという手法に頼りがちである。私はそうした事態を「社会支配」（social dominance）と呼び、これから中央銀行がますます直面するようになる問題ではないかと述べた。

マスコミとの関係では、3月20日の総裁退任日に最後の記者会見を行った[27]。会見ではデフレ、円高、市場との対話、日本銀行の責任をはじめ、多くのテーマについて質問を受けた。この会見の中で私が明確に準備して行った発言は、コミュニケーション、より正確に言えば、「期待に働きかける」政策の評価に関するものであった。振り返ってみると、日本銀行は、「期待に働きかける」ことによってデフレを解決し円高を是正することができると批判され続けてきた。特に総裁在任の最後の数カ月はそうした声が最高潮に達した時期であった。私は記者の質問に対し、「『期待に働きかける』という言葉が、「中央銀行が言葉によって市場を思い通りに動かす」という意味であるとすれば、そうした市場観、政策観には、私は危うさを感じます」と述べた。私は中央銀行の発する言葉に意味がないと思っているわけではもちろんない。言葉は重要である。ただ同時に、言葉は必ず実効性のある行動で裏づけられるものでなければならない。したがって、たとえば、金融危機に際し、中央銀行が金融システムの安定を維持するという言葉を明確に発することはきわめて重要である。この場合、中央銀行は「最後の貸し手」として無制限に流動性を供給できるという実弾を有していることが裏づけとなる。しかし、すでに繰り返し述べているように、日本経済が直面している問題は金融政策によって解決できるものではない。そのような状況で、中央銀行が「期待に働きかける」ことを目的とした金融政策を行うことは危険である。

この記者会見の後、本店9階にある大会議室で職員への挨拶を行った。職員に対する感謝の言葉を伝え、「銀行業務は、中央銀行が社会に対し提供しうる最も確かな付加価値である」という自分の思いを述べた。日本銀行の大半の職員はさまざまな銀行業務を担っている。そうした銀行業務は世の中の多くの人にとっては、空気のような存在であるが、空気が正常に行きわたるためには多大な努力が払われている。また、職員への挨拶にあたっては、日本銀行に対する激しい批判の高まりを反映して不安な気持ちに陥っていると想像され、日本銀行が何を大事にしてきたかを私の思いとともに私自身の言葉で語りかけた。核心となる独立性については次のように述べた。

中央銀行は社会一般よりもやや長い時間的視野で経済の安定を図ることが求められ、それを担保するのが中央銀行の独立性という考え方です。そうした使命達成に向けた強い責任意識を持ち、他方で、それが中央銀行の傲慢とならず、謙虚さを忘れずにいる必要があるという微妙なバランスの取り方が中央銀行にはいつも求められます。

私が総裁としてリードしてきた金融政策運営が正しかったかどうかは長い時間の中でしか判断できないし、その評価の基準も、時代によって変わっていく。しかしいずれにせよ、中央銀行の総裁として職責を果たす際には、何らかの行動基準が不可欠である。私としては職員への挨拶で述べた考え方に従って総裁としての仕事に全力を傾けて取り組み、5年の期間を終えた。

挨拶を終えて総裁室に戻り、机に残っていた若干の私物を慌ただしく整理して、エレベーターを降り玄関に向かった。5年間献身的に務めてくれた女性秘書から花束を受け取って車に乗り込み、多くの職員の拍手に送られて、39年間勤務した日本銀行の建物を後にした。

（1）2002年3月19、20日開催の決定会合では、「政府と日本銀行との間で目標を共有したうえで、互いの独立性を認める、新しいアコードのようなものについて長期的な方向性として議論をして頂きたい」と発言している。2002年3月20日の決定会合議事要旨参照。

（2）PCEデフレーターとは、GDP統計の中で名目消費支出を実質化する際のデフレーターである。

（3）民主党の前原誠司議員は衆議院予算委員会で以下のように迫った。「建前は日銀の、中央銀行の独立というのは、それは法律に書いてあるのはそうなんですけれども、何とかこれを不退転の決意でやっていくんだということになれば、私は、政府と日銀の協定を結んで、同じ目標に取り組むんだということでやることが大事だと思います〔後略〕」。第180回国会「衆議院予算委員会議録」第6号（2012年2月9日）6頁。

（4）たとえば、自民党の山本幸三衆議院議員の以下の発言。「インフレ目標政策は法律で、日銀法を改正してやるしかないんですよ」。第180回国会「衆議院予算委員会議録」第4号（2012年2月2日）13頁。

（5）2012年2月15日の記者会見（イングランド銀行ホームページ）参照。

（6）日本銀行（2013）図表5参照。

（7）前掲（6）。

（8）2012年2月14日の記者会見要旨（日本銀行ホームページ）参照。

（9）「バーナンキ議長は「longer-run goal」という言葉を使った上で、記者会見で「インフレーション・ターゲティングではない」と、はっきりとおっしゃっています。ただ、本人の否定にも拘わらず、仮に今回のFRBの金融政策運営の枠組みを「インフレーション・ターゲティング」と呼ぶのであれば、日本銀行の今回の金融政策運営の枠組みは、FRBの金融政策運営の枠組みに近いということは言えるように思います」（2012年2月

14日の記者会見要旨参照）。また、安住淳財務大臣も国会で「事実上のインフレ目標」という言葉を使って日本銀行の政策を説明した。

（10）3月の決定会合では、宮尾龍蔵審議委員から、資産買入等の基金を5兆円程度増額する提案がなされ、反対多数で否決された。

（11）三重野（1995）は総裁時代の講演録である。

（12）三重野（1996）112頁参照。

（13）白川（2014）参照。

（14）適用金利はコールレートの誘導目標金利である0.1%、貸付期間は最長4年。

（15）清水（2015）第4章参照。

（16）2012年11月20日の記者会見要旨（日本銀行ホームページ）参照。

（17）この件について、2012年12月20日の記者会見で答えている。記者会見要旨（日本銀行ホームページ）参照。

（18）経済財政諮問会議は民主党政権時代には開かれなかったが、自民党政権となってから再開され、新たに民間議員4名が任命された。

（19）2013年1月22日の経済財政諮問会議議事要旨（内閣府ホームページ）参照。

（20）麻生財務大臣は安倍総理とは明らかに異なるニュアンスで発言しており、経済財政諮問会議や国会等さまざまな場で、日本銀行による資金供給だけでは解決しないことに言及していた。

（21）一連の円安誘導発言に対しては、海外、特に米国の当局者からはこれを強く牽制する声が寄せられていた。2013年2月15、16日にモスクワで開かれたG20会合はマスコミの事前報道では「通貨戦争」という見出しが躍り、日本批判も懸念されたが、G20声明では「我々は、通貨の競争的な切り下げを回避する」という表現にとどまり、日本が席上批判を受けることはなかった。これには事前の会合で財務省・日本銀行が粘り強い説明を行ったことに加え、G20としても世界が通貨戦争を行っているというパーセプションが広がることは回避したた方がいいという現実的判断があったこと、さらに日本の円安誘導と受け取られる安倍発言の多くは政権交代以前の野党幹部時代のものであったことも影響していたと思われる。

(22) ７月26日、ＥＣＢのマリオ・ドラギ総裁が「ユーロを守るために何でも行う」という有名な発言をロンドンで行い、その後９月６日にＯＭＴ（Outright Monetary Transactions）の技術的細目が発表された（第11章「欧州債務危機」参照）。
(23) 景気基準日付によると、景気の山は２０１２年４月、谷は総選挙の始まる１カ月前の同年11月であった。
(24) ２０１３年度と14年度の振幅には、消費税率引き上げ前の駆け込み需要とその反動も影響している。
(25) ＥＳＰフォアキャストによる民間エコノミスト40人の予測平均値を見ると、成長率は２０１３年度２・01％、２０１４年度０・25％、消費者物価上昇率は同０・17％と０・45％であった。
(26) 白川（２０１３）参照。
(27) ２０１３年３月20日の記者会見要旨（日本銀行ホームページ）参照。

第3部　中央銀行の使命

第18章　中央銀行の役割

第1部と第2部では日本経済を中心に内外のマクロ経済上のさまざまな経験と、中央銀行の政策の及ぼした影響、果たした役割について述べてきた。当然のことながら、そこには成功も失敗もあったが、改めて中央銀行の役割とは何であるかを考えてみたい。その点に関するコンセンサスなしに、中央銀行の政策の成功や失敗について意味のある議論はできないし、将来に向けて望ましい通貨管理の枠組みの議論をすることも難しい。

マクロ経済運営の成功と失敗

私の記憶をたどると、リアルタイムでマクロ経済運営の成功が語られることは多くない。数少ない例外は「大いなる安定」が言われていた2000年代半ばの米国経済であるかもしれない。「成功」とはやや違うかもしれないが、国内において日本経済に対する自信に溢れていた時期はいつかと問われれば、間違いなく1980年代後半のバブル期であろう。この時期に先立つ80年代前半の日本経済は、第二次石油ショックの影響をうまく乗り越えたこともあり、比較的ポジティブに評価されていた。金融政策運営についても、ミルトン・フリードマンがこの時期の日本銀行の金融政策を称賛していたことは既述のとおりである。[1] しかし、その後に起きたことは、バブル経済とその崩壊、そして金融危機であった。詳細は繰り返さないが、米国の「大いなる安定」期も、マクロ経済のパフォーマンスや人々の自信という点では同様のサイクルを描いている。

ここでは「マクロ経済運営」という言葉を少し広く解釈し、金融政策や財政政策だけでなく、金融機関に対する規制・監督、競争政策、貿易政策、社会保障政策など、政府や中央銀行の行う経済政策全般の運営を指す言葉として使うことにする。その前提で言うと、現在、マクロ経済運営の「成功期」として日本で懐かしさをもって語られているのは、60年代の高度成長期である。[2] ただ、私が高校生や大学生であった60年代半ばから70年代初頭の記憶では、この時期の経済成長をポジティブに捉える議論は、当時は決して多数派ではなかったように思う。そもそもGDPの成長はポジティブには語られていなかった。新聞では大気汚染等の公害が連日のように社会問題として報道されていた。内閣府が旧経済企画庁時代から続けている「国民生活に関する世論調査」は「現在の生活に対する満足度」を継続的に調査しているが、回答結果の利用が可能な1963年度以降のデータを見ると、高度成長期の回答者の満足度は決して高いわけではない。しかし今日、この時期の経済や社会を客観的に振り返ってみると、「三種の神器」（テレビ、洗濯機、冷蔵庫）の普及に象徴されるように、生活水準の向上、国民皆保険のスタート（1961年）、死亡率の低下、高等教育への進学率の向上等、国民が全体として明らかに豊かになっていった時期であった。アンケート調査の結果は、現状に満足していなかった当時の国民意識を端的に示していると思われるが、当時よく使われた「1億総中流」という言葉が象徴するように、この時代を括ってみると、国民の満足感は高まっていったと思う。だからこそ、今日、高度成長期が懐かしく思い出されるのだろう。ある程度長い期間で見て、マクロ経済運営が成功したと言えるための最も重要な基準は1人当たりの所得水準の着実な上昇であろうが、それに加えて、社会全体の所得や資産の分配、個人的な成功追求の機会等における何らかの意味での「公平」が達成されているという感覚を持てるかどうかも、重要な要素のひとつになっているように思う。

それでは、マクロ経済運営の「失敗」の時期についてはどうだろうか。私が日本銀行に入行した70年代初頭からのほぼ50年近くの日本経済を考えた場合、私の頭の中に浮かぶのは次の3つの時期である。第1は、1973～74年のいわゆる「狂乱インフレ」である。もっとも、この時は私自身に金融政策運営にかかわる実体験があるわけではなく、この時期の経済や金融政策に対する評価は、漠然とした感想以上のものではない。第2は80年代後半のバブル経済である。第2章で述べたように、この時期は未曾有の好景気が現出したが、信用の急激な膨張はその後の経済の停滞をもたらす大きな要因となった。第3はバブル崩壊直後の金融危機である。金融危機が深刻化するのは90年代後半であるが、ここで私の念頭にあるのはその時期というより、第3章で詳しく論じたように、不良債権や破綻金融機関の早期の処理に向けた枠組みを整備できなかった90年代前半である。私が考えるマクロ経済運営が失敗した時期は以上であるが、90年代後半以降のデフレこそが最大の失敗だと考える論者も当然存在するだろう（この点については、第21章「「失われた20年」と「日本の教訓」」で詳しく論じる）。

海外に目を転じると、マクロ経済運営が失敗したのは、何と言っても2004～07年の世界的な信用バブルと、その帰結であるグローバル金融危機以後の経験が挙げられる。この時期に起きたことは、90年代前半に日本が先行して経験したことと本質的には同じであった。

金融政策の成功と失敗とは

マクロ経済政策の大きな柱である金融政策を取り出して成功や失敗を議論するとすれば、その評価はどうであろうか。これを議論する前提として、評価の基準が必要となる。金融政策の目的が文字どおり物価の安定だとすると、物価上昇率の実績を評価基準にするのが自然である。たとえば、日本の高度成長期を1955年から70年と定義すると、この間に消費者物価指数の水準は1・9倍になっており、年率4・3％の上昇である。年間の前年比上昇率が最も高かった1963年は7・6％であり、高度成長期の間のほぼ4分の3にあたる11年間において、消費者物価上昇率は3％を上回っている。現在、多くの国で採用されている「2％」の物価上昇率目標を前提にすると、金融政策は失敗したという評価になるが、この時期は同時に高成長を享受した時期でもあることから、おそらく大部分の人はそのような評価には同意しないだろう。

第9章「デフレ論議の高まり」で述べたように、現在、「2％」の目標物価上昇率が多くの国で採用されているのはゼロ金利制約に直面することを回避するためであり、これによって経済活動が収縮することを回避しようとしているのである。言い換えると、この物価目標のもとでも最終的にはGDPや雇用が持続的に拡大しているかどうかが、金融政策の成功、失敗の重要な評価基準となっている。事実、「失われた20年」をもたらした一因として金融政策が取り上げられる時は、この間のGDP成長率の低さが論拠となっている。しかし、そのような10年、20年というタイムスパンで見た場合、現実の成長率は潜在成長率に規定され、これを左右するのは主として労働人口の増加や生産性の向上といった実物的な要因である。そうであれば、長いタイムスパンで金融政策の成功、失敗を評価する際に、ＧＤＰ成長率を用いるのは必ずしも適当ではないということになる。

金融政策の成功や失敗を物価上昇率だけで評価することはできないが、かといって成長率だけで評価することもできない。常識的な答えは両方を用いて評価するというものであろう。実際、マクロ経済学者がよく用いるのは、需給ギャップ、すなわち現実のＧＤＰと潜在ＧＤＰの乖離と、目標からの現実の物価上昇率の乖離の双方を最小化するという判断基準である。この基準に照らすと、２００４～07年の先進国経済は非常に良好であった。この時期の経済が「大いなる安定」と名づけられた所以である。しかし、その後に到来したのはグローバル金融危機であった。金融危機以降の時期を含めて通期で測ると、物価と景気のパフォーマンスは非常に悪くなる。もし「大いなる安定」がその後の「大いなる不安定」をもたらしたという関係にあるとすれば、前者だけを取り上げて評価することは不適当ということになる。

金融政策の役割に関するフリードマンのビジョン

そもそも金融政策の基本的な役割は何か。金融政策の成功、失敗の評価基準を議論することはこの問いそのものだと思う。金融政策の基本的な役割に関して私が現在でも心情的に共感しているのは、ミルトン・フリードマンが１９６８年に全米経済学会で行った「金融政策の役割」と題する会長講演の次の一節である(3)。

金融政策ができることについて、歴史が示唆している第1の、そして最も重要な教訓――これは、最も高尚な教訓であるが――は、金融政策は、通貨自体が経済混乱の主要な要因になることを防ぐことができるということにある。〔中略〕このため、通貨当局には、金融機関が機能不全に陥る可能性を軽減するように、金融機関に改善を促し、金融機関が効率的に機能するように権限を行使する、という積極的かつ重要な職務がある。〔中略〕金融政策が行うことができる第2の点は、安定的な経済基盤を整備することである。〔中略〕我々の経済システムは、生産者、消費者、経営者、雇用者が、平均的な物価水準が将来にわたり予測可能な範囲で変動する――望むらくは、きわめて安定している――ということに確信を持っている場合、最も効率的に機能する。

私は総裁在任時、この一節をしばしば引用したが、(4) フリードマンの言う「通貨自体が経済混乱の主要な要因になることを防ぐ」とはどのような意味であろうか。彼はこの講演を行った時、1930年代の米国のような状況を念頭に置きながら、中央銀行の「最後の貸し手」機能の重要性を強調していたのだと思う。中央銀行は金融危機に直面した際、「最後の貸し手」として金融システムの崩壊を防ぐために全力を注がなければならない。これが中央銀行の第1の役割である。私も同感である。彼の言う「monetary machine」とは訳語を見つけにくい言葉であるが、私は彼の主張をもう少し拡張解釈して、金融システムが不安定化し最終的には金融危機に至るような状態、つまり、持続不可能な成長軌道に乗ってしまう金融環境を作らないということまでをフリードマンの言う第1の役割と理解すべきだと考えている。金融政策は経済成長との関係で見ると、潜在成長率を積極的に高める力は有していないが、安定的な金融環境を維持することに失敗すれば成長率を低下させてしまう。中長期的な成長の実現という点で、中央銀行はプラスを積極的に作り出すことはできないが、失敗すれば確実にマイナスを作り出す。この意味において、中央銀行は成長の実現に向けて大きな責任を担っている。

金融政策の第2の役割に関するフリードマンの説明も興味深い。彼はそもそも金融システムの安定維持を金融政策の役割に含めているだけでなく、物価安定を目的とする今日的な意味での金融政策に優先する役割としてこれを位置づけている。物価安定について彼が強調しているのは、「平均的な物価水準が将来にわたり予測可能な範囲で変動する――望むらくは、きわめて安定している――ということに確信を持っている」という状態を実現することである。ここで強調されている物価の安定とは第5章で述べたとおり、企業が将来を展望して設備投資を行ったり、個人が住宅を購入したり老後に備えて貯蓄をする際、自分たちの計画する中長期的なタイムスパンの中で物価水準は大きくは変動しないという安心感である。これはポール・ボルカーやアラン・グリーンスパンが議長であった時代のFRBが採用していた物価安定の定義に近いように思える。

私の理解では、金融政策（正確には「中央銀行政策」と言うべきだろうが）の基本的な役割とは上述の金融環境を作り出すことであり、その最大の評価基準は当然のことながら、この金融環境作りに成功するか失敗するかである。力点は「環境」に置かれている。

金融政策の役割に関するニューケインジアンのビジョン

これに対し、90年代以降マクロ経済学の主流派となったニューケインジアンの議論は、フリードマンの議論とは、金融政策の果たす役割についてのビジョンが異なっている。フリードマンは金融政策の役割を議論する際、物価が伸縮的に変動する世界を想定している。伸縮的といっても、物価変動による調整は瞬時には行われないので、調整が終わった後の世界、すなわち、経済学者の言う「長期」の世界と言っていいかもしれない。他方、ニューケインジアンは物価が粘着的な世界を念頭に置いて、金融政策の役割を考えている。物価が粘着的な世界とは、価格変動にはさまざまなコストがかかるため、いったん設定した価格は頻繁には変更されないという世界である。もちろん粘着的とは言っても、客観情勢が変われば最後は物価も調整されるので、ここで取り上げているのは「短期」の世界と言っていいかもしれない。価格が粘着的な場合、一般物価の変化率（インフレ率）がゼロ％から乖離すると、各企業の製品の相対価格は直近の価格変更のタイミングがいつであったかに依存し、各企業間の相対価格の歪みが大きくなる。このため、同じ技術力を持った企業の間でも、需要が増加し繁忙となる企業とそうでない企業が生まれる。その結果、資本設備や労働は最適な配分から乖離してしまう。詳しい説明は省略するが、その場合の社会的経済厚生の水準は、インフレ率の2乗とGDPギャップの2乗の和として近似できることになる。[5] それが最も小さい状態が最適な状態であり、金融政策の役割は景気の循環を極力平準化することと、現実の物価上昇率を目標物価上昇率に近づけることになる。経済学者の言葉を借りると、これは「最適化戦略」であり、それを目指して政策を微調整する「ファイン・チューニング戦略」と言ってもいいかもしれない。

「最適化戦略」と「ミニマックス戦略」

「最適化戦略」、もしくは「ファイン・チューニング戦略」は、もしこれを実現できるのであれば理想的である。しかし、「大いなる安定」期の経験が示すように、なかなかうまくはいかない。そのひとつの理由は、先行きの景気や物価に関する我々の知識が不十分だからである。それにもかかわらず、裁量的な微調整（ファイン・チューニング）にこだわり過ぎると、結果として経済変動は大きくなりがちである。もうひとつの理由は、景気や物価の変動が小さくなると、それ自体は望ましいことだが、過去の経験が示すように、最初はうまくいっても過度の楽観が生まれたりリスク認識が甘くなり、より大きな経済変動が生まれやすくなる危険があるからである。このような傾向を重視すると、金融政策は「最適化戦略」を目指すよりも、安定的な金融環境を実現することを主眼とするべきという考え方が生まれる。この金融政策の運営思想は、最悪の事態が発生する確率を小さくするというものであり、ゲーム理論で言う、「ミニマックス戦略」である。

長期的に見て「最適化戦略」と「ミニマックス戦略」のどちらが望ましいのだろうか。金融政策の運営においていずれを重視するかは、かなりの程度、時間的視野の違いに帰着するように思う。価格が粘着的な短期の世界であれば、「最適化戦略」を行うのが望ましいだろう。しかし、「短期」の累積が「長期」である。もし「最適化戦略」が長期的に見て持続的な経済成長を損なうような金融環境をもたらすのであれば、社会的厚生は前述の物価と景気の短期的なボラティリティの合計として近似できるわけではない。いずれかの時点で経済は非線形的な大きなボラティリティに見舞われることになる。そうした状況を考えれば、バブル崩壊や金融危機のような最悪の結果だけは招きたくないと考える「ミニマックス戦略」の発想をより重視することが望ましいことになる。

この論争はかたちを変えながら昔から続いており、今なお決着していない。私は将来的にも決着を見ることはないと思う。その理由は、現実の経済や社会を考えると、両説とも重要な視点を提供しており、二者択一にはならないからである。どちらを重視するかは、短期の安定と長期の安定に関する人々の価値観に依存する。この点に関する経済学者の議論を振り返ってみても、大きく揺れ動いている。第二次世界大戦後、ケインズ経済学が浸透する過程で、しばらくは裁量的なマクロ経済政策が指向された。しかし、これがスタグフレーションをもたらしたとの反省から、60年代末から学界の議論は徐々に変化し、裁量的なマクロ経済政策に対する支持は低下していった。私がシカゴ大学に留学していた70年代半ばは、まさにこの点に関する理論が書き換えられつつある時期であった。80年代末からのインフレーション・ターゲティングや中央銀行の独立性を支持する議論も、当初は「裁量」より「ルール」を重視するものであった。しかし、そのもとでの金融政策は、次第に上述の2つのギャップ、ないしボラティリティの変動の最小化を目指す政策に変質していき、結果的には「裁量」的な政策の色彩を強くしていった。そして、2007年のグローバル金融危機発生を経て、金融政策の運営をめぐる議論が現在再び行われているが、答えは出ていない。

「最適化戦略」と「ミニマックス戦略」の両方の視点が重要である以上、我々が考えるべきは、どちらかに軍配を上げるというより、時として立ち止まり、金融政策運営が一方に偏り過ぎていないかを問う習慣ではないだろうか。私には90年代以降の金融政策の運営哲学は「最適化戦略」の方向に偏り過ぎたように見える。折々の金融政策の運営にあたって重要なことは、両方の観点にたった検討を明示的に行ったうえで決定を下すことではないかと思う。2006年に量的緩和政策を解除する際、日本銀行が採用した「第1の柱」と「第2の柱」は、そうした文脈の中で生まれたものであると思う（第5章174頁参照）。

金融政策のレジームの果たす大きな役割

第6章「「大いなる安定」の幻想」では、バブルへの対応に関して、BISビュー（事前対応）とFRBビュー（事後対応）の2つの考えが存在することを述べた。この議論の鍵を握っているのは、資産価格ではなく債務である。バブルの崩壊、資産価格の下落が問題を引き起こすのは、バブル期に過剰な債務が生まれたからである。BISビューとFRBビューのどちらを支持すべきかという議論のひとつのポイントは、過剰債務の発生に対し金融政策の運営の仕方がかかわっているかどうかの評価である。より正確に言うと、「中央銀行はこのような考え方に立って金融政策を運営しているのだろう」と民間経済主体が推測する金融政策運営の仕方、レジームである[6]。もちろん、現実の中央銀行はレジームを明示しているわけではないし、内部で密かに具体的なレジームを決定しているわけでもない。ただ、現実の中央銀行の行動を見て、民間経済主体は中央銀行の金融政策の運営の仕方を推測する。

バブルとの関係で私が重要と考えるのは、90年代以降、徐々に強まっていった以下の3つの傾向ないし特徴である。第1に、中央銀行は金融政策の決定にあたって、物価上昇率を重視する。この場合、景気が良くても物価上昇率が低い限り低金利が続くと予想される。第2に、中央銀行は金融資産の価格についての高いボラティリティを好まない。中央銀行は低過ぎるボラティリティもリスク認識の甘さにつながりやすいという理由から歓迎しないが、高低いずれを好まないかと言えば、高いボラティリティに警戒感を持って金融政策を運営する傾向が強くなっている。第3に、資産価格下落時には、下落を食い止めるために金融緩和政策を実行する。これは、「グリーンスパン・プット」という言葉であらわされるように、中央銀行によるプット・オプションの提供と言われるものである。

以上の３つの傾向ないし特徴はやや単純化した観察であり、すべての中央銀行がいつでもこのように行動しているわけでは必ずしもない。ただ、こうした傾向や特徴が強まっていくと、民間の経済主体は安心して債務を増やすことができる。金利が多少引き上げられても、債務や資産価格への影響も限定的なものとなる。経済の大きな動きを左右するのは、金利の限界的な変化幅自体ではなく、先々の金利がどのように推移するかという点に関する予想である。つまり、金融政策運営のレジームである。この点に関する民間の推測は、それが正しいかどうかは別にして、そう信じられている限り、中央銀行はそれとまったく違う行動はとりにくくなる。なぜなら、金融市場に対する影響が大き過ぎるからである。民間経済主体はそのことも織り込み済みで行動する。

金融政策のレジームの転換

金融政策レジームの急激な変化は経済に与える混乱が大き過ぎることから、通常はそうしたことは行わない。しかし、まったくなかったわけではない。過去50年ほどの間で、金融政策レジームで起きた最もドラマティックな変化は、１９７９年10月の「ボルカー・ショック」であろう。これはＦＲＢのポール・ボルカー議長がインフレ抑制のために採用した急激な金融引き締め政策である（第４章１３８頁）。この直前に、ボルカーの前々任者のアーサー・バーンズが「中央銀行の苦悩」と題する有名な講演を行っているが、金融引き締めを行うことの難しさを以下のように論じているのが興味深い(7)。

米国や他の工業諸国がインフレとの闘いで真の前進を遂げようとするならば、最初にインフレ心理を完全に退治する必要がある。〔中略〕そのような変化は公的当局の政策を限界的に調整することではもたらされないだろう。したがって、現在の強力かつ広範なインフレ予想に照らすと、インフレ心理を逆転させるにはかなりドラスティックな療法が必要となるということを不承不承ながら信じるようになった。

バーンズは金融政策のレジームを転換することの難しさについて、苦悩をもって語っている。彼が注目しているのは、当時の米国社会に定着していた強力なインフレ心理である。インフレを抑制しようとすれば強力な金融引き締めが必要となるが、これには企業も労働組合も政治家も反対する。彼は講演を行った時点で、その直後にボルカー・ショックと呼ばれる金融引き締めの「療法」が行われることを想像していたわけではないだろうが、ボルカーはまさにそれを大胆に実行した。もちろん、ボルカーの金融引き締めはかなり長い期間高失業率をもたらしたが、インフレの抑制を通じて、その後の米国経済の発展に重要な基盤を整えたというのが、現在の経済学者やエコノミストの一致した評価である。

このボルカー・ショックの経験は、金融政策のレジームについて考慮することなしに金融政策のインフレ抑制効果は議論できないことを物語っている。同様に、バブルの発生原因である過剰債務を考える際にも、金融政策のレジームについての議論が不可欠であるように思う。

中央銀行の担う基本的業務

本章では中央銀行の基本的な役割は経済の発展に必要な安定的な金融環境を提供することであることを述べた。一般的に使われる言葉で言うと、中央銀行の目的は物価の安定と金融システムの安定を実現することである。この目的は、中央銀行の行う業務、すなわちセントラル・バンキングによって実現される。各国の中央銀行は歴史的な経緯も反映して、現在行っている業務はまったく同じではないが、どの中央銀行にも共通する核となる業務は、基本的に以下の3つである。

第1は、中央銀行であることの定義でもあるが、銀行券と当座預金という安全確実な通貨を提供し、決済システムを運営することである。中央銀行の最も重要な役割は安定的な金融環境というインフラを提供することであると述べたが、決済システムの運営は、インフラの中でもハード部分を構成する。

第2は、金融危機に直面した際、「最後の貸し手」として流動性を供給し、システミック・リスクが顕在化し金融システムが崩壊することを断固として防ぐことである。

第3は、経済が持続可能な成長軌道から外れることを防ぐこと、つまり不均衡が発生するのを防ぐために金利水準をコントロールすることである。これは、通常理解する意味での金融政策である。かつては「不均衡」と言えば、インフレというかたちをとることが多かった。今でもインフレは不均衡の具体的な形態のひとつであるが、過去30年ほどの内外経済を振り返ると、繰り返し述べたように「金融的不均衡」という形態をとることが増えている。それはバブルかもしれないし、持続不可能な財政状況かもしれない。さらには、持続不可能なクロスボーダーの資本移動かもしれない。これらの不均衡は中央銀行だけで是正できるものではないが、金利水準のコントロールは重要な是正手段のひとつである。

中央銀行はしばしば物価安定のアンカーであると言われる。これは第2と第3の業務に由来する。中央銀行は「最後の貸し手」として断固行動することによって金融システムの崩壊を防ぐことができるし、これに成功すれば、物価が大幅に下落する事態を回避することができる。一方、何らかの理由で高インフレに直面した際は、いかに不人気であっても金融引き締めを行うことによって物価上昇率を引き下げることはできる。これら2つの仕事を行うことができれば、フリードマンの言う「平均的な物価水準が将来にわたり予測可能な範囲で変動する」状態は実現することができる。つまり、中央銀行は物価安定の確かなアンカーとしての役割を果たすことができる。そしてこれこそが、中央銀行は物価安定のアンカーであるという真の意味だと思う。これに対して、自分たちが決めた目標物価上昇率に予想物価上昇率を収斂させられることをもって、中央銀行は物価安定のアンカーであると捉える立場もあるが、中央銀行にそうした能力があるかどうか私には自信はない。しかし、中央銀行は経済の発展にとって真に必要な物価安定のアンカーにはなりえるし、またその役割を十二分に果たさなければならないと思う。

（1）　第2章47頁参照。
（2）　高度成長期の日本経済については、香西（1981）、野口（2015）第2章参照。
（3）　Friedman（1968）参照。

（4）白川（2008c）参照。
（5）木村・藤原・黒住（2005）参照。
（6）Shirakawa (2015) 参照。
（7）Burns (1979) p.24.

第19章　非伝統的金融政策

金融政策運営をめぐる激しい意見の対立は、私の総裁在任中だけでなく、長い中央銀行員生活において常に存在していた。それは第一義的には、「理論」とそれにもとづく効果の評価をめぐる見解の対立であった。理論をめぐる意見の違いはなぜ生じるのか、理論は金融政策の決定においてどのような役割を果たすのかという論点は、非伝統的金融政策の採用にあたって強く考えさせられたことであった。金融政策の決定においては多くの検討すべき事項があるが、特に民主主義社会において中央銀行が果たすべき役割という観点からの検討は、その重要性に比して議論が非常に不足していた。

意見の違いはなぜ生じるか

経済政策をめぐる意見の対立は古くからあるが、デフレや非伝統的金融政策をめぐる日本での過去20年間の議論ほど、激しい意見対立はなかったように思う。小宮隆太郎は第5章で紹介した著書『金融政策論議の争点』の中で、金融政策に限らず、経済政策をめぐる意見の対立が生じる原因について以下のような観察を述べている。小宮は意見対立の源泉として、「①経済哲学の違い、②理論・モデル・コトバの違い、③関連する経済変数の量・規模、政策効果の大きさについての認識の違い、④経済政策を制約している法的・制度的（プラス国際的）枠組みの理解の違い、⑤経済の現状認識、政策目標の優先順位、視野の広狭」を挙げている。そのうえで、「理論が〔中略〕全体の中で占めるウェートは四分の一か三分の一ぐらいであり、全体としてバランスのとれた総合的判断ができないと、経済政策に携わる実務家としてはもとより、経済政策を論じる者としても不適格である」と言う[1]。

私は若い頃は、正しい経済理論を学べば正しい金融政策が何であるかはおのずとわかるはずだと思っていた。大事なことは経済理論であり、それを理解すれば正しい金融政策を実行できるはずだと。そのような認識にたつと、正しい金融政策が実行できないのは、経済学に対する理解が不十分であるか、日本銀行を含めた当局者の説明の努力が足りないか、あるいは日本銀行に実行する勇気がないか、そのいずれかということになる。しかし、日本銀行での経験を積むにつれて少しずつ考え方が変化していった。上述の小宮の観察に接したのは2002年のことであったが、金融政策担当の理事として国会、マスコミ、学者に対する説明の機会も多くなり、また、国際会議への出席も増える中で、小宮の観察は私には非常に納得がいくものであり共感するところが多かった。第1部、第2部の各章で私が日本銀行に入行して以来のさまざまな出来事や論争を取り上げたが、以下で述べるように、そこでの意見の対立の源泉も小宮の整理した5点に帰着するところが大きいと感じる。

① 経済哲学の違い

バブル崩壊後の不良債権の増加局面や金融危機の局面では、モラル・ハザード論からの公的資金投入反対の意見が大きかった。バブルや金融危機の発生の危険に対し、金融政策や金融規制・監督がどの程度の予防的な立場をとるかは、社会がどこまでの最悪の事態を許容するか、モラル・ハザードをどこまで重視するかの判断にも大きく依存する。

② 理論の違い

日本のバブル期には、経済的不均衡はインフレというかたちで顕在化し、金融政策とはそのインフレ率のコントロールをすることだという理論が支配的であった。金融政策の議論はマネーサプライと物価に集約され、金融機関の行動や信用面の動向には概して関心が乏しかった。グローバル金融危機前における他の先進国の議論も同様であった。

③ 関連する経済変数の意味に関する認識の違い

経済理論モデルで扱うのは概念であるが、金融政策を具体的に決定する時の材料の多くはデータである。現実のデータは概念に必ずしも正確には対応していない。近年の金融政策論議で、このことを最もよく示す例が物価指数である。物価指数は概念的には品質を調整したうえで、同一の財やサービスの価格の変化を継続的に記録する統計であるが、現実には商品の入れ替えによる登場や退出を認識することも、品質を調整することも容易ではない。物価統計はほんの一例にすぎないが、論者によってさまざまな統計の精度や信頼性についての感覚は異なるため、政策論にも違いが生まれる。

④ 経済政策を制約している法的・制度的枠組みの理解の違い

円安誘導を目的とした日本銀行の外債購入をめぐる意見の対立は、日本銀行法の解釈の問題でもあるが、それと同時に、現在の国際通貨制度に対する認識の差を反映していた。アコード論をめぐる意見の対立も、財政政策や金融政策の決定にかかわる制度や一国の統治メカニズムに関する理解の違いを反映している面も大きかった。

⑤　現状認識

グローバル金融危機前の経済政策論議を見ると、圧倒的に成長率や物価、経常収支の不均衡に焦点が絞られていた。住宅価格の高騰も議論されていたが、レバレッジや通貨、期間のミスマッチの拡大、シャドーバンキングの膨張が事実認識として大きく取り上げられることはなかった。現状を認識するには、観察のためのレンズが必要であるが、用いるべきレンズそのものが違っていた。非伝統的金融政策をめぐる論点のひとつは、中央銀行による国債の大量買い入れが財政支配をもたらすかどうかの判断であるが、これは論理的に答えが出る問題というより、社会がどのように変化していくかという点にかかわる観察の問題であった。

金融政策に関する意見の対立の原因について、以上の分類では理論とそれ以外を分けているが、じつはこれは「理論」をどのようなものと考えるかにも依存している。理論は複雑な現実の動きを理解する際、本質的と考える部分に焦点を合わせて他の部分は無視することによって成立する。すべてを考慮すると、複雑になり過ぎて意味のある結論は引き出せないからである。しかし、無視した部分がじつは重要である場合もありうる。つまり、何を重要と考えるかという認識の違いを反映して、さまざまな理論が存在するのである。したがって、政策の判断にあたっては、直面する経済の状況をつぶさに観察したうえで、用いるべき理論を選択するセンスは非常に重要である。

このような認識のもと、以下では非伝統的金融政策に関する意見の違いを詳述する。

伝統的金融政策と非伝統的金融政策

「伝統的」政策と「非伝統的」政策は必ずしも截然と分けられるものではないが、ここでは短期金利が「実質的なゼロ金利」に到達した後も、景気や物価に対する効果を発揮することを目的として展開される金融政策上の措置を総称して「非伝統的金融政策」と呼ぶことにする。「量的緩和政策」という用語も「非伝統的金融政策」とほぼ同義として使われることが多い。

ここで「実質的」という限定を付すのは、短期金利の下限は、必ずしも文字どおりのゼロではないからである。銀行預金の金利がマイナスになる、つまり預金をすると手数料をとられるようになれば、預金者は銀行から預金を引き出すかもしれない。しかし一方で、マイナス幅が小さい場合は、現金保管には盗難の危険等もあるので、預金を大量に引き出すといった事態にはならないかもしれない。この場合には、預金金利の下限は文字どおりのゼロではなく、若干のマイナスとなるだろう。しかし、マイナス幅がさらに大きくなると、預金の解約、現金へのシフトが大規模に生じると考えられるので、短期金利はその水準を超えては下げられない。そのような臨界的な金利水準を「実質的なゼロ金利」と表現している。

短期金利が実質的なゼロ金利に到達した後、金融緩和効果を発揮しようとする場合、残された方法は長期金利水準全般を引き下げることしかない。その際の効果波及メカニズムについては第12章「包括緩和政策」で説明したが、簡単に要約すると、以下のとおりである。長期国債金利、すなわちリスクフリーの長期金利の水準は、現在から将来にわたる予想短期金利の平均に、予想の不確実性に伴うリスク・プレミアムが付加される。社債等の民間の長期金利の水準は、同じ長さの期間の国債金利に信用リスクにかかわるプレミアムが付加される。非伝統的金融政策のうちフォワードガイダンスは、現在から将来にわたる予想短期金利の経路を引き下げることや、金利予想に関する不確実性を小さくすることを通じて、長期金利を引き下げることを目的としている。他方、大規模な金融資産の買い入れは、需給バランスに働きかけターム・プレミアムや信用プレミアムに影響を与えることを通じて、長期金利を引き下げることを目的としている。長期金利の低下は株価に対しては、将来収益の割引率を引き下げることを通じて上昇要因となる。為替レートに対しては、他の条件が同一であれば、内外の金利格差を縮小することを通じて、自国通貨の減価要因となる。

現在、「非伝統的金融政策」という用語は、マクロ経済の安定を目指した通常の意味での金融政策だけでなく、金融システムの安定確保を目指した政策措置も含めて使用されることが多い。リーマン破綻直後にＦＲＢが実行したＣＰやモーゲージ担保証券の買い入れは、後者の典型である。日本銀行は先進国の中央銀行がそうした異例の措置を始めるかなり以前から、ＡＢＣＰやＡＢＳ、金融機関保有株式の買い入れを行い、さまざまな異例の政策措置を実行していたが、リーマン破綻後はＦＲＢと同様にＣＰや社債の購入を行った。これらの措置は、本質的には金融システムの崩壊を防ぐため、あるいは金融市場の機能を修復するために中央銀行が行う「最後の貸し手」としての措置である。ただし、これらを「非伝統的」と形容するのには、かなり違和感がある。というのも、具体的な形態こそ異なるが、行ったことは中央銀行としての「伝統的な」役割だからである。加えて、これは景気や物価の安定を目指した通常の意味での「金融政策」とは異なる。その意味で、これらの政策措置を「非伝統的金融政策」と呼ぶことは二重の意味でミスリーディングであると思う。とはいえ、これらの措置も一般的には「非伝統的金融政策」と呼ばれることが多くなっている現状を踏まえ、本書でもそうした用語法に従うことにする。

非伝統的金融政策における日本の経験

非伝統的金融政策の効果や限界を検討する際、日本の経験は以下の理由から貴重な判断材料となる。第1に、日本は他の先進国に先行してバブルを経験したことから、結果的に非伝統的金融政策のパイオニアとなり、20年以上もの長い経験を有していることである。

第2に、日本は非伝統的金融政策のメニューのほとんどすべてを実行しており、そのような国はほかには存在しないからである。日本銀行が行った主要な政策措置を確認すると、①ゼロ金利、②長期国債の買い入れによる中央銀行のバランスシートの大規模な拡大、③時間軸効果を狙った政策（フォワードガイダンス）、④金融機関保有株式、ABCP、ABS、CP、社債、ETF、REITをはじめとする各種の民間のリスク資産の購入等が挙げられる。さらに、私の総裁退任後には、マイナス金利やイールドカーブ・コントロールも実行に移された。日本はいわば、非伝統的金融政策の「実験室」である。今や日本で実行されていない主要な政策措置は、外国為替市場に対する無制限介入と、財政政策と金融政策の明示的な協調だけである。前者についてはスイス国民銀行が一時採用したが（第14章「「六重苦」と「通貨戦争」」参照）、後者については、先進国に関する限り、明示的に採用された事例はこれまでのところ存在しない。

第3に、以上2つの結果でもあるが、非伝統的金融政策をめぐる議論の変化を観察できるからである。ひとつの事例を紹介しよう。『フィナンシャル・タイムズ』の論説主幹を長く務め、また日本銀行の金融政策に対する厳しい批判で知られていたマーティン・ウォルフの記事である。彼は2001年11月14日付『フィナンシャル・タイムズ』に「崖っぷちの日本」(Japan on the Brink) と題する長文の記事を執筆した。そこでは、十分な貨幣拡張がインフレを作り出すことによって実質金利を引き下げること、および実質為替レートの減価をもたらすことを主張しており、「もし正統的な政策が有効でなければ、正しい対応は何もしないということではなく、非伝統的なことを行うことである」と述べ、「成功につながる貨幣拡張」の必要性を主張している。この記事からほぼ16年経過した17年12月13日付の同紙に、ウォルフは「日本に関する通念は間違っている」(Conventional Wisdom on Japan is Wrong) と題する記事を掲載した。ここで言う「通念」とは、主流派のマクロ経済学の理論にもとづく金融政策に関する提言のことを指している。この記事で、日本銀行の金融政策上のあらゆる努力にもかかわらず、インフレ率はわずか0・2%しか上昇していない事実に触れて、「インフレ率引き上げに失敗したからといって、状況が悲惨であるようには見えない」と述べた。そのうえで、「日本の人口動態と現在の低い失業率を所与とすると、女性や高齢者の労働参加率を高めることは重要であるが、生産性を引き上げることこそが本質的である」という政策判断を示している。私は『フィナンシャル・タイムズ』に掲載されることの多かった日本経済、日本銀行の金融政策に関する過去20年近くの「通念」を思い起こしながら、当時の記事に書かれていた「成功につながる貨幣拡張」の議論はいったい何だったのかと、深い感慨を覚えずにはいられなかった。

日本銀行の金融政策に対する議論の変化を示すもうひとつの事例は、ニューヨーク大学教授で日本銀行金融研究所顧問であったマーク・ガートラーが2017年に日本銀行の国際コンファレンスで行った基調講演である。[2] 第9章「デフレ論議の高まり」で述べたように、主流派のマクロ経済学の理論では、中央銀行の発表する目標物価上昇率が人々の予想物価上昇率のアンカーとなり、それによって目標物価上昇率を達成できるという結論になる。ガートラーは自らの講演を次のように要約している。

> ２０１３年春に、日本銀行はインフレ目標の導入とフォワード・ガイダンスの積極的な利用を含む最先端の金融政策を導入した。既存のマクロ経済理論の予測とは対照的に、これらの政策は、経済のリフレーションに極めて限定的な成果しかあげられていない。日本の経験と既存の理論の間の断絶は、フォワード・ガイダンス・パズルと共通した問題であることを論じる。

そして講演の冒頭部分で彼が述べている以下の発言は、より率直である（傍線は引用者）。

> 数ある難問の中でも筆頭に挙げられるのは、日本における持続的な低インフレと実体経済の弱さに関する説明である。金融政策の失敗を経済停滞の主因とすることはもはや不可能である。

分析対象の偏り

このように、ごく最近に至って主流派経済学の論調もいくぶんかは変化している。しかし、日本の非伝統的金融政策の経験は、上述のガートラーの分析等の例外はあるが、厳密な実証分析に裏づけられるかたちで、海外の学界や政策当局者の議論で取り上げられることは少ない。残念ながら、非伝統的金融政策に関して取り上げられるのは、欧米諸国、特に米国の経験にもとづくものがほとんどである。[3]日本の経験はもとより、先進国の非伝統的金融政策の影響を受けた新興国の経験も実証分析の対象とされれば、非伝統的金融政策に関する研究はより普遍性の高いものとなり、将来の政策当局者に対して豊富な判断材料を提供することができると思うのだが。[4]

日本の非伝統的金融政策の経験は、なぜ実証分析の対象となることが少ないのだろうか。

第１の理由は、採用された政策措置の実務的な内容を解説した英語による文献が少ないという現実的な問題である。第２の理由は、あまり意識されていないことであるが、金融危機において日本銀行の採用した政策の多くは金融システムの安定化を目的とした政策として位置づけられていることである。新日本銀行法では金融政策とそれ以外の政策を分け、前者は決定会合で、後者は通常の政策委員会で決定することが規定されている。したがって、金融システム安定のための政策は金融政策決定会合ではなく、通常の政策委員会で決定されたため、重要な政策措置でありながら「金融政策」と位置づけられず、結果的に非伝統的金融政策の議論から抜け落ちることになった。これに対し、米国ではリーマン破綻後にとられた「ＱＥ１」はＦＯＭＣで決定され、金融政策に分類されている。[5]しかし、ＱＥ１は金融システムの崩壊を防ぐための措置であり、本質的には中央銀行の「最後の貸し手」機能を発揮した政策である。ＱＥ１を金融政策と定義するならば、日本銀行が90年代半ば以降に導入した金融システム安定化目的の施策の多くは、日本版のＱＥ１と言えるものである。

第３の理由は、米国ではリーマン破綻を許容したことにより金融システムが大混乱し、世界経済が大恐慌の瀬戸際までいったことである。そのために、その後にとられた危機対応策の効果が検証でき、一連の措置は「成功」として評価されることになった。これに対して日本の場合、山一特融というきわめて大胆な行動をとったため、リーマン破綻時に生じたような規模で金融危機が発生することはなかった。それゆえ日本銀行の措置は目立たず、他方FRBのとった措置は目立つことになり、分析の対象となることも多くなった。日本銀行のとった措置はバーナンキのFRBの措置と同様、「革新的」(innovative) であったが、残念ながら今日、一般的にはそうした認識は共有されていない。多くの政治的な困難がある中で、金融危機対策の実現に尽力した当時の日本銀行の松下康雄総裁はもとより、信用機構局、考査局、営業局等の職員の苦労を思うと、このことに言及せずにはいられない。

第4の理由は、グローバル金融危機前に日本銀行が採用した政策の評価について、当時の欧米の経済学界の支配的な見解が尾を引いていることである。欧米諸国でも、グローバル金融危機後の積極的な金融緩和措置にもかかわらず経済の回復は捗々しくなかった経験を踏まえ、非伝統的金融政策の効果について、かつてのような楽観論は後退している。仮に、日本に対する評価が欧米の経験と同じタイミングで行われたとすれば、おそらくかなり違ったものとなっていたと思う。

非伝統的金融政策に関する評価

日本における非伝統的金融政策の有効性については本書のいくつかの章で触れてきたが、本章冒頭で述べた意見の対立の源泉に関する考察も踏まえながら、日本を含めた先進国の非伝統的金融政策全体を捉え、改めてその有効性の総括的な評価を行ってみたい[6]。

(1)金融システムの不安定化回避の効果

金融危機の急性期に各国中央銀行が採用したＱＥ１や、ＦＲＢと主要国間のドルのスワップ取極をはじめとするさまざまな措置は、金融システムの崩壊や信用仲介機能、マーケットメイク機能の不全を防ぐうえで、きわめて有効であった。これらの施策は、中央銀行の伝統的な役割である「最後の貸し手」機能を、今日的な環境に即していくつかの重要な点で修正を加え、実施したものである。「最後の貸し手」機能の有効性は歴史の経験の中で証明されてきているが、これは一般的な意味での金融政策ではない。いずれにせよ、ＦＲＢやＥＣＢ、日本銀行を含め、各国中央銀行が金融システムの崩壊、あるいは不安定化を防ぐために最大限の努力をしたことは、１９３０年代の大恐慌を防ぎえた大きな理由であり、このことは十分強調するに価する。

(2)金融資産の価格への影響

影響の程度は金融市場によって異なるが、政策手段によっても異なる。フォワードガイダンスと資産買い入れは、非伝統的金融政策の中で、それぞれ代表的な手段である。日本銀行が量的緩和を行っていた頃は、金融資産の価格への影響という点で相対的に有効性が高いのは、私はフォワードガイダンスだと考えていた。しかし、グローバル金融危機後はこの考えが少し変化し、文字どおり巨額の資産を買い入れる意思と能力があれば、資産価格にある程度の影響を与えられると判断するようになった。また、そうした意思と能力を中央銀行は備えていると市場参加者から見なされると、実際に巨額の買い入れを行わなくても、買い入れの意思を明らかにしておけば価格に影響を与えられることもわかった。スイスフランの対ユーロのペッグが４年間続いたのはその一例かもしれない。

ただし、スイスの例でも、中央銀行は最終的にはペッグを放棄せざるをえなかったという事実は重い。意思の有無のみならず、能力の有無も重要な要素である。経済・金融情勢の明らかな変化に直面した場合に、中央銀行が無制限の買い入れを継続する能力を現実的に持っているかどうか、私には疑問に思える。能力の程度は当該金融資産の種類によっても異なる。たとえば、当該金融資産の潜在的なストックの量の大きさも重要な要因のひとつである。また、大きな損失発生の可能性がある中で、そうした買い入れを中央銀行が行い続けることに政治的な正当性があるかどうかも、能力を規定する大きな要素であると思う。

(3) 実体経済への影響

金融資産の価格にはある程度の影響を与えられたとしても、それが実体経済にどのような影響を与えるかは別の話である。非伝統的金融政策の実体経済への影響を評価する際、最初に長期金利の引き下げ幅を推計し、これに平常時の長期金利低下による実体経済への影響の係数を掛け合わせることによって試算する研究がしばしば行われた。しかし、バブル崩壊後には平常時における効果波及メカニズムが作用しないことを考えると、これは適切なアプローチとは言えない。

実質的には、非伝統的金融政策が実体経済に与えた効果はかなり限定的であった。少なくとも、喧伝されたほどの効果はなかったように思われる。何よりも、多くの国が非伝統的金融政策をグローバル金融危機後10年間も継続した、もしくは現在も継続しているという事実が、そのことを物語っている。私が限定的と判断するのは以下の統計的事実に依拠している。ひとつは、バブル崩壊後の10年間の実質ＧＤＰの推移に関する国際比較である（図19－1）。景気のピークは日本の場合は１９９１年、

図19－1　バブル崩壊後の実質GDPの国際比較

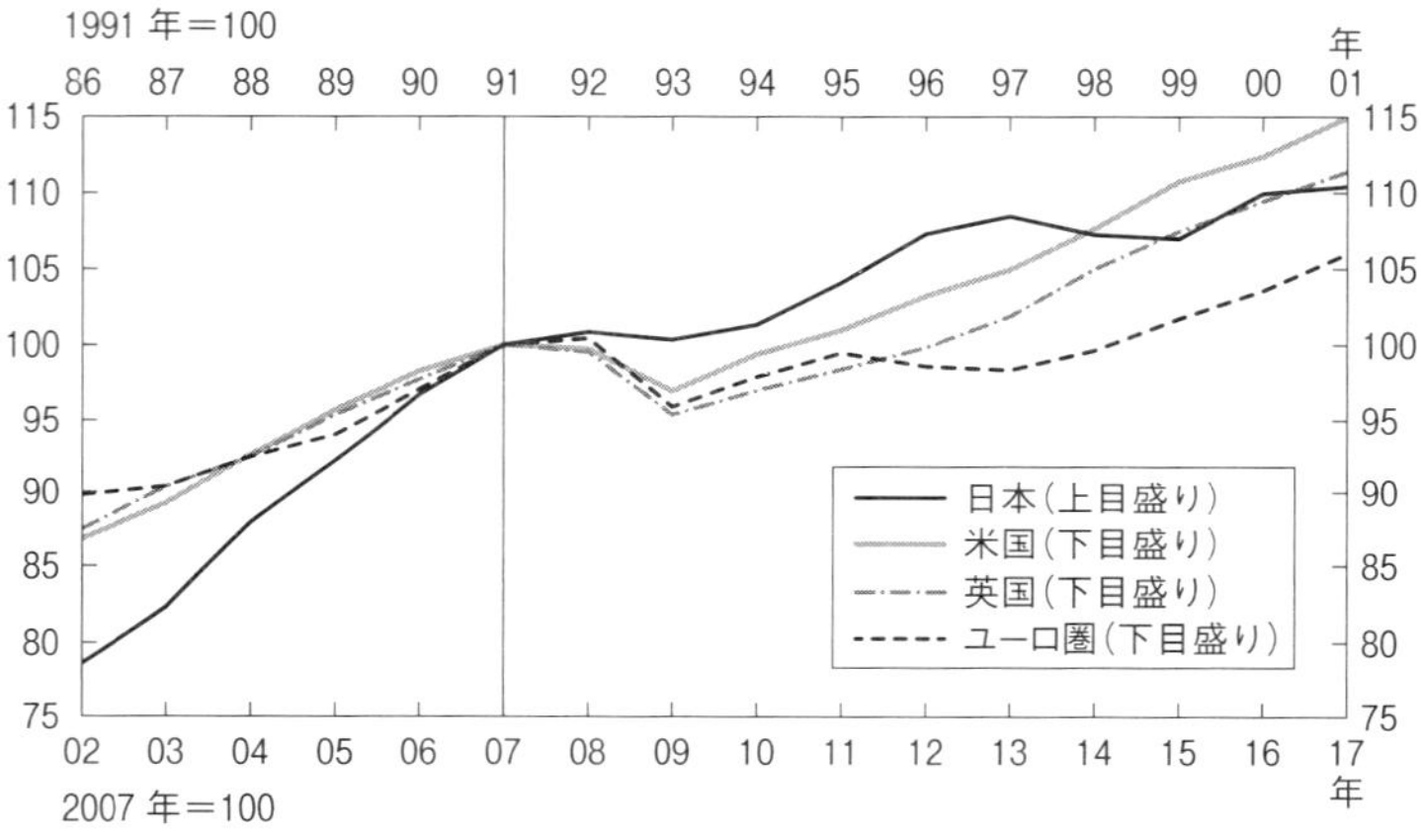

出所：OECD

米国の場合は２００７年である。非伝統的金融政策は日本のバブル崩壊直後の時期では採用されなかったのに対し、グローバル金融危機後の米国では採用された。もちろん、比較を行っている10年間は長く、金融政策以外にもさまざまな重要な出来事が発生しているので金融政策との関係でのみ議論することは不適切ではあるが、日米のＧＤＰの推移には一般にイメージされるほどの大きな差は観察されない。同様の比較を他の主要国（地域）と行うと、日本はユーロ圏よりもむしろ良好、英国とは同等のパフォーマンスである。

もうひとつは、景気のピークを記録した07年以降の実質ＧＤＰの推移に関する国際比較である（図19－2）。米国の実質ＧＤＰ成長率は他の先進国に比べて高かったが、そのひとつの理由として、米国はより早くより大胆に非伝統的金融政策を展開したことが指摘されることが多い。確かに米国のＧＤＰの成長率は高かったが、人口動態の差を調整した１人当たり実質ＧＤＰの推移で見ると、

図19−2　2007年以降の実質GDPの国際比較

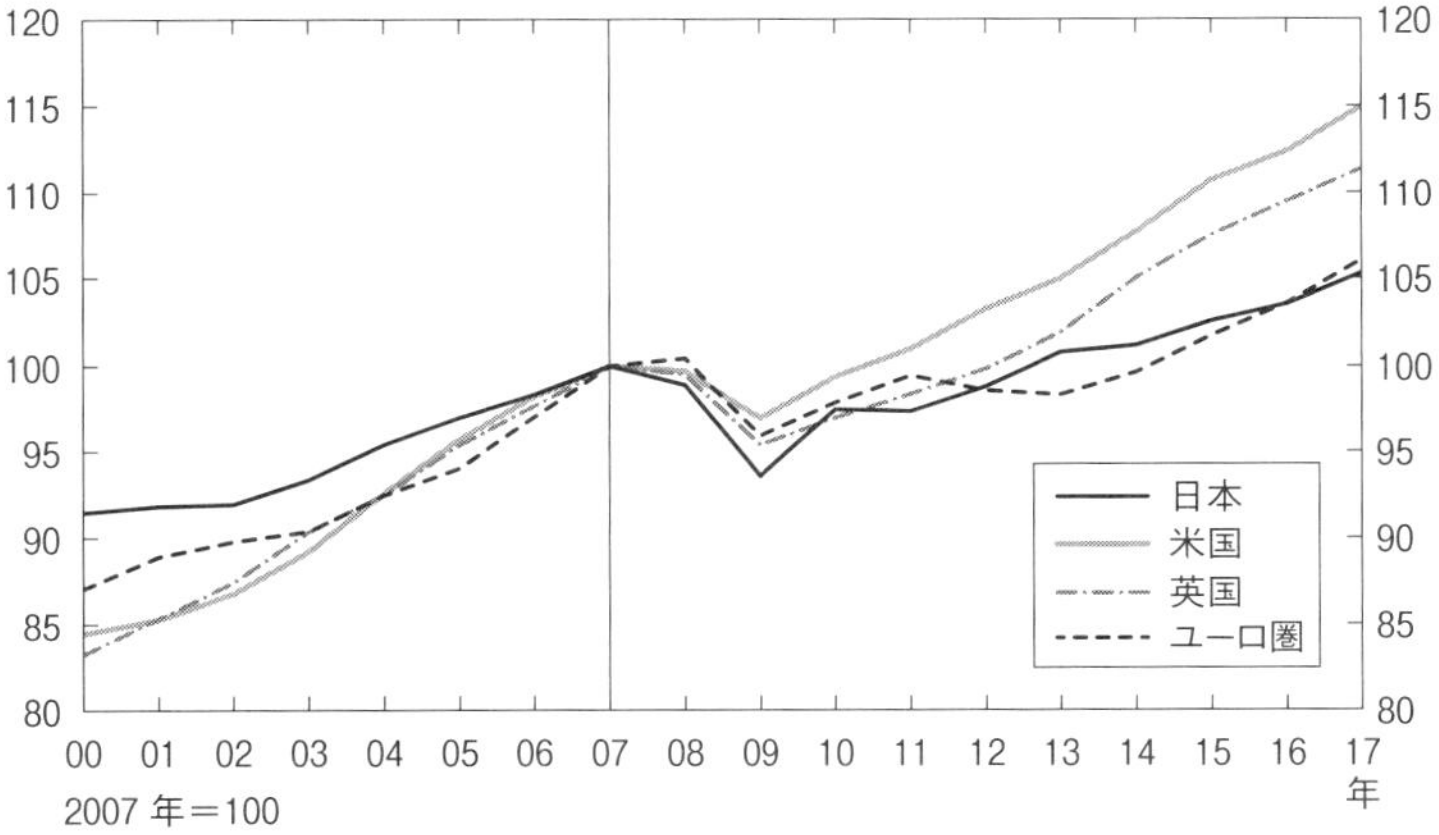

出所：OECD

図19−3　2007年以降の1人当たり実質GDPの国際比較

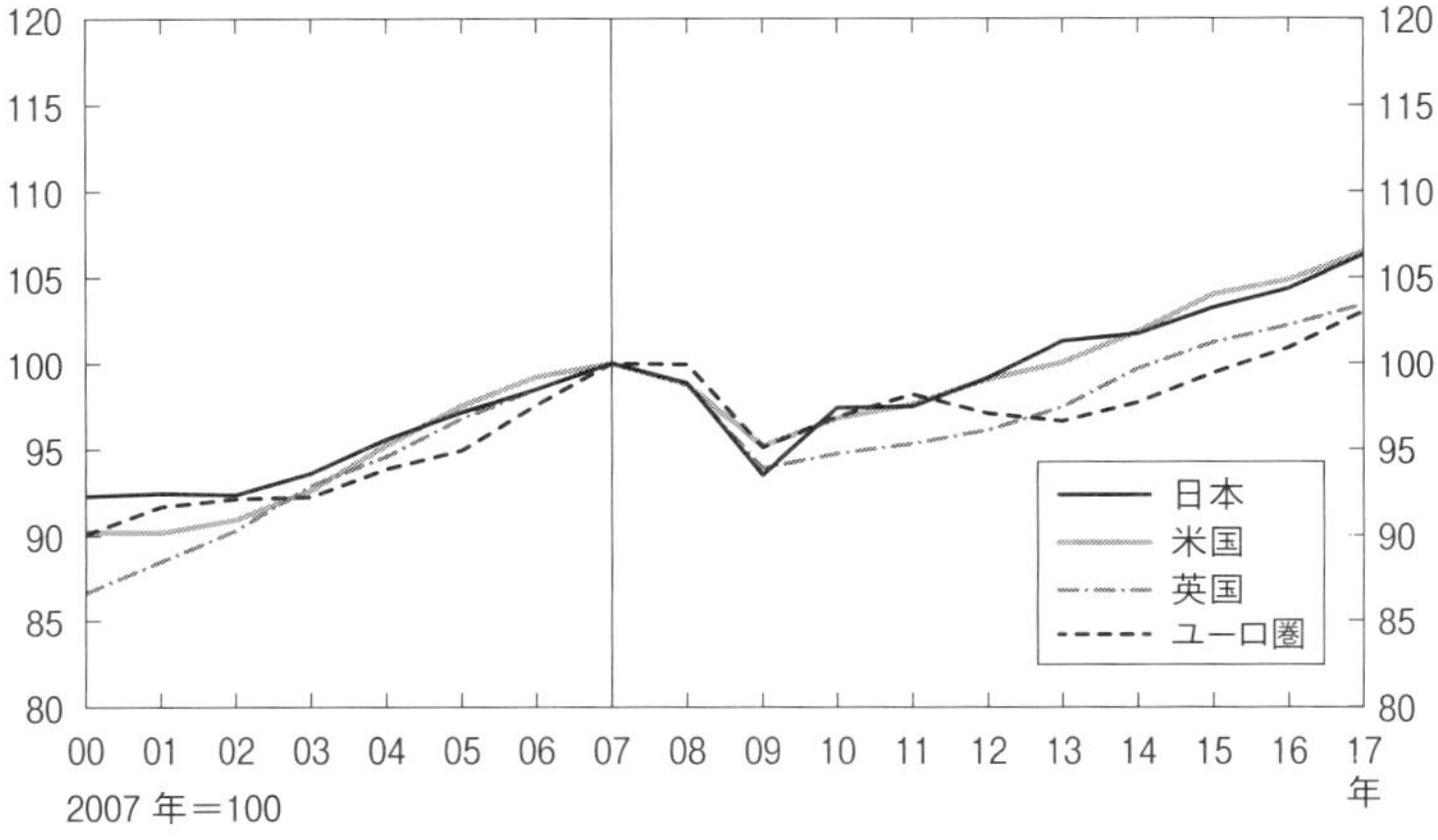

出所：OECD

じつは米国と日本との間に差は見られない（図19－3）。

ただし、非伝統的金融政策の効果はGDPの推移だけで評価できるのかという論点には留意する必要がある。バブルの崩壊や金融危機後の低成長は、第一義的にはバブル期に積み上がった債務、雇用、設備等、さまざまな「過剰」の調整によるものである。いったん過剰が発生すると、支出を抑制し、雇用を抑制する以外にそれを解消する方法はない。過剰の解消は経済が再び持続的な成長軌道に復帰するために必要な条件である。しかし、その調整のスピードがあまりに速すぎると、痛みが大きく、経済としても社会としても耐えられなくなる。たとえば、大規模な失業の増加は労働者に体化されたスキルの消滅を通じて生産性の低下につながる。さらに、失業の増加は社会の不安定化をもたらしやすい。これはそれ自体が望ましくないだけでなく、政治の不安定化を引き起こし、それを通じて経済を悪化させる。その意味では、非伝統的金融政策はたとえ長期的には大きな効果がない場合でも、短期的には何がしかの需要を作り出す効果があるとすれば、これを実行することに意義は見出せる。

(4) 最終的な純効果

非伝統的金融政策の効果とコストのうち、以上の3点の評価は主として効果の方である。これに対し、コストや副作用は時間をかけて顕在化すると考えられる。特に、金融システムや供給サイドに与える影響を評価するためには、ある程度の時間が必要であろう。また、非伝統的金融政策を終了する、いわゆる「出口」時の影響もコストのひとつである。仮に金融資産価格への人為的な操作が実体経済へプラスの効果をもたらす源泉であったとすれば、「出口」時にはこれと逆の効果が発生し、マイナスの影響が生じることも予想される。したがって、最終的に生じる純効果を評価するためには、非伝統的金融政策を終了してから、つまり「出口」から脱した後、ある程度の時間を要する。

以上の4つの評価のうち、⑴と⑵については、現在、ほぼコンセンサスが得られていると思う。問題は⑶と⑷の評価である。金融システムの安定が回復した、いわば「平時」において、非伝統的金融政策はどの程度、実体経済の回復に有効なのか、この問いに対する答えは、非伝統的金融政策を採用しなかった場合に経済がどのように変化したかを知ることができない以上、本質的に難しい(7)。私の考えでは、金融システムの安定化という面では大きな効果があった一方、実体経済への効果については限定的であるという評価が妥当であるように思う。

有効性を左右する要因

ここで、金融政策の「効果」（あるいは、「有効性」）の定義に一言触れたい。ここで言う効果とは、金融政策が実体経済や物価に対して与える純効果を指している。金融政策が実体経済や物価に期待する方向で影響を与える場合、その時点での効果は大きくても、前述のコストや副作用が時間を経て顕在化してくると、純効果は小さくなる。非伝統的金融政策の有効性を評価する際、我々は「有効である」「有効でない」という二者択一的な思考様式をとりがちであるが、非伝統的金融政策の経験が蓄積されるにつれ、私は、有効か有効でないかという議論をするよりも、有効性を左右する要因が何かを考える方がより生産的であると思うようになった。以下では、日本を含めた先進国の非伝統的金融政策の観察にもとづき、有効性を左右する要因として、⑴ショックの性格と持続期間の長さ、⑵基軸通貨国の「法外な特権」、⑶副作用やコストをコントロールする社会の能力の3つを指摘したい。

⑴ショックの性格と持続期間の長さ

伝統的金融政策であれ非伝統的金融政策であれ、何らかのショックの発生によって景気がトレンドの軌道から下降した場合（景気後退）、金融緩和政策が効果を発揮する本質的なメカニズムは、金融環境をより緩和的にすることによって需要を創出することである。この点では、伝統的金融政策も非伝統的金融政策も、想定する効果波及メカニズムは同じである。

需要創出のひとつのルートは、金利水準の低下や資産効果による需要の前倒しである。たとえば、先々のいずれかの時点で設備投資を行おうと計画していた企業の場合、金融環境が改善すると、経営者は背中を押されるかたちで今期に設備投資を行うかもしれない。いずれ住宅ローンを利用して自宅を購入しようと思っていた家計が実際に購入に踏み切るかもしれない。こうした効果を期待して、中央銀行は金融緩和政策を実施する。もうひとつのルートは、自国通貨の為替レートを減価させ、海外からの需要増加（輸出増加）に頼る方法である。

需要前倒しについて言うと、通常の景気後退時であれば、金融環境の改善による需要増加効果によって金融緩和政策は目的を達する。しかし、先行きの不確実性が非常に大きくなってくると、需要創出効果は限られてくる（マービン・キングはそうした状態を「根源的な不確実性」(radical uncertainty)と表現している）。仮に金利水準が1％下がっても、リーマン破綻の直後、あるいは欧州債務危機の時のように、自らを取り巻く経済や社会の環境に大きな不確実性がある時に、企業が設備投資の決定に踏み切るとは考えにくい。そのような状況では、確率分布に従って計算される数学的期待値によって行動するというより、そもそも確率分布自体がわからないため、自らの身を守ることが何よりも最優先されるし、将来に向けた自由度を持つことの価値が何よりも大きくなる。そのような根源的な不確実性がなければ需要の前倒しは期待できるが、これは、あくまでも将来予定していた支出タイミングの繰り上げであり、明日の需要を今日に持ってくると、明日が今日になった場合には明後日の需要を持ってくるしかない。しかし、長期にわたってそうしたメカニズムに頼り続けることはできない。需要はすでに先食いされているからである。

このような議論に対しては、金融政策の意義を否定しているのではないかという批判も予想されるが、そうではない。伝統的であれ非伝統的であれ、金融緩和政策には景気変動の平準化を図るという意義がある。それはあくまでも景気が一時的な需要の減退に直面している場合への処方箋であり、この処方箋が有効であるのは、経済が将来、トレンドの成長経路に復帰していくことが前提となっている。過去20年近くの間の日本経済は、一時的な需要減退というショックに直面した時期もあったが、通して見ると、それが本質的な問題というわけではなかった。第10章「日本経済の真の課題」で述べたように、日本が直面している問題は、急速な高齢化に伴う労働人口の減少に起因したさまざまな制度の「不適合」や、グローバル化、情報通信技術の急速な発達に日本企業がうまく対応できていないことにある。これらは一時的な需要ショックではなく、経済学者の言う「永続的なショック」に近い。敢えて分類しようとすれば、需要ショックというより供給ショックに分類されるだろうが、潜在成長率が低下するという予想が働く時には将来の需要も減少すると予想されるので、需要ショックと供給ショックという区分も、長期になればなるほど曖昧なものとなる。

自国通貨の為替レートの下落については、どのように考えるべきだろうか。日本の2004年11

月〜07年7月の円安の経験が示すように、世界経済が好転に向かう中で、一国だけが並はずれて低い政策金利を維持できるような状況では、金融緩和は景気の刺激を可能にする有効な戦略となる。これは他国が政策金利を引き上げることに期待した、追い風期待戦略である。しかし、グローバル金融危機の時のように、世界中が共通の需要ショックに見舞われる場合は、そうした「追い風」は期待できない。それでも、相対的に金利水準の高い国は、当面の効果として自国通貨安に頼ることはできるが、国内で需要前倒し効果を使い尽くし、金利水準も世界で最も低い国にとっては、他国の金融緩和による自国通貨高に伴うマイナス効果だけが残ることになる。さらに、こうした自国通貨安政策を追求する国にも最終的には他国の経済の落ち込みによるマイナス効果がフィードバックされてくるので、世界全体ではゼロサムゲームとなってしまう。

(2)基軸通貨国の「法外な特権」

非伝統的金融政策を採用する国が基軸通貨国であるかどうかも、有効性を左右する要因である。グローバル金融危機後の先進国の経済回復の状況を比較すると、米国のパフォーマンスが相対的に優れていることに異論はないだろう。少なくともGDPで見ると、そうした評価は可能である（1人当たりのGDPはともかくとして）。米国の非伝統的金融政策が他国に比べて有効であったとすれば、それはなぜか。

ひとつの仮説は、米国の経済システムは非常に柔軟であるため、緩和的な環境に反応して景気刺激効果が発揮されたというものである。そうした仮説の妥当性は否定できないが、もうひとつの仮説は、米国は自国通貨が世界の基軸通貨という特殊な地位を占めていることによって、他国にはない緩和効果を享受できたというものである。その第1の理由は、ドルは多くの企業、金融機関のファンディング通貨としても使われているため、[8]米国の金融緩和は米国以外の経済主体のドル資金調達コストの低下を通じて、景気刺激効果を生み出すからである。第2の理由は、米国の場合、対外負債の多くがドル建てであることに伴い、自国通貨安によるバランスシート調整効果を期待できるからである。米ドルの為替レートはサブプライムローン問題発生後、リーマン破綻時までは下落傾向をたどっていた。米国は基軸通貨国として海外に流動性を提供する役割を果たしているが、このことは対外負債の大半はドル建てであることを意味する。他方、対外資産は海外直接投資が多く、こちらの方は現地通貨建てである。グローバル金融危機発生後の初期局面ではドル安が生じたが、これによってドルで表示される対外純資産ポジションは改善する。言い換えると、不良債権発生に伴うバランスシートの調整負担という点では、米国は他国に一部を負担してもらえるという有利な立場にあった。[9]これらの理由は米ドルが基軸通貨であることに伴って、米国が「法外な特権[10]」を享受していることに起因している。

(3)副作用やコストをコントロールする社会の能力

マクロ経済安定化政策としての非伝統的金融政策のグロスベースで見た効果は国によって異なるだろうが、副作用やコストの大きさも国によって異なる。効果の源泉は全般的な金利水準を引き下げることにあるが、極端な金融緩和が長期にわたって続くと、経済の供給面や金融システムに悪影響が生じ、長期的には経済成長率の低下をもたらす可能性もある。これが非伝統的金融政策の副作用やコストと呼ばれるものである。具体的には以下の5つが考えられる。

第1に、民間経済部門の新陳代謝機能の後退。経済全体としては、通常は好況期に生まれた非効率な企業が不況期に淘汰されるというメカニズムが働くが、長期にわたって極端な金融緩和が続くと金利の支払い負担が軽減される結果、非効率な企業が温存され、生産性が徐々に低下する可能性がある[11]。

第2に、金融市場の機能が低下することによる資源配分への悪影響。金融資産の価格は通常は将来に関する市場参加者の予測を反映して形成される。しかし、中央銀行の買い入れが大規模になり過ぎると、そうした中央銀行の行動に価格は圧倒的な影響を受けるようになる。その結果、市場参加者は経済の現状や先行きに関する自らの予想ではなく、中央銀行の行動それ自体や、予想につながるヒントを得るべく中央銀行当局者の発言に大きく左右されるようになる。そうなると、経済学で言う金融市場の「価格発見」(price discovery) 機能が低下し長い目で見て資源の最適配分が妨げられ、生産性の低下要因となる。今から80年も昔、大恐慌のさなか、シカゴ大学の経済学の教授であったヘンリー・サイモンズは「我々は事業を行うことが将来の金融政策に関する投機となるような状況は避けなければならない」と述べているが、驚くほど今日的な警告である[12]。

第3に、財政規律の弛緩。経済の抱える真の問題に関する認識が弱くなりがちな傾向が社会全体として強まると、長期的には潜在成長率は低下し、財政危機の可能性も高まり、経済の持続的成長にはマイナスに作用する。金利を引き上げれば財政規律は改善するとか、前述の資源配分も改善するということではないが、金融緩和の強化や長期化のコストとして明確に認識するべきものだと思う。

第4に、金融システムの不安定性を高める危険。非伝統的金融政策は需要の前倒しに頼る面が大きいが、これは企業であれば設備投資増加、家計であれば消費や住宅投資の増加であり、債務の増加を意味する。さらに、金融機関は当面の利鞘追求のために、運用は長期資産、調達は短期債務、流動債務の増加という、期間ミスマッチの拡大をもたらしやすい。これらはいずれも金融システムの潜在的な不安定要因となる。

第5に、所得分配、資産の分配に与える影響。伝統的な政策による金融緩和でも、所得分配や資産の分配に影響を与えるが、景気循環の中で、相対的に有利な時期と不利な時期が交代するという前提がそれなりに満たされている。しかし、金融緩和が長期にわたり、金利水準がきわめて低くなると、所得の有無や稼得形態、資産の保有額や種類によって影響が大きく異なってくるうえに、その影響が長く続くため、不公平感が強まってくる。問題はそれが許容範囲を超えた場合の社会の反応である。

以上の副作用やコストの大きさは、どの国でも同じ大きさというわけではなく、社会のさまざまな制度や慣行にも依存する。これらは長期的には変化していくが、短期的には所与である。変化のスピードは経済の情勢にもある程度左右される。一般論としては、金融緩和が長期化するほど、効果は逓減し、副作用やコストが相対的に大きくなってくることは避けられない。したがって、効果の全体と副作用やコストを比較考量しながら、金融政策を運営するという姿勢が重要となる[13]。

この点では、米国は何よりも基軸通貨国であることの利点を活かせる。人口動態や経済の柔軟性を反映し、副作用をコントロールする能力も相対的には高いかもしれない。他方、日本の場合、人口動態の変化や日本企業のビジネスモデルの非柔軟性を背景とする潜在成長率の低下や財政バランスの悪化の中で、非伝統的金融政策の副作用は大きくなりがちである。加えて、本書で繰り返し述べたように、日本はゼロ金利に真っ先に直面し、長短金利とも世界中で最も低い水準に位置していたため、金融政策の重要な効果波及チャネルであった自国通貨安の効果に頼ることはできなかったことも大きい。

非伝統的金融政策の効果や副作用に関する評価の違いは、まさに本章の冒頭で挙げた意見の対立の源泉の5点と一致しているように思う。

the only game in town

中央銀行は経済の安定化を目指して金融緩和政策を実行し、遂には非伝統的な金融政策を推し進めるようになった。しかし、経済の成長に必要な構造改革は先進国では全般に遅れがちである。その結果、中央銀行だけが突出してアグレッシブに役割を果たす状況が現出するようになっている。そのような状況はいつの頃からか、「the only game in town」（唯一の選択肢）と表現されるようになっている。(14) この言葉は、辞書を引くと「唯一の機会、活動、資源」という説明がされている。なぜ、このような現象が生じているのだろうか。

構造改革が進まない理由は、国民に不人気だからと説明されることが多い。しかし、私にはこの説明の仕方はやや不正確であるように思える。現在見られる現象はもう少し複雑である。独立性を有した中央銀行は、それに伴って求められるアカウンタビリティを意識すると、経済の不満足な状態や低インフレに直面した場合、何らかの行動をとらなければならないと感じる。アカウンタビリティは透明性を要求するが、長期的な副作用やコストは定量化しにくい一方、短期的な便益の方は見えやすいことから、結果的に前述の中央銀行の義務感をさらに強める。そのため、総便益がプラスと判断される限り、その便益が小さい場合でも、金融緩和を追求することになりやすい。

一方、政府や政治家は中央銀行による短期的な景気刺激効果を歓迎し、不人気な構造改革を先送りする。国民にとっては、非伝統的な金融政策はあまりにも複雑で技術的であるため、内容を理解することも、効果や長期的な影響、最終的な帰結等を判断することも非常に難しい。「the only game in town」という言葉であらわされる近年の現象は、以上のような社会的力学を背景に生じていると理解するべきだと思う。かつて、中央銀行の独立性は政府や財政当局との関係から主張されており、「財政支配」（fiscal dominance）の状態になることを防ぐための制度設計として理解されることが多かった。そうした観点は依然として重要であるが、政府自身も国民や金融市場の反応に縛られる傾向が強まっている現在は、「社会支配」（social dominance）や「市場支配」（market dominance）とでも言うべき状況にあると表現した方が適切であるかもしれない。

「制約」はゼロ金利なのか

中央銀行が非伝統的金融政策を工夫するに至ったのは、現実にゼロ金利制約に直面したことや、将来直面することへの恐怖からである。ゼロ金利制約はマクロ経済学者や中央銀行等の政策当局者の思考にじつに大きな影響を与えた。１９９０年代初頭はまだ一部の経済学者が理論的可能性として言及し始めた程度であったが、日本が実質的なゼロ金利制約に直面した(15)90年代末以降、この問題はポール・クルーグマンをはじめ多くの経済学者の関心を集めるようになり、やがて多くの先進国中央銀行の金融政策運営に大きな影響を与えるようになった。その結果、「金融政策の積極主義」（activism）とも言うべき現象が強まっていった。金融政策の目的は物価の安定であるから、それを数字によって明らかにすることは当然であるし、独立性を有した中央銀行が数字の公表によってアカウンタビリティの要請に応えるのは必然的な動きである。しかし、多くの先進国の目標物価上昇率が２％にほぼ収斂する中で、「2%」という数字の達成が、金融政策運営上検討すべき他の多くの事項をオーバーライドする傾向が生まれてきている。

しかし、ゼロ金利という下限の存在が金融政策運営の真の制約となっているのだろうか。言い換えると、マイナス金利を含め、中央銀行が十分な金利引き下げ余地を有していれば、バブル崩壊後に直面したような低成長、低インフレという現象は回避できるのだろうか。以下の理由から、私の答えは否である。

第1に、バブル時の「過剰」が解消しない限り、持続的成長軌道への復帰の条件が整わないからである。マイナス金利を含め金利水準の低下は「過剰」の調整のスピードを和らげることはできるかもしれない。それには意義はあるが、その分、調整に要する時間は長くなり低成長の期間は長くなるだろう。

第2に、仮にバブル崩壊後の低成長が潜在成長率の低下によって引き起こされているのだとすると、金利水準の引き下げによっては解決されないからである。エコノミストの言葉を借りれば、自然利子率が一時的に低下しているのであれば、予想インフレ率の引き上げか名目金利の引き下げか、どちらによっても実質金利を自然利子率以下に引き下げることが「答え」となるが、自然利子率の低下が潜在成長率の継続的な低下を反映している場合には、実質金利水準を自然利子率以下に引き下げるだけでは「答え」とはならない。むしろ、「将来」の地点にたつと、需要を先食いされた分だけ、需要不足に直面することになる。必要なのは、潜在成長率を引き上げる努力である。

この場合、「制約」は前者の場合で言えば、「ゼロ金利」というより、経済が持続可能な成長軌道を大きく踏み外したことにあり、後者の場合で言えば、潜在成長率が低下している事態にある。ゼロ金利制約は金融政策運営を考える際の重要な視点であることは間違いないが、この視点が本質的に意味を持つのは、短期の需要ショックへの対応であることは忘れてはならない。金融政策は本質的には「時間を買う政策」であるということである。時間を買っている間に、社会として取り組むべきことに確実に取り組むことが不可欠である。これを怠れば、そのコストは経済に、つまりは社会に降りかかってくることになる。

（1）小宮・日本経済研究センター（２００２）２３７～２３８頁。
（2）Gertler（2017）参照。
（3）日本銀行は金融機関保有の株式を購入するという異例の措置も敢行したが、中央銀行による株式購入について言及したケネス・ロゴフの著作（Rogoff（2016）p.138）を見ても、触れられているのは香港の事例だけである。香港の事例については、第12章注（７）参照。
（4）たとえば、インド準備銀行の金融政策については、Subbarao（2016）参照。
（5）厳密に言うと、連邦準備制度理事会が決定権限を有する措置もあった。
（6）米国については、Warsh（2018）参照。
（7）効果の評価にはある程度長期間を要する。Rogoff（2016）は「過去の経済論争からみて、実証結果に関する論争は決着を見るのに数十年はかかるだろう」と述べている（p.123）。
（8）BIS（2016）参照。
（9）白川（２００９d）参照。
（10）この言葉はフランスのシャルル・ド・ゴール大統領の経済顧問であったジャック・リュエフが述べた言葉として、今日に至るまで広く知られている。

（11） Borio et al.（2018）参照。

（12） Simons（1936）参照。

（13） 副作用やコストを定量的に計測することは難しいが、オランダ銀行の二人のシニアエコノミストは、G7諸国の中で日本は低金利の継続による潜在成長率の押し下げ効果（本文で述べた第1と第2の副作用のコストに対応）が最も有意に検出されるという実証結果を報告している。https://voxeu.org/article/curse-persistently-low-real-interest-rates

（14） El-Erian（2016）.

（15） Krugman（1998）.

第20章　国際通貨制度

国際通貨制度とは、各国が主権を保持したうえで世界経済の安定を図るために作られたさまざまな「ルール」や「制度」の集合である。グローバル金融危機の経験が示すように、90年代以降、世界の多くの地域で起こった大きな経済の混乱は、ほとんどが国際的な資本移動から引き起こされる問題と関係している。その原因のひとつとして、各国の中央銀行が金融政策を運営する際、国際的な波及やフィードバックの影響を「内部化」できていないことも挙げられる。その中でも、特に基軸通貨国についてはこの問題は大きい。国家の存在を考えると、これはある程度避け難い問題であり、近い将来において「世界中央銀行」の実現を期待することは非現実的である。当面は大がかりな国際通貨制度改革を目指すより、各国中央銀行間での金融政策の率直な意見交換や、規制・監督、決済システムをはじめとする銀行業務面での協力を強化することが、実践的かつ重要である。

グローバル経済安定の重要性

1990年代以降に世界のさまざまな地域で起きた大きな経済的混乱を見ると、そのほとんどすべてがグローバルな資本移動と関係している。たとえば、97～98年のアジア金融危機では、危機前に資本がアジア新興国に大量に流入し、危機後には資本が急速かつ大量に流出した過程で、大きな経済的変動が生じた。グローバル金融危機では、危機前に新興国や欧州諸国から米国に資本が流入した。国債やモーゲージ債、複雑な証券化商品がそれら流入資金の受け皿となったが、一方で、欧州の銀行は、ドル建ての資金運用を増やすために、ドル建ての短期資金調達を増やしてレバレッジを拡大させていた。危機後はそうした資本の流れが止まり、巻戻し現象が起きた。欧州債務危機では、ユーロ圏の周縁国へ流入した大量の資本が危機後には一転、大量に流出した。これらの危機の過程では為替レートが大きく変動し、世界中のどの国もグローバル経済の変動の影響を免れることはできないと思い知らされることになった。

国内経済の安定を実現するためには各国の努力が必要であることは言うまでもないが、同時にグローバル経済自体の安定も不可欠である。そして、グローバル経済の安定を図るためには、資本移動や為替レートの変動、それが引き起こす問題に対し、各国が従う何らかの「ルール」や「制度」、すなわち、国際通貨制度がうまく機能するかどうかが重要な鍵を握っている。ノーベル経済学賞を受賞したジョン・ヒックスは、中央銀行という「制度」について半世紀前に以下のように述べている(1)。

大部分は自己完結的な国民経済においてのみ、各国の中央銀行は真の中央銀行たりうる。世界市場の発展、特に金融資本市場の発展とともに、各国の中央銀行は一歩退き、世界システムの中で唯一の銀行の集まりとなり、もはや「中央」には位置しない。それゆえ、各国中央銀行という組織によって（部分的に）解決された問題が再登場し、この問題は（解決の努力を払っているが）

世界レベルでは依然として解決していない。

まさに、グローバル化の進展したもとでの中央銀行の課題を予言していたと言える。

グローバル・インバランス

国際通貨制度とは、世界政府や世界中央銀行が存在しない現状において、世界経済の安定的な成長を阻害する不均衡、すなわちグローバル・インバランスに対処するために各国の政府や中央銀行が作り上げた、通貨や資本の移動に関するさまざまな「ルール」や「制度」の集合である。先にも述べたように、各国の経済が安定的に成長するためにはグローバル経済の安定的な成長が必要であり、そのためにはよく機能する国際通貨制度の整備は必須である。

国際通貨制度を構成する基本的な要素は以下の3つである。第1は、為替レート変動や国際収支不均衡に関する調整のルールである。70年代初頭のブレトンウッズ体制崩壊後、先進国が変動相場制度に移行したことにより、重要性を増した。第2は、対外支払いの困難に直面した国に対するファイナンス（資金融通）の仕組みである。IMFの融資制度や地域的な資金融通のメカニズムがこれにあたる。たとえば、欧州債務危機の際は、ギリシャに対してはIMFの融資とユーロ圏内部での支援が行われた。第3は、各国の経済運営に対するサーベイランス（監視）である。これは世界経済の安定的な成長を脅かすと判断される場合、何らかのプレッシャーや影響力を行使してマクロ経済政策の是正を求めるものである。前述のギリシャの例では、IMFやEUは支援にあたりマクロ経済の調整を条件とした（いわゆるコンディショナリティ）。

国際通貨制度（international monetary system）、あるいは国際金融システム（international monetary and financial system）というと、以前は経常収支の不均衡や、それに伴う為替レートの調整をめぐる議論が圧倒的に多かった。たとえば、経常収支の黒字国と赤字国のどちらがそれを圧縮する義務を負うかというテーマは、ＩＭＦの創設を決めた１９４４年のブレトンウッズ会議以来繰り返し議論されてきた。プラザ合意からルーブル合意に至る時期も、経常収支の不均衡の調整はマクロ経済政策運営上の大きな論点であった。現在でも経常収支の不均衡をめぐる議論は重要性を失ってはいないが、グローバルな資本移動が活発化するにつれ、資本移動に由来する問題の重要性の方が格段に高くなってきた。

この文脈の中で最もよく聞かれた議論は、米国の経常赤字に伴う対外債務増大の結果ドルが暴落することに対する懸念である。プラザ合意前の議論もそうであったし、グローバル金融危機前の国際会議でも、中国をはじめとする新興国の経常黒字と、その反映である米国の経常赤字と資本流入は、そうした観点から活発な議論の対象となっていた。

それと並んで議論されるようになったのは、ＦＲＢの理事時代にベン・バーナンキが行った「世界的な貯蓄過剰」（Global Saving Glut）の議論であった。彼は新興国の貯蓄過剰により米国の長期金利が国内の経済的要因で説明できる水準以上に低下している可能性を指摘した。一国で貯蓄が投資を上回ると、経常収支は黒字になり、その分、対外純資産が増加する。増加した対外純資産の一部は米国債への投資増加となり、長期金利の低下をもたらす。この議論にたつと、新興国の貯蓄過剰が米国の住宅バブル、ひいてはグローバル金融危機をもたらした一因とされる(2)。

資本移動の重要性

グローバル・インバランスの議論は、上述したドル暴落や世界的な貯蓄過剰の議論を含め、主たる関心事項は経常収支尻に向けられていた。経常収支尻に注目するということは、資本移動については純増減（ネット）の金額に注目していることと同義である。たとえば、財・サービスの輸入が輸出を上回る金額である経常収支赤字とは、どのマクロ経済学の教科書にも書かれているとおり、一国の投資が貯蓄を上回る金額であり、この投資超過額分だけ対外純債務残高が増加する。そのような見方は、資本移動はもっぱら財・サービスの購入をファイナンスする活動であるという経済観にたっている。しかし、資本は財・サービスの購入だけでなく、金融資産を購入するためにも使われる。実際、過去数十年間の動きが示すように、資本移動の金額の伸びは財・サービスの貿易の伸びをはるかに上回っている。したがって、同額の純資本移動金額であっても、それが少額の総資本流出入の結果であるのか、多額の総資本流出入の結果であるのかによって意味合いは異なりうる。前述の純増減の金額に注目する議論は、流入・流出いずれであれ資本移動の総額（グロス）の規模や内容によって経済や金融市場に与える意味合いは変わりうることへの認識がやや希薄である。資本移動の純増減額は経済の動きを分析するうえで重要であるが、それしか見ていないと、もっと重要な動きを見過ごすことになる。

我々がグローバル金融危機で学んだことは、グロスベースの資本移動に着目することの重要性である。たとえば、ユーロ圏諸国全体の経常収支は、グローバル金融危機前は全体としてバランスしていた。当時、欧州の金融機関は国内で魅力のある運用機会が乏しい中で、米国の複雑な証券化商品への

図20－1　米国の経常収支と資本流出入のGDP比率

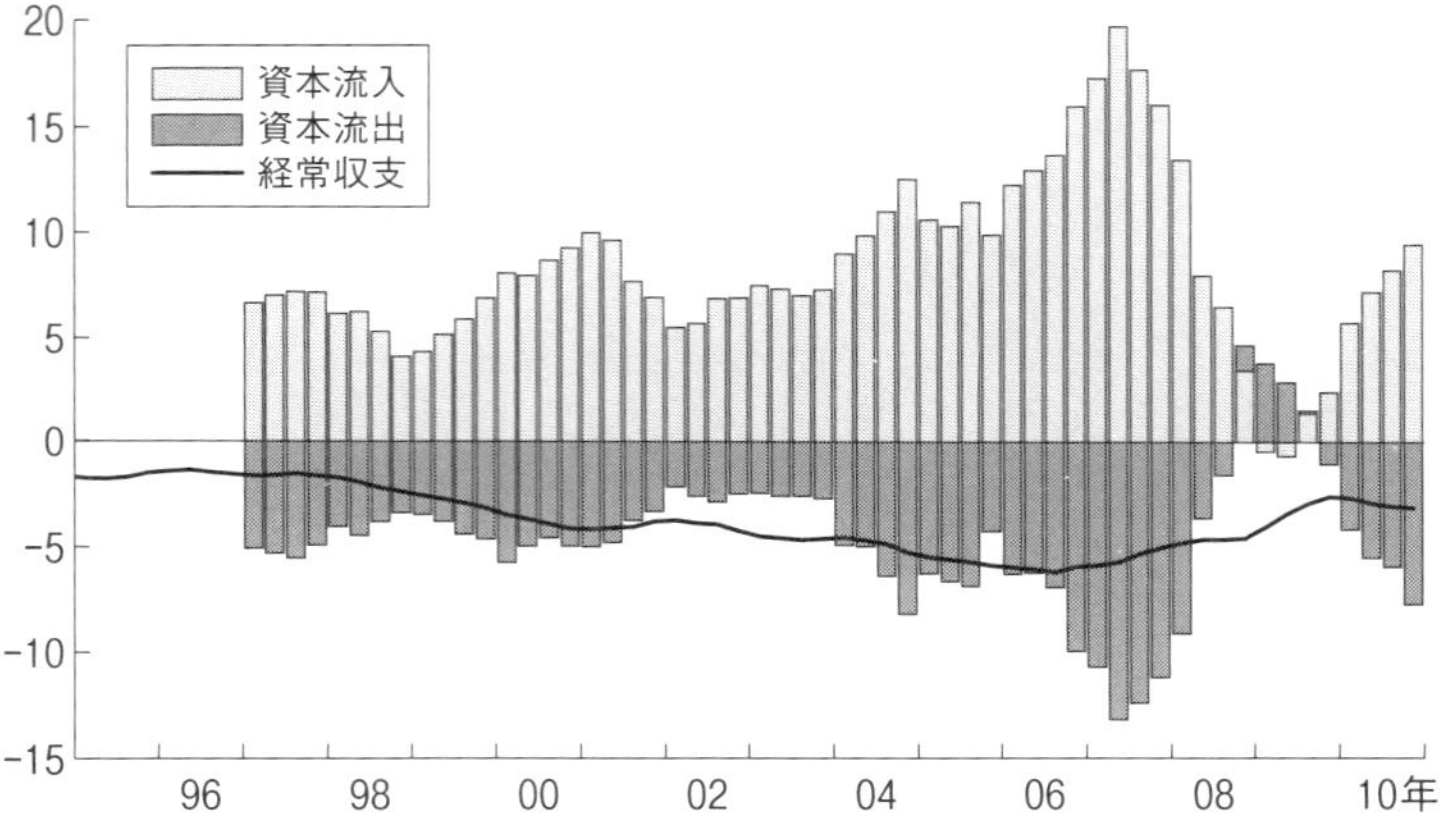

出所：Borio and Disyatat (2011)

投資を増やした。他方で、その資金調達はＣＰをはじめとする短期の手段に依存し、これを購入したのは米国のＭＭＦであった。つまり、欧州の金融機関は、自国通貨ではないドルによって長期運用・短期調達を行っており、価格変動リスクに加え、ドルの流動性リスクを負っていたのである。その結果、グローバル金融危機後はドルの流動性リスクに真っ先に直面した。ユーロ圏諸国は全体としてはネットベースで資本の流出入はバランスしていたが、資本の流出と流入の形態に問題の源泉があったと言える。資本の純受け入れ国である米国から見ると、経常収支赤字の対ＧＤＰ比率の上昇はそれほど大きくなかったが、資本の流入、流出金額の対ＧＤＰ比率は際立って上昇した（図20－1）。今やグローバル・インバランスとして重要なのは経常収支の不均衡というより、グローバルな資本移動の中で作り出される不均衡であることが理解できるだろう[3]。

グローバルな金融環境を脅かす要因

前述のように、国際通貨制度を構成する主たる要素は、①為替レート変動や国際収支不均衡に関する調整のルール、②対外支払いの困難に直面した国に対するファイナンス（資金融通）の仕組み、③各国の経済運営に対するサーベイランス（監視）である。これらに関する政策はどの国でも最終的には政府が主たる責任を有していることが多いが、このことは国際金融システムの安定維持という面で中央銀行の果たす役割が小さいということを意味するものではない。それどころか、以下で述べるように、各国の中央銀行は集合的に見れば世界全体の金融環境に大きな影響を与えている。

私の総裁在任中、国際金融システムの安定維持という観点から切実だったテーマのひとつは、第14章「「六重苦」と「通貨戦争」」で詳述した先進国の金融緩和の波及およびフィードバックの問題と、新興国の自国通貨上昇抑制の為替市場介入であった。もうひとつは、エネルギー価格を除くコア物価指数をターゲットにする金融政策運営が持つグローバルな緩和バイアスであった。各国の中央銀行にとって、自国の物価を安定させるためにエネルギー価格を外生変数として扱うことは合理的である。しかし、すべての中央銀行がそのような考えで金融政策を運営すると、資源価格が不安定化し、それが結局、世界経済の不安定要因となって各国経済にフィードバックする可能性がある。実際、2008年頃までは、原油価格が上昇しても、それを除くコア物価指数は安定していた。その結果生じる緩和バイアスは、世界の総需要増加をもたらし、ひいては原油需要の増加とさらなる原油価格の上昇をもたらす一因となった。その後も多くの先進国の中央銀行はコア物価指数を重視し続けた結果、その分資源価格が不安定化する傾向を持ったことは否定できない。金融危機後の資源価格の大幅下落は、長い目で見れば、２０００年代前半に各国中央銀行がコア物価指数に注目していたことの副作用が時間差を伴ってあらわれた結果と解釈することも可能である(4)。

先進国の金融緩和にしても新興国の為替市場介入にしても、単独で見れば自国経済の安定にプラスと判断するからこそ実行しているものであるが、グローバル経済全体で見ると必ずしも最適とは言えない。このような問題が発生する原因としては少なくとも４つの仮説が考えられる。

第１は、先進国、新興国いずれも、自国の金融政策や為替レート運営が他国に影響を与え、ひいては自らにも影響を与える「外部効果」に関する認識が単純に不足していることである。

第２は、仮に、各国とも「外部効果」の存在を認識し協力が必要であることを理解していても、ゲーム理論で言う「協力解」を保証するメカニズムがない中で、自国経済最優先で行動せざるをえないという現実が存在することである。

第３は、国際収支危機時の外貨資金調達の困難に由来するものである。経常収支が赤字の場合はもとより、経常収支が均衡している場合でも、資本移動全体で期間や通貨の大幅なミスマッチを伴っていれば、金融経済情勢の変化の結果外貨資金不足という危機は発生しうる。国際収支危機に陥った国はＩＭＦ等から外貨を借り入れるしかないが、当然厳しい引き締め政策を求められる。実際、アジア金融危機の経験は当該国にとっては悪夢となって記憶されている。危機時の外貨資金調達の困難がどれほど大きいかわからないと、過剰に防衛的にならざるをえない。このケースでは、世界全体としては引き締め的バイアスが生じる。

第４は、米国は基軸通貨国として、「法外な特権」を有していることは前章で述べた。世界経済全体の外部効果を十分に認識していたとしても、米国は外貨資金繰りの問題に煩わされることなく、自国経済にとっての最適を追求することが可能である。もちろん、基軸通貨が英ポンドから米ドルに代わった歴史が示すように、永遠にそうしたことが可能であるわけではないが、基軸通貨国はかなり長い間自国優先の政策を行うことは可能である。

新興国の国際収支危機

外貨資金の不足は先進国にも新興国にも起こりうる問題だが、米国だけは自国通貨のドルが国際基軸通貨として使用されているため、この問題に直面しないという特殊な立場にある。また、米国以外の先進国と新興国を比較すると、後者の方がこの問題は深刻である。新興国は過去の国際収支危機の経験や国内の制度の未整備等の理由から、危機が発生すれば、より大きな資本流出の危険にさらされる。このため、ドルが準備通貨である状況では、新興国は先進国に比べ自国通貨安を選好する「非対称性」が存在する。危機時の資本流出を経験すると、平常時に外国為替市場で外貨の買い介入を行うことによって外貨準備を積み上げるという戦略が選ばれやすい。実際、アジア金融危機後、アジア諸国の外貨準備は大幅に増加した⑸。また、新興国の為替市場介入は、危機時に備えた外貨準備積み上げという動機だけでなく、輸出競争力を回復するという動機もある。このため、先進国は新興国の外貨準備積み増しを概して否定的に捉えているが、新興国はこれを自己防衛策と見る傾向が強い。彼らの認識は、資本の流入と流出の振れ幅は非常に大きく、大国にとっては少額であっても経済規模の小さい国にとっては大きなインパクトを及ぼすというものである。

この点で、私を含め先進国の中央銀行の当局者は新興国の切実な苦労を十分には想像できていなかったかもしれない。日本はリーマン危機の時にニューヨーク連銀とスワップ取極を締結しドルを無制限に調達できたが、そうしたスワップ取極を利用できるのは限られた国だけである。このことを考えると、インド準備銀行の総裁であったドゥブリ・スバラオが回顧録で述べている以下の心情は重く響くものがある(6)。

我々は〔FRBと主要先進国中央銀行間の自国通貨と米ドルのスワップ取極〕同様のルピーと米ドルにスワップの枠組みを要請したが、FRBは前向きには反応しなかった。彼らは決して多くを語らなかったが、彼らが消極的であった理由は、ルピーが自由な交換可能通貨ではなかったからか、インドの金融市場は米国から見て重要でなかったかのどちらかであったと信じている。

この文章を読みながら、もし私が新興国の中央銀行総裁であったならば、スバラオ総裁と同じような思いを抱いただろうと想像した。しかし他方で、私がFRB議長であったとすれば、バーナンキ議長が現実にとった対応と同じことをしただろうとも想像する。グローバル金融危機時にFRBは国内の金融機関に対する資金供給について議会から強い批判を浴びており、そのような状況で、ドルの無制限供給を認める先をどの範囲とするかは難しい決定であったのではないだろうか。

国際収支危機に陥った国に必要なのは外貨資金であり、IMF等の国際機関の大きな役割は外貨資金の融通である。アジア金融危機の後、2000年5月に東アジアの外貨資金の相互的な融通スキーム（外貨スワップ）のネットワークとして、ASEAN諸国と日本、中国、韓国が参加するチェンマイ・イニシアティブと呼ばれる地域的なセーフティネットが発足したが、10年3月にはこれが強化され、多角的なネットワークとなった（The Chiang Mai Initiative Multilateralization）(7)。

国際通貨制度改革の方向性

このように、国際通貨制度が理想的には機能していないことの背後にあるさまざまな原因を考えると、改革はどのように進めるべきなのだろうか。フランスが議長国であった2011年のG20では、当初、国際通貨制度改革はテーマのひとつとして掲げられたが、大方の予想どおり、議論が前に進むことはなかった。国際通貨制度が重要であることは誰も否定しないが、あまりにも壮大なテーマであり、改革は容易ではない。上述の4つの原因のうち、第1と第2はゲーム理論で言う「協調の失敗」(coordination failure）のケースである。これに関しては、自国にとっての真の利益を知るために、率直な意見交換、情報交換を行うことが現状では最も意味があると思う。外部効果を真に内部化して考えた場合、「自国優先」の行動がじつは自国の利益を害しているケースもあると考えられる。そのことに多くの国が気づけば、事態は現状よりも改善するはずである。その意味で、真の自己利益を知る努力、トクヴィルのいう「啓発された自己利益」(enlightened self-interest）を知るようになるための努力は重要である。

第3の原因は「協調の失敗」とまでは言えないかもしれないが、改善の余地がある。当面は危機時の外貨資金調達の制度的枠組みの改善を図るのが現実的な解決策である。この点については、国際的な金融危機を経る度に新たな制度が導入されたり、既存の制度の改善が図られている。グローバル金融危機後もさまざまな取り組みが行われ、ＩＭＦは新たな融資制度の創設や改善に努めている。また、上述の東アジアのチェンマイ・イニシアティブのような、地域での外貨資金融通メカニズムも創設された。

第４の原因、すなわち、基軸通貨国の法外な特権に起因する問題については、米国以外の国がこれに意味のある影響を与えうる有効なメカニズムは存在しない。米国の金融政策が変わるとすれば、そうすることが米国の利益につながると判断する時であろう。

グローバル経済に関する以上のような分析を踏まえると、国際通貨制度改革としてはできることを行うというプラグマティックな対応しかないと私は思っている。具体的には、以下の３つの取り組みである。第１は、上で述べた「啓発された自己利益」を認識するための各国の中央銀行間での金融政策に関する率直な意見交換である。この点については後出の国際会議の節で詳しく述べる。第２は、金融の規制・監督のルール作りにおける協力である。この点はすでに第16章「金融システムの安定を目指して」で述べたとおりである。

第３は、決済システムをはじめ、中央銀行の銀行業務面での協力である。(8) 金融政策と比較すると、中央銀行の銀行業務面でのグローバルな協力体制は、はるかに前進している。時差に伴う外国為替の決済リスクの削減を目的としたＣＬＳ銀行（Continuous Linked Settlement Bank）の設立が典型であるが、決済システムの面での中央銀行間の協力の成果は大きい。決済システムを含め金融システムの安定という分野では、現在多くの「基準」が国際的に合意されている。そうした基準の順守状況を第三者の国際機関が評価する仕組みも導入されている。私が１９８７年に決済システムに関する国際会議にはじめて参加した時の議論は、現在の「金融市場のインフラのための原則」（Principles for Financial

Market Infrastructures: ＰＦＭＩ）に相当する基準の作成につながるものであった。このような「基準」は、多くの当局、多くの専門家が関与し、徐々に整備されてきた。また中央銀行間の協力はもっと地味な分野でも進んでおり、たとえば、銀行券の偽造対策はその一例である。現在は精巧なカラーコピー機が発達している。この分野では日本企業は世界屈指の技術力を誇っているが、主要国中央銀行が世界のコピー機メーカーと協力体制を組み銀行券の偽造対策に取り組んでいる。

「海外要因」は存在するか

以上、国際通貨制度改革の方向性を概観したが、その具体的な取り組みの第1として述べた金融政策運営に関する率直な意見交換について、もう少し詳しく取り上げたい。

ＢＩＳ総裁会議のハイライトである「グローバル・エコノミー・ミーティング」(Global Economy Meeting）には、ＢＩＳ加盟の60カ国のうち、30カ国がメンバーとして参加している。(9) 会議の運営スタイルは議長によって少しずつ異なるが、国別報告のトップバッターは米国であり、出席者の関心を毎回最も集めるのは、当然のことながらＦＲＢの説明である。ＦＲＢの後は、ＥＣＢ、日本銀行という順番となることが多く、主要先進国の報告が終わった後は新興国の報告に移るのが通例であった。

グローバル・エコノミー・ミーティングでの報告を聞きながら、いつも興味深く感じていたことのひとつは、日本を含め、各国の経済状況の説明において、「海外要因」が重要な役割を果たしていることであった。リーマンショック、欧州債務危機、原油価格等はいつも「海外要因」として言及されていた。つまり、これらの要因は自国の政策が影響を及ぼさないものという位置づけであった。しかし、考えてみると、これはいささか奇妙である。小国の中央銀行が「海外要因」を指摘することは理解できるが、大国の中央銀行も海外要因に頻繁に言及した。米国も例外ではなかった。たとえば、欧州債務危機が深刻化した局面では、FRBの挙げる「逆風」のひとつはいつも欧州債務危機であった。しかし、グローバル・エコノミー・ミーティングに参加している国のGDPは世界全体の9割に達しており、「グローバル・エコノミー」をひとつの経済として捉えると、「海外要因」は存在しない。「海外要因」と映る動きには各国の金融政策運営全体の産物でもあるグローバルな金融環境も影響している。ECBのジャン＝クロード・トリシェ総裁の後にグローバル・エコノミー・ミーティングの議長を務めたイングランド銀行のマービン・キング総裁は、このことにしばしば言及しながら、出席者がグローバル経済全体へのインプリケーションを意識した議論を行うよう仕向けていた。

グローバル化は進展しているようにも見えるが、このグローバル・エコノミー・ミーティングでの議論が示すように、出席者のものの見方は真にグローバル化しているとは言えないようにも思える。財・サービスの国際貿易、国境を越える資本移動、情報の移動は飛躍的に増加した。国境をまたぐサプライチェーンの発達も目覚ましい。この面を捉えれば、間違いなくグローバル化は進展している。しかし、各国の国民がコスモポリタンのような意識を持っているかと言えば、もちろんそうではない。多くの人々は、自分の住む国や地域に愛着を持っている。エコノミストの言葉を借りると、「ホーム・バイアス」である。労働ひとつをとっても、多くの人は住み慣れた自国でできるだけ働きたいと思っている。人々の価値観はそれぞれの国の歴史を反映して形作られている。身近な例で言うと、食品の安全基準ひとつをとっても国によってかなり異なる。経済政策にしても、米国のように雇用の確保を重視する国もあれば、ドイツのようにインフレへの警戒感の強い国もある。これがグローバル化の現状であり、経済は依然として「国内的」と言える部分も多い。

各国の中央銀行法は、自国経済の安定を目的として定めているから、各国の中央銀行が自国の経済の安定を最優先することは当然であり、自国経済の安定を短期的には犠牲にしても世界経済の安定を図る金融政策を期待することはできない。したがって、各国の中央銀行が自国にとっての最適を追求すれば世界全体としての最適が自動的に実現するという保証がない以上、残念ながら、この問題に対する満足すべき答えはない。80年代後半の一時期に採用された「国際政策協調」は機能しなかったし、むしろ弊害の方が大きかった。しかし、だからといって、グローバルな経済や金融システムの安定を実現するために、各国にできることは何もないと考えるのは悲観的過ぎる。以下に述べるように、改善できることは多くあり、現にそうした取り組みがなされているし、今後さらに強化していく必要がある。

国際会議の役割

大国の金融政策は新興国に波及し、その影響は大国自身の経済にもフィードバックしてくる。そうした波及とフィードバックは観念的には認識されていると思うが、真に想像力が働いているかと言えば、必ずしもそうとは言えないように思う。たとえば、新興国への波及については国際会議でしばしば取り上げられ、少なくとも議論のレベルでは認識されているが、ゼロ金利制約に真っ先に直面した国の為替レートは、他の先進国の金融緩和政策によって受動的に決まるという状況の厳しさは、ほとんど認識されていない。それゆえ、中央銀行が率直な意見交換を行い、「啓発された自己利益」を知ることはきわめて重要である。[10]

ここで強調したいのは、国際会議の重要性である。総裁在任時に私が参加していた会議で言えば、ＢＩＳ、ＩＭＦ、Ｇ7、Ｇ20が挙げられる。地域の国際会議としては、アジア・オセアニア地区の中央銀行の集まりであるＥＭＥＡＰの総裁会議が存在する。

国際会議に出席する折を利用して、別途、各国総裁と個別に面談を行うことも多い。個別の面談を設定しない場合でも、バーゼルのホテルのレストランでは、朝食の席に割り込むかたちで会話が弾むことも多かった。相対、あるいは少数の中央銀行間の会合もある。日本銀行は、ＦＲＢやＥＣＢ等の中央銀行と、金融監督、決済システム、ＩＴ等の分野について相対の会合を開催していた。金融調節については、ニューヨーク連銀とＥＣＢとの三者の会合を開催している。中国人民銀行、韓国銀行とは、三国の中央銀行総裁会議を２００９年以降、年に1回開催している。国際会議以外にも、電話での意見交換も少なからずある。電話会議は時差の関係で多くは夜の10時以降のことが多く、時には深夜に開始されることもあった。

ＢＩＳ

このような数ある中央銀行間の意見交換の場の中でも、ＢＩＳは特別であった。ＢＩＳ総裁会議は原則として2カ月に1回、スイスのバーゼルで開かれる。バーゼルはドイツとフランスとの国境に接した人口約17万のスイス第3位の都市である。ＢＩＳはもともと第一次世界大戦後のドイツの賠償金取り立てのために設立されたが、その後、国際的な経済環境や金融市場の変化に合わせて徐々に役割を変えてきた。現在、ＢＩＳは自らの使命について「ＢＩＳの使命は中央銀行が通貨の安定と金融システムの安定を追求することに奉仕すること、これらの分野での国際的協力を促進すること、そして中央銀行に対する銀行として行動することである」と述べている。

定例総裁会議は中央銀行間の率直な意見や情報の交換を促すための、じつに有益な場である。私は前任の福井俊彦総裁と同様、１回も欠席することなくこの会議に出席した。総裁会議は日曜日の夕方から始まり、月曜日の夕方で終わる。この間に、さまざまな「総裁会議」が開かれる。私が通常出席していたのは、グローバル・エコノミー・ミーティングのほかに、ＥＣＣ（Economic Consultative Committee）、拡大総裁会議（All Governors Meeting）、ＢＩＳ理事会および理事会の下部委員会であった。それぞれ目的は異なり、メンバーも異なる。このほかにも、ＡＣＣ（Asian Consultative Council）、総裁・銀行監督長官グループ（ＧＨＯＳ）会合や民間金融機関ＣＥＯとの会合も開催される。ＢＩＳ理事会は、一般企業で言えば取締役会に相当し、主としてガバナンスの問題を扱う。私は２０１１年1月より、総裁を退任した13年3月まで、クリスチャン・ノワイエ議長（フランス銀行総裁）のもとで理事会の副議長を務めた。6月には年次総会も開かれる。

「啓発された自己利益」を実現するという観点では、ＢＩＳを中心とする中央銀行間の意見交換は、現状どの程度、所期の目的を果たしているだろうか。この点を考える一例を挙げると、米国が２０１0年11月にＱＥ2を始めた直後、新興国だけでなく、他の先進国も、米国に対しかなりの批判を行う場面に何回か遭遇した。私自身もグローバル・エコノミー・ミーティングをはじめさまざまな機会に疑問を呈する発言を行った。だが、ＱＥに関する限り、米国勢はそうした他国の批判を受け入れることは決してなかったというのが私の印象である。欧州債務危機の時には、ユーロ圏外の国がユーロ圏の当局の対応の遅さを強く非難しており、米国はその急先鋒であった。非難の主たる矛先はＥＣＢというよりユーロ圏の各国政府に向けられていたが、ＥＣＢを含めユーロ圏当局の反応は総じて自己弁解色が強かったように思う。
インド準備銀行のスバラオ総裁は回顧録の中で、グローバル金融危機や欧州債務危機に関して米国や欧州に向けられた批判に言及したうえで、国際会議での印象を以下のように述べている[11]。

量的緩和を除いて大半の論点について、米国は一般的な傾向として批判に異議を唱えることはなかった。その代わり、彼らはより実際的であった。「ＯＫ、そのことは忘れて、どう進むべきか考えてみよう」。他方、欧州は欧州債務危機のインパクトの波及や対応の拙さに対するいかなる批判に対しても強硬に反論する傾向があった。彼らは欧州および世界にとってのコストを緩和するように政策対応を改善させるための助言を認めることはなかった。

スバラオ総裁のこの感想は欧州に対してやや厳し過ぎるかもしれないが、そうした一般的な傾向は存在していたと思う。こうした国際会議の光景を見ながら、金融システム問題への日本の対応の遅れが批判されていた90年代後半において、日本の当局の対応は他国の会議参加者にはどのように映っていたのだろうと考えることが多かった。おそらく、日本の反応も同じように自己弁解色が強いと受け止められていたと思う。それでは、国際会議で他国から受ける批判は意味がないかと言うと、私はそうは思わない。少なくとも日本の場合は、国際会議での批判は国内で必要な取り組みを進める際の大きな説得材料となった。ユーロ圏の当局者も、域内の政治的な調整の難しさが理解されていないというフラストレーションは強かったと思うが、批判自体を受け入れないということでは決してなかったと思う。日本の場合と同様、海外からの批判はおそらく、域内で必要な取り組みを進める際の支援材料となったのではないか。一方、米国のQEに対する批判をFRBがどの程度真剣に受け止めたかはわからない。ただ、批判を受けた後のFRB首脳の発言に注目すると、QEの波及効果についての考え方を丁寧に説明するようになったことに気づく。このエピソードが示すように、中央銀行間の率直な意見交換の現状は十分に満足のいくものではないとはいえ、それなりの意味はあるように思う。

IMF、G7、G20

IMF、G7、G20等の国際会議は、BISでの会議とは雰囲気が少し異なっていた。これらの会議での主役は中央銀行総裁ではなく大蔵（財務）大臣であり、国益や政治的配慮が前面に出やすい。BISの場合は、会議後に共同声明を公表することはないが、IMF等の場では会議終了後に共同声明が公表されるため、それが会議の性格を変えてしまう面もある。特にG7、G20では共同声明を意識した議論になりやすい。その点で、率直な議論、専門的な知識にもとづく議論を行うBISをはじめとする中央銀行間の会議の方が充実している。一方、実行に必要な政治的な正統性という点では、IMF、G7、G20等の方が勝っている。結局、グローバルな経済、金融問題に対処するためには、BISのようなプロセスと、IMF、G7、G20のようなプロセスの両方が必要となる(12)。そのことを各国の政府と中央銀行が理解したうえで、対応することが不可欠であると思う。

EMEAP

国際会議は、上述のようなBISプロセスとIMFプロセスという区分に加え、先進国中心の会議と非先進国の会議という区分もある。ＩＭＦの加盟国は189カ国にのぼり、ＢＩＳの加盟国・地域は60カ国にのぼる。しかし、ＩＭＦの専務理事の出身国は設立以来欧州であり、副専務理事は米国の出身者である。ＢＩＳも近年加盟国の範囲を広げ新興国が多く参加するようになったが、比較的最近までG10という先進国が主導する国際機関であった。インド準備銀行のスバラオ総裁の回顧録では、グローバル金融危機後、金融規制に関する会合のメンバーが拡大され新興国が参加するようになったことを述べて、以下のような批判を行っている(13)。

いくつかの点で、先進国は主導権を握り続けている。新興国はテーブルに席を与えられたが、真に受け入れられることはなかった。典型的には、国際会議の前に先進国が相談をしてできた案をほとんど既成事実として正式会合に提出し、承認を求めた。言い換えると、新興国は投票権（vote）は有しているが、発言権（voice）は有していなかった。

私自身はこの批判に同意はしないが、新興国の間にこのような見方があることは重く受け止めなければならないと思う。そのような中で、「東アジア・オセアニア中央銀行役員会議」（Executives' Meeting of East Asia and Pacific Central Banks: ＥＭＥＡＰ）は独特の存在価値を持っている。「エミアップ」と略称されるこの会議は日本銀行の働きかけによって1991年に創設された。現在は、オーストラリア、中国、香港、インドネシア、日本、韓国、マレーシア、ニュージーランド、フィリピン、シンガポール、タイの11カ国・地域の中央銀行および通貨当局がメンバーとして参加している。ＥＭＥＡＰという言葉は、もともとは役員会合を意味する用語であったが、現在ではより一般的に、11の中央銀行・

通貨当局の協力組織をあらわす用語として使われるようになっている。BIS等と異なり常設の事務局は存在せず、1年ごとに交代する議長国がその1年間の運営に責任を持つ体制となっている。日本銀行はその創設を働きかけたこともあって、EMEAPの運営には議長国でない時も含めて、かなりの人的資源を割いている。総裁会議が年1回開催されるほか、総裁代理者会合やワーキング・グループなどにおいて、域内のマクロ経済情勢、金融安定、決済システム、銀行監督制度・手法、金融為替市場動向、情報技術（IT）などに関する意見交換が行われている。

EMEAPの中央銀行総裁会議の雰囲気はいつも親密であった。欧米中心の会議ではどうしても発言の機会が少なくなる国の総裁も多く発言できる。域内の共通のテーマも多い。たとえば、アジア金融危機後は域内の債券市場の育成は大きなテーマのひとつであり、これを目的としたアジア・ボンド・ファンド（ABF）の取り組みを2003年から始めているが、これはEMEAPのプロジェクトとしてスタートした。米国のQEに対する率直な意見も聞かれる。

もちろん、EMEAPの運営には固有の難しさもある。EMEAPはASEAN諸国の参加するチェンマイ・イニシアティブと異なり「実弾」を備えているわけではない。会議の親密な雰囲気は、やや皮肉な言い方をすると、この会議が具体的な力を持っていないことによるものかもしれない。そのため、意識的に努力しなければ単なる親睦のための場になりかねない。

EMEAPが発足した1991年には、中国の名目GDPは日本の名目GDPの13％であったが、2010年に逆転し、17年には2.5倍となったように、この間、中国経済の存在感は格段に増大した。一般論で言うと、あるメンバーのプレゼンスが圧倒的に大きくなると、会議でもフランクな討議は難しくなる傾向があるが、EMEAPでは総じて率直な意見交換が行われていた。日本が議長国としてEMEAP総裁会議を主催したのは、私の総裁任期の最後の年である12年6月であった。東京以外の場所での開催を希望した加盟国の声に応えて、この時は北海道のトマムで開催した。金融規制・監督も議題にのぼっていたため、金融庁の畑中龍太郎長官にも参加を依頼し、出席してもらった。会議自体も率直で実りが多かったが、会議終了後の配偶者も交えたソーシャル・プログラムに参加しながら、中央銀行の幹部同士が個人的に親しい関係を維持し発展させることの重要性を感じた。

東京でのIMF・世銀年次総会の開催

日本が主催国となった国際会議で忘れられないのは、2012年10月、東京でのIMF・世銀年次総会である。この会議は通常は本部のあるワシントンで行われるが、3年に1度、ワシントン以外の都市で開かれる。過去に日本がIMF・世銀年次総会を開催したのは、高度成長期真っ只中の1964年である。通常は経済発展への離陸に成功した国がいわばその成功の証として開催するという意味合いが強い。したがって、日本のような国が再度、総会を開催するのは異例であったが、当初開催予定国であったエジプトが「アラブの春」による政変から開催延期を申し出たことから、急遽日本が立候補し、東京開催が決まったのは11年6月7日のことであった。この立候補は、東日本大震災からの復興の姿を見てもらうという思いを込めたものであった。

関連行事を含め大小200以上の会議やイベントが行われ、公式の参加者だけでも1万人を超えた。総会開催中は私自身も一連の会議や講演等で目の回るような忙しさであったが、財務省と日本銀行の職員が献身的に働いてくれた。海外の中央銀行総裁に対しては、日本銀行の若手職員もアシスタントとしてお世話をしたが、同僚の総裁たちから彼らの仕事ぶりに対する高い賛辞や日本の効率的な会議運営と細やかな気遣いへの謝辞を受けたことは嬉しかった。ちょうど私が若い時にニューヨーク連銀での国際会議にはじめて出席した時に大きな刺激を受けたのと同様に、この時のＩＭＦ・世銀年次総会をはじめ、日本で開催したさまざまな国際会議に関与した経験は、若い職員には成長の糧となる貴重な経験だったと思う。

各国の中央銀行総裁たち

国際金融システムを支えるのは最終的には人である。金融政策に関する率直な意見交換にしても、決済システムや金融規制・監督に関する専門的な議論にしても、自国の状況を正確に理解したうえで、グローバルな経済や金融システムの安定という目的を共有する人の層を厚くすることが不可欠である。そのために求められるのは専門的な知識と信頼関係であろう。

この点では、総裁就任前も就任後も変わらず、海外の中央銀行の同僚との交流は私にとって貴重な財産である。バーナンキ議長は、ＢＩＳ総裁会議で米国の経済や金融政策に関してどんなに厳しい質問が飛んできても感情的にならず、いつも明晰な言葉で論理的に語っていた。トリシェ総裁は、グローバル・エコノミー・ミーティングや、利害関係の錯綜するＧＨＯＳ会合における巧みな議長ぶりが思い出される。キング総裁は視野の広い本質的な疑問を投げかけ、それでいて英国人らしいユーモアをいつも忘れないことが印象的だった。ブンデスバンクのイェンス・ヴァイトマン総裁については、私と財務大臣の同席する会合で、日本銀行の主張を側面支援する発言を意識的に行ってくれたことが忘れられない。フランス銀行のノワイエ総裁は経済だけでなく、日本の文化に対する造詣が非常に深かった。2008年5月には、日仏修好通商条約締結150周年記念行事をフランス銀行の建物内にある「黄金の間」で開催してくれて、茂山七五三の演じる狂言をともに鑑賞した。

欧米以外では、中国人民銀行の周小川行長と話すと、日本の政治、経済の動きをじつによくフォローしていることにしばしば驚かされた。オーストラリア準備銀行のグレン・スティーブンス総裁は、時に微かに自虐的なユーモアを込めながら、短い言葉でいつも知的な観察を述べていた。インドのスバラオ総裁の語る新興国からのパースペクティブには学ぶことが多かった。マレーシア中央銀行のゼティ・アクタル・アジズ総裁は、彼女の話を聞く度に、先進国中心のレンズだけでは見えにくいアジアの新興国の実情を伝えようとする情熱を感じた。

私自身は、国際会議の場では時々の世界経済の問題について、日本の経験にもとづいた何らかの有用なヒントを提供できそうなテーマを中心に、発言や質問をすることを心がけた。幸か不幸か、バブル崩壊後の日本の経験は、グローバル金融危機後に欧米諸国が経験したことと共通点が多い。この点については次章で詳しく説明する。

グローバルな協力を支える人材

中央銀行間の人的交流の重要性は、総裁のレベルだけでなく、さまざまなレベルについて言えることであるが、日本の体制はグローバル化の時代に必ずしも適合したものではなかった。各種の国際会議で存在感を高めるためには、ある程度長い期間出席を続けなければならない。その過程で、徐々に認められ、発言も重みを持って受け止められるようになる。たとえば、ＢＩＳの主要委員会で議長を務めるためには、前述のとおり、国際金融のコミュニティのメンバーとして専門性と信頼感を得るに足る経験や実績が必要であり、委員就任時点で金融政策や規制・監督、国際金融の仕事の経験を長く有しているケースが多い。さらに、自国の中央銀行である程度高いポストに就いていなければならない。高いポストとは、具体的には中央銀行の政策決定および執行を担う委員会のメンバーであることが多い。実際の任命を見ると、ＢＩＳの主要委員会の議長は総裁ないし副総裁である。ただし大国の場合は、それ以外のポストにある役員が議長を務める場合もあるが、いずれの場合も執行に従事している役員である。もちろん、英語でのコミュニケーションを不自由なく行えることは議長の不可欠の前提条件である。

日本銀行の場合、総裁について言うと、時差と距離という地理的ハンディキャップがあることや国会への頻繁な出席を考えると、ＢＩＳの主要委員会の議長に就くことは物理的に難しい。また、２名いる副総裁についても、１名は国内での中央銀行実務にかかわる仕事や5000名弱の組織運営の実際を担い、その負担はきわめて大きいことから、難しいと思う。したがって、現実的には副総裁に代わって国際関係担当理事が会議に参加することが多くなるが、日本銀行理事は政策委員会メンバーではないので、ＢＩＳの主要委員会議長を務めることは一般的には難しい（例外は、局長時代からＢＩＳの市場委員会議長を務めた前副総裁の中曽宏である）。金融規制・監督業務は中央銀行ではない当局が担う国もあるが、一般的には中央銀行がその役割を担っているケースが多い。日本がグローバルな場でもっと活躍するためには、政策委員会メンバーの任命のあり方も含めて改善の余地があるように思う。

中央銀行間のグローバルな協力関係は、総裁や役員、局長レベルだけでなく、スタッフレベルにも及んでおり、日常的な業務上の接触を通じた信頼関係や情報交換の重要性を感じる。中央銀行は国内に同業者がいない分、必然的に海外のカウンターパートとの絆が深くなるという側面があるかもしれない。(14)

より良い国際通貨制度を求めて

為替レートに関する議論、あるいはより広く国際通貨制度に関する議論に対して私の抱いていた不満は、より一般的に言うと、経済、金融のグローバル化が進展しているにもかかわらず、依然として議論の焦点が個別国に「固有のショック」(idiosyncratic shock) が加わった場合の調整メカニズムに絞られていることである。この問題の重要性は失われていないが、近年ますます重要になってきているのは、グローバル経済全体がショックに見舞われた場合の政策対応のあり方であり、さらにはそうしたショック自体を防ぐための取り組みである。

いずれにせよ、現状では国際通貨制度の改革に魔法の杖のような解決策があるわけではない。中央銀行が当面現実的に行えることは、これまでも行ってきた地道な努力、すなわち、率直な相互の意見交換、中央銀行決済サービスや金融規制・監督の面での協力を深めることであろう。これに加えて私が期待していることは、グローバルな経済や金融の問題を考える際に依拠する知的モデルそのものが更新されていくことである。その意味でも、各国の経験に関する研究を深めるとともに、政策当局者や学界の間での率直な意見交換、情報交換がますます重要となると思う。

（1）Hicks（1967）.
（2）Bernanke（2005）参照。
（3）Borio（2014）参照。
（4）白川（2012b）参照。本講演では、仮想的な「世界中央銀行」がテイラー原則（物価上昇率以上に政策金利を引き上げること）を満たしていないことを指摘している。
（5）危機前の1996年末と2016年末を比較すると、中国（3・1兆ドル）は27倍、韓国（3702億ドル）は9・8倍、タイ（1718億ドル）は3・4倍、マレーシア（945億ドル）は2・4倍、インドネシア（1164億ドル）は5・0倍と、著増している。
（6）Subbarao（2016）p.286参照。
（7）ASEAN諸国と日本、中国、韓国が参加（13カ国）。
（8）Potter（2017）は、海外中央銀行の口座開設を扱った稀有な講演である。
（9）このほかに19カ国の中央銀行総裁がオブザーバーとして出席している。
（10）Caruana（2016a）参照。
（11）Subbarao（2016）p.275参照。
（12）Tucker（2014）参照。
（13）Subbarao（2016）p.290参照。
（14）ニューヨーク連銀のポッターは、中央銀行のスタッフ間のネットワークの重要性について次のように述べている。「この知識（中央銀行の口座取引に関する知識）と人的関係のネットワークは、海外中央銀行の行動の背後にある政策の中身だけでなく、世界中の中央銀行の同僚が直面している業務上の環境や制約について理解を深めるために活用できるかもしれない」。Potter（2017）．私は自らの経験に照らして、この感想に共感するところが大きい。

第21章 「失われた20年」と「日本の教訓」

1990年代以降の日本経済は「失われた20年」と表現されることが多い。そして、日本の低成長やデフレの原因は大胆で迅速な政策対応がとられなかったことにあるという見解をよく耳にする。そこから引き出される「日本の教訓」のひとつは、バブル崩壊後に中央銀行は迅速かつ大胆な政策対応を行う必要があるというものであり、海外の経済学者、エコノミストのコンセンサスのようになっていた。しかし、グローバル金融危機後、多くの先進国はそうした政策対応を行ったが、それにもかかわらず日本のかつてと同様の経験をするに至り、「日本の教訓」を捉えなおす必要が生じている。私自身の「日本の教訓」に関する考えも、時とともに変化してきた。

バブル崩壊後の経済、社会の類似点

『日本経済新聞』で「失われた10年」や「失われた20年」という言葉を含む記事を検索すると、1998年にはじめて登場し、2007年以降激増していることがわかる（図21－1）。「失われた10年」のピークは2010年、「失われた20年」のピークは13年である。

図21－1　「失われた10年（20年）」を含む記事件数の推移
（『日本経済新聞』朝・夕刊計）

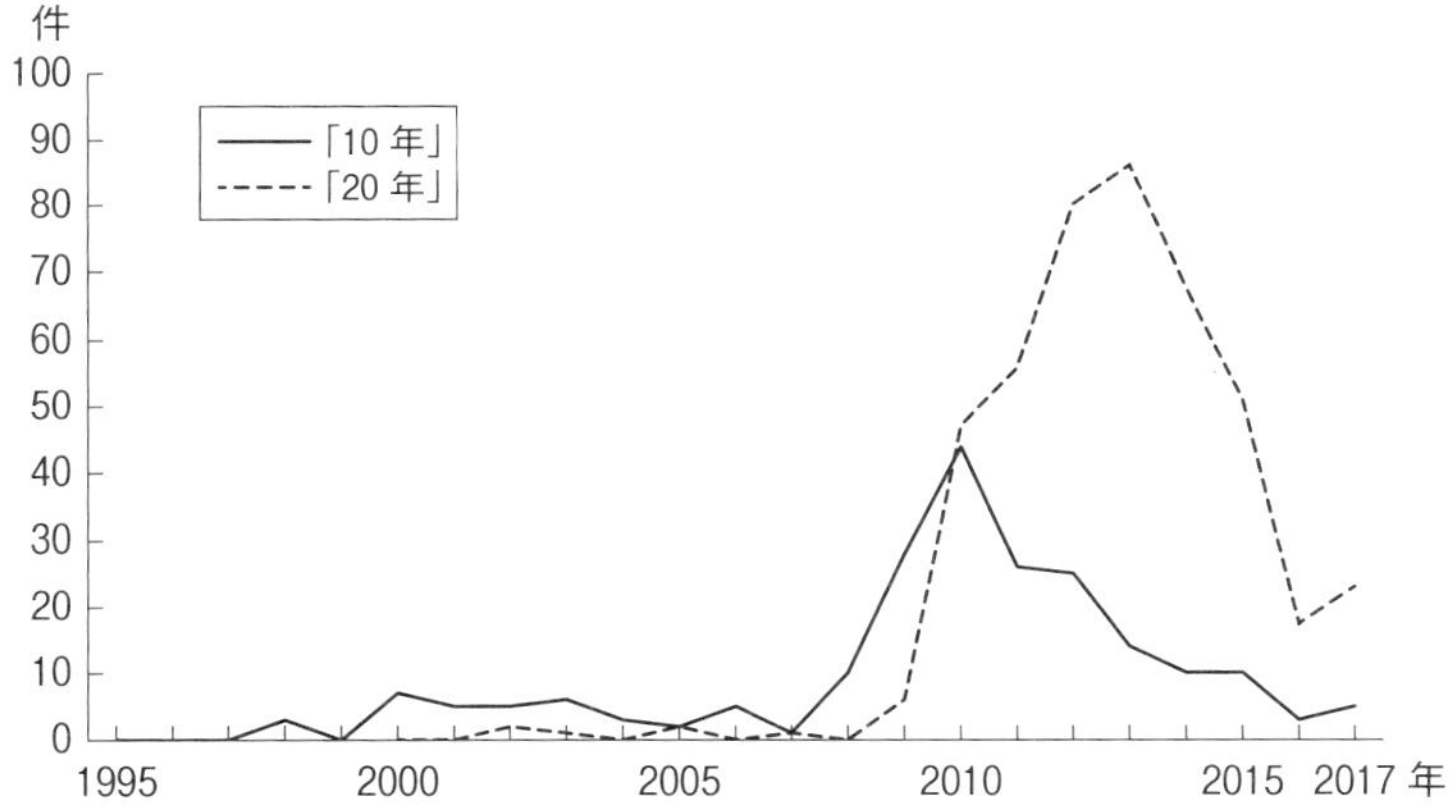

出所：日経テレコン

「失われた10年（20年）」と呼ばれるようになった最大の理由は、この間のGDP成長率の低下である。GDPという統計数字を使うことについては国民の幸福やそれを集計した概念である「社会的厚生」（経済厚生という言葉も使われる）と同一ではないことから、以前からさまざまな批判もあるが、現在のところ、経済政策の議論を行う時はこれを出発点にするほかない。本書でもGDPと社会的厚生の違いを認識したうえで、GDPにもとづいて叙述を進めることをお断りしておく（社会的厚生については後述する）。

ところで、「失われた10年（20年）」と表現される日本の低成長の原因の理解には、それぞれ完全に独立の要因ではないが、大きく3つの主張がある。①需要不足の影響を強調するもの。この主張にもとづいて日本銀行の金融緩和政策の遅れが批判された。②バブル崩壊後の金融システムの機能不全による影響を強調するもの。すなわち、資本不足による銀行の貸出能力の低下が強調された。

これは供給サイドに着目した主張のひとつであるが、その中でも特に金融セクターを通じた影響に着目したものと言える。③潜在成長率の低下を強調するもの。②と同様、経済の供給サイドの影響に着目したものだが、影響ルートをより幅広い観点から捉えている。初期の議論としては、林文夫（現・政策研究大学院大学教授）とエドワード・プレスコット（ノーベル経済学賞受賞）による労働時間短縮という労働投入量減少の影響を強調する議論が有名である[1]。その後、議論の方向は生産性（全要素生産性）低下の影響にシフトし、非効率的な企業[2]が淘汰されないことや、日本企業のビジネスモデルが世界経済の変化に適合していないことが生産性低下の原因として議論されるようになった[3]。

日本銀行にとって特に切実であったのは、当然のことながら①の評価である。欧米のマクロ経済学者の多くは、「バブル崩壊後に日本銀行が大胆な金融政策を迅速に実行していれば、日本が陥った低成長やデフレ傾向は避けられたであろう」と主張した[4]。これを象徴するのが、学者時代のベン・バーナンキが使った「自作自演の麻痺」（self-induced paralysis）という言葉である。彼が日本の経験から引き出した金融政策運営への教訓は、「バブル崩壊後は大胆な金融緩和政策を迅速に実行する必要がある」であり、この教訓は多くの先進国の金融政策当局者の思考に強烈にインプットされることになった。

しかしそれにもかかわらず、グローバル金融危機発生後、多くの先進国が日本と同じ経験をした。経済や政治、社会、そして中央銀行の反応は、以下で見るように驚くほど類似点がある[5]。

第１は、低成長である。バブル期の景気のピーク（日本は１９９１年、米国は２００７年）との比較では、一般の通念に反し、日米の実質ＧＤＰの推移に有意な差異は見られない（第19章６０６頁参照）。比較の基準時点を景気のピークではなくグローバル金融危機の発生時点としても、結果は変わらず、特にユーロ圏との比較では日本はむしろ相対的に良好である。

第2は、低インフレである。物価上昇率の低下幅は日本の方が大きいが、低下傾向をたどったという点では似通っている。こうした経済、物価情勢は当然長期金利にも反映される。日本の長期金利が1％をはじめて下回ったのは２００２年10月31日のことであるが、その時点では欧米諸国の長期金利が同様の水準にまで低下する日がくるとは、私自身、想像もしていなかった。

第3は、政策当局者やエコノミストが当初示した楽観的な反応である。日本では当初、バブルの崩壊が景気の大きな落ち込みをもたらす可能性自体が否定されることが多かった。あるいは否定しないまでも、問題は概して過小評価された。不動産価格が下落に転じた後も反転上昇が語られていたし、ある程度下落が常態化した後でも、あれほどの落ち込みは予想されていなかった。同様に、米国でも07年のＦＲＢ幹部の一連の発言が示すように、当初はこれが深刻な金融危機やマクロ経済の停滞につながる可能性は否定された。最悪の危機局面を脱した後、景気回復の兆候が見える度に先行きへの楽観論が広がり、やがてそれが失望に終わるというパターンが何度も繰り返された（「偽りの夜明け」）。

第4は、政治家や国民の反応である。金融機関への公的資金の投入は問題解決にとって不可欠であるが、政治家や国民からはきわめて不人気である。また金融危機が終息した後は、金融機関に対する規制強化への要求が強くなるが、ある程度時間が経つと今度は金融機関の「貸し渋り」に対する批判が高まる。そうした声を背景に、公的当局は貸出促進に向けて介入を強めた。

第5は、採用された金融政策措置である。日本銀行は90年代後半以降、ゼロ金利、ゼロ金利継続の約束、量的緩和、金融機関保有株式を含むリスク資産の買い入れ等、あらゆる非伝統的政策を採用した。サブプライムローン問題発生後、海外の中央銀行もさまざまな非伝統的政策を採用した。ゼロ金利が長期化し、中央銀行のバランスシートも著しく拡大した。

第6は、経済構造改革や財政改革は遅れがちである一方、金融政策依存は強まるという傾向である。

以上の類似点を背景に、グローバル金融危機後時間が経過するとともに、欧米の経済学界や政策当局者の世界経済に対する見方も、また日本経済に対する見方もかなり変化してきた。たとえば、米国の経済学者であり元財務長官でもあるローレンス・サマーズは、2013年に行った有名な講演で、「長期停滞」(secular stagnation)の可能性を示唆した。[6] この主張の評価をめぐっては意見が分かれているが、議論の出発点は危機後の低成長の長期化という事実であり、日本の「失われた10年」の議論と同じである。中央銀行やエコノミストの推定する潜在成長率についても、時間の経過とともに下方修正された。FRBは米国経済の潜在成長率が低下したという見方に当初は否定的であったが、FOMCメンバーによる年初における長期の経済成長率見通しを見ると、11年は2・5~2・8%、13年は2・3~2・6%、18年は1・8~1・9%とかなり下方修正されている。

バブル崩壊後の経済、社会の相違点

バブルが崩壊した経済、社会には類似性がある一方、相違点があることも事実である。といっても、私には各国の相違点を包括的に論じるだけの知識はない。ここでは、有力経済記者として知られている『フィナンシャル・タイムズ』紙のジリアン・テットの書いた記事を紹介しようと思う。彼女はケンブリッジ大学で社会人類学を専攻し、90年代後半の日本の金融危機時には東京特派員であった。彼女は破綻した日本長期信用銀行の大野木克信元頭取(2017年5月に逝去)の墓参に訪れた後に、以下の文章を同紙に寄せている。大野木は同行の粉飾決算事件で商法違反(違法配当)などの罪で起訴され一、二審は有罪判決を受けたが、08年の最高裁判決で逆転無罪が確定した。テットの文章は非常に示唆に富むので、やや長いが以下に引用したい(7)。

米国の銀行経営者は日本の銀行経営者とは対照的に、年金を失うこともなかったし、個人財産を「自発的に」引き渡すこともなかった。ウォール・ストリートの上級幹部は誰一人として刑務所に行くこともなかった。彼らの多くは巨額の財産を保持し、それを守るために銀行経営を続けた。多くは新たな職を得た。私の日本の銀行家の友人たちにはこれはとても信じられないことだった。彼らは日本長期信用銀行(あるいは他の銀行)が破綻した時、日本の銀行経営者が犯罪的な行為をしたとは思っていなかった。しかし、彼らは日本の金融危機に対する責任を否定することは決してなかった。彼らはまじめな人たちであり、恥ずかしいほどに失敗したシステムの一部を自らが担っていたことを認識していた。したがって、彼らは私に、米国の銀行経営者は同じような恥を感じないのか、ウォール・ストリートの大物は自分たちの財産の一部を返還すべきだと感じないのかと質問したものである。私はどう答えていいのかわからなかった。その日本の友人たちと同様、私も米国の銀行家が、たいていは非難を免れていることに当惑していた。しかし同時に、日本長期信用銀行で起こったこと——不良債権隠し、見かけを良くする情報操作——はいずれも当時の日本ではごく普通の慣行であったことを前提とすると、日本のシステムがまじめな大野木や彼らの同僚をかくも過酷に処遇してきたことにも当惑している。両方のシステムは方向こそ違うが、ともにひどく「不公平」であるように思え、どちらがより悪いのかわからずにいる。

私もテットと同様の複雑な感情を抱く。少なくとも言えることは、各国の社会契約は同じではないということ、そして、ある時期に支配的だった行動様式や価値観も時代や環境の変化とともに見直しが求められるということである。

日本経済に対する海外の見方の変化

グローバル金融危機後、日本経済に対する欧米の学者の見方はずいぶん変化した。バブル崩壊後の日本の実質GDPは生産年齢人口1人当たりの成長率で見ると、パフォーマンスは相対的にはかなり良好であったことが、少なくとも最近は海外諸国の政策当局者やエコノミストの間では正確に認識されるようになってきている。バブル崩壊後の経済には類似性が多いという事実は、「教訓」は「日本の教訓」というより、もう少し普遍的な教訓として理解する必要があることを示唆している。

じつは、「失われた20年」や「日本の教訓」に関して私の考えも時とともに徐々に変化した。90年代は、欧米の学者の標準的な解釈にあまり違和感を持たなかった。それどころか、不良債権問題の早期処理に必要な公的資金の投入がなかなか実現しないことに大きなフラストレーションを感じていただけに、「失われた10年」という表現をはじめて耳にした時、この言葉は私の心情に非常にマッチするところがあった。

しかし、それからしばらく経って、この表現に対する違和感が生まれ、それが徐々に大きくなっていった。その最も大きな理由は、「失われた10年（20年）」の議論が日本経済の問題をデフレと認識しその原因を金融政策に求める議論へと徐々に変質していったからである。日本経済の実態を観察すればするほど、大胆な金融緩和政策を採用すれば事態が大きく改善するという、欧米の学者やエコノミストの主張が正しいとは私には到底思えなかった。本書の他の章でも何度か述べたように、問題はバブルの崩壊によって生じた「過剰」であり、これが解消するまでの間は、いくら大胆な金融緩和政策を展開しても、経済は本格的には回復しないということが十分には理解されていないと感じた。

グローバル金融危機発生後、私の認識はさらに少し変化した。金融政策に関する欧米の経済学者の議論がいくぶん変化したことには勇気づけられたが、それと同時に、我々が学ぶべきことは、私がそれまで認識していたよりもはるかに多くかつ重要であると気づかされた。そのことを次に説明しよう。

「経済モデル」や「社会契約」の重要性

バブル崩壊後の経済の動きを理解し、また最適な政策を考えるためには、各国の「経済モデル」や「社会契約」の果たす役割を理解しなければならない。バブル崩壊後や金融危機において、各国の政策当局が最も苦労したことは、問題の解決に必要な社会全体のコンセンサスをどのようにして作り出すかということであった。その方法も国や地域によって異なっている。

米国では、意図したものではなかったかもしれないが、リーマンの無秩序な破綻を許容するという「荒療治」とも言うべき方法がとられ、世界の経済や金融システムに与えた打撃はじつに大きなものだった。しかし同時に、米国内におけるコンセンサスの形成という面では、この混乱がTARPの成立を促し、早期の公的資金の投入を可能にしたことも事実である。この公的資金をバックストップとしてストレス・テストが実施され、米国の金融システムは相対的に早期に安定した。

日本ではリーマンのような「荒療治」が許容されるとは到底思えない。仮に許容されたとしても、経済的、社会的コストは非常に大きくなると思う。それゆえ、日本は別の方法で公的資金投入に向けた社会的コンセンサスを形成するしかなかった当初から意図したものではなかった。が、日本が結果として選んだ方法は、漸進的なアプローチでコンセンサスを形成することであった。すなわち、①システミック・リスクにまではエスカレートしない範囲内での金融機関の破綻、②「住専国会」に象徴される国民の怒りの顕在化、③金融機関経営者の刑事訴追、④日本発の金融危機は起こさないという対外コミットメント、⑤１９９７年秋の深刻な金融危機など、さまざまな出来事の積み重ねの結果、公的資金の投入はやむをえないという機運が徐々に醸成されていった（第3章「バブル崩壊と金融危機」参照）。

しかし、このようなアプローチを選んだために、日本は金融システムの立て直しまでずいぶんと長い時間がかかってしまった。国民生活の安定のうえで最も重要な雇用の面でも状況は悪化したが、失業率、特に若年層の失業率が海外諸国ほど大幅に上昇することはなかった。このことは、無秩序な破綻を許容した場合に起きたかもしれない、より大きな社会の混乱は回避できたという評価につながるかもしれない。ユーロ圏も「欧州安定メカニズム」（ＥＳＭ）の実現には、ギリシャ危機の発生から3年弱もの長い時間を要している。ただし、ユーロ圏を構成する国の数の多さやそれぞれの国の社会契約の違いを考えると、波状的に襲った欧州債務危機の深刻化なしには、ＥＳＭの創設は難しかったかもしれない。

このような各国の対応の違いが生まれる理由は、それぞれの国における社会契約や経済運営のモデルを抜きには理解できないように思える。たとえば、日本の失業率は金融危機の影響を受け景気が落ち込んだ時でも、他の先進国と比較すると緩やかな上昇にとどまったという事実は、雇用の安定を最優先する日本の社会契約を反映していると同時に、本格回復に向けた調整の遅れという意味のコストをもたらした。バブルの危険に対する各国の対応の違いも社会契約の違いを反映しているのかもしれない。経済が過熱状態にある時にはさまざまな行き過ぎも起こるが、その混乱を無理に抑制しようとすると、イノベーションによる経済のダイナミックな発展は期待できないという考え方もありうる。社会が全体としてそのような考え方を受け入れている場合は、バブルに対しては事前対応ではなく事後対応で臨むという戦略も正当化できるかもしれない。米国の経済運営を見ていると、そのような感想を抱くこともある。

欧州債務危機についても同様の感想を持つ。ユーロ圏の政策当局者と話をした折、米国の学界や政策当局者のユーロに対する理解に彼らがフラストレーションを抱いていることをしばしば感じた。私が総裁在任時にフランス銀行副総裁であったジャン＝ピエール・ランドーが著者の一人として執筆した欧州債務危機に関する大著には「アングロ・アメリカ経済学とグローバルな視点」(Anglo-American Economics and Global Perspective) と題する一章があるが、その中に次のような興味深い一節がある。(8)

> 知的な分裂の両サイドにおける不信感は拡大した。ますます激しさを増す論争の中で、欧州人は欧州のプロジェクトに対する理解の根本的な欠如と、異なる利害の自己中心的な擁護を感知した。〔中略〕欧州人は論争の条件を規定する国際的な意見形成の主要な場がすべてアングロ・アメリカンの視点であることに不満を抱いていた。

社会の「安定」をどの程度重視するべきかという問いに対して不変の答えがあるとは思えない。その社会を構成する人々の価値判断の問題であり、その判断は経済の発展段階によっても異なりうる。どの国も歴史的な経験の中で、暗黙の社会契約が形成され、それを背景にさまざまな制度が作られている。そうした経済や社会の中核をなす「制度」は、ゆっくりとしか変化しない。そうだとすると、政府や中央銀行、経済学者が社会工学（social engineering）の実験のように「制度」を自在に変更できるという前提でマクロ経済政策や金融政策の運営を議論するのは、現実的でないだけでなく不遜であるかもしれない。

グローバルスタンダード論

このように書きながら、私が今述べていることは、若い頃の私の考えとはずいぶん異なっていることに気づかされる。特にシカゴ大学での留学を終え帰国した直後は、日本の経済や社会の特殊性を強調する（強調しているように見える）経済政策論議に嫌悪感を抱くことが多かった。経済政策の議論は、「特殊性」という観念を持ち込まずに、できるだけ普遍的なモデルにもとづいて行うべきという信念が当時の私には強かった。しかし、普遍的であろうとすればするほど、現実の社会や経済の重要な側面の一部どころか、かなりの部分を捨象せざるをえない。そうした単純化は経済の大きな動きを理解しようとする時には有用であるが、経済政策を実行する時には、その捨象した側面こそが重要となる場合もある。理論モデルは重要であるが、同時にそれがどのような前提にもとづいて構築されているかを注意深く点検する姿勢も欠かせない。そうでなければ、既存の理論モデルというレンズを通してしか、現実の経済を理解できなくなってしまうだろう。

90年代以降の日本の経済政策論議で、おそらく最も頻繁に使われた言葉は「グローバルスタンダード」であっただろう。私自身もある意味では、日本がグローバルスタンダードを採用することを求める議論を展開してきた。海外の多くの国で採用されている方法から学ぶことは重要である。しかし、いくらグローバル化が進展したといっても、人々の意識や行動様式が真にグローバル化したとは言えないことも厳然たる事実である。このことを考えるために、「2%インフレ目標はグローバルスタンダードであるのに、日本銀行はそれを採用しないのか」という議論を取り上げてみよう。

物価上昇率に大きな影響を与える労働市場を見ると、経済が大きな需要減少というショックに見舞われた場合、労働分配率は日本では上がり、米国では下がるが（図21-2）、この現象は雇用の安定を最優先する日本の社会契約を抜きには理解できないだろう。短期的な雇用の安定を最優先する社会とそうでない社会とでは、賃金や物価の変動にも違いが生じる。このように雇用慣行はグローバルスタンダードにもとづいていないにもかかわらず、目標物価上昇率だけを経済全体から切り離してグローバルスタンダードを根拠に2%の採用を主張するのは、整合性を欠いている。もし、グローバルスタンダード論に立脚するのであれば、そもそも先進国の採用する変動為替相場制度がもうひとつのグローバルスタンダードである。変動為替相場制度を採用するということは、各国は自国経済の安定を実現するために、各国間の賃金・物価上昇率の違いには為替相場の変動で対応するという考え方にたっている。グローバルスタンダードが存在するかどうか、存在する場合にそれを採用していないのはなぜかを考えることは重要であるが、これが思考停止につながることは避けなければならない。

図21－2　日本と米国の労働分配率の比較

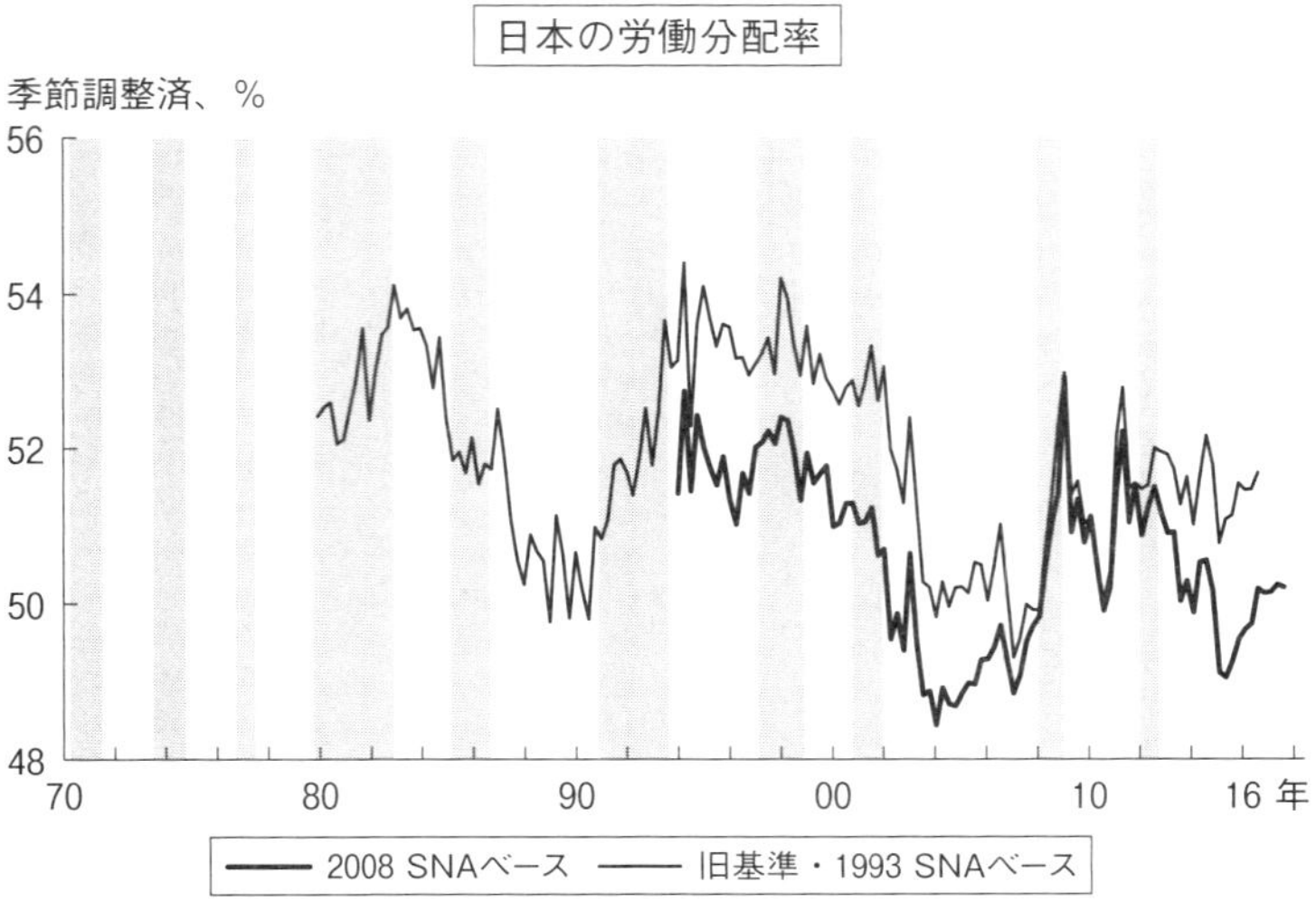

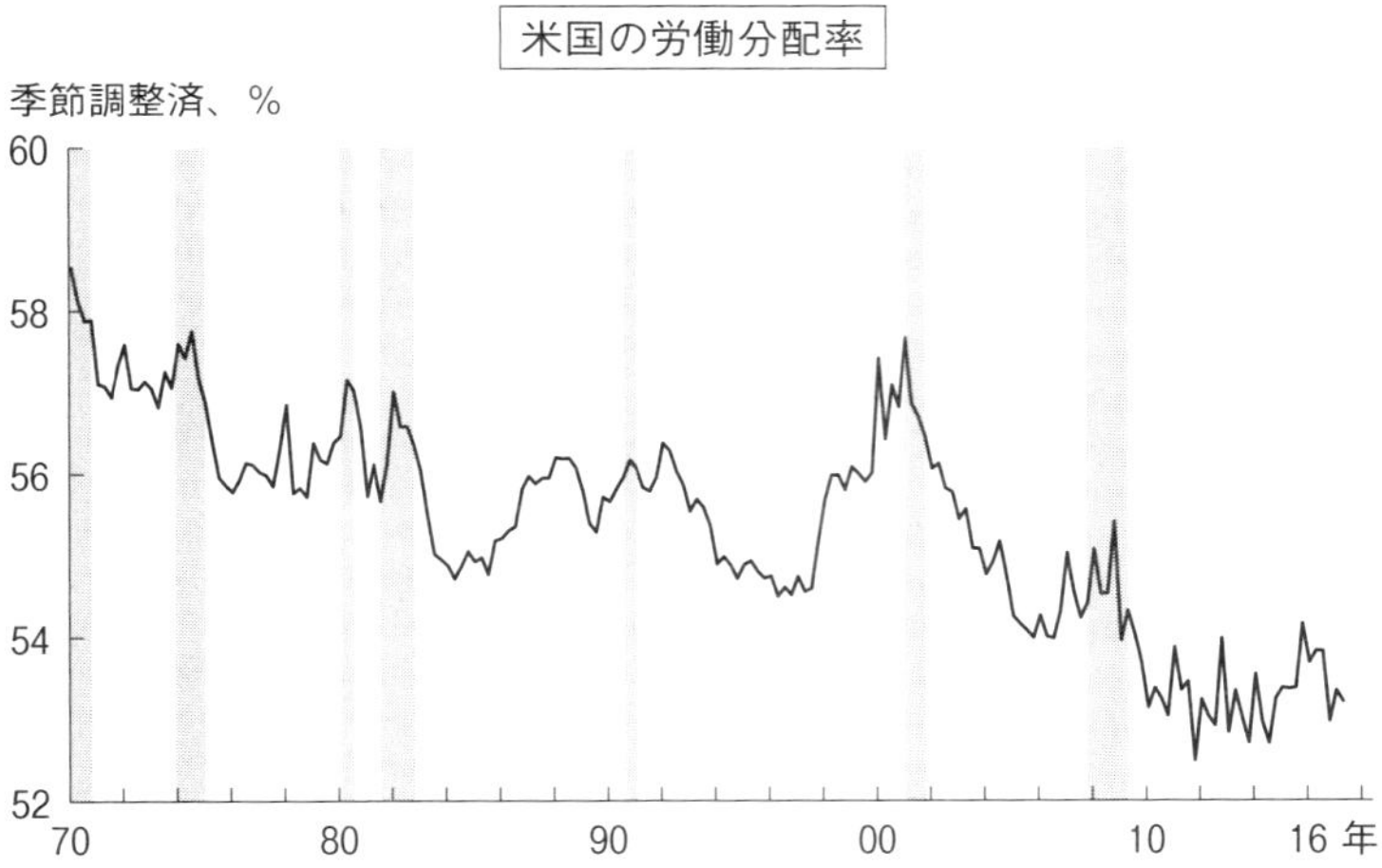

注：労働分配率＝名目雇用者報酬／名目 GDP×100。シャドー部分は景気後退局面
出所：日本は内閣府、米国は BEA および NBER

潜在成長率の低下

潜在成長率が徐々に変化していく可能性を強く意識することの必要性も、グローバル金融危機後に私が認識するようになったことである。通常の金融政策論議は、潜在成長率が一定という想定のもとで、需給ギャップの変動に対し金融政策で経済活動の平準化を図るという考えにたっている。バブル崩壊後の最初の十数年間の日本経済を見ると、確かに、バブルやその崩壊という大きなショックに対する調整は経済の動きを左右する大きな要因であった。もしバブルの後遺症が経済変動の圧倒的な原因である場合には、「過剰」という後遺症さえ癒えれば、経済はやがて以前のトレンド成長率に復帰することになる。

しかし、このような理解は2つの面で必ずしも正しくはなかった。第1に、バブル以前の時期の潜在成長率を過大に見積もっていた。日本の高度成長は1970年代初頭に終わり、以後は徐々に安定成長へと移行する中で、潜在成長率が徐々に下がっていることは多くの人に認識されていた。さらに、バブル期は成長率が一時的に嵩上げされたことも認識されていた。ただそれでも、「過剰」という後遺症が癒えた後の潜在成長率としては、かなり高めの数字が想定されていた。もっとも、そもそも潜在成長率の低下に気がつかないこと自体がバブルを生み出す一因であったようにも感じる。そのひとつの理由は、企業経営者や投資家、一般国民も潜在成長率は依然としてなお高いという意識を引きずる結果、高いリターンを追求しようとするからである。その結果、過剰な投資や過剰な債務が発生しやすくなる。もうひとつの理由は、人口動態が潜在成長率にも不動産価格にも影響を与えるからである。

潜在成長率を左右する大きな要因は人口動態であるが、生産年齢人口比率がピークに達する局面と住宅価格のピークは、日本を含め少なからぬ国で一致している[9]。生産年齢人口比率がピークを過ぎると住宅需要の伸びは低下すると同時に、潜在成長率も低下することを考えると、潜在成長率低下の事実に対する認識の希薄さとバブルの発生との間に関係が存在したとしても不思議ではない。

第2に、バブル崩壊後には新たな要因が加わり潜在成長率が低下した。すなわち、①情報通信技術の発達と、日本企業の得意とするビジネスモデルやその背後にある日本的雇用慣行との「相性」が悪いこと、②労働人口が急速に減少していることである。これらは、バブル崩壊とは無関係の低下要因である。両要因とも、90年代当時においてある程度は認識していたが、その大きさは私の予想をはるかに上回るものであった。

GDPと社会的厚生

総裁在任時、私のもとを訪ねてくれた海外の政策当局者やエコノミストは、日本のデフレ問題をひとしきり議論した後、「東京の街を歩いていると、とてもこれが「失われた10年」やデフレに沈む国とは思えない」という感想をしばしば私に述べていた。この感想は、一般論としては認識していても政策論としては普段はあまり意識しないGDPと社会的厚生の違いを意識させるものであった。

通常の経済政策の論議では、社会的厚生の変化はGDPの変化とある程度近似するという仮定にたっている。中央銀行を含めマクロ経済政策の当局者の主たる役割は比較的短期の景気の安定化であることを考えると、通常はこの仮定で大きな問題はない。しかし、「失われた20年」といったかなり長いタイムスパンで議論をする際には、両者の違いをまったく無視することも適当ではないだろう。マクロ経済政策の当局者としては、GDPと社会的厚生の違いを生む要因について、時に立ち止まって具体的に考えてみるという姿勢は大事だと思う[10]。

両者の違いを生む要因としては、第1に労働時間が挙げられる。同じGDPの水準であっても、労働時間が比較的短く余暇を楽しんでいる場合と、長時間労働の結果として実現した場合とでは、社会的厚生の水準は異なるだろう。OECDの統計によると、日本は現在でも長時間労働が多いが、それでも90年代初頭以降の労働時間短縮に向けた努力の結果、1人当たりの労働時間は16%も減少し、国際的に見ても減少率は大きかった[11]。

第2に、平均寿命の違いが挙げられる。購入した財・サービスから得られる満足（効用）を最大化するというのが標準的な経済学の理論であるが、その場合、その満足をどの程度の期間得られるかは重要な要素である。他の条件が同一であれば、平均寿命が長くなることは生涯を通じた満足の総量も大きくなることを意味する。

第3に、所得や資産の分配の平等が挙げられる。GDPにしても1人当たりのGDPにしても、その成長率の伝える情報は「平均」である。しかし、社会全体の幸福、すなわち経済学者の言う社会的厚生は平均では捉えられず、分布が問題となる。どの程度の分布であれば人々の公正、公平の観念に見合っているのかは価値判断に属するが、所得や資産の分配の違いは社会的厚生の水準にも影響を与える要因のひとつであることは間違いない。

第4に、社会が追求する非経済的価値の違いが挙げられる。たとえば、外国と比較して日本では、同じ商品であっても、安全、安心、正確、清潔といったサービスの価値が付加されたかたちで提供され

図21－3　経済厚生と所得の各国比較

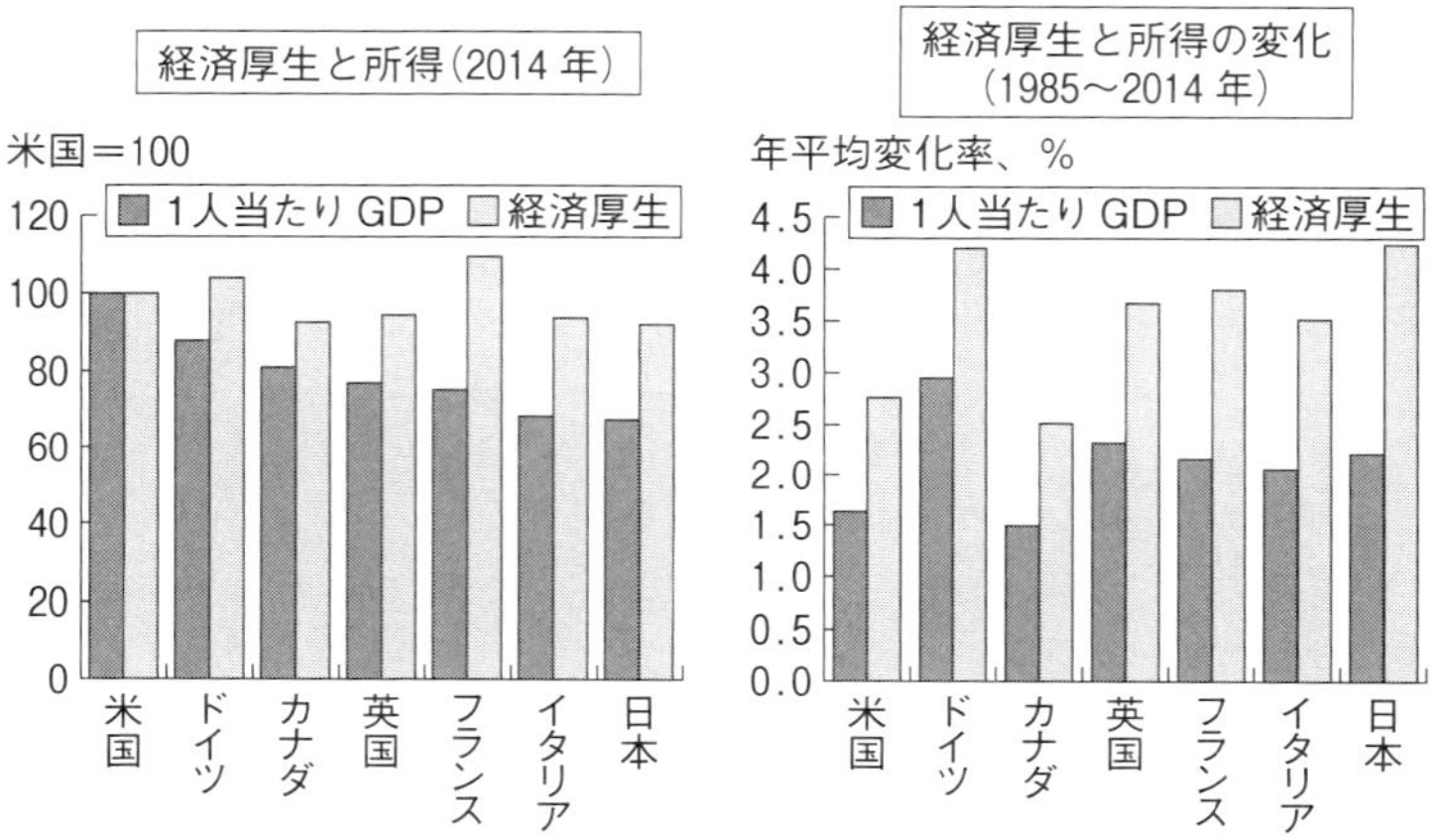

出所：中曽（2017）図表6

ることが多いため、日本の社会的厚生の水準はGDPで国際比較する場合に比べて、より高い可能性がある。

　上記の4つの要因のうち、比較的計算しやすい最初の2つの要素を取り込んで日本の社会的厚生の水準を試算すると、確かにGDPから得られるイメージは多少修正される。中曽宏が日本銀行の副総裁時代の講演で示した試算によると（図21－3）、2014年の1人当たりのGDPは米国の70％程度であるが、経済厚生[12]で見ると格差は縮小し、92％程度となる。また、85年から14年の経済厚生の成長率は長寿化と余暇の増加により4％強となっており、G7諸国の中ではドイツと並んで伸びが高い。もちろん、あまり厳密な国際比較に意味はないが、これらの数字は、前述した私のオフィスを訪問した外国の政策当局者やエコノミストが日本経済に抱く感想とある程度平仄が合っているように思える。

「日本の教訓」として伝えるべきこと

日本の経験は学界でも政策当局者の議論でもしばしば取り上げられ、「日本の教訓」も広く共有されていたにもかかわらず、結果的には欧米諸国も日本と同じような経験をした。それでも海外の経済学者からは、日本の経験は今なお「謎めいたもの」(enigma) と受け取られており、日本の経験から得られる教訓が経済学の道具箱に納められるには至っていない。不幸なことに、日本の経験は欧米諸国をベースに組み立てられた主流派経済学の理論を通して議論するか、普遍的な説明を拒み「日本モデル」として独自性を強調するかのいずれかになりがちであった。[13] 心理学に「認知論的不協和」(cognitive dissonance) という言葉があるが、人間は証拠が圧倒的に大きくなるまでは既存のパラダイムと整合的ではない証拠にはわずかしか注意を払わない傾向がある。それと同じことが、「日本の教訓」についても当てはまるように思う。このような傾向があるという事実自体がある種の教訓を提供している。「日本の教訓」の教訓」とも言うべきものである。

それでは、90年代以降の日本経済から、海外諸国は何を真の教訓として引き出すべきだろうか。

第1は、今や格別目新しい教訓ではなくなったが、経済が「持続不可能」な軌道で長期間推移すると、必ずその調整作用が起こり、長期にわたる低成長を余儀なくされるという認識である。日本の場合、「持続不可能」な成長は不動産バブルという形式をとった。調整のコストは、低成長という経済的コストにとどまらず、政治的、社会的な不安定化を含むものであった。そのような認識にたつと、バブルには事後対応を行えば十分というわけではなく、金融の規制・監督と金融政策の両面で事前の予防的対応をすることが求められる。金融政策については物価上昇率や景気に関して比較的短期のスパンで運営するのではなく、持続性を脅かす「金融的な不均衡」にも十分配慮した運営が必要となる。

第2は、経済学の最も基本的な理論であり改めて強調することは奇異に感じられるかもしれないが、10年や20年という「長期」の成長軌道を決定するのは、物価や貨幣といった名目変数ではなく、生産性やイノベーション、労働人口といった実物変数であるという認識である。金融政策は潜在的な成長軌道の周辺の変動に対し、支出のタイミングに働きかけることによって平準化効果をもたらすが、成長軌道自体には影響を与えない。もし、低成長が長期にわたって続く場合は、低成長をもたらす実物面での要因に真正面から向き合う必要がある(14)。

第3は、急速な高齢化や少子化のインパクトは大きいという認識である。我々は労働人口の減少の持つ意味について十分な経験と知識を持っていない。経済に対する影響は、人口の減少自体から生じているだけでなく、高齢者と現役世代の比率の急激な変化という人口動態の変化に対し、社会保障制度をはじめ、さまざまな制度が見直されていないことに起因している。高齢者が多数を占めてからではそうした見直しを行うことは容易ではない。日本の経験は、将来の人口動態の変化に備えてあらかじめ対応を進める必要があることを示唆している。

第4は、経済に関する我々の理解は不十分であるという自己認識の重要性である。これは学界の議論の変化を見ても言えるし、私自身の思想の変化を振り返っても言えることである。「失われた20年」や「日本の教訓」に関する私の思想遍歴を振り返ると、自分がいかに無知であったか、どれだけ多くのことが見えていなかったかを改めて思い知らされる。これは単に我々の知識が限られているということではなく、経済や社会のシステム自体に根差した問題であるように思う。技術や人口をはじめ大きな変化が生じると、多くの主体はそれに適合するように自らを変えていく。制度や政策も変更される。そして、それによって新たな変化が生み出されていく。その意味で、経済や社会は、複雑な「適合システム」(adaptive system)、「エコシステム」であると言えるだろう。したがって、当初は正しく理解していたつもりでも、個々の主体の変化への対応によって生じた新たな動きに対しては、その理解は追いついていない。それゆえ、経済のメカニズムへの理解を常に「上書き」していく必要がある。

他国の経験をどのように学ぶべきか

最後に、他国の経験の学び方、活かし方について考えてみたい。一国の経済政策を運営する中で、他国の経験はどの程度参考になるものであろうか。他国からのさまざまな助言や政策提案はどの程度有用であろうか。グローバル金融危機後、危機からの教訓を引き出す作業が活発化している。私の総裁退任直後のことであるが、IMFのチーフエコノミスト(当時)であるオリヴィエ・ブランシャールは5つの教訓を導いている。[15] そのうちの3つを紹介したい。①は「謙虚さが求められる」、②は「金融システムは非常に重要である」、③は「相互依存関係は重要である」。①の謙虚さの重要性には異論はないだろう。②、③についても同感だが、これらが教訓として挙げられているということには釈然としない気持ちもある。これらは、グローバル金融危機から得られる教訓というより、日本のバブル以降の一連の金融危機から引き出される教訓だからである。ブランシャールとサマーズは2017年10月に開かれた金融危機10周年記念のコンファレンスで次のように述べている。[16]

先進国においては、日本のバブル崩壊後の芳しくないパフォーマンスは周知の事実であった。しかし、支配的なマクロ経済学のパラダイムは金融危機の可能性を概して無視していた。マクロ経済モデルでは、金融システムの役割は期待仮説と固定的なターム・プレミアムにもとづくイールドカーブの決定という次元に追いやられることが多かった。

まさに彼らが観察するとおりである。少なくともグローバル金融危機前は、日本の政策当局者が痛切に感じていたほどには、日本の経験からは学ばれていなかったと言わざるをえない。人間はやはり自らが経験しない限り、危機という経験についても真に学ぶことは容易ではないことを強く感じる。同じことは、日本がグローバル金融危機から教訓を引き出す際にも言えるかもしれない。日本では国内の金融システムは相対的に安定していたことから、グローバル金融危機後の取り組みをどこか「対岸の火事」のように見ていた面もあり、必要な見直しができていない可能性もある。その意味では、海外の経験は十分には学ばれていない。

私自身の経験を振り返ると、結論的には海外から学ぶことは非常に多かったと思う。特に貴重であったのは、金融システム面に関する助言や海外中央銀行の取り組み、特に90年代初頭に欧米の当局者から受け取った金融機関の破綻処理に関する助言であった（第3章「バブル崩壊と金融危機」参照）。80年代後半頃から次第に明確化していった決済システムの改善に向けたFRBのさまざまな取り組みからも、多大な影響を受けた。90年代後半に海外の政策当局者から受けた不良債権処理の遅れに対する激しい批判も有益であった。批判の内容は私たち自身も感じていたことではあったが、国内の政治的な反対論によって身動きがとれなくなっていたところ、それを押し切って破綻処理の枠組みを整備するうえで、あの激しい批判は有効な起爆剤となった。金融政策についても、オーバーナイト金利のコントロールを出発点とする金融調節、目標金利の公表、当座預金の付利制度、中央銀行による国債の貸付制度をはじめ、実務面を中心に学ぶことが多かった。だが一方で、一般的な金融政策の運営に関する海外の助言については違和感を抱くことの方が多かった。政策に関する助言は善意に発するものであったと思うが、依拠している理論では想定されていないメカニズムが作用していることや、社会契約の違いが重要な影響を及ぼすことについて、十分な想像が働いていなかったのではないかと思う。ここから得る教訓は、他国に対して政策提言を行うためには、自分たちが見落としている要素はないかを自省する知的な謙虚さも必要だということである。

私自身にそうした思いがあっただけに、総裁時代に海外の政策当局者に対して「日本の教訓」を述べる際も、それが傲慢とならないように率直さと謙虚さのバランスをとるように努めた。そして、自分の発言に何らかの付加価値があるとすれば、具体的な政策提言そのものではなく、彼らが十分には認識していないかもしれない視点を日本の経験にもとづいて提供することだと思っていた。そのような観点から、国際会議などでは、金融システムの安定を維持することの重要性や、金融システムと実体経済の相乗作用の強力さ、バブル崩壊後の景気回復の鈍さなどを一貫して主張した。他方、他国の微妙な社会契約や経済モデルについての自分自身の知識が限られたものであることを自覚すると、個別具体的な政策提言をすることについては、あまり踏み込むことはしなかった。

金融政策を含め、経済政策の運営において他国の経験から学ぶことは多い。自国は特殊だという思い込みは危険であるが、他国の経験から得た教訓を無批判的に受け入れることも不適切である。教訓を引き出すにあたっては、政策当局者も学者も好奇心と謙虚さの両方が必要だと思う。

（１）Hayashi and Prescott (2002) 参照。

（２）しばしば「ゾンビ企業」と呼ばれた。ただし、私はこの言葉の持つニュアンスが好きでなかったので、総裁在任時も意識的に使わないようにした。

（３）Callen and Ostry (2003).

（４）Blanchard and Summers (2017) は、「日本の「失われた10年」は一連の政策の失敗の結果として解釈された」と述べている。

（５）このテーマについて、私は総裁在任中、何回かの講演を行った。白川（２０１０ａ）、白川（２０１２ａ）参照。

（６）Summers (2013) 参照。

（７）２０１７年10月６日の記事。タイトルは"A Japanese Lesson for Wall Street".

（８）Brunnermeier et al. (2016) p.249.

（９）Nishimura (2011).

（10）以下の議論は、Jones and Klenow (2016) および以下のバーナンキのブログに多くを負っている。https://www.brookings.edu/blog/ben-bernanke/2016/10/19/are-americans-better-off-than-they-were-a-decade-or-two-ago/

（11）ＯＥＣＤの調査では、１人当たり労働時間は１９９０年の２０３１時間から16年には１７１３時間に減少した。

（12）社会的厚生という言葉の代わりに経済厚生という言葉が使われている。

（13）Koo (2003) は数少ない例外である。バランスシート調整という概念が国際的に普及するうえでの彼の功績は大きい。

（14）Borio (2018) 参照。

（15）ＩＭＦのブログ参照。https://blogs.imf.org/2013/04/29/rethinking-macroeconomic-policy/

（16）Blanchard and Summers (2017) p.5.

第22章　独立性とアカウンタビリティ

中央銀行が適切に金融政策を運営するためには、独立性とアカウンタビリティというパブリック・ガバナンスの制度的枠組みが非常に重要である。これは、金融政策が短期的な利害に影響されると高インフレを招き、経済の効率性も社会の公平性も損なわれるという苦い経験を通じて学んだ考え方である。その際、意識されていたことは、主としてインフレの危険であり、政府や政治からの独立性であった。これは現在でも重要な視点であるが、近年、経済の不安定化の原因はインフレというより、低インフレ下での資産価格の上昇と債務の増加であるケースが増加している。グローバル化や情報通信技術の発達を背景に、金融政策のタイムスパンを短期化させる圧力もさまざまなかたちで働くようになっており、独立性の真の意味を考える必要性が高まっている。

政府や政治家との関係

「政府や政治家と日本銀行との関係」というテーマはしばしば議論される。というより、この議論は、日本では金融政策自体に関する議論よりも好んで取り上げられてきたといった方が正確かもしれない。私が理事を務めていた頃、「日本銀行は法的な独立性を有しているのだから、政府や政治家に何を言われても恐れることは何もないのではないか」と親しい友人から尋ねられたことがある。また、総裁時代も退任後も、私的な会話の中で「日本銀行には政府や政治家からどのようなプレッシャーがかかってくるのか」という質問を受けることはしばしばであった。決定会合で金融緩和措置を決めた直後の記者会見では、「金融緩和は政府からの要請か」という質問をたびたび受けた。

政府や政治家との関係を私が仕事の中ではじめて強く意識するようになった出来事は、プラザ合意以降の金融政策の展開においてであった。その次に意識したのは、金融機関の不良債権処理に関する信用機構局時代の経験であった。ただ、この頃までは、政府、政治家との関係といっても、自分の印象を形成しているのは主として官庁における私のカウンターパートとの関係が中心であり、政治家や国会との関係において私が当事者となることは稀であった。２０００年以降は、総裁や政策委員会の非常に近くで金融政策の仕事をする立場に移っていたことから、官庁との関係だけでなく、政治の動きを自分の仕事の中でそれ以前より格段に知りうるようになった。

総裁就任後は、総理大臣や財務大臣と直接話をしたり、国会で答弁する機会が一段と増えたことから、それまでは必ずしもよく見えていなかったことを含めて、政府や政治家と日本銀行の関係について、新たな感想を抱くようになった。ただ、私が総裁在任時に感じたことが過去の総裁が経験し感じたこととどの程度共通性があるのかはわからない。というのも、政府と日本銀行の関係は、時代とともに、また、総理大臣や財務大臣、総裁の個性によっても異なるものだと思うからである。政治情勢という点では、私の総裁在任中、与野党の政権交代が2回も起こり、総理大臣は6名、財務大臣は10名と目まぐるしく変わった。政治が不安定な時期は過去にもあったが、かくも頻繁な大臣の交代は少なくとも第二次世界大戦後にはなかった。

日本銀行の独立性の程度は海外の中央銀行と比較してどのあたりに位置しているのだろうか。法的な独立性については、諸外国との比較では低い方に属している。たとえば、決定会合に政府の代表が出席し、毎回、金融政策について意見を表明するのは先進国では異例である。総理大臣のほか重要な経済関連の閣僚が出席する経済財政諮問会議のような場で、金融政策について議論するというのも先進国では例を見ない（第5章「ゼロ金利政策と量的緩和政策」参照）。総裁が国会の委員会に呼ばれる回数も他国に比べて際立って多い。

法的な独立性は重要な要素のひとつであるが、独立性の真の程度は法律の規定だけでは判断できない。法律の精神に沿って実際にどのような運用がなされているかということも重要である。さらに、中央銀行の独立性は中長期的なタイムスパンで金融政策を行うことを担保するための仕組みのひとつであることを考えると、政府や政治家からの独立性だけに過度に焦点を絞って議論するのは適当でない。たとえば、中央銀行が政府から独立していても、金融市場の短期的な動きや市場参加者の反応を意識するあまり、金融政策運営のタイムスパンが短くなることがあれば、そもそも中央銀行が独立性を有していることに意味がなくなる。中央銀行の独立性に関しては、政府や政治家との関係だけでなく、金融市場や社会との関係も含めて幅広い観点から検討されることが求められる。

政府との情報・意見交換

最初に政府や政治家との関係を取り上げよう。政府の行う財政政策はマクロ経済の動向に大きな影響を与える。さらにその根幹にある政府の経済政策運営の基本となる考え方も重要である。したがって、どの国でも政府と中央銀行の間では緊密な情報や意見の交換が行われており、日本も同様である。ただ、そのための具体的なメカニズムは国によって異なるように思う。

日本では、経済情勢に関する基本認識をめぐって、財務省や内閣府と日本銀行の事務方レベルで情報や意見の交換が常時行われている。そうした情報や意見の交換の場では、政府の経済情勢についての見方や金融政策運営に対する要望が、日本銀行の事務方に伝えられる。経済財政諮問会議や月例経済報告閣僚会議（民主党政権時代は「国家戦略会議」等）をはじめ、官邸で開かれる公式会合に日本銀行総裁が出席することが多く、その時は会合の前後での立ち話を含め、総理大臣や財務大臣、経済財政政策担当大臣との間で意見交換を行う機会が多々あった。そうした機会とは別に、総理大臣や財務大臣とは、必要に応じ相対での会合も行った。私としては文字どおりの「相対」の会合が望ましいと思っていたが、実際には官庁から出向している秘書官等が陪席していることの方が多かった。官邸での公式会合は後部席の事務方を含めると出席者が多かったが、常に総理大臣や関係大臣を意識しながら、日本銀行としての経済金融情勢の判断、金融政策運営の内容や基本的な考え方を、できるだけ丁寧に説明するように努めた。

決定会合には毎回、政府の代表が出席する。政府の代表は財務省、内閣府の副大臣、政務官もしくは事務方の幹部であるケースが多かったが、大臣が自ら出席することもあった。政府の代表は経済情勢や政策運営の基本的な認識や各種経済対策の内容の説明のほかに、金融政策に対する要望を述べることも慣習となっており、その発言は「議事要旨」で公表されていた。たとえば、２０１２年１月の決定会合では、内閣府からの出席者は以下のように述べている[1]。

２０１３年度の消費者物価の前年比について、政策委員見通しの中央値をみると、今回の中間評価では＋０・５％と、「中長期的な物価安定の理解」に比べ低い。社会保障・税一体改革を円滑に推進するためにも、デフレからの脱却に、政府と日本銀行が一丸となって、今まで以上に断固とした姿勢で取り組むべきである。

政府の代表が決定会合に出席することや金融政策に関する要望を述べるという慣行は国際的には一般的ではないが、金融政策が多面的な検討を経て決定される全過程を観察することは、大臣、副大臣、政務官といった政治家が日本銀行に対する理解を深めるうえで、いくらかの効果はあったように思う。

政府と日本銀行の「一体性」論議

政府の代表が決定会合に出席することは日本銀行法で規定されていることであったが、日本銀行にとって悩ましかったことは、政府が「日本銀行と一体となった行動」や「連携」を対外的なメッセージとして過度に強調する姿勢であった。政府は「デフレ脱却」や「円高是正」を重要な政策課題と位置づけたうえで、国会での所信表明演説や経済財政諮問会議の作成文書、官邸で開かれる月例経済関係閣僚会議への報告書等において、常に「一体」「連携」を強調していた。さらに、大臣の記者会見では、先行きの金融政策運営に関してニュアンスを込めたコメントがなされることも少なくなかった。関係省庁の幹部による匿名の発言がマスコミ報道で流れることも日常化していた。

もっとも、経済の状況が厳しい時には、政府と日本銀行が一体となって行動することや連携することは当然ではないかという反論も予想される。あるいは、むしろそれこそ必要ではないかという議論もあるかもしれない。私が悩ましいと感じていた理由は、これらの表現や発言が先行きの金融政策運営に対して足枷となりかねないことであった。日本銀行法に規定されているように、金融政策運営の前提となるマクロ経済の判断において、日本銀行は政府と「十分な意思疎通」（日本銀行法第4条）を行うことを求められている。しかし、その努力を行っても、意見が常に一致するという保証はない。そのような場合、日本銀行はどうするべきなのか。

日本銀行法第2条は「日本銀行は、通貨及び金融の調節を行うに当たっては、物価の安定を図ることを通じて国民経済の健全な発展に資することをもって、その理念とする」と規定している。さらに第3条第1項には「日本銀行の通貨及び金融の調節における自主性は、尊重されなければならない」とある。ここに明らかなように、最終的に金融政策運営に責任を有するのは日本銀行である。そのうえで、日本銀行は「通貨及び金融の調節に関する意思決定の内容及び過程を国民に明らかにするよう努めなければならない」（第3条第2項）。それが独立性であり、独立性に随伴して求められるアカウンタビリティの意味することである。

「一体」「連帯」を強調すると、政府と日本銀行の認識が一致しても、しなくても、どちらの場合にも支障が生じる。前者の場合、日本銀行の決定は先々の金融政策についてコメントをしていた政府の発言内容と同じものとなることから、「政府主導」と受け止められる。後者の場合、政府が対外的に発言した内容を日本銀行が否定することになる。いずれの場合でも、政府、日本銀行双方にとって政策遂行上最も重要な信認が損なわれる。要するに、「国益」が損なわれてしまう。そうした不幸な事態を避けるために、政府の代表が意見がある場合には「決定会合」という場で見解を表明し、その内容を

「議事要旨」で公開するという透明性を担保する手続きが日本銀行法には定められている。残念ながら、実態は、新日本銀行法施行後も法律で想定されていないメカニズムが多用されているように思える。

政治家からのプレッシャー

政治家からのプレッシャーという点では、日本銀行の政策に対する国会議員からの直截な要求も挙げられる。本書で何度も触れた国会の委員会での発言がその典型であるが、これ以外にも、与野党を問わず政党の勉強会、調査会には理事や局長等が頻繁に呼ばれ、批判を受けることが多かった。議員は自らの属する政党の議員として国会で批判するだけでなく、場合によっては超党派でさまざまなグループを立ち上げ、日本銀行の政策に批判を行った。これらのグループが特に活発な活動を繰り広げたのは、２０１０年以降である。

私が総裁在任中に立ち上げられたグループでは、民主党では「デフレ脱却議連」「日銀のあり方を考える議員連盟」「円高・欧州危機等対応研究会」「日本再生戦略会議」「増税なき復興を求める緊急会合」等が、自民党では「日銀法改正でデフレ・円高を解消する会」「デフレ・円高解消を確実にする会」等が、超党派組織としては「増税によらない復興財源を求める会」「日銀法改正を目指す超党派連絡会」「日本の復興と再生を実現する議員連盟」等が挙げられる。これらのグループの多くは声明や要望書を公表し、メンバーの議員はそれにもとづいて、国会で日本銀行に対して批判を行うのが常であった。

国会ではリフレ派や期待派の考え方にたつ議員から激しい批判を受けた。ただ、公平を期して言うと、少数ながらそれとは逆サイドからの批判もあった。強く記憶に残っている議員の一人は、共産党の大門実紀史参議院議員である。リーマン破綻後、与野党の多くの議員が「100年に1度の金融危機」を呼号する中で、大門は2009年4月9日の参議院財政金融委員会で、CPや社債、金融機関保有株式の買い入れ等の異例の措置を評して、日本銀行は「一線を越えてしまった」と述べ、「社会主義に近づいちゃうんですよね」という皮肉な言い回しで批判していた。[2] さらに、「何かやらなきゃいけないというプレッシャー多分すごいと思うんですよね」という感想も述べている。私は大門議員に反論をしたが、主張の一部分については共感していた。

もう一人は自民党の加藤紘一衆議院議員（故人）である。加藤議員は2010年9月8日、衆議院財務金融委員会で量的緩和に関する疑問を述べた後、以下の質問を行った。全体は長くなるので、直接の質問の部分をひとつだけ紹介する。[3]

全部、すべての苦しみを背負うイエス・キリストみたいにあなたがなるんじゃないかなというふうに思うんですけれども、大丈夫ですか。できないこと、意味のないことはだめですというプロとしての発言をしっかりやると、危ないですか。

加藤議員の発言は質問というより独白のような感想であった。この時から2年経過した2012年秋以降の政治的展開を振り返ると、加藤の独白的な質問はその時以上に重みを持って感じられる。

おそらく単純な答えはないと思う。経済の状況が厳しい時にはさまざまな立場から批判があることは当然であり、民主主義社会としては健全である。大門や加藤のような議員がいなければ、金融政策に関する国会論議はバランスを欠き、一方向に偏ったものになったということも事実であった。FRBのベン・バーナンキ議長の回顧録を読むと、FRBに対する連邦議会議員の厳しい批判とそれに対する彼の苛立ちの説明に少なからぬ紙幅が割かれているが、そこで主として述べられているのは、中央銀行の「やり過ぎ」に対する批判である。私は金融政策に対して賛否両論の議論がバランスよく行われているかどうかを日米の議会について客観的に比較するだけの材料を持ち合わせていないが、批判の方向が日米ではまったく逆になっていることは興味深い。

社会的プレッシャー

批判の方向がいずれにあるにせよ、政府や政治家だけが日本銀行の行う金融政策に対して一方的にプレッシャーをかけていると捉えるのは、現象の理解の仕方としては表層的であると私は思っている。現実に起こっていることはもっと複雑であった。というのも、言葉は適切でないかもしれないが、政府や政治家もまた、社会からさまざまなプレッシャーを受けており、その反射作用として日本銀行にプレッシャーをかけているという側面も否定できないと思われるからである。事実、リフレ派的な主張で有名な国会議員も相対で面談すると、必ずしも確信を持ってそうした主張を行っているわけではないことを知ることもあった。経済財政改革についても、その必要性をまったく理解していないわけではなかった。しかし、そうした政策は短期的には痛みを伴うがゆえに、選挙という審判を仰ぐ政治家はそうした不評を買ってまで経済財政改革に取り組むことは難しいというのが現実であった。それにひきかえ、日本銀行への金融緩和プレッシャーにはそうした危険がまったくない。

ユーロ危機のさなか、EUのジャン＝クロード・ユンケル委員長は「我々は皆、やるべきことはわかっている。やるべきことをやった後、どうすれば選挙で再選されるかがわからないだけである」と述べたと伝えられているが、内外の多くの政治家はそのような状況に置かれているのだと思う。特に、相対で有力政治家と話している時に彼らの率直な考えを聞くと、政治家を一方的に批判する論調はフェアではないと思うことも多かった。

政治家が中央銀行に金融緩和を求めるのは、是非はともかく、わかりやすい行動である。日本銀行へのプレッシャーは「政治的プレッシャー」であると同時に、政治家を動かす人々の意識の反映であり、究極的には「社会的プレッシャー」として理解すべきだと思う。結局、社会のフラストレーションが政治的プレッシャーというかたちをとって表面化しているというのが実態だろう。

プレッシャーの性格は時代とともに変化してきた。中央銀行の独立性を正当化する最も伝統的な議論は、中央銀行による財政ファイナンスの危険を回避することを目的としている。この議論にもとづき、中央銀行による政府への直接的な信用供与が禁止された。あるいは、「政治的景気循環」論に代表されるように、金融政策が選挙への影響を受けて短期的な景気浮揚に傾いた運営となることを防ぐために、金融政策の決定権限を中央銀行に与えたうえで、総裁以下の役員の任期を長期化することが行われた。中央銀行の独立性を根拠づけるこれらの考え方は、現在でも依然として重要性を失っていない。しかし、中央銀行の独立性は中長期的なタイムスパンで金融政策を行うことを担保することが本来の目的であることを考えると、財政や政治に過度に焦点を絞った議論だけでは不十分である。以下で取り上げるように、過去30年ほどの間に金融政策運営をめぐる視野の短期化をもたらす新たな動きが生まれてきた。いずれも金融政策の運営を難しくする動きである。

金融市場のもたらす短期バイアス

金融政策運営をめぐる視野の短期化という点では、何よりもグローバル化や情報通信技術の発展により飛躍的に拡大した金融市場の影響が挙げられる。1990年代前半にFRBの副議長を務めたプリンストン大学教授のアラン・ブラインダーが述べた以下の言葉は、その後の30年ほどの間に起きた変化を見事に予言している。(4)

皮肉なものである。中央銀行が選挙で選ばれた政治家たちから独立性を与えられているのは、おそらく、政治プロセスが近視眼的になりがちだからだろう。それがわかっているから、政治家たちは賢明にも、金融政策を巡る日常的な権限を独立した中央銀行に快く委譲し、インフレを監視し続けるように命じた。しかし、中央銀行がマーケットのご機嫌とりに力を注ぎすぎると、マーケットの持つ極端な短期的視野を暗黙のうちに採用してしまう可能性が高い。これでは、「自分の尾を追う犬」のような危険な状態に陥りかねない。

第2章で日本のバブルを説明した際に述べたように、私自身、当初は市場で形成された価格を「不合理」なものとみなすことに知的な躊躇を感じていた。市場を否定するかのような態度は「保守的な中央銀行」だと批判されることを無意識のうちに恐れていたのかもしれない。しかし、振り返ってみると、それは実際に「不合理」な動きであった。金融市場の動きは貴重な情報源であるが、これを絶対視するのではなく、経済の動向を常に持続可能性という観点からチェックする必要がある。これが内外のさまざまな経験から私が学んだことであった。

金融市場の動きを絶対視する議論は別のかたちでもあらわれた。私の総裁在任中、海外景気が下振れしたり、グローバル金融危機や欧州債務危機など、世界経済の不確実性が増大すると為替レートは円高に推移したが、その度に為替市場では、次の決定会合での日本銀行の金融緩和を織り込む動きが広がった。政治家は円高やデフレのニュースに反応して金融緩和を期待した発言を行い、マスコミも決定会合での金融緩和強化措置を予測する。その結果、金融市場では金融緩和強化措置を前提とした相場が形成される。そうなると、期待どおりの措置を打ち出さなければ金融市場では「失望売り」を誘うことになるとの懸念から、決定会合では何らかの追加緩和措置を打ち出す以外に選択肢はないという状況に日本銀行は追い込まれることになる。このような状況で、エコノミストやアナリストが日本銀行の金融政策を議論する際の評価基準は、市場の声や期待に応えているかどうかであることが多かった。

中央銀行は「市場との対話」や「市場とのコミュニケーション」に努めるべきだと言われることが多い。もちろん、中央銀行が金融政策運営の考え方を丁寧に説明する必要があることは言うまでもない。しかし、「市場との対話」や「市場とのコミュニケーション」が言われるとき、実際に求められているることは、中央銀行による丁寧な説明というより、そうした主張を行う金融市場参加者の願っている金融政策を採用することであるケースが多かった。金融市場では相異なる見方が拮抗して、その結果として時々の価格が成立している。言い換えると、ひとつの「市場の声」が存在しているわけでは決してない。中央銀行が政策意図や判断の背景を丁寧に説明することは不可欠であり、また、金融市場の動きが市場参加者のどのような見方を反映したものであるかを知る努力は重要である。しかし、一見大義のように聞こえる「市場との対話」のもとに、特定の金融市場参加者の「ポジション」を反映した政策期待に応えることは、求められている中央銀行としての判断を放棄することとほぼ同義だと思う。先に引用したブラインダーはこうも述べている。[5]

中央銀行員たちは「マーケットに追随する」誘惑に陥りやすい。〔中略〕中央銀行員たちも所詮は人の子なのである。誰からであろうと、成績をもらうときにはよい点をもらいたいのは、彼らも同じである。本当に重要な評決は歴史の審判だけであるが、その審判が下されるのを待つには驚くほど強靱な精神力を必要とする。

中央銀行として先行きの経済についての見識を持たなければ、ブラインダーの言う「自分の尾を追う犬」のような状態に陥ることは免れまい。

中央銀行ウオッチャー

中央銀行のパブリック・ガバナンスをめぐる制度設計は、伝統的には政府や政治家との関係で議論されてきた。しかし、上述のような「市場化」が進行するにつれ、エコノミストやメディア等、中央銀行の行動をウオッチする立場が及ぼす影響は十分には意識されていないように感じる。エコノミストと呼ばれる専門家たちは昔から存在するが、その性格が大きく変化してきた。やや単純化して言うと、昔は経済学者、すなわちアカデミック・エコノミストが多かったが、近年は金融機関やその関連組織に属する市場エコノミスト、アナリストが圧倒的に増えている。この変化を反映して、議論されるのは経済の中長期的な動向というより、短期的な景気見通しや市況の変動に集中しがちである。また、金融政策についても、望ましい運営は何かではなく、今後どのようになるかという予測のウェイトが高まっている。

金融政策の動きを追うメディアの報道や解説も、タイムスパンが短期化する傾向にある。そもそも金融政策の内容が複雑化しており、その内容を理解するためにはエコノミストの解説に頼らざるをえなくなっていることから、金融政策をめぐる議論も上述のエコノミストの議論の短期化の影響を免れない。さらに、金融政策の適否を判断するためには、最低限、景気の後退と拡大のサイクルやバブルとその後の金融危機を実体験として持っていることが不可欠であるが、日本の場合、欧米諸国と異なり記者のローテーションが非常に早いことも加わって、短期化の弊害がより増幅されている。

金融政策が適切に運営されるためには、エコノミストやメディアによる検証も重要であるが、現状ではそれが難しくなっているように思う。

主流派マクロ経済学のもたらすバイアス

金融政策のタイムスパンを短くする傾向を生み出したという点では、皮肉なことであるが、中央銀行の独立性に根拠を与えた主流派マクロ経済学の（意図せざる）影響も否定できないように思う。1960～70年代のインフレ高進、スタグフレーションの苦い経験から、中央銀行の独立性に対する支持が高まり、80年代末から多くの国で独立性の強化が図られた。それと軌を一にして、インフレーション・ターゲティングが導入された。こうした流れを推進した知的枠組みは主流派マクロ経済学である。

ここで想定されていた経済モデルは、やや単純化して言うと、経済の動きは成長トレンドとその周辺で生じる確率的な攪乱（disturbance）で成り立っており、中央銀行の役割は金融政策を通じてその攪乱を最小化することである、というものである。攪乱は「逆風」や「追い風」とも呼ばれ、金融政策とは無関係に生じる外生的な要因という扱いである。このような理解によれば、最適な金融政策とは、物価上昇率の目標物価上昇率からの乖離と需給ギャップを最小化する政策であると考えられた（第18章「中央銀行の役割」参照）。

このような経済モデルが現実の経済を比較的うまく描写できた時期は確かに存在した。今日でもそれが妥当する経済は存在すると思う。しかし、過去30年ほどの間に先進国経済が経験したことは、次第にそうした理論モデルが思い描く世界から離れていった。トレンドとその周辺での確率的な攪乱というより、もう少し長いサイクルで経済は変動した。さらに、金融政策自体が攪乱要素となり、中期的なトレンドに影響を与える事態も生じた。これらの現象を分析に組み込まない限り、マクロ経済の変動は理解できないし、望ましい金融政策の運営方法の判断もできない。

理論モデルは重要であるが、特定の理論モデルが主流派という確固たる地位を築くと、学界や政策当局者の間でそれ自体が大きな「信念の体系」（belief system）となり、次第にそれ以外の考え方に対して寛容でなくなる。これは主流派マクロ経済学の理論が間違っていたということではなく、経済は社会情勢や技術等の進歩に伴い複雑に変化を遂げていくエコシステムのようなものだからである。情報通信技術の発達、急速な高齢化や人口減少、社会の分断化等の現象は、経済はもとよりそれ以外のさまざまな面でも大きな影響を及ぼし、そのことがさらに経済の諸変数の関係、そして最終的には各国における最適な金融政策の運営方法を変えていくのだと思う[6]。

アカウンタビリティの「罠」

意図せざることだったが、アカウンタビリティの制度設計が金融政策運営の視野の短期化をもたらしたということも挙げられる。

民主主義社会では当然のことであるが、中央銀行は独立性を与えられる代わりにアカウンタビリティが求められる。中央銀行が独立性を有していなかった時代は、金融政策を実行する際、国民に対する説明はほとんどなされていなかった。むしろ、寡黙であることが望ましいとされた時代もあった。しかし、そのような金融政策は有効性が低いばかりでなく、現代では無責任の誹りを免れない。アカウンタビリティは必須である。

現実に中央銀行は独立性を得るとともに、次第にアカウンタビリティを高め、金融政策決定にあたっての考え方を説明することに努めた。しかし、言葉による説明だけでは不十分であるとして、次第に決定の背後にある見通しや目標を数値化して提供することが求められるようになった。これ自体はきわめて自然な流れであるが、その次には数値の背後にある理論モデルが問われた。しかし、現実の金融政策運営を描写する完全な理論モデルは存在していないし、さまざまな理論モデルを総動員したうえで、究極的には直感が支配するというのが正確なところである。こうした「直感」は長年の経験の蓄積による判断であることから説明という行為には馴染みにくい。さらに、委員会制度のもとでは、そもそも誰もが納得する理論モデルというものは存在しない。

問題は完全な理論モデルが存在しないということもさることながら、それに見合ったアカウンタビリティの仕組みがうまく設計できていないことである。独立した中央銀行はアカウンタビリティを強く意識する結果、数値化を目指す。それ自体は否定すべきことではないが、そのために、①既存の経済学の枠組みには十分組み込まれていない要素、②数値化されにくい要素、③起こった場合には影響は大きいが確率の小さな現象、④長期的に大きな影響を与えるが短期的な見通しには影響を与えない動きなどは、その重要性に比べて軽く扱われる傾向が生まれる。バブルやバブル崩壊後の金融危機、高齢化・人口減少等の経験についての主流派経済学の議論を振り返ると、その思いを強くする。

アカウンタビリティは中央銀行が独立した立場で金融政策を行うことと引き換えに求められるものであり、その独立性の目的は持続可能な経済成長を実現するために必要な長いタイムスパンを得ることであったが、数字に対する社会の「監視」が厳しくなると、中央銀行はまず数字的に説明がつくことを優先するという傾向に陥りかねない。なぜなら、説明責任を果たしていないと判断されれば批判され、やがて独立性を制限されるからである。また、市場参加者は中央銀行の数値重視の政策を織り込んで行動する。そうなると、中央銀行は予想を裏切った場合に生じる金融市場のネガティブな反応を考えて、大方の予想を裏切る行動はとりにくくなる。このような複雑な力学が働く結果、金融政策のタイムスパンは短期化する。その意味では、独立した中央銀行は政府や政治家にとって好都合な存在にもなり、意図せざるタイムスパンの短期化傾向も生み出してしまう。

社会の「分断化」現象

金融政策の運営を難しくしている要素として最後に挙げるのは、社会の「分断化」とも言うべき現象に由来する影響である。国によってその具体的なかたちは異なるが、この面でも日本は他の先進国に先行してさまざまな問題を経験した。

第１は、政策当局や専門家に対する国民の不信である。バブルとバブル崩壊、その後の金融危機は財務省や日本銀行など政策当局に対する不信を招いた。さらに、90年代後半に一挙に表面化した官僚や日本銀行職員の不祥事も不信感に輪をかけた。バブル崩壊後の経済の低迷をすべて財務省や日本銀行の政策の失敗によるものと考えることは正しくないが、政策当局の対応次第でその後の展開が変わった面があることも事実であろう。専門家に対する不信は、理論や事実にもとづいた冷静で客観的な議論をしばしば困難にする。

第２は、経済的格差の拡大である。90年代以降の日本経済は、バブルの崩壊や金融危機はもとより、情報通信技術の発達や旧社会主義諸国の市場経済参入により、想像をはるかに超える影響を受けた。企業は大きな環境変化に直面し、過剰となった正規労働者の賃金の上昇を抑制するとともに、非正規労働者の雇用を増やすことによって賃金コストの削減を図った。さらに、他に先行して高齢化や人口減少の影響に直面した地域は、経済を中心に着実に疲弊が進んだ。その結果、正規労働者と非正規労働者、高いスキルを持つ労働者とそうでない労働者、高齢者と若年層、首都圏を中心とする大都市部とそれ以外の地域等、さまざまな次元で社会の分断化が拡大する傾向が観察される。

こうした社会的分断現象に警告を発する議論はある時期から登場し始めていたが、私自身は振り返ってみて、90年代にはこの問題について現在感じているほどの深刻さを意識することはなかった。不明を恥じるばかりだが、バブル崩壊後の調整が完了すれば成長率が回復し、経済が底上げされて社会の分断は和らぐだろうという楽観論を引きずっていたのだと思う。しかし、グローバル金融危機後は私の意識も変わっていった。最も大きなきっかけは、社会的分断現象が海外でさらに明確なかたちで顕在化してきたことである。すなわち、所得や資産の格差拡大である。それを象徴するのが、「ウォール街を占拠せよ」(Occupy Wall Street)と呼ばれる抗議運動であった。２０１１年12月に国際会議出席のためニューヨークを訪問しウォール街に近いホテルに宿泊した際、徒歩で会場のニューヨーク連銀に向かう道すがら、抗議運動の余韻が残っている公園の光景を目の当たりにした。それから5年が経過した２０１６年の米国大統領選挙やその後の動きを見ると、世界的に社会の分断現象が進んでいることを強く意識させられる。

人々が感じている不満は最終的に政治に反映される。バブル崩壊以降日本経済が経験した困難は、一時的な需要の減退によるものというより、高齢化・少子化、日本企業のビジネスモデルの不適合等、より構造的で、中長期的要因にもとづくものである。これらの問題に本格的に対処するためには、「構造」自体を変える取り組みが必要となるが、既存の秩序を変える取り組みには抵抗が大きい。それゆえ、とりあえず誰からも文句を言われない金融緩和政策への依存が強まることになる。

中央銀行のコミュニケーションの姿勢

多くの人は複雑な説明は求めていない。求められているのはわかりやすい説明である。第10章「日本経済の真の課題」で述べた「ナラティブ」である。実際、過去のマクロ経済政策運営を振り返ってみると、重要な局面でナラティブがいかに大きなインパクトを与えたかを思わざるをえない。80年代後半のバブル期については、「債権大国日本」「内需拡大を通じた経常収支黒字圧縮」「国際政策協調」がそれにあたる。２０００年代について言えば、「日本経済の最大の課題はデフレ脱却」「デフレは貨幣的現象」であろう。ナラティブに影響されて「時代の空気」ができ上がると、それに反したマクロ経済政策を行うことは次第に難しくなる。ナラティブはある時期は猛威を振るうが、いったんそれが収まると、そうしたナラティブが一時期世の中を席捲したこと自体が忘れ去られる。ナラティブは政策形成にも影響する。バブル崩壊後、日本経済は大きな問題に直面したが、現状を描写するときに使われた言葉は「不良債権問題」であった。しかし、「不良債権問題」と表現した途端に、これは金融機関の問題であり、日本経済全体の問題ではないという意識が生まれる。[7] もちろん、命名者はそこまでのことを考えてこの言葉を用いたわけではないと思うが、もし「金融危機」「経済危機」という言葉を使っていれば、その後の議論に多少の違いは出ていたかもしれない。その意味で、言葉の選択はナラティブの形成に作用し、プラス、マイナス両方向でマクロ経済政策にも重要な影響を与える。

以上を踏まえたうえで、中央銀行は、最終的なステークホルダーである国民や金融政策の効果波及の場である金融市場の参加者に対して、自らの政策をどのように説明するべきだろうか。金融市場参加者とのコミュニケーションについてはすでに述べたが、一般国民やメディアとの関係では以前にはなかった新たな難題に直面している。

ひとつは、非伝統的金融政策が複雑になるにつれて、国民がその内容を理解することが難しくなっていることである。おそらく、金融機関で仕事をしている人であっても、金融市場、それも短期金融市場や債券市場で仕事をしていて中央銀行の政策をフォローしている人にしか正確には理解できないような領域に入っている。もうひとつは、意見対立の先鋭化である。インターネット空間ではいわゆるリフレ派や期待派から日本銀行の金融政策は激しく批判されていた。経済政策や金融政策をめぐる意見の対立は以前から存在していたが、インターネットやソーシャルメディアの発達は、同じ意見の者同士で集団を作ることを容易にし、それだけ言論は過激なものとなりがちである。親しい経済学者の一人はインターネット上で激しい攻撃を受けると、普通の人は冷静な政策論を展開することが怖くなるのではないかと言っていた。インターネットやソーシャルメディアに期待された役割のひとつは人々を「つなぐ」ことであったが、逆に社会の分断化を強める面もあるように思う。

このようなコミュニケーションをめぐる環境が複雑化する中で、中央銀行はコミュニケーションにあたって、どの程度「わかりやすさ」を優先するべきなのか。私も自分なりに、極力わかりやすい説明に努めた。一例を挙げると、リーマンショック直後の情報発信では、「日本銀行は金融システムの安定を守り抜く」という意思をわかりやすい言葉で明確に述べることに専念した。

しかし、リーマンショック直後の対応は、第8章で述べたように、金融政策というより質的には「最後の貸し手」としての行動である。その目的も手段も効果も明確である。他方、金融政策はそれほど「わかりやすい」ものではない。特に、ゼロ金利に直面し、中央銀行のバランスシートも大幅に拡張している時はそうである。効果も副作用も存在するし、その大きさもよくわからないというのが実態である。そのような時に、前述のナラティブは日本経済に関する、ある意味ではきわめてわかりやすい説明と明快な金融政策論を展開していた。そこで行われる日本銀行批判への対応に、私の前任者たちも私も、常に悩まされた。それでも私は、経済の厳しい状況を踏まえて非伝統的金融政策を実行していくならば、効果や副作用を点検し説明しながら政策を進めていくことが大事だと判断した。そうしなければ、中央銀行は最終的に信頼を失うと考えたからである。総裁退任後のことであるが、ジャーナリストの国谷裕子の著書『キャスターという仕事』の中に引用されている是枝裕和（映画監督、テレビドキュメンタリー演出家）の次の言葉を知った(8)。

わかりにくいことを、わかりやすくするのではなく、わかりやすいと思われていることの背景に潜むわかりにくさを描くことの先に知は芽生える。

映像文化と金融政策運営は同じではないが、金融政策という行為の持つ影響の大きさ、中央銀行の有している権限の潜在的な大きさを考えると、是枝の言葉に深く共感する。

金融政策の目的の設定権限

ここからは、中央銀行が付与されている独立性によって達成すべき目的とは何かを考えてみたい。中央銀行の独立性については、しばしば「目的の独立性」（goal independence）と「オペレーショナルな独立性」(operational independence) あるいは「手段の独立性」(instrument independence) の区別がなされる。民主主義国家の中央銀行が有している独立性は、「目的の独立性」ではなく「オペレーショナルな独立性」である。中央銀行通貨への信認は究極的には国家の信用によって担保されている。そして、国家の信用を支えるのは、国民の意思である。したがって、民主主義社会において中央銀行が自らの判断で目的を自由に決めるということは許されない。現に、日本を含め多くの先進国において中央銀行の行う金融政策の目的は、中央銀行法において物価の安定と規定されている。そのように定められた目的を達成する具体的な金融政策の運営は中央銀行の判断に委ねるというのが「オペレーショナルな独立性」や「手段の独立性」という概念である。日本銀行もこの「オペレーショナルな独立性」を与えられている。

私は中央銀行の独立性を以上のように理解しているが、重要な注釈がひとつ必要である。というのは、日本銀行が目標物価上昇率を設定していることをもって、日本銀行は「目的の独立性」までも有しているという議論がなされることがあるからである。これを主張する論者は、目標物価上昇率は政府が設定し、中央銀行はそれに従って金融政策を運営すべきだと言う。しかし、これは事実としても独立性の理解としても正しくない[9]。海外の目標物価上昇率の設定の仕方を見ると、米国や欧州のように中央銀行が設定しているか、カナダのように中央銀行と政府が共同で目標を設定しているケースが圧倒的に多い[10]。しかし前者のケースでも、中央銀行が「目的の独立性」を有しているとは理解されていない。具体的な目標物価上昇率は、物価安定という目的を法律で与えられた中央銀行がその意味を解釈したうえで設定したものであり、決して独自の「目的」を実現するために設定しているわけではないからである。

中央銀行に独立性を与える場合、最も重要なことは目的の設定である。しかし、肝心の目的の設定の仕方については、今日なお論争が続いている。最大の論点は、金融システムの安定の位置づけであると私は思っている。グローバル金融危機の経験を経て、金融システムの安定が損なわれると物価の安定にも支障が生じることについての理解は共有されるようになった。それでも、金融システムの安定を中央銀行のマンデートの中にどのように位置づけるかに関しては、立場が分かれる。大別すると以下の2つであろう。第1は、金融政策の目的は物価安定とし、金融システムの安定は金融規制・監督当局の目的とするものである。第2は、金融政策の目的はあくまでも物価安定としたうえで、物価安定のタイムスパンを従来のインフレーション・ターゲティングで想定されているよりもかなり長く設定し、物価安定に影響を与える大きな要素として金融システムの安定も十分考慮するというものである。

私の考えは第2の立場である。この立場の問題は、金融システムの安定の達成状況を検証するためにはさらに長いタイムスパンを必要とすることから、インフレーション・ターゲティングという言葉に対して普通の人が抱く語感からますます離れていくことである。このような運営を行った方が長期的に見て物価は安定し、インフレーション・ターゲティングの真の目的は達成されると思うが、より短期のタイムスパンを考えている人からは、アカウンタビリティが達成されていないという批判が生まれる。

他方、第1の立場は、金融政策のアカウンタビリティという点では従来と比べて変化はない。しかし、マクロ・プルーデンスの視点のないまま、個々の金融機関に対する規制・監督だけで対処しても、金融システムの安定は実現しない（第16章「金融システムの安定を目指して」）。この点で、マクロ・プルーデンス政策の発動を誰が決定するかは重要な論点である。マクロ・プルーデンス政策を発動する時の判断基準は、金融政策においてマクロ・プルーデンスの視点を取り込む時の判断基準と齟齬があってはならない。もし両者が食い違っていれば、金融システムの安定も、やや長い目で見た物価の安定やマクロ経済の安定も達成されない。そうだとすると、具体的なマクロ・プルーデンス政策の発動権限は規制・監督当局が有しているケースでも、発動の判断は中央銀行が中心となって行うことは十分考えられる。

デフレ期の独立性

中央銀行の独立性に関しては、インフレ期とデフレ期とでは異なるという主張を耳にすることもある。この主張は、インフレ期には古典的な独立性の議論が妥当するが、デフレ期には政府と中央銀行の明示的な協調が不可欠であり、独立性は不要、または制限されてしかるべきというものである。

インフレ期とデフレ期とで独立性は異なるという主張は、基本的に中央銀行は「インフレファイター」であるという考え方にたっており、デフレ期には「インフレファイター」は無用ということになる。これは、経済の不均衡は、インフレやデフレという物価上昇率の変動によってあらわれるという経済観にたっていると言える。

私はこの考え方には賛成できなかった。日本の現実を見ると、緩やかな物価下落が日本経済の低成長の原因であるとは思えなかったことがひとつの理由であるが、より根本的な理由は、経済変動の不均衡はインフレやデフレというより、金融的不均衡の蓄積によってあらわれるということを過去30年ほどの経験から我々は学んだと思うからである。にもかかわらず、（緩やかな）デフレであるからといって独立性が制約されることになると、金融政策によって金融的不均衡を是正することを中央銀行は独自の判断では行えないことになる。議論されるべきは、中央銀行の独立性はインフレ期とデフレ期とで変わるのかということではなく、物価安定だけでなく金融システム安定の面でも独立性を有するべきかということである。

金融システム安定のための政府と中央銀行の役割分担

そこで最後に、金融システムの安定という目的達成において、中央銀行にはどの範囲の独立性が付与されるべきかという問題を取り上げてみたい。中央銀行は多くの場合、マクロ・プルーデンス政策や金融規制・監督の当局でもあるが、日本やカナダ、オーストラリアのように、金融規制・監督当局ではないケースもある。また、金融規制・監督機能の有無にかかわらず、どの中央銀行も「最後の貸し手」機能を有している。

個々の金融機関に対する規制・監督体制は国ごとに制度設計が異なるが、規制・監督当局が政府や政治家との間である程度の独立性を有することの重要性は広く認識されている。独立性を有した中央銀行が規制・監督機能を担うケースが多いのも、あるいは、独立の規制・監督当局が政府の予算に依存せず銀行からの検査料を財源として運営しているケースが多いのも、ここまで本章で述べてきた認識の中で理解すべき制度設計だと思う。

ただ、平常時はそのような制度設計でうまくいっても、金融危機時には財政資金を投入することが必要となる事態も排除できない。中央銀行が「最後の貸し手」として流動性を供給する場合でも、損失負担の可能性の高いケースで流動性を供給することは、民主主義社会では本来は望ましくない。そのように考えると、危機時においては政府が明示的にかかわることが不可欠である。さらに、危機時において政府の関与が必要であるならば、そうした事態に陥らないように、つまり金融システムの安定を維持するために、平常時から関与した方が望ましいという主張も可能である。ただし、その立場を肯定すると、今度は金融規制・監督やマクロ・プルーデンス政策もすべて政府が行う方が望ましいという議論にもなり、中長期的な経済の安定という観点からは弊害が大きくなる。

結局、金融システムの安定やマクロ経済の安定を実現するためには、中央銀行と並んで政府の役割も大きいという常識的な結論に至るが、これを具体的な制度の設計や運営に翻訳していくことは容易ではない。さらに、第20章「国際通貨制度」で述べたように、国内経済の安定はグローバル経済の安定なしには実現しない中で、これを達成するのは各主権国家間の協力に期待するしかないのが現状である。

本章では中央銀行の独立性をめぐるさまざまな課題を取り上げたが、どれも難問であり、簡単に答えを見つけられるものではない。世界的に中央銀行の独立性が高まったのは、80年代後半以降であったが、当時はインフレとの闘いに最終的に勝利することが重要課題であった。この重要性は今も失われていないが、現在は金融システムの安定確保がより切実な課題となっている。さらに皮肉なことに、中央銀行の独立性が短期指向に走りやすい政治や社会に都合よく利用される傾向も生まれてきている。私が懸念するのは、このような変化や変質に薄々気づきながら、事実としてこれを認識することを関係者が拒んでいるように見えることである。代案がただちに見つかるわけではないことから、この事実を認めることを本能的に回避しているのかもしれない。しかし、すべては事実を深く観察するところから始まる。答えはその先にしか見つからないように思う。

（1）２０１2年1月23、24日の決定会合議事要旨を参照。
（2）第１７１回国会「参議院財政金融委員会会議録」第15号、15頁。「ＣＰ、社債、国債の買い増し、銀行保有株の買取り、劣後ローンの引受けと、異例の措置だというのは自覚されているようでございますけれども、何といいますか、一回一線を越えてしまったといいますか、〔中略〕何かもうどんどんどんどん行っちゃっているんではないかという心配を私はしているんですけれども」。
（3）第１７５回国会「衆議院財務金融委員会議録」第3号、６頁。
（4）ブラインダー（１９９９）１０８〜１０９頁。
（5）ブラインダー（１９９９）１０６頁。
（6）主流派マクロ経済学に対する不満については、イングランド銀行のマービン・キング総裁と共感することが多かった。ここでの記述もKing（2016）から多くを学んでいる。
（7）小宮隆太郎は私との私的会話の中でこのことを指摘していた。
（8）国谷（２０１７）15頁。
（9）竹中（２００６）は「日本では、依然として中央銀行に「政策目標を決める独立性」があるかのような混乱した議論が聞かれる。政策目標の独立性と政策手段の独立性は、厳然と区別されなければならない」と指摘している（３３１頁）。
（10）政府が目標物価上昇率の設定権限を有する場合、政府は目標物価上昇率を意図的に高く設定したり、景気情勢に合わせて変更することも可能となる。そうなると、中央銀行は独立性を有していても所期の目的を達成できなくなる。

第23章　組織としての中央銀行

金融政策を適切に運営するうえで、中央銀行が社会からの信頼を得ていることは不可欠である。信頼は2つの要素から成る。第1は物価の安定と金融システムの安定という与えられた目的を遂行するにあたり、中央銀行が適切な政策判断を行うこと、すなわち、専門家集団としての技術的な能力への信頼である。第2は適切と判断した政策を誠実に実行することに対する信頼である。これは政策の実行が政治的な配慮から歪められることはないということであり、組織の倫理への信頼と言える。そのような意味で信頼される中央銀行をどのようにして築くかという視点は、通貨の安定、ひいては経済の安定を実現するためには重要である。

セントラルバンカーという専門家

第19章「非伝統的金融政策」では、意見の対立が生じる原因を5つに分けて考察したが、そうした意見の差異が存在するにもかかわらず、選挙によって選ばれたわけではない一群の専門家（unelected officials）が、国民生活に大きな影響を与える政策を実行する権限を行使できるのはなぜなのだろうか。(1)

何によってその正統性は裏づけられているのだろうか。

形式的な答えは、民主的な手続きを経て中央銀行は法的な独立性を得ているというものである。しかし、法律はいつでも変更できることを考えると、この答えだけでは十分ではない。実質的には、私は2つのことが大事だと思っている。ひとつは物価の安定や金融システムの安定の重要性に対する国民の理解と支持である。このことについては本書のこれまでの章で扱ってきた。もうひとつは、中央銀行という組織やそこで働く中央銀行の役職員、セントラルバンカーに対する信頼である。

中央銀行や中央銀行家（セントラルバンカー）の仕事を説明するために、他の職業が比喩的に用いられることは少なくない。あくまでも喩えにすぎないが、それでも他の職業と比較することは、中央銀行の仕事を理解するうえで一定の有用性があるように思う。

たとえば、アラン・グリーンスパンがFRB議長であった時、マエストロ（名指揮者）という言葉が用いられることがあった。[2] しかし、中央銀行が適切にその責任を果たすためには、後述するように組織に蓄積されている経験智を総動員することが不可欠であるにもかかわらず、「マエストロ」は個人の優れた技能・才能を指していることから、中央銀行に関する私の理解や感覚とはかなり異なる。

経済政策の当局者は航空機のパイロットに喩えられることもある。[3] 特に、突然のトラブルに巻き込まれたその時、パイロットには的確かつ果断な判断が求められる。中央銀行についても、金融危機によって突然支払い不能状態に陥った時や、自然災害やコンピューターシステムの障害等から金融機能が停止するような時には、同じことが言える。しかし、違いもある。航空機のコックピットには機長と副操縦士以外に専門家はいないが、中央銀行の行う金融政策の場合、専門的知識を持った人々は中央銀行の外部にもいる。さらに、事にあたって取るべき対応や政策の選択に関しても、金融政策では専門家の間の意見の差異は大きい。つまり、トラブルに遭遇した旅客機の乗客がパイロットに運命を任せるのと異なり、国民は中央銀行に決して白紙委任をしているわけではない。

類似した職業を敢えて探すとすれば、私は医者ではないかと思う。医者が人間の健康回復を目指すのと同様に、中央銀行は経済の健康、つまり物価の安定と金融システムの安定を目指すという点で似ているが、最大の類似点は、自らの提供するサービスのユーザーとの継続的な信頼関係なしには、仕事が成立しないことである。患者がかかりつけの医者に行くのは、長年の付き合いでその医者が信頼できると思っているからである。手術を受ける場合、事前に効果や副作用の説明を受けるが、それに同意するのは自分にとっての最善策を医者が提案してくれていると信頼しているからである。継続的な信頼関係の重要性は中央銀行が行う金融政策についても当てはまる。経済の安定を実現するためには専門的な知識も必要であるし、中長期的な視点も必要であるが、中央銀行は最善と判断する金融政策を実行してくれているという国民からの信頼が不可欠である。ただし、患者は複数の医者の中から自分に最も合う医者を選べるが、国民は少なくとも短期的には中央銀行を選べない。

イングランド銀行の金融政策委員会の委員も務めた米国のエコノミスト、アダム・ポーゼンは、正しい処方箋に関する知識の水準も類似点として挙げている。ただし、彼は医者ではなく、薬剤師に喩えてこのことを説明している。米国のジャーナリストであるニール・アーウィンが著したグローバル金融危機時の各国中央銀行を描く*The Alchemists*（錬金術師）に対するポーゼンの書評に、このことが述べられている(4)。

セントラルバンカーの役割は、結局のところ、薬剤師のそれとあまり変わらない。限られた薬棚で、一定の量を超えることには法律の制限がある中で、セントラルバンカーも薬剤師もともにさまざまな専門家の走り書きした処方箋を読み解き、どのような副作用を考慮しないといけないかを決め、最終的に顧客に適切な量の薬を調合しなければならない。患者が使っている他の薬を知ることもコントロールすることもせずにである。彼らが望めることはせいぜい、患者が最小の副作用で時間とともに着実に回復することである。

組織論の視点

中央銀行あるいは中央銀行家に求められている条件は、これらの職業と同様、まず第1に、専門家として十分な技術的知識や能力を有していること、第2に、顧客の信頼を得ていることだと思う。それでは、そのような中央銀行や中央銀行家を作るためにはどうすればいいのだろうか。組織としての中央銀行が意識しなければならないことは何だろうか。私の考えに大きな影響を与えているのは、政策運営や経済理論にも流行りすたりがあるという事実である。政策当局者も学者も常に真摯に考え、その時々では最適と判断される対応を行っているが、それでも新たな変化が生じれば徐々に適合しなくなる。これは政策や理論がそもそも間違っていたと言うよりも（そういうケースも確かに存在するが）、技術をはじめ経済や社会の基礎的条件が変化し、それに対する各主体の対応の結果として、最適な政策運営やそれを支える理論も変化すると理解するべきものだと思う。経済は複雑な適合システム（adaptive system）、あるいはエコシステムと言うべきものであり、決して不変の存在ではない。

このように考えると、現在だけが過去の一般的な傾向に対する例外になるとは思えない。現在、我々が理解していると思っている経済のメカニズムも変化することはありうると考えるべきである。ただ残念ながら、そうした変化をリアルタイムで捉え、その政策的な意味をただちに理解することは難しい。現実を冷静に直視すると、中央銀行が経済のメカニズムや金融政策運営について「最適解」を探し当てる能力は限られていると考えるべきだと思う。もちろん努力は大事であるが、それ以上に重要なことは、政策運営のみならずリサーチに関しても常に学習を続け、判断を誤る可能性を小さくするような組織のガバナンスや文化ではないだろうか[5]。マービン・キングがイングランド銀行の総裁在任時に中央銀行という組織について以下のように述べているが、彼の主張は私の感覚に近い[6]。

学ぶはずのことを事前に活用することは望めないし、新しいアイデアが一様に認識され、ただちに受け入れられることはありそうもないので、政策の決定と学習の過程を同じ組織に委ねることは賢明かもしれない。

中央銀行の多様な業務

近年、中央銀行という組織に対する関心は高まっており、日本銀行のことが取り上げられる機会も非常に多くなった。ただ、金融市場参加者やメディアの日本銀行に対する関心は、圧倒的に金融政策に集中している。もちろん、金融政策は重要であり、私も総裁在任時、非常に多くの時間を金融政策関連の仕事に費やした。しかし、金融政策への世の中の関心の集中が、もし中央銀行の行っている他の多くの重要な仕事への無関心のあらわれであるとすれば、中央銀行で長く仕事をした人間としては残念でならない。中央銀行の仕事は金融政策のみならず、決済システムの運営や金融機関に対する規制・監督をはじめ多岐にわたっている。それらの活動のすべてが通貨の安定を実現するうえで重要な仕事である。もちろん、中央銀行がさまざまな業務を行っていることは漠然とは知られていると思うが、少なくとも日本では、総裁や政策委員会のメンバーの任命をはじめ、中央銀行のことが取り上げられる時には、金融政策のことしか念頭に置かれていないように思われる。

考えてみると、このような状態は不思議である。80年代後半以降の内外経済の大きな変動は、インフレによって起こったわけではなく、大規模なバブルとその後の金融危機によって引き起こされた。リーマン破綻後に金融市場は大きく混乱したが、それでも完全な崩壊に至らなかったひとつの大きな理由は、中央銀行が「最後の貸し手」として積極的に行動し、常日頃から安全な決済システムの構築に向けて努力していたからである。それにもかかわらず、中央銀行をめぐる議論が圧倒的に金融政策に集中するのは、金融政策以外の業務も重要かもしれないがほとんどが技術的な事柄だから、内部の実務家に任せておけばいい、と多くの人が考えているからではないかと思う。

39年間の日本銀行での経験から、こうした中央銀行観には私は共感することができない。[7] もっとも、私も若い頃は、マクロ経済や金融政策にかかわる仕事以外に関する知識はあまりなかったことを思い起こすと、上述した世の中の一般的な受け止め方が生まれる事情は私なりに理解できる。私が金融政策至上主義の中央銀行観に共感できないのは、以下の2つの理由による。第1に、金融機関の規制・監督や決済システムに関する業務は確かに専門的、技術的知識を必要とするが、本質的に金融政策と関連しており、両者を別個のものとして扱うことはできないからである。金融機関の規制・監督や決済システムに関する十分な理解がなければ、そもそも金融政策を正確に理解することは難しい。第2

に、組織のトップや組織の重要事項を決定するメンバーが金融政策以外のテーマに関心を示さなければ、そうしたテーマを担当する部署やそこで働く職員は、組織の中で「傍流」扱いとなり、士気は低下し、結果的に中央銀行は本来の役割を十分には発揮できなくなるからである。

中央銀行の委員会

中央銀行という組織のあり方を考える場合、最初に意思決定機関を取り上げる必要がある。現在、多くの中央銀行では、金融政策を決定するのは総裁ではなく、委員会である。日本銀行の場合、9名の委員から成る「金融政策決定会合」がこれに相当し、金融政策決定の最終的な責任を担っている。金融政策の決定方式としては、総裁個人が決定するという方式もある。私の総裁時代には、カナダ、ニュージーランド、インドの中央銀行がこの方式を採用していた。もちろん、総裁個人が決定すると言っても、独断で決定するわけではなく、内部の役職員や外部の専門家から成る委員会が総裁への助言を行い、その助言を踏まえて政策が決定され、プロセスも公表されるという透明性の高い仕組みとなっているが、最終的な決定の責任は総裁個人にある。

それぞれの方式に一長一短はあるが、世界的な流れは委員会方式に移行してきている。それには2つの理由が考えられる。ひとつは、委員会方式の方が多様な意見が反映されやすく、長期的に見て正しい決定をもたらす可能性が高くなると考えられるからである。これは「熟議」の価値を重視する考え方である。もうひとつは、委員会方式の方が独立した中央銀行の決定として正統性（legitimacy）が高いからである。この2つの理由はともに重要である。金融政策は国民すべての生活にかかわるので、そうした決定を独立した中央銀行に委ねる場合、特定の個人がいかに能力的に優れていたとしても、一人の個人に託すことには多くの国民は不安を感じるのではないだろうか。金融政策の決定を誰かに委ねるのであれば、自分たちの置かれた経済の状況をさまざまな面から観察し専門的な知識を備えた人たちの熟議に託したいと考える方が自然だと思う。もちろん、総裁個人により決定される場合でも、諮問委員会を設け、多様なメンバーを招き、多くの意見を聞くことは可能であるし、現にそうしている。しかし、多様な意見が真に重みを持つのは、多様な意見の持ち主が投票権を持って決定に参加する場合である。正統性という点から見ると、多様性は実質面だけでなく、形式面でも重要である。

集団的思考の弊害

委員会方式は正統性の面で優れていると言えるが、委員会が実際に正しい決定に到達するための前提条件は「熟議」がなされることである。形式的に見ると、委員会は熟「議」の場であるが、もし委員会が「集団的思考」(groupthink)に陥ると、「熟」議の場とはならない危険もある。「集団的思考」とは組織の構成員が組織内の対立を避け調和を優先する結果、代替的な見解が抑圧され、不合理ないし機能不全的な意思決定に陥る状態を言う。委員会メンバーにこうした傾向が著しくなると、委員会に本来期待される多様性という長所が活かされない。集団的思考はさまざまな理由で発生する。同じようなバックグラウンドを持った人が集まれば、意見は同じようなものとなりやすい。分析材料を提供するスタッフのエコノミストの多くが、同じような分析アプローチ、同じような理論モデルに依拠していれば、結果として、結論も同じようなものとなる可能性が高い。仮説性がきわめて高い意見を述べることには誰しも慎重になるという人間の本性によって、同じような意見ばかりが表明されることも考えられる。自分の発言がすべて記録され、それが時をおかず世の中に公開される場合には、そうした傾向があらわれるかもしれない。金融市場に影響すると思うと、その傾向は特に強くなる。あるいは、そもそも少数意見を述べるのは組織の人間関係の中では相当の勇気が必要なことであり、どの組織にも存在する同調圧力が結果として集団的思考を生むのかもしれない。

もちろん、意見が多様であればそれでいいというわけではない。たとえば、中央銀行の委員会メンバーとなることを自分の将来のステップアップの機会と考え、「目立つ」ことを最優先するメンバーがいると、外見上は多様ではあっても、本来期待される多様性の長所が発揮されなくなる。あくまでも、適切な金融政策の決定に到達するという共通の目的を持ち「同じ船に乗っている」という感覚を共有してさまざまな意見を出し合うことに、委員会制度の長所が存在する。

委員会が集団的思考に陥ると、かえって無責任な体制になる可能性も排除できない。この場合は、正統性という委員会制度が持っているはずの利点がマイナスに作用する可能性もある。委員会による決定であれ、総裁個人による決定であれ、大きな鍵を握るのは「誰が決定の任にあたるか」という人の問題なのかもしれない。

委員会メンバーに求められる要件

委員会制度の潜在的な長所を活かすために最も重要な点は、委員の任命である。委員には、中央銀行の使命遂行に強い責任感を有し、専門的知識にもとづいて独立した判断を下す能力を備えていることとが何よりも求められる。この点でしばしば議論されるのは、経済学者、エコノミストであることの必要性である。確かに経済学を体系的に習得し十分な知識を持っていることは重要だと思う。できれば過半数はそうしたメンバーであることが望ましい。ただ、私はPh.D.エコノミストであることが委員であることの必須の条件だとは思わない。政策委員会メンバーが同じような経済理論モデルの信奉者である場合には、結果として委員会が集団的思考に陥ってしまい、期待される多様性は実現しなくなるからである。

我々の知識の水準は限られていることを考えると、異なるバックグラウンドを持ったメンバーが加わることの重要性をもっと意識するべきだと思う。たとえば、金融市場や金融機関について豊かな経験を有している人や、事業会社で実際に経営の経験がある人が委員会に加わることにはそれなりの意義がある。金融政策の失敗は大きな変化を見誤っている時に生じていること、支配的な経済理論も変化してきているという事実を踏まえると、委員の適性として最も重要なことは、マクロ経済学や金融市場に関する技術的、専門的知識の現時点での絶対量やビジネスに関する知識そのものではなく、中央銀行の使命達成に向けた責任感、さまざまな意見や見方を吸収しうる謙虚さや好奇心だと思う。

委員会制度の設計や委員の任命のあり方は、委員会の所掌範囲とも関連する。日本銀行の場合、政策委員会は金融政策だけでなく、金融機関に対する考査、決済システムの運営、予算をはじめとする中央銀行自身の組織運営をはじめ、すべての重要な事項を決定することが法律によって規定されている。これに対して、たとえばイングランド銀行の場合、金融政策、マクロ・プルーデンス政策、個別金融機関に対する規制・監督、ガバナンスの4つの分野のそれぞれに別個の委員会が存在する。したがって、各委員会の委員に期待される要件も当然異なってくる。マクロ経済分析や金融政策運営に秀でたエコノミストが、中央銀行という組織の経営に識見を有しているとは限らない。日本銀行の政策委員会のように、すべての基本事項を所掌する委員会の場合には、ある委員は金融政策に、別の委員は組織の経営に比較優位を発揮し、委員会メンバー全体として中央銀行の全業務分野をカバーできるような構成となっていることが重要である。

委員会メンバーの任命権者

総裁を含め、委員会メンバーの任命が中央銀行の独立性の精神に反するかたちでなされた場合、独立性は実質的には担保されなくなってしまう。仮に、委員を任命する際の基準が現在の政府の経済政策や中央銀行の金融政策を支持しているかどうかであった場合は、中央銀行は形式的には独立していても、本来期待された独立性の長所は実現せず、むしろ逆方向に作用することにもなりかねない。

委員の任命の具体的な方式は国によって異なる。海外先進国では、政府や政治が過度に影響力を行使することを防ぐための仕組みが注意深く埋め込まれていることは意外に知られていない。たとえば、米国のFOMCの場合、12名の委員のうち、7名は政治任命（上院の承認を得て大統領が任命）であるが、残り5名の地区連銀総裁は政治任命ではなく、FRB議長の承認を得たうえで、各連銀の取締役会が任命する扱いとなっている。ECBの場合、総裁を含め常任理事の任命にあたっては、ECB理事会による推薦が条件となっている。

他方、日本銀行は、法律的には委員の任命に日本銀行自身はまったく関与しない仕組みになっている。その時々の政権との関係にも拠るが、内閣から事前に総裁の意見を非公式に聞かれることはある。

私の総裁時代には、自民党政権下の福田康夫内閣、麻生太郎内閣は、日本銀行の意見も十分聴取してくれた。民主党政権下でもそうであった。もちろん、実際の任命は国会情勢にも大きく左右される。最終的に国会での承認は得られなかったが、福田康夫内閣では慶應義塾大学教授の池尾和人が、野田佳彦内閣ではエコノミストの河野龍太郎が、審議委員の候補として正式に国会に提示された。中央銀行は独立性を有する以上、委員会メンバーの選定は民主的なルールに従って行われるのは当然であるが、中央銀行の独立性の本来の趣旨を踏まえた任命の慣行を作っていくことが非常に重要な課題である。

議長提案

政策委員会がどのように機能するかは、議長である総裁の運営方針と委員の個性に依存する。私の総裁時代の経験からも、また審議役や理事として決定会合の運営に参加していた時の経験からも、金融政策の決定に関し、政策委員会のメンバーは重要な役割を果たしていたことを実感する。今でもさまざまな決定を振り返り、「この部分はあの審議委員が熱心に主張した内容を取り込んだものだったな」と思い出す。

しかし、一般的には「金融政策は委員会で決定されると言っても、実態は総裁が決めているのではないか」という見方は根強く存在する。その論拠としてたびたび挙げられたのは、決定会合では議長である総裁の提案する議案がいつも賛成多数で承認されていることであった。しかし、議長提案が通るのは、多数の賛成が得られると判断する内容を議案として取りまとめ、それを議長が提出するからであって、議長の提案だから自動的に承認されるわけではない。それが私の総裁在任時の実感であり、またそうでなければならないと思う。

各委員は自分の考えを政策に反映させたいと考えている。そのため各委員が自分の意見の細部にこだわると、どの議案も反対多数で否決されることになりかねない。これは総裁についても当てはまる。議長である総裁が自分自身の考えにこだわり過ぎると、中央銀行として金融政策を決定できないことになり、無責任な事態を招いてしまう。各委員はこのことを十分理解している。メンバーは議長をはじめ、委員一人ひとりがどのような意見を有しているかを毎回の議論を通じて相当正確に認識しているので、決定会合での議論は、メンバー間で最低限必要なコンセンサスを作り出すプロセスであると言える。

議長は毎回の議論を通じて、委員間の意見が鋭く対立する案件は事前にある程度予想がつく。したがって、私の総裁在任時には、たとえば「包括緩和」の採用、「中長期的な物価安定の目途」、政府・日本銀行の共同声明の公表等、金融政策に関する重要な決定を行う前に総裁室で各委員と個別に面談を行い、暫定的な議長案を説明してコンセンサス、すなわち政策委員会全体としての同意可能なポジションを作るべく努力した。合議体による政策決定である以上、決定の内容の細部に至るまで、全員が満足するということはありえない。この点は、議長であり総裁でもある私についても例外ではなかった。しかし、多くの政策委員会メンバーが「この政策は自分たちの作ったものという感覚」(sense of ownership) を持てるようにすることは重要である。それが実際にできたかどうかは自分では評価できないが、少なくとも私の意識の中では、そのような議事運営をしようとしていた。

副総裁の役割

日本銀行の決定会合については、執行部が総裁と2名の副総裁の3票を常に有しているという観察が聞かれることもある。もちろん、日本銀行法に規定されているように、決定会合のメンバーはそれぞれ独立した委員として金融政策の決定にあたらなければならない。実際の投票においては、総裁、副総裁が異なる立場をとることは少ないが、そうでないケースも存在する。事実、私が総裁の時も、西村清彦副総裁は2011年4月末の決定会合に、独自の議案を提出している[8]。ただし、金融政策の決定において副総裁の果たす役割は、反対票の有無という顕在化した事実だけでは測れない。他の決定会合メンバーと同様、副総裁の考え方についても、毎回の決定会合での意見表明はもとより常日頃の議論を通じてかなりの程度認識している。したがって、私は暫定的な議長案を策定する時にも、副総裁の考え方は当然のことながら意識した。しかし、それでも私の考える暫定議長案に対してどうしても同意できない時は、西村副総裁は事前にそのことを私に伝えてくれた。山口廣秀副総裁は反対票を投じることはなかったが、常に幅広い観点から意見を述べてくれて大変助けられた。そうはいっても、総裁には政策委員会で決まったことを執行する責任があり、副総裁は総裁を補佐する役割を担っている中で、副総裁としてどのような投票行動をとるべきか判断に迷うケースもあっただろうと思う。

そうした両副総裁の意向は、私の決定に対しても相応の重みを持って影響した。なぜかと言えば、最終的には副総裁には投票権があるからである。副総裁の意見は執行部内での単なる感想の表明ではない。副総裁に投票権がない場合、スタッフによる分析が執行部に有効に届くルートが総裁一人になり、結果的に、行内の多様な見解がうまく汲み上げられなくなる可能性がある。それゆえ、副総裁に投票権があるということには積極的な意義がある。

委員会制度における総裁の役割

委員会による金融政策の決定の意義やそこでの議長の役割を説明すると、それでは総裁の役割は何かという疑問が湧いてくるかもしれない。法律上は委員会の中の1票を有するにすぎないが、総裁のことを委員会のメンバーの一人にすぎないと思っている人は少ないだろう。金融政策の失敗が取り上げられる時、具体的に念頭に置かれているのは金融政策を決定した委員会やそのメンバーではなく、多くの場合、時の総裁である。その意味で、金融政策の決定において総裁の役割が大きいことは当然視されている。

総裁であった頃、自分がどのような気持ちで、また、どのような行動原理で仕事をしていたのか、今となってはすべての局面での心の動きを正確に思い出すことは難しいが、金融政策が失敗した場合、その責任を負い批判の矢面に立つのは自分であることは常に意識していた。全員一致で決定した政策であっても、あるいは、賛成多数に到達するために私自身がある程度歩み寄った場合でも、委員会メンバーが批判されるのではなく、矛先は総裁に向けられることは十分認識していた。それだけに、やや大袈裟に聞こえるかもしれないが、後世に汚点を残す決定を下した総裁として自分の名前が記憶されることは耐え難かった。総裁はそのような立場にたたされているということは、多くの委員会メンバーは理解していたと思う。したがって、総裁の意見は、それなりに大きな意味を持つものとして受け止められていたのではないだろうか。

委員会の各メンバーには自分自身の意見が少数派であっても、それを表明するという自由があるが、総裁には少数派になる自由はあるかというと、これまでのところ英国以外ではほとんど例がない。私の総裁在任時で言えば、イングランド銀行の金融政策委員会では、ごく稀にではあるが、キング総裁が少数派となるケースがあった。この場合、総裁は個人の意見としては反対する金融政策を、国民や金融市場参加者に対して説明することになる。日本では、総裁が採決時に少数派になるというのは、総裁に対する不信任と同義と解される可能性が高いと思う。米国でもおそらくそうだと想像する。1996年から2002年までFRBの理事を務めたローレンス・マイヤーは著書の中で、反対票が3票となることは「議長のリーダーシップに対する公然たる反乱の兆候と見なされるだろう」と述べている(9)。

議長である総裁の最も大きな役割は、リーダーシップを発揮しながら、最終的に委員間のコンセンサスを作っていくことであると思う。コンセンサスを作るということは、自身とは異なる意見も尊重する姿勢が不可欠であることを意味する。リーダーシップとコンセンサス形成のバランスのとり方に普遍的な答えがあるわけではない。委員会の運営に関して海外の中央銀行総裁と話すこともたびたびあったが、直面している状況はどこも似ていると感じることが多かった。

スタッフの果たす役割

金融政策の決定に際してスタッフは重要な役割を果たす。政策委員会のメンバーが正しい決定を行うためには、十分な判断材料が用意されなければならない。経済情勢の見通し、考えられる金融政策措置のオプション、政策の実行に必要な実務の検討等、いずれをとっても政策委員会のメンバーだけで行うことは不可能である。スタッフは専門的知識にもとづいて、金融政策の決定に必要な判断材料を提供している。

これに加えて、「組織としての記憶」を伝承するという、もうひとつの重要な役割をスタッフは担っている。金融政策委員会のメンバーが金融政策の決定にかかわる期間はスタッフに比べると圧倒的に短く、日本の場合、決定会合メンバーの任期は5年である。仮に委員が均等間隔で任命されるとすると、その時点でのメンバーの在任経過期間は2年半という計算になる。他方、金融政策の判断を適切に行うためには、ある程度の経験の蓄積も必要である。たとえば、景気判断を行うためには、政策決定の当事者として景気の拡大と後退の1サイクルをリアルタイムで経験することが不可欠である。金融政策の効果や影響を理解するためには、バブル時の経験が示すように、時として5年、10年というタイムスパンでの実体験が欠かせない。

本書ではバブルやその崩壊、金融危機等の過去の重要な出来事を取り上げてきたが、その時々の「時代の空気」を伝えることは難しい。また仮に再現できたとしても、それらの出来事を「流れ」として理解することはさらに困難であろう。そうした「時代の空気」の中で、ある特定の政策論が大きな影響力を持ち、中央銀行としてそれに抗することが難しい局面があっても、ある程度時間が経つと、かつてそうした政策論が幅を利かしたこと自体も忘れられる。政策との関係で言えば、そうした時代の変化は、傍観者でいるのと当事者でいるのとでは捉え方が大きく異なると思う。マクロ経済の変化や世論の移り変わりを中央銀行の政策当事者として経験すれば、個人の記憶としても組織の記憶としても蓄積されていく。経済理論や政策論についても、ある種の「流行」や「すたれ」を体験すると、健全な懐疑心も生まれてくる。どの国の中央銀行にも、このような経験知が蓄積しており、それを体現しているのがスタッフである。

日本銀行では多くの決定会合のメンバーが、最終的に自らの判断を固める前に、スタッフの意見を熱心に聞いていた。理事時代を含めて私がスタッフであった頃も、審議委員の部屋に呼ばれ、意見を求められることが多かった。その際に大事なことは、相互の信頼と敬意であると思う。望ましい金融政策運営のあり方を考えるプロセスにおいては、どちらが上でも下でもない。委員会に判断材料を提供するスタッフと、そうした判断材料のユーザーである委員会メンバーとの間に、相手の役割を理解し尊重する関係が定着していることが不可欠である。

縦割り文化の弊害

スタッフは金融政策の決定に重要な役割を果たすが、スタッフが本来の職務を十分にまっとうするためには、いくつかの条件が満たされることが必要である。

第1は、経済見通し作成における多様性である。金融政策の決定にあたっては、経済見通しが前提となる。大事なことは複数の見通しが提供されることである。[10]仮に経済見通しがひとつだけだと、その見通しに対応した政策が決まることになる。それどころか、見通しが政策に合わせて作られる危険も生まれる。もちろんひとつのアプローチや理論モデルだけに依拠していれば、見通しが複数作成されること自体がなくなってしまう。重要なことは、視点やアプローチ、依拠する理論モデル自体の多様性である。経済見通しの作成にあたっては、各需要項目の積み上げというボトムアップの予測、マクロ計量経済モデルによる予測も必要である。また、必ずしも包括的な見通しとは言えないが、金融市場で形成される価格から読みとれる情報や、企業経営者の見方、金融機関の経営者から得られる情報も貴重である。さらに、歴史の経験から学ぶことも重要である。

これらの情報をどのようなかたちで委員会に伝えるのが効果的であるのか。多くの情報がそのまま委員会に上げられると、委員会メンバーからはそうした情報を「整理」して伝えてほしいという要望が出される。しかし、特定の人物が「整理」することになると、その担当者の整理の仕方に組織全体が左右されることになる。多くの中央銀行に、日本銀行での企画局、FRBでの金融政策局のような、「整理」を任務のひとつとする部署が存在するが、多様性を維持しつつ、作業の効率化を図ることはどの中央銀行にとっても難題である。

第2は、金融政策関連部署と金融システム関連部署の間の協力関係の構築である。金融政策を決定する委員会には、伝統的に金融政策関連部署と位置づけられている企画局、調査統計局、金融市場局、国際局が出席する。金融機構局、決済機構局等の部署は金融システム関連部署と位置づけられており、決定会合には通常は出席していない。第16章「金融システムの安定を目指して」で述べたように、物価安定と金融システム安定はコインの裏表の関係にある。通常、前者のタイムスパンは2～3年であるのに対して、後者のタイムスパンはもっと長く、少なくとも5年以上の期間である。タイムスパンは異なるが、物価の安定と金融システムの安定のいずれが損なわれても、持続的な経済成長は達成できない。

私がここで取り上げているのは、金融システム関連部署のスタッフも決定会合に出席するべきかどうかという問題ではない。私が重要だと思うのは、金融システム関連部署が自らの主たる任務として取り組んでいる金融システム安定に関するさまざまな検討結果が、決定会合のメンバーに金融政策との関連性を理解可能なかたちで体系的に提供されることである。金融政策関連部署と金融システム関連部署の間の縦割り状態を打破する必要性については、一般論としてこれを否定する人はいないだろう。しかし、これを実践することは必ずしも容易ではない。(11) ひとつの理由は、学界も縦割り化し、グローバル金融危機を経験した今日でも物価安定と金融システム安定に別個に対応する思考が根強いからである。中央銀行の組織に即せば、そうした学界の一般的傾向に加えて、金融機関の個別情報に対するアクセス上の限界もある。考査の現場部署にいきなり経済分析を持ち込むと、考査も分析も中途半端になる。日本銀行が漸進的に取り組んだことは、金融システムの安定を担う金融機構局にリサーチセクションを設け、そこにマクロ経済分析で優秀なエコノミストを配属することであった。それぞれの部署で働くエコノミストも、局をまたぐ人事異動がなければ違った世界を知ることは難しく、結果として視野が狭くなってしまうからである。

第3は、スタッフがリサーチの自由度を有することである。スタッフが自らの役割を、委員会で決定した政策のサポート材料を提供することと位置づけると、本来期待される多様性の長所が活かされない。また、総裁以下の委員会メンバーが自分たちの意見と異なるリサーチに対して寛容でないと、自由なリサーチは抑制され、結果として政策の失敗につながりかねない。もっとも、これを実践するのはどの中央銀行でも決して容易ではない。これを可能にするのは、前述した委員の任命の多様性と、仕事に対するスタッフ自身の矜持だと思う。

疑問を提起することの重要性

既存の経済理論ではうまく説明できない現象が生じたとき、そのことをまず事実として認識する必要がある。そのうえで、その現象を説明する新しい理論を模索する。そのためには、あらゆる知識や経験を総動員して、仮説を提示することが求められる。しかしそのとき、どの組織でもそうであろうが、慣性の法則が働き、既存の理論の延長線上で説明しようとする。既存の理論に深くコミットすると、その理論のレンズを通してしか現実が見えなくなると言うべきだろうか。学界を例にとると、査読者の厳しいレビューを突破してはじめて一流の専門誌に論文が掲載されるが、掲載された論文の数によってポストや処遇が決まる傾向が強くなると、既存の理論に挑戦することは難しくなる。エコノミストのような専門的な職業の労働市場の流動性が高まっていることを反映し、中央銀行のエコノミストもそうした傾向と無縁ではありえない。

要は、誰かが疑問を提起する必要があるということである。提起された問題に真摯に取り組めば、新たな展開が生まれる。理論を念入りに探すと、同様の問題に関する過去の議論を再発見することもある。歴史の中にもヒントはある。まったく異なる分野のアプローチが参考になることもあろう。中央銀行の委員会メンバーに求められるひとつの大きな役割は、疑問を提起することであるが、特に議長としての総裁にはこの面でリードすることが求められる。さらに、疑問を提起する相手には、中央銀行の内部だけでなく学界も挙げられる。大学と協力して中央銀行がアカデミックなコンファレンスを開催する意義も、この点にあると思う。

中央銀行の現場部署

中央銀行にはその使命を適切に果たすためのじつに多くの仕事が存在する。総裁の仕事は金融政策や金融システムといった広い意味での「政策」を扱うため、日頃、政策関連部署の職員と接することが多く、それ以外の部門の職員と接する機会は相対的に少なくなる。ただ、そのことによって私が「政策」以外の仕事を軽視していると受け取られることは本意ではなかったので、本店においても、支店訪問時においても、意識的に現場訪問の機会を設けるようにした。本店でも銀行券の保管や輸送、損傷銀行券や貨幣の引き換え、コンピューターセンター、戦没者の遺族に対する国債証券の利払い、統計の作成、アーカイブ、建物の警備、厨房等、多くの現場部署を訪ねたが、ここではひとつだけ「広聴」について触れたい。「広聴」とは一般には馴染みのない言葉であると思うが、日本銀行に対する一般の人々からのさまざまな声を聴くことを指している。日本銀行の仕事に対する質問も多かったが、金融政策に対する批判が圧倒的に多かった。高齢者を中心に金利が低過ぎることに対する批判や、円高により業績が悪化した企業の経営者からの怒りの声をはじめ、多くの批判が毎日寄せられている。それらの国民の声は、毎月要約されて総裁に報告される。多くの場合、批判は電話で寄せられる。時には罵声を浴びることもある。そうした批判の電話に対し長時間にわたって粘り強く応対する職員の姿を目の当たりにして、感謝の気持ちを抱くとともに、日本銀行の金融政策の仕事はこのような現場の職員に支えられていることも実感した。

組織の使命に対する誠実さと組織文化

本章の冒頭で、中央銀行に対する信頼の2つの要素のひとつとして「適切と判断した政策を誠実に実行することに対する信頼」を挙げたが、最後に、「組織の使命」に対する誠実さと組織文化の重要性についてごく簡単に述べたい(12)。日本銀行にとっての使命は、日本銀行法に規定されているとおり、「物価の安定」と「金融システムの安定」である。組織は使命を与えられることによって、その使命達成の責任が生まれるが、この責任の意識が適切な政策遂行の最も重要な基盤となる。たとえば、足元の物価情勢が安定していても、中長期的に見てインフレやバブルが発生すれば、結局、中央銀行は批判されることになる。中央銀行で働く人は、当然のことながら、そうした事態を避けるために専門家として最大限の努力を払い、また、そうするインセンティブが自然に生まれる。専門的な知識を持つ当局者は、政策の中長期的な効果を十分に検証し真の公共的利益を追求していくこと、直面する課題を国民にわかりやすく説明し、理解を得るために真摯に取り組むことが求められる。中央銀行がアカウンタビリティを果たすという点において不誠実であると見なされると、以後、中央銀行の発する言葉は信用されなくなり、政策運営の有効性も低下する。その意味で、組織の使命に対する誠実さは、中央銀行が適切な政策運営を実現するうえで要となる。

組織の使命に対する誠実さは、その使命を達成するために必要な特有の文化を自然に生み出す。日本銀行にも特有の組織文化があり、その特徴は、経済や金融の安定という公共的利益の実現に喜びや誇りを感じる文化である。このことを強く感じた経験のひとつが、第13章で述べた東日本大震災後の経験である。日本銀行は、関東大震災の時も、阪神・淡路大震災の時も、被災当日を含めてすべての店舗で営業を続けてきた。東日本大震災でも、仙台・福島支店、盛岡事務所をはじめ、全拠点が通常どおりの営業を続け、被災地での現金供給や膨大な量の損傷通貨の引き換え業務を行った。また、決済システムも大きな障害なく機能した。現金を供給する決済システムが大きな障害なく機能するということは、平常時は「当たり前」のこととしてほとんど意識されない。しかし、こうした「当たり前」のことを常に実現するためには、いざ事が起こってから対応するだけではなく、日頃から起こりうる危機を想定し、食料や水の備蓄、非常用電源の確保はもちろん、コンピューターシステムが使えなくなった時の事務手順、通信が途絶えた際の金融機関との連絡方法、そして実践的な訓練など、有事に備えておくべきことが多くある。これらのことを手抜かりなく行っている職員たちがいるからこそ、災害時の営業が実現できるのである。

もうひとつの特徴は、バンキング（「銀行」業務）とリサーチの両方を重視する文化である。リサーチとは単にマクロの理論的研究という意味ではなく、マクロとミクロのデータ、理論や歴史の経験などのすべてを動員して、現状を分析し先行きを見通すという活動のことを指している。私はこのような組織文化が「適切と判断した政策を誠実に実行することに対する信頼」を形作っているのだと思う。組織に対する信頼は一朝一夕に築かれるものではない。日々の努力によって築いていくものだと思う。

スタッフのモティベーション

組織は究極的には人であり、上述のように、スタッフの果たす役割は大きい。そして、私企業であれ公的な組織であれ、そこで働く人のモティベーションの果たす役割は重要である。金銭的報酬はモティベーションを形成する要素のひとつであるが、日本銀行を含め、公的当局の職員の給与水準は民間の大企業に比べると、上級職員になるにつれて相対的に低くなっている。給与水準がモティベーションを高めるすべてではないが、金融のグローバル化が進展し専門家のモビリティが高まる中で、専門性の高い人材を引き寄せる重要な要素となっていることは間違いない。

金銭的報酬と並んで、公的当局に働く職員の重要なモティベーションは、自分の仕事が社会に貢献しているという達成感、満足感や、仕事の意義が社会的に認知されることだと思う。この面では、90年代半ば以降、「政治主導」のもと、日本における政策形成のメカニズムはかなり変化したが、専門的知識を提供する公的当局の職員と大きな判断を担う政治家との間で、健全な役割分担の関係をどのようにして構築するかは、日本の将来にとっても非常に重要な課題だと思う。

（1）Tucker (2018) はこの問題を真正面から取り扱っている。
（2）グリーンスパンの実像を描くWoodward (2000) は、*Maestro*を書名としている。
（3）小宮（1988）では、1973～74年の日本のインフレの原因を論じた論文の最後で政策当局の失敗について考察を行っているが、そこではジャンボ旅客機のパイロットの比喩が用いられている（60～61頁参照）。
（4）Irwin (2013), Posen (2013).
（5）白川（2017）は、組織という点を重視して中央銀行を論じている。
（6）King (2004) 参照。
（7）以下の点については、白川（2011e）参照。

（８）米国のＦＯＭＣも、議長であるＦＲＢ議長、同副議長であるニューヨーク連銀総裁、さらにＦＲＢ自体の副議長の票が割れることは、近年は皆無である。
（９）Meyer（2004）p.53.
（10）ＦＲＢにおけるスタッフの見通しの果たす役割については、Tarullo（2017）参照。
（11）Tett（2015）参照。
（12）誠実さ（probity）の概念については、Williamson（1999）および、折谷（２０１３）を参照。

終章　終わりなき挑戦

本書は日本経済や世界経済に関する時論の書ではないので、日本銀行総裁退任時から5年以上経過したこの間の経済について述べることはしない(1)。ただ、日本経済やマクロ経済政策ないし金融政策をめぐる議論がかなり変化したことにはある種の感慨を覚える。第1に、日本経済が直面する問題を解決するためには、結局さまざまな構造的課題に取り組む努力が重要なのだという認識が確実に強まった。特に、生産性の上昇が鍵を握るという認識が強まってきていることには勇気づけられる。それと同時に、「構造的課題」に取り組むということは、我々がどのような社会を実現したいと考えているかという問題と密接に絡んでいることも、次第に明らかになっているように思う。この点に関する国民のコンセンサスの形成が大きな鍵を握っている。第2に、総裁在任時、特に最後の1年間に頻繁に聞かれた「デフレは貨幣的現象」であるという議論を聞くことはほとんどなくなった。マネタリーベースの「量」への関心も驚くほど薄れている。物価上昇率の決定メカニズムの複雑さも理解されるようになった。金融政策によって「期待」を短期間に変えることの難しさも広く認められるようになった。第3に、アカデミズムの世界でもグローバル金融危機はもとより、日本の経験にも影響されて、海外を中心に、既存のマクロ経済理論はまだ不十分であるという認識が以前よりも広がっている。特に、物価上昇率の決定要因や金融政策の果たすべき役割について、活発な議論が行われるようになっている。

これらは大きな変化であり、進歩と言えなくもないが、わかっていたことでもあるように思う。以前との違いは、より多くの人がこれらのことを実感するようになったことかもしれない。いずれにせよ大事なことは、それではどうすればいいのかという将来に向けた実践論である。本書のテーマである望ましい通貨管理の枠組みをとってみても、多くの人が納得する答えは用意されていない。

通貨管理の枠組みの模索

通貨の安定は経済の持続的成長にとって、そして究極的には社会の安定にとって不可欠の前提条件である。それだけに、通貨の安定を実現するための枠組みの設計やその運用の仕方を考えることは、社会にとって非常に重要なことである。

この通貨管理の枠組みは時代とともに変遷を遂げてきた。近代的な意味での中央銀行が生まれたのは、19世紀に入ってからのことであった。金本位制が欧州諸国で確立したのは19世紀末である。金本位制は第一次世界大戦中にいったん停止され、その後復活したが、１９３０年代の大恐慌を受けて離脱する国が増え、最終的に各国とも管理通貨制度に移行した。44年には第二次世界大戦後の世界経済の復興を見据え新たな国際通貨制度としてブレトンウッズ体制が発足したが、この体制のもとでは、米国は各国の保有するドルに対し金兌換の義務を負っていたことから、通貨と金のリンクはまだ完全に断ち切れていたわけではなかった。そのブレトンウッズ体制も71年に崩壊し、世界は文字どおりの管理通貨制度、つまり人智によって通貨を管理する体制に移行した。

私が日本銀行に入行した１９７２年は、新しい通貨管理の枠組みを模索する動きが始まったばかりの時だった。それから50年弱の年月が経ったが、この間も通貨管理に関する考え方や枠組みは少しずつ変化を遂げていった。先進国について見ると、最初は高インフレやスタグフレーションに苦しみ、マネーサプライ・ターゲティングが一世を風靡する時期もあった。先進国はやがてインフレ退治に徐々に成功を収め、90年代以降、マクロ経済パフォーマンスは総じて見ると、後年「大いなる安定」と呼ばれるような良好な時期を迎えた。この間、独立性を有した中央銀行が物価安定を目的とした金融政策を運営することによって、マクロ経済の安定がもたらされるという考えが支配的になっていった。インフレーション・ターゲティングはまさにそのような考え方を制度化したものであった。政策当局も学界もマクロ経済運営に自信を深めていった。しかし、ちょうどそうした考え方が頂点に達した頃に欧米諸国でバブルが拡大し、２００７年以降はバブル崩壊、グローバル金融危機によって世界経済は大きく落ち込んだ。一方、日本は１９８０年代後半以降、他の先進国の経験を先取りするような事態を経験した。結局、ブレトンウッズ体制が崩壊してから50年近くが経過しているにもかかわらず、各国とも通貨管理の最適な枠組みが何であるかについてコンセンサスは得られておらず、今も模索は続いている。

変化の引き起こすダイナミズム

我々はいつの日か最適な通貨管理の枠組みにたどり着くのだろうか。残念ながら、私はそうした日は到来しないと思う。その最大の理由は、我々の知識が進歩しないからでは決してなく、経済や社会は複雑な「システム」であり、ひとつの変化が次々と新たな変化を引き起こし、その結果、最適な通貨管理の枠組み自体が徐々に変化するという、複雑なダイナミズムが作用し続けるからである。金本位制を含め過去のさまざまな通貨管理の枠組みも、その時点の環境においては、それなりに合理性を持ったものであったと思う。同じことは将来についても当てはまる。現在進行中のさまざまなテクノロジーの発達が経済や金融、ひいては社会に与える影響ひとつを考えるだけでも、結局、最適な通貨管理の枠組みへの模索は終わることはないというのが私の予想である(2)。

最適な通貨管理の枠組みに影響する要因を考えると、過去50年近くでは、テクノロジーの発達、特に情報通信技術の発達の影響が最も大きかった。テクノロジーの発達は金融サービスを劇的に変化させ、既存の金融規制の変容を迫った。経済活動全般について言えば、取引コストを大幅に低下させた。その具体的なあらわれが経済のグローバル化であった。政治、社会の面への影響について言うと、自由な情報へのアクセスの道が開かれることによって、旧社会主義国の崩壊という政治体制の変革がもたらされ、これがまた経済のグローバル化を推進した。テクノロジーの発達はグローバル化の進展ともあいまって、各国内での所得や資産の分配面での格差拡大の一因となった。その結果、国民の間に政治的・社会的な分断とも言うべき現象が広がっている。さらに、インターネットやソーシャル・メディアの爆発的な普及によって、金融政策や、広く経済政策に関する世論の形成のされ方にも大きな変化が生じている。

テクノロジーの発達の影響

通貨管理の面でこの先どのような変化が待ち受けているのか私には想像がつかないが、テクノロジーの発達を起爆剤として経済や社会が変化していく動きは今後も止まらないことだけは確かだろう。このことは、中央銀行は今後も大きな課題を突きつけられることを意味する。

第1の課題は、テクノロジーの発達によってもたらされる経済や金融の変化をいかに正しく認識するかという、分析的な意味での課題である。たとえば、エコノミストにとって、価格と数量、名目と実質の区別は当然の前提であったが、「無料」のサービスの登場、カスタマイズされた商品の拡大、シェアリングエコノミーの成長等によって、物価の測定の難しさは格段に増していくことが容易に想像される。物価の分析の仕方も変化を迫られる。近年、需給バランスの変化に対して物価の反応が鈍化する現象が多くの国で観察されている。経済のグローバル化が進展する中で、物価は国内の需給バランスで決まるという伝統的な考え方は明らかに現実に合わなくなっている。そうかといって、物価は世界全体の需給バランスで決まるという考え方も現状ではやや極端な経済観であろう。しかし、将来を展望すると、各国間の経済の統合はさらに進み、後者の経済観が当てはまる世界に近づいていくように思われる。同様のことは金融環境についても言える。経済主体の意思決定に影響を与える金融環境は、各国の中央銀行が左右しているというより、世界全体の中央銀行によって集合的に作り出されるようになってきている。そして、その影響は物価等のマクロ経済変数に直接影響を与えるというより、金融システムへの影響を介して、より大きな影響を与えるようになってきているように見えるが、物価安定と金融システムの安定の関係も十分には解明されていない。さらに、デジタル革命が将来いっそう進展した場合、ＧＤＰの動きと経済厚生の動きの間に従来のようなそれなりの連動性を前提することはできるのだろうか。

上述のような分析的な課題はいずれも決して容易に答えを見つけられるものではないが、悲観的になる必要はないのかもしれない。現在、我々はグローバル化の恩恵を享受するとともに、それに伴う困難を前に立ち尽くしている感もあるが、１８８２年に日本銀行が創設された当時は「国内」金融市場というものは存在せず、各地域の金融は完全には統合されていなかった。経済の統合も同様であった。物価の測定についても、そもそも今日的な意味での物価指数は存在していなかった。それでも通貨の管理は行われていた。いつの時代も難題はあり、置かれた環境の中で、より良い通貨管理を目指して現実的な解決方法を見つけてきたのだと思う。

中央銀行の独立性の正統性

もうひとつの課題は、独立した中央銀行という組織の制度設計にかかわるものである。現在の金融政策運営を支えるガバナンスの基本的な考え方は、独立性とアカウンタビリティであるが、この考え方が正統性を与えられたのは、物価の安定が達成されればマクロ経済の安定も実現するという前提がある程度満たされていたからである。独立した組織に当然求められるアカウンタビリティの要請には、物価上昇率という比較的わかりやすい基準に照らして金融政策の透明性を高めることによって応えることができた。しかし、バブルとその後のグローバル金融危機の経験はそうした予定調和的な制度設計とそのもとでの金融政策運営に対して大きな疑問を投げかけるものであった。

将来の経済的環境を展望すると、現在の制度設計や運用の実態と現実の経済や社会との不調和はさらに拡大していくのではなかろうか。本書の各章ですでに論じた点であるが、私が不調和の拡大を予想するのは以下のような理由による[3]。

第1に、物価の安定と金融システムの安定は別個のものとして扱うことはできないことがはっきりしてきた。もしそうだとすれば、物価安定に焦点を合わせた独立性とアカウンタビリティという理念にもとづいて設計された金融政策運営だけでマクロ経済の安定がもたらされる保証はない。この問題に対応しようとすると、従来以上に長いタイムスパンを見据えた金融政策運営の説明を必要とするが、透明性やアカウンタビリティの後退という批判を招きやすい。

第2に、各国のマクロ経済の安定は世界経済の安定にますます大きく左右されるようになっている。各国の金融環境についても、世界全体の中央銀行によって作り出される方向にますます向かっていくと予想される。そうなると、各国の中央銀行の最適化努力だけで国内経済の安定を実現することは難しくなるが、それにもかかわらず、既存のガバナンスの仕組みは基本的に各国単位での部分最適を促すものとならざるをえない。もし、この問題に正面から対応しようとすると、論理的には中央銀行間の緊密な政策協調が必要となるが、近い将来、現実的にそれが可能になるとは思えない。

第3に、通貨の安定のためには、財政の持続可能性への信認が不可欠であるが、潜在成長率の低下傾向、高齢化・少子化の進展、社会的分断現象等の環境変化を踏まえると、財政バランス維持に必要なコンセンサスの形成は容易ではない。財政の持続可能性に対する信頼が低下すると、究極的には通貨の安定性が損なわれる。財政の持続可能性への信頼を維持できるかどうかは直接的には政府と議会の意思にかかっている。もしこの点で真剣な取り組みがなされなければ、独立性とアカウンタビリティにもとづいて設計された金融政策の運営理念は、結果的に中央銀行への過大な依存をもたらすことになりやすい。

セントラル・バンキングは今後ますます専門的な知識を必要とするようになるだろう。しかし、上述のような環境変化のもとで通貨の安定を追求しようとすると、選挙で選ばれたわけではない専門家が国民生活に大きな影響を与える決定をすることの正統性が問われるようになる。通貨を管理するうえで、国民に選ばれた政治家に委ねる仕事と、そうではないテクノクラート、専門家集団である中央銀行に委ねる仕事をどのように線引きするかが新たな課題となってくる。独立性に正統性を付与する最終的な基盤は国民の支持であるだけに、これは難題である(4)。

中央銀行の終わりのない挑戦

中央銀行の行う政策に対する過大な期待もニヒリズムも、ともに危険である。言えることは、中央銀行の政策は重要であり、望ましい通貨管理の枠組みを模索する挑戦に終わりはないということである。誰も正解を知っているわけではなく、それを目指して努力を続けざるをえない。通貨の安定、すなわち、物価の安定と金融システムの安定を実現するうえで何よりも重要であるのは、通貨の安定維持に対する幅広い国民の理解と支持である。その意味では、通貨管理の問題は最終的には技術論ではなく、政治や社会の意思の問題である。しかし、それと同時に政治家や国民が望ましい通貨管理の枠組みを選択するためには、それが具体的なかたちで提示されなければならず、その意味では専門家の果たす役割は大きい。

建設的な議論が行われるためには、どのようなことが起きているのか、何が真の課題であるのかについて、知識や問題意識を共有することが不可欠である。本書で提起した多くの議論が、中央銀行をめぐる現実の課題解決のプロセスにいささかなりとも貢献することを願って、筆を擱く。

（１）この間の日本経済や金融政策に関しては、池尾（２０１３）、早川（２０１６）、翁（２０１７）、岩村（２０１８）参照。
（２）白川（２０１５）参照。
（３）Shirakawa（2018）参照。
（４）Tucker（2018）参照。

あとがき

中央銀行は不思議な存在である。その不思議な存在を解明する魅力に惹かれて、内外で多くの人が中央銀行に関して多くの書物を著してきた。著者は中央銀行関係者や経済学者だけでなく、ジャーナリスト、歴史学者、政治学者をはじめ、多様である。グローバル金融危機後はさらに多くの書物が出版されている。私が今回、日本銀行での経験にもとづいて中央銀行を論じた本を執筆しようと決断してから少なくとも4年以上、日本銀行を離れてから5年以上が経過している。原稿の執筆を終えた現在、日本銀行という公的組織を本当の意味で晴れて卒業したような気分である。

本書の構成も内容も当初の構想段階からかなり変化した。筆を進めるうちに次から次へと関連するテーマが浮かび、結局ずいぶんと大部になってしまった。原稿執筆の際、こうした自分の性癖を認識していただけに、コンパクトな本にしなければならないと、いつも自分に言い聞かせていた。しかし同時に、バブル、金融危機、デフレをめぐるさまざまな出来事の複雑さを考えると、シンプルに書くことは不可能であり、むしろそうすることが弊害をもたらすという思いも強かった。それぞれの出来事は決して独立の事象ではなく、つながっている。ほぼ同じような事象が多くの国で起きているが、共通する要素と同時に、微妙な違いも存在する。起こったことの経済的なメカニズムを理論にもとづいて理解することは必要不可欠である。しかし、政策を議論する場合にはこれだけでは不十分であり、グローバルな環境を含め時代の政治的、社会的な文脈も説明しなければならない。他方、ひとつの見方に沿って綺麗に整理し過ぎると、重要な「ディテール」がこぼれてしまい、その時代を理解することができなくなる。さらに、政策を最終的に決定し実行するのは、組織であり人であることを考えると、これに関連する論点も当然カバーされなければならない。そのような欲張りな思いが「大部」につながってしまった。各章の記述に多少の重複を感じられたかもしれないが、上で述べた私の思いのなせる業と、読者には寛大に見ていただけることを願っている。

日本銀行での39年間の仕事は非常に充実していた。激動の5年間であった日本銀行総裁時代の仕事も大変やりがいのあるものであった。そうした思いで自分の職業人生活を振り返ることができるのは、一人の人間として本当に恵まれていると思う。私が本書で書いていることは、当然のことながら日本銀行で経験したこと、学んだことに大きく影響されている。職場では多くの良き上司や同輩、後輩に恵まれた。新日本銀行法施行以降は政策委員会の審議委員と議論をする機会が飛躍的に増えたが、困難を共有しながら多くの委員と協働して日本銀行としての使命の達成に取り組んだという思いが強い。海外の中央銀行の知人、友人からはセントラルバンク・スピリットを吹き込まれることも多かった。一人ひとりの名前を挙げることはしないが、若い時から総裁退任時までお世話になった方の顔を思い浮かべ、交わした議論を思い出しながら、深い感謝の気持ちを表したい。

第1章で述べたように、日本銀行を就職先として選んだのには偶然的な事情も働いているが、東京大学経済学部で優れた先生に出会い、授業やゼミを通じて経済に関心を持ち、経済学を活かした仕事に就いてみたいと思ったことなしには、この偶然は実現しなかったと思っている。ご指導を受けた先生の中には亡くなった方も少なくないが、長年のご指導に心よりお礼を申し上げたい。私がかつて教鞭をとった京都大学公共政策大学院と現在教鞭をとっている青山学院大学国際政治経済学部にも感謝している。両大学での経験を通じて、教えるということは学ぶことであるということを改めて感じる。京都大学での授業は私の前著『現代の金融政策――理論と実際』に結実した。青山学院大学の大学院および学部での少人数の授業では、本書の草稿にもとづいて話すことも多かったが、社会人学生や留学生を含め、学生からの質問や意見を受けて書き直したところも少なくない。日本銀行を離れた後、現在も海外の中央銀行や国際機関の主催するコンファレンスでの講演や内外の大学でのセミナーに参加する機会が多いが、海外中央銀行のかつての仲間との議論を含め、いつも知的刺激は多い。日本銀行勤務時代から教えを乞うことの多い学者やジャーナリスト、企業経営者との議論は、私にとってかけがえのない財産である。この方々についても名前を記すことはしないが、お礼を述べたい。

本書のあとがきでは、執筆作業の過程で直接お世話になった方のみ名前を挙げ、感謝の言葉を述べることをお許し願いたい。本書の全章の原稿を読み貴重なコメントをいただいたのは、青木浩介（東京大学大学院教授）、翁邦雄（前京都大学公共政策大学院教授、元日本銀行金融研究所長）、木村武（日本銀行）、藤原一平（慶應義塾大学教授）、山口廣秀（日興リサーチセンター理事長、元日本銀行副総裁）の五氏（五十音順）である。山本謙三氏（前NTTデータ経営研究所会長、元日本銀行理事）には第13章、第16章の原稿を読んでいただいた。以上の六氏からはさまざまな角度から多岐にわたって有益なコメントをいただき、心より感謝している。もとよりありうべき間違いはすべて著者の責任であることは言うまでもない。図表の作成は一橋大学経済研究所北村研究室の川崎裕子さんに大変お世話になった。そして東洋経済新報社の編集者である島村裕子さんに心よりお礼を申し上げたい。

最後に、妻の美恵子、長女のさやか、次女のもえぎに感謝の言葉を述べたい。充実した職業人生活も本書の執筆も、家族の支えと励ましなしには考えられない。孫の世代が社会の中核となる頃の日本経済や世界経済の姿に思いを馳せながら、さらに現在および将来のセントラルバンカーへの期待を込めながら、社会全体として中央銀行のあり方についての議論が深まっていくことを切に願っている。

２０１８年８月

白川方明

文献一覧

著者名のあとに＊を付してある日本銀行関連のものは、日本銀行のホームページで閲覧できる。

また、ＢＩＳ、ＥＣＢ、ＦＲＢ、ＩＭＦ関連のものも各ホームページで閲覧可能。

【欧文文献】

Ahearne, Alan, Joseph Gagnon, Jane Haltmaier, Steve Kamin, Christopher Erceg, Jon Faust, Luca Guerrieri, Carter Hemphill, Linda Kole, Jennifer Roush, John Rogers, Nathan Sheets and Jonathan Wright (2002), "Preventing Deflation: Lessons from Japan's Experience in the 1990s", FRB International Finance Discussion Papers, No.729, June 2002.

Archer, David and Paul Moser-Boehm (2013), "Central Bank Finances", BIS Papers, No.71, April 2013.

Arnone, Marco, Bernard J. Laurens and Jean-François Segalotto (2006), "The Measurement of Central Bank Autonomy: Survey of Models, Indicators, and Empirical Evidence", IMF Working Paper, No.06/227, 2006.

Ball, Laurence M. (2018), *The Fed and Lehman Brothers: Setting the Record Straight on a Financial Disaster*, Cambridge University Press, 2018.

Baxter Jr., Thomas C. (2013), "From Bagehot to Bernanke and Draghi: Emergency Liquidity, Macroprudential Supervision and the Rediscovery of the Lender of Last Resort Function", Remarks at the Committee on International Monetary Law of the International Law Association Meeting, September 19, 2013.
https://www.newyorkfed.org/newsevents/speeches/2013/bax130919

Bayoumi, Tamim (2001), "The Morning After: Explaining the Slowdown in Japanese Growth in the 1990s", *Journal of International Economics*, Vol.53, No.2, April 2001, pp.241-259.

Bergsten, C. Fred and Russell A. Green, eds. (2016), *International Monetary Cooperation: Lessons from the Plaza Accord After Thirty Years*, Peterson Institute for International Economics, 2016.

Bernanke, Ben S. (2002), "Deflation: Making Sure 'It' Doesn't Happen Here", Remarks at the National Economists Club, November 21, 2002. (「デフレーション——「あれ」をここで起こさないために」『リフレが正しい。——FRB議長ベン・バーナンキの言葉』高橋洋一監訳、中経出版、２０１３年所収)
https://www.federalreserve.gov/boarddocs/speeches/2002/20021121/default.htm

——— (2003), "Some Thoughts on Monetary Policy in Japan", Remarks at the Japan Society of Monetary Economics, May 31, 2003. (「日本の金融政策、私はこう考える」『リフレが正しい。——FRB議長ベン・バーナンキの言葉』高橋洋一監訳、中経出版、２０１３年所収)
https://www.federalreserve.gov/boarddocs/speeches/2003/20030531/

——— (2004), "The Great Moderation", Remarks at the Meetings of the Eastern Economic Association, February 20, 2004. https://www.federalreserve.gov/boarddocs/speeches/2004/20040220/default.htm

——— (2005), "The Global Saving Glut and the U.S. Current Account Deficit", Remarks at the Sandridge Lecture, Virginia Association of Economists, March 10, 2005.
https://www.federalreserve.gov/boarddocs/speeches/2005/200503102/default.htm

——— (2007), "The Subprime Mortgage Market", Speech at the Federal Reserve Bank of Chicago's 43rd Annual Conference on Bank Structure and Competition, May 17, 2007.
https://www.federalreserve.gov/newsevents/speech/bernanke20070517a.htm

——— (2008a), "Economic outlook", Testimony before the Joint Economic Committee, U.S. Congress, September 24, 2008. https://www.federalreserve.gov/newsevents/testimony/bernanke20080924a.htm

——— (2008b), "Economic Outlook and Financial Markets", Testimony before the Committee on the Budget, U.S. House of Representatives, October 20, 2008. https://www.federalreserve.gov/newsevents/testimony/bernanke20081020a.htm

——— (2010a), "The Economic Outlook and Monetary Policy", Speech at the Federal Reserve Bank of Kansas City Economic Symposium, August 27, 2010.
https://www.federalreserve.gov/newsevents/speech/bernanke20100827a.htm

——— (2010b), "Rebalancing the Global Recovery", Remarks at the Sixth European Central Bank Central Banking Conference, November 19, 2010. https://www.federalreserve.gov/newsevents/speech/bernanke20101119a.htm

——— (2013), "Monetary Policy and the Global Economy", Remarks at the Department of Economics and STICERD (Suntory and Toyota International Centres for Economics and Related Disciplines) Public Discussion in Association with the Bank of England, March 25, 2013.
https://www.federalreserve.gov/newsevents/speech/bernanke20130325a.htm

——— (2015), *The Courage to Act: A Memoir of a Crisis and Its Aftermath*, W. W. Norton & Company, 2015. (『危機と決断——前ＦＲＢ議長ベン・バーナンキ回顧録』上・下、小此木潔監訳、ＫＡＤＯＫＡＷＡ、２０１５年)

Bernanke, Ben S. and Mark Gertler (1999), "Monetary Policy and Asset Price Volatility", Proceedings – Economic Policy Symposium – Jackson Hole, 1999, Federal Reserve Bank of Kansas City, pp.77–128.

BIS (1989), 59th Annual Report, 1st April 1988 – 31st March, 1989.

——— (2009), 79th Annual Report, 1st April 2008 – 31st March, 2009.

——— (2016), 86th Annual Report, 1st April 2015 – 31st March, 2016.

——— (2017), "A Paradoxical Tightening? ", *BIS Quarterly Review*, December 2017.

Blanchard, Olivier, Giovanni Dell'Ariccia and Paolo Mauro (2010), "Rethinking Macroeconomic Policy", IMF Staff Position Note, February 12, 2010.

Blanchard, Olivier and Lawrence Summers (2017), "Rethinking Stabilization Policy. Back to the Future", Peterson

Institute for International Economics, October 8, 2017.
https://piie.com/system/files/documents/blanchard-summers20171012paper.pdf

Blinder, Alan S. and Ricardo Reis (2005), "Understanding the Greenspan Standard", Paper presented at the Federal Reserve Bank of Kansas City Symposium, The Greenspan Era: Lessons for the Future, August 25-27, 2005.
https://www.kansascityfed.org/publicat/sympos/2005/pdf/Blinder-Reis2005.pdf

Bollard, Alan (2007), "Easy Money: Global Liquidity and Its Impact on New Zealand", Speech to the Wellington Chamber of Commerce, March 15, 2007. https://www.rbnz.govt.nz/research-and-publications/speeches/2007/speech2007-03-15

Borio, Claudio (2014), "The International Monetary and Financial System: Its Achilles Heel and What to do about It", BIS Working Papers, No.456, August 2014.

——— (2018), "A Blind Spot in Today's Macroeconomics?", Remarks at the BIS-IMF-OECD Joint Conference on "Weak Productivity: The Role of Financial Factors and Policies", January 10–11, 2018.
https://www.bis.org/speeches/sp180110.pdf

Borio, Claudio and Piti Disyatat (2011), "Global Imbalances and the Financial Crisis: Link or No Link?", BIS Working Papers, No.346, May 2011.

Borio, Claudio, Piti Disyatat, Mikael Juselius and Phurichai Rungcharoenkitkul (2018), "Monetary Policy in the Grip of a Pincer Movement", BIS Working Papers, No.706, March 2018.

Bremner, Robert P. (2004), *Chairman of the Fed: William McChesney Martin Jr. and the Creation of the Modern American Financial System,* Yale University Press, 2004.

Brunnermeier, Markus K., Harold James and Jean-Pierre Landau (2016), *The Euro and the Battle of Ideas,* Princeton University Press, 2016.

Burns, Arthur F. (1979), "The Anguish of Central Banking", The 1979 Per Yacobsson Lecture, September 30, 1979.
http://www.perjacobsson.org/lectures/1979.pdf

Callen, Tim and Jonathan D. Ostry eds.（2003）, *Japan's Lost Decade: Policies for Economic Revival*, IMF, 2003.

Carney, Mark（2016）, "The Spectre of Monetarism", Speech at Liverpool John Moores University, December 5, 2016. https://www.bankofengland.co.uk/-/media/boe/files/speech/2016/the-spectre-of-monetarism.pdf?la=en&hash=9351207DA7B022535F8A4D16F75B45F8715F420B

Caruana, Jaime（2015）, "The Role of the CPMI as Part of the Basel Process", Keynote Speech at the CPMI 25th Anniversary Conference, June 30, 2015.　https://www.bis.org/speeches/sp150702.pdf

———（2016a）, "Persistent Ultra-Low Interest Rates: The Challenges Ahead", Closing Speech at the Bank of France-BIS Farewell Symposium for Christian Noyer, January 12, 2016.　https://www.bis.org/speeches/sp160114.pdf

———（2016b）, "Credit, Commodities and Currencies", Lecture at the London School of Economics and Political Science, February 5, 2016.　https://www.bis.org/speeches/sp160205.pdf

Coeuré, Benoît（2016）, "Assessing the Implications of Negative Interest Rates", Speech at the Yale Financial Crisis Forum, July 28, 2016.　https://www.ecb.europa.eu/press/key/date/2016/html/sp160728.en.html

Danthine, Jean-Pierre（2015）, "Swiss Monetary Policy Facts... and Fiction", Speech at the Swiss Finance Institute Evening Seminar, May 19, 2015.　https://www.snb.ch/en/mmr/speeches/id/ref_20150519_jpd/source/ref_20150519_jpd.en.pdf

Debelle, Guy（2006）, "The Australian Foreign Exchange Market", Speech at Insto's Foreign Exchange Conference, November 17, 2006.　http://www.rba.gov.au/publications/bulletin/2006/dec/pdf/bu-1206-3.pdf

El-Erian, Mohamed A.（2016）, *The Only Game in Town: Central Banks, Instability, and Avoiding the Next Collapse*, Random House, 2016.（『世界経済　危険な明日』久保恵美子訳、日本経済新聞出版社、２０１６年）

Faust, Jon and Eric M. Leeper（2015）, "The Myth of Normal: The Bumpy Story of Inflation and Monetary Policy", Speech at the Federal Reserve Bank of Kansas City's Jackson Hole Symposium, August 18, 2015. http://citeseerx.ist.psu.edu/viewdoc/download?doi=10.1.1.697.5404&rep=rep1&type=pdf

Federal Reserve System（2016）, *The Federal Reserve System Purposes & Functions*, The 10th ed., 2016.

https://www.federalreserve.gov/aboutthefed/pf.htm

Feldstein, Martin (1997), "The Political Economy of the European Economic and Monetary Union: Political Sources of an Economic Liability", *Journal of Economic Perspective*, Vol.11, No.4, Autumn 1997, pp.23-42.

Fisher, Irving (1933), "The Debt-Deflation Theory of Great Depressions", *Econometrica*, Vol.1, No.4, October 1933, pp.337-357.

Friedman, Milton (1963), *Inflation: Causes and Consequences*, Asia Publishing House, 1963.

——— (1968), "The Role of Monetary Policy", *American Economic Review*, Vol.58, No.1, March 1968, pp.1-17.

——— (1982), "Monetary Policy: Theory and Practice", *Journal of Money, Credit, and Banking*, Vol.14, No.1, February 1982, pp. 98-118.

Fujiki, Hiroshi and Hajime Tomura (2017), "Fiscal Cost to Exit Quantitative Easing: The Case of Japan", *Japan and the World Economy*, Vol.42, June 2017, pp.1-11.

Geithner, Timothy F. (2014), *Stress Test: Reflections on Financial Crises*, Crown, 2014.（『ガイトナー回顧録――金融危機の真相』伏見威蕃訳、日本経済新聞出版社、２０１５年）

Gertler, Mark＊ (2017), "Rethinking the Power of Forward Guidance: Lessons from Japan", Keynote Speech, June 2017.（「フォワード・ガイダンスの有効性の再検討――日本からの教訓」日本銀行金融研究所ディスカッションペーパーシリーズ、No.2017-J-13（『金融研究』第36巻第４号にも収録）、２０１７年10月）

Greenspan, Alan (1994), Testimony before the Subcommittee on Economic Growth and Credit Formation of the Committee on Banking, Finance and Urban Affairs, U.S. House of Representatives, February 22, 1994.
https://fraser.stlouisfed.org/content/?filepath=/files/docs/historical/greenspan/Greenspan_19940222.pdf&item_id=8500

——— (2005), "The Economic Outlook", Testimony before the Joint Economic Committee, U.S. Congress, June 9, 2005.
https://www.federalreserve.gov/boarddocs/testimony/2005/200506092/default.htm

Hauser, Andrew (2017), "Watching the Watchers: Forward-Looking Assessment and Challenge of a Central Bank's Own

Financial Risks", Speech at the GARP 18th Annual Risk Management Convention, March 7, 2017.
https://www.bis.org/review/r170310h.pdf

Hayashi, Fumio and Edward C. Prescott (2002), "The 1990s in Japan: A Lost Decade", *Review of Economic Dynamics*, Vol.5, No.1, January 2002, pp.206–235.

Hicks, John R. (1967), *Critical Essays In Monetary Theory*, Clarendon Press, 1967.

Honohan, Patrick (2012), "Household Indebtedness: Context, Consequence and Correction", Address to the University of Limerick Law Society, March 14, 2012.
https://www.centralbank.ie/news/article/address-by-governor-honohan-to-the-university-of-limerick-law-society

IMF (2017), *Global Financial Stability Report, April 2017: Getting the Policy Mix Right*, IMF, 2017.

Irwin, Neil (2013), *The Alchemists: Three Central Bankers and a World of Fire*, Penguin Press, 2013.（『マネーの支配者——経済危機に立ち向かう中央銀行総裁たちの闘い』関美和訳、早川書房、２０１４年）

Jones, Charles I. and Peter J. Klenow (2016), "Beyond GDP? Welfare across Countries and Time", *American Economic Review*, Vol.106, No.9, September 2016, pp.2426–2457.

Kettl, Donald F. (1986), *Leadership at the Fed*, Yale University Press, 1986.

Kimura, Takeshi and Kazuo Ueda＊ (1997), "Downward Nominal Wage Rigidity in Japan: Is Price Stability Costly?", BOJ Working Paper Series, May 1997.

King, Mervyn (2004), "Institutions of Monetary Policy: The Ely Lecture", Speech at the American Economic Association Annual Meeting, January 12, 2004.
https://www.bankofengland.co.uk/-/media/boe/files/speech/2004/the-institutions-of-monetary-policy.pdf

——— (2016), *The End of Alchemy: Money, Banking, and the Future of the Global Economy*, W. W. Norton & Company, 2016.（『錬金術の終わり——貨幣、銀行、世界経済の未来』遠藤真美訳、日本経済新聞出版社、２０１７年）

Koo, Richard (2003), *Balance Sheet Recession: Japan's Struggle with Uncharted Economics & Its Global Implications*, Wiley,

2003.

Krugman, Paul (1998), "It's Baaack: Japan's Slump and the Return of the Liquidity Trap", *Brookings Papers on Economic Activity*, Vol.29, No.2, 1998, pp.137-206.

Lagarde, Christine (2011), "Global Risks Are Rising, But There Is a Path to Recovery", Proceedings – Economic Policy Symposium – Jackson Hole, Federal Reserve Bank of Kansas City, 2011, pp.421-426.

Lucas Jr., Robert E. (2003), "Macroeconomic Priorities", *American Economic Review*, Vol.93, No.1, March 2003, pp.1-14.

Mallaby, Sebastian (2016), *The Man Who Knew: The life and Times of Alan Greenspan*, Penguin Press, 2016.

Meyer, Laurence H. (2000), "The Politics of Monetary Policy: Balancing Independence and Accountability", Remarks at the University of Wisconsin, October 24, 2000.
https://www.federalreserve.gov/boarddocs/speeches/2000/20001024.htm

——— (2004), *A Term at the FED: An Insider's View*, Harper Business, 2004.

Mishkin, Frederic S. (2007), "Enterprise Risk Management and Mortgage Lending", Speech at the Forecasters Club of New York, January 17, 2007. https://www.federalreserve.gov/newsevents/speech/mishkin20070117a.htm

Mundell, Robert A. (1961), "A Theory of Optimum Currency Areas", *American Economic Review*, Vol.51, No.4, September 1961, pp.657-665.

——— (1969), "The Problems of International Monetary System", in Mundell, Robert A. and Alexender K. Swoboda, eds., *Monetary Problems of International Economy*, University of Chicago Press, 1969.

Nakaso, Hiroshi (2001), "The Financial Crisis in Japan during the 1990s: How the Bank of Japan Responded and the Lessons Learnt", BIS Papers, No.6, October 2001.

Nishimura, Kiyohiko * (2011), "This Time May Truly Be Different: Balance Sheet Adjustment under Population Ageing", Prepared for the Panel 'The Future of Monetary Policy' at the 2011 American Economic Association Annual Meeting, January 7, 2011.

Paulson, Henry M. (2010), *On the Brink: Inside the Race to Stop the Collapse of the Global Financial System*, Business Plus, 2010.（『ポールソン回顧録』有賀裕子訳、日本経済新聞出版社、２０１０年）

Posen, Adam S. (2013), “The Myth of the Omnipotent Central Banker: Monetary Policy and Its Limits”, *Foreign Affairs*, Vol.92, No.4, July/August, 2013, pp.166–170.

Potter, Simon M. (2017), “The Federal Reserve and Central Bank Cooperation over the Past 100 Years”, Remarks for the Commemoration of the Centennial of the Federal Reserve's US Dollar Account Services to the Global Official Sector, December 20, 2017. https://www.newyorkfed.org/newsevents/speeches/2017/pot171220

Reinhart, Carmen M. and Kenneth S. Rogoff (2009), *This Time Is Different: Eight Centuries of Financial Folly*, Princeton University Press, 2009.（『国家は破綻する――金融危機の８００年』村井章子訳、日経ＢＰ社、２０１１年）

Rogoff, Kenneth S. (2016), *The Curse of Cash*, Princeton University Press, 2016.（『現金の呪い――紙幣をいつ廃止するか？』村井章子訳、日経ＢＰ社、２０１７年）

Roth, Jean-Pierre (2004), “Switzerland: An Island in Euroland?”, Speech at the Bank of Greece, May 21, 2004. https://www.snb.ch/en/mmr/speeches/id/ref_20040521_jpr/source/ref_20040521_jpr.en.pdf

Sargent, Thomas J. and Neil Wallace (1981), “Some Unpleasant Monetarist Arithmetic”, *Quarterly Review*, Federal Reserve Bank of Minneapolis, Vol.5, No3, Fall 1981. https://www.minneapolisfed.org/research/qr/qr531.pdf

Shiller, Robert J. (2017), “Narrative Economics”, *American Economic Review*, Vol.107, No.4, April 2017, pp. 967–1004.

Shirakawa, Masaaki (2014), “Is Inflation (or Deflation) ‘Always and Everywhere’ a Monetary Phenomenon?: My Intellectual Journey in Central Banking”, BIS Papers, No.77, March 2014.

——— (2015), “Excessive Debt and the Monetary Policy Regime”, Remarks at 13th BIS Annual Conference, June 27, 2014, BIS Papers, No.80, January 2015.

——— (2017), “Comments by Masaaki Shirakawa”, BIS Working Papers, No.656, August 2017.

——— (2018), “Challenges Facing Central Banks: My Personal Recollections and Reflections”, Speech at Bank of Korea

International Conference, June 4, 2018.
https://www.bok.or.kr/conference/pdf/2018/0.Opening%20Session/S0_KS2_Masaaki_Shirakawa.pdf

Simons, Henry C.（1936）, "Rules versus Authorities in Monetary Policy", *The Journal of Political Economy*, Vol.44, No.1, February 1936, pp.1–30.

Subbarao, Duvvuri（2016）, *Who Moved My Interest Rate?: Leading the Reserve Bank Through Five Turbulent Years*, Penguin Viking, 2016.

Summers, Lawrence（2013）, IMF Fourteenth Annual Research Conference in Honor of Stanley Fischer, November 8, 2013.　http://larrysummers.com/2013/11/08/imf-fourteenth-annual-research-conference-in-honor-of-stanley-fischer/

Svensson, L.E.O.＊（2001）, "The Zero Bound in an Open Economy: A Foolproof Way of Escaping from a Liquidity Trap", *Monetary and Economic Studies*, Vol.19, No.S-1（special edition）, February 2001.（「開放経済下における名目金利の非負制約——流動性の罠を脱出する確実な方法」日本銀行金融研究所ディスカッションペーパーシリーズ、No.2001-J-6、２００１年１月）

Tarullo, Daniel K.（2017）, "Monetary Policy Without a Working Theory of Inflation", Hutchins Center Working Paper, No.33, October 2017.　https://www.brookings.edu/wp-content/uploads/2017/10/es_wp33_tarullo.pdf

Taylor, John B.（2007）, *Global Financial Warriors: The Untold Story of International Finance in the Post-9/11 World*, W. W. Norton & Company, 2007.（『テロマネーを封鎖せよ——米国の国際金融戦略の内幕を描く』中谷和男訳、日経ＢＰ社、２００７年）

Tett, Gillian（2015）, *The Silo Effect: The Peril of Expertise and the Promise of Breaking Down Barriers*, Simon & Schuster, 2015.（『サイロ・エフェクト——高度専門化社会の罠』土方奈美訳、文藝春秋、２０１６年）

Tucker, Paul（2014）, "Reforming the International Monetary and Financial System: What Role for National Democracies?", Peterson Institute for International Economics, December 12, 2014.
https://piie.com/sites/default/files/publications/papers/tucker20141212.pdf

——— (2015), "Microprudential versus Macroprudential Supervision: Functions That Make Sense Only as Part of an Overall Regime for Financial Stability", Remarks at the Boston Federal Reserve Bank Conference, October 2, 2015. https://www.bostonfed.org/macroprudential2015/papers/Tucker.pdf

——— (2018), *Unelected Power: The Quest for Legitimacy in Central Banking and the Regulatory State,* Princeton University Press, 2018.

Turner, Adair (2015), *Between Debt and the Devil: Money, Credit, and Fixing Global Finance,* Princeton University Press, 2015.（『債務、さもなくば悪魔――ヘリコプターマネーは世界を救うか？』高遠裕子訳、日経ＢＰ社、２０１６年）

Utsumi, Makoto (2016), "The Plaza Accord Viewed from Japan", in Bergsten and Green (2016).

Volcker, Paul A. (1983), "We Can Survive Prosperity", Remarks at the Joint Meeting of the American Economic Association – American Finance Association, December 28, 1983. https://fraser.stlouisfed.org/content/?item_id=8287&filepath=/files/docs/historical/volcker/Volcker_19831228.pdf

Warsh, Kevin (2018), "The Knowledge Problem", Remarks at the Conference on Lessons Learned from 10 Years of Quantitative Easing, American Enterprise Institute, June 7, 2018. https://www.aei.org/wp-content/uploads/2018/06/QE-AEI-Warsh-20180607.pdf

Weidmann, Jens (2014), "Demographic Challenges in Germany", Speech at the Wirtschaftsgespräche, November 27, 2014. https://www.bundesbank.de/Redaktion/EN/Reden/2014/2014_11_27_weidmann.html

Wheeler, Graeme (2014), "Reflections on 25 Years of Inflation Targeting", Speech at the Reserve Bank of New Zealand and International Journal of Central Banking Conference, December 1, 2014. https://www.rbnz.govt.nz/-/media/ReserveBank/Files/Publications/Speeches/2014/5948125.pdf

White, William R. (2006), "Is Price Stability Enough?", BIS Working Papers, No.205, April 2006.

Williamson, Oliver E. (1999), "Public and Private Bureaucracies: A Transaction Cost Economics Perspective", *Journal of Law, Economics, and Organization,* Vol.15, No.1, April, 1999, pp.306–342.

Woodford, Michael (2001), "Fiscal Requirements for Price Stability", NBER Working Paper, No.8072, January 2001.

Woodward, Bob (2000), *Maestro: Greenspan's Fed and the American Boom*, Simon & Schuster, 2000.（『グリーンスパン』山岡洋一・高遠裕子訳、日本経済新聞社、２００４年）

Yamaguchi, Yutaka (1999), "Asset Price and Monetary Policy: Japan's Experience", Proceedings – Economic Policy Symposium – Jackson Hole, Federal Reserve Bank of Kansas City, 1999, pp.171-176.

Yellen, Janet L. (2015), "Inflation Dynamics and Monetary Policy", Speech at the Philip Gamble Memorial Lecture, University of Massachusetts, September 24, 2015.
https://www.federalreserve.gov/newsevents/speech/yellen20150924a.pdf

【和文文献】

青木昌彦（２０１４）『青木昌彦の経済学入門　制度論の地平を広げる』ちくま新書、２０１４年。

池尾和人（２００９）「銀行破綻と監督行政」、池尾和人編集『不良債権と金融危機』（内閣府経済社会総合研究所企画・監修「バブル／デフレ期の日本経済と経済政策」第４巻）慶應義塾大学出版会、２００９年所収。

――（２０１３）『連続講義・デフレと経済政策――アベノミクスの経済分析』日経ＢＰ社、２０１３年。

伊藤隆敏（２００１）『インフレ・ターゲティング――物価安定数値目標政策』日本経済新聞社、２００１年。

伊藤正直・小池良司・鎮目雅人＊（２０１４）「１９８０年代における金融政策運営について――アーカイブ資料等からみた日本銀行の認識を中心に」日本銀行金融研究所ディスカッションペーパーシリーズ、No.2014-J-14（『金融研究』第34巻第２号にも収録）、２０１４年９月。

井上準之助論叢編纂会編（１９３５）「戦後に於ける我国の経済及び金融」『井上準之助論叢』第１巻、井上準之助論叢編纂会、１９３５年（非売品）。

岩田一政＊（２００６）「新たな枠組みの下での金融政策運営」（秋田県・金融経済懇談会の挨拶要旨）２００６年６月。

岩村充（２０１８）『金融政策に未来はあるか』岩波新書、２０１８年。

植田和男（２００５）『ゼロ金利との闘い――日銀の金融政策を総括する』日本経済新聞社、２００５年。

上野陽一・関根敏隆・西崎健司（２０１６）「慢性デフレはなぜ起こったか――仮説のレビューと複合的実態の把握」、渡辺努編『慢性デフレ 真因の解明』（シリーズ 現代経済研究）日本経済新聞出版社、２０１６年所収。

植村修一（２０１７）『バブルと生きた男――ある日銀マンの記録』日本経済新聞出版社、２０１７年。

鵜飼博史＊（２００６）「量的緩和政策の効果――実証研究のサーベイ」日本銀行ワーキングペーパーシリーズ、No.06-J-14、２００６年7月。

遠藤典子（２０１３）『原子力損害賠償制度の研究――東京電力福島原発事故からの考察』岩波書店、２０１３年。

遠藤祐司・小田信之（２０１５）「決済システムから見た震災直後の金融経済状況」、齊藤誠編『震災と経済』（「大震災に学ぶ社会科学」第４巻）東洋経済新報社、２０１５年所収。

大蔵省財政金融研究所編（１９９３）「資産価格変動のメカニズムとその経済効果――資産価格変動のメカニズムとその経済効果に関する研究会報告書」『フィナンシャル・レビュー』第30号、１９９３年11月。

翁邦雄（２０１１）『ポスト・マネタリズムの金融政策』日本経済新聞出版社、２０１１年。

――（２０１３）『金融政策のフロンティア――国際的潮流と非伝統的政策』日本評論社、２０１３年。

――（２０１５）『経済の大転換と日本銀行』（シリーズ 現代経済の展望）岩波書店、２０１５年。

――（２０１７）『金利と経済――高まるリスクと残された処方箋』ダイヤモンド社、２０１７年。

翁邦雄・白川方明・白塚重典＊（２０００）「資産価格バブルと金融政策――１９８０年代後半の日本の経験とその教訓」日本銀行金融研究所ディスカッションペーパーシリーズ、No.2000-J-11（『金融研究』第19巻第4号にも収録）２０００年5月。

折谷吉治（２０１３）『中央銀行制度の経済学――新制度経済学からのアプローチ』学術出版会、２０１３年。

カーネマン、ダニエル（２０１４）『ファスト＆スロー――あなたの意思はどのように決まるか？』上・下、村井章子訳、ハヤカワ文庫、２０１４年。（*Thinking, Fast and Slow*, Farrar, Straus & Giroux, 2011）

軽部謙介（２０１５）『検証 バブル失政――エリートたちはなぜ誤ったのか』岩波書店、２０１５年。

軽部謙介・西野智彦（１９９９）『検証 経済失政――誰が、何を、なぜ間違えたか』岩波書店、１９９９年。

木村武＊（２００２）「物価の変動メカニズムに関する２つの見方――Monetary View と Fiscal View」『日本銀行調査月報』２００２年7月号。

木村武・藤原一平・黒住卓司＊（２００５）「社会の経済厚生と金融政策の目的」日銀レビュー、No.2005-J-9、２００５年5月。

木村武・藤原一平・原尚子・平形尚久・渡邊真一郎＊（２００６）「バブル崩壊後の日本の金融政策――不確実性下の望ましい政策運営を巡って」日本銀行ワーキングペーパーシリーズ、No.06-J-04、２００６年2月。

木村武・嶋谷毅・桜健一・西田寛彬＊（２０１０）「マネーと成長期待――物価の変動メカニズムを巡って」日本銀行ワーキングペーパーシリーズ、No.10-J-14、２０１０年8月。

金融制度調査会（１９９７）「日本銀行法の改正に関する答申」１９９７年2月6日。

https://www.fsa.go.jp/p_mof/singikai/kinyusei/top.htm
国谷裕子（２０１７）『キャスターという仕事』岩波新書、２０１７年。

黒田祥子・山本勲（２００６）『デフレ下の賃金変動――名目賃金の下方硬直性と金融政策』東京大学出版会、２００６年。

香西泰（１９８１）『高度成長の時代――現代日本経済史ノート』日本評論社、１９８１年。

香西泰・白川方明・翁邦雄編（２００１）『バブルと金融政策――日本の経験と教訓』日本経済新聞社、２００１年。

公法的観点からみた中央銀行についての研究会（１９９９）「公法的観点からみた日本銀行の業務の法的性格と運営のあり方」『金融研究』第18巻第5号、１９９９年12月。

国際協調のための経済構造調整研究会（１９８６）「国際協調のための経済構造調整研究会報告書（前川レポート）」１９８６年4月7日。

五味廣文（２０１２）『金融動乱 金融庁長官の独白』日本経済新聞出版社、２０１２年。

小宮隆太郎（1975）『現代日本経済研究』東京大学出版会、1975年。

――（1976）「昭和四十八、九年インフレーションの原因」『経済学論集』（東京大学経済学会）第42巻第1号、小宮（1988）所収。

――（1986）「日米経済摩擦と国際協調（上）（下）」『週刊東洋経済』1986年6月7日号・14日号。

――（1988）『現代日本経済――マクロ的展開と国際経済関係』東京大学出版会、1988年。

――（2013）『経済学 わが歩み――学者として教師として』ミネルヴァ書房、2013年。

小宮隆太郎・日本経済研究センター編（2002）『金融政策論議の争点――日銀批判とその反論』日本経済新聞社、2002年。

齊藤誠（2014）『父が息子に語るマクロ経済学』勁草書房、2014年。

齊藤誠・中川雅之・顧濤（2015）「東日本大震災の復興予算はどのように作られたのか？」、齊藤誠編『震災と経済』（「大震災に学ぶ社会科学」第4巻）東洋経済新報社、2015年所収。

塩沢裕之・古賀麻衣子・木村武＊（2009）「キャリートレードと為替レート変動――金利変動が市場参加者のリスク認識に与える影響」日銀レビュー、No.2009-J-5、2009年6月。

鎮目雅人（2009）『世界恐慌と経済政策――「開放小国」日本の経験と現代』日本経済新聞出版社、2009年。

清水真人（2015）『財務省と政治――「最強官庁」の虚像と実像』中公新書、2015年。

白川方明（2008a）『現代の金融政策――理論と実際』日本経済新聞出版社、2008年。

――＊（2008b）「最近の金融経済情勢と金融政策運営」（日本記者クラブでの講演）2008年5月12日。

――＊（2008c）（日本銀行金融研究所主催2008年国際コンファレンスでの開会挨拶）2008年5月28日。

――＊（2008d）「短期金融市場の機能度と中央銀行の金融調節」（金融調節に関する懇談会での挨拶）2008年11月25日。

――＊（2009a）「経済・金融危機からの脱却――教訓と政策対応」（ジャパン・ソサエティでの講演）2009年4月23日。

――＊（２００９b）「危機を未然に防止するためのミクロ・マクロ両レベルでのインセンティブを巡る考察」（第8回国際決済銀行年次コンファレンスでの講演）２００９年6月26日。

――＊（２００９c）「頑健な決済システムの構築に向けて」（金融情報システムセンター25周年記念講演）２００９年11月13日。

――＊（２００９d）「バランスシート調整と世界経済」（パリ・ユーロプラス・フィナンシャルフォーラムでの講演）２００９年11月16日。

――＊（２００９e）「最近の金融経済情勢と金融政策運営」（名古屋・各界代表者との懇談での挨拶）２００９年11月30日。

――＊（２００９f）「金融規制・監督の改革――国際的な視点とアジアの視点」（マレーシア中央銀行・国際決済銀行共催ハイレベル・セミナーでの講演）２００９年12月11日。

――＊（２００９g）「マクロ・プルーデンスと中央銀行」（日本証券アナリスト協会での講演）２００９年12月22日。

――＊（２０１０a）「特殊性か類似性か？――金融政策研究を巡る日本のバブル崩壊後の経験」（第２回 *International Journal of Central Banking* 誌秋季コンファレンスでの基調講演）２０１０年9月16日。

――＊（２０１０b）「最近の金融経済情勢と金融政策運営」（名古屋・各界代表者との懇談での挨拶）２０１０年11月29日。

――＊（２０１１a）「東日本大震災――社会の頑健性と復興に向けた意思」（Council on Foreign Relations 主催の会合での発言）２０１１年4月14日。

――＊（２０１１b）「高度成長から安定成長へ――日本の経験と新興国経済への含意」（フィンランド中央銀行創立２００周年記念会議での発言）２０１１年5月5日。

――＊（２０１１c）「通貨、国債、中央銀行――信認の相互依存性」（日本金融学会２０１１年度春季大会での特別講演）２０１１年5月28日。

――＊（２０１１d）「我々はテール・リスクにどのように対応すべきか」（オランダ外国銀行協会年次総会での講

演）２０１１年６月27日。

――＊（２０１１ｅ）「公共政策を遂行するという仕事」（京都大学公共政策大学院、法学研究科・法学部での講演）２０１１年７月15日。

――＊（２０１２ａ）「デレバレッジと経済成長――先進国は日本が過去に歩んだ「長く曲がりくねった道」を辿っていくのか?」（London School of Economics and Political Science での講演）２０１２年１月10日。

――＊（２０１２ｂ）「セントラル・バンキング――危機前、危機の渦中、危機後」（ＦＲＢとＩＪＣＢ共催コンファレンスでの講演）２０１２年３月24日。

――＊（２０１２ｃ）「日米の経済関係――互いに何を学ぶことができるか」（在米国日本大使館広報文化センター（ＪＩＣＣ）での講演）２０１２年４月19日。

――＊（２０１２ｄ）「財政の持続可能性の重要性――金融システムと物価の安定の前提条件」（フランス銀行「Financial Stability Review」公表イベントでの講演）２０１２年４月21日。

――＊（２０１２ｅ）「最近の金融経済情勢と金融政策運営」（内外情勢調査会での講演）２０１２年６月４日。

――＊（２０１２ｆ）「最近の金融経済情勢と金融政策運営」（大阪経済４団体共催懇談会での挨拶）２０１２年８月24日。

――＊（２０１２ｇ）（在日スイス商工会議所30周年記念会合での挨拶）２０１２年10月10日。

――＊（２０１３）「日本経済の競争力と成長力の強化に向けて」（日本経済団体連合会常任幹事会での講演）２０１３年２月28日。

――（２０１４）「弔辞／三重野康へ――中央銀行の物指し」『文藝春秋』２０１４年12月号。

――（２０１５）「中央銀行とは何か――教科書、実際、挑戦」、早稲田大学産業経営研究所『産研アカデミック・フォーラム報告書』第23号（「21世紀の中央銀行」）２０１５年。

――（２０１７）「中央銀行という存在」『學士會会報』第９２５号、２０１７年。

白川方明・門間一夫＊（２００１）「物価の安定を巡る論点整理」『日本銀行調査月報』２００１年11月号。

白塚重典＊（２００５）「わが国の消費者物価指数の計測誤差――いわゆる上方バイアスの現状」日銀レビュー、No.2005-J-14、２００５年11月。

白塚重典・田口博雄・森成城＊（２０００）「日本におけるバブル崩壊後の調整に対する政策対応――中間報告」日本銀行金融研究所ディスカッションペーパーシリーズ、No.2000-J-12（『金融研究』第19巻第４号にも収録）２０００年５月。

高尾義一（１９９４）『平成金融不況――国際経済危機の中間報告』中公新書、１９９４年。

竹中平蔵（２００６）『構造改革の真実 竹中平蔵大臣日誌』日本経済新聞社、２００６年。

中央銀行研究会（１９９６）「中央銀行制度の改革――開かれた独立性を求めて」１９９６年。

http://www.kantei.go.jp/jp/singi/cyugin/hokokusyo.html
中曽宏＊（２０１７）「日本経済の底力と構造改革」（ジャパン・ソサエティおよびシティ・オブ・ロンドン・コーポレーションの共催講演会での講演）２０１７年10月５日。

永野健二（２０１６）『バブル――日本迷走の原点』新潮社、２０１６年。

日本銀行＊（１９９５）「米国預金保険制度の概要と運用」『日本銀行月報』１９９５年８月号。

――＊（２０１３）「『物価の安定』についての考え方に関する付属資料」２０１３年１月。

日本銀行金融機構局＊（２００５）「金融システムレポート　金融システムの現状と評価――銀行セクターを中心に」２００５年８月。

――＊（２００７）「金融システムレポート」２００７年３月。

――＊（２０１０）「金融システムレポート」２０１０年３月。

――＊（２０１４）「金融システムレポート」２０１４年４月。

――＊（２０１７）「金融システムレポート」２０１７年４月。

日本銀行金融研究所編（２０１１）『日本銀行の機能と業務』有斐閣、２０１１年。

日本銀行調査統計局＊（１９８９）「昭和63年度の金融および経済の動向」『調査月報』１９８９年５月号。

――――＊（１９９０ａ）「１９７０年代初頭における英国中小金融機関の経営危機（Secondary Banking Crisis）について――不動産融資と中小金融機関の経営破綻」『調査月報』１９９０年１月号。

――――＊（１９９０ｂ）「わが国における近年の地価上昇の背景と影響について」『調査月報』１９９０年４月号。

日本経済新聞社編（２０００）『金融迷走の10年――危機はなぜ防げなかったのか』日本経済新聞社、２０００年。

野口悠紀雄（２０１５）『戦後経済史――私たちはどこで間違えたのか』東洋経済新報社、２０１５年。

――――（２０１７）『世界史を創ったビジネスモデル』新潮社、２０１７年。

早川英男（２０１６）『金融政策の「誤解」――〝壮大な実験〟の成果と限界』慶應義塾大学出版会、２０１６年。

ヒックス、Ｊ・Ｒ（１９５１）『価値と資本――経済理論の若干の基本原理に関する研究』安井琢磨・熊谷尚夫訳、岩波書店、１９５１年。（*Value and Capital: An Inquiry into some Fundamental Principles of Economic Theory*, Oxford University Press, 1939）

深井英五（１９２８）『通貨調節論』日本評論社、１９２８年。

――――（１９４１）『回顧七十年』岩波書店、１９４１年（オンデマンドブックス、２０１４年）。

深尾光洋（２０１６）「量的緩和、マイナス金利政策の財政コストと処理方法」ＲＩＥＴＩディスカッションペーパーシリーズ、No.16-J-032、２０１６年３月。

福井俊彦＊（２００３）「金融政策運営の課題」（日本金融学会創立60周年記念講演）２００３年６月１日。

船橋洋一（１９９３）『通貨烈々』朝日文庫、１９９３年。

舟山正克（１９９０）「株と土地に依存した経営のリスク自覚が求められる」『週刊金融財政事情』１９９０年４月30日号。

ブラインダー、アラン（１９９９）『金融政策の理論と実践』河野龍太郎・前田栄治訳、東洋経済新報社、１９９９年。（*Central Banking in Theory and Practice*, MIT Press, 1999）

三重野康（１９９５）『日本経済と中央銀行――前日銀総裁講演録』東洋経済新報社、１９９５年。

――――（１９９６）『赤い夕陽のあとに』新潮社、１９９６年。

――（２０００）『利を見て義を思う――三重野康の金融政策講義』中央公論新社、２０００年。

御厨貴・中村隆英編（２００５）『聞き書 宮澤喜一回顧録』岩波書店、２００５年。

三品和広（２０１４）「キーワード経営の落とし穴」（経済を見る眼）『週刊東洋経済』２０１４年8月30日号。

八木慶和（２００７）『日本銀行総裁 結城豊太郎――書簡にみるその半生』（齊藤壽彦監修）学術出版会、２００７年。

山口泰＊（２００１）（ＪＣＩＦ国際金融セミナーでの講演）２００１年10月17日。

山崎史郎（２０１７）『人口減少と社会保障――孤立と縮小を乗り越える』中公新書、２０１７年。

吉川洋（２０１３）『デフレーション――〝日本の慢性病〟の全貌を解明する』日本経済新聞出版社、２０１３年。

渡辺努・岩村充（２００４）『新しい物価理論――物価水準の財政理論と金融政策の役割』（一橋大学経済研究叢書52）岩波書店、２００４年。

中央銀行

セントラルバンカーの経験した39年

2018年10月25日発行

著　者——白川方明
発行者——駒橋憲一
発行所——東洋経済新報社
〒103-8345　東京都中央区日本橋本石町1-2-1
電話＝東洋経済コールセンター　03(5605)7021
https://toyokeizai.net/

装　丁…………橋爪朋世
D T P…………キャップス
印　刷…………東港出版印刷
製　本…………積信堂
編集担当………島村裕子

Printed in Japan　ISBN 978-4-492-65485-9

著者紹介

白川方明（しらかわ まさあき）

青山学院大学国際政治経済学部特別招聘教授。

1949年生まれ。1972年東京大学経済学部卒業、同年日本銀行入行。1975～77年日本銀行からシカゴ大学大学院経済学部に留学。経済学修士（シカゴ大学）。

信用機構局信用機構課長、企画局企画課長、大分支店長、審議役などを経て、2002～06年日本銀行理事。理事を退任後、京都大学公共政策大学院教授。2008年3月日本銀行副総裁、同年4月～13年3月第30代日本銀行総裁。2011～13年国際決済銀行（BIS）理事会副議長。2013年9月青山学院大学国際政治経済学部特任教授を経て、18年9月より現職。

著書に『現代の金融政策――理論と実際』（日本経済新聞出版社、2008年）、『バブルと金融政策――日本の経験と教訓』（共編著、日本経済新聞社、2001年）がある。

索　引

事　項

英数字

サ　行

タ　行

ナ　行

ヤ　行

ラ　行

人　名

ア　行

カ　行

サ　行

タ　行

ナ　行

ハ　行

マ　行

ヤ　行

ラ　行